인강 강사가 떠먹여주는
" 과외식 기출 문제집 "

나기출

7개년
평가원 기출
전문항 수록

2026
수능 국어 대비

독서편

단순 해설이 아니라,
최신 트렌드 설명과 풀이 방법까지 과외식으로!

1 콘텐츠가 강하다!
실전 국어 전형태

메가스터디 전형태

수능국어, 전형태로 ALL IN ONE!
전형태의 실전 국어

전형태 실전 국어 커리큘럼

입문	실전 국어 기초 시리즈		수능 국어 입문 강좌 **올인원 베이직**	문학의 기초 확립 **평가원에서 쓰는 문학 개념.zip**
개념	올인원 시리즈	일주일 만에 끝내는 **고전시가 올인원**	해석이 쉬워지는 **문학 올인원**	독해가 쉬워지는 **독서 올인원**
		전형태 시그니처 **언어와 매체 올인원**		화작의 모든 것 **화법과 작문 올인원**
기출	모의평가 분석	**6평 상세 해설 및 EBS 연계 분석**		**9평 상세 해설 및 EBS 연계 분석**
연계	나 없이, EBS 하지 마라!	**나BS 수능특강 문학**	**나BS 수능특강 문학 변형문제 N제**	**나BS 수능완성 문학 스페셜**
			나BS 언어와 매체	
심화	클리어 시리즈		언어(문법) 심화 학습 **언어(문법) 클리어**	
파이널	EBS 파이널	일주일 연계 작품 총정리! **나BS 파이널.zip**		EBS 파이널 문법 특강 + 언매 모의고사 10회
	전형태 파이널	수능 시험장의 행동강령 **파이널 최종점검**		전형태 **파이널 모의고사**

교재 전용 커리큘럼

올인원		수능 국어에 필요한 모든 어휘 **어휘 올인원**		
나 없이, 기출 풀지 마라	나기출 베이직		나기출 언어와 매체	
	나기출 문학	나기출 독서	나기출 화작	나기출 고난도
N제 시리즈	문법 N제		매체 N제	

인강 강사가 떠먹여주는
"과외식 기출 문제집"

나기출

7개년
평가원 기출
전문항 수록

2026
수능 국어 대비

독서편

단순 해설이 아니라,
최신 트렌드 설명과 풀이 방법까지 **과외식으로!**

1 콘텐츠가 강하다!
실전 국어 전형태

메가스터디 **전형태**

단계별 풀이를 통한 기출 분석 효과 극대화

STEP 01

풀이 단계
공부를 위한 준비 단계

실전과 동일하게 지문당 시간을 정해 놓고 풀이해야 한다. 소요 시간은 난이도에 따라 다르지만 보통 한 문제당 90초가 적절하다. 예를 들어 한 지문에 문제가 3개가 달려 있으면, 그 지문은 총 3X90=270초 안에 풀어야 하는 것이다. 다만 너무 시간에 제한을 받지 말고, 본인이 풀 수 있는 최고의 속도로 풀면 된다. 지문과 문제 난이도에 따라 풀이 시간은 크게 차이가 나기 때문이다.

STEP 02

분석 단계
실제 공부 단계

충분한 시간을 갖고 지문을 분석하고, 애매한 선지를 검토해야 한다. 이때 정답을 절대 미리 봐서는 안 된다. 정답을 보면 학생의 인지 구조가 이미 굳어져 버려 정답의 근거만 신경 쓰게 되고, 본인이 선택한 오답의 근거를 제대로 수정하지 못하게 되기 때문이다. 따라서 정답을 보기 전에 혼자서 본인의 정답(혹은 오답) 도출 과정을 하나하나 검토하고, 문제를 해결하는 시간이 필수적이다. 이때 본인이 생각한 근거를 문제에 간단하게 메모하는 것도 좋다. 메모하는 과정에서 본인의 추상적 사고를 객관적으로 볼 수 있기 때문이다. 실력 향상은 바로 이 시간에 이뤄진다.

지문 분석

지문의 중심 정보를 체크하는 것이다.
비문학 지문에서 가장 중요한 것은 중심 화제의 흐름이다. 지문 분석 칸에 지문의 중심 내용을 요약 정리하는 것이다. 이것은 처음에는 잘 되지 않는다. 하지만 해설지를 보면서 따라 하다 보면 아무리 못하는 학생들도 나중에는 자연스럽게 할 수 있게 된다. 지문을 분석하는 과정에서 자연스럽게 출제 포인트를 익힐 수 있고, 지문을 바라보는 독해력을 올릴 수 있다. 꼭 해야 하는 과정이다. 참고로 해설지에는 상세한 지문 분석을 제시하였으니, 학생이 할 때는 해설지의 지문 분석보다 조금 더 간단하게 해도 무방하다.

문제 분석

문제 분석에서 가장 중요한 것은 본인이 생각한 정답 선지의 근거다. 감으로 풀든, 지문과 보기를 근거로 해서 풀든 정답의 근거가 무엇인지 친구에게 설명할 수 있어야 한다. 그리고 잘 지워지지 않는 애매한 오답 선지의 경우 본인이 생각한 근거를 아주 간단하게라도 메모해 두는 것이 좋다. 메모를 해야 본인의 사고를 객관적으로 확인할 수 있고, 이후에 정답과 해설지를 보면서 본인의 사고를 교정할 수 있기 때문이다.

STEP 03

정답 확인

드디어 정답을 보면서 채점을 한다. 해설지의 내용이 부족하다면, 메가스터디 QnA에 질문하면 된다. 이때 책 페이지를 명확하게 제시해야만 원하는 답변을 얻을 수 있다.

너의 싸움을 응원한다. 불끈!

전형태

나기출의 특징

| 과외식 기출 분석서, 나기출

POINT
01

단순한 기출 문제 풀이가 아니라,
지문 분석으로 실전력을 극대화!

2단계 | 문제편의 분석칸

01 (가)와 (나)에 대한 설명으로 가장 적절한 것은?

① (가)는 유서의 유형을 분류하였고, (나)는 유서의 분류 기준과 적절성 여부를 평가하였다.
② (가)는 유서의 개념과 유용성을 소개하였고, (나)는 국가별 유서의 변천 과정을 설명하였다.
③ (가)는 유서의 기원에 대한 다양한 학설을 검토하였고, (나)는 유서 편찬자들 간의 견해 차이를 분석하였다.
④ (가)는 유서의 특성과 의의를 설명하였고, (나)는 유서 편찬에서 특정 학문의 수용 양상을 시기별로 소개하였다.
⑤ (가)는 유서에 대한 평가가 시대별로 달라진 원인을 분석하였고, (나)는 역사적으로 대표적인 유서의 특징을 제시하였다.

지문분석으로 독해력 향상하기

3단계 | 해설편의 지문 분석

(가) 도덕 문장의 진리 적합성 판단

전통적인 윤리학
도덕 문장의 (①)을 판정하고, 그에 대한 객관적 근거를 찾고자 함.
진리 적합성 = 참 또는 거짓일 수 있다는 성질

에이어의 주장
진리 적합성을 갖는 모든 문장 = 분석적 문장 or 종합적 문장

· 분석적 문장 = 문장에 사용된 단어의 정의를 통해 검증되는 문장
· 종합적 문장 = 경험적 관찰에 의해 검증되는 문장
ex) 도덕 문장 '선은 A이다'
  ─ 분석적 문장 x : 술어 A ⊄ 선,
    '선' = 더 이상 분석할 수 없는 단순 개념
  ─ 종합적 문장 x : 경험적 관찰로 검증 x,
    '선' 그 자체를 우리의 감각으로 검증 x

(②)
· 다양한 감정이나 태도 표현,
  타인의 감정을 불러일으키는 정서적 의미
· 감정을 표현하는 도덕 주체로부터 (③)으로 존재하는 무언가 기술 x
· 분석적 문장 x, 종합적 문장 x → 진리 적합성을 갖지 않음.

도덕 문장이 진리 적합성을 갖는다고 오해하는 이유
: (④)의 표현적 용법, 기술적 용법을 구분하지 못하기 때문

· 표현적 용법 : 감정을 표현
· 기술적 용법 = 세계에 관한 어떤 사실을 기술
ex) '도둑질은 나쁘다'
  ─ 표현적 용법 : 화자의 감정을 표현
    → 도덕 문장 o, 어떤 사실 기술 x
  ─ 기술적 용법 : 도둑질이 사회적으로 배척된다는 사실 기술
    → (⑤)으로 검증 o → 도덕 문장 x (옳고 그름에 관한 것 x)

형태쌤 Comment

철학적 내용이 나오는 지문은 정보 자체의 추상성 때문에 구체적 예시를 제시하여 개념의 이해를 돕도록 글이 구성된다. 추상적인 내용이 머릿속에 잘 정리가 되지 않더라도, 이를 설명하는 예시를 바탕으로 내용을 이해해야 한다. 또한 견해에 대한 비판이 나오는 경우 문제의 원인과 비판 지점이 무엇인지 정확하게 이해하고 있어야 이어지는 문제를 수월하게 풀 수 있었을 것이다. 각자의 입장과 차이점, 해결 방법은 쌤이 늘 강조했던 출제 포인트이다.

POINT
02

10년 이상의 현장 경력을 책에 고스란히!

난도 높은 지문에 대한 실전적 해설!

지문해설

④ 이러한 미토콘드리아가 원래 박테리아의 한 종류인 원생미토콘드리아였다는 이론이 20세기 초에 제기되었다. 공생발생설 또는 세포 내 공생설이라고 불리는 이 이론에서는 두 원핵생물 간의 공생 관계가 지속되면서 진핵세포를 가진 진핵생물이 탄생했다고 설명한다. 공생은 서로 다른 생명체가 함께 살아가는 것을 말하며, 서로 다른 생명체를 가정하는 것은 어느 생명체의 세포 안에서 다른 생명체가 공생하는 '내부 공생'에서도 마찬가지이다. 공생발생설은 한동안 생물학계로부터 인정받지 못했다. 미토콘드리아의 기능과 대략적인 구조, 그리고 생명체 간 내부 공생의 사례는 이미 알려졌지만 미토콘드리아가 과거에 독립된 생명체였다는 것을 쉽게 믿을 수 없었기 때문이었다. 그리고 한 생명체가 세대를 이어 가는 과정 중에 돌연변이와 자연선택이 일어나고, 이로 인해 종이 진화하고 분화한다고 보는 전통적인 유전학에서 두 원핵생물의 결합은 주목받지 못했다. 그러다가 전자현미경의 등장으로 미토콘드리아의 내부까지 세밀히 관찰하게 되고, 미토콘드리아 안에는 세포핵의 DNA와는 다른 DNA가 있으며 단백질을 합성하는 자신만의 리보솜을 가지고 있다는 사실이 밝혀지면서 공생발생설이 새롭게 부각되었다.

▶ [공생발생설 : 두 원핵생물 간의 공생 관계 → 진핵생물 탄생]을 설명하고 있다. 견해의 근거는 반드시 출제되는 사항이다. 공생발생설이 인정받지 못했던 이유와, 새롭게 부각된 근거를 각각 체크해 두자.

공생발생설 인정 X
① 미토콘드리아가 과거에 독립된 생명체였음을 믿기 힘듦.
② 전통적인 유전학 → 두 원핵생물의 결합 주목 X

↓

공생발생설 부각
미토콘드리아에 고유의 DNA, 리보솜 O

▶ 미토콘드리아가 고유의 DNA와 리보솜을 갖고 있다는 것은, 미토콘드리아가 과거에 독립된 생명체였다는 근거가 된다. "왜요?"라고 묻는 학생들은 견해의 근거를 제대로 체크하며 읽지 못한 것이다. 공생발생설이 인정받지 못한 근거 중 하나는 '미토콘드리아가 독립된 생명체가 아니라는 것'이다. 그런데 미토콘드리아가 고유의 DNA와 리보솜을 갖고 있다는 것이 밝혀지면서 공생발생설이 부각되었다는 얘기는 다시 말해 미토콘드리아가 독립된 생명체일 수 있다는 말이고, 따라서 미토콘드리아가 고유의 DNA와 리보솜을 갖고 있다는 말은 미토콘드리아가 독립된 생명체였다는 것에 대한 근거가 되는 거지.

과외식 설명으로 개념을 명료하게!

형태쌤의 과외시간

(가)는 이미지의 입력, (나)는 출력이다. 순확산 과정과 역확산 과정에서의 입·출력을 고려하여 대응하면 쉽게 풀리는 문제다.

1) 순확산 과정
(1) 노이즈 생성기에서 노이즈 생성 → (2) 원본 이미지 입력 → (3) 이미지 연산기를 통해 노이즈를 더함 → (4) 확산 이미지 출력 → (5) 출력된 확산 이미지에 노이즈를 더하는 과정((1)~(4)) 반복 → (6) 노이즈 이미지 출력

2) 역확산 과정
(a) 노이즈 이미지 or 중간 단계에서의 확산 이미지를 노이즈 예측기에 입력 → (b) 노이즈 예측기가 잠재 표현을 구하고 이를 바탕으로 노이즈 예측 → (c) 이미지 연산기가 해당 단계에서 예측된 노이즈를 제거 → (d) 확산 이미지 출력 및 이전 과정 반복 → (e) 원본 이미지 복원

① (가)에 원본 이미지가 입력 ⇒ 과정(2)
② (나)에 노이즈 이미지가 출력 ⇒ 과정(6)
③ 순확산 과정에서 (가)에 확산 이미지가 입력 ⇒ 과정(5)
④ 역확산 과정에서 (가)에 노이즈 이미지가 입력 ⇒ 과정(a)
⑤ 역확산 과정에서 (나)에 확산 이미지가 출력 ⇒ 과정(d)

학생들이 자주 묻는 질문

Q. [A]의 전제2에서 '질량이 큰 태양과 질량이 작은 지구가 서로 당기는 만유인력은 같다'고 했잖아요. 그럼 태양의 중심에 있는 m이 지구를 당기는 힘과 지구의 중심에 있는 m이 태양을 당기는 힘이 같은 것 아닌가요?

A. 선지를 잘 봐라. 태양과 같은 질량의 m과 지구와 같은 질량의 m이 서로 당기는 힘이 아니다. 질량이 동일하게 m인 질점이 각각 지구와 태양을 당기고 있는 것이다. 하필 질점의 위치를 태양과 지구로 설정한 것은 일차적으로 낚시 의도가 있는 것이고, 이차적으로는 둘의 거리가 같으니 거리는 신경 쓰지 말라는 것이다.

좀 더 풀어 줄까? <보기>에서 거리는 분명 만유인력에 영향을 주는 요소지만, '대칭인 구'에는 질점과 가까운 지점도 있고 먼 지점도 있을 것이니 이것이 상쇄되어 구의 중심에서 당기는 힘과 같다고 3번이나 얘기하였다. 따라서 '태양의 중심과 지구의 중심'이라는 동일한 거리를 전제로 판단을 하라는 것이다.

Contents | 이 책의 순서

Ⅰ 。 인문

Ⅱ ◦ 사회

Contents | 이 책의 순서

V ∘ 예술

VI ∘ 독서

Index | 작품 모아보기

나 없이
기출
풀지마라

| 과외식 기출 분석서, 나기출 |

나 없이
기출
풀지마라

콘텐츠가 강하다!
실전 국어 전형태

독서

인문

다음 글을 읽고 물음에 답하시오.

17세기 초부터 ⓐ <u>유입되기</u> 시작한 서학(西學) 서적에 담긴 서양의 과학 지식은 당시 조선의 지식인들에게 적지 않은 지적 충격을 주며 사상의 변화를 이끌었다. 하지만 ㉠ <u>19세기 중반까지 서양 의학의 영향력은 천문·지리 지식에 비해 미미하였다.</u> 일부 유학자들이 서양 의학 서적들을 읽었지만, 이에 대해 논평을 남긴 인물은 극히 제한적이었다.

이런 가운데 18세기 실학자 이익은 주목할 만한 인물이다. 그는 「서국의(西國醫)」라는 글에서 아담 샬이 쓴 『주제군징(主制群徵)』의 일부를 채록하면서 자신의 생각을 ⓑ <u>제시하였다.</u> 『주제군징』에는 당대 서양 의학의 대변동을 이끈 근대 해부학 및 생리학의 성과나 그에 따른 기계론적 인체관은 담기지 않았다. 대신 기독교를 효과적으로 ⓒ <u>전파하기</u> 위해 신의 존재를 증명하려 했던 로마 시대의 생리설, 중세의 해부 지식 등이 실려 있었다. 한정된 서양 의학 지식이었지만 이익은 그 우수성을 인정하고 내용을 부분적으로 수용하였다. 뇌가 몸의 운동과 지각 활동을 주관한다는 아담 샬의 설명에 대해, 이익은 몸의 운동을 뇌가 주관한다는 것은 긍정하였지만, 시각 활동은 심장이 주관한다는 전통적인 심주지각설(心主知覺說)을 고수하였다.

이익 이후에도 서양 의학이 조선 사회에 끼친 영향은 두드러지지 않았다. 당시 유학자들은 서양 의학의 필요성을 느끼지 못하였고, 의원들의 관심에서도 서양 의학은 비껴나 있었다. 당시에 전해진 서양 의학 지식은 내용 면에서도 부족했을 뿐 아니라, 지구가 둥글다거나 움직인다는 주장만큼 충격적이지는 않았다. 서양 해부학이 야기하는 윤리적 문제도 서양 의학의 영향력을 제한하는 요인으로 작용하였으며, 서학에 대한 조정(朝廷)의 금지 조치도 걸림돌이었다. 그러던 중 19세기 실학자 최한기는 당대 서양에서 주류를 이루고 있던 최신 의학 성과를 담은 홉슨의 책들을 접한 후 해부학 전반 및 뇌 기능을 중심으로 문제의식을 본격화하였다. 인체에 대한 이전 유학자들의 논의가 도덕적 차원에 초점이 있었던 것과 달리, 그는 지각적·생리적 기능에 주목하였다.

최한기의 인체관을 함축하는 개념 중 하나는 '몸기계'였다. 그는 이 개념을 본격적으로 사용하기에 앞서 인체를 형체와 내부 장기로 구성된 일종의 기계로 파악하고 있었다. 이러한 생각은 『전체신론(全體新論)』 등 홉슨의 저서를 접한 후 더 분명해져서 인체를 복잡한 장치와 그 작동으로 이루어진 몸기계로 형상화하면서도, 인체가 외부 동력에 의한 기계적 인과 관계에 지배되는 것이 아니라 그 자체가 생명력을 가지고 자발적인 운동을 한다고 보았다. 이는 인체를 '신기(神氣)'와 결부하여 이해한 결과였다. 기계적 운동의 인과 관계를 설명하려면 원인을 찾는 과정이 꼬리에 꼬리를 물고 이어지게 된다. 따라서 이러한 무한 소급을 끝맺으려면 운동의 최초 원인을 상정해야만 한다. 이 문제를 해결하기 위해 의료 선교사인 홉슨은 창조주와 같은 질적으로 다른 존재를 상정하였다. 기독교적 세계관을 부정했던 최한기는 인체를 구성하는 신기를 신체 운동의 원인으로 규정하여 이 문제를 해결하려 하였다.

최한기는 『전체신론』에 ⓓ <u>수록된,</u> 뇌로부터 온몸에 뻗어 있는 신경계 그림을 접하고, 신체 운동을 주관하는 뇌의 역할과 중요성을 인정하였다. 하지만 뇌가 운동뿐만 아니라 지각을 주관한다는 홉슨의 뇌주지각설(腦主知覺說)에 관심을 기울이면서도, 뇌주지각설은 완전한 체계를 이루기에 불충분하다고 보았다. 뇌가 지각을 주관하는 과정을 창조주의 섭리로 보고 지각 작용과 기독교적 영혼 사이의 연관성을 부각하려 한 『전체신론』의 견해를 부정하고, 대신 '심'이 지각 운용을 주관한다는 심주지각설이 더 유용하다고 주장하였다.

그러나 종래의 심주지각설을 그대로 수용한 것은 아니었다. 기존의 심주지각설이 '심'을 심장으로 보았던 것과 달리 그는 신기의 '심'으로 파악하였다. 그에 따르면, 신기는 신체와 함께 생성되고 소멸되는 것으로, 뇌나 심장 같은 인체 기관이 아니라 몸을 구성하면서 형체가 없이 몸속을 두루 돌아다니는 것이다. 신기는 유동적인 성질을 지녔는데 그 중심이 '심'이다. 신기는 상황에 따라 인체의 특정 부분에 더 높은 밀도로 몰린다. 그래서 특수한 경우에는 다른 곳으로 중심이 이동하는데, 신기가 균형을 이루어야 생명 활동과 지각이 제대로 이루어질 수 있다. 그는 경험 이전에 아무런 지각 내용을 내포하지 않고 있는 신기가 감각 기관을 통한 지각 활동에 의해 외부 세계의 정보를 받아들여 기억으로 저장한다고 파악하였다. 신기는 한 몸을 주관하며 그 자체가 하나로 통합되어 있기 때문에 감각을 통합할 수 있으며, 지각 내용의 종합과 확장, 곧 스스로의 사유를 통해 지각 내용을 조정하고, 그러한 작용에 적용하여 온갖 세계의 변화에 대응할 수 있다고 보았다.

최한기의 인체관은 서양 의학과 신기 개념의 접합을 통해 새롭게 정립된 것이었다. 비록 양자 사이의 결합이 완전하지는 않았지만, 서양 의학을 ⓔ <u>맹신하지</u> 않고 주체적으로 수용하여 정합적인 체계를 이루고자 한 그의 시도는 조선 사상사에서 주목할 만한 성취라 평가할 수 있을 것이다.

01 윗글의 전개 방식으로 가장 적절한 것은?

① 조선에서 인체관이 분화하는 과정을 서양과 대조하여 단계적으로 서술하고 있다.

② 서학의 수용으로 일어난 인체관의 변화를 조선 시대 학자들의 견해를 통해 제시하고 있다.

③ 인체관과 관련된 유학자들의 주장이 지닌 문제점을 열거하여 역사적인 시각에서 비판하고 있다.

④ 우리나라 근대의 인체관 가운데 서로 충돌되는 견해를 절충하여 새로운 결론을 도출하고 있다.

⑤ 동양과 서양의 지식인들이 서로 영향을 주고받으며 인체관을 정립하는 과정을 인과적으로 설명하고 있다.

02 윗글에 대한 이해로 적절하지 <u>않은</u> 것은?

① 최한기는 홉슨의 저서를 접하기 전부터 인체를 일종의 기계로 파악하였다.

② 아담 샬과 달리 이익은 심장을 중심으로 인간의 지각 활동을 이해하였다.

③ 이익과 홉슨은 신체의 동작을 뇌가 주관한다는 것에서 공통적인 견해를 보였다.

④ 아담 샬과 홉슨은 각자가 활동했던 당시에 유력했던 기계론적 의학 이론을 동양에 소개하였다.

⑤ 『주제군징』과 『전체신론』에는 기독교적인 세계관이 투영된 서양 의학 이론이 포함되어 있었다.

03 윗글을 참고할 때, ⊙의 이유로 적절하지 <u>않은</u> 것은?

① 조선에서 서양 학문을 정책적으로 배척했기 때문이다.
② 전래된 서양 의학이 내용 면에서 불충분했기 때문이다.
③ 당대 의원들이 서양 의학의 한계를 지적했기 때문이다.
④ 서양 해부학이 조선의 윤리 의식에 위배되었기 때문이다.
⑤ 서양 의학이 천문 지식에 비해 충격적이지 않았기 때문이다.

04 〈보기〉는 인체에 관한 조선 시대 학자들의 견해이다. 윗글에 제시된 '최한기'의 견해와 부합하는 것을 〈보기〉에서 고른 것은?

> **보기**
>
> ㄱ. 심장은 오장(五臟)의 하나이지만 한 몸의 군주가 되어 지각이 거기에서 나온다.
> ㄴ. 귀에 쏠린 신기가 눈에 쏠린 신기와 통하여, 보고 들음을 합하여 하나로 만들 수 있다.
> ㄷ. 인간의 신기는 온몸의 기관이 갖추어짐에 따라 생기고, 지각 작용에 익숙해져 변화에 대응하는 것이다.
> ㄹ. 신기는 대소(大小)로 구분되어 있는 것이니, 한 몸에 퍼지는 신기가 있고 심장에서 운용하는 신기가 있다.

① ㄱ, ㄴ   ② ㄱ, ㄷ   ③ ㄴ, ㄷ
④ ㄴ, ㄹ   ⑤ ㄷ, ㄹ

05 윗글의 '최한기'와 〈보기〉의 '데카르트'를 비교하여 이해한 내용으로 적절하지 <u>않은</u> 것은?

> **보기**
>
> 서양 근세의 철학자 데카르트는 물질과 정신을 구분하여, 물질은 공간을 차지한다는 특징을 갖는 반면 정신은 사유라는 특징을 갖는다고 보았다. 물질의 기계적 운동을 옹호했던 그는 정신이 깃든 곳은 물질의 하나인 두뇌이지만 정신과 물질은 서로 독립적이라고 주장하였다. 그러나 정신과 물질이 영향을 주고받음을 설명할 수 없다는 비판을 받았다.

① 데카르트의 '정신'과 달리 최한기의 '신기'는 신체와 독립적이지 않겠군.
② 데카르트와 최한기는 모두 인간의 사고 작용이 일어나는 곳은 두뇌라고 보았겠군.
③ 데카르트의 '정신'과 최한기의 '신기'는 모두 그 자체로는 형체를 갖지 않는 것이겠군.
④ 데카르트와 달리 최한기는 인간의 사고가 신체와 영향을 주고받음을 설명할 수 없다는 비판을 받지는 않겠군.
⑤ 데카르트의 견해에서도 최한기에서처럼 기계적 운동의 최초 원인을 상정하면 무한 소급의 문제를 해결할 수 있겠군.

06 문맥상 ⓐ~ⓔ와 바꿔 쓰기에 적절하지 <u>않은</u> 것은?

① ⓐ : 들어오기   ② ⓑ : 드러내었다
③ ⓒ : 퍼뜨리기   ④ ⓓ : 실린
⑤ ⓔ : 가리지

지문분석으로 독해력 향상하기

2019학년도 11월

다음 글을 읽고 물음에 답하시오.

　　두 명제가 모두 참인 것도 모두 거짓인 것도 가능하지 않은 관계를 모순 관계라고 한다. 예를 들어, 임의의 명제를 P라고 하면 P와 ~P는 모순 관계이다.(기호 '~'은 부정을 나타낸다.) P와 ~P가 모두 참인 것은 가능하지 않다는 법칙을 무모순율이라고 한다. 그런데 "㉠ 다보탑은 경주에 있다."와 "㉡ 다보탑은 개성에 있을 수도 있었다."는 모순 관계가 아니다. 현실과 다르게 다보탑을 경주가 아닌 곳에 세웠다면 다보탑의 소재지는 지금과 달라졌을 것이다. 철학자들은 이를 두고, P와 ~P가 모두 참인 혹은 모두 거짓인 가능세계는 없지만 다보탑이 개성에 있는 가능세계는 있다고 표현한다.

　　'가능세계'의 개념은 일상 언어에서 흔히 쓰이는 필연성과 가능성에 관한 진술을 분석하는 데 중요한 역할을 한다. 'P는 가능하다'는 P가 적어도 하나의 가능세계에서 성립한다는 뜻이며, 'P는 필연적이다'는 P가 모든 가능세계에서 성립한다는 뜻이다. "만약 Q이면 Q이다."를 비롯한 필연적인 명제들은 모든 가능세계에서 성립한다. "다보탑은 경주에 있다."와 같이 가능하지만 필연적이지는 않은 명제는 우리의 현실세계를 비롯한 어떤 가능세계에서는 성립하고 또 어떤 가능세계에서는 성립하지 않는다.

　　가능세계를 통한 담론은 우리의 일상적인 몇몇 표현들을 보다 잘 이해하는 데 도움이 된다. 다음 상황을 생각해 보자. 나는 현실에서 아침 8시에 출발하는 기차를 놓쳤고, 지각을 했으며, 내가 놓친 기차는 제시간에 목적지에 도착했다. 그리고 나는 "만약 내가 8시 기차를 탔다면, 나는 지각을 하지 않았다."라고 주장한다. 그런데 전통 논리학에서는 "만약 A이면 B이다."라는 형식의 명제는 A가 거짓인 경우에는 B의 참 거짓에 상관없이 참이라고 규정한다. 그럼에도 ⓐ 내가 만약 그 기차를 탔다면 여전히 지각을 했을 것이라고 주장하지는 않는 이유는 무엇일까? 내가 그 기차를 탄 가능세계들을 생각해 보면 그 이유를 알 수 있다. 그 가능세계 중 어떤 세계에서 나는 여전히 지각을 한다. 가령 내가 탄 그 기차가 고장으로 선로에 멈춰 운행이 오랫동안 지연된 세계가 그런 예이다. 하지만 내가 기차를 탄 세계들 중에서, 내가 기차를 타고 별다른 이변 없이 제시간에 도착한 세계가 그렇지 않은 세계보다 우리의 현실세계와의 유사성이 더 높다. 일반적으로, A가 참인 가능세계들 중에 비교할 때, B도 참인 가능세계가 B가 거짓인 가능세계보다 현실세계와 더 유사하다면, 현실세계의 나는 A가 실현되지 않은 경우에, 만약 A라면 ~B가 아닌 B이라고 말할 수 있다.

　　가능세계는 다음의 네 가지 성질을 갖는다. 첫째는 가능세계의 일관성이다. 가능세계는 명칭 그대로 가능한 세계이므로 어떤 것이 가능하지 않다면 그것이 성립하는 가능세계는 없다. 둘째는 가능세계의 포괄성이다. 이것은 어떤 것이 가능하다면 그것이 성립하는 가능세계는 존재한다는 것이다. 셋째는 가능세계의 완결성이다. 어느 세계에서든 임의의 명제 P에 대해 "P이거나 ~P이다."라는 배중률이 성립한다. 즉 P와 ~P 중 하나는 반드시 참이라는 것이다. 넷째는 가능세계의 독립성이다. 한 가능세계는 모든 시간과 공간을 포함해야만 하며, 연속된 시간과 공간에 포함된 존재들은 모두 동일한 하나의 세계에만 속한다. 한 가능세계 W1의 시간과 공간이, 다른 가능세계 W2의 시간과 공간으로 이어질 수는 없다. W1과 W2는 서로 시간과 공간이 전혀 다른 세계이다.

　　가능세계의 개념은 철학에서 갖가지 흥미로운 질문과 통찰을 이끌어내며, 그에 관한 연구 역시 활발히 진행되고 있다. 나아가 가능세계를 활용한 논의는 오늘날 인지 과학, 언어학, 공학 등의 분야로 그 응용의 폭을 넓히고 있다.

01 윗글의 내용과 일치하는 것은?

① 배중률은 모든 가능세계에서 성립한다.

② 모든 가능한 명제는 현실세계에서 성립한다.

③ 필연적인 명제가 성립하지 않는 가능세계가 있다.

④ 무모순율에 의하면 P와 ~P가 모두 참인 것은 가능하다.

⑤ 전통 논리학에 따르면 "만약 A이면 B이다."의 참 거짓은 A의 참 거짓과 상관없이 결정된다.

02 ㉠, ㉡에 대한 이해로 적절하지 않은 것은?

① ㉠이 성립하지 않는 가능세계가 존재한다.

② "만약 다보탑이 개성에 있다면, 다보탑은 개성에 있다."가 성립하는 가능세계 중에는 ㉠이 거짓인 가능세계는 없다.

③ ㉡과 "다보탑은 개성에 있지 않다."는 모순 관계가 아니다.

④ 만약 ㉡이 거짓이라면 어떤 가능세계에서도 다보탑이 개성에 있지 않다.

⑤ ㉠과 ㉡은 현실세계에서 둘 다 참인 것이 가능하다.

03 윗글을 바탕으로 할 때, ⓐ에 대한 답으로 가장 적절한 것은?

① 내가 그 기차를 타지 않은 가능세계들끼리 비교할 때 지각을 한 가능세계와 지각을 하지 않은 가능세계가 현실세계와의 유사성의 정도가 다르기 때문이다.

② 내가 그 기차를 타지 않은 가능세계들끼리 비교할 때 기차 고장이 자주 일어나지 않는 가능세계가 현실세계와의 유사성이 높기 때문이다.

③ 내가 그 기차를 탄 가능세계들끼리 비교할 때 내가 지각을 한 가능세계가 내가 지각을 하지 않은 가능세계에 비해 현실세계와의 유사성이 더 낮기 때문이다.

④ 내가 그 기차를 탄 가능세계들끼리 비교할 때 그 가능세계들의 대다수에서 내가 지각을 하지 않았기 때문이다.

⑤ 내가 그 기차를 탄 것이 현실세계에서 거짓이기 때문이다.

지문분석으로 독해력 향상하기

04 윗글을 참고할 때, 〈보기〉를 이해한 내용으로 적절한 것은?

보기

명제 "모든 학생은 연필을 쓴다."와 "어떤 학생도 연필을 쓰지 않는다."는 반대 관계이다. 이 말은, 두 명제 다 참인 것은 가능하지 않지만, 둘 중 하나만 참이거나 둘 다 거짓인 것은 가능하다는 뜻이다.

① 가능세계의 완결성과 독립성에 따르면, 모든 학생이 연필을 쓰는 가능세계가 존재한다는 것과 어떤 학생도 연필을 쓰지 않는 가능세계가 존재한다는 것 중 하나는 반드시 참이고, 그중 한 세계의 시간과 공간이 다른 세계로 이어질 수 없겠군.

② 가능세계의 포괄성과 독립성에 따르면, "어떤 학생도 연필을 쓰지 않는다."가 성립하면서 그 세계에 속한 한 명의 학생이 연필을 쓰는 가능세계들이 존재하고, 그 세계들의 시간과 공간은 서로 단절되어 있겠군.

③ 가능세계의 완결성에 따르면, 어느 세계에서든 "어떤 학생은 연필을 쓴다."와 "어떤 학생은 연필을 쓰지 않는다." 중 하나는 반드시 참이겠군.

④ 가능세계의 포괄성에 따르면, ""모든 학생은 연필을 쓴다."가 참이거나 "어떤 학생도 연필을 쓰지 않는다."가 참인 가능세계들이 있겠군.

⑤ 가능세계의 일관성에 따르면, 학생들 중 절반은 연필을 쓰고 절반은 연필을 쓰지 않는 가능세계가 존재하겠군.

다음 글을 읽고 물음에 답하시오.

고대 그리스 시대의 사람들은 신에 의해 우주가 운행된다고 믿는 결정론적 세계관 속에서 신에 대한 두려움이나, 신이 야기한다고 생각되는 자연재해나 천체 현상 등에 대한 두려움을 떨치지 못했다. 에피쿠로스는 당대의 사람들이 이러한 잘못된 믿음에서 벗어나도록 하는 것이 중요하다고 보았고, 이를 위해 인간이 행복에 이를 수 있도록 자연학을 바탕으로 자신의 사상을 전개하였다.

에피쿠로스는 신의 존재는 인정하나 신의 존재 방식이 인간이 생각하는 것과는 다르다고 보고, 신은 우주들 사이의 중간 세계에 살며 인간사에 개입하지 않는다는 ㉠ 이신론(理神論)적 관점을 주장한다. 그는 불사하는 존재인 신은 최고로 행복한 상태이며, 다른 어떤 것에게도 고통을 주지 않고, 모든 고통은 물론 분노와 호의와 같은 것으로부터 자유롭다고 말한다. 따라서 에피쿠로스는 인간의 세계가 신에 의해 결정되지 않으며, 인간의 행복도 자율적 존재인 인간 자신에 의해 완성된다고 본다.

한편 에피쿠로스는 인간의 영혼도 육체와 마찬가지로 미세한 입자로 구성된다고 본다. 영혼은 육체와 함께 생겨나고 육체와 상호작용하며 육체가 상처를 입으면 영혼도 고통을 받는다. 더 나아가 육체가 소멸하면 영혼도 함께 소멸하게 되어 인간은 사후(死後)에 신의 심판을 받지 않으므로, 살아 있는 동안 인간은 사후에 심판이 있다고 생각하여 두려워할 필요가 없게 된다. 이러한 생각은 인간으로 하여금 죽음에 대한 모든 두려움에서 벗어나게 하는 근거가 된다.

이러한 에피쿠로스의 ㉡ 자연학은 우주와 인간의 세계에 대한 비결정론적인 이해를 가능하게 한다. 이는 원자의 운동에 관한 에피쿠로스의 설명에서도 명확히 드러난다. 그는 원자들이 수직 낙하 운동이라는 법칙에서 벗어나기도 하여 비스듬히 떨어지고 충돌해서 튕겨 나가는 우연적인 운동을 한다고 본다. 그리고 우주는 이러한 원자들에 의해 이루어졌으므로, 우주 역시 우연의 산물이라고 본다. 따라서 우주와 인간의 세계에 신의 관여는 없으며, 인간의 삶에서도 신의 섭리는 찾을 수 없다고 한다. 에피쿠로스는 이러한 생각을 인간이 필연성에 얽매이지 않고 자신의 삶을 주체적으로 살아갈 수 있게 하는 자유 의지의 단초로 삼는다.

에피쿠로스는 이를 토대로 자유로운 삶의 근본을 규명하고 인생의 궁극적 목표인 행복으로 이끄는 ㉢ 윤리학을 펼쳐 나간다. 결국 그는 인간이 신의 개입과 우주의 필연성, 사후 세계에 대한 두려움에서 벗어날 수 있도록 함으로써, 자신의 삶을 자율적이고 주체적으로 살 수 있는 길을 열어 주었다. 그리고 쾌락주의적 윤리학을 바탕으로 영혼이 안정된 상태에서 행복 실현을 추구할 수 있는 방안을 제시하였다.

01 윗글의 표제와 부제로 가장 적절한 것은?

① 에피쿠로스 사상의 성립 배경
  - 인간과 자연의 관계를 중심으로
② 에피쿠로스 사상의 목적과 의의
  - 신, 인간, 우주에 대한 이해를 중심으로
③ 에피쿠로스 사상에 대한 비판과 옹호
  - 사상의 한계와 발전적 계승을 중심으로
④ 에피쿠로스 사상을 둘러싼 논쟁과 이견
  - 당대 세계관과의 비교를 중심으로
⑤ 에피쿠로스 사상의 현대적 수용과 효용성
  - 행복과 쾌락의 상관성을 중심으로

02 ㉠~㉢에 대한 이해로 가장 적절한 것은?

① ㉠은 인간이 두려움을 갖는 이유를, ㉡과 ㉢은 신에 대한 의존에서 벗어나게 하는 방법을 제시한다.
② ㉠은 우주가 신에 의해 운행된다고 믿는 근거를, ㉡과 ㉢은 인간의 사후에 대해 탐구하는 방법을 제시한다.
③ ㉠과 ㉡은 인간이 영혼과 육체의 관계를 탐구하는 이유를, ㉢은 모든 두려움에서 벗어나는 방법을 제시한다.
④ ㉠과 ㉡은 인간이 잘못된 믿음에서 벗어날 수 있는 근거를, ㉢은 행복에 이르도록 하는 방법을 제시한다.
⑤ ㉠과 ㉡은 인간의 존재 이유와 존재 위치에 대한 탐색의 결과를, ㉢은 인간이 우주의 근원을 연구하는 방법을 제시한다.

03 윗글을 읽은 학생이 '에피쿠로스'에 대해 비판한다고 할 때, 비판 내용으로 적절한 것만을 〈보기〉에서 있는 대로 고른 것은?

보기

ㄱ. 신이 분노와 호의로부터 자유로운 상태라면 인간의 세계에 개입을 하지 않는다는 뜻일 텐데, 왜 신의 섭리에 따라 인간의 삶을 이해하려고 하는가?

ㄴ. 원자가 법칙에서 벗어나 우연적인 운동을 한다는 것은 인과관계 없이 뜻하지 않게 움직인다는 뜻일 텐데, 그것이 자유 의지의 단초가 될 수 있는가?

ㄷ. 인간이 죽음에 대해 두려움을 느낀다면 죽음에 이르는 고통 때문일 수도 있을 텐데, 사후에 대한 두려움을 떨쳐버리는 것만으로 그것이 해소될 수 있는가?

ㄹ. 인간이 자연재해를 무서워한다면 자연재해 그 자체 때문일 수도 있을 텐데, 신이 일으키지 않았다고 해서 자연재해에 대한 두려움에서 벗어날 수 있는가?

① ㄱ, ㄴ   ② ㄱ, ㄹ   ③ ㄷ, ㄹ
④ ㄱ, ㄴ, ㄷ   ⑤ ㄴ, ㄷ, ㄹ

04 윗글의 '에피쿠로스'의 사상과 〈보기〉에 나타난 생각을 비교한 내용으로 적절하지 <u>않은</u> 것은?

보기

신은 인간의 세계에 속해 있지는 않으나, 모든 일의 목적인 존재라네. 하늘과 땅 그리고 바다에 있는 모든 것들의 원인이며, 일체의 훌륭함에 있어서도 탁월한 존재이지. 언제나 신은 필연성을 따르는 지성을 조력자로 삼아 성장과 쇠퇴, 분리와 결합에 있어 모든 것들을 바르고 행복한 상태에 이르도록 이끈다네.

① 신을 '모든 것들의 원인'으로 보는 〈보기〉의 생각은, 신이 '인간사에 개입'한다는 것을 부정하는 에피쿠로스의 사상과 차이점이 있군.

② 신이 '지성'을 조력자로 삼아 모든 것들을 이끈다고 보는 〈보기〉의 생각은, 우주를 '우연의 산물'로 보는 에피쿠로스의 사상과 차이점이 있군.

③ 신을 '모든 일의 목적인 존재'로 보는 〈보기〉의 생각과 신이 '불사하는 존재'라고 보는 에피쿠로스의 사상은 신의 존재를 인정한다는 공통점이 있군.

④ 신이 '모든 것들'을 '바르고 행복한 상태'에 도달하게 한다는 〈보기〉의 생각은, 행복이 '인간 자신에 의해 완성'된다고 본 에피쿠로스의 사상과 차이점이 있군.

⑤ 신이 '인간의 세계'에 속해 있지 않다고 보는 〈보기〉의 생각과 신이 '중간 세계'에 있다고 본 에피쿠로스의 사상은 신의 영향력이 인간 세계의 외부에서 온다고 보는 공통점이 있군.

지문분석으로 독해력 향상하기

다음 글을 읽고 물음에 답하시오.

　ⓒ 많은 전통적 인식론자는 임의의 명제에 대해 우리가 세 가지 믿음의 태도 중 하나만을 ⓐ 가질 수 있다고 본다. 가령 '내일 눈이 온다.'는 명제를 참이라고 믿거나, 거짓이라고 믿거나, 참이라 믿지도 않고 거짓이라 믿지도 않을 수 있다. 반면 ⓒ 베이즈주의자는 믿음은 정도의 문제라고 본다. 가령 각 인식 주체는 '내일 눈이 온다.'가 참이라는 것에 대하여 가장 강한 믿음의 정도에서 가장 약한 믿음의 정도까지 가질 수 있다. 이처럼 베이즈주의자는 믿음의 정도를 믿음의 태도에 포함함으로써 많은 전통적 인식론자들과 달리 믿음의 태도를 풍부하게 표현한다.

　우리는 종종 임의의 명제가 참인지 거짓인지 새롭게 알게 된다. 이것을 베이즈주의자의 표현으로 바꾸면 그 명제가 참인지 거짓인지에 대해 가장 강한 믿음의 정도를 새롭게 갖는다는 것이다. 베이즈주의는 이런 경우에 믿음의 정도가 어떤 방식으로 변해야 하는지에 대해 정교한 설명을 제공한다. 이에 따르면, 인식 주체가 특정 시점에 임의의 명제 A가 참이라는 것만을 또는 거짓이라는 것만을 새롭게 알게 됐을 때, 다른 임의의 명제 B에 대한 인식 주체의 기존 믿음의 정도의 변화는 조건화 원리의 적용을 받는다. 이는 믿음의 정도의 변화에 관한 원리로서, 만약 인식 주체가 A가 참이라는 것만을 새롭게 알게 된다면, B가 참이라는 것에 대한 그 인식 주체의 믿음의 정도는 애초의 믿음의 정도에서 A가 참이라는 조건하에 B가 참이라는 것에 대한 믿음의 정도로 되어야 함을 의미한다. 예를 들어 갑이 '내일 비가 온다.'가 참이라는 것을 약하게 믿고 있고, '오늘 비가 온다.'가 참이라는 조건하에서는 '내일 비가 온다.'가 참이라는 것을 강하게 믿는다고 해 보자. 조건화 원리에 따르면, 갑이 실제로 '오늘 비가 온다.'가 참이라는 것만을 새롭게 알게 될 때, '내일 비가 온다.'가 참이라는 것을 그 이전보다 더 강하게 믿는 것이 합리적이다. 조건화 원리는 새롭게 알게 된 명제가 동시에 둘 이상인 경우에도 마찬가지로 적용된다. 다만 이 원리는 믿음의 정도에 관한 것이지 행위에 관한 것은 아니다.

　명제들 중에는 위의 예에서처럼 참인지 거짓인지 새롭게 알게 된 명제와 관련된 것도 있지만 그렇지 않은 것도 있다. 조건화 원리에 ⓑ 따르면, 어떤 명제가 참인지 거짓인지 새롭게 알게 되더라도 그 명제와 관련 없는 명제에 대한 믿음의 정도는 변하지 않아야 한다. 예를 들어 위에서처럼 갑이 '오늘 비가 온다.'가 참이라는 것만을 새롭게 알게 되더라도 그것과 관련 없는 명제 '다른 은하에는 외계인이 존재한다.'에 대한 그의 믿음의 정도는 변하지 않아야 한다. 이처럼 베이즈주의자는 특별한 이유가 없는 한 우리의 믿음의 정도는 유지되어야 한다고 ⓒ 본다.

　베이즈주의자는 이렇게 상식적으로 당연하게 여겨지는 생각을 정당화하기 위해 기존의 믿음의 정도를 유지함으로써 ⓓ 얻을 수 있는 실용적 효율성에 호소할 수 있다. 특별한 이유 없이 학교를 옮기는 행위는 어떠한 방식으로든 우리의 에너지를 불필요하게 소모한다. 베이즈주의자는 특별한 이유 없이 기존의 믿음의 정도를 ⓔ 바꾸는 것도 이와 유사하게 에너지를 불필요하게 소모한다고 볼 수 있다. 이 관점에서는 실용적 효율성을 추구한다면, 특별한 이유가 없는 한 기존의 믿음의 정도를 유지하는 것이 합리적이다.

01 윗글에서 답을 찾을 수 있는 질문에 해당하지 않는 것은?

① 믿음의 정도와 관련하여 상식적으로 당연하게 여겨지는 생각을 어떻게 정당화할 수 있을까?

② 특별한 이유 없이 믿음의 정도를 바꾸어야 하는 이유는 무엇일까?

③ 믿음의 정도를 어떤 경우에 바꾸고 어떤 경우에 바꾸지 말아야 할까?

④ 믿음의 정도를 바꾸어야 한다면 어떤 방식으로 바꾸어야 할까?

⑤ 임의의 명제에 대해 어떤 믿음의 태도를 가질 수 있을까?

02 ⓒ, ⓒ에 대한 이해로 적절하지 않은 것은?

① 만약 을이 ⓒ이라면 을은 동시에 ⓒ일 수 없다.

② ⓒ은 을이 '내일 눈이 온다.'가 거짓이라 믿는 것은 그 명제가 거짓임을 강한 정도로 믿는다는 의미라고 주장한다.

③ ⓒ은 을이 '내일 눈이 온다.'가 참이라고 믿는다면 을은 '내일 눈이 온다.'가 거짓이라고 믿을 수는 없다고 주장한다.

④ ⓒ은 을의 '내일 눈이 온다.'가 참이라는 것에 대한 믿음의 정도와 '내일 눈이 온다.'가 거짓이라는 것에 대한 믿음의 정도가 같을 수 있다고 본다.

⑤ ⓒ은 을이 '내일 눈이 온다.'와 '내일 비가 온다.'가 모두 거짓이라고 믿더라도 후자를 전자보다 더 강하게 거짓이라고 믿을 수 있다고 주장한다.

03 조건화 원리에 대해 설명한 내용으로 가장 적절한 것은?

① 에너지를 불필요하게 소모하더라도 특별한 이유 없이 믿음의 정도를 바꾸는 것은 합리적이라고 설명한다.

② 어떤 행위를 할 특별한 이유가 있더라도 믿음의 정도의 변화 없이 그 행위를 해서는 안 된다고 말해 준다.

③ 새롭게 알게 된 명제와는 관련 없는 명제에 대해 우리의 믿음의 정도가 어떠해야 하는지에 대해서 말해 주지 않는다.

④ 어떤 명제가 참인 것을 새롭게 알게 되고 동시에 그와 다른 명제가 거짓인 것을 새롭게 알게 되었을 때에도 적용될 수 있다.

⑤ 임의의 명제를 새롭게 알기 전에 그와 다른 명제에 대해 가장 강하지도 않고 가장 약하지도 않은 믿음의 정도를 가지고 있는 인식 주체에게는 적용될 수 없다.

실전 국어 전형태

인문

04 다음은 윗글을 읽은 학생의 독서 활동 기록이다. 윗글을 참고할 때, [A]에 들어갈 내용으로 적절하지 <u>않은</u> 것은?

[독서 후 심화 활동]
글의 내용을 다른 상황에 적용해 보자.

○ 상황
　병과 정은 공동 발표 내용을 기록한 흰색 수첩 하나를 잃어버렸다는 것을 알게 되었다. 그 수첩에는 병의 이름이 적혀 있다. 이와 관련해 병과 정은 다음 명제 ㉮가 참이라고 믿지만 믿음의 정도가 아주 강하지는 않다.

㉮ 병의 수첩은 체육관에 있다.

　병 혹은 정이 참이라고 새롭게 알게 될 수 있는 명제는 다음과 같다.

㉯ 체육관에 누군가의 이름이 적힌 흰색 수첩이 있다.
㉰ 병의 이름이 적혀 있지만 어떤 색인지 확인이 안 된 수첩이 병의 집에 있다.

　병과 정은 ㉯와 ㉰ 이외에는 ㉮와 관련이 있는 어떤 명제도 새롭게 알게 되지 않고, 조건화 원리에 의해서만 자신들의 믿음의 정도를 바꾼다.

○ 적용
[A]

---

① 병이 ㉮와 관련이 없는 다른 명제만을 새롭게 알게 된다면, ㉮에 대한 병의 믿음의 정도는 변하지 않겠군.
② 병이 ㉯만을 알게 된다면, 그 후에 ㉮가 참이라는 것에 대한 병의 믿음의 정도는 그 전보다 더 강해질 수 있겠군.
③ 병이 ㉯를 알게 된 후에 ㉰를 추가로 알게 된다면, ㉮가 참이라는 것에 대한 병의 믿음의 정도는 ㉰를 추가로 알기 전보다 더 약해질 수 있겠군.
④ 병이 ㉯와 ㉰를 동시에 알게 된다면, ㉮가 참이라는 것에 대한 병의 믿음의 정도는 ㉯와 ㉰가 참이라는 조건하에 ㉮가 참이라는 것에 대한 믿음의 정도로 변하겠군.
⑤ 병과 정이 ㉯를 알게 되기 전에 ㉮가 참이라는 것에 대한 믿음의 정도가 서로 다르다면, ㉯만을 알게 된 후에는 ㉮가 참이라는 것에 대한 병과 정의 믿음의 정도가 같을 수 없겠군.

05 문맥상 ⓐ~ⓔ의 단어와 가장 가까운 의미로 쓰인 것은?

① ⓐ : 어제 친구들과 함께 만나는 자리를 <u>가졌다</u>.
② ⓑ : 법에 <u>따라</u> 모든 절차가 공정하게 진행됐다.
③ ⓒ : 우리는 지금 아이를 <u>봐</u> 줄 분을 찾고 있다.
④ ⓓ : 그는 젊었을 때 <u>얻은</u> 병을 아직 못 고쳤다.
⑤ ⓔ : 매장에서 헌 냉장고를 새 선풍기와 <u>바꿨다</u>.

지문분석으로 독해력 향상하기

다음 글을 읽고 물음에 답하시오.

(가)

한국, 중국 등 동아시아 사회에서 오랫동안 유지되었던 과거제는 세습적 권리와 무관하게 능력주의적인 시험을 통해 관료를 선발하는 제도라는 점에서 합리성을 갖추고 있었다. 정부의 관직을 ⓐ 두고 정기적으로 시행되는 공개 시험인 과거제가 도입되어, 높은 지위를 얻기 위해서는 신분이나 추천보다 시험 성적이 더욱 중요해졌다.

명확하고 합리적인 기준에 따른 관료 선발 제도라는 공정성을 바탕으로 과거제는 보다 많은 사람들에게 사회적 지위 획득의 기회를 줌으로써 개방성을 제고하여 사회적 유동성 역시 증대시켰다. 응시 자격에 일부 제한이 있었다 하더라도, 비교적 공정한 제도였음은 부정하기 어렵다. 시험 과정에서 ㉠ 익명성의 확보를 위한 여러 가지 장치를 도입한 것도 공정성 강화를 위한 노력을 보여 준다.

과거제는 여러 가지 사회적 효과를 가져왔는데, 특히 학습에 강력한 동기를 제공함으로써 교육의 확대와 지식의 보급에 크게 기여했다. 그 결과 통치에 참여할 능력을 갖춘 지식인 집단이 폭넓게 형성되었다. 시험에 필요한 고전과 유교 경전이 주가 되는 학습의 내용은 도덕적인 가치 기준에 대한 광범위한 공유를 이끌어 냈다. 또한 최종 단계까지 통과하지 못한 사람들에게도 국가가 여러 특권을 부여하고 그들이 지방 사회에 기여하도록 하여 경쟁적 선발 제도가 가져올 수 있는 부작용을 완화하고자 노력했다.

동아시아에서 과거제가 천 년이 넘게 시행된 것은 과거제의 합리성이 사회적 안정에 기여했음을 보여 준다. 과거제는 왕조의 교체와 같은 변화에도 불구하고 동질적인 엘리트층의 연속성을 가져왔다. 그리고 이러한 연속성은 관료 선발 과정뿐 아니라 관료제에 기초한 통치의 안정성에도 기여했다.

과거제를 장기간 유지한 것은 세계적으로 드문 현상이었다. 과거제에 대한 정보는 선교사들을 통해 유럽에 전해져 많은 관심을 불러일으켰다. 일군의 유럽 계몽사상가들은 학자의 지식이 귀족의 세습적 지위보다 우위에 있는 체제를 정치적인 합리성을 갖춘 것으로 보았다. 이러한 관심은 사상적 동향뿐 아니라 실질적인 사회 제도에까지 영향을 미쳐서, 관료 선발에 시험을 통한 경쟁이 도입되기도 했다.

(나)

조선 후기의 대표적인 관료 선발 제도 개혁론인 유형원의 공거제 구상은 능력주의적, 결과주의적 인재 선발의 약점을 극복하려는 의도와 함께 신분적 세습의 문제점도 의식한 것이었다. 중국에서는 17세기 무렵 관료 선발에서 세습과 같은 봉건적인 요소를 부분적으로 재도입하려는 개혁론이 등장했다. 고염무는 관료제의 상층에는 능력주의적 제도를 유지하되, ㉮ 지방관인 지현들은 어느 정도의 검증 기간을 거친 이후 그 지위를 평생 유지시켜 주고 세습의 길까지 열어 놓는 방안을 제안했다. 황종희는 지방의 관료가 자체적으로 관리를 초빙해서 시험한 후에 추천하는 '벽소'와 같은 옛 제도를 ⓑ 되살리는 방법으로 과거제를 보완하자고 주장했다.

이러한 개혁론은 갑작스럽게 등장한 것이 아니었다. 과거제를 시행했던 국가들에서는 수백 년에 ⓒ 걸쳐 과거제를 개선하라는 압력이 있었다. 시험 방식이 가져오는 부작용들은 과거제의 중요한 문제였다. 치열한 경쟁은 학문에 대한 깊이 있는 학습이 아니라 합격만을 목적으로 하는 형식적 학습을 하게 만들었고, 많은 인재들이 수험 생활에 장기간 ⓓ 매달리면서 재능을 낭비하는 현상도 낳았다. 또한 학습 능력 이외의 인성이나

실무 능력을 평가할 수 없다는 이유로 시험의 ㉡ 익명성에 대한 회의도 있었다.

과거제의 부작용에 대한 인식은 과거제를 통해 임용된 관리들의 활동에 대한 비판적 시각으로 연결되었다. 능력주의적 태도는 시험뿐 아니라 관리의 업무에 대한 평가에도 적용되었다. 세습적이지 않으면서 몇 년의 임기마다 다른 지역으로 이동하는 관리들은 승진을 위해서 빨리 성과를 낼 필요가 있었기에, 지역 사회를 위해 장기적인 전망을 가지고 정책을 추진하기보다 가시적이고 단기적인 결과만을 중시하는 부작용을 가져왔다. 개인적 동기가 공공성과 상충되는 현상이 나타났던 것이다. 공동체 의식의 약화 역시 과거제의 부정적 결과로 인식되었다. 과거제 출신의 관리들이 공동체에 대한 소속감이 낮고 출세 지향적이기 때문에 세습 엘리트나 지역에서 천거된 관리에 비해 공동체에 대한 충성심이 약했던 것이다.

과거제가 지속되는 시기 내내 과거제 이전에 대한 향수가 존재했던 것은 그 외의 정치 체제를 상상하기 ⓔ 어려웠던 상황에서, 사적이고 정서적인 관계에서 볼 수 있는 소속감과 충성심을 과거제로 확보하기 어렵다는 판단 때문이었다. 봉건적 요소를 도입하여 과거제를 보완하자는 주장은 단순히 복고적인 것이 아니었다. 합리적인 제도가 가져온 역설적 상황을 역사적 경험과 주어진 사상적 자원을 활용하여 보완하고자 하는 시도였다.

01 (가)와 (나)의 서술 방식으로 가장 적절한 것은?

① (가)와 (나) 모두 특정 제도가 사회에 미친 영향을 인과적으로 서술하고 있다.

② (가)와 (나) 모두 특정 제도를 분석하는 두 가지 이론을 구분하여 소개하고 있다.

③ (가)는 (나)와 달리 구체적 사상가들의 견해를 언급하며 특정 제도에 대한 관점을 드러내고 있다.

④ (나)는 (가)와 달리 특정 제도에 대한 선호와 비판의 근거들을 비교하면서 특정 제도의 특징을 제시하고 있다.

⑤ (가)는 특정 제도의 발전을 통시적으로, (나)는 특정 제도에 대한 학자들의 상반된 입장을 공시적으로 언급하고 있다.

03 (나)를 참고할 때, ㉮와 같은 제안이 등장하게 된 배경을 추론한 내용으로 적절하지 않은 것은?

① 과거제로 등용된 관리들이 근무지를 자주 바꾸게 되어 근무지에 대한 소속감이 약했기 때문이었을 것이다.

② 과거제로 등용된 관리들의 봉건적 요소에 대한 지향이 공공성과 상충되는 세태로 나타났기 때문이었을 것이다.

③ 과거제로 선발한 관료들은 세습 엘리트에 비해 개인적 동기가 강해서 공동체 의식이 높지 않았기 때문이었을 것이다.

④ 과거제를 통해 배출된 관료들이 출세 지향적이어서 장기적 안목보다는 근시안적인 결과에 치중했기 때문이었을 것이다.

⑤ 과거제가 낳은 능력주의적 태도로 인해 관리들이 승진을 위해 가시적인 성과만을 내려는 경향이 강해졌기 때문이었을 것이다.

02 (가)의 내용과 일치하지 않는 것은?

① 시험을 통한 관료 선발 제도는 동아시아뿐만 아니라 유럽에서도 실시되었다.

② 과거제는 폭넓은 지식인 집단을 형성하여 관료제에 기초한 통치에 기여했다.

③ 과거 시험의 최종 단계까지 통과하지 못한 사람도 국가로부터 혜택을 받을 수 있었다.

④ 경쟁을 바탕으로 한 과거제는 더 많은 사람들이 지방의 관료에 의해 초빙될 기회를 주었다.

⑤ 귀족의 지위보다 학자의 지식이 우위에 있는 체제가 합리적이라고 여긴 계몽사상가들이 있었다.

04 (가)와 (나)를 참고하여 ㉠과 ㉡을 이해한 내용으로 가장 적절한 것은?

① ㉠은 모든 사람에게 응시 기회를 보장했지만, ㉡은 결과주의의 지나친 확산에서 비롯되었다.

② ㉠은 정치적 변화에도 사회적 안정을 보장했지만, ㉡은 대대로 관직을 물려받는 문제에서 비롯되었다.

③ ㉠은 지역 공동체의 전체 이익을 증진시켰지만, ㉡은 지나친 경쟁이 유발한 국가 전체의 비효율성에서 비롯되었다.

④ ㉠은 사회적 지위 획득의 기회를 확대하는 데 기여했지만, ㉡은 관리 선발 시 됨됨이 검증의 곤란함에서 비롯되었다.

⑤ ㉠은 관료들이 지닌 도덕적 가치 기준의 다양성을 확대했지만, ㉡은 사적이고 정서적인 관계 확보의 어려움에서 비롯되었다.

05 〈보기〉는 과거제에 대한 조선 시대 선비들의 견해를 재구성한 것이다. (가)와 (나)를 읽은 학생이 〈보기〉에 대해 보인 반응으로 적절하지 <u>않은</u> 것은?

보기

- 갑 : 변변치 못한 집안 출신이라 차별받는 것에 불만이 있는 사람들이 많았는데, 과거를 통해 관직을 얻으면서 불만이 많이 해소되어 사회적 갈등이 완화된 것은 바람직하다.
- 을 : 과거제를 통해 조선 사회에 유교적 가치가 광범위하게 자리를 잡아 좋다. 그런데 많은 선비들이 오랜 시간 과거를 준비하느라 자신의 뛰어난 능력을 펼치지 못한다는 점이 안타깝다.
- 병 : 요즘 과거 시험 준비를 위해 나오는 책들을 보면 시험에 자주 나왔던 내용만 정리되어 있어서 학습의 깊이가 없으니 문제이다. 그래도 과거제 덕분에 더 많은 사람들이 공부를 하려는 생각을 가지게 된 것은 다행이라고 생각한다.

① '갑'이 과거제로 인해 사회적 유동성이 증가했다는 점을 긍정적으로 본 것은, 능력주의에 따른 공정성과 개방성이라는 시험의 성격에 주목한 것이겠군.
② '을'이 과거제로 인해 많은 선비들이 재능을 낭비한다는 점을 부정적으로 본 것은, 치열한 경쟁을 유발하는 시험의 성격에 주목한 것이겠군.
③ '을'이 과거제로 인해 사회의 도덕적 가치 기준에 대한 광범위한 공유가 가능해졌다는 점을 긍정적으로 본 것은, 고전과 유교 경전 위주의 시험 내용에 주목한 것이겠군.
④ '병'이 과거제로 인해 심화된 공부를 하기 어렵다는 점을 부정적으로 본 것은, 형식적인 학습을 유발한 시험 방식에 주목한 것이겠군.
⑤ '병'이 과거제로 인해 교육에 대한 동기가 강화되었다는 점을 긍정적으로 본 것은, 실무 능력을 중심으로 평가하는 시험 방식에 주목한 것이겠군.

06 문맥상 ⓐ~ⓔ의 단어와 가장 가까운 의미로 쓰인 것은?

① ⓐ : 그가 열쇠를 방 안에 <u>두고</u> 문을 잠가 버렸다.
② ⓑ : 우리는 그 당시의 행복했던 기억을 <u>되살렸다</u>.
③ ⓒ : 협곡 사이에 구름다리가 멋지게 <u>걸쳐</u> 있었다.
④ ⓓ : 사소한 일에만 <u>매달리면</u> 중요한 것을 놓친다.
⑤ ⓔ : 형편이 <u>어려울수록</u> 모두가 힘을 합쳐야 한다.

나 없이

기출

풀지마라

다음 글을 읽고 물음에 답하시오.

(가)

　18세기 북학파들은 청에 다녀온 경험을 연행록으로 기록하여 청의 문물제도를 수용하자는 북학론을 구체화하였다. 이들은 개인적인 학문 성향과 관심에 따라 주목한 영역이 서로 달랐기 때문에 이들의 북학론도 차이를 보였다. 이들에게는 동아시아에서 문명의 척도로 여겨진 중화 관념이 청의 현실에 대한 인식에 각각 다르게 반영된 것이다. 1778년 함께 연행길에 올라 동일한 일정을 소화했던 박제가와 이덕무의 연행록에서도 이러한 차이가 확인된다.

[A] ┌ 　북학이라는 목적의식이 강했던 박제가가 인식한 청의 현실은 단순한 현실이 아니라 조선이 지향할 가치 기준이었다. 그가 쓴 『북학의』에 묘사된 청의 현실은 특정 관점에 따라 선택 및 추상화된 것이었으며, 그런 청의 현실은 그에게 중화가 손상 없이 ⓐ 보존된 것이자 조선의 발전 방향이기도 하였다. 중화 관념의 절대성을 인정하였기 때문에 당시 조선은 나름의 독자성을 유지하기보다 중화와 합치되는 방향으로 나아가야 한다는 생각이 그의 북학론의 밑바탕이 되었다. 명에 대한 의리를 중시하는 당시 주류의 견해에 대해 그는 의리 문제는 청이 천하를 차지한 지 백여 년이 지나며 자연스럽게 소멸된 것으로 여기고, 청 문물제도의 수용이 가져다주는 이익을 논하며 북학론의 당위성을 설파하였다. 대체로 이익 추구에 대해 부정적이었던 주자학자들과 달리, 이익 추구를 인간의 자연스러운 욕망으로 긍정하
└ 고 양반도 이익을 추구하자는 등 실용적인 입장을 보였다.

　이덕무는 「입연기」를 저술하면서 청의 현실을 객관적 태도로 기록하고자 하였다. 잘 정비된 마을의 모습을 기술하며 그는 황제의 행차에 대비하여 이루어진 일련의 조치가 민생과 무관하다고 지적하였다. 하지만 청 문물의 효용을 ⓑ 도외시하지 않고 박제가와 마찬가지로 물질적 삶을 중시하는 이용후생에 관심을 보였다. 스스로 **평등견**이라 불렀던 인식 태도를 바탕으로 그는 당시 청에 대한 찬반의 이분법에서 벗어나 청과 조선의 현실적 차이뿐만 아니라 양쪽 모두의 가치를 인정하였다. 이런 시각에서 그는 청과 조선은 구분되지만 서로 배타적이지 않다고 보았다. 즉 청을 배우는 것과 조선 사람이 조선 풍토에 맞게 살아가는 것은 서로 모순되지 않는다는 것이다. 하지만 그는 중국인들의 외양이 만주족처럼 변화된 것을 보고 비통한 감정을 토로하며 중화의 중심이라 여겼던 명에 대한 의리를 중시하는 등 자신이 제시한 인식 태도에서 벗어나는 모습을 보이기도 하였다.

(나)

　18세기 후반의 중국은 명대 이래의 경제 발전이 정점에 달해 있었다. 대부분의 주민들이 접근할 수 있는 향촌의 정기 시장부터 인구 100만의 대도시의 시장에 이르는 여러 단계의 시장들이 그물처럼 연결되어 국내 교역이 활발하게 이루어지고 있었다. 장거리 교역의 상품이 사치품에 ⓒ 한정되지 않고 일상적 물건으로까지 확대되었다. 상인 조직의 발전과 신용 기관의 확대는 교역의 질과 양이 급변하고 있었음을 보여 준다. 대외 무역의 발전과 은의 유입은 중국의 경제적 번영에 영향을 미친 외부적 요인이었다. 은의 유입, 그리고 이를 통해 가능해진 은을 매개로 한 과세는 상품 경제의 발전을 ⓓ 자극하였다. 은과 상품의 세계적 순환으로 중국 경제가 세계 경제와 긴밀하게 연결되었다.

　그러나 청의 번영은 지속되지 않았고, 19세기에 접어들 무렵부터는 심각한 내외의 위기에 직면해 급속한 하락의 시대를 겪게 된다. 북학파들이 연행을 했던 18세기 후반에도 이미 위기의 징후들이 나타나고 있었다. 급격한 인구 증가로 인한 여러 문제는 새로운 작물 재배, 개간, 이주, 농경 집약화 등 민간의 노력에도 불구하고 해결되지 않았다. 인구 증가로 이주 및 도시화가 진행되는 가운데 전통적인 사회적 유대가 약화되거나 단절된 사람들이 상호 부조 관계를 맺는 결사 조직이 ⓔ 성행하였다. 이런 결사조직은 불법적인 활동으로 연결되곤 했고 위기 상황에서는 반란의 조직적 기반이 되었다. 인맥에 기초한 관료 사회의 부정부패가 심화된 것 역시 인구 증가와 무관하지 않았다. 교육받은 지식인들이 늘어났지만 이들을 흡수할 수 있는 관료 조직의 규모는 정체되어 있었고, 경쟁의 심화가 종종 불법적인 행위로 연결되었다. 이와 같이 18세기 후반 청의 화려한 번영의 그늘에는 ㉠ 심각한 위기의 씨앗들이 뿌려지고 있었다.

　통치자들도 번영 속에서 불안을 느끼고 있었다. 조정에는 외국과의 접촉으로부터 백성들을 차단하려는 경향이 있었으며, 서양 선교사들의 선교 활동 확대로 인해 이런 경향이 강화되기도 하였다. 이 때문에 18세기 후반에 청 조정은 서양에 대한 무역 개방을 축소하는 모습을 보였다. 그러나 그때까지는 위기가 본격화되지는 않았고, 소수의 지식인들만이 사회 변화의 부정적 측면을 염려하거나 개혁 방안을 모색하였다.

01 (가), (나)에 대한 설명으로 가장 적절한 것은?

① (가)는 18세기 중국에 대한 학자들의 견해를 제시하면서 그러한 견해의 형성 배경 및 견해 간의 차이를 설명하고 있다.

② (가)는 18세기 중국을 바라보는 사상적 관점을 제시하면서 각 관점이 지닌 역사적 의의와 한계를 서로 비교하고 있다.

③ (나)는 18세기 중국의 사회상을 제시하면서 다양한 사회상을 시대별 기준에 따라 분류하여 서술하고 있다.

④ (나)는 18세기 중국의 사상적 변화를 제시하면서 그러한 변화가 지니는 긍정적 측면과 부정적 측면을 분석하고 있다.

⑤ (가)와 (나)는 모두 18세기 중국의 현실을 제시하면서 그러한 현실이 다른 나라에 미친 영향을 예를 들어 설명하고 있다.

03 평등견에 대한 이해로 가장 적절한 것은?

① 조선의 풍토를 기준으로 삼아 청의 제도를 개선하자는 인식 태도이다.

② 조선의 고유한 삶의 방식을 청의 방식에 따라 개혁해야 한다는 인식 태도이다.

③ 청과 조선의 가치를 평등하게 인정하고 풍토로 인한 차이를 해소하려는 인식 태도이다.

④ 중국인의 외양이 변화된 모습을 명에 대한 의리 문제와 관련지어 파악하려는 인식 태도이다.

⑤ 청에 대한 배타적 태도를 지양하고 청과 구분되는 조선의 독자성을 유지하자는 인식 태도이다.

02 (가)의 '박제가'와 '이덕무'에 대한 이해로 적절하지 않은 것은?

① 박제가는 청의 문물을 도입하는 것이 중화를 이루는 방도라고 간주하였다.

② 박제가는 자신이 파악한 청의 현실을 조선을 평가하는 기준이라고 생각하였다.

③ 이덕무는 청의 현실을 관찰하면서 이면에 있는 민생의 문제를 간과하지 않았다.

④ 이덕무는 청 문물의 효용성을 긍정하면서 청이 중화를 보존하고 있음을 인정하였다.

⑤ 박제가와 이덕무는 모두 중화 관념 자체에 대해서는 긍정적인 태도를 견지하였다.

04 문맥을 고려할 때 ㉠의 의미를 파악한 내용으로 가장 적절한 것은?

① 새로운 작물의 보급 증가가 경제적 번영으로 이어지는 상황을 가리키는 것이군.

② 신용 기관이 확대되고 교역의 질과 양이 급변하고 있는 상황을 가리키는 것이군.

③ 반란의 위험성 증가 등 인구 증가로 인한 문제점들이 나타나는 상황을 가리키는 것이군.

④ 이주나 농경 집약화 등 조정에서 추진한 정책들이 실패한 상황을 가리키는 것이군.

⑤ 사회적 유대의 약화로 인하여 관료 사회의 부정부패가 심화되는 상황을 가리키는 것이군.

05 〈보기〉는 (가)에 제시된 「북학의」의 일부이다. [A]와 (나)를 참고하여 〈보기〉에 대해 비판적 읽기를 수행한 학생의 반응으로 적절하지 <u>않은</u> 것은?

지문분석으로 독해력 향상하기

보기

우리나라에서는 자기가 사는 지역에서 많이 나는 산물을 다른 데서 산출되는 필요한 물건과 교환하여 풍족하게 살려는 백성이 많으나 힘이 미치지 못한다. … 중국 사람은 가난하면 장사를 한다. 그렇더라도 정말 사람만 현명하면 원래 가진 풍류와 명망은 그대로다. 그래서 유생이 거리낌 없이 서점을 출입하고, 재상조차도 직접 융복사 앞 시장에 가서 골동품을 산다. … 우리나라는 해마다 은 수만 냥을 연경에 실어 보내 약재와 비단을 사 오는 반면, 우리나라 물건을 팔아 저들의 은으로 바꿔 오는 일은 없다. 은이란 천년이 지나도 없어지지 않는 물건이지만, 약은 사람에게 먹여 반나절이면 사라져 버리고 비단은 시신을 감싸서 묻으면 반년 만에 썩어 없어진다.

① 〈보기〉에 제시된 중국인들의 상업에 대한 인식은 [A]에서 제시한 실용적인 입장에 부합하는 것이라 볼 수 있어.
② 〈보기〉에 제시된 조선의 산물 유통에 대한 서술은 [A]에서 제시한 북학론의 당위성을 뒷받침하는 근거라 볼 수 있어.
③ 〈보기〉에 제시된 중국인들의 상행위에 대한 서술은 (나)에 제시된 중국 국내 교역의 양상과 상충되지 않는다고 볼 수 있어.
④ 〈보기〉에 제시된 은에 대한 평가는 (나)에 제시된 중국의 경제적 번영에 기여한 요소를 참고할 때, 은의 효용적 측면을 간과한 평가라 볼 수 있어.
⑤ 〈보기〉에 제시된 중국의 관료에 대한 묘사는 (나)에 제시된 관료 사회의 모습을 참고할 때, 지배층의 전체 면모가 드러나지 않는 진술이라 볼 수 있어.

06 문맥상 ⓐ~ⓔ와 바꿔 쓰기에 가장 적절한 것은?

① ⓐ : 드러난
② ⓑ : 생각하지
③ ⓒ : 그치지
④ ⓓ : 따라갔다
⑤ ⓔ : 일어났다

Free note.

나 없이

기출

풀지마라

나 없이

다음 글을 읽고 물음에 답하시오.

(가)

　근대 이후 서양의 철학자들은 과학적 세계관이 대두하면서 이전과는 달리 인과를 물리적 작용 사이의 관계로 국한하려는 경향을 보였다. 문제는 흄이 지적했듯이 인과 관계 그 자체는 직접 관찰할 수 없다는 것이다. 원인과 결과에 해당하는 사건만을 관찰할 수 있을 뿐이다. 가령 "추위 때문에 강물이 얼었다."는 직접 관찰한 물리적 사실을 진술한 것이 아니다. 그래서 인과가 과학적 개념인지에 대한 의심이 철학자들 사이에 제기되었다. 이에 인과를 과학적 세계관에 입각하여 이해하려는 시도가 새면의 과정 이론이다.

　야구공을 던지면 땅 위의 공 그림자도 따라 움직인다. 공이 움직여서 그림자가 움직인 것이지 그림자 자체가 움직여서 그림자의 위치가 변한 것은 아니다. 과정 이론은 이 차이를 다음과 같이 설명한다. 과정은 대상의 시공간적 궤적이다. 날아가는 야구공은 물론이고 땅에 멈추어 있는 공도 시간은 흘러가고 있기에 시공간적 궤적을 그리고 있다. 공이 멈추어 있는 상태도 과정인 것이다. 그런네 모든 과성이 인과적 과정은 아니다. 어떤 과정은 다른 과정과 한 시공간적 지점에서 만난다. 즉, 두 과정이 교차한다. 만약 교차에서 표지, 즉 대상의 변화된 물리적 속성이 도입되면 이후의 모든 지점에서 그 표지를 전달할 수 있는 과정이 인과적 과정이다.

[A]

　가령 바나나가 a 지점에서 b 지점까지 이동하는 과정을 과정 1이라고 하자. a와 b의 중간 지점에서 바나나를 한 입 베어 내는 과정 2가 과정 1과 교차했다. 이 교차로 표지가 과정 1에 도입되었고 이 표지는 b까지 전달될 수 있다. 즉, 바나나는 베어 낸 만큼이 없어진 채로 줄곧 b까지 이동할 수 있다. 따라서 과정 1은 인과적 과정이다. 바나나가 이동한 것이 바나나가 b에 위치한 결과의 원인인 것이다. 한편, 바나나의 그림자가 스크린에 생긴다고 하자. 바나나의 그림자가 스크린상의 a′지점에서 b′지점까지 움직이는 과정을 과정 3이라 하자. 과정 1과 과정 2의 교차 이후 스크린상의 그림자 역시 변한다. 그런데 a′과 b′ 사이의 스크린 표면의 한 지점에 울퉁불퉁한 스티로폼이 부착되는 과정 4가 과정 3과 교차했다고 하자. 그림자가 그 지점과 겹치면서 일그러짐이라는 표지가 과정 3에 도입되지만, 그 지점을 지나가면 그림자는 다시 원래대로 돌아오고 스티로폼은 그대로이다. 이처럼 과정 3은 다른 과정과의 교차로 도입된 표지를 전달할 수 없다.

　과정 이론은 규범이나 마음과 같은, 물리적 세계 바깥의 측면을 해명하기 어렵다는 한계를 지닌다. 예컨대 내가 사회 규범을 어긴 것과 내가 벌을 받아야 하는 것 사이에는 인과 관계가 있지만 과정 이론은 이를 잘 다루지 못한다.

(나)

　자연 현상과 인간사를 인과 관계로 설명하는 동아시아의 대표적 논의는 재이론(災異論)이다. 한대(漢代)의 동중서는 하늘이 덕을 잃은 군주에게 재이를 내려 견책한다는 천견설과, 인간과 하늘에 공통된 음양의 기(氣)를 통해 하늘과 인간이 서로 감응한다는 천인감응론을 결합하여 재이론을 체계화하였다. 그에 따르면, 군주가 실정(失政)을 저지르면 그로 말미암아 변화된 음양의 기를 통해 감응한 하늘이 가뭄과 홍수, 일식과 월식 등 재이를 통해 경고를 내린다. 이때 재이는 군주권이 하늘로부터 비롯된 것임을 입증하는 것이자 군주의 실정에 대한 경고였다.

　양면적 성격의 재이론은 신하가 정치적 논의에 참여할 수 있는 명분을 제공하였고, 재이가 발생하면 군주가 직언을 구하고 신하가 이에 응하는 전통으로 구체화되었다. 하지만 동중서 이후, 원인으로서의 인간사와 결과로서의 재이를 일대일로 대응시켜 설명하는 개별적 대응 방식은 억지가 심하다는 평가를 받았다. 이 방식은 오히려 ㉠ 예언화 경향으로 이어져 재이를 인간사의 징조로, 인간사를 재이의 결과로 대응시키는 풍조를 낳기도 하였고, 요망한 말로 백성을 미혹시켰다는 이유로 군주가 직언을 하는 신하를 탄압하는 빌미가 되기도 하였다.

　이후 재이에 대한 예언적 해석은 비판의 대상이 되었고, 천인감응론 또한 부정되기도 하였다. 하지만 재이론은 여전히 정치 현장에서 사라지지 않았다. 송대(宋代)에 이르러, 주희는 천문학의 발달로 예측 가능하게 된 일월식을 재이로 간주하지 않는 경향을 수용하였고, 재이를 근본적으로 이치에 의해 설명되기 어려운 자연 현상으로 간주하였다. 하지만 당시까지도 재이에 대해 군주의 적극적인 대응을 유도하며 안전한 언론 활동의 기회를 제공했던 재이론이 폐기되는 것은, 신하의 입장에서 유용한 정치적 기제를 잃는 것이었다. 이 때문에 그는 군주를 경계하는 적절한 방법을 ⓐ 찾고자 재이론을 고수하였다. 그는 재이에 대한 개별적 대응 대신 군주에게 허물과 잘못이 쌓이면 이에 하늘이 감응하여 변칙적인 자연 현상이 일어날 것이라는 ㉡ 전반적 대응설을 제시하고, 재이를 군주의 심성 수양 문제로 귀결시키며 재이론의 역사적 수명을 연장하였다.

01 다음은 (가)와 (나)를 읽은 학생이 작성한 학습 활동지의 일부이다. ㄱ~ㅁ에 들어갈 내용으로 적절하지 <u>않은</u> 것은?

학습 항목	학습내용	
	(가)	(나)
도입 문단의 내용 제시 방식 파악하기	ㄱ	ㄴ
...	...	...
글의 내용 전개 방식 이해하기	ㄷ	ㄹ
특정 개념과 관련하여 두 글을 통합적으로 이해하기	ㅁ	

① ㄱ : '인과'에 대한 특정 이론이 등장하게 된 배경을 철학자들의 인식 변화와 관련지어 제시하였음.
② ㄴ : '인과'와 연관된 특정 이론의 배경 사상과 중심 내용을 제시하였음.
③ ㄷ : '인과'에 대한 특정 이론을 정의한 뒤 구체적인 사례와 관련지어 그 이론의 한계와 전망을 제시하였음.
④ ㄹ : '인과'와 연관된 특정 이론을 제시하고 그 이론이 변용되는 양상을 시대의 흐름에 따라 제시하였음.
⑤ ㅁ : '인과'와 관련하여 동서양의 특정 이론들에 나타나는 관점을 비교해 보도록 하였음.

02 윗글에 대한 이해로 적절하지 <u>않은</u> 것은?

① 과정 이론은 물리적 세계의 테두리 안에서 인과를 해명하는 이론이다.
② 사회 규범 위반과 처벌 당위성 사이의 인과 관계는 표지의 전달로 설명되기 어렵다.
③ 인과가 과학적 세계관과 부합하지 않는다고 생각하는 철학자가 근대 이후 서양에 나타났다.
④ 한대의 재이론에서 전제된 하늘은 음양의 변화에 반응하지 않지만 경고를 하는 의지를 가진 존재였다.
⑤ 천문학의 발달에 따라 일월식이 예측 가능해지면서 송대에는 이를 설명 가능한 자연 현상으로 보는 경향이 있었다.

03 [A]에 대한 이해로 적절하지 <u>않은</u> 것은?

① 바나나와 그 그림자는 서로 다른 시공간적 궤적을 그린다.
② 과정 1이 과정 2와 교차하기 이전과 이후에서, 바나나가 지닌 물리적 속성은 다르다.
③ 과정 1과 달리 과정 3은 인과적 과정이 아니다.
④ 바나나의 일부를 베어 냄으로써 변화된 바나나 그림자의 모양은 과정 3이 과정 2와 교차함으로써 도입된 표지이다.
⑤ 과정 3과 과정 4의 교차로 도입된 표지는 과정 3으로도 과정 4로도 전달되지 않는다.

04 ㉠, ㉡에 대한 설명으로 가장 적절한 것은?

① ㉠은 군주의 과거 실정에 대한 경고로서 재이의 의미가 강조되어 신하의 직언을 활성화하는 방향으로 활용되었다.
② ㉠은 이전과 달리 인간사와 재이의 인과 관계를 역전시켜 재이를 인간사의 미래를 알려 주는 징조로 삼는 데 활용되었다.
③ ㉡은 개별적인 재이 현상을 물리적 작용이라 보고 정치와 무관하게 재이를 이해하는 기초로 활용되었다.
④ ㉡은 누적된 실정과 특정한 재이 현상을 연결 짓는 방식으로 이어져 군주의 권력을 강화하는 데 활용되었다.
⑤ ㉡은 과학적 인식을 기반으로 군주의 지배력과 변칙적인 자연 현상이 무관하다는 인식을 강화하는 기초로 활용되었다.

05 〈보기〉는 윗글의 주제와 관련한 동서양 학자들의 견해이다. 윗글을 읽은 학생이 〈보기〉에 대해 보인 반응으로 적절하지 <u>않은</u> 것은?

보기

㉮ 만약 인과 관계가 직접 관찰될 수 없다면, 물리적 속성의 변화와 전달과 같은 관찰 가능한 현상을 탐구하는 것이 인과 개념을 과학적으로 규명하는 올바른 경로이다.

㉯ 인과 관계란 서로 다른 대상들이 물리적 성질들을 서로 주고받는 관계일 수밖에 없다. 그러한 두 대상은 시공간적으로 연결되어 있어야만 한다.

㉰ 덕이 잘 닦인 치세에서는 재이를 찾아볼 수 없었고, 세상의 변고는 모두 난세의 때에 출현했으니, 하늘과 인간이 서로 통하는 관계임을 알 수 있다.

㉱ 홍수가 자주 발생하는 강 하류 지방의 지방관은 반드시 실정을 한 것이고, 홍수가 발생하지 않는 산악 지방의 지방관은 반드시 청렴한가? 실제로는 그렇지 않다.

① 흄의 문제 제기와 ㉮로부터, 과정 이론이 인과 개념을 과학적으로 규명하려는 시도의 하나임을 이끌어낼 수 있겠군.

② 인과 관계를 대상 간의 물리적 상호 작용으로 국한하는 ㉯의 입장은 대상 간의 감응을 기반으로 한 동중서의 재이론이 보여 준 입장과 부합하겠군.

③ 치세와 난세의 차이를 재이의 출현 여부로 설명하는 ㉰에 대해 동중서와 주희는 모두 재이론에 입각하여 수용 가능한 견해라는 입장을 취하겠군.

④ 덕이 물리적 세계 바깥의 현상에 해당한다면, 덕과 세상의 변화 사이에 인과 관계가 있다고 본 ㉰는 새먼의 이론에 입각하여 설명되기 어렵겠군.

⑤ 지방관의 실정에서 도입된 표지가 홍수로 이어지는 과정으로 전달될 수 없다면, 새먼은 실정이 홍수의 원인이 아니라는 점에서 ㉱에 동의하겠군.

06 ⓐ와 문맥상 의미가 가장 가까운 것은?

① 모두가 만족하는 대책을 <u>찾으려</u> 머리를 맞대었다.

② 모르는 단어가 나오면 국어사전을 <u>찾아서</u> 확인해라.

③ 건강을 위해 친환경 농산물을 <u>찾는</u> 사람이 많아졌다.

④ 아직 완전하지는 않지만 서서히 건강을 <u>찾는</u> 중이다.

⑤ 선생은 독립을 다시 <u>찾는</u> 것을 일생의 사명으로 여겼다.

나 없이

기출

풀지마라

다음 글을 읽고 물음에 답하시오.

인간의 본성에 관한 서로 다른 두 관점이 있다. 종교적 인간관에 따르면, 인간에게는 물리적 실체인 몸 이외에 비물리적 실체인 영혼이 있다. 영혼은 물리적 몸과 완전히 구별되며 인간의 결정의 원천이다. 반면 유물론적 인간관에 따르면, 인간은 물리적 몸에 지나지 않는다. 물리적 몸 이외에 영혼은 존재하지 않는다. 따라서 인간의 결정은 단지 뇌에서 일어나는 신경 사건이다. 이러한 두 관점 중 유물론적 인간관을 가정할 때, 인간은 자유롭게 선택할 수 있을까? 즉 인간에게 자유의지가 있을까? 가령 갑이 냉장고 문을 여니 딸기 우유와 초코 우유만 있다고 해 보자. 갑은 이것들 중 하나를 자유의지로 선택할 수 있을까?

이러한 질문과 관련하여 반자유의지 논증은 갑에게 자유의지가 없다고 결론 내린다. 우선 임의의 선택은 이전 사건들에 의해 선결정되거나 무작위로 일어난다. 여기서 무작위로 일어난다는 것은 선결정되지 않는다는 것을 의미한다. 이러한 전제하에 반자유의지 논증은 선결정 가정과 무작위 가정을 모두 고려한다. 첫 번째로 임의의 선택이 그 이전 사건들에 의해 선결정된다고 가정해 보자. 반사유의지 논증에서는 이 경우 우리에게 자유의지가 없다고 결론 내린다. 가령 갑의 딸기 우유 선택이 심지어 갑이 태어나기도 전에 선결정된 것이라면 갑이 자유의지로 그것을 선택한 것이라고 보기 어려울 것이다. 두 번째로 임의의 선택이 무작위로 일어난 것이라 가정해 보자. 반자유의지 논증에서는 이 경우에도 우리에게 자유의지가 없다고 결론 내린다. 가령 갑의 딸기 우유 선택이 단지 갑의 뇌에서 무작위로 일어난 신경 사건이라고 한다면, 그것은 자유의지의 산물이라고 보기 어려울 것이다.

그러나 이 논증에 관한 다양한 비판이 가능하다. ㉠반자유의지 논증을 비판하는 한 입장에 따르면 반자유의지 논증의 선결정 가정을 고려할 때의 결론은 받아들여야 하지만, 무작위 가정을 고려할 때의 결론은 받아들일 필요가 없다. 따라서 반자유의지 논증의 결론도 받아들일 필요가 없다고 주장한다. 그 이유는 아래와 같다.

임의의 선택이 나의 자유의지의 산물이 되기 위해서는 다음 두 가지 조건을 모두 충족해야 한다. 첫째, 내가 그 선택의 주체여야 한다. 둘째, 나의 선택은 그 이전 사건들에 의해 선결정되지 않아야 한다. 그런데 어떤 선택이 그 이전 사건들에 의해 선결정되어 있다면, 이것은 자유의지를 위한 둘째 조건과 충돌한다. 따라서 반자유의지 논증의 선결정 가정을 고려할 때의 결론인 우리에게 자유의지가 없다는 점을 받아들여야 한다. 물론 이러한 자유의지와 다른 의미를 지닌 자유의지가 있을 수 있다. 만약 '내가 자유롭게 선택했다'는 말이 단지 '내가 하고자 원했던 것을 했다'는 ⓐ욕구 충족적 자유의지를 의미한다면, 나의 선택이 그 이전 사건들에 의해 선결정되어 있든 그렇지 않든 그것은 내 자유의지의 산물일 수 있다. 그러나 이러한 자유의지는 ⓑ여기서 염두에 두는 두 가지 조건을 모두 충족하는 자유의지와 다르다.

다음으로, 어떤 선택이 무작위로 일어난 것이라고 하더라도 그 선택의 주체는 나일 수 있다. 유물론적 인간관에 따르면 '갑이 딸기 우유를 선택했다'는 것은 '선택 시점에 갑의 뇌에서 신경 사건이 발생했다'는 것을 의미한다. 갑의 이러한 신경 사건이 이전 사건들에 의해 선결정되지 않은 것으로 가정해 보자. 이러한 가정 아래에서도 갑은 그 선택의 주체일 수 있다. 왜냐하면 이 가정은 선택 시점에 발생한 뇌의 신경 사건으로서 '갑이 딸기 우유를 선택했다'는 사실을 바꾸지 않기 때문이다. 결국 ㉡반자유의지 논증의 무작위 가정을 고려할 때의 결론은 받아들일 필요가 없다.

01 윗글에 대한 설명으로 적절하지 <u>않은</u> 것은?

① 유물론적 인간관은 영혼의 존재를 인정하지 않는다.
② 유물론적 인간관은 인간의 선택을 물리적 사건으로 본다.
③ 종교적 인간관은 인간이 물리적 실체로만 구성된다고 보지 않는다.
④ 종교적 인간관은 인간의 선택에서 비물리적 실체가 하는 역할을 인정한다.
⑤ 반자유의지 논증은 임의의 선택이 선결정되지 않을 가능성을 고려하지 않는다.

02 ⓐ, ⓑ를 이해한 내용으로 적절한 것은?

① 어떤 선택을 원해서 한다면 그 선택을 한 사람에게 ⓐ가 있을 수 없다.
② 어떤 선택을 원해서 한다면 그 선택을 한 사람에게 ⓑ가 있을 수 없다.
③ 어떤 선택이 선결정되어 있다면 그 선택을 한 사람에게 ⓐ가 있을 수 없다.
④ 어떤 선택이 선결정되어 있다면 그 선택을 한 사람에게 ⓑ가 있을 수 없다.
⑤ 어떤 선택을 원해서 하고 그 선택이 선결정되어 있지 않다면 그 선택을 한 사람에게 ⓐ와 ⓑ 중 어느 것도 있을 수 없다.

03 ㉡의 이유로 가장 적절한 것은?

① 비물리적 실체인 영혼은 존재하지 않기 때문이다.
② 어떤 선택은 무작위로 일어난 것이 아니기 때문이다.
③ 어떤 선택은 선결정되어 있지만 욕구 충족적 자유의지의 산물이기 때문이다.
④ 반자유의지 논증의 선결정 가정을 고려할 때의 결론이 받아들여져야 하기 때문이다.
⑤ 어떤 선택은 자유의지의 산물이 되기 위한 두 가지 조건을 모두 충족할 수 있기 때문이다.

04 윗글의 ⑦에 입각하여 학생이 〈보기〉와 같은 탐구 활동을 한다고 할 때, [A]에 들어갈 내용으로 적절한 것은?

보기

　자유의지와 관련된 H의 가설과 실험을 보고, 반자유의지 논증에 대해 논의해 보자.
　• H의 가설
　인간이 결정을 내릴 때 발생하는 신경 사건이 있기 전에 그가 어떤 선택을 할지 알게 해 주는 다른 신경 사건이 그의 뇌에서 매번 발생한다.
　• H의 실험
　피실험자의 왼손과 오른손에 각각 버튼 하나가 주어진다. 피실험자는 두 버튼 중 어떤 버튼을 누를지 특정 시점에 결정한다. 그 결정의 시점과 그 이전에 발생하는 뇌의 신경 사건을 동일한 피실험자에게서 100차례 관측한다.
　　• 논의 : ［　　　　　　　　［A］　　　　　　　　］

① H의 가설이 실험 결과에 의해 입증된다면, 선결정 가정을 고려할 때의 결론을 거부해야 한다.
② H의 가설이 실험 결과에 의해 입증된다면, 무작위 가정은 참일 수밖에 없다.
③ H의 가설이 실험 결과에 의해 입증되지 않는다면, 선결정 가정은 참일 수밖에 없다.
④ H의 가설이 실험 결과에 의해 입증되지 않는다면, 무작위 가정을 고려할 때의 결론을 받아들여야 하는 것은 아니다.
⑤ H의 가설의 실험 결과에 의한 입증 여부와 상관없이, 반자유의지 논증의 결론을 받아들여야 한다.

다음 글을 읽고 물음에 답하시오.

(가)

　㉠ 정립-반정립-종합. 변증법의 논리적 구조를 일컫는 말이다. 변증법에 따라 철학적 논증을 수행한 인물로는 단연 헤겔이 거명된다. 변증법은 대등한 위상을 지니는 세 범주의 병렬이 아니라, 대립적인 두 범주가 조화로운 통일을 이루어 가는 수렴적 상향성을 구조적 특징으로 한다. 헤겔에게서 변증법은 논증의 방식임을 넘어, 논증 대상 자체의 존재 방식이기도 하다. 즉 세계의 근원적 질서인 '이념'의 내적 구조도, 이념이 시·공간적 현실로서 드러나는 방식도 변증법적이기에, 이념과 현실은 하나의 체계를 이루며, 이 두 차원의 원리를 밝히는 철학적 논증도 변증법적 체계성을 ⓐ 지녀야 한다.

　헤겔은 미학도 철저히 변증법적으로 구성된 체계 안에서 다루고자 한다. 그에게서 미학의 대상인 예술은 종교, 철학과 마찬가지로 '절대정신'의 한 형태이다. 절대정신은 절대적 진리인 '이념'을 인식하는 인간 정신의 영역을 ⓑ 가리킨다. 예술·종교·철학은 절대적 진리를 동일한 내용으로 하며, 다만 인식 형식의 차이에 따라 구분된다. 절대정신의 세 형태에 각각 대응하는 형식이 직관·표상·사유이다. '직관'은 주어진 물질적 대상을 감각적으로 지각하는 지성이고, '표상'은 물질적 대상의 유무와 무관하게 내면에서 심상을 떠올리는 지성이며, '사유'는 대상을 개념을 통해 파악하는 순수한 논리적 지성이다. 이에 세 형태는 각각 '직관하는 절대정신', '표상하는 절대정신', '사유하는 절대정신'으로 규정된다. 헤겔에 따르면 직관의 외면성과 표상의 내면성은 사유에서 종합되고, 이에 맞춰 예술의 객관성과 종교의 주관성은 철학에서 종합된다.

　형식 간의 차이로 인해 내용의 인식 수준에는 중대한 차이가 발생한다. 헤겔에게서 절대정신의 내용인 절대적 진리는 본질적으로 논리적이고 이성적인 것이다. 이러한 내용을 예술은 직관하고 종교는 표상하며 철학은 사유하기에, 이 세 형태 간에는 단계적 등급이 매겨진다. 즉 예술은 초보 단계의, 종교는 성장 단계의, 철학은 완숙 단계의 절대정신이다. 이에 따라 ㉡ 예술-종교-철학 순의 진행에서 명실상부한 절대정신은 최고의 지성에 의거하는 것, 즉 철학뿐이며, 예술이 절대정신으로 기능할 수 있는 것은 인류의 보편적 지성이 미발달된 머나먼 과거로 한정된다.

(나)

　변증법의 매력은 '종합'에 있다. 종합의 범주는 두 대립적 범주 중 하나의 일방적 승리로 ⓒ 끝나도 안 되고, 두 범주의 고유한 본질적 규정이 소멸되는 중화 상태로 나타나도 안 된다. 종합은 양자의 본질적 규정이 유기적 조화를 이루어 질적으로 고양된 최상의 범주가 생성됨으로써 성립하는 것이다.

　헤겔이 강조한 변증법의 탁월성도 바로 이것이다. 그러기에 변증법의 원칙에 최적화된 엄밀하고도 정합적인 학문 체계를 조탁하는 것이 바로 그의 철학적 기획이 아니었던가. 그런데 그가 내놓은 성과물들은 과연 그 기획을 어떤 흠결도 없이 완수한 것으로 평가될 수 있을까? 미학에 관한 '그렇다'는 답변은 쉽지 않을 것이다. 지성의 형식을 직관-표상-사유 순으로 구성하고 이에 맞춰 절대정신을 예술-종교-철학 순으로 편성한 전략은 외관상으로는 변증법 모델에 따른 전형적 구성으로 보인다. 그러나 실질적 내용을 ⓓ 보면 직관으로부터 사유에 이르는 과정에서는 외면성이 점차 지워지고 내면성이 점증적으로 강화·완성되고 있음이, 예술로부터 철학에 이르는 과정에서는 객관성이 점차 지워지고 주관성이 점증적으로 강화·완성되고 있음이 확연히 드러날 뿐, 진정한 변증법적 종합

은 ⓔ 이루어지지 않는다. 직관의 외면성 및 예술의 객관성의 본질은 무엇보다도 감각적 지각성인데, 이러한 핵심 요소가 그가 말하는 종합의 단계에서는 완전히 소거되고 만다.

　변증법에 충실하려면 헤겔은 철학에서 성취된 완전한 주관성이 재객관화되는 단계의 절대정신을 추가했어야 할 것이다. 예술은 '철학 이후'의 자리를 차지할 수 있는 유력한 후보이다. 실제로 많은 예술 작품은 '사유'를 매개로 해서만 설명되지 않는가. 게다가 이는 누구보다도 풍부한 예술적 체험을 한 헤겔 스스로가 잘 알고 있지 않은가. 이 때문에 방법과 철학 체계 간의 이러한 불일치는 더욱 아쉬움을 준다.

01 (가)와 (나)에 대한 설명으로 가장 적절한 것은?

① (가)와 (나)는 모두 특정한 철학적 방법에 기반한 체계를 바탕으로 예술의 상대적 위상을 제시하고 있다.
② (가)와 (나)는 모두 특정한 철학적 방법에 대한 상반된 평가를 바탕으로 더 설득력 있는 미학 이론을 모색하고 있다.
③ (가)와 달리 (나)는 특정한 철학적 방법의 시대적 한계를 지적하고 이에 맞서는 혁신적 방법을 제안하고 있다.
④ (가)와 달리 (나)는 특정한 철학적 방법에서 파생된 미학 이론을 바탕으로 예술 장르를 범주적으로 유형화하고 있다.
⑤ (나)와 달리 (가)는 특정한 철학적 방법의 통시적인 변화 과정을 적용하여 철학사를 단계적으로 설명하고 있다.

02 (가)에서 알 수 있는 헤겔의 생각으로 적절하지 않은 것은?

① 예술·종교·철학 간에는 인식 내용의 동일성과 인식 형식의 상이성이 존재한다.
② 세계의 근원적 질서와 시·공간적 현실은 하나의 변증법적 체계를 이룬다.
③ 절대정신의 세 가지 형태는 지성의 세 가지 형식이 인식하는 대상이다.
④ 변증법은 철학적 논증의 방법이자 논증 대상의 존재 방식이다.
⑤ 절대정신의 내용은 본질적으로 논리적이고 이성적인 것이다.

03 (가)에 따라 직관·표상·사유의 개념을 적용한 것으로 적절하지 않은 것은?

① 먼 타향에서 밤하늘의 별들을 바라보는 것은 직관을 통해, 같은 곳에서 고향의 하늘을 상기하는 것은 표상을 통해 이루어지겠군.
② 타임머신을 타고 미래로 가는 자신의 모습을 상상하는 것과, 그 후 판타지 영화의 장면을 떠올려 보는 것은 모두 표상을 통해 이루어지겠군.
③ 초현실적 세계가 묘사된 그림을 보는 것은 직관을 통해, 그 작품을 상상력 개념에 의거한 이론에 따라 분석하는 것은 사유를 통해 이루어지겠군.
④ 예술의 새로운 개념을 설정하는 것은 사유를 통해, 이를 바탕으로 새로운 감각을 일깨우는 작품의 창작을 기획하는 것은 직관을 통해 이루어지겠군.
⑤ 도덕적 배려의 대상을 생물학적 상이성 개념에 따라 규정하는 것과, 이에 맞서 감수성 소유 여부를 새로운 기준으로 제시하는 것은 모두 사유를 통해 이루어지겠군.

04 (나)의 글쓴이의 관점에서 ㉠과 ㉡에 대한 헤겔의 이론을 분석한 것으로 적절하지 <u>않은</u> 것은?

① ㉠과 ㉡ 모두에서 첫 번째와 두 번째의 범주는 서로 대립한다.

② ㉠과 ㉡ 모두에서 두 번째와 세 번째 범주 간에는 수준상의 차이가 존재한다.

③ ㉠과 달리 ㉡에서는 범주 간 이행에서 첫 번째 범주의 특성이 갈수록 강해진다.

④ ㉡과 달리 ㉠에서는 세 번째 범주에서 첫 번째와 두 번째 범주의 조화로운 통일이 이루어진다.

⑤ ㉡과 달리 ㉠에서는 범주 간 이행에서 수렴적 상향성이 드러난다.

05 〈보기〉는 헤겔과 (나)의 글쓴이가 나누는 가상의 대화의 일부이다. ㉎에 들어갈 내용으로 가장 적절한 것은?

> **보기**
>
> **헤겔** : 괴테와 실러의 문학 작품을 읽을 때 놓치지 않아야 할 점이 있네. 이 두 천재도 인생의 완숙기에 이르러서야 비로소 최고의 지성적 통찰을 진정한 예술미로 승화시킬 수 있었네. 그에 비해 초기의 작품들은 미적으로 세련되지 못해 결코 수준급이라 할 수 없었는데, 이는 그들이 아직 지적으로 미성숙했기 때문이었네.
>
> **(나)의 글쓴이** : 방금 그 말씀과 선생님의 기본 논증 방법을 연결하면 ㉎ 는 말이 됩니다.

① 이론에서는 대립적 범주들의 종합을 이루어야 하는 세 번째 단계가 현실에서는 그 범주들을 중화한다

② 이론에서는 외면성에 대응하는 예술이 현실에서는 내면성을 바탕으로 하는 절대정신일 수 있다

③ 이론에서는 반정립 단계에 위치하는 예술이 현실에서는 정립 단계에 있는 것으로 나타난다

④ 이론에서는 객관성을 본질로 하는 예술이 현실에서는 객관성이 사라진 주관성을 지닌다

⑤ 이론에서는 절대정신으로 규정되는 예술이 현실에서는 진리의 인식을 수행할 수 없다

06 문맥상 ⓐ~ⓔ와 바꾸어 쓰기에 가장 적절한 것은?

① ⓐ : 소지(所持)하여야

② ⓑ : 포착(捕捉)한다

③ ⓒ : 귀결(歸結)되어도

④ ⓓ : 간주(看做)하면

⑤ ⓔ : 결성(結成)되지

지문분석으로 독해력 향상하기

다음 글을 읽고 물음에 답하시오.

(가)

　전국 시대의 혼란을 종식한 진(秦)은 분서갱유를 단행하며 사상 통제를 ⓐ 기도했다. 당시 권력자였던 이사(李斯)에게 역사 지식은 전통만 따지는 허언이었고, 학문은 법과 제도에 대해 논란을 일으키는 원인에 불과했다. 이에 따라 전국 시대의 『순자』처럼 다른 사상을 비판적으로 ⓑ 흡수하여 통합 학문의 틀을 보여 준 분위기는 일시적으로 약화되었다. 이에 한(漢) 초기 사상가들의 과제는 진의 멸망 원인을 분석하고 이에 기초한 안정적 통치 방안을 제시하며, 힘의 지배를 ⓒ 숭상하던 당시 지배 세력의 태도를 극복하는 것이었다. 이러한 과제에 부응한 대표적 사상가는 육가(陸賈)였다.

　순자의 학문을 계승한 그는 한 고조의 치국 계책 요구에 부응해 『신어』를 저술하였다. 이 책을 통해 그는 진의 단명 원인을 가혹한 형벌의 남용, 법률에만 의거한 통치, 군주의 교만과 사치, 그리고 현명하지 못한 인재 등용 등으로 지적하고, 진의 사상 통제가 낳은 폐해를 거론하며 한 고조에게 지식과 학문이 중요함을 설득하고자 하였다. 그에게 지식의 핵심은 현실 정치에 도움을 주는 역사 지식이었다. 그는 역사를 관통하는 자연의 이치에 따라 천문·지리·인사 등 천하의 모든 일을 포괄한다는 ㉠ 통물(統物)과, 역사 변화 과정에 대한 통찰로서 상황에 맞는 조치를 취하고 기존 규정을 고수하지 않는다는 ㉡ 통변(通變)을 제시하였다. 통물과 통변이 정치의 세계에 드러나는 것이 ㉢ 인의(仁義)라고 파악한 그는 힘에 의한 권력 창출을 긍정하면서도 권력의 유지와 확장을 위한 왕도 정치를 제안하며 인의의 실현을 위해 유교 이념과 현실 정치의 결합을 시도하였다.

　인의가 실현되는 정치를 위해 육가는 유교의 범위를 벗어나지 않는 한에서 타 사상을 수용하였다. 예와 질서를 중시하며 교화의 정치를 강조하는 유교를 중심으로 도가의 무위와 법가의 권세를 끌어들였다. 그에게 무위는 형벌을 가벼이 하고 군주의 수양을 강조하는 것으로 평온한 통치의 결과를 의미했고, 권세도 현명한 신하의 임용을 통해 정치권력의 안정을 도모하는 방향성을 가진 것이었기에 원래의 그것과는 차별된 것이었다.

　육가의 사상은 과도한 융통성으로 사상적 정체성이 문제가 되기도 했지만, 군주의 정치 행위에 따라 천명이 결정됨을 지적하고 인의의 실현을 강조한 통합의 사상이었다. 그의 사상은 한 무제 이후 유교 독존의 시대를 여는 데 기여하였다.

(나)

　조선 초기에 진행된 고려 관련 역사서 편찬은 고려 멸망의 필연성과 조선 건국의 정당성을 드러내는 작업이었다. 편찬자들은 다양한 방식으로 고려와 조선의 차별성을 부각하고, 고려보다 조선이 뛰어남을 설득하고자 하였다.

　태조의 명으로 고려 말에 찬술되었던 자료들을 모아 고려에 관한 역사서가 편찬되었지만, 왕실이 아닌 편찬자의 주관이 ⓓ 개입되었다는 비판이 제기되는 등 여러 문제점이 지적되었다. 이에 태종은 고려의 역사서를 다시 만들라는 명을 내렸다. 이후 고려의 용어들을 그대로 싣자는 주장과 유교적 사대주의에 따른 명분에 맞추어 고쳐 쓰자는 주장이 맞서는 등 세종 대까지도 논란이 ⓔ 계속되었지만, 문종 대에 이르러 『고려사』 편찬이 완성되었다. 이 과정에서 역사 연구에 관심을 기울인 세종은 경서(經書)가 학문의 근본이라면 역사서는 학문을 현실에서 구현하는 것으로 파악하고, 집현전 학자들과의 경연을 통해 경서와 역사서에 대한 이해를 쌓

아 갔다.

　이런 분위기에서 세종은 중국과 우리나라의 흥망성쇠를 담은 『치평요람』의 편찬을 명하였고, 집현전 학사들은 원(元)까지의 중국 역사와 고려까지의 우리 역사를 정리하였다. 정리 과정에서 주자학적 역사관이 담긴 『자치통감강목』에 따라 역대 국가를 정통과 비정통으로 구분했지만, 편찬 형식 측면에서는 강목체를 따르지 않았다. 또한 올바른 정치의 여부에 따라 국가의 운명이 다하고 천명이 옮겨 간다는 내용을 드러내고자 기존 역사서와 달리 국가 간 전쟁과 외교 문제, 국가 말기의 혼란과 새 국가 초기의 혼란 수습 등을 부각하였다.

　이러한 편찬 방식은 국가의 흥망성쇠를 거울삼아 국가를 잘 운영하겠다는 목적 이외에 새 국가의 토대를 마련하려는 의도가 전제된 것이었다. 이런 의도가 집중적으로 반영된 곳은 『치평요람』의 「국조(國朝)」 부분이었다. 이 부분의 편찬자들은 유교적 시각에서 고려 정치를 바라보며 불교 사상의 폐단을 비롯한 문제점들을 다각도로 드러냈고, 이를 통해 유교적 사회로의 변화를 주장하였다. 이성계의 능력과 업적을 담기는 했지만 이것이 조선 건국을 정당화하기에는 불충분했기에 세종은 역사적 사실을 배경으로 조선 왕조의 우수성을 부각한 『용비어천가』의 편찬을 지시했다. 이는 왕조의 우수성과 정통성을 경전과 역사의 다양한 근거를 통해 보여 주고자 한 것이었다.

01 (가)와 (나)의 차이점을 중심으로 두 글을 비교하며 읽는 방법으로 가장 적절한 것은?

① (가)는 한(漢)에서, (나)는 조선에서 쓰인 책을 설명하고 있으니, 시대 상황과 사상이 책에 반영된 양상을 비교하며 읽는다.

② (가)는 피지배 계층을, (나)는 지배 계층을 대상으로 한 책을 설명하고 있으니, 예상 독자의 반응 양상을 비교하며 읽는다.

③ (가)는 동일한 시대에, (나)는 서로 다른 시대에 쓰인 책들을 설명하고 있으니, 시대에 따른 창작 환경을 비교하며 읽는다.

④ (가)는 학문적 성격의, (나)는 실용적 성격의 책을 설명하고 있으니, 다양한 분야의 책에 담긴 보편성을 확인하며 읽는다.

⑤ (가)는 국가 주도로, (나)는 개인 주도로 편찬된 책들을 설명하고 있으니, 각 주체별 관심 분야의 차이를 확인하며 읽는다.

03 ㉠~㉢에 대한 이해로 가장 적절한 것은?

① ㉠은 역사 속에서 각광을 받았던 학문 분야들의 개별적 특징을 이해한 것이다.

② ㉡은 도가나 법가 사상을 중심 이념으로 삼아 정치 상황의 변화에 대응하려는 것이다.

③ ㉢은 현명한 신하의 임용과 엄한 형벌의 집행을 전제로 한 평온한 정치의 결과를 의미한다.

④ ㉢은 군주가 부단한 수양과 안정된 권력을 바탕으로 교화의 정치를 펼쳐야 실현되는 것이다.

⑤ ㉠과 ㉡은 역사 지식과 현실 정치를 긴밀히 연결하여 힘으로 권력을 창출하는 것을 의미한다.

02 (가), (나)의 내용과 일치하지 않는 것은?

① 진의 권력자인 이사는 역사 지식과 학문을 부정적인 것으로 인식하였다.

② 전국 시대에는 『순자』처럼 여러 사상을 통합하려는 학문 경향이 있었다.

③ 『치평요람』은 『자치통감강목』의 편찬 형식에 따라 역대 국가를 정통과 비정통으로 구분하여 정리하였다.

④ 『치평요람』의 「국조」는 고려의 문제점들을 보임으로써 사회의 변화를 이끌어야 한다는 주장을 드러내었다.

⑤ 『용비어천가』에는 조선 왕조의 우수성을 드러내고 건국의 정당성을 확보하려는 목적이 담겨 있다.

04 윗글에서 '육가'와 '집현전 학자들'이 공통적으로 드러내고자 한 내용에 해당하는 것만을 〈보기〉에서 있는 대로 고른 것은?

보기

ㄱ. 옛 국가의 역사를 거울삼아 새 국가를 안정적으로 통치하도록 한다.

ㄴ. 옛 국가의 멸망 원인은 잘못된 정치 운영에 있지 않고 새 국가로 천명이 옮겨 온 것에 있다.

ㄷ. 옛 국가에서 드러난 사상적 공백을 채우기 위해 새 국가의 군주는 유교에 따라 통치하도록 한다.

① ㄱ   ② ㄴ   ③ ㄱ, ㄴ   ④ ㄱ, ㄷ   ⑤ ㄴ, ㄷ

05 〈보기〉는 동양 역사가들의 견해이다. 〈보기〉를 바탕으로 (가), (나)를 이해한 내용으로 적절하지 <u>않은</u> 것은?

보기

ㄱ. 대부분 옛일의 성패를 논하기 좋아하고 그 일의 진위를 자세히 살피지 않는다. 하지만 진위를 분명히 한 후에야 성패가 어긋나지 않을 수 있다. 이는 역사 서술의 근원인 자료를 바로잡고 깨끗이 한다는 뜻이다.

ㄴ. 고금의 흥망은 현실의 객관적 형세인 시세의 흐름에 따르는 것이며, 사림(士林)의 재주와 덕행으로 말미암은 것은 아니었다. 그러므로 천하의 일은 시세가 제일 중요하고, 행복과 불행이 다음이며, 옳고 그름의 구분은 마지막이라고 하는 것이다.

ㄷ. 도(道)의 본체는 경서에 있지만 그것의 큰 쓰임은 역사서에 담겨 있다. 역사란 선을 높이고 악을 낮추며 선을 권면하고 악을 징계하는 것이다.

① ㄱ의 관점에 따르면, 『신어』에 제시된 진의 멸망 원인에 대한 지적은 관련 내용의 진위에 대한 명확한 판별 이후에 이루어져야 하는 것이겠군.

② ㄱ의 관점에 따르면, 『고려사』 편찬 과정에서 고려의 용어를 고쳐 쓰자고 한 의견은 역사 서술의 근원인 자료를 바로잡고 깨끗이 하자는 것이라고 볼 수 있겠군.

③ ㄴ의 관점에 따르면, 『치평요람』에 서술된 국가의 흥망은 그 원인이 인물들의 능력보다는 객관적 형세인 시세의 흐름에 있다고 보아야겠군.

④ ㄷ의 관점에 따르면, 『신어』에 제시된 진에 대한 비판은 악을 낮추고 징계하는 것으로 볼 수 있겠군.

⑤ ㄷ의 관점에 따르면, 『치평요람』 편찬과 관련한 세종의 생각에서 학문의 근본은 도의 본체에, 현실에서 학문의 구현은 도의 큰 쓰임에 대응하겠군.

06 문맥상 ⓐ~ⓔ와 바꿔 쓰기에 적절하지 <u>않은</u> 것은?

① ⓐ : 꾀했다

② ⓑ : 받아들여

③ ⓒ : 믿던

④ ⓓ : 끼어들었다는

⑤ ⓔ : 이어졌지만

나 없이

기출

풀지마라

나 없이

다음 글을 읽고 물음에 답하시오.

(가)

　아도르노는 문화 산업에 의해 양산되는 대중 예술이 이윤 극대화를 위한 상품으로 전락함으로써 예술의 본질을 상실했을 뿐 아니라 현대 사회의 모순과 부조리를 은폐하고 있다고 지적했다. 아도르노가 보는 대중 예술은 창작의 구성에서 표현까지 표준화되어 생산되는 상품에 불과하다. 그는 대중 예술의 규격성으로 인해 개인의 감상 능력 역시 표준화되고, 개인의 개성은 다른 개인의 그것과 다르지 않게 된다고 보았다. 특히 모든 것을 상품의 교환 가치로 환원하려는 자본주의 사회에서, 대중 예술은 개인의 정체성마저 상품으로 ⓐ 전락시키는 기제로 작용한다는 것이다.

　아도르노는 서로 다른 가치 체계를 하나의 가치 체계로 통일 시키려는 속성을 동일성으로, 하나의 가치 체계로의 환원을 거부하는 속성을 비동일성으로 규정하고, 예술은 이러한 환원을 거부하는 비동일성을 지녀야 한다고 주장한다. 그렇기 때문에 예술은 대중이 원하는 아름다운 상품이 되기를 거부하고, 그 자체로 추하고 불쾌한 것이 되어야 한다는 것이다. 그에게 있어 예술은 예술가가 직시한 세계의 본질을 감상자들에게 체험하게 해야 한다. 예술은 동일화되지 않으려는, 일정한 형식이 없는 비정형화된 모습으로 나타남으로써 현대 사회의 부조리를 체험하게 하는 매개여야 한다는 것이다.

　아도르노는 쇤베르크의 음악과 같은 전위 예술이 그 자체로 동일화에 저항하면서도, 저항이나 계몽을 직접적으로 드러내지 않는다는 것을 높게 평가한다. 저항이나 계몽을 직접 표현하는 것에는 비동일성을 동일화하려는 폭력적 의도가 내재되어 있다고 보기 때문이다. 불협화음으로 가득 찬 쇤베르크의 음악이 감상자들에게 불쾌함을 느끼게 했던 것처럼 예술은 그것에 드러난 비동일성을 체험하게 함으로써 동일화의 폭력에 저항해야 한다는 것이다.

　아도르노에게 있어 예술은 사회적 산물이며, 그래서 미학은 작품에 침전된 사회의 고통스러운 상태를 읽기 위해 존재한다. 그는 비동일성 그 자체를 속성으로 하는 전위 예술을 예술이 추구해야 할 바람직한 모습으로 제시했다.

(나)

　아도르노의 미학은 예술과 사회의 관계를 통해 예술의 자율성을 추구했다는 점에서 긍정적으로 평가된다. 예술은 사회적인 것인 동시에 사회에서 떨어져 사회의 본질을 직시하는 것이어야 한다고 보기 때문이다. 그의 미학은 기존의 예술에 대한 비판적 관점을 제공한다. 가령 사과를 표현한 세잔의 작품을 아도르노의 미학으로 읽어 낸다면, 이 그림은 사회의 본질과 ⓑ 유리된 '아름다운 가상'을 표현한 것에 불과할 것이다.

　하지만 세잔의 작품은 예술가의 주관적 인상을 붉은색과 회색 등의 색채와 기하학적 형태로 표현한 미메시스일 수 있다. 미메시스란 세계를 바라보는 주체의 관념을 재현하는 것, 즉 감각될 수 없는 것을 감각 가능한 것으로 구현하는 것을 의미 한다. 다시 말해 세잔의 작품은 눈에 보이는 특정의 사과가 아닌 예술가의 시선에 포착된 세계의 참모습, 곧 자연의 생명력과 그에 얽힌 농부의 삶 그리고 이를 ⓒ 응시하는 예술가의 사유를 재현한 것이 된다.

　아도르노는 예술이 예술가에게 포착된 세계의 본질을 감상자로 하여금 체험하게 하는 것이어야 한다고 본다. 그러나 그는 이러한 미적 체험을 현대 사회의 부조리에 국한시킴으로써, 진정한 예술을 감각적 대상인 형태 그 자체의 비정형성에 대한 체험으로 한정한다. 결국 ㉠ 아도르노의

미학에서는 주관의 재현이라는 미메시스가 부정되고 있다.

　한편 아도르노의 미학은 예술의 영역을 극도로 축소시키고 있다. 즉 그 자신은 동일화의 폭력을 비판하지만, 자신이 추구하는 전위 예술만이 진정한 예술이라고 주장하며 ㉡ 전위 예술의 관점에서 예술의 동일화를 시도하고 있다. 특히 이는 현실 속 다양한 예술의 가치가 발견될 기회를 ⓓ 박탈한다. 실수로 찍혀 작가의 어떠한 주관도 결여된 사진에서조차 새로운 예술 정신을 ⓔ 발견하는 것이 가능하다는 베냐민의 지적처럼, 전위 예술이 아닌 예술에서도 미적 가치를 발견할 수 있다. 또한 대중음악이 사회적 저항의 메시지를 전달하는 사례도 있듯이, 자본의 논리에 편승한 대중 예술이라 하더라도 사회에 대한 비판적 기능을 수행하는 경우도 있다.

---

01 다음은 (가)와 (나)를 읽고 수행한 독서 활동지의 일부이다. Ⓐ~Ⓔ 중 적절하지 않은 것은?

	(가)	**(나)**
글의 화제	아도르노의 예술관 ·············· Ⓐ	
서술 방식의 공통점	구체적인 예를 제시하고 그것에 담긴 의미를 설명함.Ⓑ	
서술 방식의 차이점	(가)는 (나)와 달리 화제와 관련된 개념을 정의하고 개념의 변화 과정을 제시함. ·············· Ⓒ	(나)는 (가)와 달리 논지를 강화하기 위해 다른 이의 견해를 인용함. ·············· Ⓓ
서술된 내용 간의 관계	(가)에서 소개한 이론에 대해 (나)에서 의의를 밝히고 한계를 지적함. ·············· Ⓔ	

① Ⓐ　　　　② Ⓑ　　　　③ Ⓒ
④ Ⓓ　　　　⑤ Ⓔ

---

02 아도르노가 보는 대중 예술에 대한 이해로 적절하지 않은 것은?

① 문화 산업을 통해 상품화된 개인의 정체성과 대립적 관계를 형성한다.
② 일정한 규격에 맞춰 생산될 뿐 아니라 대중의 감상 능력을 표준화한다.
③ 자본주의의 교환 가치 체계에 종속된 것으로서 예술로 포장된 상품에 불과하다.
④ 모든 것을 상품의 교환 가치로 환원하려는 자본주의 사회의 속성을 은폐한다.
⑤ 문화 산업의 이윤 극대화 과정에서 개인들이 지닌 개성의 차이를 상실시킨다.

---

03 ㉠의 이유를 추론한 내용으로 가장 적절한 것은?

① 비정형적 형태뿐 아니라 정형적 형태 역시 재현되기 때문이다.
② 재현의 주체가 예술가로부터 예술 작품의 감상자로 전환되기 때문이다.
③ 미적 체험의 대상이 사회의 부조리에서 세계의 본질로 변화되기 때문이다.
④ 미적 체험의 과정에서 비정형적인 형태가 예술가의 주관으로 왜곡되기 때문이다.
⑤ 예술가의 주관이 가려지고 작품에 나타난 형태에 대한 체험만이 강조되기 때문이다.

04 (가)의 '아도르노'의 관점을 바탕으로 할 때, ⓒ에 대해 반박할 수 있는 말로 가장 적절한 것은?

① 동일화는 애초에 예술과 무관하므로 예술의 동일화는 실현 불가능하다.
② 전위 예술의 속성은 부조리 그 자체를 폭로하는 것이므로 비동일성은 결국 동일성으로 귀결된다.
③ 동일성으로 환원된 대중 예술에서도 비동일성을 발견할 수 있으므로 예술의 동일화는 무의미하다.
④ 전위 예술은 동일성과 비동일성의 구분을 거부하므로 전위 예술로의 동일화는 새로운 차원의 비동일성으로 전환된다.
⑤ 동일화를 거부하는 속성이 전위 예술의 본질이므로 전위 예술을 추구하는 것은 동일화가 아니라 비동일화를 지향하는 것이다.

05 다음은 학생이 미술관에 다녀와서 작성한 감상문이다. 이에 대해 (가)의 '아도르노'의 관점(A)과 (나)의 글쓴이의 관점(B)에서 설명한 내용으로 적절하지 <u>않은</u> 것은?

> 주말 동안 미술관에서 작품을 관람했다. 기억에 남는 세 작품이 있었다. 첫 번째 작품의 제목은 「자화상」이었지만 얼굴의 형상을 전혀 찾아볼 수 없는 기괴한 모습이었고, 제각각의 형태와 색채들이 이곳저곳 흩어져 있어 불편한 감정만 느껴졌다. 두 번째 작품은 사회에 비판적인 유명 연예인의 얼굴을 묘사한 그림으로, 대량 복제되어 유통되는 작품이었다. 그리고 사용된 색채와 구도가 TV에서 본 상업 광고의 한 장면같이 익숙하게 느껴져서 좋았다. 세 번째 작품은 시골 마을의 서정적인 풍경을 사실적으로 묘사한 그림으로 색감과 조형미가 뛰어나 오랫동안 기억에 잔상으로 남았다.

① A : 첫 번째 작품에서 학생이 기괴함과 불편함을 느낀 것은 부조리한 사회에 대한 예술적 체험의 충격 때문일 수 있습니다.
② A : 두 번째 작품에서 학생이 느낀 익숙함은 현대 사회의 모순에 대한 무감각과 같은 것일 수 있습니다. 이는 문화 산업의 논리에 동일화되어 감각이 무뎌진 결과라 할 수 있습니다.
③ A : 세 번째 작품에 표현된 서정성과 조형미는 부조리에 대한 저항과는 괴리가 있습니다. 사회에 대한 저항을 직접적으로 드러낸 예술이어야 진정한 예술이라고 할 수 있습니다.
④ B : 첫 번째 작품의 흩어져 있는 형태와 색채가 예술가의 표현 의도를 담고 있지 않더라도 그 작품에서 예술적 가치를 발견할 수 있습니다.
⑤ B : 두 번째 작품은 대량 생산을 통해 제작된 것이지만 그 연예인의 사회 비판적 이미지를 이용해 현대 사회의 문제점을 고발하는 것일 수 있습니다.

06 문맥상 ⓐ~ⓔ와 바꿔 쓰기에 적절하지 <u>않은</u> 것은?

① ⓐ : 맞바꾸는
② ⓑ : 동떨어진
③ ⓒ : 바라보는
④ ⓓ : 빼앗는다
⑤ ⓔ : 찾아내는

지문분석으로 독해력 향상하기

다음 글을 읽고 물음에 답하시오.

(가)

[A]

중국에서 비롯된 유서(類書)는 고금의 서적에서 자료를 수집하고 항목별로 분류, 정리하여 이용에 편리하도록 편찬한 서적이다. 일반적으로 유서는 기존 서적에서 필요한 부분을 뽑아 배열할 뿐 상호 비교하거나 편찬자의 해석을 가하지 않았다. 유서는 모든 주제를 망라한 일반 유서와 특정 주제를 다룬 전문 유서로 나눌 수 있으며, 편찬 방식은 책에 따라 다른 경우가 많았다. 중국에서는 대체로 왕조 초기에 많은 학자를 동원하여 국가 주도로 대규모 유서를 편찬하여 간행하였다. 이를 통해 이전까지의 지식을 집성하고 왕조의 위엄을 과시할 수 있었다.

고려 때 중국 유서를 수용한 이후, 조선에서는 중국 유서를 활용하는 한편, 중국 유서의 편찬 방식에 ⓐ <u>따라</u> 필요에 맞게 유서를 편찬하였다. 조선의 유서는 대체로 국가보다 개인이 소규모로 편찬하는 경우가 많았고, 목적에 따른 특정 주제의 전문 유서가 집중적으로 편찬되었다. 전문 유서 가운데 편찬자가 미상인 유서가 많은데, 대체로 간행을 염두에 두지 않고 기존 서적에서 필요한 부분을 발췌, 기록하여 시문 창작, 과거 시험 등 개인적 목적으로 유서를 활용하고자 하였기 때문이었다.

이 같은 유서 편찬 경향이 지속되는 가운데 17세기부터 실학의 학풍이 하나의 조류를 형성하면서 유서 편찬에 변화가 나타났다. ㉮ <u>실학자들의 유서</u>는 현실 개혁의 뜻을 담았고, 편찬 의도를 지식의 제공과 확산에 두었다. 또한 단순 정리를 넘어 지식을 재분류하여 범주화하고 평가를 더하는 등 저술의 성격을 드러냈다. 독서와 견문을 통해 주자학에서 중시되지 않았던 지식을 집적했고, 증거를 세워 이론적으로 밝히는 고증과 이에 대한 의견 등 '안설'을 덧붙이는 경우가 많았다. 주자학의 지식을 ⓑ <u>이어받는</u> 한편, 주자학이 아닌 새로운 지식을 수용하는 유연성과 개방성을 보였다. 광범위하게 정리한 지식을 식자층이 ⓒ <u>쉽게</u> 접할 수 있어야 한다고 생각했고, 객관적 사실 탐구를 중시하여 박물학과 자연 과학에 관심을 기울였다.

조선 후기 실학자들이 편찬한 유서가 주자학의 관념적 사유에 국한되지 않고 새로운 지식의 축적과 확산을 촉진한 것은 지식의 역사에서 적지 않은 의미를 지닌다.

(나)

예수회 선교사들이 중국에 소개한 서양의 학문, 곧 서학은 조선 후기 유서(類書)의 지적 자원 중 하나로 활용되었다. 조선 후기 실학자들 가운데 이수광, 이익, 이규경 등이 편찬한 백과전서식 유서는 주자학의 지적 영역 내에서 서학의 지식을 어떻게 수용하였는지를 보여 주는 대표적인 사례이다.

17세기의 이수광은 주자학뿐 아니라 다른 학문에 대해서도 열린 태도를 가지고 있었다. 주자학에 기초하여 도덕에 관한 학문과 경전에 관한 학문 등이 주류였던 당시 상황에서, 그는 『지봉유설』을 통해 당대 조선의 지식을 망라하여 항목화하고 자신의 견해를 덧붙였을 뿐 아니라 사신의 일원으로 중국에서 접한 서양 관련 지식을 객관적으로 소개했다. 이에 대해 심성 수양에 절실하지 않을뿐더러 주자학이 아닌 것이 ⓓ <u>뒤섞여</u> 순수하지 않다는 ㉯ <u>일부 주자학자의 비판</u>이 있었지만, 그가 소개한 서양 관련 지식은 중국과 큰 시간 차이 없이 주변에 알려졌다.

18세기의 이익은 서학 지식 자체를 ㉠ <u>『성호사설』</u>의 표제어로 삼았고,

기존의 학설을 정당화하거나 배제하는 근거로 서학을 수용하는 등 서학을 지적 자원으로 활용하였다. 특히 그는 서학의 세부 내용을 다른 분야로 확대하며 상호 침조하는 방식으로 지식을 심화하고 확장하여 소개하였다. 서학의 해부학과 생리학을 그 자체로 수용하지 않고 주자학 심성론의 하위 이론으로 재분류하는 등 지식의 범주를 ⓔ <u>바꾸어</u> 수용하였다. 또한 서학의 수학을 주자학의 지식 영역 안에서 재구성하기도 하였다.

19세기의 이규경도 ㉡ <u>『오주연문장전산고』</u>를 편찬하면서 서학을 적극 활용하였다. 그는 『성호사설』의 분류 체계를 적용하였고 이익과 마찬가지로 서학의 천문학, 우주론 등의 내용을 수록하였다. 그가 주로 유서의 지적 자원으로 활용한 중국의 서학 연구서들은 서학을 소화하여 중국의 학문과 절충한 것이었고, 서학이 가지는 진보성의 토대가 중국이라는 서학 중국 원류설을 반영한 것이었다. 이에 따라 이규경은 이 책들에 담긴 중국화한 서학 지식과 서학 중국 원류설을 받아들였고, 문명의 척도로 여겨진 기존의 중화 관념에서 탈피하지 않으면서도 서학 수용의 이질감과 부담감에서 자유로울 수 있었다. 이렇듯 이규경은 중국의 서학 연구서들을 활용해 매개적 방식으로 서학을 수용하였다.

01 (가)와 (나)에 대한 설명으로 가장 적절한 것은?

① (가)는 유서의 유형을 분류하였고, (나)는 유서의 분류 기준과 적절성 여부를 평가하였다.

② (가)는 유서의 개념과 유용성을 소개하였고, (나)는 국가별 유서의 변천 과정을 설명하였다.

③ (가)는 유서의 기원에 대한 다양한 학설을 검토하였고, (나)는 유서 편찬자들 간의 견해 차이를 분석하였다.

④ (가)는 유서의 특성과 의의를 설명하였고, (나)는 유서 편찬에서 특정 학문의 수용 양상을 시기별로 소개하였다.

⑤ (가)는 유서에 대한 평가가 시대별로 달라진 원인을 분석하였고, (나)는 역사적으로 대표적인 유서의 특징을 제시하였다.

03 ㉮에 대한 이해를 바탕으로 ㉠, ㉡에 대해 파악한 내용으로 적절하지 않은 것은?

① 지식의 제공이라는 ㉮의 편찬 의도는, ㉠에서 지식을 심화하고 확장하여 소개한 것에서 나타난다.

② 지식을 재분류하여 범주화한 ㉮의 방식은, ㉠에서 해부학과 생리학을 주자학 심성론의 하위 이론으로 수용한 것에서 나타난다.

③ 평가를 더하는 저술로서 ㉮의 성격은, ㉡에서 중국 학문의 진보성을 확인하고자 서학을 활용한 것에서 나타난다.

④ 사실 탐구를 중시하며 자연 과학에 대해 드러낸 ㉮의 관심은, ㉡에서 천문학과 우주론의 내용을 수록한 것에서 나타난다.

⑤ 새로운 지식을 수용하는 ㉮의 유연성과 개방성은, ㉠과 ㉡에서 서학을 지적 자원으로 받아들인 것에서 나타난다.

02 [A]에 대한 이해로 적절하지 않은 것은?

① 조선에서 편찬자가 미상인 유서가 많았던 것은 편찬자의 개인적 목적으로 유서를 활용하려 했기 때문이다.

② 조선에서는 시문 창작, 과거 시험 등에 필요한 내용을 담은 유서가 편찬되는 경우가 적지 않았다.

③ 조선에서는 중국의 편찬 방식을 따르면서도 대체로 국가보다는 개인에 의해 유서가 편찬되었다.

④ 중국에서는 많은 학자를 동원하여 대규모로 편찬한 유서를 통해 왕조의 위엄을 드러내었다.

⑤ 중국에서는 주로 서적에서 발췌한 내용을 비교하고 해석을 덧붙여 유서를 편찬하였다.

04 ㉯를 반박하기 위한 '이수광'의 말로 가장 적절한 것은?

① 학문에서 의리를 앞세우고 이익을 뒤로하는 것보다 중한 것이 없으니, 심성을 수양하는 것은 그다음의 일이다.

② 주자학에 매몰되어 세상의 여러 이치를 연구하지 않는 것은 널리 배우고 익히는 앎의 바른 방법이 아닐 것이다.

③ 주자의 가르침이 쇠퇴하게 되면 주자학이 아닌 학문이 날로 번성하게 되니, 주자의 도가 분명히 밝혀져야 한다.

④ 유학 경전에서 쓰이지 않은 글자를 한 글자라도 더하는 일을 용납하는 것은 바른 학문을 해치는 길이 될 것이다.

⑤ 참되게 알고 참되게 행하는 것이 어려우니, 우리 학문의 여러 경전으로부터 널리 배우고 면밀히 익혀야 할 것이다.

05 (가), (나)를 읽은 학생이 〈보기〉의 『임원경제지』에 대해 보인 반응으로 적절하지 <u>않은</u> 것은?

보기

　　서유구의 『임원경제지』는 19세기까지의 조선과 중국 서적들에서 향촌 관련 부분을 발췌, 분류하고 고증한 유서이다. 국가를 위한다는 목적의식을 명시한 이 유서에는 향촌 사대부의 이상적인 삶을 제시하는 과정에서 향촌 구성원 전체의 삶의 조건을 개선할 수 있는 방안이 실렸고, 향촌 실생활에서 활용할 수 있는 내용이 집성되었다. 주자학을 기반으로 실증과 실용의 자세를 견지했던 서유구의 입장, 서학 중국 원류설, 중국과 비교한 조선의 현실 등이 반영되었다. 안설을 부기했으며, 제한적으로 색인을 넣어 검색이 가능하도록 하였다.

① 현실 개혁의 뜻을 담았던 (가)의 실학자들의 유서와 마찬가지로 현실의 문제를 개선하려는 목적의식이 확인되겠군.

② 증거를 제시하여 이론적으로 밝히거나 의견을 제시하는 경우가 많았던 (가)의 실학자들의 유서와 마찬가지로 편찬자의 고증과 의견이 반영된 것이 확인되겠군.

③ 당대 지식을 망라하고 서양 관련 지식을 소개하고자 한 (나)의 『지봉유설』에 비해 특정한 주제를 중심으로 편찬되는 전문 유서의 성격이 두드러지게 드러나겠군.

④ 기존 학설의 정당화 내지 배제에 관심을 두었던 (나)의 『성호사설』에 비해 향촌 사회 구성원의 삶에 필요한 실용적인 지식의 활용에 대한 관심이 드러나겠군.

⑤ 중국을 문명의 척도로 받아들였던 (나)의 『오주연문장전산고』와 달리 중화 관념에 구애되지 않고 중국의 현실과 조선의 현실을 비교한 내용이 확인되겠군.

06 문맥상 ⓐ~ⓔ와 바꾸어 쓰기에 적절하지 <u>않은</u> 것은?

① ⓐ : 의거(依據)하여
② ⓑ : 계몽(啓蒙)하는
③ ⓒ : 용이(容易)하게
④ ⓓ : 혼재(混在)되어
⑤ ⓔ : 변경(變更)하여

Free note.

나 없이

기출

풀지마라

다음 글을 읽고 물음에 답하시오.

(가)

심리 철학에서 동일론은 의식이 뇌의 물질적 상태와 동일하다고 ⓐ 본다. 이와 달리 기능주의는 의식은 기능이며, 서로 다른 물질에서 같은 기능이 구현될 수 있다고 주장한다. 이때 기능이란 어떤 입력이 주어졌을 때 특정한 출력을 내놓는 함수적 역할로 정의되며, 함수적 역할의 일치는 입력과 출력의 쌍이 일치함을 의미한다. 실리콘 칩으로 구성된 로봇이 찔림이라는 입력에 대해 고통을 출력으로 내놓는 기능을 가진다면, 로봇과 우리는 같은 의식을 가진다는 것이다. 이처럼 기능주의는 의식을 구현하는 물질이 무엇인지는 중요하지 않다고 본다.

설(Searle)은 기능주의를 반박하는 사고 실험을 제시한다. '중국어 방' 안에 중국어를 모르는 한 사람만 있다고 하자. 그는 중국어로 된 입력이 들어오면 정해진 규칙에 따라 중국어로 된 출력을 내놓는다. 설에 의하면 방 안의 사람은 중국어 사용자와 함수적 역할이 같지만 중국어를 아는 것은 아니다. 기능이 같으면서 의식은 다른 사례가 있다는 것이다.

동일론, 기능주의, 설은 모두 의식에 대한 논의를 의식을 구현하는 몸의 내부로만 한정하고 있다. 하지만 의식의 하나인 '인지' 즉 '무언가를 알게 됨'은 몸 바깥에서 ⓑ 일어나는 일과 맞물려 벌어진다. 기억나지 않는 정보를 노트북에 저장된 파일을 열람하여 확인하는 것이 한 예이다. 로랜즈의 확장 인지 이론은 이를 설명하는 이론이다.

그에 ⓒ 따르면 인지 과정은 주체에게 '심적 상태'가 생겨나게 하는 과정이다. 기억이나 믿음이 심적 상태의 예이다. 심적 상태는 어떤 것에도 의존함이 없이 주체에게 의미를 나타낸다. 예를 들어, 무언가를 기억하는 사람은 자기의 기억이 무엇인지 ⓓ 알아보기 위해 아무것에도 의존할 필요가 없다. 이와 달리 '파생적 상태'는 주체의 해석에 의존해서만 또는 사회적 합의에 의존해서만 의미를 나타내는 상태로 정의된다. 앞의 예에서 노트북에 저장된 정보는 전자적 신호가 나열된 상태로서 파생적 상태이다. 주체에 의해 열람된 후에도 노트북의 정보는 여전히 파생적 상태이다. 하지만 열람 후 주체에게는 기억이 생겨난다. 로랜즈에게 인지 과정은 파생적 상태가 심적 상태로 변환되는 과정이 아니라, 파생적 상태를 조작함으로써 심적 상태를 생겨나게 하는 과정이다. 심적 상태가 주체의 몸 외부로 확장되는 것이 아니라, 심적 상태를 생겨나게 하는 인지 과정이 확장되는 것이다. 이러한 ㉠ 확장된 인지 과정은 인지 주체의 것일 때에만, 다시 말해 환경의 변화를 탐지하고 그에 맞춰 행위를 조절하는 주체와 통합되어 있을 때에만 성립할 수 있다. 즉 로랜즈에게 주체 없는 인지란 있을 수 없다. 확장 인지 이론은 의식의 문제를 몸 안으로 한정하지 않고 바깥으로까지 넓혀 설명한다는 의의를 지닌다.

(나)

일반적으로 '지각'이란 몸의 감각 기관을 통해 사물에 대해 아는 것을 의미한다. 이러한 지각을 분석할 때 두 가지 사실에 직면한다. 첫째, 그 사물과 내 몸은 물질세계에 있다. 둘째, 그 사물에 대한 나의 의식은 물질세계가 아닌 다른 세계에 있다. 즉 몸으로서의 나는 사물과 같은 세계에 속하는 동시에 의식으로서의 나는 사물과 다른 세계에 속한다.

이에 대한 객관주의 철학의 입장은 두 가지로 나뉜다. 의식을 포함한 모든 것을 물질로 환원하여 의식은 물질에 불과하다고 주장하거나, 의식을 물질과 구분되는 독자적 실체로 규정함으로써 의식과 물질의 본질적 차이를 주장한다. 전자에 의하면 지각은 사물로부터의 감각 자극에 따른 주체의 물질적 반응으로 이해되며, 후자에 의하면 지각은 감각된 사물에

대한 주체 즉 의식의 판단으로 이해된다. 이처럼 양자 모두 주체와 대상의 분리를 전제하고 지각을 이해한다. 주체와 대상은 지각 이전에 이미 확정되어 각각 존재한다는 것이다.

하지만 지각은 주체와 대상이 각자로서 존재하기 이전에 나타나는 얽힘의 체험이다. 예를 들어 다른 사람과 손이 맞닿을 때 내가 누군가의 손을 ⓔ 만지는 동시에 나의 손 역시 누군가에 의해 만져진다. 감각하는 것이 동시에 감각되는 것이 되는 얽힘의 순간에, 나는 나와 대상을 확연히 구분한다. 지각이라는 얽힘의 작용이 있어야 주체와 대상이 분리될 수 있다. 다시 말해 주체와 대상은 지각이 일어난 이후 비로소 확정된다. 따라서 ㉡ 지각과 감각은 서로 구분되지 않는다.

지각은 물질적 반응이나 의식의 판단이 아니라, 내 몸의 체험이다. 지각은 나의 몸에 의해 이루어지는 것이고, 지각이 이루어지게 하는 것은 모두 나의 몸이다.

01 다음은 윗글을 읽은 학생이 정리한 내용이다. ㉮와 ㉯에 들어갈 말로 가장 적절한 것은?

(가)는 기능주의를 소개한 후 [㉮]은/는 같지 않다는 설(Searle)의 비판을 제시하고 있다. 그리고 인지 과정이 몸 바깥으로까지 확장된다고 주장하는 확장 인지 이론을 설명하고 있다. (나)는 인지 중에서도 감각 기관을 통한 인지, 즉 지각을 주제로 하고 있다. (나)는 지각에 대한 객관주의 철학의 입장을 비판하고, [㉯]으로서의 지각을 주장하고 있다.

	㉮	㉯
①	의식과 함수적 역할	내 몸의 체험
②	의식과 함수적 역할	물질적 반응
③	의식과 뇌의 상태	의식의 판단
④	의식과 뇌의 상태	내 몸의 체험
⑤	입력과 출력	의식의 판단

02 (가)에서 알 수 있는 내용으로 적절하지 않은 것은?

① 동일론자들은 뇌가 존재하지 않으면 의식도 존재하지 않는다고 볼 것이다.
② 설(Searle)은 '중국어 방' 안의 사람과 중국어를 아는 사람의 의식이 다르다고 볼 것이다.
③ 로랜즈는 기억이 주체의 몸 바깥으로 확장될 수 있다고 볼 것이다.
④ 로랜즈는 인지 과정이 파생적 상태를 조작하는 과정을 포함한다고 볼 것이다.
⑤ 로랜즈는 노트북에 저장된 정보가 그 자체로는 심적 상태가 아니라고 볼 것이다.

03 (나)의 필자의 관점에서 ㉠을 평가한 내용으로 가장 적절한 것은?

① 확장된 인지 과정이 인지 주체의 것일 때에만 성립할 수 있다는 주장은, 지각 이전에 확정된 주체를 전제한 것이므로 타당하지 않다.
② 확장된 인지 과정이 인지 주체의 것일 때에만 성립할 수 있다는 주장은, 의식이 세계를 구성하는 독자적 실체라고 규정하는 것이므로 타당하다.
③ 주체와 통합된 경우에만 확장된 인지 과정이 성립할 수 있다는 주장은, 의식은 물질에 불과하다고 본 것이므로 타당하다.
④ 주체와 통합된 경우에만 확장된 인지 과정이 성립할 수 있다는 주장은, 외부 세계에 대한 지각이 이루어질 수 없다고 보는 것이므로 타당하지 않다.
⑤ 주체와 통합된 경우에만 확장된 인지 과정이 성립할 수 있다는 주장은, 주체와 대상의 분리를 통해서만 지각이 이루어질 수 있다고 보는 것이므로 타당하다.

04 ㉡의 이유로 가장 적절한 것은?

① 감각과 지각 모두 물질세계에서 이루어지기 때문에
② 감각하는 것이 동시에 감각되는 것이 되는 얽힘의 작용이 지각이기 때문에
③ 지각은 몸에 의해 이루어지지만 감각은 몸에 의해 이루어지지 않기 때문에
④ 지각은 의식으로서의 주체가 외부의 대상을 감각하여 판단한 결과이기 때문에
⑤ 주체와 대상이 분리되기 이전에 감각과 지각이 분리된 채로 존재하기 때문에

05 (가), (나)를 바탕으로 〈보기〉의 상황을 이해한 내용으로 적절하지 <u>않은</u> 것은?

> **보기**
>
> 빛이 완전히 차단된 암실에 A와 B 두 명의 사람이 있다. A는 막대기로 주변을 더듬어 사물의 위치를 파악한다. 막대기 사용에 익숙한 A는 사물에 부딪친 막대기의 진동을 통해 사물의 위치를 파악할 수 있다. B는 초음파 센서로 탐지한 사물의 위치 정보를 '뇌-컴퓨터 인터페이스(BCI)'를 사용하여 전달받는다. 이를 통해 B는 사물의 위치를 파악할 수 있다. BCI는 사람 뇌에 컴퓨터를 연결하여 외부 정보를 뇌에 전달할 수 있는 기술이다.

① (가)의 기능주의에 따르면, A와 B가 암실 내 동일한 사물의 위치를 묻는 질문에 동일한 대답을 내놓는 경우 이때 둘의 의식은 차이가 없겠군.

② (가)의 확장 인지 이론에 따르면, BCI로 암실 내 사물의 위치를 파악하는 것이 B의 인지 과정인 경우 B에게 사물의 위치에 대한 심적 상태가 생겨나겠군.

③ (가)의 확장 인지 이론에 따르면, 암실 내 사물에 부딪친 막대기의 진동이 A의 해석에 의존해서만 의미를 나타내는 경우 그 진동 상태는 파생적 상태가 아니겠군.

④ (나)에서 몸에 의한 지각을 주장하는 입장에 따르면, 막대기에 의해 A가 사물의 위치를 지각하는 경우 막대기는 A의 몸의 일부라고 할 수 있겠군.

⑤ (나)에서 의식을 물질로 환원하는 입장에 따르면, BCI를 통해 입력된 정보로부터 B의 지각이 일어난 경우 BCI를 통해 들어온 자극에 따른 B의 물질적 반응이 일어난 것이겠군.

06 문맥상 ⓐ~ⓔ의 단어와 가장 가까운 의미로 쓰인 것은?

① ⓐ : 그간의 사정을 <u>봐서</u> 그를 용서해 주었다.
② ⓑ : 이사 후에 가난하던 살림살이가 <u>일어났다</u>.
③ ⓒ : 개발에 <u>따른</u> 자연 훼손 문제가 심각해졌다.
④ ⓓ : 단어의 뜻을 <u>알아보기</u> 위해 사전을 펼쳤다.
⑤ ⓔ : 그는 컴퓨터 프로그램을 제법 <u>만질</u> 줄 안다.

나 없이

기출

풀지마라

나 없이

다음 글을 읽고 물음에 답하시오.

(가)

조선 왕조의 기본 법전인 『경국대전』에 규정된 신분제는 신분을 양인과 천인으로 나눈 양천제이다. 양인은 과거에 응시할 수 있었지만, 납세와 군역 등의 의무를 져야 했다. 천인은 개인이나 국가에 소속되어 천역(賤役)을 담당했다. 관료 집단을 뜻하던 양반이 16세기 이후 세습적으로 군역 면제 등의 차별적 특혜를 받는 신분으로 굳어짐에 따라 양인은 사회적으로 양반, 중인, 상민으로 분화되었다. 이러한 법적, 사회적 신분제는 갑오개혁으로 철폐되기 이전까지 조선 사회의 근간이 되었다.

조선 후기에 접어들어 농업 생산력의 증대와 상공업의 발달로 같은 신분 안에서도 분화가 확대되었고, 이에 따라 신분제에 변화가 일어났다. 천인의 대다수를 구성했던 노비는 속량과 도망 등의 방식으로 신분적 억압에서 점차 벗어났다. 영조 연간에 편찬된 법전인 『속대전』에서는 노비가 속량할 수 있는 값을 100냥으로 정하는 규정을 둠으로써 속량을 제도화했다. 이는 국가의 재정 운영상 노비제의 유지보다 그들을 양인 납세자로 전환하는 것이 유리했기 때문이었다. 몰락한 양반들은 노비의 유지가 어려워졌기 때문에 몸값을 받고 속량해 주는 길을 선택했다.

18세기 이후 경제적으로 성장한 상민층에서는 '유학(幼學) 직역*'을 얻고자 하는 현상이 나타났다. 유학은 벼슬을 하지 않은 유생(儒生)을 지칭했으나, 이 시기에는 관료로 진출하지 못한 이들을 가리키는 직역 명칭으로 ⓐ <u>굳어졌다</u>. 호적상 유학은 군역 면제라는 특권이 있어서 상민층이 원하는 직역이었다. 유학 직역의 획득은 제도적으로 양반이 되는 것을 의미하였으나 그것이 곧 온전한 양반으로 인정받는 것을 의미하는 것은 아니었다. 당시 양반 집단의 일원으로 인정받기 위해서는 ㉠ <u>유교적 의례의 준행, 문중과 족보에의 편입</u> 등 다양한 조건이 필요했다. 이에 따라 일부 상민층은 유학 직역을 발판으로 양반 문화를 모방하면서 양반으로 인정받고자 했다.

조선 후기에는 신분 상승 현상이 일어나면서 양반의 하한선과 비(非)양반층의 상한선이 근접하는 모습이 나타났다. 양반들이 비양반층의 진입을 막는 힘은 여전히 작동하고 있었지만, 비양반층이 양반에 접근하고자 하는 힘은 더 강하게 작동했다. 유학의 증가는 이러한 현상의 단면을 보여 준다.

* 직역 : 신분에 따라 정해진 의무로서의 역할.

(나)

『경국대전』 체제에서 양인은 관료가 될 수 있다는 점에서 능력주의가 일부 작동하는 것처럼 보이지만, 실제로는 양반 이외의 신분에서는 관료가 되기 어려웠다. 이러한 상황에서 17세기의 유형원은 『반계수록』을 통해, 19세기의 정약용은 『경세유표』 등을 통해 각각 도덕적 능력주의에 기초한 일련의 개혁론 을 제시했다.

유형원의 기본적인 생각은 국가 공동체를 성리학적 가치와 규범에 따라 운영하고, 구성원도 도덕적으로 만드는 도덕 국가의 건설이었다. 신분 세습을 비판한 그는 현명한 인재라도 노비로 태어나면 노비로 살아야 하는 것이 천하의 도리에 어긋난다고 보고, 노비제 폐지를 주장했다. 아울러 비도덕적 직업이라고 생각한 광대와 같은 직업군을 철폐하고, 사농공상(士農工商)의 사민(四民)으로 편성하고자 했다. 그는 과거제 대신 공거제를 통해 도덕적 능력이 뛰어난 자를 추천으로 선발하여 여러 단계의 교육을 한 후, 최소한의 학식을 확인하여 관료로 임명해야 한다고 제안했다. 도덕을 기준으로 관료를 선발하고 지방에도 관료 선발 인원을 적절히 분배하면 향촌 사회의 풍속도 도덕적으로 이끌 수 있다고 본 것이다.

정약용은 신분제가 동요하는 상황에서 사민이 뒤섞여 사는 것이 교화에 도움이 되지 않는다고 보고, 사농공상별로 구분하여 거주하는 것을 포함한 행정 구역 개편을 구상했다. 이에 맞춰 사(士) 집단을 재편하고자 했다. 도덕적 능력의 여부에 따라 추천으로 예비 관료인 '선사'를 선발하고 일정한 교육을 한 후, 여러 단계의 시험을 거쳐 관료를 선발할 것을 제안했다. ㉡ <u>사 거주지에서 더 많은 선사를 선발하도록 했지만, 농민과 상공인에도 선사의 선발 인원을 배정하는 등 노비 이외에서 사 집단으로 진출할 수 있도록 했다.</u> 노비제에 대해서는 사를 뒷받침하기 위해 유지되어야 한다고 주장했다.

도덕적 능력주의와 관련하여 두 사람은 모두 사회 지배층으로서의 사에 주목했다. 유형원은 다스리는 자인 사와 다스림을 받는 민의 구분을 분명히 하는 것이 천하의 이치라고 보고 ㉢ <u>도덕적 능력이 뛰어난 사람들로 지배층인 사를 구성하고자 했다.</u> 정약용도 양반의 세습을 비판하며 도덕적 능력에 따라 사회 지배층을 재편하는 데 입장을 같이했다. 또한 두 사람은 사회 전체의 도덕 실천을 이끌기 위해 사 집단에 정치권력, 경제력 등을 집중시키려 했고, 지배층과 피지배층 간의 차등을 엄격하게 유지하고자 했다. 내용에서 일부 차이가 있었지만, 두 사람은 사회 지배층의 재구성을 통해 도덕 국가 체제를 추구했다.

01 (가)를 읽고 이해한 내용으로 적절하지 <u>않은</u> 것은?

① 『속대전』의 규정을 적용받아 속량된 사람들은 납세의 의무를 지게 되었다.

② 『경국대전』 반포 이후 갑오개혁까지 조선의 법적 신분제에는 두 개의 신분이 존재했다.

③ 조선 후기 양반 중에는 노비를 양인 신분으로 풀어 주고 금전적 이익을 얻은 이들이 있었다.

④ 조선 후기 '유학'의 증가 현상은 『경국대전』의 신분 체계가 작동하지 않는 현상을 보여 주는 것이었다.

⑤ 조선 후기에 상민이 '유학'의 직역을 얻었을 때, 양반의 특권을 일부 가지게 되지만 온전한 양반으로 인정받지는 못했다.

02 일련의 개혁론에 대한 이해로 적절하지 <u>않은</u> 것은?

① 유형원은 자신이 구상한 공동체의 성격에 적합하지 않은 특정 직업군을 없애는 방안을 구상했다.

② 유형원은 지방 사회의 도덕적 기풍을 진작하기 위해 관료 선발 인원을 지방에도 할당하는 방안을 구상했다.

③ 정약용은 지배층인 사 집단이 주도권을 가지고 사회를 운영하는 방안을 구상했다.

④ 정약용은 직업별로 거주지를 달리하는 것을 포함한 행정 구역 개편 방안을 구상했다.

⑤ 유형원과 정약용은 모두 시험으로 도덕적 능력이 우수한 이를 선발하여 교육한 후 관료로 임명하는 방안을 제시했다.

03 ㉠~㉢에 대한 설명으로 가장 적절한 것은?

① ㉠은 경제적 영향으로 신분 상승 현상이 나타나는 상황에서 신분적 정체성을 지키려는 양반층의 노력이고, ㉡은 이러한 양반층의 노력을 뒷받침하기 위한 정책적 방안이다.

② ㉠은 호적상 유학 직역이 증가하는 상황에서 양반 집단이 기득권을 지키기 위한 자율적 노력이고, ㉡은 기존의 양반들이 가진 기득권을 제도적으로 강화하기 위한 방안이다.

③ ㉠은 상민층이 유학 직역을 얻는 것이 확대되는 상황에서 양반으로 인정받는 것을 억제하는 장치이고, ㉢은 능력주의를 통해 인재 등용에 신분의 벽을 두지 않으려는 방안이다.

④ ㉠은 능력주의가 작동하기 어려운 현실적인 상황에서 신분 구분을 강화하여 불평등을 심화하는 제도이고, ㉢은 사회 지배층의 인원을 늘려 도덕 실천을 이끌기 위한 방안이다.

⑤ ㉡은 양반층의 특권이 점차 사라져 가고 있는 상황에서 신분적 구분을 명확하게 하기 위한 장치이고, ㉢은 양반과 비양반층의 신분적 구분을 없애기 위한 방안이다.

04 (나)를 바탕으로 다음의 ㄱ~ㄹ에 대해 판단한 것으로 가장 적절한 것은?

ㄱ. 아래로 농공상이 힘써 일하고, 위로 사(士)가 효도하고 공경하니, 이는 나라의 기풍이 흐트러지지 않는 것이다.

ㄴ. 사농공상 누구나 인의(仁義)를 실천한다면 비록 농부의 자식이 관직에 나아가더라도 지나친 일이 아닐 것이다.

ㄷ. 덕행으로 인재를 판정하면 천하가 다투어 이에 힘쓸 것이니, 나라 안의 모든 이에게 존귀하게 될 기회가 열릴 것이다.

ㄹ. 양반과 상민의 구분은 엄연하니, 그 경계를 넘지 않아야 상하의 위계가 분명해지고 나라가 편안하게 다스려질 것이다.

---

① 유형원은 ㄱ과 ㄹ에 동의하겠군.

② 유형원은 ㄴ과 ㄷ에 동의하지 않겠군.

③ 유형원은 ㄴ에 동의하지 않고, ㄹ에 동의하겠군.

④ 정약용은 ㄴ과 ㄹ에 동의하겠군.

⑤ 정약용은 ㄱ에 동의하고, ㄷ에 동의하지 않겠군.

05 (가), (나)를 바탕으로 〈보기〉에 대해 보인 반응으로 적절하지 <u>않은</u> 것은?

보기

　　16세기 초 영국의 토머스 모어는 '유토피아'라는 가상 국가를 통해 당대 사회를 비판했다. 그가 제시한 유토피아에서는 현실 국가와 달리 모두가 일을 하고, 사치에 필요한 일은 하지 않기 때문에 하루 6시간만 일해도 경제적으로 풍요롭다. 하지만 이곳에서도 노동을 면제받는 '학자 계급'이 존재한다. 성직자, 관료 등의 권력층은 이 학자 계급에서만 나오도록 하였는데, 학자 계급은 의무가 면제되는 대신 연구와 공공의 일에 전념한다. 학자 계급은 능력 있는 이를 성직자가 추천하고, 대표들이 승인하는 절차를 거쳐야 될 수 있다. 그러나 학자 계급도 성과가 부족하면 '노동 계급'으로 환원될 수 있고, 노동 계급도 공부에 진전이 있으면 학자 계급으로 승격될 수 있다.

① 유토피아에서 연구와 공공의 일에 전념하는 사람들은 선발의 과정을 거친다는 점에서, (가)의 '유학'보다 (나)의 '선사'에 가깝군.
② 유토피아에서 관료는 노동을 면제받지만 그 특권이 세습되지 않는다는 점에서, (가)에서 차별적 특혜를 받던 16세기 이후의 '양반'과는 다르군.
③ 유토피아에서 '학자 계급'에서만 권력층이 나오도록 한 것은, (나)에서 우월한 집단인 '사 집단'에 정치권력을 집중시키고자 한 유형원, 정약용의 생각과 유사하군.
④ 유토피아에서 '노동 계급'이 '학자 계급'으로 승격되는 것은 학업 능력을 기준으로 추천받는다는 점에서, (가)의 상민 출신인 '유학'이 '양반'으로 인정받는 것과는 다르군.
⑤ 유토피아에서 '노동 계급'과 '학자 계급' 간의 이동이 가능한 것은 계급 간 차등이 없음을 전제하므로, (나)에서 차등을 엄격하게 유지하고자 한 유형원, 정약용의 구상과는 다르군.

06 ⓐ와 문맥상 의미가 가장 가까운 것은?

① 관용이 우리 집의 가훈으로 확고하게 <u>굳어졌다</u>.
② 어젯밤 적당하게 내린 비로 대지가 더욱 <u>굳어졌다</u>.
③ 포기하지 않겠다는 결심이 어머니의 격려로 <u>굳어졌다</u>.
④ 길에서 버스를 기다리던 사람들의 몸이 추위로 <u>굳어졌다</u>.
⑤ 갑작스러운 소식에 나도 모르게 얼굴이 딱딱하게 <u>굳어졌다</u>.

나 없이

기출

풀지마라

다음 글을 읽고 물음에 답하시오.

(가)

『한비자』는 중국 전국 시대의 한비자가 제시한 사상이 ⓐ <u>담긴</u> 저작이다. 여러 나라가 패권을 다투던 혼란기를 맞아 엄격한 법치를 통해 부국강병을 꾀한 한비자는 『노자』에 대한 해석을 통해 자신의 법치 사상을 뒷받침했고, 이러한 면모는 『한비자』의 「해로」, 「유로」 등에서 확인할 수 있다.

『노자』에서 '도(道)'는 만물 생성의 근원으로 묘사된다. 도를 천지 만물의 존재와 본질의 근거라고 본 한비자의 이해도 이와 다르지 않다. 그는 자연과 인간 사회의 모든 현상은 도의 영향을 받지 않을 수 없다고 보고, 인간 사회의 일은 도에 따라 제대로 행했는가의 여부에 따라 그 성패가 드러나는 것이라고 이해했다.

한비자는 『노자』에 제시된 영구불변하는 도의 항상성에 대해 도가 천지와 더불어 영원히 존재한다는 것을 의미하는 것이지, 도가 모습과 이치를 일정하게 유지하는 것은 아니라고 이해했다. 그리고 도는 형체가 없을 뿐 아니라 일정하게 고정되어 있지 않기 때문에 때와 상황에 따라 유연하게 변화하는 것이라고 파악했다. 도가 가변성을 가지고 있어야 도가 일정한 곳에만 있지 않게 되고, 그래야만 도가 모든 사물의 존재와 본질의 근거가 될 수 있다고 파악한 것이다. 그는 도가 가변적이기 때문에 통치술도 고정되어서는 안 된다고 주장했다.

한편, 한비자는 도를 구체적인 사물과 사건에 내재한 개별 법칙의 통합으로 보고, 『노자』의 도에 시비 판단의 근거라는 새로운 의미를 부여했다. 항상 존재하는 도는 개별 법칙을 포괄하기 때문에 다양한 개별 사건의 시비를 판단하는 기준이 될 수 있고, 이러한 도에 근거해서 입법해야 다양한 사건을 판단할 수 있다고 본 것이다. 이러한 이해를 바탕으로 그는 만족을 모르는 인간의 욕망을 사회 혼란의 원인으로 지목한 『노자』의 견해에 동의하면서도, 『노자』에서처럼 욕망을 없애야 한다고 주장하지 않고 인간은 욕망을 필연적으로 가질 수밖에 없음을 지적하며 욕망을 제어하기 위해 법이 필요하다고 강조했다.

(나)

유학자들은 도를 인간 삶의 올바른 길을 의미하는 것이라고 보았다. 중국 송나라 이후, 유학자들은 이러한 유학의 도를 기반으로 현상 세계 너머의 근원으로서 도가의 도에 주목하여 『노자』 주석을 전개했다.

혼란기를 거친 송나라 초기에 중앙집권화가 추진된 이후 정치적 갈등이 드러나면서 개혁의 분위기가 조성됐다. 이러한 분위기하에서 유학자이자 개혁 사상가인 왕안석은 『노자주』를 저술했다. 그는 『노자』의 도를 만물의 물질적 근원인 '기(氣)'라고 파악하고, 현상 세계에 앞서 존재하는 기의 작용에 의해 사물이 형성된다고 보았다. 그는 기가 시시각각 변화하듯 현상 세계도 변화한다고 이해했다. 인위적인 것을 제거해야만 도가 드러나고 인간 사회가 안정된다는 『노자』를 비판한 그는 자연과 달리 인간 사회의 안정을 위해서는 제도와 규범의 제정과 같은 인간의 적극적인 개입이 필요하다고 주장했다. 지혜와 덕이 뛰어난 사람이 제정한 사회 제도와 규범도 현실 사회의 변화에 따라 새롭게 해야 한다고 주장한 것이다. 『노자』의 이상 정치가 실현되려면 유학 이념이 실질적 수단으로 사용되어야 한다고 주장하는 등 왕안석은 『노자』를 유학의 실천적 측면과 결부하여 이해했다.

송 이후 원나라에 이르러 성행하던 도교는 유학과 불교 등을 받아들여 체계화되었지만, 오징에게는 주술적인 종교에 불과했다. ㉠ <u>유학자의 입</u>

장에서 그는 잘못된 가르침을 펴는 도교에 사람들이 빠지는 것을 경계했다. 그는 도교의 시조로 간주된 노자의 가르침이 공자의 학문과 크게 다르지 않음을 밝히고자 『도덕진경주』를 저술했다. 그는 도와 유학 이념을 관련짓는 구절을 추가하는 등 『노자』의 일부 내용을 바꾸고 기존 구성 체제를 재편했다. 『노자』의 도를 근원적인 불변하는 도로 본 그는 모든 이치를 내재한 도가 현실화하여 천지 만물이 생성된다고 이해했다. 이런 관점에서 그는 유학의 인의예지가 도의 쇠퇴 때문에 나타난 것이라는 『노자』와 달리 도가 현실화하여 드러난 것으로 해석하고, 인간이 마땅히 따라야 할 사회 규범과 사회 질서 체계도 도가 현실화한 결과로 파악했다.

원이 쇠퇴하고 명나라가 들어선 이후 유학과 도가 등 여러 사상이 합류하는 사조가 무르익는 가운데, 유학자인 설혜는 자신의 ㉡ <u>학문적 소신</u>에 따라 『노자』를 주석한 『노자집해』를 저술했다. 그는 공자도 존중했던 스승이 노자이므로 노자 사상에 대한 오해를 불식해야 한다고 보았다. 그는 기존의 주석서가 『노자』의 진정한 의미를 제대로 밝히지 못했기 때문에 유학자들이 노자 사상을 이단으로 치부했다고 파악한 것이다. 다양한 경전을 인용하여 『노자』를 해석하면서 그는 『노자』의 도를 인간의 도덕 본성과 그것의 근거인 천명으로 이해하고, 본성과 천명의 이치를 탐구한다는 점에서 노자 사상과 유학이 다르지 않다고 보았다. 또한 그는 『노자』에서 인의 등을 비판한 것은 도덕을 근본으로 삼게 하기 위한 충고라고 파악했다.

01 (가), (나)에 대한 설명으로 가장 적절한 것은?

① (가)는 『한비자』의 철학사적 의의를 설명하고 『한비자』와 『노자』의 사회적 파급력을 비교하고 있다.

② (가)는 한비자가 추구한 이상적인 사회를 소개하고 그 실현을 위해 『노자』를 수용한 입장의 한계를 설명하고 있다.

③ (나)는 특정 개념을 중심으로 『노자』에 대한 여러 학자의 견해를 시간의 흐름에 따라 제시하고 있다.

④ (나)는 여러 유학자가 『노자』를 해석한 의도를 각각 제시하고 그 차이로 인해 발생한 학자 간의 이견을 절충하고 있다.

⑤ (가)와 (나)는 모두, 『노자』에 대해 다양한 시각에서 제시된 비판이 심화되는 과정을 구체적 사례와 함께 설명하고 있다.

03 ㉠과 ㉡에 대한 이해로 가장 적절한 것은?

① ㉠은 유학 덕목의 등장을 긍정적으로 평가한 『노자』의 견해를 수용하는, ㉡은 유학 덕목에 대한 『노자』의 비판에 담긴 긍정적 의도를 밝히려는 것으로 표출되었다.

② ㉠은 유학에 유입되고 있는 주술성을 제거하는, ㉡은 노자 사상이 탐구하는 대상에 대한 이해를 근거로 노자 사상과 유학의 공통점을 제시하려는 것으로 표출되었다.

③ ㉠은 유학의 가르침을 차용한 종교가 사람들을 현혹하는 상황에 대응하는, ㉡은 『노자』를 해석한 경전들을 참고하여 유학 이론의 독창성을 밝히려는 것으로 표출되었다.

④ ㉠은 유학을 노자 사상과 연관 지어 유교적 사회 질서의 정당성을 확인하는, ㉡은 유학에서 이단으로 치부하는 사상의 진의를 밝혀 오해를 바로잡으려는 것으로 표출되었다.

⑤ ㉠은 특정 종교에서 추앙하는 사상가와 유학 이론의 관련성을 제시하는, ㉡은 유학의 사상적 우위를 입증하여 다른 학문을 통합할 수 있는 근거를 제시하려는 것으로 표출되었다.

02 (가)에 제시된 한비자의 견해로 적절하지 않은 것은?

① 사건의 시비에 따라 달라지는 도에 근거하여 법이 제정되어야 한다.

② 인간은 무엇을 가지거나 누리고자 하는 마음에서 벗어날 수 없다.

③ 도는 고정된 모습 없이 때와 형편에 따라 변화하며 영원히 존재한다.

④ 인간 사회의 흥망성쇠는 사람이 도에 따라 올바르게 행하였는가의 여부에 좌우되는 것이다.

⑤ 도는 만물의 근원이면서 동시에 현실 사회의 개별 사물과 사건에 내재한 법칙을 포괄하는 것이다.

04 (나)의 왕안석과 오징의 입장에서 다음의 ㄱ~ㄹ에 대해 판단한 것으로 가장 적절한 것은?

> ㄱ. 도는 만물을 통해 드러나는 것이지 만물에 앞서서 존재하는 것은 아니다.
> ㄴ. 인간 사회의 규범은 이치를 내재한 근원적 존재인 도가 현실에 드러난 것이다.
> ㄷ. 도는 현상 세계의 너머에만 머물러 있지 않고 세상일과 유기적으로 관련되는 것이다.
> ㄹ. 도가 변화하듯이 현상 세계가 변하니, 현실 사회의 변화에 따라 인간 사회의 규범도 변해야 한다.

① 왕안석은 ㄱ에 동의하지 않고 ㄴ에 동의하겠군.

② 왕안석은 ㄴ과 ㄹ에 동의하겠군.

③ 왕안석은 ㄷ에 동의하고 ㄹ에 동의하지 않겠군.

④ 오징은 ㄱ과 ㄹ에 동의하지 않겠군.

⑤ 오징은 ㄴ에 동의하고 ㄷ에 동의하지 않겠군.

05 〈보기〉를 참고할 때, (가), (나)의 사상가에 대한 왕부지의 평가로 적절하지 않은 것은?

보기

청나라 초기의 유학자 왕부지는 『노자』의 본래 뜻을 드러내어 노자 사상을 비판하고자 『노자연』을 저술했다. 노자 사상의 비현실성을 드러내어 유학의 실용적 가치를 부각하고자 했던 그는 기존의 『노자』 주석서가 노자 사상이 아닌 사상을 기준으로 삼았기 때문에 『노자』뿐만 아니라 주석자의 사상마저 왜곡했다고 비판했다. 『노자』에서 아무런 행동을 하지 않아도 천하가 다스려진다고 한 것 등을 비판한 그는, 『노자』에서처럼 단순히 인간의 이기적 욕망을 없애는 것이 아니라 사회 질서 유지를 위해 유학 규범을 활용해야 한다고 강조했다.

① 왕부지는 인간의 욕망에 대한 『노자』의 대응 방식을 부정적으로 보았으므로, (가)의 한비자가 『노자』와 달리 사회에 대한 인위적 개입이 필요하다고 한 것에 대해서는 수긍하겠군.
② 왕부지는 『노자』에 제시된 소극적인 삶의 태도를 부정적으로 보았으므로, (나)의 왕안석이 사회 제도에 대한 『노자』의 견해를 비판하며 유학 이념의 활용을 주장한 것은 긍정하겠군.
③ 왕부지는 『노자』의 본래 뜻을 파악해야 한다고 보았으므로, (나)의 오징이 『노자』를 주석하면서 자신의 이해에 따라 원문의 구성과 내용을 수정한 것이 잘못이라고 보겠군.
④ 왕부지는 주석자가 유학을 기준으로 『노자』를 이해하면 주석자의 사상도 왜곡된다고 보았으므로, (나)의 오징이 유학의 인의예지를 『노자』의 도가 현실화한 것으로 본 것을 비판하겠군.
⑤ 왕부지는 『노자』에 담긴 비현실성을 드러내야 한다고 보았으므로, (나)의 설혜가 기존의 『노자』 주석서들을 비판하며 드러낸 학문적 입장이 유학의 실용적 가치를 부각한다고 보겠군.

06 ⓐ와 문맥상 의미가 가장 가까운 것은?

① 과일이 접시에 예쁘게 담겨 있다.
② 상자에 탁구공이 가득 담겨 있다.
③ 시원한 계곡물에 수박이 담겨 있다.
④ 화폭에 봄 경치가 그대로 담겨 있다.
⑤ 매실이 설탕물에 한 달째 담겨 있다.

Free note.

나 없이

기출

풀지마라

다음 글을 읽고 물음에 답하시오.

(가)

　전통적인 윤리학의 주요 주제는 '선', '올바름'과 같은 도덕 용어에 대한 해명을 바탕으로 무엇이 옳고 그른지를 판정하는 객관적 근거를 ⓐ 찾는 것이다. 그러나 윤리학은 오랫동안 그에 대한 만족스러운 답을 ⓑ 내놓지 못했다. 이러한 상황에서 [에이어]는 도덕적으로 옳고 그름에 관한 문장인 도덕 문장이 진리 적합성, 즉 참 또는 거짓일 수 있다는 성질을 갖지 않는다는 주장을 ⓒ 펼쳤다.

　에이어는 진리 적합성을 갖는 모든 문장은 그 문장에 사용된 단어의 정의를 통해 검증되는 분석적 문장이거나 경험적 관찰에 의해 검증되는 종합적 문장이라는 원리를 바탕으로 도덕 문장은 진리 적합성이 없다고 주장했다. 우선 그는 도덕 문장은 분석적이지 않다는 기존의 논의를 수용했다. '선은 A이다.'라는 도덕 문장이 분석적이려면, 술어인 'A'가 주어인 '선'이라는 개념 속에 내포되어 있어야 한다. 하지만 '선'은 속성이나 내용을 더 이상 분석할 수 없는 단순 개념이므로 해당 문장은 분석적이지 않다. 그렇다고 해서 '선은 A이다.'라는 도덕 문장이 경험적 관찰로 검증될 수 있는 것도 아니다. '선' 그 자체는 우리의 감각으로 검증할 수 없기 때문이다.

　도덕 문장은 다양한 감정이나 태도를 표현하고 타인의 감정을 ⓓ 불러일으키는 정서적 의미를 갖는다고 에이어는 주장했다. 그는 많은 사람들이 도덕 문장이 진리 적합성을 갖는다고 오해하는 것은 도덕 용어의 두 가지 용법을 구분하지 못해서라고 주장한다. 그에 따르면 도덕 용어는 감정을 표현하는 표현적 용법으로도, 세계에 관한 어떤 사실을 기술하는 기술적 용법으로도 사용될 수 있다. 만약 '도둑질은 나쁘다.'가 도둑질이 사회적으로 배척된다는 사실을 기술하는 문장이라면, 이 문장은 도덕적으로 옳고 그름에 관한 것이 아니다. 따라서 이 문장은 도덕 문장이 아니고, 경험적으로 검증이 가능하다. 반대로 그 문장이 도둑질에 대한 화자의 감정을 표현한 문장이라면 이는 도덕 문장이며 어떤 사실을 기술한 것이 아니다. 에이어에게는 '도둑질은 나쁘다.'와 같은 도덕 문장을 진술하는 것은 감정을 담은 어조로 '네가 도둑질을 하다니!'라고 말하는 것과 다름없기 때문이다. 그의 주장대로라면 도덕 문장은 감정을 표현하는 도덕 주체로부터 독립적으로 존재하는 무언가를 기술할 수 없다. 이는 전통적인 윤리학자들의 기본 가정을 부정하는 급진적 주장이지만 윤리학에 새로운 사고를 ⓔ 열어 준 선구적인 면도 있다.

(나)

　논리학에서 제기된 의문이 윤리학의 특정 견해에 대한 비판이 되기도 한다. 다음 논의는 이를 보여 준다. 'P이면 Q이다. P이다. 따라서 Q이다.'인 논증을 전건 긍정식이라 한다. 전건 긍정식은 'P이면 Q이다.'와 'P이다.'라는 두 전제가 참이면 결론 'Q이다.'는 반드시 참이라는 뜻에서 타당하다. 그런데 어떤 문장이 단독으로 진술되는 경우에는 감정이나 태도를 표현할 수 있지만 그 문장이 조건문인 'P이면 Q이다.'의 부분으로 포함되는 경우에는 그렇지 않다. '귤은 맛있다.'는 화자의 선호라는 감정을 표현한다. 하지만 그 문장이 '귤은 맛있다면 귤은 비싸다.'처럼 조건문의 일부가 되면 귤에 관한 화자의 선호를 표현하지 않는다. 이에 전건 긍정식의 P가 감정이나 태도를 표현하는 문장일 때 'P이면 Q이다.'의 P와 'P이다.'의 P 사이에 내용의 차이가 생기므로, 전건 긍정식임에도 두 전제의 참이 결론 'Q이다.'의 참을 보장하지 않는다는 것이 ㉠ 몇몇 논리학자들이 제기한 문제였다. 전건 긍정식인 '표절은 나쁘다면 표절을 돕는 것은 나쁘

다. 표절은 나쁘다. 따라서 표절을 돕는 것은 나쁘다.'라는 논증은 직관적으로 타당해 보인다. 하지만 '표절은 나쁘다.'가 감정을 표현했다면, 위 논증은 타당하지 않다고 해야 한다. 그러므로 에이어의 윤리학 견해를 고수하려면, 도덕 문장을 포함하는 전건 긍정식의 타당성을 부정하거나, 전건 긍정식은 도덕 문장을 포함할 수 없다고 해야 한다. 이 쟁점에 대해 행크스는 다음과 같이 논의를 전개하였다.

[A] 　'표절은 나쁘다.'라는 문장은 표절이라는 대상에 나쁨이라는 속성을 부여하는 내용을 가진다. 그리고 화자의 문장 진술은 그 내용과 완전히 무관할 수는 없기 때문에 그런 문장은 단독으로 진술되든 그렇지 않든 판단적이다. 문장이 판단적이라는 것은, 대상에 속성을 부여하는 내용을 지니는 것이 그 문장의 본질이라는 것을 뜻한다. 도덕 문장을 비롯한 모든 판단적 문장은 참 또는 거짓일 수 있다. 조건문에 포함된 문장도 판단적이라는 점에서 단독으로 진술될 때와 내용의 차이가 없다. 그러므로 도덕 문장을 포함하는 전건 긍정식은 타당해 보일 뿐 아니라 실제로도 타당하다. 그렇다면 'P이면 Q이다.'에 포함된 'P이다.'가 단독으로 진술된 경우와 다른 점은 무엇인가? 가령 '귤은 맛있다.'는, '귤은 맛있다면 귤은 비싸다.'라는 조건문에 포함되는 경우 화자가 대상에 속성을 부여하는 행위를 하는 것은 아니기에 그것의 판단적 본질을 발현하지 못한다. 그러나 이 맥락에서도 조건문에 포함된 '귤은 맛있다.'는 판단적 본질을 여전히 잃지 않는다. 다시 말해, 그 문장 자체는 대상에 속성을 부여하는 내용을 지닌다.

01 (가)에 나타난 에이어의 입장으로 적절하지 않은 것은?

① 도덕 용어를 기술적 용법으로 사용한 문장은 검증이 가능하다.

② 표현적 용법을 활용한 도덕 문장은 자신의 감정을 표현하는 문장과 동일한 의미를 표현한다.

③ 주어와 술어의 의미 관계를 통해 어떤 문장을 검증할 수 있다면 그 문장은 분석적 문장이다.

④ 도덕 용어의 용법은 도덕 용어가 기술하는 사실의 종류에 따라 기술적 용법과 표현적 용법으로 구분할 수 있다.

⑤ 도덕 문장에 진리 적합성이 있다는 오해는 도덕 문장을 세계에 대한 어떠한 사실을 기술한 것으로 해석한 데에 기인한다.

03 다음은 윗글을 읽고 학생이 작성한 학습 활동지이다. 윗글을 바탕으로 할 때, 적절하지 않은 것은?

□ 다음의 진술에 대해 윗글에 제시된 학자들이 보일 수 있는 견해를 작성해 봅시다.

[진술 1] 객관적으로 존재하는 도덕적 사실이 있다.

• 전통적인 윤리학자 : 옳다. 도덕적 판단의 근거는 도덕 주체로부터 독립적으로 존재하기 때문이다. ·················· ①

• 에이어 : 옳지 않다. 도덕 문장은 도덕 주체로부터 독립적일 수 없기 때문이다. ·················· ②

[진술 2] 도덕 문장은 참 또는 거짓이라는 속성을 갖는다.

• 에이어 : 옳지 않다. 도덕 문장은 분석적이지도 종합적이지도 않기 때문이다. ·················· ③

• 행크스 : 옳다. 도덕 문장은 도덕 용어가 나타내는 속성에 비추어 참 또는 거짓이 정해지기 때문이다.

[진술 3] 전건 긍정식의 두 전제에 공통으로 포함된 도덕 문장은 내용이 다르다.

• 에이어 : 옳다. 도덕 문장은 전건 긍정식의 전제로 사용되면 진리 적합성을 갖기 때문이다. ·················· ④

• 행크스 : 옳지 않다. 단독으로 진술된 문장은 조건문의 일부로 사용된 때와 내용 차이가 없기 때문이다. ·················· ⑤

02 [A]로부터 추론한 내용으로 가장 적절한 것은?

① '귤은 맛있다면 귤은 비싸다.'에 포함된 '귤은 맛있다.'는 판단적이지 않다.

② '표절은 나쁘다.'는 단독으로 진술되었을 때에만 참 또는 거짓일 수 있다.

③ '귤은 맛있다.'는 조건문의 일부로 진술될 때는 대상에 속성을 부여하는 내용을 지니지 않는다.

④ 화자는 귤이 맛있음의 속성을 가진다는 내용과 완전히 무관한 채로 '귤은 맛있다.'를 진술할 수 있다.

⑤ '표절은 나쁘다.'는 화자가 표절에 나쁨을 부여하지 않는 맥락에서도 그것의 판단적 본질을 유지할 수 있다.

04 윗글을 바탕으로 ㉠을 이해한 내용으로 적절하지 않은 것은?

① 에이어의 윤리학 견해가 옳다면 전건 긍정식이 직관적으로 타당해 보이게 된다는 점에서, ㉠은 에이어에 대한 비판이 된다.

② ㉠에 따르면, 도덕 문장을 포함하는 전건 긍정식이 타당하다면 도덕 문장이 감정을 표현한다는 견해는 수용될 수 없다.

③ ㉠은 전건 긍정식이 타당하려면 두 전제 모두에 나타난 문장의 내용이 일치해야 함에 기초한다.

④ ㉠은 도덕 문장뿐 아니라 개인적 선호를 나타내는 문장에 대해서도 제기될 수 있다.

⑤ 도덕 문장을 판단적이라고 보는 이론에 따르면 ㉠은 애당초 발생하지 않는다.

05 윗글과 〈보기〉를 비교하여 이해한 내용으로 적절하지 <u>않은</u> 것은?

보기

'자선은 옳다.'는 자선에 대한 찬성, '폭력은 나쁘다.'는 폭력에 대한 반대라는 태도를 표현한다. 도덕 문장을 포함하는 '자선은 옳다면 봉사는 옳다.'라는 조건문은 '태도에 대한 태도'를 표현한다. 위와 같은 주관적 태도들에는 참, 거짓이 없다. '자선은 옳다면 봉사는 옳다.'와 '자선은 옳다.'가 나타내는 태도를 지니면서, '봉사는 옳다.'에 반대하는 것은 비일관적이다. '자선은 옳다면 봉사는 옳다. 자선은 옳다. 따라서 봉사는 옳다.'가 타당하다는 것은 이런 뜻이다.

① 도덕 문장이 태도나 감정을 표현한다는 주장은, 도덕 문장을 포함하는 조건문이 '태도에 대한 태도'를 표현한다는 〈보기〉의 주장과 상충하는군.
② 논증의 타당성이 전제와 결론의 참에 의해 규정된다는 주장은, 타당성을 논증에 나타난 태도 사이의 관계에 의해 규정할 수 있다는 〈보기〉의 주장과 상충하는군.
③ 무엇이 윤리적으로 옳고 그른지에 대한 객관적 기준을 세워야 한다는 주장은, 도덕 문장은 찬성과 반대라는 주관적 태도를 나타낸다는 〈보기〉의 주장과 상충하는군.
④ '귤은 맛있다.'가 귤에 대한 화자의 선호를 표현한다는 주장은, '자선은 옳다.'가 자선에 대한 화자의 찬성을 표현한다는 〈보기〉의 주장과 상충하지 않는군.
⑤ '도둑질은 나쁘다.'가 화자의 정서를 표출하므로 진리 적합성이 없다는 주장은, 폭력에 대한 화자의 태도를 표현하는 문장이 참, 거짓일 수 없다는 〈보기〉의 주장과 상충하지 않는군.

06 문맥상 ⓐ~ⓔ와 바꿔 쓰기에 가장 적절한 것은?

① ⓐ : 수색하는
② ⓑ : 제시하지
③ ⓒ : 전파했다
④ ⓓ : 발산하는
⑤ ⓔ : 공개하여

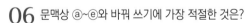

Free note.

나 없이

기출

풀지마라

다음 글을 읽고 물음에 답하시오.

(가)

서양의 과학과 기술, 천주교의 수용을 반대했던 이항로를 비롯한 척사파의 주장은 개항 이후에도 지속되었지만, 개화는 거스를 수 없는 대세로 자리 잡았다. 개물성무(開物成務)와 화민성속(化民成俗)의 앞 글자를 딴 개화는 개항 이전에는 통치자의 통치 행위로서 변화하는 세상에 대한 지식 확장과 피통치자에 대한 교화를 의미했다.

개항 이후 서양 문명에 대한 긍정적 인식이 확산되면서 서양 문명의 수용을 뜻하는 개화 개념이 자리 잡았다. 임오군란 이후, 고종은 자강 정책을 추진하면서 반(反)서양 정서의 교정을 위해 『한성순보』를 발간했다. 이 신문의 개화 개념은 서양 기술과 제도의 도입을 통한 인지의 발달과 풍속의 진보를 뜻했다. 이 개념에는 인민이 국가의 독립 주권의 소중함을 깨닫는 의식의 변화가 내포되었고, 통치자의 입장에서 수용 가능한 문명의 장점을 받아들여 국가의 진보를 달성한다는 의미도 담겼다.

개화당의 한 인사가 제시한 개화 개념은 성문화된 규정에 따른 대민 정치에서의 법적 처리 절차 실현 등 서양 근대 국가의 통치 방식으로의 변화를 내포하는 것이었다. 그는 개화 실행 주체를 여전히 왕으로 생각했고, 개화 실행 주체로서 왕의 역할이 사라진 것은 갑신정변에서였다. 풍속의 진보와 통치 방식 변화라는 의미를 내포한 갑신정변의 개화 개념은 통치권에 대한 도전으로뿐 아니라 개인의 사욕을 위한 것으로 표상되었다. 이후 개화 개념은 국가 구성원을 조직하고 동원하기 위해 부정적 이미지에서 벗어나야 했고, 유길준은 『서유견문』을 저술하며 개화 개념에 덧씌워진 부정적 이미지를 떼어 내고자 했다. 이후 간행된 『대한매일신보』 등의 개화 개념은 국가 구성원 전체를 실행 주체로 하여 근대 국가 주권을 향해 그들을 조직하고 동원하는 것을 의미했다.

을사늑약 이후, 개화 논의는 문명에 대한 본격적인 논의로 이어졌다. 대한 자강회의 주요 인사들은 서양 근대 문명을 수용하여 근대 국가를 건설하고자, 앞서 문명화를 이룬 일본의 지도를 받아야 한다고 보았다. 이들은 서양 근대 문명의 주체를 주체 인식의 준거로 삼았기 때문에 민족 주체성을 간과했다. 이러한 상황에서 박은식은 ㉠ 근대 국가 건설과 새로운 주체의 형성에 주목하여 문명에 대한 견해를 제시했다. 그의 기본 전략은 문명의 물질적 측면인 과학은 서양으로부터 수용하되, 문명의 정신적 측면인 철학은 유학을 혁신하여 재구성하는 것이었다. 그는 생존과 편리 증진을 위해 과학 연구가 시급하지만, 가치관 정립과 인격 수양을 위해 철학 또한 필수적이라고 보았다. 자국 철학 전통의 정립이라는 당시 동아시아의 사상적 흐름 속에서 그가 제시한 근대 주체는 과학적·철학적 인식의 주체이자 실천적 도덕 수양의 주체로서의 성격을 띠는 것이었다.

(나)

중국이 서양의 과학과 기술에 전면적인 관심을 기울인 때는 아편 전쟁 이후였다. 전쟁 패배에 따른 위기감은 반세기에 걸쳐 근대화의 추진과 함께 의욕적인 기술 수용으로 이어졌지만, 청일 전쟁의 패배는 기술 수용만으로는 부족하다는 인식을 낳았다. 이에 따라 20세기 초반 진정한 근대를 이루기 위해 기술 배후에서 작용하는 과학 정신을 사회 전체에 이식하려는 시도가 구체화되었다.

옌푸는 국가 간에 벌어지는 약육강식의 경쟁을 부각하고, 경쟁에서 승리하려면 기술뿐 아니라 국민의 정신적 자질이 뒷받침되어야 한다고 보았다. 정신적 자질 중 과학적 사유 능력이 가장 중요하다고 파악한 그에게 과학 정신이 전제되지 않은 정치적 변혁은 뿌리내릴 수 없는 것이었

다. 그는 인과 실증의 방법에 근거한 근대 학문 전체를 과학이라 파악하고, 과학을 습득하여 전통 학문의 폐단에서 벗어나야 한다고 주장했다. 그의 입장은 1910년대 후반 신문화 운동을 주도한 천두슈에게 이어졌다.

천두슈를 비롯한 신문화 운동의 지식인들은 ㉡ 과학의 근거 위에서만 민주 정치의 실현이 가능하다고 주장했다. 중국이 달성해야 할 신문화는 과학 및 과학의 방법에 근거한 문화라 보고, 신문화를 이루기 위해 전통 문화 전반에 대해 철저한 부정과 비판을 시도했다. 사상이나 철학이 과학의 방법을 이용하지 않으면 공상(空想)에 ⓐ 그칠 뿐이라고 주장한 천두슈는 사회와 인간의 삶에 대한 연구도 과학의 연구 방법을 이용해야 한다고 보았다. 그는 제1차 세계 대전의 비극은 과학을 이용해 저지른 죄악의 결과일 뿐 과학 자체의 죄악이 아니라고 주장하며 과학에 대한 자신의 생각을 지속했다.

한편, 제1차 세계 대전 이후 유럽을 시찰했던 장쥔마이는 통제되지 않은 과학이 불러온 역작용을 목도한 후, 과학이 어떻게 발달하든 그것이 인생관의 문제를 해결할 수는 없다며 서양 근대 문명을 비판했다. 근대 과학 문명에서 초래된 사상적 위기가 주체의 책임 부재에서 비롯된 것이라는 주장에 동의했던 그는 과학적 방법을 부정하지 않았지만, 인생관의 문제에는 과학적 방법이 적용될 수 없다고 지적했다. 그는 인생관을 과학과 별개로 파악했고, 과학만능주의에 기초한 신문화 운동에 의해 부정된 중국 전통 가치관의 수호를 내세웠다.

01 윗글에 대한 이해로 적절하지 <u>않은</u> 것은?

① (가) : 서양 과학과 기술의 국내 유입을 반대하는 주장이 개항 이후에도 이어졌다.

② (가) : 유학을 혁신하여 철학으로 재구성하는 것이 필요하다는 견해가 을사늑약 이후에 제기되었다.

③ (나) : 진정한 근대를 이루려면 기술 수용의 차원을 넘어서야 한다는 인식이 등장하였다.

④ (나) : 과학 정신이 사회에 자리 잡으려면 정치적 변혁이 선행되어야 한다는 주장이 제기되었다.

⑤ (나) : 근대 과학 문명에 대한 비판적 인식을 바탕으로 전통 가치관에 주목하는 견해가 제시되었다.

03 (나)의 '천두슈'와 '장쥔마이'가 모두 동의할 수 있는 진술로 가장 적절한 것은?

① 전통 사상은 과학 및 과학 정신과 양립할 수 없는 관계에 놓여 있다.

② 전통 사상의 폐단은 과학 정신이 뿌리내리지 못한 사회 체질에서 비롯된 것이다.

③ 과학을 이용하는 과정에서 문제가 발생했다고 해도 과학적 방법을 부정할 수 없다.

④ 서양의 과학 정신을 전면적으로 도입하면 당면한 국가의 위기를 충분히 극복할 수 있다.

⑤ 국가의 위기는 과학적 방법으로 사상을 재구성할 필요가 있다는 인식이 부재한 데에서 비롯된 것이다.

02 개화에 대한 이해로 적절하지 <u>않은</u> 것은?

① 개항 이전의 개화 개념은 백성을 다스리는 통치자로서의 역할과 관련 있었다.

② 『한성순보』의 개화 개념은 서양 기술과 제도의 선별적 수용을 통한 국가 진보의 의미를 포함하였다.

③ 『한성순보』와 개화당의 한 인사의 개화 개념은 통치권자인 왕을 개화의 실행 주체로 상정하였다.

④ 개화의 실행 주체로 왕에게 역할을 부여하지 않은 갑신정변의 개화 개념은 통치권에 대한 도전으로 이해되었다.

⑤ 『대한매일신보』의 발간에 이르러서야 국가의 주권과 결부한 개화 개념이 제기되었다.

04 ㉠과 ㉡에 대한 이해로 가장 적절한 것은?

① ㉠은 인격의 수양을 동반하는 근대 주체의 정립에, ㉡은 전통적 사유 방식에 기반을 둔 신문화의 달성에 동의하는 입장이다.

② ㉠은 주체 인식의 준거가 서양 근대 문명의 주체라는 인식에, ㉡은 철학이 과학의 방법에 근거할 수 없다는 생각에 반대하는 입장이다.

③ ㉠은 생존과 편리 증진을 위한 과학 연구의 시급성을, ㉡은 과학의 방법에 영향 받지 않는 사상이나 철학을 부인하는 입장이다.

④ ㉠은 앞서 근대 문명을 이룬 국가를 추종하는 태도를, ㉡은 전쟁의 폐해가 과학을 오용한 자들의 탓이라는 주장을 비판하는 입장이다.

⑤ ㉠은 과학과 철학이 문명의 두 축을 이루는 학문이라는 견해에, ㉡은 철학보다 과학이 우위임을 인정할 수 없다는 견해에 동의하는 입장이다.

05 (가), (나)를 이해한 학생이 〈보기〉에 대해 보인 반응으로 적절하지 <u>않은</u> 것은?

보기

A 마을은 가난했지만 전통문화와 공동체적 삶을 중시하며 이웃 마을들과 조화롭게 살아왔다. 오래전, 정부는 마을의 경제 발전을 목표로 서양의 생산 기술을 도입하는 정책을 시행했다. 마을 사람들은 정책의 필요성에 공감하면서도 자신들이 발전을 이뤄 낼 수 있다는 확신이 부족했다. 이에 정부는 마을 사람들을 독려하기 위해 마을의 역량으로 달성할 수 있는 미래상을 지속해서 홍보했다. 이후 마을은 물질적 풍요를 누리게 되었지만 경제적 이권을 두고 이웃 마을들과 경쟁하며 갈등하게 되었다. 격화된 경쟁에서 A 마을은 새로운 기술의 수용만을 우선시했고, 과거에 중시되었던 협력과 나눔의 인생관은 낡은 관념이 되었다. 젊은이들에게 전통문화는 서양 문화에 비해 열등한 것으로 여겨졌다.

① (가)에서 『한성순보』를 간행한 취지는 서양에 대한 반감을 줄이는 데에 있다는 점에서, 〈보기〉에서 정부가 서양의 생산 기술 도입으로 변화하게 될 마을을 홍보한 취지와 부합하겠군.

② (가)에서 개화당의 한 인사의 개화 개념에 내포된 개화의 지향점은 통치 방식의 변화와 관련 있다는 점에서, 〈보기〉에서 정부가 서양의 생산 기술을 도입하며 내세운 목표와 다르겠군.

③ (가)에서 박은식은 과학과 구별되는 철학의 중요성을 강조했으므로, 〈보기〉에서 젊은이들의 자문화에 대한 인식 변화는 가치관 정립을 위한 철학이 부재했기 때문이라고 보겠군.

④ (나)에서 옌푸는 경쟁에서 승리하기 위한 조건으로 기술과 정신적 자질을 강조했으므로, 〈보기〉에서 마을이 기술의 수용만을 중시하면 마을 간 경쟁에서 승리할 수 없다고 보겠군.

⑤ (나)에서 장쥔마이는 과학적 방법의 한계를 지적했으므로, 〈보기〉에서 마을이 과거에 중시했던 인생관이 더 이상 유효하지 않게 된 문제는 과학적 방법으로 해결할 수 없다고 보겠군.

06 @와 문맥상 의미가 가장 가까운 것은?

① 다행히 비는 그사이에 <u>그쳐</u> 있었다.
② 우리 학교는 이번에 16강에 <u>그쳤다</u>.
③ 아이 울음이 좀처럼 <u>그치지</u> 않았다.
④ 그는 만류에도 말을 <u>그치지</u> 않았다.
⑤ 저 사람들은 불평이 <u>그칠</u> 날이 없다.

나 없이

기출

풀지마라

나 없이

| 과외식 기출 분석서, 나기출 |

나 없이
기출
풀지마라

독서

II

사회

다음 글을 읽고 물음에 답하시오.

[A]
　　사무실의 방충망이 낡아서 파손되었다면 세입자와 사무실을 빌려 준 건물주 중 누가 고쳐야 할까? 이 경우, 민법전의 법조문에 의하면 임대인인 건물주가 수선할 의무를 ⓐ 진다. 그러나 사무실을 빌릴 때, 간단한 파손은 세입자가 스스로 해결한다는 내용을 계약서에 포함하는 경우도 있다. 이처럼 법률의 규정과 계약의 내용이 어긋날 때 어떤 것이 우선 적용되어야 하는가, 법적 불이익은 없는가 등의 문제가 발생한다.

　　사법(私法)은 개인과 개인 사이의 재산, 가족 관계 등에 적용되는 법으로서 이 법의 영역에서는 '계약 자유의 원칙'이 적용된다. 계약의 구체적인 내용 결정 등은 당사자들 스스로 정할 수 있다는 것이다. 따라서 당사자들이 사법에 속하는 법률의 규정과 어긋난 내용으로 계약을 체결한 경우에 계약 내용이 우선 적용된다. 이처럼 법률상으로 규정되어 있더라도 당사자가 자유롭게 계약 내용을 정할 수 있는 법률 규정을 '임의 법규'라고 한다. 사법은 원칙적으로 임의 법규이므로, 사법으로 규정한 내용에 대해 당사자들이 계약으로 달리 정하지 않았다면 원칙적으로 법률의 규정이 적용된다. 위에서 본 임대인의 수선 의무 조항이 이에 해당한다.

　　그러나 법률로 정해진 내용과 어긋나게 계약을 하면 당사자들에게 벌금이나 과태료 같은 법적 불이익이 있거나 계약의 효력이 부정되는 예외적인 경우도 있다. 우선, 체결된 계약 내용이 법률에 정해진 내용과 어긋날 때 법적 불이익이 있지만 계약의 효력 자체는 그대로 두는 경우가 있다. 이에 해당하는 법조문을 '단속 법규'라고 한다. 공인 중개사가 자신이 소유한 부동산을 고객에게 직접 파는 것을 금지하는 규정은 단속 법규에 해당한다. 따라서 ㉠ 이 규정을 위반하여 공인 중개사와 고객이 체결한 매매 계약의 경우 공인 중개사에게 벌금은 부과되지만 계약 자체는 유효이다. 이 경우 계약 내용에 따른 행동인 급부(給付)를 할 의무가 인정되어, 공인 중개사는 매물의 소유권을 넘겨주고 고객은 대금을 지급해야 하는 것이다.

　　한편 체결된 계약 내용이 법률에 정해진 내용과 어긋날 때 법적 불이익이 있을 뿐 아니라 체결된 계약의 효력 자체도 인정되지 않아 급부 의무가 부정되는 경우가 있다. 이에 해당하는 법조문을 '강행 법규'라고 한다. 이 경우 계약 당사자들은 상대에게 급부를 하라고 요구할 수는 없다. 이미 급부를 이행하여 재산적 이익을 넘겨주었다면 이 이익은 '부당 이득'에 해당하기 때문에 반환을 요구할 수 있다. 즉 '부당 이득 반환 청구권'이 인정된다. 의사와 의사 아닌 사람의 의료 기관 동업을 금지하는 법률 규정은 강행 법규이다. 따라서 ㉡ 의사와 의사 아닌 사람이 체결한 동업 계약은 계약의 효력이 부정된다. 다만 계약에 따라 이미 동업 자금을 건넸다면 이 돈을 반환하라고 요구하는 것은 가능하다.

　　그러나 강행 법규에 의해 계약의 효력이 부정되었을 때 부당 이득 반환 청구권이 인정되지 않는 경우도 있다. 급부의 내용이 위조지폐 제작처럼 비도덕적이거나 반사회적인 행동이라면, 계약의 효력이 인정되지 않을 뿐 아니라 이미 넘겨준 이익을 돌려받을 권리도 부정되는 것이 원칙이다.

　　국가가 개인 간의 계약에 개입하는 것은 국가 안보, 사회 질서, 공공복리 등의 정당한 입법 목적을 달성하기 위해서이다. 이 경우 계약의 자유를 제한하려면 필요한 만큼만 최소로 제한해야 한다는 '비례 원칙'이 적용된다. 이로 인해 국가가 계약 당사자들에게 미치는 영향이 다양하게 나타나는 것이다.

01 윗글에 대한 이해로 적절하지 <u>않은</u> 것은?

① 임의 법규에 해당하는 법률 조항과 이에 어긋난 계약 내용 가운데 계약 내용이 우선 적용된다.
② 임의 법규가 단속 법규에 비해 계약 자유의 원칙에 더 부합한다.
③ 단속 법규로 국가가 개인 간의 계약에 개입할 때에는 비례 원칙이 적용되지 않는다.
④ 단속 법규로 입법 목적을 달성할 수 있는 계약에 대해 강행 법규로 국가가 개입하는 것은 정당화될 수 없다.
⑤ 강행 법규를 위반한 계약일 때 급부의 내용에 따라 부당 이득 반환 청구권의 인정 여부가 달라진다.

02 윗글을 참고할 때, [A]에 제시된 물음에 대한 답으로 맞는 것을 〈보기〉에서 고른 것은?

보기

ㄱ. 계약서에 방충망 수선에 관한 내용이 없으면 건물주가 수선 의무를 지고, 수선 의무를 계약에 포함하지 않은 것에 대한 법적 불이익은 누구에게도 없다.
ㄴ. 계약서에 방충망 수선에 관한 내용이 없으면 세입자가 수선 의무를 지고, 건물주는 수선 의무를 계약에 포함하지 않은 것에 대해 법적 불이익을 받는다.
ㄷ. 계약서에 세입자가 방충망을 수선한다는 내용이 있으면 세입자가 수선 의무를 지고, 법률 내용과 다르게 계약한 것에 대한 법적 불이익은 누구에게도 없다.
ㄹ. 계약서에 세입자가 방충망을 수선한다는 내용이 있으면 세입자가 수선 의무를 지고, 건물주는 법률 내용과 다르게 계약한 것에 대해 법적 불이익을 받는다.

① ㄱ, ㄴ　　　　② ㄱ, ㄷ　　　　③ ㄱ, ㄹ
④ ㄴ, ㄷ　　　　⑤ ㄴ, ㄹ

03 ㉠과 ㉡의 공통점으로 가장 적절한 것은?

① 법적 불이익을 받는 계약 당사자가 있다.
② 계약 당사자들의 급부 의무가 인정되지 않는다.
③ 계약에 따라 넘어간 재산적 이익을 반환해야 한다.
④ 법률 규정을 위반하였으므로 계약의 효력이 부정된다.
⑤ 계약 당사자가 계약의 구체적인 내용을 결정할 수 없다.

지문분석으로 독해력 향상하기

04 윗글을 참고할 때, 〈보기〉에 대한 반응으로 적절한 것은?

> 보기

　농지를 빌리려는 A와 농지 주인인 B는 농지를 용도에 맞지 않게 사용하는 것에 합의하여 농지 임대차 계약을 체결하였다. 그리고 A는 B에게 농지 사용료를 지불하고 1년간 농지를 사용하였다. 농지법을 위반한 이 사안에 대해 대법원이 내린 판결은 다음과 같이 요약된다.
　첫째, 법률을 위반하여 농지를 빌려 준 사람에게는 벌금이 부과된다. 둘째, 이 사건의 농지 임대차 계약은 농지법을 위반한 것이므로 무효이다. 셋째, 농지를 빌려 준 사람은 받은 사용료를 반환해야 한다. 넷째, 농지를 빌린 사람은 농지를 빌려 써서 얻은 이익을 농지를 빌려 준 사람에게 반환해야 한다.

① A와 B가 농지 임대차 계약을 체결할 때에는 사법(私法)의 적용을 받지 않겠군.
② B에게 벌금을 부과하는 것은 A와 B가 맺은 농지 임대차 계약이 효력이 있음을 인정하지 않았기 때문이겠군.
③ B에게 벌금을 부과하는 것만으로는 이 계약의 내용을 규제하는 법률의 입법 목적을 실현하기에 부족하다는 점을 고려하여 계약을 무효로 판결한 것이겠군.
④ A가 농지를 빌려 써서 얻은 이익을 B에게 반환하라고 판결한 것은 급부의 내용이 비도덕적이거나 반사회적인 행동에 해당한다고 판단했기 때문이겠군.
⑤ B가 A에게서 받은 사용료를 반환하라고 판결한 것은 사용료가 부당 이득에 해당하지 않는다고 판단했기 때문이겠군.

05 문맥상 의미가 ⓐ와 가장 가까운 것은?

① 커피를 쏟아서 옷에 얼룩이 <u>졌다</u>.
② 네게 계속 신세만 <u>지기</u>가 미안하다.
③ 우리는 그 문제로 원수를 <u>지게</u> 되었다.
④ 아이들은 배낭을 <u>진</u> 채 여행을 떠났다.
⑤ 나는 조장으로서 큰 부담을 <u>지고</u> 있다.

다음 글을 읽고 물음에 답하시오.

대한민국 정부가 해외에서 발행한 채권의 CDS 프리미엄은 우리가 매체에서 자주 접하는 경제 지표의 하나이다. 이 지표를 이해하기 위해서는 채권의 '신용 위험'과 '신용 파산 스와프(CDS)'의 개념을 살펴볼 필요가 있다.

채권은 정부나 기업이 자금을 조달하기 위해 발행하며 그 가격은 채권이 매매되는 채권 시장에서 결정된다. 채권의 발행자는 정해진 날에 일정한 이자와 원금을 투자자에게 지급할 것을 약속한다. 채권을 매입한 투자자는 이를 다시 매도하거나 이자를 받아 수익을 얻는다. 그런데 채권 투자에는 발행자의 지급 능력 부족 등의 사유로 이자와 원금이 지급되지 않을 가능성인 신용 위험이 수반된다. 이에 따라 각국은 채권의 신용 위험을 평가해 신용 등급으로 공시하는 신용 평가 제도를 도입하여 투자자를 보호하고 있다.

우리나라의 신용 평가 제도에서는 원화로 이자와 원금의 지급을 약속한 채권 가운데 발행자의 지급 능력이 최상급인 채권에 AAA라는 최고 신용 등급이 부여된다. 원금과 이자가 지급되지 않아 부도가 난 채권에는 D라는 최저 신용 등급이 주어진다. 그 외의 채권은 신용 위험이 커지는 순서에 따라 AA, A, BBB, BB 등 점차 낮아지는 등급 범주로 평가된다. 이들 각 등급 범주 내에서도 신용 위험의 상대적인 크고 작음에 따라 각각 '-'나 '+'를 붙이거나 하여 각 범주가 세 단계의 신용 등급으로 세분되는 경우가 있다. 채권의 신용 등급은 신용 위험의 변동에 따라 조정될 수 있다. 다른 조건이 일정한 가운데 신용 위험이 커지면 채권 시장에서 해당 채권의 가격이 ⓐ 떨어진다.

CDS는 채권 투자자들이 신용 위험을 피하려는 목적으로 활용하는 파생 금융 상품이다. CDS 거래는 '보장 매입자'와 '보장 매도자' 사이에서 이루어진다. 여기서 '보장'이란 신용 위험으로부터의 보호를 뜻한다. 보장 매도자는, 보장 매입자가 보유한 채권에서 부도가 나면 이에 따른 손실을 보상하는 역할을 한다. CDS 거래를 통해 채권의 신용 위험은 보장 매입자로부터 보장 매도자로 이전된다. CDS 거래에서 신용 위험의 이전이 일어나는 대상 자산을 '기초 자산'이라 한다.

[A] 가령 은행 ㉠ 갑은, 기업 ㉡ 을이 발행한 채권을 매입하면서 그것의 신용 위험을 피하기 위해 보험 회사 ㉢ 병과 CDS 계약을 체결할 수 있다. 이때 기초 자산은 을이 발행한 채권이다.

보장 매도자는 기초 자산의 신용 위험을 부담하는 것에 대한 보상으로 보장 매입자로부터 일종의 보험료를 받는데, 이것의 요율이 CDS 프리미엄이다. CDS 프리미엄은 기초 자산의 신용 위험이나 보장 매도자의 유사 시 지급 능력과 같은 여러 요인의 영향을 받는다. 다른 요인이 동일한 경우, ㉣ 기초 자산의 신용 위험이 크면 CDS 프리미엄도 크다. 한편 ㉤ 보장 매도자의 지급 능력이 우수할수록 보장 매입자는 유사시 손실을 보다 확실히 보전받을 수 있으므로 보다 큰 CDS 프리미엄을 기꺼이 지불하는 경향이 있다. 만약 보장 매도자가 발행한 채권이 있다면, 그 신용 등급으로 보장 매도자의 지급 능력을 판단할 수 있다. 이에 따라 다른 요인이 동일한 경우, 보장 매도자가 발행한 채권의 신용 등급이 높으면 CDS 프리미엄은 크다.

01 윗글의 내용과 일치하지 않는 것은?

① 정부는 자금을 조달하기 위해 채권을 발행한다.
② 채권 발행자의 지급 능력이 커지면 신용 위험은 커진다.
③ 신용 평가 제도는 채권을 매입한 투자자를 보호하는 장치이다.
④ 다른 조건이 일정할 경우, 어떤 채권의 신용 등급이 낮아지면 해당 채권의 가격은 하락한다.
⑤ 채권 발행자는 일정한 이자와 원금의 지급을 약속하지만, 채권에는 그 약속이 지켜지지 않을 위험이 수반된다.

02 [A]의 ㉠~㉢에 대한 이해로 가장 적절한 것은?

① ㉠은 기초 자산을 보유하지 않는다.
② ㉠은 기초 자산에 부도가 나면 손실을 보상하는 역할을 한다.
③ ㉡은 신용 위험을 기피하는 채권 투자자이다.
④ ㉢은 신용 위험을 부담하는 보장 매도자이다.
⑤ ㉢은 기초 자산에 부도가 나야만 이득을 본다.

03 〈보기〉의 ㉮~㉲ 중 CDS 프리미엄이 두 번째로 큰 것은?

> **보기**
>
> 윗글의 ㉣과 ㉤을 기준으로 서로 다른 CDS 거래 ㉮~㉲를 비교하여 CDS 프리미엄의 크기에 순서를 매길 수 있다. (단, 기초 자산의 발행자와 보장 매도자는 한국 기업이며, ㉮~㉲에서 제시된 조건 외에 다른 조건은 동일하다.)

CDS 거래	기초 자산의 신용 등급	보장 매도자 발행 채권의 신용 등급
㉮	BB+	AAA
㉯	BB+	AA-
㉰	BBB-	A-
㉱	BBB-	AA-
㉲	BBB-	A+

① ㉮   ② ㉯   ③ ㉰
④ ㉱   ⑤ ㉲

04 윗글을 바탕으로 〈보기〉를 이해한 내용으로 가장 적절한 것은?

보기

    X가 2015년 12월 31일에 이자와 원금의 지급이 완료되는 채권 B_X 를 2011년 1월 1일에 발행했다. 발행 즉시 B_X 전량을 매입한 Y는 B_X 를 기초 자산으로 하는 CDS 계약을 Z와 체결하고 보장 매입자가 되었다. 계약 체결 당시 B_X의 신용 등급은 A-, Z가 발행한 채권의 신용 등급은 AAA였다. 2011년 9월 17일, X의 재무 상황 악화로 B_X의 신용 위험에 대한 우려가 발생하였다. 2012년 12월 30일, X의 지급 능력이 2011년 8월 시점보다 개선되었다. 2013년 9월에는 Z가 발행한 채권의 신용등급이 AA+로 변경되었다. 2013년 10월 2일, B_X의 CDS 프리미엄은 100 bp*였다. (단, X, Y, Z는 모두 한국 기업이며 신용 등급은 매월 말일에 변경될 수 있다. 이 CDS 계약은 2015년 12월 31일까지 매월 1일에 갱신되며 CDS 프리미엄은 매월 1일에 변경될 수 있다. 제시된 것 외에 다른 요인에는 변화가 없다.)

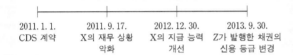

| 2011. 1. 1. | 2011. 9. 17. | 2012. 12. 30. | 2013. 9. 30. |
| CDS 계약 | X의 재무 상황 악화 | X의 지급 능력 개선 | Z가 발행한 채권의 신용 등급 변경 |

* bp : 1 bp는 0.01%와 같음.

① 2011년 1월에는 B_X에 대한 CDS 계약으로 X가 신용 위험을 부담하게 되었겠군.
② 2011년 11월에는 B_X의 신용 등급이 A-보다 높았겠군.
③ 2013년 1월에는 B_X의 신용 위험으로 Z가 손실을 입을 가능성이 2011년 10월보다 작아졌겠군.
④ 2013년 3월에는 B_X에 대한 CDS 프리미엄이 100 bp보다 작았겠군.
⑤ 2013년 4월에는 B_X의 신용 등급이 BB-보다 낮았겠군.

05 문맥상 ⓐ의 의미와 가장 가까운 의미로 쓰인 것은?

① 오늘 아침에는 기온이 영하로 떨어졌다.
② 과자 한 봉지를 팔면 내게 100원이 떨어진다.
③ 더위를 먹었는지 입맛이 떨어지고 기운이 없다.
④ 신발이 떨어져서 걸을 때마다 빗물이 스며든다.
⑤ 선생님 말씀이 떨어지자마자 모두 자리에 앉았다.

다음 글을 읽고 물음에 답하시오.

　　사람은 살아가는 동안 여러 약속을 한다. 계약도 하나의 약속이다. 하지만 이것은 친구와 뜻이 맞아 주말에 영화 보러 가자는 약속과는 다르다. 일반적인 다른 약속처럼 계약도 서로의 의사 표시가 합치하여 성립하지만, 이때의 의사는 일정한 법률 효과의 발생을 목적으로 한다는 점에서 차이가 있다. 한 예로 매매 계약은 '팔겠다'는 일방의 의사 표시와 '사겠다'는 상대방의 의사 표시가 합치함으로써 성립하며, 매도인은 매수인에게 매매 목적물의 소유권을 이전하여야 할 의무를 짐과 동시에 매매 대금의 지급을 청구할 권리를 갖는다. 반대로 매수인은 매도인에게 매매 대금을 지급할 의무가 있고 소유권의 이전을 청구할 권리를 갖는다. 양 당사자는 서로 권리를 행사하고 서로 의무를 이행하는 관계에 놓이는 것이다.

　　이처럼 의사 표시를 필수적 요소로 하여 법률 효과를 발생시키는 행위들을 법률 행위라 한다. 계약은 법률 행위의 일종으로서, 당사자에게 일정한 청구권과 이행 의무를 발생시킨다. 청구권을 내용으로 하는 권리가 채권이고, 그에 따라 이행을 해야 할 의무가 채무이다. 따라서 채권과 채무는 발생한 법률 효과가 동전의 양면처럼 서로 다른 방향에서 파악되는 것이라 할 수 있다. 채무자가 채무의 내용대로 이행하여 채권을 소멸시키는 것을 변제라 한다.

　　갑과 을은 을이 소유한 그림 A를 갑에게 매도하는 것을 내용으로 하는 매매 계약을 체결하였다. ㉠ 을의 채무는 그림 A의 소유권을 갑에게 이전하는 것이다. 동산인 물건의 소유권을 이전하는 방식은 그 물건을 인도하는 것이다. 갑은 그림 A가 너무나 마음에 들었기 때문에 그것을 인도받기 전에 대금 전액을 금전으로 지급하였다. 그런데 갑이 아무리 그림 A를 넘겨달라고 청구하여도 을은 인도해 주지 않았다. 이런 경우 갑이 사적으로 물리력을 행사하여 해결하는 것은 엄격히 금지된다.

　　채권의 내용은 민법과 같은 실체법에서 규정하고 있고, 그것을 강제적으로 실현할 수 있도록 민사 소송법이나 민사 집행법 같은 절차법이 갖추어져 있다. 갑은 소를 제기하여 판결로써 자기가 가진 채권의 존재와 내용을 공적으로 확정받을 수 있고, 나아가 법원에 강제 집행을 신청할 수도 있다. 강제 집행은 국가가 물리적 실력을 행사하여 채무자의 의사에 구애받지 않고 채무의 내용을 실행시켜 채권이 실현되도록 하는 제도이다.

　　을이 그림 A를 넘겨주지 않은 까닭은 갑으로부터 매매 대금을 받은 뒤에 을의 과실로 불이 나 그림 A가 타 없어졌기 때문이다. ㉮ 결국 채무는 이행 불능이 되었다. 소송을 하더라도 불능의 내용을 이행하라는 판결은 ⓐ 나올 수 없다. 그림 A의 소실이 계약 체결 전이었다면, 그 계약은 실현 불가능한 내용을 담고 있기 때문에 체결할 때부터 계약 자체가 무효이다. 이행 불능이 채무자의 과실 때문에 일어난 것이라면 채무자가 채무 불이행에 대한 책임을 져야 한다.

　　이때 채무 불이행은 갑이나 을의 의사 표시가 작용한 것이 아니라, 매매 목적물의 소실에 따른 이행 불능으로 말미암은 것이다. 이러한 사건을 통해서도 법률 효과가 발생한다. 채무 불이행에 대한 책임은 갑으로 하여금 계약을 해제할 수 있는 권리를 갖게 한다. 갑이 계약 해제권을 행사하면 그때까지 유효했던 계약이 처음부터 효력이 없는 것으로 된다. 이때의 계약 해제는 일방의 의사 표시만으로 성립한다. 따라서 갑이 해제권을 행사하는 데에 을의 승낙은 요건이 되지 않는다. 이러한 법률 행위를 단독 행위라 한다.

　　갑은 계약을 해제하였다. 이로써 그 계약으로 발생한 채권과 채무는 없던 것이 된다. 당연히 계약의 양 당사자는 자신의 채무를 이행할 필요가 없다. 이미 이행된 것이 있다면 계약이 체결되기 전의 상태로 돌려놓

아야 한다. 이를 청구할 수 있는 권리가 원상회복 청구권이다. 계약의 해제로 갑은 원상회복 청구권을 행사할 수 있으며, 이러한 ㉡ 갑의 채권은 결국 을에게 매매 대금을 반환해 달라고 청구할 수 있는 권리가 된다.

01 윗글의 내용과 일치하지 않는 것은?

① 실체법에는 청구권에 관한 규정이 있다.
② 절차법에 강제 집행 제도가 마련되어 있다.
③ 법률 행위가 없으면 법률 효과가 발생하지 않는다.
④ 법원을 통하여 물리력으로 채권을 실현할 수 있다.
⑤ 실현 불가능한 것을 내용으로 하는 계약은 무효이다.

02 ㉠, ㉡에 대한 이해로 가장 적절한 것은?

① ㉠은 매도인의 청구와 매수인의 이행으로 소멸한다.
② ㉡은 채권자와 채무자의 의사 표시가 작용하여 성립한 것이다.
③ ㉠과 ㉡은 ㉠이 이행되면 그 결과로 ㉡이 소멸하는 관계이다.
④ ㉠과 ㉡은 동일한 계약의 효과를 서로 다른 측면에서 바라본 것이다.
⑤ ㉠에는 물건을 인도할 의무가 있고, ㉡에는 금전의 지급을 청구할 권리가 있다.

03 ㉮의 상황에 대한 설명으로 적절한 것은?

① '을'의 과실로 이행 불능이 되어 '갑'의 계약 해제권이 발생한다.
② '갑'은 소를 제기하여야 매매의 목적이 된 재산권을 이전받을 수 있다.
③ '갑'은 원상회복 청구권을 행사하여 '그림 A'의 소유권을 회복할 수 있다.
④ '갑'과 '을'은 애초부터 실현 불가능한 내용의 계약을 체결하였기 때문에 이행 불능이 되었다.
⑤ '을'이 '갑'에게 '그림 A'를 인도하는 것은 불가능해졌지만 '을'은 채무 불이행에 대한 책임을 지지 않는다.

04 윗글을 바탕으로 할 때, 〈보기〉에 대한 분석으로 적절하지 <u>않은</u> 것은?

보기

증여는 당사자의 일방이 자기의 재산을 무상으로 상대방에게 줄 의사를 표시하고 상대방이 이를 승낙함으로써 성립하는 계약이다. 증여자만 이행 의무를 진다는 점이 특징이다. 유언은 유언자의 사망과 동시에 일정한 법률 효과를 발생시키려는 것을 목적으로 하는데, 유언자의 의사 표시만으로 유효하게 성립하고 의사 표시의 상대방이 필요 없다는 점에서 증여와 차이가 있다.

① 증여, 유언, 매매는 모두 법률 행위로서 의사 표시를 요소로 한다.
② 증여와 유언은 법률 효과를 발생시키려는 목적이 있다는 점이 공통된다.
③ 증여는 변제의 의무를 발생시키지 않는다는 점에서 매매와 차이가 있다.
④ 증여는 당사자 일방만이 이행한다는 점에서 양 당사자가 서로 이행하는 관계를 갖는 매매와 차이가 있다.
⑤ 증여는 양 당사자의 의사 표시가 서로 합치하여 성립한다는 점에서 의사 표시의 합치가 필요 없는 유언과 차이가 있다.

05 문맥상 의미가 ⓐ와 가장 가까운 것은?

① 오랜 연구 끝에 만족할 만한 실험 결과가 <u>나왔다</u>.
② 그 사람이 부드럽게 <u>나오니</u> 내 마음이 누그러졌다.
③ 우리 마을은 라디오가 잘 안 <u>나오는</u> 산간 지역이다.
④ 이 책에 <u>나오는</u> 옛날이야기 한 편을 함께 읽어 보자.
⑤ 그동안 우리 지역에서는 걸출한 인물들이 많이 <u>나왔다</u>.

지문분석으로 독해력 향상하기

다음 글을 읽고 물음에 답하시오.

전통적인 통화 정책은 정책 금리를 활용하여 물가를 안정시키고 경제 안정을 도모하는 것을 목표로 한다. 중앙은행은 경기가 과열되었을 때 정책 금리 인상을 통해 경기를 진정시키고자 한다. 정책 금리 인상으로 시장 금리도 높아지면 가계 및 기업에 대한 대출 감소로 신용 공급이 축소된다. 신용 공급의 축소는 경제 내 수요를 줄여 물가를 안정시키고 경기를 진정시킨다. 반면 경기가 침체되었을 때는 반대의 과정을 통해 경기를 부양시키고자 한다.

금융을 통화 정책의 전달 경로로만 보는 전통적인 경제학에서는 금융감독 정책이 개별 금융 회사의 건전성 확보를 통해 금융 안정을 달성하고자 하는 ㉠ 미시 건전성 정책에 집중해야 한다고 보았다. 이러한 관점은 금융이 직접적인 생산 수단이 아니므로 단기적일 때와는 달리 장기적으로는 경제 성장에 영향을 미치지 못한다는 인식과, 자산 시장에서는 가격이 본질적 가치를 초과하여 폭등하는 버블이 존재하지 않는다는 효율적 시장 가설에 기인한다. 미시 건전성 정책은 개별 금융 회사의 건전성에 대한 예방적 규제 성격을 가진 정책 수단을 활용하는데, 그 예로는 향후 손실에 대비하여 금융 회사의 자기자본 하한을 설정하는 최저 자기자본 규제를 들 수 있다.

이처럼 전통적인 경제학에서는 금융감독 정책을 통해 금융 안정을, 통화 정책을 통해 물가 안정을 달성할 수 있다고 보는 이원적인 접근 방식이 지배적인 견해였다. 그러나 글로벌 금융 위기 이후 금융 시스템이 와해되어 경제 불안이 확산되면서 기존의 접근 방식에 대한 자성이 일어났다. 이 당시 경기 부양을 목적으로 한 중앙은행의 저금리 정책이 자산 가격 버블에 따른 금융 불안을 야기하여 경제 안정이 훼손될 수 있다는 데 공감대가 형성되었다. 또한 금융 회사가 대형화되면서 개별 금융 회사의 부실이 금융 시스템의 붕괴를 야기할 수 있게 됨에 따라 금융 회사 규모가 금융 안정의 새로운 위험 요인으로 등장하였다. 이에 기존의 정책으로는 금융 안정을 확보할 수 없고, 경제 안정을 위해서는 물가 안정뿐만 아니라 금융 안정도 필수적인 요건임이 밝혀졌다. 그 결과 미시 건전성 정책에 ㉡ 거시 건전성 정책이 추가된 금융감독 정책과 물가 안정을 위한 통화 정책 간의 상호 보완을 통해 경제 안정을 달성해야 한다는 견해가 주류를 형성하게 되었다.

거시 건전성이란 개별 금융 회사 차원이 아니라 금융 시스템 차원의 위기 가능성이 낮아 건전한 상태를 말하고, 거시 건전성 정책은 금융 시스템의 건전성을 추구하는 규제 및 감독 등을 포괄하는 활동을 의미한다. 이때, 거시 건전성 정책은 미시 건전성이 거시 건전성을 담보할 수 있는 충분조건이 되지 못한다는 '구성의 오류'에 논리적 기반을 두고 있다. 거시 건전성 정책은 금융 시스템 위험 요인에 대한 예방적 규제를 통해 금융 시스템의 건전성을 추구한다는 점에서, 미시 건전성 정책과는 차별화된다.

거시 건전성 정책의 목표를 효과적으로 달성하기 위해서는 경기 변동과 금융 시스템 위험 요인 간의 상관관계를 감안한 정책 수단의 도입이 필요하다. 금융 시스템 위험 요인은 경기 순응성을 가진다. 즉 경기가 호황일 때는 금융 회사들이 대출을 늘려 신용 공급을 팽창시킴에 따라 자산 가격이 급등하고, 이는 다시 경기를 더 과열시키는 반면 불황일 때는 그 반대의 상황이 일어난다. 이를 완화할 수 있는 정책 수단으로는 경기 대응 완충자본 제도를 ⓐ 들 수 있다. 이 제도는 정책 당국이 경기 과열기에 금융 회사로 하여금 최저 자기자본에 추가적인 자기자본, 즉 완충자본을 쌓도록 하여 과도한 신용 팽창을 억제시킨다. 한편 적립된 완충자본은 경기 침체기에 대출 재원으로 쓰도록 함으로써 신용이 충분히 공급되

도록 한다.

01 윗글을 통해 알 수 있는 것은?

① 글로벌 금융 위기 이전에는, 금융이 단기적으로 경제 성장에 영향을 미치지 못한다고 보았다.
② 글로벌 금융 위기 이전에는, 개별 금융 회사가 건전하다고 해서 금융 안정이 달성되는 것은 아니라고 보았다.
③ 글로벌 금융 위기 이전에는, 경기 침체기에는 통화 정책과 더불어 금융감독 정책을 통해 경기를 부양시켜야 한다고 보았다.
④ 글로벌 금융 위기 이후에는, 정책 금리 인하가 경제 안정을 훼손하는 요인이 될 수 있다고 보았다.
⑤ 글로벌 금융 위기 이후에는, 경기 변동이 자산 가격 변동을 유발하나 자산 가격 변동은 경기 변동을 유발하지 않는다고 보았다.

02 ㉠과 ㉡에 대한 설명으로 적절하지 않은 것은?

① ㉠에서는 물가 안정을 위한 정책 수단과는 별개의 정책 수단을 통해 금융 안정을 달성하고자 한다.
② ㉡에서는 신용 공급의 경기 순응성을 완화시키는 정책 수단이 필요하다.
③ ㉠은 ㉡과 달리 예방적 규제 성격의 정책 수단을 사용하여 금융 안정을 달성하고자 한다.
④ ㉡은 ㉠과 달리 금융 시스템 위험 요인을 감독하는 정책 수단을 사용한다.
⑤ ㉠과 ㉡은 모두 금융 안정을 달성하기 위해 금융 회사의 자기자본을 이용한 정책 수단을 사용한다.

03 윗글을 바탕으로 할 때, 〈보기〉의 A~D에 들어갈 말을 바르게 짝지은 것은?

> **보기**
>
> 미시 건전성 정책과 거시 건전성 정책 간에는 정책 수단 운용에서 입장 차이가 존재한다. 경기가 (A)일 때 (B) 건전성 정책에서는 완충자본을 (C)하도록 하고, (D) 건전성 정책에서는 최소 수준 이상의 자기자본을 유지하도록 하여 개별 금융 회사의 건전성을 확보하려 한다.

	A	B	C	D
①	불황	거시	사용	미시
②	호황	거시	사용	미시
③	불황	거시	적립	미시
④	호황	미시	적립	거시
⑤	불황	미시	사용	거시

04 윗글과 〈보기〉에 대한 이해로 적절하지 <u>않은</u> 것은?

보기

현실에서의 통화 정책 효과는 경기에 대해 비대칭적인 것으로 알려져 있다. 통화 정책은 경기 과열을 억제하는 데는 효과적이지만 경기 침체를 벗어나는 데는 효과가 미미하기 때문이다. 경기 침체를 극복하기 위해 중앙은행의 정책 금리 인하로 은행이 대출을 늘려 신용 공급을 확대하려 해도, 가계의 소비 심리가 위축되었거나 기업이 투자할 대상이 마땅치 않을 경우 전통적인 통화 정책에서 기대되는 효과는 나타나지 않게 된다. 오히려 확대된 신용 공급이 주식이나 부동산 등 자산 시장으로 과도하게 유입되어 의도치 않은 문제를 일으킬 수 있다.

경제학자들은 경제 주체들이 경기 상황에 대해 비대칭적으로 반응하기 때문에 나타나는 이러한 현상을 '끈 밀어올리기(pushing on a string)'라고 부른다. 이는 끈을 당겨서 아래로 내리는 것은 쉽지만, 밀어서 위로 올리는 것은 어렵다는 것에 빗댄 것이다.

① '끈 밀어올리기'를 통해 경기 침체기에 자산 가격 버블이 발생하는 경우를 설명할 수 있겠군.
② 현실에서 경기가 침체되었을 경우 정책 금리 인하에 따른 경기 부양 효과는 경제 주체의 심리에 따라 달라질 수 있겠군.
③ '끈 밀어올리기'가 있을 경우 경기 침체기에 금융 안정을 달성하려면 경기 대응 완충자본 제도의 도입이 필요하겠군.
④ 통화 정책 효과가 경기에 대해 비대칭적이라면 경기 침체기에는 정책 금리 조정 이외의 방안을 도입할 필요가 있겠군.
⑤ 통화 정책 효과가 경기에 대해 비대칭적이라면 정책 금리 인상은 신용 공급을 축소시킴으로써 경기를 진정시킬 수 있겠군.

05 문맥상 의미가 ⓐ와 가장 가까운 것은?

① 나는 그 사람에게 친근감이 <u>든다</u>.
② 그는 목격자의 진술을 증거로 <u>들고</u> 있다.
③ 그분은 이미 대가의 경지에 <u>든</u> 학자이다.
④ 하반기에 <u>들자</u> 수출이 서서히 증가하기 시작했다.
⑤ 젊은 부부는 집을 마련하기 위해 적금을 <u>들기로</u> 했다.

다음 글을 읽고 물음에 답하시오.

물건을 사용하고 있는 사람이 그 물건의 주인일까? 점유란 물건에 대한 사실상의 지배 상태를 뜻한다. 이에 비해 소유란 어떤 물건을 사용·수익·처분할 수 있는 권리를 가진 상태라고 정의된다. 따라서 점유자와 소유자가 항상 일치하지는 않는다.

[A] 물건을 빌려 쓰거나 보관하고 있는 것을 포함하여 물건을 물리적으로 지배하는 상태를 직접점유라고 한다. 이에 비해 어떤 물건을 빌려 쓰거나 보관하는 사람에게 그 물건의 반환을 청구할 수 있는 권리를 가진 사람도 사실상의 지배를 한다고 볼 수 있다. 이와 같이 반환청구권을 가진 상태를 간접점유라고 한다. 직접점유와 간접점유는 모두 점유에 해당한다. 점유는 소유자를 공시하는 기능도 수행한다. 공시란 물건에 대해 누가 어떤 권리를 가지고 있는지를 알려 주는 것이다. 물건 중에서 피아노, 금반지, 가방 등과 같은 대부분의 동산은 점유에 의해 소유권이 공시된다.

물건의 소유권이 양도되려면, 소유자가 양도인이 되어 양수인과 유효한 양도 계약을 하고 이에 더하여 소유권 양도를 공시해야 한다. ㉠ 점유로 소유권이 공시되는 동산의 소유권 양도는 점유를 넘겨주는 점유 인도로 공시된다. 양수인이 간접점유를 하여 소유권 이전이 공시되는 경우로서 '점유개정'과 '반환청구권 양도'가 있다. 예를 들어 A가 B에게 피아노의 소유권을 양도하기로 계약하되 사흘간 빌려 쓰는 것으로 합의한 경우, B는 A에게 피아노를 사흘 후 돌려 달라고 요구할 수 있는 반환청구권을 가지게 된다. 이처럼 양도인이 직접점유를 유지하지만, 양수인에게 점유 인도가 이루어진 것으로 간주되는 경우를 점유개정이라고 한다. 한편 C가 자신이 소유한 가방을 D에게 맡겨 두어 이에 대한 반환청구권을 가지게 되었는데, 이 가방의 소유권을 E에게 양도하는 계약을 체결하였다고 하자. 이때 C가 D에게 통지하여 가방 주인이 바뀌었으니 가방을 E에게 반환하라고 알려 주면 D가 보관 중인 가방에 대한 반환청구권은 C로부터 E에게로 넘어간다. 이 경우를 반환청구권 양도라고 한다.

양도인이 소유자가 아니더라도 양수인이 점유 인도를 받으면 소유권을 취득할 수 있을까? 점유로 공시되는 동산의 경우 양수인이 충분히 주의를 했는데도 양도인이 소유자가 아님을 알지 못한 채 양도인과 유효한 계약을 하고, 점유 인도로 공시를 했다면 양수인은 소유권을 취득한다. 이것을 '선의취득'이라 한다. 다만 간접점유에 의한 인도 방법 중 점유개정으로는 선의취득을 하지 못한다. 선의취득으로 양수인이 소유권을 취득하면 원래 소유자는 원하지 않아도 소유권을 상실하게 된다.

반면에 국가가 관리하는 공적 기록인 등기·등록으로 공시되어야 하는 물건은 아예 선의취득 대상이 아니다. ㉡ 법률이 등록 대상으로 규정한 자동차, 항공기 등의 동산은 등록으로 공시되는 물건이고, ㉢ 토지·건물과 같은 부동산은 등기로 공시되는 물건이다. 이러한 고가의 재산에 대해 선의취득을 허용하게 되면 원래 소유자의 의사에 반하는 소유권 박탈이 ⓐ 일어나게 된다. 이것은 거래 안전에만 치중하고 원래 소유자의 권리 보호를 경시한 것이 되어 바람직하지 않다고 볼 수 있다.

01 윗글을 이해한 내용으로 적절하지 않은 것은?

① 가방을 사용하고 있는 사람은 그 가방의 점유자이다.

② 가방을 점유하고 있더라도 그 가방의 소유자가 아닐 수 있다.

③ 가방의 소유권이 유효한 계약으로 이전되려면 점유 인도가 있어야 한다.

④ 가방에 대해 누가 소유권을 가지고 있는지를 알게 해 주는 방법은 점유이다.

⑤ 가방의 소유권을 양도하는 유효한 계약을 체결하면 공시 방법이 갖춰지지 않아도 소유권은 이전된다.

02 [A]에 대한 이해로 가장 적절한 것은?

① 물리적 지배를 해야 동산의 간접점유자가 될 수 있다.

② 간접점유는 피아노 소유권에 대한 공시 방법이 아니다.

③ 하나의 동산에 직접점유자가 있으려면 간접점유자도 있어야 한다.

④ 피아노의 직접점유자가 있으면 그 피아노의 간접점유자는 소유자가 아니다.

⑤ 유효한 양도 계약으로 피아노의 소유자가 되려면 피아노에 대해 직접점유나 간접점유 중 하나를 갖춰야 한다.

03 ㉠~㉢을 비교한 내용으로 가장 적절한 것은?

① ㉠은 ㉢과 달리, 국가가 관리하는 공적 기록에 의해 소유권 양도가 공시될 수 있다.

② ㉡은 ㉠과 달리, 원래 소유자의 권리 보호가 거래 안전보다 중시되는 대상이다.

③ ㉢은 ㉠과 달리, 물리적 지배의 대상이 아니므로 점유로 공시될 수 없다.

④ ㉠과 ㉡은 모두 양도인이 소유자가 아니더라도 소유권 이전이 가능하다.

⑤ ㉠과 ㉢은 모두 점유개정으로 소유권 양도가 공시될 수 있다.

04 윗글을 바탕으로 할 때, 〈보기〉를 이해한 내용으로 적절하지 <u>않은</u> 것은?

보기

　　갑과 을은, 갑이 끼고 있었던 금반지의 소유권을 을에게 양도하기로 하는 유효한 계약을 했다. 갑과 을은, 갑이 이 금반지를 보관하다가 을이 요구할 때 넘겨주기로 합의했다. 을은 소유권 양도 계약을 할 때 양도인이 소유자라고 믿었고 양도인이 소유자인지 확인하기 위해 충분히 주의했다. 을은 일주일 후 병과 유효한 소유권 양도 계약을 했고, 갑에게 통지하여 사흘 후 병에게 금반지를 넘겨주라고 알려 주었다.

① 갑이 금반지 소유자였다면, 병이 금반지의 물리적 지배를 넘겨받지 않았으나 병은 소유권을 취득한다.

② 갑이 금반지 소유자였다면, 을은 갑으로부터 물리적 지배를 넘겨받지 않았으나 점유 인도를 받은 것으로 간주된다.

③ 갑이 금반지 소유자가 아니었더라도, 병은 을로부터 을이 가진 소유권을 양도받아 취득한다.

④ 갑이 금반지 소유자가 아니었더라도, 을은 반환청구권 양도로 병에게 점유 인도를 한 것으로 간주된다.

⑤ 갑이 금반지 소유자가 아니었더라도, 병이 계약할 때 양도인이 소유자라고 믿었고 양도인이 소유자인지 확인하기 위해 충분히 주의했다면, 병은 소유권을 취득한다.

05 문맥상 의미가 ⓐ와 가장 가까운 것은?

① 작년은 우리나라에서 수많은 사건이 <u>일어난</u> 해였다.

② 청중 사이에서는 기쁨으로 인해 환호성이 <u>일어났다</u>.

③ 형님의 강한 의지력으로 집안이 다시 <u>일어나게</u> 되었다.

④ 나는 그 사람에 대해 경계심이 <u>일어나지</u> 않을 수 없었다.

⑤ 사회는 구성원들이 부조리에 맞서 <u>일어남으로써</u> 발전한다.

지문분석으로 독해력 향상하기

다음 글을 읽고 물음에 답하시오.

국제법에서 일반적으로 조약은 국가나 국제기구들이 그들 사이에 지켜야 할 구체적인 권리와 의무를 명시적으로 합의하여 창출하는 규범이며, 국제 관습법은 조약 체결과 관계없이 국제 사회 일반이 받아들여 지키고 있는 보편적인 규범이다. 반면에 경제 관련 국제기구에서 어떤 결정을 하였을 경우, 이 결정 사항 자체는 권고적 효력만 있을 뿐 법적 구속력은 없는 것이 일반적이다. 그런데 국제결제은행 산하의 바젤위원회가 결정한 BIS 비율 규제와 같은 것들이 비회원의 국가에서도 엄격히 준수되는 모습을 종종 보게 된다. 이처럼 일종의 규범적 성격이 나타나는 현실을 어떻게 이해할지에 대한 논의가 있다. 이는 위반에 대한 제재를 통해 국제법의 효력을 확보하는 데 주안점을 두는 일반적 경향을 되돌아보게 한다. 곧 신뢰가 형성하는 구속력에 주목하는 것이다.

BIS 비율은 은행의 재무 건전성을 유지하는 데 필요한 최소한의 자기 자본 비율을 설정하여 궁극적으로 예금자와 금융 시스템을 보호하기 위해 바젤위원회에서 도입한 것이다. 바젤위원회에서는 BIS 비율이 적어도 규제 비율인 8%는 되어야 한다는 기준을 제시하였다. 이에 대한 식은 다음과 같다.

$$\text{BIS 비율(\%)} = \frac{\text{자기자본}}{\text{위험가중자산}} \times 100 \geq 8(\%)$$

여기서 자기자본은 은행의 기본자본, 보완자본 및 단기후순위채무의 합으로, 위험가중자산은 보유 자산에 각 자산의 신용 위험에 대한 위험 가중치를 곱한 값들의 합으로 구하였다. 위험 가중치는 자산 유형별 신용 위험을 반영하는 것인데, OECD 국가의 국채는 0%, 회사채는 100%가 획일적으로 부여되었다. 이후 금융 자산의 가격 변동에 따른 시장 위험도 반영해야 한다는 요구가 커지자, 바젤위원회는 위험가중자산을 신용 위험에 따른 부분과 시장 위험에 따른 부분의 합으로 새로 정의하여 BIS 비율을 산출하도록 하였다. 신용 위험의 경우와 달리 시장 위험의 측정 방식은 감독 기관의 승인하에 은행의 선택에 따라 사용할 수 있게 하여 '바젤 I' 협약이 1996년에 완성되었다.

금융 혁신의 진전으로 '바젤 I' 협약의 한계가 드러나자 2004년에 '바젤 II' 협약이 도입되었다. 여기에서 BIS 비율의 위험가중자산은 신용 위험에 대한 위험 가중치에 자산의 유형과 신용도를 모두 ⓐ 고려하도록 수정되었다. 신용 위험의 측정 방식은 표준 모형이나 내부 모형 가운데 하나를 은행이 이용할 수 있게 되었다. 표준 모형에서는 OECD 국가의 국채는 0%에서 150%까지, 회사채는 20%에서 150%까지 위험 가중치를 구분하여 신용도가 높을수록 낮게 부과한다. 예를 들어 실제 보유한 회사채가 100억 원인데 신용 위험 가중치가 20%라면 위험가중자산에서 그 회사채는 20억 원으로 계산된다. 내부 모형은 은행이 선택한 위험 측정 방식을 감독 기관의 승인하에 그 은행이 사용할 수 있도록 하는 것이다. 또한 감독 기관은 필요시 위험가중자산에 대한 자기자본의 최저 비율이 ⓑ 규제 비율을 초과하도록 자국 은행에 요구할 수 있게 함으로써 자기자본의 경직된 기준을 보완하고자 했다.

최근에는 '바젤 III' 협약이 발표되면서 자기자본에서 단기후순위채무가 제외되었다. 또한 위험가중자산에 대한 기본자본의 비율이 최소 6%가 되게 보완하여 자기자본의 손실 복원력을 강화하였다. 이처럼 새롭게 발표되는 바젤 협약은 이전 협약에 들어 있는 관련 기준을 개정하는 효과가 있다.

바젤 협약은 우리나라를 비롯한 수많은 국가에서 채택하여 제도화하고 있다. 현재 바젤위원회에는 28개국의 금융 당국들이 회원으로 가입되어 있으며, 우리 금융 당국은 2009년에 가입하였다. 하지만 우리나라는 가입하기 훨씬 전부터 BIS 비율을 도입하여 시행하였으며, 현행 법제에도 이것이 반영되어 있다. 바젤 기준을 따름으로써 은행이 믿을 만하다는 징표를 국제 금융 시장에 보여 주어야 했던 것이다. 재무 건전성을 의심받는 은행은 국제 금융 시장에 자리를 잡지 못하거나, 심하면 아예 ⓒ 발을 들이지 못할 수도 있다.

바젤위원회에서는 은행 감독 기준을 협의하여 제정한다. 그 헌장에서는 회원들에게 바젤 기준을 자국에 도입할 의무를 부과한다. 하지만 바젤위원회가 초국가적 감독 권한이 없으며 그의 결정도 ⓓ 법적 구속력이 없다는 것 또한 밝히고 있다. 바젤 기준은 100개가 넘는 국가가 채택하여 따른다. 이는 국제기구의 결정에 형식적으로 구속을 받지 않는 국가에서까지 자발적으로 받아들여 시행하고 있다는 것인데, 이런 현실을 ㉠ 말랑말랑한 법(soft law)의 모습이라 설명하기도 한다. 이때 조약이나 국제 관습법은 그에 대비하여 딱딱한 법(hard law)이라 부르게 된다. 바젤 기준도 장래에 ⓔ 딱딱하게 응고될지 모른다.

01 윗글의 내용 전개 방식으로 가장 적절한 것은?

① 특정한 국제적 기준의 내용과 그 변화 양상을 서술하며 국제 사회에 작용하는 규범성을 설명하고 있다.

② 특정한 국제적 기준이 제정된 원인을 서술하며 국제 사회의 규범을 감독 권한의 발생 원인에 따라 분류하고 있다.

③ 특정한 국제적 기준의 필요성을 서술하며 국제 사회에 수용되는 규범의 필요성을 상반된 관점에서 논증하고 있다.

④ 특정한 국제적 기준과 관련된 국내법의 특징을 서술하며 국제 사회에 받아들여지는 규범의 장단점을 설명하고 있다.

⑤ 특정한 국제적 기준의 설정 주체가 바뀐 사례를 서술하며 국제 사회에서 규범 설정 주체가 지닌 특징을 분석하고 있다.

02 윗글에서 알 수 있는 내용으로 적절하지 않은 것은?

① 조약은 체결한 국가들에 대하여 권리와 의무를 부과하는 것이 원칙이다.

② 새로운 바젤 협약이 발표되면 기존 바젤 협약에서의 기준이 변경되는 경우가 있다.

③ 딱딱한 법에서는 일반적으로 제재보다는 신뢰로써 법적 구속력을 확보하는 데 주안점이 있다.

④ 국제기구의 결정을 지키지 않을 때 입게 될 불이익은 그 결정이 준수되도록 하는 역할을 한다.

⑤ 세계 각국에서 바젤 기준을 법제화하는 것은 자국 은행의 재무 건전성을 대외적으로 인정받기 위해서이다.

03 BIS 비율에 대한 이해로 가장 적절한 것은?

① 바젤 I 협약에 따르면, 보유하고 있는 회사채의 신용도가 낮아질 경우 BIS 비율은 낮아지는 경향이 있다.

② 바젤 II 협약에 따르면, 각국의 은행들이 준수해야 하는 위험가중자산 대비 자기자본의 최저 비율은 동일하다.

③ 바젤 II 협약에 따르면, 보유하고 있는 OECD 국가의 국채를 매각한 뒤 이를 회사채에 투자한다면 BIS 비율은 항상 높아진다.

④ 바젤 II 협약에 따르면, 시장 위험의 경우와 마찬가지로 감독 기관의 승인하에 은행이 선택하여 사용할 수 있는 신용 위험의 측정 방식이 있다.

⑤ 바젤 III 협약에 따르면, 위험가중자산 대비 보완자본이 최소 2%는 되어야 보완된 BIS 비율 규제를 은행이 준수할 수 있다.

04 윗글을 참고할 때, 〈보기〉에 대한 반응으로 적절하지 않은 것은?

보기

갑 은행이 어느 해 말에 발표한 자기자본 및 위험가중자산은 아래 표와 같다. 갑 은행은 OECD 국가의 국채와 회사채만을 자산으로 보유했으며, 바젤 II 협약의 표준 모형에 따라 BIS 비율을 산출하여 공시하였다. 이때 회사채에 반영된 위험 가중치는 50%이다. 그 이외의 자본 및 자산은 모두 무시한다.

항목	자기자본		
	기본자본	보완자본	단기후순위채무
금액	50억 원	20억 원	40억 원

항목	위험 가중치를 반영하여 산출한 위험가중자산		
	신용 위험에 따른 위험가중자산		시장 위험에 따른 위험가중자산
	국채	회사채	
금액	300억 원	300억 원	400억 원

① 갑 은행이 공시한 BIS 비율은 바젤위원회가 제시한 규제 비율을 상회하겠군.

② 갑 은행이 보유 중인 회사채의 위험 가중치가 20%였다면 BIS 비율은 공시된 비율보다 높았겠군.

③ 갑 은행이 보유 중인 국채의 실제 규모가 회사채의 실제 규모보다 컸다면 위험 가중치는 국채가 회사채보다 낮았겠군.

④ 갑 은행이 바젤 I 협약의 기준으로 신용 위험에 따른 위험가중자산을 산출한다면 회사채는 600억 원이 되겠군.

⑤ 갑 은행이 위험가중자산의 변동 없이 보완자본을 10억 원 증액한다면 바젤 III 협약에서 보완된 기준을 충족할 수 있겠군.

05 ㉠에 해당하는 사례로 가장 적절한 것은?

① 바젤위원회가 국제 금융 현실에 맞지 않게 된 바젤 기준을 개정한다.

② 바젤위원회가 가입 회원이 없는 국가에 바젤 기준을 준수하도록 요청한다.

③ 바젤위원회 회원의 국가가 준수 의무가 있는 바젤 기준을 실제로는 지키지 않는다.

④ 바젤위원회 회원의 국가가 강제성이 없는 바젤 기준에 대하여 준수 의무를 이행한다.

⑤ 바젤위원회 회원이 없는 국가에서 바젤 기준을 제도화하여 국내에서 효력이 발생하도록 한다.

지문분석으로 독해력 향상하기

06 문맥상 ⓐ~ⓔ와 바꿔 쓰기에 적절하지 않은 것은?

① ⓐ : 반영하여 산출하도록

② ⓑ : 8%가 넘도록

③ ⓒ : 바젤위원회에 가입하지

④ ⓓ : 권고적 효력이 있을 뿐이라는

⑤ ⓔ : 조약이나 국제 관습법이 될지

다음 글을 읽고 물음에 답하시오.

특허권은 발명에 대한 정보의 소유자가 특허 출원 및 담당 관청의 심사를 통하여 획득한 특허를 일정 기간 독점적으로 사용할 수 있는 법률상 권리를 말한다. 한편 영업 비밀은 생산 방법, 판매 방법, 그 밖에 영업 활동에 유용한 기술상 또는 경영상의 정보 등으로, 일정 조건을 갖추면 법으로 보호받을 수 있다. 법으로 보호되는 특허권과 영업 비밀은 모두 지식 재산인데, 정보 통신 기술(ICT) 산업은 이 같은 지식 재산을 기반으로 창출된다. 지식 재산 보호 문제와 더불어 최근에는 ICT 다국적 기업이 지식 재산으로 거두는 수입에 대한 과세 문제가 불거지고 있다.

일부 국가에서는 ICT 다국적 기업에 대해 디지털세 도입을 진행 중이다. 디지털세는 이를 도입한 국가에서 ICT 다국적 기업이 거둔 수입에 대해 부과되는 세금이다. 디지털세의 배경에는 법인세 감소에 대한 각국의 우려가 있다. 법인세는 국가가 기업으로부터 걷는 세금 중 가장 중요한 것으로, 재화나 서비스의 판매 등을 통해 거둔 수입에서 제반 비용을 제외하고 남은 이윤에 대해 부과하는 세금이라 할 수 있다.

㉠ 많은 ICT 다국적 기업이 법인세율이 현저하게 낮은 국가에 자회사를 설립하고 그 자회사에 이윤을 몰아주는 방식으로 법인세를 회피한다는 비판이 있어 왔다. 예를 들면 ICT 다국적 기업 Z사는 법인세율이 매우 낮은 A국에 자회사를 세워 특허의 사용 권한을 부여한다. 그리고 법인세율이 A국보다 높은 B국에 설립된 Z사의 자회사에서 특허 사용으로 수입이 발생하면 Z사는 B국의 자회사로 하여금 A국의 자회사에 특허 사용에 대한 수수료인 로열티를 지출하도록 한다. 그 결과 Z사는 ⓐ B국의 자회사에 법인세가 부과될 이윤을 최소화한다. ICT 다국적 기업의 본사를 많이 보유한 국가에서도 해당 기업에 대한 법인세 징수는 문제가 된다. 그러나 그중 어떤 국가들은 ICT 다국적 기업의 활동이 해당 산업에서 자국이 주도권을 유지하는 데 중요하기 때문에라도 디지털세 도입에는 방어적이다.

[A]
ICT 산업을 주도하는 국가에서 더 중요한 문제는 ICT 지식 재산 보호의 국제적 강화일 수 있다. 이론적으로 봤을 때 지식 재산의 보호가 약할수록 유용한 지식 창출의 유인이 저해되어 지식의 진보가 정체되고, 지식 재산의 보호가 강할수록 해당 지식에 대한 접근을 막아 소수의 사람만이 혜택을 보게 된다. 전자로 발생한 손해를 유인 비용, 후자로 발생한 손해를 접근 비용이라고 한다면, 지식 재산 보호의 최적 수준은 두 비용의 합이 최소가 될 때일 것이다. 각국은 그 수준에서 자국의 지식 재산 보호 수준을 설정한다. 특허 보호 정도와 국민 소득의 관계를 보여 주는 한 연구에서는 국민 소득이 일정 수준 이상인 상태에서는 국민 소득이 증가할수록 특허 보호 정도가 강해지는 경향이 있지만, 가장 낮은 소득 수준을 벗어난 국가들은 그들보다 소득 수준이 낮은 국가들보다 오히려 특허 보호가 약한 것으로 나타났다. 이는 지식 재산 보호의 최적 수준에 대해서도 국가별 입장이 다름을 시사한다.

01 윗글을 읽고 답을 찾을 수 있는 질문에 해당하지 않는 것은?

① 법으로 보호되는 특허권과 영업 비밀의 공통점은 무엇인가?
② 영업 비밀이 법적 보호 대상으로 인정받기 위한 절차는 무엇인가?
③ ICT 다국적 기업의 수입에 과세하는 제도 도입의 배경은 무엇인가?
④ 로열티는 ICT 다국적 기업의 법인세를 줄이는 데 어떻게 이용되는가?
⑤ 이론적으로 지식 재산 보호의 최적 수준은 어떻게 설정하는가?

02 디지털세 에 대한 이해로 가장 적절한 것은?

① 지식 재산 보호를 강화할 수 있는 수단이다.
② 이윤에서 제반 비용을 제외한 금액에 부과된다.
③ ICT 산업에서 주도적인 국가는 도입에 적극적이다.
④ 여러 국가에 자회사를 설립하는 방식으로 줄일 수 있다.
⑤ 도입된 국가에서 ICT 다국적 기업이 거둔 수입에 부과된다.

03 〈보기〉는 윗글을 읽은 학생이 수행할 학습지의 일부이다. ㉮에 들어갈 말로 가장 적절한 것은?

보기

○ **과제** : '㉠을 근거로 ICT 다국적 기업에 디지털세가 부과되는 것이 타당한가?'를 검증할 가설에 대한 판단

• **가설**

ICT 다국적 기업 자회사들의 수입 대비 이윤의 비율은 법인세율이 높은 국가일수록 낮다.

• **판단**

가설이 참이라면 ㉮ 고 할 수 있으므로 ㉠을 근거로 디지털세를 부과하는 것을 지지할 수 있겠군.

① ICT 다국적 기업 자회사의 수입이 법인세율이 높은 국가일수록 많다
② ICT 다국적 기업이 법인세율이 높은 국가의 자회사에 로열티를 지출한다
③ ICT 다국적 기업 자회사의 수입 대비 제반 비용의 비율이 법인세율이 낮은 국가일수록 높다
④ ICT 다국적 기업이 법인세율이 높은 국가의 자회사에서 수입에 비해 이윤을 줄이는 방식으로 법인세를 줄이고 있다
⑤ 법인세율이 높은 국가에 본사가 있는 ICT 다국적 기업 자회사의 수입 대비 이윤의 비율은 법인세율이 낮은 국가일수록 낮다

04 [A]를 적용하여 〈보기〉를 이해한 내용으로 적절하지 <u>않은</u> 것은?

보기

S국은 현재 국민 소득이 가장 낮은 수준의 국가이고 ICT 산업에서 주도적인 국가가 아니다. S국의 특허 보호 정책은 지식 재산 보호 정책을 대표한다.

① ICT 산업에서 주도적인 국가는 S국이 유인 비용을 현재보다 크게 인식하여 지식 재산 보호 수준을 높이기 바라겠군.

② S국에서는 지식 재산 보호 수준이 낮을 때가 높을 때보다 지식 재산 창출 의욕의 저하로 인한 손해가 더 심각하겠군.

③ S국에서 현재의 특허 제도가 특허권을 과하게 보호한다고 판단한다면 지식 재산 보호 수준을 낮춰 접근 비용을 높이고 싶겠군.

④ S국의 국민 소득이 점점 높아진다면 유인 비용과 접근 비용의 합이 최소가 되는 지식 재산 보호 수준은 낮아졌다가 높아지겠군.

⑤ S국이 지식 재산 보호 수준을 높일 때, 지식의 발전이 저해되어 발생하는 손해는 감소하고 다수가 지식 재산의 혜택을 누리지 못하여 발생하는 손해는 증가하겠군.

05 문맥상 @와 바꿔 쓰기에 적절하지 <u>않은</u> 것은?

① Z사의 전체적인 법인세 부담을 줄인다

② A국의 자회사가 거두는 수입을 늘린다

③ A국의 자회사가 얻게 될 이윤을 줄인다

④ B국의 자회사가 낼 법인세를 최소화한다

⑤ B국의 자회사가 지출하는 제반 비용을 늘린다

다음 글을 읽고 물음에 답하시오.

국가, 지방 자치 단체와 같은 행정 주체가 행정 목적을 ⓐ 실현하기 위해 국민의 권리를 제한하거나 국민에게 의무를 부과하는 '행정 규제'는 국회가 제정한 법률에 근거해야 한다. 그러나 국회가 아니라, 대통령을 수반으로 하는 행정부나 지방 자치 단체와 같은 행정 기관이 제정한 법령인 행정입법에 의한 행정 규제의 비중이 커지고 있다. 드론과 관련된 행정 규제 사항들처럼, 첨단 기술과 관련되거나, 상황 변화에 즉각 대처해야 하거나, 개별적 상황을 ⓑ 반영하여 규제를 달리해야 하는 행정 규제 사항들이 늘어나고 있기 때문이다. 행정 기관은 국회에 비해 이러한 사항들을 다루기에 적합하다.

행정입법의 유형에는 위임명령, 행정규칙, 조례 등이 있다. 헌법에 따르면, 국회는 행정 규제 사항에 관한 법률을 제정할 때 특정한 내용에 관한 입법을 행정부에 위임할 수 있다. 이에 따라 제정된 행정입법을 위임명령이라고 한다. 위임명령은 제정 주체에 따라 대통령령, 총리령, 부령으로 나누어진다. 이들은 모두 국민에게 적용되기 때문에 입법예고, 공포 등의 절차를 거쳐야 한다. 위임명령은 입법부인 국회가 자신의 권한의 일부를 행정부에 맡겼기 때문에 정당화될 수 있다. 그래서 특정한 행정 규제의 근거 법률이 위임명령으로 제정할 사항의 범위를 정하지 않은 채 위임하는 포괄적 위임은 헌법상 삼권 분립 원칙에 저촉된다. 위임된 행정 규제 사항의 대강을 위임 근거 법률의 내용으로부터 ⓒ 예측할 수 있어야 한다는 것이다. 다만 행정 규제 사항의 첨단 기술 관련성이 클수록 위임 근거 법률이 위임할 수 있는 사항의 범위가 넓어진다. 한편, 위임명령이 법률로부터 위임받은 범위를 벗어나서 제정되거나, 위임 근거 법률이 사용한 어구의 의미를 확대하거나 축소하여 제정되어서는 안 된다. ㉠ 위임명령이 이러한 제한을 위반하여 제정되면 효력이 없다.

행정규칙은 원래 행정부의 직제나 사무 처리 절차에 관한 행정입법으로서 고시(告示), 예규 등이 여기에 속한다. 일반 국민에게는 직접 적용되지 않기 때문에, 법률로부터 위임받지 않아도 유효하게 제정될 수 있고 위임명령 제정 시와 동일한 절차를 거칠 필요가 없다. 그러나 행정 규제 사항에 관하여 행정규칙이 제정되는 예외적인 경우도 있다. 위임된 사항이 첨단 기술과의 관련성이 매우 커서 위임명령으로는 ⓓ 대응하기 어려워 불가피한 경우, 위임 근거 법률이 행정입법의 제정 주체만 지정하고 행정입법의 유형을 지정하지 않았다면 위임된 사항이 고시나 예규로 제정될 수 있다. 이런 경우의 행정규칙은 위임명령과 달리, 입법예고, 공포 등을 거치지 않고 제정된다.

조례는 지방 의회가 제정하는 행정입법으로 지역의 특수성을 반영하여 제정되고 지역에서 발생하는 사안에 대해 적용된다. 제정 주체가 지방 자치 단체의 기관인 지방 의회라는 점에서 행정부에서 제정하는 위임명령, 행정규칙과 ⓔ 구별된다. 조례도 행정 규제 사항을 규정하려면 법률의 위임에 근거해야 한다. 또한 법률로부터 포괄적 위임을 받을 수 있지만 위임 근거 법률이 사용한 어구의 의미를 다르게 사용할 수 없다. 조례는 입법예고, 공포 등의 절차를 거쳐 제정된다.

01 윗글의 내용과 일치하는 것은?

① 행정입법에 속하는 법령들은 제정 주체가 동일하다.
② 행정입법에 속하는 법령들은 모두 개별적 상황과 지역의 특수성을 반영한다.
③ 행정입법에 속하는 법령들은 모두 정당성을 확보하기 위하여 국회의 위임에 근거한다.
④ 행정 규제 사항에 적용되는 행정입법은 모두 포괄적 위임이 금지되어 있다.
⑤ 행정부가 국회보다 신속히 대응할 수 있는 행정 규제 사항은 행정입법의 대상으로 적합하다.

02 ㉠의 이유로 가장 적절한 것은?

① 그 위임명령이 법률의 근거 없이 행정 규제 사항을 규정했기 때문이다.
② 그 위임명령이 포괄적 위임을 받아 제정된 경우에 해당하기 때문이다.
③ 그 위임명령이 첨단 기술에 대한 내용을 정확히 반영하지 않았기 때문이다.
④ 그 위임명령이 국민의 권리를 제한하는 권한을 행정 기관에 맡겼기 때문이다.
⑤ 그 위임명령이 구체적 상황의 특성을 반영한 융통성 있는 대응을 하지 못했기 때문이다.

03 행정규칙에 관한 설명 중 적절하지 않은 것은?

① 행정부의 직제나 사무 처리 절차를 규정하는 경우, 법률의 위임이 요구되지 않는다.
② 행정부의 직제나 사무 처리 절차를 규정하는 경우, 일반 국민에게 직접 적용되지 않는다.
③ 행정 규제 사항을 규정하는 경우, 위임명령의 제정 절차를 따르지 않는다.
④ 행정 규제 사항을 규정하는 경우, 위임 근거 법률의 위임을 받은 제정 주체에 의해 제정된다.
⑤ 행정 규제 사항을 규정하는 경우, 위임 근거 법률로부터 위임받을 수 있는 사항의 범위가 위임명령과 같다.

04 윗글을 바탕으로 〈보기〉의 ㉮~㉱에 대해 이해한 내용으로 가장 적절한 것은?

보기

갑은 새로 개업한 자신의 가게 홍보를 위해 인근 자연 공원에 현수막을 설치하려고 한다. 현수막 설치에 관한 행정 규제의 내용을 확인하기 위해 ○○ 시청에 문의하고 아래와 같은 회신을 받았다.

> 문의하신 내용에 대해 다음과 같이 알려 드립니다.
> ㉮「옥외광고물 등의 관리와 옥외광고산업 진흥에 관한 법률」제3조(광고물 등의 허가 또는 신고)에 따른 허가 또는 신고 대상 광고물에 관한 사항은 대통령령인 ㉯「옥외 광고물 등의 관리와 옥외광고산업 진흥에 관한 법률 시행령」제5조에 규정되어 있습니다. 이에 따르면 문의하신 규격의 현수막을 설치하시려면 설치 전에 신고하셔야 합니다.
> 또한 위 법률 제16조(광고물 실명제)에 의하면, 신고 번호, 표시 기간, 제작자명 등을 표시하도록 규정하고 있습니다. 표시하는 방법에 대해서는 ㉰ ○○시 지방 의회에서 제정한 법령에 따르셔야 합니다.

① ㉮의 제3조의 내용에서 ㉯의 제5조의 신고 대상 광고물에 관한 사항의 구체적 내용을 확인할 수 있겠군.

② ㉯의 제5조는 ㉮의 제16조로부터 제정할 사항의 범위가 정해져 위임을 받았겠군.

③ ㉯는 ㉰와 달리 입법예고와 공포 절차를 거쳤겠군.

④ ㉯에 나오는 '광고물'의 의미와 ㉰에 나오는 '광고물'의 의미는 일치하겠군.

⑤ ㉰를 준수해야 하는 국민 중에는 ㉯를 준수하지 않아도 되는 국민이 있겠군.

05 문맥상 ⓐ~ⓔ와 바꿔 쓰기에 가장 적절한 것은?

① ⓐ : 나타내기

② ⓑ : 드러내어

③ ⓒ : 헤아릴

④ ⓓ : 마주하기

⑤ ⓔ : 달라진다

다음 글을 읽고 물음에 답하시오.

채권은 어떤 사람이 다른 사람에게 특정 행위를 요구할 수 있는 권리이다. 이 특정 행위를 급부라 하고, 특정 행위를 해주어야 할 의무를 채무라 한다. 채무자가 채권을 ⓐ 가진 이에게 급부를 이행하면 채권에 대응하는 채무는 소멸한다. 급부는 재화나 서비스 제공인 경우가 많지만 그 외의 내용일 수도 있다.

민법상의 권리는 여러 가지가 있는데 계약 없이 법률로 정해진 요건의 충족으로 발생하기도 하지만 대개 계약의 효력으로 발생한다. 계약이란 권리 발생 등에 관한 당사자의 합의로서, 계약이 성립하면 합의 내용대로 권리 발생 등의 효력이 인정되는 것이 원칙이다. 당장 필요한 재화나 서비스는 그 제공을 급부로 하는 계약을 성립시켜 확보하면 되지만 미래에 필요할 수도 있는 재화나 서비스라면 계약을 성립시킬 수 있는 권리를 확보하는 것이 유리하다. 이를 위해 '예약'이 활용된다. 일상에서 예약이라고 할 때와 법적인 관점에서의 예약은 구별된다. ⊙ 기차 탑승을 위해 미리 돈을 지불하고 승차권을 구입하는 것을 '기차 승차권을 예약했다'고도 하지만 이 경우는 예약에 해당하지 않는 계약이다. 법적으로 예약은 당사자들이 합의한 내용대로 권리가 발생하는 계약의 일종으로, 재화나 서비스 제공을 급부 내용으로 하는 다른 계약인 '본계약'을 성립시킬 수 있는 권리 발생을 목적으로 한다.

[A]
예약은 예약상 권리자가 가지는 권리의 법적 성질에 따라 두 가지 유형으로 나뉜다. 첫째는 채권을 발생시키는 예약이다. 이 채권의 급부 내용은 '예약상 권리자의 본계약 성립 요구에 대해 상대방이 승낙하는 것'이다. 회사의 급식 업체 공모에 따라 여러 업체가 신청한 경우 그중 한 업체가 선정되었다고 회사에서 통지하면 예약이 성립한다. 이에 따라 선정된 업체가 급식을 제공하고 대금을 ⓑ 받기로 하는 본계약 체결을 요청하면 회사는 이에 응할 의무를 진다. 둘째는 예약 완결권을 발생시키는 예약이다. 이 경우 예약상 권리자가 본계약을 성립시키겠다는 의사를 표시하는 것만으로 본계약이 성립한다. 가족 행사를 위해 식당을 예약한 사람이 식당에 도착하여 예약 완결권을 행사하면 곧바로 본계약이 성립하므로 식사 제공이라는 급부에 대한 계약상의 채권이 발생한다.

예약에서 예약상의 급부나 본계약상의 급부가 이행되지 않는 문제가 ⓒ 생길 수 있는데, 예약의 유형에 따라 발생 문제의 양상이 다르다. 일반적으로 급부가 이행되지 않아 채권자에게 손해가 발생한 경우 채무자는 자신의 고의나 과실에서 비롯된 것이 아님을 증명하지 못하는 한 채무 불이행 책임을 진다. 이로 인해 채무의 내용이 바뀌는데 원래의 급부 내용이 무엇이든 채권자의 손해를 돈으로 물어야 하는 손해 배상 채무로 바뀐다.

만약 타인이 고의나 과실로 예약상 권리자가 가진 권리 실현을 방해했다면 예약상 권리자는 그에게도 책임을 ⓓ 물을 수 있다. 법률에 의하면 누구든 고의나 과실에 의해 타인에게 피해를 ⓔ 끼치는 행위를 하고 그 행위의 위법성이 인정되면 불법행위 책임이 성립하여, 가해자는 피해자에게 손해를 돈으로 배상할 채무를 지기 때문이다. 다만 예약상 권리자에게 예약 상대방이나 방해자 중 누구라도 손해 배상을 하면 다른 한쪽의 배상 의무도 사라진다. 급부 내용이 동일하기 때문이다.

01 윗글에 대한 이해로 적절하지 않은 것은?

① 계약상의 채권은 계약이 성립하면 추가 합의가 없어도 발생하는 것이 원칙이다.
② 재화나 서비스 제공을 대상으로 하는 권리 외에 다른 형태의 권리도 존재한다.
③ 예약상 권리자는 본계약상 권리의 발생 여부를 결정할 수 있다.
④ 급부가 이행되면 채무자의 채권자에 대한 채무가 소멸된다.
⑤ 불법행위 책임은 계약의 당사자 사이에 국한된다.

02 ⊙에 대한 이해로 가장 적절한 것은?

① 기차 탑승은 채권에 해당하고 돈을 지불하는 행위는 그 채권의 대상인 급부에 해당한다.
② 기차를 탑승하지 않는 것은 승차권 구입으로 발생한 채권에 대응하는 의무를 포기하는 것이다.
③ 기차 승차권을 미리 구입하는 것은 계약을 성립시키면서 채권의 행사 시점을 미래로 정해 두는 것이다.
④ 승차권 구입은 계약 없이 법률로 정해진 요건을 충족하여 서비스를 제공받을 권리를 발생시키는 행위이다.
⑤ 미리 돈을 지불하는 것은 미래에 필요한 기차 탑승 서비스 이용이라는 계약을 성립시킬 수 있는 권리를 확보한 것이다.

03 다음은 [A]에 제시된 예를 활용하여, 예약의 유형에 따라 예약상 권리자가 요구할 수 있는 급부에 대해 정리한 것이다. ㄱ~ㄷ에 들어갈 내용을 올바르게 짝지은 것은?

구분	채권을 발생시키는 예약	예약 완결권을 발생시키는 예약
예약상 급부	ㄱ	ㄴ
본계약상 급부	ㄷ	식사 제공

	ㄱ	ㄴ	ㄷ
①	급식 계약 승낙	없음	급식 대금 지급
②	급식 계약 승낙	없음	급식 제공
③	급식 계약 승낙	식사 제공 계약 체결	급식 제공
④	없음	식사 제공 계약 체결	급식 제공
⑤	없음	식사 제공 계약 체결	급식 대금 지급

04 윗글을 참고할 때, 〈보기〉의 ㉮에 대한 이해로 적절하지 <u>않은</u> 것은?

보기

　특별한 행사를 앞두고 있는 갑은 미용실을 운영하는 을과 예약을 하여 행사 당일 오전 10시에 머리 손질을 받기로 했다. 갑이 시간에 맞춰 미용실을 방문하여 머리 손질을 요구했을 때 병이 이미 을에게 머리 손질을 받고 있었다. 갑이 예약해 둔 시간에 병이 고의로 끼어들어 위법성이 있는 행위를 하여 ㉮ <u>갑은 오전 10시에 머리 손질을 받을 수 없는 손해를 입었다.</u>

① ㉮가 발생하는 과정에서 을의 과실이 있는 경우, 을은 갑에 대해 채무 불이행 책임이 있고 병은 갑에 대해 손해 배상 채무가 있다.
② ㉮가 발생하는 과정에서 을의 고의가 있는 경우, 을과 병은 모두 갑에게 손해 배상 채무를 지고 을이 배상을 하면 병은 갑에 대한 채무가 사라진다.
③ ㉮가 발생하는 과정에서 을에게 고의나 과실이 있는지 없는지 증명되지 않은 경우, 을과 병은 모두 갑에게 채무를 지고 그에 따른 급부의 내용은 동일하다.
④ ㉮가 발생하는 과정에서 을에게 고의나 과실이 있는지 없는지 증명되지 않은 경우, 을과 병은 모두 채무 불이행 책임을 지므로 갑에게 손해 배상 채무를 진다.
⑤ ㉮가 발생하는 과정에서 을에게 고의나 과실이 없음이 증명된 경우, 을과 달리 병에게는 갑이 입은 손해에 대해 금전으로 배상할 책임이 있다.

05 문맥상 ⓐ~ⓔ의 단어와 가장 가까운 의미로 쓰인 것은?

① ⓐ : 자신의 일에 자부심을 <u>가지는</u> 것이 중요하다.
② ⓑ : 올해 생일에는 고향 친구에게서 편지를 <u>받았다.</u>
③ ⓒ : 기차역 주변에 새로 <u>생긴</u> 상가에 가 보았다.
④ ⓓ : 나는 도서관에서 책 빌리는 방법을 <u>물어</u> 보았다.
⑤ ⓔ : 바닷가의 찬바람을 쐬니 온몸에 소름이 <u>끼쳤다.</u>

지문분석으로 독해력 향상하기

다음 글을 읽고 물음에 답하시오.

1764년에 발간된 체사레 베카리아의 『범죄와 형벌』은 커다란 반향을 일으켰다. 형벌에 관한 논리 정연하고 새로운 주장들에 유럽의 지식 사회가 매료된 것이다. 자유와 행복을 추구하는 이성적인 인간을 상정하는 당시 계몽주의 사조에 베카리아는 충실히 호응하여, 이익을 저울질할 줄 알고 그에 따라 행동하는 존재로서 인간을 전제하였다. 사람은 대가 없이 공익만을 위하여 자유를 내어놓지는 않는다. 끊임없는 전쟁과 같은 상태에서 벗어나기 위하여 자유의 일부를 떼어 주고 나머지 자유의 몫을 평온하게 ⓐ 누리기로 합의한 것이다. 저마다 할애한 자유의 총합이 주권을 구성하고, 주권자가 이를 위탁받아 관리한다. 따라서 사회의 형성과 지속을 위한 조건이라 할 법은 저마다의 행복을 증진시킬 때 가장 잘 준수되며, 전체 복리를 위해 법 위반자에게 설정된 것이 형벌이다. 이런 논증으로 베카리아는 형벌권의 행사는 양도의 범위를 벗어날 수 없다는 출발점을 세웠다.

베카리아가 볼 때, 형벌은 범죄가 일으킨 결과를 되돌려 놓을 수 없다. 또한 인간을 괴롭히는 것 자체가 그 목적인 것도 아니다. 형벌의 목적은 오로지 범죄자가 또다시 피해를 끼치지 못하도록 억제하고, 다른 사람들이 그 같은 행위를 하지 못하도록 예방하는 데 있을 뿐이다. 이는 범죄로 얻을 이득, 곧 공익이 입게 되는 그만큼의 손실보다 형벌이 가하는 손해가 조금이라도 크기만 하면 달성된다. 그리고 이러한 손익 관계를 누구나 알 수 있도록 처벌 체계는 명확히 성문법으로 규정되어야 하고, 그 집행의 확실성도 갖추어져야 한다. 결국 범죄를 ⓑ 가로막는 방벽으로 형벌을 바라보는 것이다. 이 ㉠ 울타리의 높이는 살인인지 절도인지 등에 따라 달리해야 한다. 공익을 훼손한 정도에 비례해야 하는 것이다. 그것을 넘어서는 처벌은 폭압이며 불필요하다. 베카리아는 말한다. 상이한 피해를 일으키는 두 범죄에 동일한 형벌을 적용한다면 더 무거운 죄에 대한 억지력이 상실되지 않겠는가.

그는 인간이 감각적인 존재라는 사실에 맞추어 제도가 운용될 것을 역설한다. 가장 잔혹한 형벌도 계속 시행되다 보면 사회 일반은 그에 ⓒ 무디어져 마침내 그런 것을 봐도 옥살이에 대한 공포 이상을 느끼지 못한다. 인간의 정신에 ⓓ 크나큰 효과를 끼치는 것은 형벌의 강도가 아니라 지속이다. 죽는 장면의 목격은 무시무시한 경험이지만 그 기억은 일시적이고, 자유를 박탈당한 인간이 속죄하는 고통의 모습을 오랫동안 대하는 것이 더욱 강력한 억제 효과를 갖는다는 주장이다. 더욱 중요한 것을 지키기 위해 희생한 자유에는 무엇보다도 값진 생명이 포함될 수 없다고도 말한다. 이처럼 베카리아는 잔혹한 형벌을 반대하여 휴머니스트로, 최대 다수의 최대 행복을 말하여 공리주의자로, 자유로운 인간들 사이의 합의를 바탕으로 논의를 전개하여 사회 계약론자로 이해된다. 형법학에서도 형벌로 되갚아 준다는 응보주의를 탈피하여 장래의 범죄 발생을 방지한다는 일반 예방주의로 나아가는 토대를 ⓔ 세웠다는 평가를 받는다.

01 윗글에서 베카리아의 관점으로 보기 어려운 것은?

① 공동체를 이루는 합의가 유지되는 데는 법이 필요하다.
② 사람은 이성적이고 타산적인 존재이자 감각적 존재이다.
③ 개개인의 국민은 주권자로서 형벌을 시행하는 주체이다.
④ 잔혹함이 주는 공포의 효과는 시간이 흐르면서 감소한다.
⑤ 형벌권 행사의 범위는 양도된 자유의 총합을 넘을 수 없다.

02 ㉠에 대한 설명으로 적절하지 않은 것은?

① 재범을 방지하는 역할을 수행한다.
② 법률로 엮어 뚜렷이 알아볼 수 있도록 해야 한다.
③ 범죄가 유발하는 손실에 따라 높낮이를 정해야 한다.
④ 손익을 저울질하는 인간의 이성을 목적 달성에 활용한다.
⑤ 지키려는 공익보다 높게 설정할수록 방어 효과가 증가한다.

03 윗글을 바탕으로 베카리아의 입장을 추론한 내용으로 가장 적절한 것은?

① 형벌이 사회적 행복 증진을 저해한다고 보는 공리주의의 입장에서 사형을 반대한다.

② 사형은 범죄 예방의 효과가 없으므로 일반 예방주의의 입장에서 폐지되어야 한다고 주장한다.

③ 사형은 사람의 기억에 영구히 각인되는 잔혹한 형벌이어서 휴머니즘의 입장에서 인정하지 못한다.

④ 가장 큰 가치를 내어주는 합의가 있을 수 없다는 이유로 사회 계약론의 입장에서 사형을 비판한다.

⑤ 피해 회복의 관점으로 형벌을 바라보는 형법학의 입장에서 사형을 무기 징역으로 대체하는 데 찬성하지 않는다.

지문분석으로 독해력 향상하기

04 문맥상 ⓐ~ⓔ와 바꿔 쓰기에 적절하지 않은 것은?

① ⓐ : 향유(享有)하기로

② ⓑ : 단절(斷絶)하는

③ ⓒ : 둔감(鈍感)해져

④ ⓓ : 지대(至大)한

⑤ ⓔ : 수립(樹立)하였다는

다음 글을 읽고 물음에 답하시오.

(가)

광고는 시장의 형태 중 독점적 경쟁 시장에서 그 효과가 크다. 독점적 경쟁 시장은, 유사하지만 차별적인 상품을 다수의 판매자가 경쟁하며 판매하는 시장이다. 각 판매자는 자신이 공급하는 상품을 구매자가 차별적으로 인지하고 선호할 수 있도록 하기 위해 광고를 이용한다. 판매자에게 그러한 차별적 인지와 선호가 중요한 이유는, 이를 통해 판매자가 자신의 상품을 원하는 구매자에 대해 누리는 독점적 지위를 강화할 수 있기 때문이다.

일반적으로 독점적 지위를 누린다는 것은 상품의 가격을 결정할 수 있는 힘이 있다는 의미이다. 그럼에도 불구하고 판매자는 구매자의 수요를 고려해야 한다. 대체로 구매자는 상품의 물량이 많을 때보다 적을 때 높은 가격을 지불하고자 하기 때문에, 판매자는 공급량을 감소시킴으로써 더 높은 가격을 책정할 수 있다. 독점적 경쟁 시장의 판매자도 이러한 지위 덕분에 상품에 차별성이 없는 경우를 가정할 때보다 다소 비싼 가격에 상품을 판매하는 경향이 있다. 그러나 그 결과 독점적 경쟁 시장의 판매자가 단기적으로 이윤을 보더라도, 그 이윤이 지속되리라 기대할 수는 없다. 이윤을 보는 판매자가 있으면 그러한 이윤에 이끌려 약간 다른 상품을 공급하는 신규 판매자의 수가 장기적으로 증가하고, 그 결과 기존 판매자가 공급하던 상품에 대한 수요는 감소하여 이윤이 줄어들 것이기 때문이다.

판매자가 광고를 통해 상품의 차별성을 알리는 대표적인 방법은 상품에 대한 정보를 전달하는 것이다. 하지만 많은 비용을 들인 것으로 보이는 광고만으로도 상품의 차별성을 부각할 수 있다. 판매자가 경쟁력에 자신 없는 상품에 많은 광고 비용을 지출하지 않을 것이라는 구매자의 추측을 유도하는 것이 이 광고 방법의 목적이다. 가격이 변화할 때 구매자의 상품 수요량이 변하는 정도를 수요의 가격 탄력성이라 하는데, 구매자가 자신이 선호하는 상품이 차별화되었다고 느낄수록 수요의 가격 탄력성은 감소한다. 이처럼 구매자가 특정 상품에 갖는 충성도가 높아지면, 판매자의 독점적 지위는 강화된다. 판매자는 이렇게 광고가 ㉠경쟁을 제한하는 효과를 노린다. 독점적 경쟁 시장에 진입하는 신규 판매자도 상품의 차별성을 강조함으로써 독점적 지위를 확보하고자 광고를 빈번하게 이용한다.

(나)

광고는 광고주인 판매자의 이윤 추구 수단으로 기획되지만, 그러한 광고가 광고주의 의도와 상관없이 시장에 영향을 끼치기도 한다. 우선 광고가 독점적 경쟁 시장의 판매자 간 ㉡경쟁을 촉진할 수 있다. 이러한 효과는 광고를 통해 상품 정보에 노출된 구매자가 상품의 품질이나 가격에 예민해질 때 발생한다. 특히 구매자가 가격에 민감하게 수요량을 바꾼다면, 판매자는 경쟁 상품의 가격을 더욱 고려하게 되어 가격 경쟁에 돌입하게 된다. 또한 경쟁은 신규 판매자가 광고를 통해 신상품을 쉽게 홍보하고 시장에 진입할 수 있게 됨으로써 촉진된다. 더 많은 판매자가 시장에서 경쟁하게 되면 각 판매자의 독점적 지위는 약화되고, 구매자는 더 다양한 상품을 높지 않은 가격에 구매할 수 있게 된다.

광고가 특정한 상품에 대한 독점적 경쟁 시장을 넘어서 경제와 사회 전반에 영향을 주기도 한다. 개별 광고가 구매자의 내면에 잠재된 필요나 욕구를 환기하여 대상 상품에 대한 소비를 촉진하는 효과가 합쳐지면 경제 전반에 선순환을 기대할 수 있다. 경제에 광고가 없는 상황을 가정할 때와 비교하면 광고는 쓰던 상품을 새 상품으로 대체하고 싶은 소비자의 욕구를 강화하고, 신상품이 인기를 누리는 유행 주기를 단축하여 소비를 증가시킬 수 있다. 촉진된 소비는 생산 활동을 자극한다. 상품의 생산에는 근로자의 노동, 기계나 설비 같은 생산 요소가 ⓐ들어가므로, 생산 활동이 증가하면 결과적으로 고용이나 투자가 증가한다. 고용 및 투자의 증가는 근로자이거나 투자자인 구매자의 소득을 증가시킬 수 있다. 경제 전반의 소득이 증가할 때 소비가 증가하는 정도를 한계 소비 성향이라고 하는데, 한계 소비 성향은 양(+)의 값이어서, 경제 전반의 소득 수준이 향상되면 소비가 증가하게 된다.

하지만 광고의 소비 촉진 효과는 환경 오염을 우려하는 사람들에게 비판의 대상이 되기도 한다. 소비뿐만 아니라 소비로 촉진된 생산 활동에서도 환경 오염이 발생하기 때문이다. 환경 오염을 적절한 수준으로 줄이기에 충분한 비용을 판매자나 구매자가 지불할 가능성은 낮으므로, 대부분의 경우에 환경 오염은 심할 수밖에 없다.

01 (가), (나)에 대한 설명으로 가장 적절한 것은?

① (가)는 광고의 개념을 정의하고 광고가 시장에서 차지하는 위상을 소개하고 있다.
② (가)는 광고가 판매자에게 중요한 이유를 제시하고 판매자가 광고를 통해 얻으려는 효과를 설명하고 있다.
③ (나)는 광고의 영향에 대한 다양한 견해를 소개하고 각각의 견해가 안고 있는 한계점을 지적하고 있다.
④ (나)는 광고가 구매자에게 수용되는 과정을 제시하고 구매자가 광고를 수용할 때의 유의점을 나열하고 있다.
⑤ (가)와 (나)는 모두 구매자가 상품을 선택하는 기준을 제시하고 광고와 관련된 제도 마련의 필요성을 강조하고 있다.

02 독점적 지위에 대한 설명으로 적절하지 않은 것은?

① 독점적 경쟁 시장에 신규 판매자가 진입하는 것을 차단하지는 않는다.
② 판매자가 공급량을 조절하여 가격을 책정할 수 있는 힘을 가지고 있음을 의미한다.
③ 구매자가 지불하고자 하는 가격이 상품 공급량에 따라 어느 정도인지를 판매자가 감안하지 않아도 되게 한다.
④ 독점적 경쟁 시장의 판매자가 다소 비싼 가격을 책정할 수 있게 하지만 이윤을 지속적으로 보장하지는 않는다.
⑤ 독점적 경쟁 시장의 판매자가 구매자로 하여금 판매자 자신의 상품을 차별적으로 인지하고 선호하게 하면 강화된다.

03 (나)에서 알 수 있는 내용으로 적절하지 않은 것은?

① 광고에 의해 유행 주기가 단축되어 소비가 촉진될 수 있다.
② 광고가 경제 전반에 선순환을 일으키는 정도는 한계 소비 성향이 커질 때 작아진다.
③ 광고가 생산 활동을 자극하면, 근로자이거나 투자자인 구매자의 소득 수준을 향상할 수 있다.
④ 광고가 생산 활동을 증가시키면, 근로자의 노동, 기계나 설비 같은 생산 요소 이용이 증가한다.
⑤ 광고의 소비 촉진 효과는 경제 전반에 광고가 없는 상황에 비해 환경 오염을 심화할 수 있다.

04 ⊙, ⓛ을 이해한 내용으로 적절한 것은?

① ⊙은 상품에 대한 구매자의 충성도가 높아질 때 일어나고, ⓛ은 수요의 가격 탄력성이 높아질 때 일어난다.

② ⊙의 결과로 판매자는 상품의 가격을 올리기 어렵게 되고, ⓛ의 결과로 구매자는 다소 비싼 가격을 감수하게 된다.

③ ⊙은 시장 전체의 판매자 수가 증가하지 않는다는 의미이고, ⓛ은 신규 판매자가 시장에 진입하기 어려워진다는 의미이다.

④ ⊙은 기존 판매자의 광고가 차별성을 알리는 데 성공하지 못한 결과로 나타나고, ⓛ은 신규 판매자의 광고가 의도대로 성공한 결과로 나타난다.

⑤ ⊙은 광고로 인해 가격에 대한 구매자의 민감도가 약화될 때 발생하고, ⓛ은 광고로 인해 판매자가 경쟁 상품의 가격을 고려할 필요가 감소될 때 발생한다.

05 다음은 어느 기업의 광고 기획 초안이다. 윗글을 참고하여 초안을 분석한 학생의 반응으로 적절하지 <u>않은</u> 것은?

> **'갑' 기업의 광고 기획 초안**
>
> ○ 대상 : 새로 출시하는 여드름 억제 비누
> ○ 기획 근거 : 다수의 비누 판매 기업이 다양한 여드름 억제 비누를 판매 중이며, 우리 기업은 여드름 억제 비누 시장에 처음으로 진입하려는 상황이다. 우리 기업의 신제품은 새로운 성분이 함유되어 기존의 어떤 비누보다 여드름 억제 효과가 탁월하며, 국내에서 전량 생산할 계획이다.
>   현재 여드름 억제 비누 시장을 선도하는 경쟁사인 '을' 기업은 여드름 억제 비누로 이윤을 보고 있으며, 큰 비용을 들여 인기 드라마에 상품을 여러 차례 노출하는 전략으로 광고 중이다. 반면 우리 기업은 이번 광고로 상품에 대한 정보 검색을 많이 하는 소비 집단을 공략하고자 제품 정보를 강조하되, 광고 비용은 최소화하려 한다.
> ○ 광고 개요 : 새로운 성분의 여드름 억제 효과를 강조하고, 일반인 광고 모델들이 우리 제품의 여드름 억제 효과를 체험한 것을 진술하는 모습을 담은 TV 광고

① 이 광고가 '갑' 기업의 의도대로 성공한다면 '을' 기업의 독점적 지위는 약화될 수 있겠어.

② 이 광고로 '갑' 기업의 여드름 억제 비누 생산이 확대된다면 이 비누를 생산하는 공장의 고용이나 투자가 증가할 수 있겠어.

③ 이 광고로 '갑' 기업이 단기적으로 이윤을 보게 된다면 여드름 억제 비누 시장 내의 판매자 간 경쟁은 장기적으로 약화될 수 있겠어.

④ 이 광고로 '갑' 기업은 많은 비용을 들이는 방법보다는 정보를 전달하는 방법을 중심으로 차별성을 알리려는 것으로 볼 수 있겠어.

⑤ 이 광고가 '갑' 기업의 신제품을 포함하여 여드름 억제 비누 수요의 가격 탄력성을 높인다면 '갑' 기업은 자사 제품의 가격을 높게 책정할 수 없겠어.

06 문맥상 @와 바꿔 쓰기에 가장 적절한 것은?

① 반입(搬入)되므로   ② 삽입(插入)되므로
③ 영입(迎入)되므로   ④ 주입(注入)되므로
⑤ 투입(投入)되므로

지문분석으로 독해력 향상하기

2022학년도 11월

다음 글을 읽고 물음에 답하시오.

기축 통화는 국제 거래에 결제 수단으로 통용되고 환율 결정에 기준이 되는 통화이다. 1960년 트리핀 교수는 브레턴우즈 체제에서의 기축 통화인 달러화의 구조적 모순을 지적했다. 한 국가의 재화와 서비스의 수출입 간 차이인 경상 수지는 수입이 수출을 초과하면 적자이고, 수출이 수입을 초과하면 흑자이다. 그는 "미국이 경상 수지 적자를 허용하지 않아 국제 유동성 공급이 중단되면 세계 경제는 크게 위축될 것"이라면서도 "반면 적자 상태가 지속돼 달러화가 과잉 공급되면 준비 자산으로서의 신뢰도가 저하되고 고정 환율 제도도 붕괴될 것"이라고 말했다.

이러한 트리핀 딜레마는 국제 유동성 확보와 달러화의 신뢰도 간의 문제이다. 국제 유동성이란 국제적으로 보편적인 통용력을 갖는 지불 수단을 말하는데, ㉠ 금 본위 체제에서는 금이 국제 유동성의 역할을 했으며, 각 국가의 통화 가치는 정해진 양의 금의 가치에 고정되었다. 이에 따라 국가 간 통화의 교환 비율인 환율은 자동적으로 결정되었다. 이후 ㉡ 브레턴우즈 체제에서는 국제 유동성으로 달러화가 추가되어 '금 환 본위제'가 되었다. 1944년에 성립된 이 체제는 미국의 중앙은행에 '금 태환 조항'에 따라 금 1온스와 35달러를 언제나 맞교환해 주어야 한다는 의무를 지게 했다. 다른 국가들은 달러화에 대한 자국 통화의 가치를 고정했고, 달러화로만 금을 매입할 수 있었다. 환율은 경상 수지의 구조적 불균형이 있는 예외적인 경우를 제외하면 ±1% 내에서의 변동만을 허용했다. 이에 따라 기축 통화인 달러화를 제외한 다른 통화들 간 환율인 교차 환율은 자동적으로 결정되었다.

1970년대 초에 미국은 경상 수지 적자가 누적되기 시작하고 달러화가 과잉 공급되어 미국의 금 준비량이 급감했다. 이에 따라 미국은 달러화의 금 태환 의무를 더 이상 감당할 수 없는 상황에 도달했다. 이를 해결할 수 있는 방법은 달러화의 가치를 내리는 평가 절하, 또는 달러화에 대한 여타국 통화의 환율을 하락시켜 그 가치를 올리는 평가 절상이었다. 하지만 브레턴우즈 체제하에서 달러화의 평가 절하는 규정상 불가능했고, 당시 대규모 대미 무역 흑자 상태였던 독일, 일본 등 주요국들은 평가 절상에 나서려고 하지 않았다. 이 상황이 유지되기 어려울 것이라는 전망으로 독일의 마르크화와 일본의 엔화에 대한 투기적 수요가 증가했고, 결국 환율의 변동 압력은 더욱 커질 수밖에 없었다. 이러한 상황에서 각국은 보유한 달러화를 대규모로 금으로 바꾸기를 원했다. 미국은 결국 1971년 달러화의 금 태환 정지를 선언한 닉슨 쇼크를 단행했고, 브레턴우즈 체제는 붕괴되었다.

그러나 붕괴 이후에도 달러화의 기축 통화 역할은 계속되었다. 그 이유로 규모의 경제를 생각할 수 있다. 세계의 모든 국가에서 ㉢ 어떠한 기축 통화도 없이 각각 다른 통화가 사용되는 경우 두 국가를 짝짓는 경우의 수만큼 환율의 가짓수가 생긴다. 그러나 하나의 기축 통화를 중심으로 외환 거래를 하면 비용을 절감하고 규모의 경제를 달성할 수 있다.

01 윗글을 통해 답을 찾을 수 <u>없는</u> 질문은?

① 브레턴우즈 체제 붕괴 이후에도 달러화가 기축 통화로서 역할을 할 수 있었던 이유는 무엇인가?

② 브레턴우즈 체제 붕괴 이후의 세계 경제 위축에 대해 트리핀은 어떤 전망을 했는가?

③ 브레턴우즈 체제에서 미국 중앙은행은 어떤 의무를 수행해야 했는가?

④ 브레턴우즈 체제에서 국제 유동성의 역할을 한 것은 무엇인가?

⑤ 브레턴우즈 체제에서 달러화 신뢰도 하락의 원인은 무엇인가?

02 윗글을 바탕으로 추론한 내용으로 적절하지 <u>않은</u> 것은?

① 닉슨 쇼크가 단행된 이후 달러화의 고평가 문제를 해결할 수 있는 달러화의 평가 절하가 가능해졌다.

② 브레턴우즈 체제에서 마르크화와 엔화의 투기적 수요가 증가한 것은 이들 통화의 평가 절상을 예상했기 때문이다.

③ 금의 생산량 증가를 통한 국제 유동성 공급량의 증가는 트리핀 딜레마 상황을 완화하는 한 가지 방법이 될 수 있다.

④ 트리핀 딜레마는 달러화를 통한 국제 유동성 공급을 중단할 수도 없고 공급량을 무한정 늘릴 수도 없는 상황을 말한다.

⑤ 브레턴우즈 체제에서 마르크화가 달러화에 대해 평가 절상되면, 같은 금액의 마르크화로 구입 가능한 금의 양은 감소한다.

03 미국을 포함한 세 국가가 존재하고 각각 다른 통화를 사용할 때, ㉠~㉢에 대한 설명으로 적절한 것은?

① ㉠에서 자동적으로 결정되는 환율의 가짓수는 금에 자국 통화의 가치를 고정한 국가 수보다 하나 적다.

② ㉡이 붕괴된 이후에도 여전히 달러화가 기축 통화라면 ㉡에 비해 교차 환율의 가짓수는 적어진다.

③ ㉢에서 국가 수가 하나씩 증가할 때마다 환율의 전체 가짓수도 하나씩 증가한다.

④ ㉠에서 ㉡으로 바뀌면 자동적으로 결정되는 환율의 가짓수가 많아진다.

⑤ ㉡에서 교차 환율의 가짓수는 ㉢에서 생기는 환율의 가짓수보다 적다.

지문분석으로 독해력 향상하기

04 윗글을 참고할 때, 〈보기〉에 대한 반응으로 가장 적절한 것은?

> **보기**
>
> 브레턴우즈 체제가 붕괴된 이후 두 차례의 석유 가격 급등을 겪으면서 기축 통화국인 A국의 금리는 인상되었고 통화 공급은 감소했다. 여기에 A국 정부의 소득세 감면과 군비 증대는 A국의 금리를 인상시켰으며, 높은 금리로 인해 대량으로 외국 자본이 유입되었다. A국은 이로 인한 상황을 해소하기 위한 국제적 합의를 주도하여, 서로 교역을 하며 각각 다른 통화를 사용하는 세 국가 A, B, C는 외환 시장에 대한 개입을 합의했다. 이로 인해 A국 통화에 대한 B국 통화와 C국 통화의 환율은 각각 50%, 30% 하락했다.

① A국의 금리 인상과 통화 공급 감소로 인해 A국 통화의 신뢰도가 낮아진 것은 외국 자본이 대량으로 유입되었기 때문이겠군.

② 국제적 합의로 인한 A국 통화에 대한 B국 통화의 환율 하락으로 국제 유동성 공급량이 증가하여 A국 통화의 가치가 상승했겠군.

③ 다른 모든 조건이 변하지 않았다면, 국제적 합의로 인해 A국 통화에 대한 B국 통화의 환율과 B국 통화에 대한 C국 통화의 환율은 모두 하락했겠군.

④ 다른 모든 조건이 변하지 않았다면, 국제적 합의로 인해 A국 통화에 대한 B국과 C국 통화의 환율이 하락하여, B국에 대한 C국의 경상 수지는 개선되었겠군.

⑤ 다른 모든 조건이 변하지 않았다면, A국의 소득세 감면과 군비 증대로 A국의 경상 수지가 악화되며, 그 완화 방안 중 하나는 A국 통화에 대한 B국 통화의 환율을 상승시키는 것이겠군.

다음 글을 읽고 물음에 답하시오.

경제학에서는 증거에 근거한 정책 논의를 위해 사건의 효과를 평가해야 할 경우가 많다. 어떤 사건의 효과를 평가한다는 것은 사건 후의 결과와 사건이 없었을 경우에 나타났을 결과를 비교하는 일이다. 그런데 가상의 결과는 관측할 수 없으므로 실제로는 사건을 경험한 표본들로 구성된 시행집단의 결과와, 사건을 경험하지 않은 표본들로 구성된 비교집단의 결과를 비교하여 사건의 효과를 평가한다. 따라서 이 작업의 관건은 그 사건 외에는 결과에 차이가 ⓐ 날 이유가 없는 두 집단을 구성하는 일이다. 가령 어떤 사건이 임금에 미친 효과를 평가할 때, 그 사건이 없었다면 시행집단과 비교집단의 평균 임금이 같을 수밖에 없도록 두 집단을 구성하는 것이다. 이를 위해서는 두 집단에 표본이 임의로 배정되도록 사건을 설계하는 실험적 방법이 이상적이다. 그러나 사람을 표본으로 하거나 사회 문제를 다룰 때에는 이 방법을 적용할 수 없는 경우가 많다.

이중차분법은 시행집단에서 일어난 변화에서 비교집단에서 일어난 변화를 뺀 값을 사건의 효과라고 평가하는 방법이다. 이는 사건이 없었더라도 비교집단에서 일어난 변화와 같은 크기의 변화가 시행집단에서도 일어났을 것이라는 평행추세 가정에 근거해 사건의 효과를 평가한 것이다. 이 가정이 충족되면 사건 전의 상태가 평균적으로 같도록 두 집단을 구성하지 않아도 된다.

이중차분법은 1854년에 스노가 처음 사용했다고 알려져 있다. 그는 두 수도 회사로부터 물을 공급받는 런던의 동일 지역 주민들에 주목했다. 같은 수원을 사용하던 두 회사 중 한 회사만 수원을 ⓑ 바꿨는데 주민들은 자신의 수원을 몰랐다. 스노는 수원이 바뀐 주민들과 바뀌지 않은 주민들의 수원 교체 전후 콜레라로 인한 사망률의 변화들을 비교함으로써 콜레라가 공기가 아닌 물을 통해 전염된다는 결론을 ⓒ 내렸다. 경제학에서는 1910년대에 최저임금제 도입 효과를 파악하는 데 이 방법이 처음 이용되었다.

평행추세 가정이 충족되지 않는 경우에 이중차분법을 적용하면 사건의 효과를 잘못 평가하게 된다. 예컨대 ㉠ 어떤 노동자 교육 프로그램의 고용 증가 효과를 평가할 때, 일자리가 급격히 줄어 드는 산업에 종사하는 노동자의 비중이 비교집단에 비해 시행집단에서 더 큰 경우에는 평행추세 가정이 충족되지 않을 것이다. 그렇다고 해서 집단 간 표본의 통계적 유사성을 ⓓ 높이려고 사건 이전 시기의 시행집단을 비교집단으로 설정하는 것이 평행추세 가정의 충족을 보장하는 것은 아니다. 예컨대 고용처럼 경기변동에 민감한 변화라면 집단 간 표본의 통계적 유사성보다 변화 발생의 동시성이 이 가정의 충족에서 더 중요할 수 있기 때문이다.

여러 비교집단을 구성하여 각각에 이중차분법을 적용한 평가 결과가 같음을 확인하면 평행추세 가정이 충족된다는 신뢰를 줄 수 있다. 또한 시행집단과 여러 특성에서 표본의 통계적 유사성이 높은 비교집단을 구성하면 평행추세 가정이 위협받을 가능성을 ⓔ 줄일 수 있다. 이러한 방법들을 통해 이중차분법을 적용한 평가에 대한 신뢰도를 높일 수 있다.

01 윗글에 대한 이해로 적절하지 <u>않은</u> 것은?

① 실험적 방법에서는 시행집단에서 일어난 평균 임금의 사건 전후 변화를 어떤 사건이 임금에 미친 효과라고 평가한다.

② 사람을 표본으로 하거나 사회 문제를 다룰 때에도 실험적 방법을 적용하는 경우가 있다.

③ 평행추세 가정에서는 특정 사건 이외에는 두 집단의 변화에 차이가 날 이유가 없다고 전제한다.

④ 스노의 연구에서 시행집단과 비교집단의 콜레라 사망률은 사건 후뿐만 아니라 사건 전에도 차이가 있었을 수 있다.

⑤ 스노는 수원이 바뀐 주민들과 바뀌지 않은 주민들 사이에 공기의 차이는 없다고 보았을 것이다.

02 다음은 이중차분법을 ㉠에 적용할 경우에 나타날 결과를 추론한 것이다. A와 B에 들어갈 말을 바르게 짝지은 것은?

프로그램이 없었다면 시행집단에서 일어났을 고용률 증가는, 비교집단에서 일어난 고용률 증가와/보다 (A) 것이다. 그러므로 ㉠에 이중차분법을 적용하여 평가한 프로그램의 고용 증가 효과는 평행추세 가정이 충족되는 비교집단을 이용하여 평가한 경우의 효과보다 (B) 것이다.

	A	B
①	클	클
②	클	작을
③	같을	클
④	작을	클
⑤	작을	작을

03 윗글을 바탕으로 〈보기〉를 이해한 내용으로 적절하지 <u>않은</u> 것은?

보기

　아래의 표는 S 국가의 P주와 그에 인접한 Q주에 위치한 식당들을 1992년 1월 초와 12월 말에 조사한 결과의 일부이다. P주는 1992년 4월에 최저임금을 시간당 4달러에서 5달러로 올렸고, Q주는 1992년에 최저임금을 올리지 않았다. P주 저임금 식당들은, 최저임금 인상 전에 시간당 4달러의 임금을 지급했고 최저임금 인상 후에 임금이 상승했다. P주 고임금 식당들은, 최저임금 인상 전에 이미 시간당 5달러보다 더 높은 임금을 지급했고 최저임금 인상 후에도 임금이 상승하지 않았다. 이때 최저임금 인상에 따른 임금 상승이 고용에 미친 효과를 평가한다고 하자.

집단	평균 피고용인 수(단위 : 명)		
	사건 전 (A)	사건 후 (B)	변화 (B-A)
P주 저임금 식당	19.6	20.9	1.3
P주 고임금 식당	22.3	20.2	-2.1
Q주 식당	23.3	21.2	-2.1

① 최저임금 인상 후에 시행집단에서 일어난 변화는 1.3명이다.

② 시행집단과 비교집단의 식당들이 종류나 매출액 수준 등의 특성에서 통계적 유사성이 높을수록 평가에 대한 신뢰도가 높아진다.

③ 비교집단을 Q주 식당들로 택해 이중차분법을 적용하면 시행집단에서 최저임금 인상에 따른 임금 상승의 고용 효과는 3.4명 증가로 평가된다.

④ 비교집단의 변화를, P주 고임금 식당들의 1992년 1년간 변화로 파악할 경우보다 시행집단의 1991년 1년간 변화로 파악할 경우에 더 신뢰할 만한 평가를 얻는다.

⑤ 비교집단을 Q주 식당들로 택하든 P주 고임금 식당들로 택하든 비교집단에서 일어난 변화가 동일하다는 사실은 평행추세 가정의 충족에 대한 신뢰도를 높인다.

04 문맥상 ⓐ~ⓔ의 단어와 가장 가까운 의미로 쓰인 것은?

① ⓐ : 그 사건의 전말이 모두 오늘 신문에 <u>났다</u>.

② ⓑ : 산에 가려다가 생각을 <u>바꿔</u> 바다로 갔다.

③ ⓒ : 기상청에서 전국에 건조 주의보를 <u>내렸다</u>.

④ ⓓ : 회원들이 회칙 개정을 요구하는 목소리를 <u>높였다</u>.

⑤ ⓔ : 하고 싶은 말은 많지만 오늘은 이만 <u>줄입니다</u>.

다음 글을 읽고 물음에 답하시오.

사유 재산 제도하에서는 누구나 자신의 재산을 자유롭게 처분할 수 있다. 그러나 기부와 같이 어떤 재산이 대가 없이 넘어가는 무상 처분 행위가 행해졌을 때는 그 당사자인 무상 처분자와 무상 취득자의 의사와 무관하게 그 결과가 번복될 수 있다. 무상 처분자가 사망하면 상속이 개시되고, 그의 상속인들이 유류분을 반환받을 수 있는 권리인 유류분권을 행사할 수 있기 때문이다. 이때 무상 처분자는 피상속인이 되고 그의 권리와 의무는 상속인에게 이전된다.

유류분은 피상속인의 무상 처분 행위가 없었다고 가정할 때 상속인들이 상속받을 수 있었을 이익 중 법으로 보장된 부분이다. 만약 상속인이 피상속인의 자녀 한 명뿐이면, 상속받을 수 있었을 이익의 $\frac{1}{2}$만 보장된다. 상속인들이 상속받을 수 있었을 이익은 상속 개시 당시에 피상속인이 가졌던 재산의 가치에 이미 무상 취득자에게 넘어간 재산의 가치를 더하여 산정한다. 유류분은 상속인들이 기대했던 이익을 보호하기 위한 것이기 때문이다.

피상속인이 상속 개시 당시에 가졌던 재산으로부터 상속받은 이익이 있는 상속인은 유류분에 해당하는 이익의 일부만 반환 받을 수 있다. 유류분에 해당하는 이익에서 이미 상속받은 이익을 뺀 값인 유류분 부족액만 반환받을 수 있기 때문이다. 유류분 부족액의 가치는 금액으로 계산되지만 항상 돈으로 반환되는 것은 아니다. 만약 무상 처분된 재산이 돈이 아니라 물건이나 주식처럼 돈 이외의 재산이라면, 처분된 재산 자체가 반환 대상이 되는 것이 원칙이다. 다만 그 재산 자체를 반환하는 것이 불가능한 때에는 무상 취득자는 돈으로 반환해야 한다. 또한 재산 자체의 반환이 가능해도 유류분권자와 무상 취득자의 합의에 의해 돈으로 반환될 수도 있다.

무상 처분된 재산이 물건이라면 유류분 반환은 어떤 형태로 이루어질까? 무상 취득자가 반환해야 할 유류분 부족액이 무상 처분된 물건의 가치보다 적다면 유류분권자는 그 물건의 가치에 상당하는 금액에서 유류분 부족액이 차지하는 비율만큼 무상 취득자로부터 반환받을 수 있다. 이로 인해 하나의 물건에 대한 소유권이 여러 명에게 나눠지는데, 이때 각자의 몫을 지분이라고 한다.

무상 처분된 물건의 시가가 변동하면 유류분 부족액을 계산할 때는 언제의 시가를 기준으로 삼아야 할까? ㉠ 유류분의 취지에 비추어 상속 개시 당시의 시가를 기준으로 해야 한다. 다만 그 물건의 시가 상승이 무상 취득자의 노력에서 비롯되었으면 이때는 무상 취득 당시의 시가를 기준으로 계산해야 한다. 이렇게 정해진 유류분 부족액을 근거로 반환 대상인 지분을 계산할 때는, 시가 상승의 원인이 무엇이든 상속 개시 당시의 시가를 기준으로 해야 한다.

01 윗글의 내용과 일치하지 <u>않는</u> 것은?

① 유류분권은 상속인이 아닌 사람에게는 인정되지 않는다.

② 유류분권이 보장되는 범위는 유류분 부족액의 일부에 한정된다.

③ 상속인은 상속 개시 전에는 무상 취득자에게 유류분권을 행사할 수 없다.

④ 피상속인이 생전에 다른 사람에게 판 재산은 유류분권의 대상이 될 수 없다.

⑤ 무상으로 취득한 재산에 대한 권리는 무상 취득자 자신의 의사에 반하여 제한될 수 있다.

02 윗글에 대한 이해로 가장 적절한 것은?

① 무상 처분된 재산이 물건 한 개이면 유류분권자는 그 물건 전부를 반환받는다.

② 무상 처분된 물건이 반환되는 경우 유류분 부족액이 클수록 무상 취득자의 지분이 더 커진다.

③ 무상 취득자가 무상 취득한 물건을 반환할 수 없게 되면 유류분 부족액을 지분으로 반환해야 한다.

④ 유류분권자가 유류분 부족액을 물건 대신 돈으로 반환하라고 요구하더라도 무상 취득자는 무상 취득한 물건으로 반환할 수 있다.

⑤ 무상 처분된 물건의 일부가 반환되면 무상 취득자는 그 물건의 소유권을 가지고 유류분권자는 유류분 부족액만큼의 돈을 반환받게 된다.

03 윗글을 통해 알 수 있는 ⊙의 이유로 가장 적절한 것은?

① 유류분은 피상속인이 자유롭게 처분한 재산의 일부이어야 하기 때문이다.
② 유류분은 피상속인이 재산을 무상 처분하지 않은 것으로 가정하여 산정되기 때문이다.
③ 유류분은 재산의 가치를 증가시킨 무상 취득자의 노력에 대한 보상으로 인정되는 것이기 때문이다.
④ 유류분은 피상속인의 재산에 대해 소유권을 나눠 가진 사람들 각자의 몫을 반영해야 하기 때문이다.
⑤ 유류분에 해당하는 이익의 가치가 상속 개시 전후에 걸쳐 변동되는 것을 반영해야 하기 때문이다.

04 윗글을 바탕으로 〈보기〉를 이해한 내용으로 적절하지 않은 것은?

보기

갑의 재산으로는 A 물건과 B 물건이 있었으며 그 외의 재산이나 채무는 없었다. 갑은 을에게 A 물건을 무상으로 넘겨주었고 그로부터 6개월 후 사망했다. 갑의 상속인으로는 갑의 자녀인 병만 있다. A 물건의 시가는 을이 A 물건을 소유하게 되었을 때는 300, 갑이 사망했을 때는 700이었다. 병은 갑이 사망한 날로부터 3개월 후에 을에게 유류분권을 행사했다. B 물건의 시가는 병이 상속받았을 때부터 병이 을에게 유류분 반환을 요구했을 때까지 100으로 동일하다.
(단, 세금, 이자 및 기타 비용은 고려하지 않음.)

① A 물건의 시가 상승이 을의 노력과 무관한 경우 유류분 부족액은 300이다.
② A 물건의 시가 상승이 을의 노력과 무관한 경우 유류분 반환의 대상은 A 물건의 $\frac{3}{7}$ 지분이다.
③ A 물건의 시가가 을의 노력으로 상승한 경우 유류분 부족액은 100이다.
④ A 물건의 시가가 을의 노력으로 상승한 경우 유류분 반환의 대상은 A 물건의 $\frac{1}{3}$ 지분이다.
⑤ A 물건의 시가가 을의 노력으로 상승한 경우와 을의 노력과 무관하게 상승한 경우 모두, 갑이 상속 개시 당시 소유했던 재산으로부터 병이 취득할 수 있는 이익은 동일하다.

다음 글을 읽고 물음에 답하시오.

　　법령의 조문은 대개 'A에 해당하면 B를 해야 한다.'처럼 요건과 효과로 구성된 조건문으로 규정된다. 하지만 그 요건이나 효과가 항상 일의적인 것은 아니다. 법조문에는 구체적 상황을 고려해야 그 상황에 ⓐ <u>맞는</u> 진정한 의미가 파악되는 불확정 개념이 사용될 수 있기 때문이다. 개인 간 법률관계를 규율하는 민법에서 불확정 개념이 사용된 예로 '손해 배상 예정액이 부당히 과다한 경우에는 법원은 적당히 감액할 수 있다.'라는 조문을 ⓑ <u>들</u> 수 있다. 이때 법원은 요건과 효과를 재량으로 판단할 수 있다. 손해 배상 예정액은 위약금의 일종이며, 계약 위반에 대한 제재인 위약벌도 위약금에 속한다. 위약금의 성격이 둘 중 무엇인지 증명되지 못하면 손해 배상 예정액으로 다루어진다.

　　채무자의 잘못으로 계약 내용이 실현되지 못하여 계약 위반이 발생하면, 이로 인해 손해를 입은 채권자가 손해 액수를 증명해야 그 액수만큼 손해 배상금을 받을 수 있다. 그러나 손해 배상 예정액이 정해져 있었다면 채권자는 손해 액수를 증명하지 않아도 손해 배상 예정액만큼 손해 배상금을 받을 수 있다. 이때 손해 액수가 얼마로 증명되든 손해 배상 예정액보다 더 받을 수는 없다. 한편 위약금이 위약벌임이 증명되면 채권자는 위약벌에 해당하는 위약금을 ⓒ <u>받을</u> 수 있고, 손해 배상 예정액과는 달리 법원이 감액할 수 없다. 이때 채권자가 손해 액수를 증명하면 손해 배상금도 받을 수 있다.

　　불확정 개념은 행정 법령에도 사용된다. 행정 법령은 행정청이 구체적 사실에 대해 행하는 법 집행인 행정 작용을 규율한다. 법령상 요건이 충족되면 그 효과로서 행정청이 반드시 해야 하는 특정 내용의 행정 작용은 기속 행위이다. 반면 법령상 요건이 충족되더라도 그 효과인 행정 작용의 구체적 내용을 ⓓ <u>고를</u> 수 있는 재량이 행정청에 주어져 있을 때, 이러한 재량을 행사하는 행정 작용은 재량 행위이다. 법령에서 불확정 개념이 사용되면 이에 근거한 행정 작용은 대개 재량 행위이다.

　　행정청은 재량으로 재량 행사의 기준을 명확히 정할 수 있는데 이 기준을 ㉠ <u>재량 준칙</u>이라 한다. 재량 준칙은 법령이 아니므로 재량 준칙대로 재량을 행사하지 않아도 근거 법령 위반은 아니다. 다만 특정 요건하에 재량 준칙대로 특정한 내용의 적법한 행정 작용이 반복되어 행정 관행이 생긴 후에는, 같은 요건이 충족되면 행정청은 동일한 내용의 행정 작용을 해야 한다. 행정청은 평등 원칙을 ⓔ <u>지켜야</u> 하기 때문이다.

01 윗글의 내용과 일치하지 <u>않는</u> 것은?

① 법령의 요건과 효과에는 모두 불확정 개념이 사용될 수 있다.

② 법원은 불확정 개념이 사용된 법령을 적용할 때 재량을 행사할 수 있다.

③ 불확정 개념이 사용된 법령의 진정한 의미를 이해하려면 구체적 상황을 고려해야 한다.

④ 불확정 개념이 사용된 행정 법령에 근거한 행정 작용은 재량 행위인 경우보다 기속 행위인 경우가 많다.

⑤ 불확정 개념은 행정청이 행하는 법 집행 작용을 규율하는 법령과 개인 간의 계약 관계를 규율하는 법률에 모두 사용된다.

02 ㉠에 대한 이해로 가장 적절한 것은?

① 재량 준칙은 법령이 아니기 때문에 일의적이지 않은 개념으로 규정된다.

② 재량 준칙으로 정해진 내용대로 재량을 행사하는 행정 작용은 기속 행위이다.

③ 재량 준칙으로 규정된 재량 행사 기준은 반복되어 온 적법한 행정 작용의 내용대로 정해져야 한다.

④ 재량 준칙이 정해져야 행정청은 특정 요건하에 행정 작용의 구체적 내용을 선택할 수 있는 재량을 행사할 수 있다.

⑤ 재량 준칙이 특정 요건에서 적용된 선례가 없으면 행정청은 동일한 요건이 충족되어도 행정 작용을 할 때 재량 준칙을 따르지 않을 수 있다.

03 윗글을 바탕으로 〈보기〉를 이해한 내용으로 가장 적절한 것은?

보기

갑은 을에게 물건을 팔고 그 대가로 100을 받기로 하는 매매 계약을 했다. 그 후 갑이 계약을 위반하여 을은 80의 손해를 입었다. 이와 관련하여 세 가지 상황이 있다고 하자.

(가) 갑과 을 사이에 위약금 약정이 없었다.
(나) 갑이 을에게 위약금 100을 약정했고, 위약금의 성격이 무엇인지 증명되지 못했다.
(다) 갑이 을에게 위약금 100을 약정했고, 위약금의 성격이 위약벌임이 증명되었다.

(단, 위의 모든 상황에서 세금, 이자 및 기타 비용은 고려하지 않음.)

① (가)에서 을의 손해가 얼마인지 증명되지 못한 경우에도, 갑이 을에게 80을 지급해야 하고 법원이 감액할 수 없다.
② (나)에서 을의 손해가 80임이 증명된 경우, 갑이 을에게 100을 지급해야 하고 법원이 감액할 수 있다.
③ (나)에서 을의 손해가 얼마인지 증명되지 못한 경우, 갑이 을에게 100을 지급해야 하고 법원이 감액할 수 없다.
④ (다)에서 을의 손해가 80임이 증명된 경우, 갑이 을에게 180을 지급해야 하고 법원이 감액할 수 있다.
⑤ (다)에서 을의 손해가 얼마인지 증명되지 못한 경우, 갑이 을에게 80을 지급해야 하고 법원이 감액할 수 없다.

04 문맥상 ⓐ~ⓔ의 의미와 가장 가까운 것은?

① ⓐ : 이것이 네가 찾는 자료가 <u>맞는지</u> 확인해 보아라.
② ⓑ : 그 부부는 노후 대책으로 적금을 <u>들고</u> 안심했다.
③ ⓒ : 그의 파격적인 주장은 학계의 큰 주목을 <u>받았다</u>.
④ ⓓ : 형은 땀 흘려 울퉁불퉁한 땅을 평평하게 <u>골랐다</u>.
⑤ ⓔ : 그분은 우리에게 한 약속을 반드시 <u>지킬</u> 것이다.

지문분석으로 독해력 향상하기

다음 글을 읽고 물음에 답하시오.

공포 소구는 그 메시지에 담긴 권고를 따르지 않을 때의 해로운 결과를 강조하여 수용자를 설득하는 것으로, 1950년대 초부터 설득 전략 연구자들의 연구 대상이 되었다. 초기 연구를 대표하는 재니스는 기존 연구에서 다루어지지 않았던 공포 소구의 설득 효과에 주목하였다. 그는 수용자에게 공포 소구를 세 가지 수준으로 달리 제시하는 실험을 한 결과, 중간 수준의 공포 소구가 가장 큰 설득 효과를 보인다는 것을 발견하였다.

공포 소구 연구를 진척시킨 레벤달은 재니스의 연구가 인간의 감정적 측면에만 ㉠ 치우쳤다고 비판하며, 공포 소구의 효과는 수용자의 감정적 반응만이 아니라 인지적 반응과도 관련된다고 하였다. 그는 감정적 반응을 '공포 통제 반응', 인지적 반응을 '위험 통제 반응'이라 ㉡ 불렀다. 그리고 후자가 작동하면 수용자들은 공포 소구의 권고를 따르게 되지만, 전자가 작동하면 공포 소구로 인한 두려움의 감정을 통제하기 위해 오히려 공포 소구에 담긴 위험을 무시하려는 반응을 보이게 된다고 하였다.

이러한 선행 연구들을 종합한 위티는 우선 공포 소구의 설득 효과를 좌우하는 두 요인으로 '위협'과 '효능감'을 설정하였다. 수용자가 공포 소구에 담긴 위험을 자신이 ㉢ 겪을 수 있는 것이고 그 위험의 정도가 크다고 느끼면, 그 공포 소구는 위협의 수준이 높다. 그리고 공포 소구에 담긴 권고를 이행하면 자신의 위험을 예방할 수 있고 자신에게 그 권고를 이행할 능력이 있다고 느끼면, 효능감의 수준이 높다. 한 동호회에서 회원들에게 '모임에 꼭 참석해 주세요. 불참 시 회원 자격이 사라집니다.'라는 안내문을 ㉣ 보냈다고 하자. 회원 자격이 사라진다는 것은 그 동호회 활동에 강한 애착을 가지고 있는 사람에게는 높은 수준의 위협이 된다. 그리고 그가 동호회 모임에 참석하는 일이 어렵지 않다고 느낄 때, 안내문의 권고는 그에게 높은 수준의 효능감을 주게 된다.

위티는 이 두 요인을 레벤달이 말한 두 가지 통제 반응과 관련지어 다음과 같은 결론을 도출하였다. 위협과 효능감의 수준이 모두 높을 때에는 위험 통제 반응이 작동하고, 위험의 수준은 높지만 효능감의 수준이 낮을 때에는 공포 통제 반응이 작동한다. 그러나 위협의 수준이 낮으면, 수용자는 그 위험이 자신에게 아무 영향을 ㉤ 주지 않는다고 느껴 효능감의 수준에 관계없이 공포 소구에 대한 반응이 없게 된다. 이렇게 정리된 결론은 그간의 공포 소구 이론을 통합한 결과라는 점에서 후속 연구의 중요한 디딤돌이 되었다.

01 윗글의 내용 전개 방식으로 가장 적절한 것은?

① 화제에 대한 연구들이 시작된 사회적 배경을 분석하고 있다.
② 화제에 대한 연구들을 선행 연구와 연결하여 설명하고 있다.
③ 화제에 대한 연구들을 분류하는 기준의 문제점을 검토하고 있다.
④ 화제에 대한 연구들을 소개한 후 남겨진 연구 과제를 제시하고 있다.
⑤ 화제에 대한 연구들이 봉착했던 난관과 그 극복 과정을 소개하고 있다.

02 윗글을 읽은 학생의 반응으로 적절하지 <u>않은</u> 것은?

① 재니스는 공포 소구의 효과를 연구하는 실험에서 공포 소구의 수준을 달리하며 수용자의 변화를 살펴보았겠군.
② 레벤달은 재니스의 연구 결과에 대하여 수용자의 감정적 반응과 인지적 반응을 모두 고려하여 살펴보았겠군.
③ 레벤달은 공포 소구의 설득 효과가 나타나려면 공포 통제 반응보다 위험 통제 반응이 작동해야 한다고 보았겠군.
④ 위티는 수용자가 공포 소구에 담긴 위험을 느끼지 않아야 공포 소구의 권고를 따르게 된다고 보았겠군.
⑤ 위티는 공포 소구의 위협 수준이 그 공포 소구의 효능감 수준에 따라 달라지는 것은 아니라고 보았겠군.

03 윗글을 참고할 때, 〈보기〉의 실험에 대해 추론한 내용으로 적절하지 <u>않은</u> 것은?

보기

한 모임에서 공포 소구 실험을 진행한 결과, 수용자들의 반응은 위티의 결론과 부합하였다. 이 실험에서는 위협의 수준(높음 / 낮음), 효능감의 수준(높음 / 낮음)의 조합을 달리하여 피실험자들을 네 집단으로 나누었다. 집단 1과 집단 2는 공포 소구에 대한 반응이 없었고, 집단 3은 위험 통제 반응, 집단 4는 공포 통제 반응이 작동하였다.

① 집단 1은 위협의 수준이 낮았을 것이다.
② 집단 3은 효능감의 수준이 높았을 것이다.
③ 집단 4는 위협과 효능감의 수준이 서로 달랐을 것이다.
④ 집단 2와 집단 4는 위협의 수준이 서로 달랐을 것이다.
⑤ 집단 3과 집단 4는 효능감의 수준이 서로 같았을 것이다.

04 문맥상 ㉠~㉤과 바꾸어 쓰기에 적절하지 <u>않은</u> 것은?

① ㉠ : 편향(偏向)되었다고
② ㉡ : 명명(命名)하였다
③ ㉢ : 경험(經驗)할
④ ㉣ : 발송(發送)했다고
⑤ ㉤ : 기여(寄與)하지

다음 글을 읽고 물음에 답하시오.

　　교통 이용 내역과 같은 기록은 개인의 데이터이며, 그 개인이 '정보 주체'이다. 데이터는 물리적 형체가 없고, 복제와 재사용이 수월하다. 이 데이터가 대량으로 집적·처리되면 빅 데이터가 되고, 이것의 정보 처리자인 기업 등이 '빅 데이터 보유자'이다. 산업 분야의 빅 데이터는 특정한 목적으로 활용될 수 있다는 점에서 경제적 가치를 지닌다.

　　데이터를 재화로 보아 소유권이 누구에게 귀속되어야 하는지에 대한 논의가 있다. 소유권의 주체를 빅 데이터 보유자로 보는 견해와 정보 주체로 보는 견해가 있다. 전자는 빅 데이터 보유자에게 소유권을 부여하면 빅 데이터의 생성 및 유통이 ⓐ <u>쉬워져</u> 데이터 관련 산업이 활성화된다고 주장한다. 후자는 정보 생산 주체는 개인인데, 빅 데이터 보유자에게 부가 집중되는 것은 부당하므로, 정보 주체에게도 대가가 주어져야 한다고 본다.

　　최근에는 논의의 중심이 데이터의 소유권 주체에서 데이터에 접근하기 위한 방안으로서의 데이터 이동권으로 바뀌고 있다. 우리나라는 데이터에 대해 소유권이 아닌 이동권을 법으로 명문화하여 정보 주체의 개인 정보 자기 결정권을 강화하였다. 데이터 이동권이란 정보 주체가 본인의 데이터를 보유한 자에게 데이터 이동을 요청하면, 그 데이터를 본인 혹은 지정한 제3자에게 무상으로 전송하게 하는 권리이다. 다만, 본인의 데이터라도 빅 데이터 보유자가 수집하여, 분석·가공하는 개발 과정을 거쳐 새로운 가치가 생성된 것은 이에 해당되지 않는다. 법제화 이전에도 은행 간에 계좌 자동 이체 항목을 이동할 수 있는 서비스는 있었다. 이는 은행 간 약정에 ⓑ <u>따라</u> 부분적으로 시행한 조치였다. 데이터 이동권의 도입으로 쇼핑몰 상품 소비 이력 등 정보 주체의 행동 양상과 관련된 부분까지 정보 주체가 자율적으로 통제·관리할 수 있는 범위가 확대되었다.

　　[A] 데이터 이동권의 법제화로 기업은 데이터의 생성 비용과 거래 비용을 줄일 수 있다. 생성 비용은 기업 내에서 데이터를 개발할 때 발생하는 비용으로, 기업이 스스로 데이터를 수집할 때보다 전송받은 데이터를 복제 및 재사용하게 되면 절감할 수 있다. 거래 비용은 경제 주체 간 거래 시 발생하는 비용으로, 계약 체결이나 분쟁 해결 등의 과정에서 생긴다. 그런데 데이터 이동권의 법제화로, ㉮ <u>정보 주체가 지정하여 데이터를 전송받게 된 기업</u>은 ㉯ <u>정보 주체의 데이터를 보유했던 기업</u>으로부터 데이터를 받으면 비용을 절감할 수 있다. 이에 따라 기업 간 공유나 유통이 촉진되고, 관련 산업이 활성화된다.

　　[B] 한편, 정보 주체가 보안의 신뢰성이 높고 데이터 제공에 따른 혜택이 많은 기업으로 데이터를 이동하면, 데이터가 집중되어 데이터의 공유나 유통이 위축될 수 있다는 우려도 있다. ㉰ <u>데이터 보유량이 적은 신규 기업</u>은 기존 기업과 거래를 통해 데이터를 수집하는 것이 데이터 생성 비용 절감에도 효율적이다. 그런데 ㉱ <u>데이터가 집중된 기존 기업</u>이 집적·처리된 데이터를 공유하려 하지 않으면, 신규 기업의 시장 진입이 어려워져 독점화가 강화될 수 있다.

01 윗글의 내용과 일치하지 <u>않는</u> 것은?

① 데이터는 재사용할 수 있으며 물리적 형체가 없다.

② 교통 이용 내역이 집적·처리되면 경제적 가치를 지닌 데이터가 될 수 있다.

③ 우리나라 현행법에는 정보 주체에게 데이터의 소유권을 인정하는 규정이 있다.

④ 정보 주체의 데이터로 발생한 이득이 빅 데이터 보유자에게 집중되는 것은 부당하다는 견해가 있다.

⑤ 데이터 이동권의 도입으로 정보 주체의 데이터 통제 범위가 본인의 행동 양상과 관련된 부분으로 확대되었다.

02 [A], [B]의 입장에서 ㉮~㉱에 대해 이해한 내용으로 적절하지 <u>않은</u> 것은?

① [A]의 입장에서, ㉮는 데이터 이동권 도입을 통해 ㉯의 데이터를 재사용할 수 있게 되었으므로 데이터 생성 비용을 줄일 수 있다고 보겠군.

② [A]의 입장에서, 정보 주체가 데이터 이동을 요청하여 데이터를 전송받는 제3자가 ㉮라면, ㉮는 분쟁 없이 정보 주체의 데이터를 받게 되어 거래 비용을 줄일 수 있다고 보겠군.

③ [B]의 입장에서, ㉰가 ㉱와의 거래에 실패해 데이터를 수집하지 못하여 ㉰에 데이터 생성 비용이 발생하면, 데이터 관련 산업의 시장에 진입하기 어려워질 수 있다고 보겠군.

④ [A]와 달리 [B]의 입장에서, 정보 주체의 데이터가 ㉰에서 ㉱로 이동하여 집적·처리될수록 기업 간 공유나 유통이 위축될 수 있다고 보겠군.

⑤ [B]와 달리 [A]의 입장에서, ㉯는 ㉮로 데이터를 이동하여 경제적 이득을 취할 수 있으므로 데이터의 공유나 유통의 활성화에 기여할 수 있다고 보겠군.

03 윗글을 바탕으로 〈보기〉를 이해한 내용으로 적절하지 <u>않은</u> 것은?

> **보기**
>
> A 은행은 고객들의 데이터를 수집하고 이를 분석·가공하여 자산 관리 데이터 서비스인 연령별·직업군별 등 고객 맞춤형 금융 상품 추천 서비스를 제공했다. 갑은 본인의 데이터 제공에 동의하여 A 은행으로부터 소정의 포인트를 받았다. 데이터 이동권이 법제화된 이후 갑은 B 은행 체크 카드를 발급받은 뒤, A 은행에 '계좌 자동 이체 항목', '체크 카드 사용 내역', '연령별 맞춤형 금융 상품 추천 서비스 내역'을 B 은행으로 이동할 것을 요청했다.

① 갑이 본인의 데이터를 이동 요청하면 A 은행은 갑의 '체크 카드 사용 내역'을 B 은행으로 전송해야 한다.

② A 은행에 대한 갑의 데이터 이동 요청은 정보 주체의 자율적 관리이므로 강화된 개인 정보 자기 결정권의 행사이다.

③ 데이터의 소유권 주체가 정보 주체라고 본다면, 갑이 A 은행으로부터 받은 포인트는 본인의 데이터 제공에 대한 대가이다.

④ 갑이 본인의 데이터를 보유한 A 은행을 상대로 요청한 '연령별 맞춤형 금융 상품 추천 서비스 내역'은 데이터 이동권 행사의 대상이다.

⑤ 데이터 이동권의 법제화 이전에도 갑이 A 은행에서 B 은행으로 이동을 요청한 정보 중에서 '계좌 자동 이체 항목'은 이동이 가능했다.

04 문맥상 ⓐ, ⓑ와 바꾸어 쓰기에 가장 적절한 것은?

	ⓐ	ⓑ
①	용이(容易)해져	근거(根據)하여
②	유력(有力)해져	근거(根據)하여
③	용이(容易)해져	의탁(依託)하여
④	원활(圓滑)해져	의탁(依託)하여
⑤	유력(有力)해져	기초(基礎)하여

다음 글을 읽고 물음에 답하시오.

　　⊙ 경마식 보도는 경마 중계를 하듯 지지율 변화나 득표율 예측 등을 집중 보도하는 선거 방송의 한 방식이다. 경마식 보도는 선거일이 가까워질수록 증가한다. 새롭고 재미있는 정보를 원하는 시청자들의 요구에 부응하고, 방송사로서도 매일 새로운 뉴스를 제공하는 방편이 될 수 있기 때문이다. 경마식 보도는 선거와 정치에 무관심한 유권자들의 선거 참여, 정치 참여를 독려하는 장점이 있다. 하지만 흥미를 돋우는 데 치중하는 경마식 보도는 선거의 주요 의제를 도외시하고 경쟁 결과에 초점을 맞춰 선거의 공정성을 저해할 수 있다.

　　경마식 보도의 문제점을 줄이려는 조치가 있다. ㉮「공직선거법」의 규정에 따르면, 당선인을 예상케 하는 여론조사를 실시하는 것은 언제든지 가능하지만, 그 결과의 보도는 선거일 6일 전부터 투표 마감 시각까지 금지된다. 이러한 규정이 국민의 알 권리와 언론의 자유를 침해하는지에 대해 헌법재판소는 신뢰할 수 있는 여론조사 결과라 하더라도 선거일에 임박해 보도하면 선거에 영향을 끼칠 수 있다며 합헌 결정을 내렸다. 「공직선서법」에 근거를 둔 ㉯「선거방송심의에 관한 특별규정」은 유권자에게 영향을 줄 수 있는 사실의 왜곡 보도를 금지하고, 여론조사 결과가 오차 범위 내에 있을 때에 이를 밝히지 않은 채로 서열이나 우열을 나타내는 보도도 금지하고 있다. 언론 단체의 ㉰「선거여론조사보도준칙」은 표본 오차를 감안하여 여론조사 결과를 정확하게 보도하도록 요구한다. 지지율 차이가 오차 범위 내에 있을 때 "경합"이라는 표현은 무방하지만 서열화하거나 "오차 범위 내에서 앞섰다."라는 표현처럼 우열을 나타내어 보도할 수 없다는 것이다.

　　경마식 보도로부터 드러난 선거 방송의 한계를 보완하는 방책 중 하나로 선거 방송 토론회가 활용될 수 있다. 이 토론회를 통해 후보자 간 정책과 자질 등의 차이가 드러날 수 있는데, 현실적인 이유로 초청 대상자는 한정된다. ⓛ「공직선거법」의 선거 방송 토론회 규정은 5인 이상의 국회의원을 가진 정당이나 직전 선거에서 3% 이상 득표한 정당이 추천한 후보자, 또는 언론기관의 여론조사 결과 평균 지지율이 5% 이상인 후보자 등을 초청 기준으로 제시하고 있다. 다만 초청 대상이 아닌 후보자들을 위해 별도의 토론회 개최가 가능하고 시간이나 횟수를 다르게 할 수 있다.

　　이러한 규정이 선거 운동의 기회균등 원칙을 침해하는지에 대해 헌법재판소는 위헌이 아니라고 결정했다. ⓐ 다수 의견은 방송 토론회의 효율적 운영을 고려할 때 초청 대상 후보자 수가 너무 많으면 제한된 시간 안에 심층적인 토론이 이루어지기 어렵고, 유권자들도 관심이 큰 후보자들의 정책 및 자질을 직접 비교하기 어렵다는 점을 지적하며, 이 규정은 합리적 제한이라고 보았다. 반면 ⓑ 소수 의견은 이 규정이 가장 효과적인 선거 운동의 기회를 일부 후보자에게서 박탈하며, 유권자에게도 모든 후보자를 동시에 비교하지 못하게 하고, 초청 대상 후보자 토론회에 참여한 후보자와 그렇지 못한 후보자를 차별적으로 인식하게 만든다고 지적하였다. 이 규정을 소수 정당이나 정치 신인 등에 대한 자의적이고 차별적인 침해라고 본 것이다.

01 ㉠에 대한 설명으로 가장 적절한 것은?

① 선거 기간의 후반기에 비해 전반기에 더 많다.
② 시청자와 방송사의 상반된 이해관계가 반영된다.
③ 당선자 예측과 관련된 정보의 전파에 초점을 맞추지 않는다.
④ 선거의 핵심 의제에 관한 후보자의 입장을 다룬 보도를 중시한다.
⑤ 정치에 관심이 없던 유권자들이 선거에 관심을 갖도록 북돋운다.

02 윗글에서 알 수 있는 내용으로 적절하지 않은 것은?

① 신뢰할 수 있는 여론조사의 결과를 보도하더라도 선거의 공정성을 위협할 수 있다.
② 정당의 추천을 받지 못해도 선거 방송의 초청 대상 후보자 토론회에 참여할 수 있다.
③ 국민의 알 권리와 언론의 자유가 서로 충돌하는지의 문제를 헌법재판소에서 논의한 적이 있다.
④ 선거일에 당선인 예측 선거 여론조사를 실시하고 투표 마감 시각 이후에 그 결과를 보도할 수 있다.
⑤ 「공직선거법」에는 선거 운동의 기회가 모든 후보자에게 균등하게 배분되지 못하도록 할 가능성이 있는 규정이 있다.

03 ⓒ과 관련하여 ⓐ와 ⓑ의 입장에 대한 반응으로 가장 적절한 것은?

① 선거 방송 초청 대상 후보자 토론회에서 후보자들이 심층적인 토론을 하지 못한 원인이 시간의 제한이나 참여한 후보자의 수와 관계가 없다면 ⓐ의 입장은 강화되겠군.

② 주요 후보자의 정책이 가진 치명적 허점을 지적하고 좋은 대안을 제시해 유명해진 정치 신인이 선거 방송 초청 대상 후보자 토론회에 초청받지 못한다면 ⓐ의 입장은 약화되겠군.

③ 선거 방송 초청 대상 후보자 토론회에 참여할 적정 토론자의 수를 제한하는 기준이 국민의 합의에 의해 결정되었기 때문에 자의적인 것이 아니라고 한다면 ⓑ의 입장은 강화되겠군.

④ 어떤 후보자가 지지율이 낮은 후보자 간의 별도 토론회에서 뛰어난 정치 역량을 보여 주었음에도 그 토론회에 참여했다는 이유만으로 지지율이 떨어진다면 ⓑ의 입장은 약화되겠군.

⑤ 유권자들이 뛰어난 역량을 가진 소수 정당 후보자를 주요 후보자들과 동시에 비교할 수 있는 가장 효율적인 방법이 선거 방송 초청 대상 후보자 토론회라면 ⓑ의 입장은 약화되겠군.

04 ㉮~㉱에 따라 〈보기〉에 대한 언론 보도를 평가한 내용으로 적절하지 <u>않은</u> 것은?

보기

다음은 ○○방송사의 의뢰로 △△여론조사 기관에서 세 차례 실시한 당선인 예측 여론조사 결과의 일부이다. (세 조사 모두 신뢰 수준 95%, 오차 범위 8.8%P임.)

구분		1차 조사	2차 조사	3차 조사
조사일		선거일 15일 전	선거일 10일 전	선거일 5일 전
조사 결과	A 후보	42%	38%	39%
	B 후보	32%	37%	38%
	C 후보	18%	17%	17%

① 1차 조사 결과를 선거일 14일 전에 "A 후보, 10%P 이상의 차이로 B 후보와 C 후보에 우세"라고 보도하는 것은 ㉯와 ㉰ 중 어느 것에도 위배되지 않겠군.

② 2차 조사 결과를 선거일 9일 전에 "A 후보는 B 후보에 조금 앞서고, C 후보는 3위"라고 보도하는 것은 ㉯에 위배되지만, ㉱에 위배되지 않겠군.

③ 3차 조사 결과를 선거일 4일 전에 "A 후보는 오차 범위 내에서 1위"라고 보도하는 것은 ㉮와 ㉱에 모두 위배되겠군.

④ 1차 조사 결과를 선거일 14일 전에 "A 후보 1위, B 후보 2위, C 후보 3위"라고 보도하는 것은 ㉯에 위배되지 않고, 2차 조사 결과를 선거일 9일 전에 같은 표현으로 보도하는 것은 ㉰에 위배되겠군.

⑤ 2차 조사 결과를 선거일 9일 전에 "B 후보, A 후보와 오차 범위 내 경합"이라고 보도하는 것은 ㉰에 위배되지 않고, 3차 조사 결과를 선거일 4일 전에 같은 표현으로 보도하는 것은 ㉮에 위배되겠군.

다음 글을 읽고 물음에 답하시오.

정당과 같은 정치 조직이 민주적 방식과 절차로 운영되어야 하는 것은 당연하다. 그런데 민주적 운영 체제를 갖추었으면서도 실제로는 일부 소수에게 권력이 집중되어 있는 경우도 적지 않다. 조직 운영에서 보이는 이러한 현상을 흔히 과두제라 한다. 이는 정치 조직에서뿐만 아니라 기업 경영에서도 나타난다.

모든 주주가 경영진을 이루어 상호 협력 관계를 기반으로 기업을 운영하며 의사 결정권도 균등하게 행사하는 경우에 이를 '공동체적 경영'이라 부르기도 한다. 이런 기업에서 경영진은 모두 업무와 관련하여 전문성을 가지며, 경영 수익에 관련된 중요한 사항은 주주들이 공동으로 결정한다. 그러나 기업의 규모가 성장하고 사업이 다양해지면, 소수의 의사 결정에 따른 수직적 경영으로 효율성을 지향하는 '과두제적 경영'으로 나아가는 일도 있다.

과두제적 경영은 소수의 경영자로 이루어진 경영진이 강한 결속력을 가지면서 실질적 권한과 정보를 독점하며 기업을 운영하는 것을 말한다. 이런 체제는 전문성과 경험을 갖춘 경영진을 중심으로 안정적 경영권이 확보될 수 있도록 하여, 기업 전략을 장기적으로 수립하고, 이에 맞춰 과감하고 지속적인 투자를 할 수 있어서 첨단 핵심 기술의 개발에도 유리한 면이 있다. 그리고 기업과 경영진 간의 높은 일체성은 위기 상황에서 신속한 의사 결정으로 효율적인 대처를 하는 데 도움을 주기도 한다.

그런데 대체로 주주의 수가 많으면 개별 주주의 결정권은 약하고, 소수의 경영진이 기업을 장악하는 힘은 크다. 이를 이용하여 정보와 권한이 집중된 소수의 경영진이 사익에 치중하면 다수 주주의 이익이 침해되는 폐해가 나타날 수 있다. 경영 성과를 실제보다 부풀려 투자를 유치한 뒤 주주들에게 회복하기 어려운 손해를 입히는 경우도 있으며, 기업 운영에 중대한 영향을 미치는 주요 정보들을 은폐하거나 경영 상황을 조작하여 발표함으로써 결과적으로 기업의 가치에 심각한 타격을 주는 사례도 종종 보게 된다.

이러한 문제점을 완화하기 위해 기업이 경영자와 계약을 체결하여 급여 이외의 경제적 이익을 동기로 부여하는 방안이 있다. 예를 들면, 일정 수량의 주식을 계약 시에 정한 가격으로 미래에 매수할 수 있도록 하는 스톡옵션의 권리를 경영자에게 부여하는 방식이 있다. 이 권리를 행사할지 말지는 자유이고, 경영자는 매수 시점을 유리하게 선택할 수 있다. 또 아직 우리나라에 도입되지는 않았지만, 기업의 주식 가치가 목표치 이상으로 올랐을 때 경영자가 그에 상응하는 보상을 받는 주식 평가 보상권의 방식도 있다.

기업 경영의 건전성을 확보하기 위해 마련된 공적 제도들은 과두제적 경영의 폐해를 방지하는 기능도 한다. 기업의 주식 가치에 영향을 미칠 수 있는 정보 제공을 법적으로 의무화한 경영 공시 제도는 경영 투명성을 높이려는 것이다. 이를 통해 경영진과 주주들 간 정보 격차가 줄어들 수 있다. 기업의 이사회에 외부 인사를 이사로 참여시키도록 하는 사외 이사 제도는 독단적인 의사 결정을 견제함으로써 폐쇄적 경영으로 인한 정보와 권한의 집중을 억제하는 효과를 거둘 수 있다.

01 윗글의 내용 전개 방식으로 가장 적절한 것은?

① 대상의 개념과 장단점을 제시하고 보완책을 소개한다.
② 유사한 원리들을 분석하고 이를 하나의 이론으로 통합한다.
③ 대립하는 유형을 들어 이론적 근거의 변천 과정을 설명한다.
④ 가설을 세우고 그에 대해 현실적인 사례를 들어 가며 검토한다.
⑤ 문제 상황의 근본 원인을 진단하고 해결책에 대한 상반된 입장을 해설한다.

02 과두제적 경영에 대한 이해로 적절하지 않은 것은?

① 소수의 경영진이 내린 의사 결정이 수직적으로 집행되는 효율성을 추구한다.
② 강한 결속력을 가진 소수의 경영자로 경영진을 이루어 경영권 유지에 강점이 있다.
③ 경영권이 안정되어 중요 기술 개발에 적극적인 투자를 계속하는 데에 유리하다는 장점이 있다.
④ 경영진이 투자자의 유입을 유도하기 위하여 경영 성과를 부풀릴 위험성이 있어 이에 대비할 필요가 있다.
⑤ 경영진과 다수 주주 사이의 이해가 일치하는 경우에는 그렇지 않은 경우보다 기업 가치가 훼손될 위험성이 높아진다.

03 윗글을 읽고 추론한 내용으로 적절하지 <u>않은</u> 것은?

① 스톡옵션의 권리를 가진 경영자는 주식 가격이 미리 정해 놓은 것보다 하락하더라도 손실을 입지 않을 수 있다.

② 스톡옵션은 경영자의 성과 보상에 미래의 주식 가치가 관련된다는 점에서 주식 평가 보상권과 차이가 있다.

③ 경영 공시는 주주가 기업 경영 상황을 파악하여 기업 가치를 평가하는 데 유용한 제도가 될 수 있다.

④ 사외 이사 제도는 기업의 의사 결정에 외부 인사를 참여시켜 경영의 개방성을 높일 수 있는 제도라 평가할 수 있다.

⑤ 경영 공시 제도와 사외 이사 제도는 기업의 중요 정보에 대한 경영진의 독점을 완화할 수 있다.

04 윗글을 바탕으로 〈보기〉를 이해한 내용으로 가장 적절한 것은?

> **보기**
>
> X사는 정밀 부품 분야에서 독보적인 기술을 장기간 보유하여 발전시켜 온 기업으로서 시장 점유율도 높다. 원래 X사의 주주들은 모두 함께 경영진이 되어 중요 사항에 대하여 동등한 결정권을 보유하였으나, 기업이 성장하면서 효율성 증진을 위하여 소수의 주주만으로 경영진을 구성하였다. 경영진은 주기적으로 다른 주주들로 교체되어 전체 주주는 기업의 경영 상태를 파악할 수 있으며, 경영 이익의 분배와 같은 주요 사항은 전체 주주가 공동으로 의결한다. X사의 주주 A와 B는 회사의 진로에 관하여 다음과 같은 대화를 나누었다.
>
> **A :** 최근 치열해진 경쟁에 대응하려면, 경영진의 구성원을 변동시키지 않고 경영 결정권도 경영진이 전적으로 행사하도록 하는 게 좋겠습니다.
>
> **B :** 시장 점유율도 잘 유지되고 있고 우리 주주들의 전문성도 탁월하니, 예전처럼 회사를 운영한다고 하더라도 문제없을 듯합니다.

① X사는 주주들 사이의 평등성이 강하여 과도한 정보 격차나 권한 집중과 같은 폐해를 보이지 않는다.

② X사는 현재 경영진이 고정되는 구조로 바뀌었지만 주주가 실적에 대한 이익 분배를 결정할 수 있기 때문에 수직적 경영의 부작용은 나타나지 않는다.

③ A는 결속력이 강한 소수의 경영진을 중심으로 운영되는 경영 방식을 현행대로 유지하여야 시장의 점유율을 지킬 수 있다고 보는 입장이다.

④ B는 수평적인 의사 결정 구조로의 전환을 최소한으로 하여 효율적 경영을 유지해야 한다고 보는 입장이다.

⑤ A와 B는 현재 X사가 경험과 전문성을 바탕으로 안정적인 과두제적 경영을 하고 있다는 전제에서 논의를 한다.

다음 글을 읽고 물음에 답하시오.

공정거래위원회는 시장 경쟁을 촉진하고 소비자 주권을 확립하기 위해, 사업자의 불공정한 거래 행위와 부당한 광고를 규제한다. 이를 위해 '공정거래법'과 '표시광고법'을 활용한다.

'공정거래법'은 사업자의 재판매 가격 유지 행위를 원칙적으로 금지한다. ㉠ 재판매 가격 유지 행위란 사업자가 상품·용역을 거래할 때 거래 상대방 사업자 또는 그다음 거래 단계별 사업자에게 거래 가격을 정해 그 가격대로 판매·제공할 것을 강제하거나 그 가격대로 판매·제공하도록 그 밖의 구속 조건을 ⓐ 붙여 거래하는 행위이다. 이때 거래 가격에는 재판매 가격, 최고 가격, 최저 가격, 기준 가격이 포함된다. 권장 소비자 가격이라도 강제성이 있다면 재판매 가격 유지 행위에 해당한다.

재판매 가격 유지 행위는 사업자의 가격 결정의 자유, 즉 영업의 자유를 제한하고 사업자 간 가격 경쟁을 제한한다. 유통 조직의 효율성도 저하시킨다. 재판매 가격 유지 행위를 하는 사업자는 형사 처벌은 받지 않지만 시정명령이나 과징금 부과 대상이 될 수 있다. 다만, '공정거래법'에 따라 공정거래위원회가 고시하는 출판된 저작물은 금지 대상이 아니다. 또 경쟁 제한의 폐해보다 소비자 후생 증대 효과가 큰 경우 등 정당한 이유가 있으면 재판매 가격 유지 행위가 허용되는데, 그 이유는 사업자가 입증해야 한다.

'표시광고법'은 소비자를 속이거나 오인하게 할 우려가 있는 부당한 광고를 금지한다. 광고는 표현의 자유와 영업의 자유로 보호받는다. 하지만 사실과 다르거나 사실을 지나치게 부풀리는 거짓·과장 광고, 사실을 은폐하거나 축소하는 기만 광고를 금지한다. 이를 위반한 사업자는 시정명령이나 과징금 부과 또는 형사 처벌 대상이 될 수 있다.

추천·보증과 이용후기를 활용한 인터넷 광고가 늘면서 부당 광고 심사 기준이 중요해졌다. 공정거래위원회의 '추천·보증 광고 심사 지침', '인터넷 광고 심사 지침'에 따르면 추천·보증은 사업자의 의견이 아니라 제3자의 독자적 의견으로 인식되는 표현으로서, 해당 상품·용역의 장점을 알리거나 구매·사용을 권장하는 것이다. 경험적 사실을 근거로 추천·보증을 할 때는 실제 사용해 봐야 하고 추천·보증을 하는 내용이 경험한 사실에 부합해야 부당한 광고로 제재받지 않는다. 전문적 판단을 근거로 추천·보증을 할 때는 그 내용이 해당 분야의 전문적 지식에 부합해야 한다. 추천·보증이 광고에 활용되면서 추천·보증을 한 사람이 사업자로부터 현금 등의 대가를 지급받는 등 경제적 이해관계가 있다면 해당 게시물에 이를 명시해야 한다.

위의 두 심사 지침에서 말하는 ㉡ 이용후기 광고란 사업자가 자사 홈페이지 등에 게시된 소비자의 상품 이용후기를 활용해 광고하는 것이다. 사업자는 자신에게 유리한 이용후기는 광고 적극 활용한다. 반면 사업자는 자신에게 불리한 이용후기는 비공개하거나 삭제하기도 하는데, 합리적 이유가 없다면 이는 부당한 광고가 될 수 있다. 사업자는 자신에게 불리한 이용후기의 게시자를 인터넷상 명예훼손죄로 고소하기도 한다. 이때 이용후기가 객관적 내용으로 자신의 사용 경험에 바탕을 두고 다른 이용자에게 도움을 주려는 등 공공의 이익에 관한 것으로 인정받는다면, 게시자의 비방할 목적이 부정되어 명예훼손죄가 성립하지 않는다.

01 윗글을 통해 알 수 있는 내용으로 적절하지 <u>않은</u> 것은?

① 부당한 광고 행위에 대해서는 재판매 가격 유지 행위와 달리 형사 처벌이 내려질 수 있다.
② 거래 단계별 사업자에게 거래 가격을 강제하는 것은 유통 조직의 효율성 저하를 초래한다.
③ 재판매 가격 유지 행위의 정당성을 인정받고자 하는 사업자는 그 행위의 정당성을 입증할 책임을 진다.
④ 경험적 사실을 바탕으로 한 추천·보증은 심사 지침에 따라 해당 분야의 전문적 지식에 부합해야 한다.
⑤ 공정거래위원회가 고시하는 출판된 저작물의 사업자는 거래 상대방 사업자에게 기준 가격을 지정할 수 있다.

02 ㉠, ㉡에 대한 이해로 가장 적절한 것은?

① ㉠은 소비자 후생 증대 효과가 시장 경쟁 제한의 폐해보다 작은 경우에 허용된다.
② ㉠을 '공정거래법'에서 금지하는 목적은 사업자의 가격 결정의 자유를 제한하기 위한 것이다.
③ ㉡을 할 때 사업자는 영업의 자유를 보호받지만 표현의 자유는 보호받지 못한다.
④ ㉡은 사업자가 자사의 홈페이지에 직접 작성해서 게시한 이용후기를 광고로 활용하는 것을 포함하지 않는다.
⑤ ㉠은 사업자와 소비자 간에, ㉡은 소비자와 소비자 간에 직접 일어나는 행위이다.

03 윗글을 바탕으로 〈보기〉를 이해한 내용으로 적절하지 <u>않은</u> 것은?

> **보기**
>
>   A 상품 제조 사업자인 갑은 거래 상대방 사업자에게 특정 판매 가격을 지정해 거래했다. 갑의 회사 홈페이지에 A 상품에 대한 이용후기가 다수 게시되었다. 갑은 그중 A 상품의 품질 불량을 문제 삼은 이용후기 200개를 삭제하고, 박○○ 교수팀이 A 상품을 추천·보증한 광고를 게시했다. 광고 대행사 직원 을은 A 상품의 효능이 뛰어나다는 후기를 갑의 회사 홈페이지에 게시했다. 소비자 병은 A 상품을 사용하며 발견한 하자를 찍은 사진과 품질이 불량하다는 글을 갑의 회사 홈페이지에 게시했다. 갑은 병을 명예훼손죄로 처벌해 달라며 수사 기관에 고소했다.

① 갑이 A 상품의 품질 불량을 은폐하기 위해 자신에게 불리한 이용후기를 삭제하는 대신 비공개 처리하는 것도 부당한 광고에 해당하겠군.

② 갑이 박○○ 교수팀이 A 상품을 실험·검증하고 우수성을 추천·보증했다고 광고했으나 해당 실험이 진행된 적이 없다면 갑은 부당한 광고 행위로 제재를 받겠군.

③ 갑이 거래 상대방에게 판매 가격을 지정하며 이를 준수하도록 부과한 조건에 대해 정당성을 인정받지 못했더라도 그 가격이 권장 소비자 가격이었다면 갑은 제재를 받지 않겠군.

④ 을이 갑으로부터 금전을 받고 갑의 회사 홈페이지에 A 상품의 장점을 알리는 이용후기를 게시했다면 대가성이 있었다는 사실을 명시해야겠군.

⑤ 병이 A 상품을 직접 사용해 보고 그 상품의 결점을 제시하면서 다른 소비자들에게 도움을 주려는 취지로 이용후기를 게시한 점이 인정된다면 명예훼손죄가 성립되지 않겠군.

04 ⓐ와 문맥상 의미가 가장 가까운 것은?

① 그는 내 의견에 본인의 견해를 <u>붙여</u> 발언을 이어 갔다.

② 나는 수영에 재미를 <u>붙여</u> 수영장에 다니기로 결정했다.

③ 그는 따뜻한 바닥에 등을 <u>붙여</u> 잠깐 동안 잠을 청했다.

④ 나는 알림판에 게시물을 <u>붙여</u> 동아리 행사를 홍보했다.

⑤ 그는 숯에 불을 <u>붙여</u> 고기를 배부를 만큼 구워 먹었다.

다음 글을 읽고 물음에 답하시오.

　리프킨은 사회적 상호 작용에서의 자기표현은 본질적으로 연극적이며, 표면 연기와 심층 연기로 ⓐ 이루어진다고 언급했다. 표면 연기는 내면의 자연스러운 감정보다 의례적인 표현과 같은 형식에 집중하여 연기하는 것이고, 심층 연기는 내면의 솔직한 정서를 ⓑ 불러내어 자신의 진정성을 보여 주는 것이다. 인터넷에서의 커뮤니케이션에 주목한 리프킨은 가상 공간에서 자기표현이 더욱 활발히 이루어진다고 보았다.

　가상 공간의 특성에 주목한 연구자들은 사람들과의 관계 속에서 드러나는 고유한 존재로서의 위상을 뜻하는 자기 정체성이 가상 공간에서 다양하게 ⓒ 나타난다고 본다. 가상 공간에서는 익명성이 작동하므로 현실에서 위축되는 사람도 적극적으로 자기표현을 할 수 있다. 아울러 현실에서의 자기 정체성을 ⓓ 감추고 다른 인격체로 활동하거나 현실에서 억압된 정서를 공격적으로 드러내기도 한다. 게임 아이디, 닉네임, 아바타 등 가상 공간에서 개별적 대상으로 인식되는 '인터넷 ID'에 대한 사이버 폭력이 ⓔ 넘쳐 나는 현실도 이와 무관하지 않다.

　사이비 폭력과 관련하여, 인터넷 ID만을 알고 있는 상황에서 그에 대해 명예훼손이나 모욕 등의 공격이 있을 때 가해자에게 법적인 책임을 물을 수 있는지에 대한 논란이 있어 왔다. 이는 인터넷 ID가 사회적 평판인 명예의 주체로 인정될 수 있는가와 관련된다. 인터넷 ID의 명예 주체성을 ㉠ 인정하는 입장에 따르면, 자기 정체성은 일원적·고정적인 것이 아니라 현실 세계와 가상 공간에 걸쳐 존재하고 상호 작용하는 복합적인 것이다. 인터넷에서의 자기 정체성은 사용자 개인의 자기 정체성의 일부이기 때문에 자기 정체성을 가진 인터넷 ID의 명예 역시 보호되어야 한다. 반면 ㉡ 인정하지 않는 입장에 따르면, 생성·변경·소멸이 자유롭고 복수로 개설이 가능한 인터넷 ID는 그 사용자인 개인을 가상 공간에서 구별하는 장치에 불과하다. 인터넷 ID는 현실에서의 성명과 달리 그 사용자인 개인과 동일시될 수 없고, 인터넷 ID 자체는 사람이 아니므로 명예 주체성을 인정할 수 없다는 것이다.

　㉮ 대법원은 실명을 거론한 경우는 물론, 실명을 거론하지 않았더라도 주위 사정을 종합할 때 지목된 사람이 누구인지를 제3자가 알 수 있는 경우에는 명예훼손이나 모욕에 대한 가해자의 법적 책임이 성립한다고 판시해 왔다. 이를 수용한 헌법재판소에서는 인터넷 ID와 관련된 명예훼손·모욕 사건의 헌법 소원에 대한 결정을 내린 바 있다. 이 결정에서 ㉯ 다수 의견은 인터넷 ID만을 알 수 있을 뿐 그 사용자가 누구인지 제3자가 알 수 없다면 피해자가 특정되지 않아 명예훼손이나 모욕에 대한 가해자의 법적 책임이 성립하지 않는다고 보았다. 반면 인터넷 ID는 가상 공간에서 성명과 같은 기능을 하므로 제3자의 인식 여부가 법적 책임의 근거가 될 수 없다는 ㉰ 소수 의견도 제시되었다.

01. 윗글의 내용과 일치하지 않는 것은?

① 심층 연기는 내면의 진솔한 정서를 드러내기 위해 형식에 집중하는 자기표현이다.

② 리프킨은 현실 세계보다 가상 공간에서 자기표현이 더욱 왕성하게 드러난다고 보았다.

③ 가상 공간에서 개별적인 것으로 인식되는 아바타는 사이버 폭력의 대상이 될 수 있다.

④ 익명성은 가상 공간에서 자기 정체성이 다양하게 나타나는 데 영향을 미치는 가상 공간의 특성이다.

⑤ 가상 공간에서의 자기 정체성은 현실에서의 자기 정체성과 마찬가지로 타인과의 관계 속에서 나타난다.

02. ㉠과 ㉡에 대한 이해로 가장 적절한 것은?

① ㉠은 ㉡과 달리 자기 정체성을 단일하고 고정적인 것으로 파악하겠군.

② ㉠은 ㉡과 달리 인터넷 ID에 대한 공격을 그 사용자인 개인에 대한 공격이라고 보겠군.

③ ㉡은 ㉠과 달리 인터넷에서의 자기 정체성과 현실 세계의 자기 정체성이 상호 작용을 한다고 보겠군.

④ ㉡은 ㉠과 달리 인터넷 ID는 복수 개설이 가능하므로 자기 정체성이 복합적으로 구성된다고 보겠군.

⑤ ㉠과 ㉡은 모두, 인터넷 ID마다 개인의 자기 정체성이 다르다고 보겠군.

03 윗글을 바탕으로 〈보기〉를 이해한 내용으로 적절하지 <u>않은</u> 것은?

보기

　　○○ 인터넷 카페의 이용자 A는 a, B는 b, C는 c라는 ID를 사용한다. 박사 학위 소지자인 A는 □□ 전시관의 해설사이고, B는 같은 전시관에서 물고기 관리를 혼자 전담한다. 이 전시관의 누리집에는 직무별로 담당자가 공개되어 있다. 어떤 사람이 □□ 전시관에서 A의 해설을 듣고 A의 실명을 언급한 후기를 카페 게시판에 올리자 다음과 같은 댓글이 달렸다.

A의 해설에 대한 후기
┗ b A가 박사인지 의심스럽다. A는 #~#.
┗ a □□ 전시관에서 물고기를 관리하는 b는 #~#.
┗ c 게시판 분위기를 흐리는 a는 #~#.

(단, '#~#'는 명예를 훼손하거나 모욕을 주는 표현이고 A, B, C는 실명이다. ID로는 그 사용자의 개인 정보를 알 수 없으며, A, B, C의 법적 책임에 영향을 미치는 다른 요소는 고려하지 않는다.)

① ㉮는 B가 가해자로서의 법적 책임을 져야 하지만 C는 가해자로서의 법적 책임을 지지 않는다고 보겠군.
② ㉯는 B가 가해자로서의 법적 책임을 져야 하지만 A는 가해자로서의 법적 책임을 지지 않는다고 보겠군.
③ ㉮와 ㉯는 A가 가해자로서의 법적 책임을 져야 하는지의 여부에 대해 같게 보겠군.
④ ㉯와 ㉰는 B가 가해자로서의 법적 책임을 져야 하는지의 여부에 대해 같게 보겠군.
⑤ ㉮, ㉯, ㉰가, C가 가해자로서의 법적 책임을 져야 하는지의 여부에 대해 판단한 내용이 모두 같지는 않겠군.

04 문맥상 ⓐ~ⓔ와 바꿔 쓰기에 가장 적절한 것은?

① ⓐ : 완성(完成)된다고
② ⓑ : 요청(要請)하여
③ ⓒ : 표출(表出)된다고
④ ⓓ : 기만(欺瞞)하고
⑤ ⓔ : 확충(擴充)되는

지문분석으로 독해력 향상하기

| 과외식 기출 분석서, 나기출 |

나 없이
기출
풀지마라

콘텐츠가 강하다!
실전 국어 전형태

독서

Ⅲ

과학

III. 과학

2019학년도 11월

풀이시간 　　분　　초
정답과 해설　　p.128

다음 글을 읽고 물음에 답하시오.

16세기 전반에 서양에서 태양 중심설을 지구 중심설의 대안으로 제시하며 시작된 천문학 분야의 개혁은 경험주의의 확산과 수리 과학의 발전을 통해 형이상학을 뒤바꾸는 변혁으로 이어졌다. 서양의 우주론이 전파되자 중국에서는 중국과 서양의 우주론을 회통하려는 시도가 전개되었고, 이 과정에서 자신의 지적 유산에 대한 관심이 제고되었다.

복잡한 문제를 단순화하여 푸는 수학적 전통을 이어받은 코페르니쿠스는 천체의 운행을 단순하게 기술할 방법을 찾고자 하였고, 그것이 ⓐ 일으킬 형이상학적 문제에는 별 관심이 없었다. 고대의 아리스토텔레스와 프톨레마이오스는 우주의 중심에 고정되어 움직이지 않는 지구의 주위를 달, 태양, 다른 행성들의 천구들과, 항성들이 붙어 있는 항성 천구가 회전한다는 지구 중심설을 내세웠다. 그와 달리 코페르니쿠스는 태양을 우주의 중심에 고정하고 그 주위를 지구를 비롯한 행성들이 공전하며 지구가 자전하는 우주 모형을 ⓑ 만들었다. 그러자 프톨레마이오스보다 훨씬 적은 수의 원으로 행성들의 가시적인 운동을 설명할 수 있었고 행성이 태양에서 멀수록 공전 주기가 길어진다는 점에서 단순성이 충족되었다. 그러나 아리스토텔레스의 형이상학을 고수하는 다수 지식인과 종교 지도자들은 그의 이론을 받아들이려 하지 않았다. 왜냐하면 그것은 지상계와 천상계를 대립시키는 아리스토텔레스의 이분법적 구도를 무너뜨리고, 신의 형상을 ⓒ 지닌 인간을 한갓 행성의 거주자로 전락시키는 것으로 여겨졌기 때문이다.

16세기 후반에 브라헤는 코페르니쿠스 천문학의 장점은 인정하면서도 아리스토텔레스 형이상학과의 상충을 피하고자 우주의 중심에 지구가 고정되어 있고, 달과 태양과 항성들은 지구 주위를 공전하며, 지구 외의 행성들은 태양 주위를 공전하는 모형을 제안하였다. 그러나 케플러는 우주의 수적 질서를 신봉하는 형이상학인 신플라톤주의에 매료되었기 때문에, 태양을 우주 중심에 배치하여 단순성을 추구한 코페르니쿠스의 천문학을 받아들였다. 하지만 그는 경험주의자였기에 브라헤의 천체 관측치를 활용하여 태양 주위를 공전하는 행성의 운동 법칙들을 수립할 수 있었다. 우주의 단순성을 새롭게 보여 주는 이 법칙들은 아리스토텔레스 형이상학을 더 이상 온존할 수 없게 만들었다.

[A] 17세기 후반에 뉴턴은 태양 중심설을 역학적으로 정당화하였다. 그는 만유인력 가설로부터 케플러의 행성 운동 법칙들을 성공적으로 연역했다. 이때 가정된 만유인력은 두 질점*이 서로 당기는 힘으로, 그 크기는 두 질점의 질량의 곱에 비례하고 거리의 제곱에 반비례한다. 지구를 포함하는 천체들이 밀도가 균질하거나 구 대칭*을 이루는 구라면 천체가 그 천체 밖 어떤 질점을 당기는 만유인력은, 그 천체를 잘게 나눈 부피 요소들 각각이 그 천체 밖 어떤 질점을 당기는 만유인력을 모두 더하여 구할 수 있다. 또한 여기에서 지구보다 질량이 큰 태양과 지구가 서로 당기는 만유인력이 서로 같음을 증명할 수 있다. 뉴턴은 이 원리를 적용하여 달의 공전 궤도와 사과의 낙하 운동 등에 관한 실측값을 연역함으로써 만유인력의 실재를 입증하였다.

16세기 말부터 중국에 본격 유입된 서양 과학은, 청 왕조가 1644년 중국의 역법(曆法)을 기반으로 서양 천문학 모델과 계산법을 수용한 시헌력을 공식 채택함에 따라 그 위상이 구체화되었다. 브라헤와 케플러의 천문 이론을 차례대로 수용하여 정확도를 높인 시헌력이 생활 리듬으로 자리 잡았지만, 중국 지식인들은 서양 과학이 중국의 지적 유산에 적절히 연결되지 않으면 아무리 효율적이더라도 불온한 요소로 ⓓ 여겼다. 이에 따라 서양 과학에 매료된 학자들도 어떤 방식으로든 ㉠ 서양 과학과 중국

전통 사이의 적절한 관계 맺음을 통해 이 문제를 해결하고자 하였다.

17세기 웅명우와 방이지 등은 중국 고대 문헌에 수록된 우주론에 대해서는 부정적 태도를 견지하면서 성리학적 기론(氣論)에 입각하여 실증적인 서양 과학을 재해석한 독창적 이론을 제시하였다. 수성과 금성이 태양 주위를 회전한다는 그들의 태양계 학설은 브라헤의 영향이었지만, 태양의 크기에 대한 서양 천문학 이론에 의문을 제기하고 기(氣)와 빛을 결부하여 제시한 광학 이론은 그들이 창안한 것이었다.

17세기 후반 왕석천과 매문정은 서양 과학의 영향을 받아 경험적 추론과 수학적 계산을 통해 우주의 원리를 파악하고자 하였다. 그러면서 서양 과학의 우수한 면은 모두 중국 고전에 이미 ⓔ 갖추어져 있던 것인데 웅명우 등이 이를 깨닫지 못한 채 성리학 같은 형이상학에 몰두했다고 비판했다. 매문정은 고대 문헌에 언급된, 하늘이 땅의 네 모퉁이를 가릴 수 없을 것이라는 증자의 말을 땅이 둥글다는 서양 이론과 연결하는 등 서양 과학의 중국 기원론을 뒷받침하였다.

중국 천문학을 중심으로 서양 천문학을 회통하려는 매문정의 입장은 18세기 초를 기점으로 중국의 공식 입장으로 채택되었으며, 이 입장은 중국의 역대 지식 성과물을 망라한 총서인 『사고전서』에 그대로 반영되었다. 이 총서의 편집자들은 고대부터 당시까지 쏟아진 천문 관련 문헌들을 정리하여 수록하였다. 이와 같이 고대 문헌에 담긴 우주론을 재해석하고 확인하려는 경향은 19세기 중엽까지 주를 이루었다.

* 질점 : 크기가 없고 질량이 모여 있다고 보는 이론상의 물체.
* 구 대칭 : 어떤 물체가 중심으로부터 모든 방향으로 같은 거리에서 같은 특성을 갖는 상태.

01 다음은 윗글을 읽은 학생의 독서 기록 중 일부이다. 윗글을 참고할 때, '점검 결과'로 적절하지 <u>않은</u> 것은?

예측 및 질문 내용	점검 결과
• 서양의 우주론에 태양 중심설과 지구 중심설의 개념이 소개되어 있을 것이다.	예측과 같음 ·················· ①
• 서양의 우주론의 영향으로 변화된 중국의 우주론이 소개되어 있을 것이다.	예측과 다름 ·················· ②
• 서양에서 태양 중심설을 제기한 사람은 누구일까?	질문의 답이 제시됨 ········· ③
• 중국에서 서양의 우주론을 접하고 회통을 시도한 사람은 누구일까?	질문의 답이 제시됨 ········· ④
• 중국에 서양의 우주론을 전파한 서양의 인물은 누구일까?	질문의 답이 언급되지 않음 ····· ⑤

* 읽기 계획 : 1문단을 훑어보면서 뒷부분을 예측하고 질문 만들기를 한 후, 글을 읽고 점검하기

03 윗글에 나타난 <u>서양의 우주론</u>에 대한 설명으로 가장 적절한 것은?

① 항성 천구가 고정되어 있다고 보는 아리스토텔레스의 우주론은 천상계와 지상계를 대립시킨 형이상학을 토대로 한 것이었다.

② 많은 수의 원을 써서 행성의 가시적 운동을 설명한 프톨레마이오스의 우주론은 행성이 태양에서 멀수록 공전 주기가 길어진다는 점에서 단순성을 갖는 것이었다.

③ 지구와 행성이 태양 주위를 공전한다는 코페르니쿠스의 우주론은 이전의 지구 중심설보다 단순할 뿐 아니라 아리스토텔레스의 형이상학과 양립이 가능한 것이었다.

④ 지구가 우주 중심에 고정되어 있고 다른 행성을 거느린 태양이 지구 주위를 돈다는 브라헤의 우주론은 아리스토텔레스의 형이상학에서 자유롭지 못한 것이었다.

⑤ 태양 주위를 공전하는 행성의 운동 법칙들을 관측치로부터 수립한 케플러의 우주론은 신플라톤주의에서 경험주의적 근거를 찾은 것이었다.

02 윗글에 대한 이해로 적절하지 <u>않은</u> 것은?

① 서양과 중국에서는 모두 우주론을 정립하는 과정에서 형이상학적 사고에 대한 재검토가 이루어졌다.

② 서양 천문학의 전래는 중국에서 자국의 우주론 전통을 재인식하는 계기가 되었다.

③ 중국에 서양의 천문학적 성과가 자리 잡게 된 데에는 국가의 역할이 작용하였다.

④ 중국에서는 18세기에 자국의 고대 우주론을 긍정하는 입장이 주류가 되었다.

⑤ 서양에서는 중국과 달리 경험적 추론에 기초한 우주론이 제기되었다.

04 ㉠에 대한 이해로 적절하지 <u>않은</u> 것은?

① 중국에서 서양 과학을 수용한 학자들은 자국의 지적 유산에 서양 과학을 접목하려 하였다.

② 서양 천문학과 관련된 내용이 중국의 역대 지식 성과를 집대성한 『사고전서』에 수록되었다.

③ 방이지는 서양 우주론의 영향을 받았지만 서양의 이론과 구별되는 새 이론의 수립을 시도하였다.

④ 매문정은 중국 고대 문헌에 나타나는 천문학적 전통과 서양 과학의 수학적 방법론을 모두 활용하였다.

⑤ 성리학적 기론을 긍정한 학자들은 중국 고대 문헌의 우주론을 근거로 서양 우주론을 받아들여 새 이론을 창안하였다.

05 〈보기〉를 참고할 때, [A]에 대한 이해로 적절하지 <u>않은</u> 것은?

보기

부피 요소

P

O

구는 무한히 작은 부피 요소들로 이루어져 있다. 그 부피 요소들이 빈틈없이 한 겹으로 배열되어 구 껍질을 이루고, 그런 구 껍질들이 구의 중심 O 주위에 반지름을 달리하며 양파처럼 겹겹이 싸여 구를 이룬다. 이때 부피 요소는 그것의 부피와 밀도를 곱한 값을 질량으로 갖는 질점으로 볼 수 있다.

(1) 같은 밀도의 부피 요소들이 하나의 구 껍질을 구성하면, 이 부피 요소들이 구 외부의 질점 P를 당기는 만유인력들의 총합은, 그 구 껍질과 동일한 질량을 갖는 질점이 그 구 껍질의 중심 O에서 P를 당기는 만유인력과 같다.

(2) (1)에서의 구 껍질들이 구를 구성할 때, 그 동심의 구 껍질들이 P를 당기는 만유인력들의 총합은, 그 구와 동일한 질량을 갖는 질점이 그 구의 중심 O에서 P를 당기는 만유인력과 같다.

(1), (2)에 의하면, 밀도가 균질하거나 구 대칭인 구를 구성하는 부피 요소들이 P를 당기는 만유인력들의 총합은, 그 구와 동일한 질량을 갖는 질점이 그 구의 중심 O에서 P를 당기는 만유인력과 같다.

① 밀도가 균질한 하나의 행성을 구성하는 동심의 구 껍질들이 같은 두께일 때, 하나의 구 껍질이 태양을 당기는 만유인력은 그 구 껍질의 반지름이 클수록 커지겠군.

② 태양의 중심에 있는 질량이 m인 질점이 지구 전체를 당기는 만유인력은, 지구의 중심에 있는 질량이 m인 질점이 태양 전체를 당기는 만유인력과 크기가 같겠군.

③ 질량이 M인 지구와 질량이 m인 달은, 둘의 중심 사이의 거리만큼 떨어져 있으면서 질량이 M, m인 두 질점 사이의 만유인력과 동일한 크기의 힘으로 서로 당기겠군.

④ 태양을 구성하는 하나의 부피 요소와 지구 사이에 작용하는 만유인력은, 지구를 구성하는 모든 부피 요소들과 태양의 그 부피 요소 사이에 작용하는 만유인력들을 모두 더하면 구해지겠군.

⑤ 반지름이 R, 질량이 M인 지구와 지구 표면에서 높이 h에 중심이 있는 질량이 m인 구슬 사이의 만유인력은, $R+h$의 거리만큼 떨어져 있으면서 질량이 M, m인 두 질점 사이의 만유인력과 크기가 같겠군.

06 문맥상 ⓐ~ⓔ와 바꿔 쓴 것으로 가장 적절한 것은?

① ⓐ : 진작(振作)할
② ⓑ : 고안(考案)했다
③ ⓒ : 소지(所持)한
④ ⓓ : 설정(設定)했다
⑤ ⓔ : 시사(示唆)되어

나 없이

기출

풀지마라

다음 글을 읽고 물음에 답하시오.

우리는 한 대의 자동차는 개체라고 하지만 바닷물을 개체라고 하지는 않는다. 어떤 부분들이 모여 하나의 개체를 ⓐ 이룬다고 할 때 이를 개체라고 부를 수 있는 조건은 무엇일까? 일단 부분들 사이의 유사성은 개체성의 조건이 될 수 없다. 가령 일란성 쌍둥이인 두 사람은 DNA 염기 서열과 외모도 같지만 동일한 개체는 아니다. 그래서 부분들의 강한 유기적 상호작용이 그 조건으로 흔히 제시된다. 하나의 개체를 구성하는 부분들은 외부 존재가 개체에 영향을 주는 것과는 비교할 수 없이 강한 방식으로 서로 영향을 주고받는다.

상이한 시기에 존재하는 두 대상을 동일한 개체로 판단하는 조건도 물을 수 있다. 그것은 두 대상 사이의 인과성이다. 과거의 '나'와 현재의 '나'를 동일하다고 볼 수 있는 것은 강한 인과성이 존재하기 때문이다. 과거의 '나'와 현재의 '나'는 세포 분열로 세포가 교체되는 과정을 통해 인과적으로 연결되어 있다. 또 '나'가 세포 분열을 통해 새로운 개체를 생성할 때도 '나'와 '나의 후손'은 인과적으로 연결되어 있다. 비록 '나'와 '나의 후손'은 동일한 개체는 아니지만 '나'와 다른 개체들 사이에 비해 더 강한 인과성으로 연결되어 있다.

개체성에 대한 이러한 철학적 질문은 생물학에서도 중요한 연구 주제가 된다. 생명체를 구성하는 단위는 세포이다. 세포는 생명체의 고유한 유전 정보가 담긴 DNA를 가지며 이를 복제하여 증식하고 번식하는 과정을 통해 자신의 DNA를 후세에 전달한다. 세포는 사람과 같은 진핵생물의 진핵세포와, 박테리아나 고세균과 같은 원핵생물의 원핵세포로 구분된다. 진핵세포는 세포질에 막으로 둘러싸인 핵이 ⓑ 있고 그 안에 DNA가 있지만, 원핵세포는 핵이 없다. 또한 진핵세포의 세포질에는 막으로 둘러싸인 여러 종류의 세포 소기관이 있으며, 그중 미토콘드리아는 세포 활동에 필요한 생체 에너지를 생산하는 기관이다. 대부분의 진핵세포는 미토콘드리아를 필수적으로 ⓒ 가지고 있다.

이러한 미토콘드리아가 원래 박테리아의 한 종류인 원생미토콘드리아였다는 이론이 20세기 초에 제기되었다. 공생발생설 또는 세포 내 공생설이라고 불리는 이 이론에서는 두 원핵생물 간의 공생 관계가 지속되면서 진핵세포를 가진 진핵생물이 탄생했다고 설명한다. 공생은 서로 다른 생명체가 함께 살아가는 것을 말하며, 서로 다른 생명체를 가정하는 것은 어느 생명체의 세포 안에서 다른 생명체가 공생하는 '내부 공생'에서도 마찬가지이다. ㉠ 공생발생설은 한동안 생물학계로부터 인정받지 못했다. 미토콘드리아의 기능과 대략적인 구조, 그리고 생명체 간 내부 공생의 사례는 이미 알려졌지만 미토콘드리아가 과거에 독립된 생명체였다는 것을 쉽게 믿을 수 없었기 때문이었다. 그리고 한 생명체가 세대를 이어 가는 과정 중에 돌연변이와 자연선택이 일어나고, 이로 인해 종이 진화하고 분화한다고 보는 전통적인 유전학에서 두 원핵생물의 결합은 주목받지 못했다. 그러다가 전자 현미경의 등장으로 미토콘드리아의 내부까지 세밀히 관찰하게 되고, 미토콘드리아 안에는 세포핵의 DNA와는 다른 DNA가 있으며 단백질을 합성하는 자신만의 리보솜을 가지고 있다는 사실이 ⓓ 밝혀지면서 공생발생설이 새롭게 부각되었다.

공생발생설에 따르면 진핵생물은 원생미토콘드리아가 고세균의 세포 안에서 내부 공생을 하다가 탄생했다고 본다. 고세균의 핵의 형성과 내부 공생의 시작 중 어느 것이 먼저인지에 대해서는 논란이 있지만, 고세균은 세포질에 핵이 생겨 진핵세포가 되고 원생미토콘드리아는 세포 소기관인 미토콘드리아가 되어 진핵생물이 탄생했다는 것이다. 미토콘드리아가 원래 박테리아의 한 종류였다는 근거는 여러 가지가 있다. 박테리아와 마찬

가지로 새로운 미토콘드리아는 이미 존재하는 미토콘드리아의 '이분분열'을 통해서만 ⓔ 만들어진다. 미토콘드리아의 막에는 진핵세포막의 수송 단백질과는 다른 종류의 수송 단백질인 포린이 존재하고 박테리아의 세포막에 있는 카디오리핀이 존재한다. 또 미토콘드리아의 리보솜은 진핵세포의 리보솜보다 박테리아의 리보솜과 더 유사하다.

미토콘드리아는 여전히 고유한 DNA를 가진 채 복제와 증식이 이루어지는데도, 미토콘드리아와 진핵세포 사이의 관계를 공생 관계로 보지 않는 이유는 무엇일까? 두 생명체가 서로 떨어져서 살 수 없더라도 각자의 개체성을 잃을 정도로 유기적 상호작용이 강하지 않다면 그 둘은 공생 관계에 있다고 보는데, 미토콘드리아와 진핵세포 간의 유기적 상호작용은 둘을 다른 개체로 볼 수 없을 만큼 매우 강하기 때문이다. 미토콘드리아가 개체성을 잃고 세포 소기관이 되었다고 보는 근거는, 진핵세포가 미토콘드리아의 증식을 조절하고, 자신을 복제하여 증식할 때 미토콘드리아도 함께 복제하여 증식시킨다는 것이다. 또한 미토콘드리아의 유전자의 많은 부분이 세포핵의 DNA로 옮겨 가 미토콘드리아의 DNA 길이가 현저히 짧아졌다는 것이다. 미토콘드리아에서 일어나는 대사 과정에 필요한 단백질은 세포핵의 DNA로부터 합성되고, 미토콘드리아의 DNA에 남은 유전자 대부분은 생체 에너지를 생산하는 역할을 한다. 예컨대 사람의 미토콘드리아는 37개의 유전자만 있을 정도로 DNA 길이가 짧다.

01 윗글의 내용 전개 방식으로 가장 적절한 것은?

① 개체성과 관련된 예를 제시한 후 공생발생설에 대한 다양한 견해를 비교하고 있다.

② 개체에 대한 정의를 제시한 후 세포의 생물학적 개념이 확립되는 과정을 서술하고 있다.

③ 개체성의 조건을 제시한 후 세포 소기관의 개체성에 대해 공생발생설을 중심으로 설명하고 있다.

④ 개체의 유형을 분류한 후 세포의 소기관이 분화되는 과정을 공생발생설을 중심으로 설명하고 있다.

⑤ 개체와 관련된 개념들을 설명한 후 세포가 하나의 개체로 변화하는 과정을 인과적으로 서술하고 있다.

03 윗글을 참고할 때, ㉠의 이유로 가장 적절한 것은?

① 진핵세포가 세포 소기관을 가지고 있다는 사실을 알지 못했기 때문이다.

② 공생발생설이 당시의 유전학 이론에 어긋난다는 근거가 부족했기 때문이다.

③ 한 생명체가 다른 생명체의 세포 속에서 살 수 있다는 근거가 부족했기 때문이다.

④ 미토콘드리아가 진핵세포의 활동에 중요한 기능을 한다는 사실을 알지 못했기 때문이다.

⑤ 미토콘드리아가 자신의 고유한 유전 정보를 전달할 수 있다는 것을 알지 못했기 때문이다.

02 윗글에 대한 이해로 적절하지 않은 것은?

① 유사성은 아무리 강하더라도 개체성의 조건이 될 수 없다.

② 바닷물을 개체라고 말하기 어려운 이유는 유기적 상호작용이 약하기 때문이다.

③ 새로운 미토콘드리아를 복제하기 위해서는 세포 안에 미토콘드리아가 반드시 있어야 한다.

④ 미토콘드리아의 대사 과정에 필요한 단백질은 미토콘드리아의 막을 통과하여 세포질로 이동해야 한다.

⑤ 진핵세포가 되기 전의 고세균이 원생미토콘드리아보다 진핵세포와 더 강한 인과성으로 연결되어 있다.

04 〈보기〉는 진핵세포의 세포 소기관을 연구한 결과들이다. 윗글을 바탕으로 할 때, 각각의 세포 소기관이 박테리아로부터 비롯되었다고 판단할 수 있는 것만을 〈보기〉에서 고른 것은?

보기

ㄱ. 세포 소기관이 자신의 DNA를 가지고 있다는 것과 이분분열을 한다는 것을 확인하였다.

ㄴ. 세포 소기관이 자신의 DNA를 가지고 있다는 것과 진핵세포의 리보솜을 가지고 있다는 것을 확인하였다.

ㄷ. 세포 소기관이 막으로 둘러싸여 있다는 것과 막에는 수송 단백질이 있는 것을 확인하였다.

ㄹ. 세포 소기관이 막으로 둘러싸여 있다는 것과 막에는 다량의 카디오리핀이 있는 것을 확인하였다.

① ㄱ, ㄷ   ② ㄱ, ㄹ   ③ ㄴ, ㄷ
④ ㄴ, ㄹ   ⑤ ㄷ, ㄹ

05 윗글을 바탕으로 〈보기〉를 이해한 내용으로 적절하지 <u>않은</u> 것은?

보기

- 복어는 테트로도톡신이라는 신경 독소를 가지고 있지만 테트로도톡신을 스스로 만들지 못하고 체내에서 서식하는 미생물이 이를 생산한다. 복어는 독소를 생산하는 미생물에게 서식처를 제공하는 대신 포식자로부터 자신을 방어할 수 있는 무기를 갖게 되었다. 만약 복어의 체내에 있는 미생물을 제거하면 복어는 독소를 가지지 못하나 생존에는 지장이 없었다.
- 실험실의 아메바가 병원성 박테리아에 감염되어 대부분의 아메바가 죽고 일부 아메바는 생존하였다. 생존한 아메바의 세포질에서 서식하는 박테리아는 스스로 복제하여 증식할 수 있었고 더 이상 병원성을 지니지는 않았다. 아메바에게는 무해하지만 박테리아에게는 치명적인 항생제를 아메바에게 투여하면 박테리아와 함께 아메바도 죽었다.

① 병원성을 잃은 '아메바의 세포질에서 서식하는 박테리아'는 세포 소기관으로 변한 것이겠군.
② 복어의 '체내에서 서식하는 미생물'은 '복어'와의 유기적 상호작용이 강해진다면 개체성을 잃을 수 있겠군.
③ 복어의 세포가 증식할 때 복어의 체내에서 '독소를 생산하는 미생물'의 DNA도 함께 증식하는 것은 아니겠군.
④ '아메바의 세포질에서 서식하는 박테리아'가 개체성을 잃었다면 '아메바의 세포질에서 서식하는 박테리아'의 DNA 길이는 짧아졌겠군.
⑤ '아메바의 세포질에서 서식하는 박테리아'와 '아메바' 사이의 관계와 '복어'와 '독소를 생산하는 미생물' 사이의 관계는 모두 공생 관계이겠군.

06 문맥상 ⓐ~ⓔ와 바꿔 쓰기에 적절하지 <u>않은</u> 것은?

① ⓐ : 구성(構成)한다고
② ⓑ : 존재(存在)하고
③ ⓒ : 보유(保有)하고
④ ⓓ : 조명(照明)되면서
⑤ ⓔ : 생성(生成)된다

나 없이

기출

풀지마라

다음 글을 읽고 물음에 답하시오.

　신체의 세포, 조직, 장기가 손상되어 더 이상 제 기능을 하지 못할 때에 이를 대체하기 위해 이식을 실시한다. 이때 이식으로 옮겨 붙이는 세포, 조직, 장기를 이식편이라 한다. 자신이나 일란성 쌍둥이의 이식편을 이용할 수 없다면 다른 사람의 이식편으로 '동종 이식'을 실시한다. 그런데 우리의 몸은 자신의 것이 아닌 물질이 체내로 유입될 경우 면역 반응을 일으키므로, 유전적으로 동일하지 않은 이식편에 대해 항상 거부 반응을 일으킨다. 면역적 거부 반응은 면역 세포가 표면에 발현하는 주조직적합복합체(MHC) 분자의 차이에 의해 유발된다. 개체마다 MHC에 차이가 있는데 서로 간의 유전적 거리가 멀수록 MHC에 차이가 커져 거부 반응이 강해진다. 이를 막기 위해 면역 억제제를 사용하는데, 이는 면역 반응을 억제하여 질병 감염의 위험성을 높인다.

　이식에는 많은 비용이 소요될 뿐만 아니라 이식이 가능한 동종 이식편의 수가 매우 부족하기 때문에 이를 대체하는 방법이 개발되고 있다. 우선 인공 심장과 같은 '전자 기기 인공 장기'를 이용하는 방법이 있다. 하지만 이는 장기의 기능을 일시적으로 대체하는 데 사용되며, 추가 전력 공급 및 정기적 부품 교체 등이 요구되는 단점이 있고, 아직 인간의 장기를 완전히 대체할 만큼 정교한 단계에 이르지는 못했다.

　다음으로는 사람의 조직 및 장기와 유사한 다른 동물의 이식편을 인간에게 이식하는 '이종 이식'이 있다. 그런데 이종 이식은 동종 이식보다 거부 반응이 훨씬 심하게 일어난다. 특히 사람이 가진 자연항체는 다른 종의 세포에서 발현되는 항원에 반응하는데, 이로 인해 이종 이식편에 대해서 초급성 거부 반응 및 급성 혈관성 거부 반응이 일어난다. 이런 거부 반응을 일으키는 유전자를 제거한 형질 전환 미니돼지에서 얻은 이식편을 이식하는 실험이 성공한 바 있다. 미니돼지는 장기의 크기가 사람의 것과 유사하고 번식력이 높아 단시간에 많은 개체를 생산할 수 있다는 장점이 있어, 이를 이용한 이종 이식편을 개발하기 위한 연구가 진행되고 있다.

　이종 이식의 또 다른 문제는 ㉠ 내인성 레트로바이러스이다. 내인성 레트로바이러스는 생명체의 DNA의 일부분으로, 레트로바이러스로부터 유래된 것으로 여겨지는 부위들이다. 이는 바이러스의 활성을 가지지 않으며 사람을 포함한 모든 포유류에 존재한다. ㉡ 레트로바이러스는 자신의 유전 정보를 RNA에 담고 있고 역전사 효소를 갖고 있는 바이러스로서, 특정한 종류의 세포를 감염시킨다. 유전 정보가 담긴 DNA로부터 RNA가 생성되는 전사 과정만 일어날 수 있는 다른 생명체와는 달리, 레트로바이러스는 다른 생명체의 세포에 들어간 후 역전사 과정을 통해 자신의 RNA를 DNA로 바꾸고 그 세포의 DNA에 끼어들어 감염시킨다. 이후에는 다른 바이러스와 마찬가지로 자신이 속해 있는 생명체를 숙주로 삼아 숙주 세포의 시스템을 이용하여 복제, 증식하고 일정한 조건이 되면 숙주 세포를 파괴한다.

　그런데 정자, 난자와 같은 생식 세포가 레트로바이러스에 감염되고도 살아남는 경우가 있었다. 이런 세포로부터 유래된 자손의 모든 세포가 갖게 된 것이 내인성 레트로바이러스이다. 내인성 레트로바이러스는 세대가 지나면서 돌연변이로 인해 염기 서열의 변화가 일어나며 해당 세포 안에서는 바이러스로 활동하지 않는다. 그러나 내인성 레트로바이러스를 떼어 내어 다른 종의 세포 속에 주입하면 이는 레트로바이러스로 변환되어 그 세포를 감염시키기도 한다. 따라서 미니돼지의 DNA에 포함된 내인성 레트로바이러스를 효과적으로 제거하는 기술이 개발 중에 있다.

　그동안의 대체 기술과 관련된 연구 성과를 토대로 ⓐ 이상적인 이식편을 개발하기 위해 많은 연구가 수행되고 있다.

01 윗글에서 알 수 있는 내용으로 적절하지 <u>않은</u> 것은?

① 동종 간보다 이종 간이 MHC 분자의 차이가 더 크다.
② 면역 세포의 작용으로 인해 장기 이식의 거부 반응이 일어난다.
③ 이종 이식을 하는 것만으로도 바이러스 감염의 원인이 될 수 있다.
④ 포유동물은 과거에 어느 조상이 레트로바이러스에 의해 감염된 적이 있다.
⑤ 레트로바이러스는 숙주 세포의 역전사 효소를 이용하여 RNA를 DNA로 바꾼다.

02 ⓐ가 갖추어야 할 조건으로 적절하지 <u>않은</u> 것은?

① 이식편의 비용을 낮추어서 정기 교체가 용이해야 한다.
② 이식편은 대체를 하려는 장기와 크기가 유사해야 한다.
③ 이식편과 수혜자 사이의 유전적 거리를 극복해야 한다.
④ 이식편은 짧은 시간에 대량으로 생산이 가능해야 한다.
⑤ 이식편이 체내에서 거부 반응을 유발하지 않아야 한다.

03 다음은 신문 기사의 일부이다. 윗글을 참고할 때, 기사의 ㉮에 대한 반응으로 적절하지 <u>않은</u> 것은?

> ## ○○신 문 ○○○○년 ○○월 ○○일
>
> 최근에 줄기 세포 연구와 3D 프린팅 기술이 급속도로 발전하고 있다. 줄기 세포는 인체의 모든 세포나 조직으로 분화할 수 있다. 그러므로 수혜자 자신의 줄기 세포만을 이용하여 3D 바이오 프린팅 기술로 제작한 ㉮ 세포 기반 인공 이식편을 만들 수 있을 것으로 전망된다. 이미 미니 폐, 미니 심장 등의 개발 성공 사례가 보고되었다.

① 전자 기기 인공 장기와 달리 전기 공급 없이도 기능을 유지할 수 있겠군.
② 동종 이식편과 달리 이식 후 면역 억제제를 사용할 필요가 없겠군.
③ 동종 이식편과 달리 내인성 레트로바이러스를 제거할 필요가 없겠군.
④ 이종 이식편과 달리 유전자를 조작하는 과정이 필요하지는 않겠군.
⑤ 이종 이식편과 달리 자연항체에 의한 초급성 거부 반응이 일어나지 않겠군.

04 ㉠과 ㉡에 대한 설명으로 가장 적절한 것은?

① ㉠은 ㉡과 달리 자신이 속해 있는 생명체의 모든 세포의 DNA에 존재한다.
② ㉡은 ㉠과 달리 자신의 유전 정보를 DNA에 담을 수 없다.
③ ㉡은 ㉠과 달리 자신이 속해 있는 생명체에 면역 반응을 일으키지 않는다.
④ ㉠과 ㉡은 둘 다 자신이 속해 있는 생명체의 유전 정보를 가지고 있다.
⑤ ㉠과 ㉡은 둘 다 자신이 속해 있는 생명체의 세포를 감염시켜 파괴한다.

지문분석으로 독해력 향상하기

다음 글을 읽고 물음에 답하시오.

질병을 유발하는 병원체에는 세균, 진균, 바이러스 등이 있다. 생명체의 기본 구조에 속하는 세포막은 지질을 주성분으로 하는 이중층이다. 세균과 진균은 일반적으로 세포막 바깥 부분에 세포벽이 있고, 바이러스의 표면은 세포막 대신 캡시드라고 부르는 단백질로 이루어져 있다. 바이러스의 종류에 따라 캡시드 외부가 지질을 주성분으로 하는 피막으로 덮인 경우도 있다. 한편 진균과 일부 세균은 다른 병원체에 비해 건조, 열, 화학 물질에 저항성이 강한 포자를 만든다.

생활 환경에서 병원체의 수를 억제하고 전염병을 예방하기 위한 목적으로 사용하는 방역용 화학 물질을 '항(抗)미생물 화학제'라 한다. 항미생물 화학제는 다양한 병원체가 공통으로 갖는 구조를 구성하는 성분들에 화학 작용을 일으키므로 광범위한 살균 효과가 있다. 그러나 병원체의 구조와 성분은 병원체의 종류에 따라 완전히 같지는 않으므로, 동일한 항미생물 화학제라도 그 살균 효과는 다를 수 있다.

항미생물 화학제 중 ㉠ 멸균제는 포자를 포함한 모든 병원체를 파괴한다. ㉡ 감염방지제는 포자를 제외한 병원체를 사멸시키는 화합물로 병원, 공공시설, 가정의 방역에 사용된다. 감염방지제 중 독성이 약해 사람의 피부나 상처 소독에도 사용이 가능한 항미생물 화학제를 ㉢ 소독제라 한다. 사람의 세포막도 지질 성분으로 이루어져 있어 소독제라 하더라도 사람의 세포를 죽일 수 있으므로, 눈이나 호흡기 등의 점막에 접촉하지 않도록 주의해야 한다. 따라서 항미생물 화학제는 병원체에 대한 최대의 방역 효과와 인체 및 환경에 대한 최고의 안전성을 확보할 수 있도록 종류별 사용법을 지켜야 한다.

항미생물 화학제의 작용기제는 크게 병원체의 표면을 손상시키는 방식과 병원체 내부에서 대사 기능을 저해하는 방식으로 나눌 수 있지만, 많은 경우 두 기제가 함께 작용한다. 고농도 에탄올 등의 알코올 화합물은 세포막의 기본 성분인 지질을 용해시키고 단백질을 변성시키며, 병원성 세균에서는 세포벽을 약화시킨다. 또한 알코올 화합물은 지질 피막이 없는 바이러스보다 지질 피막이 있는 병원성 바이러스에서 방역 효과가 크다. 지질 피막은 병원성 바이러스가 사람을 감염시키는 과정에서 중요한 역할을 하기 때문에, 지질을 손상시키는 기능을 가진 항미생물 화학제만으로도 병원성 바이러스에 대한 방역 효과가 있다. 지질 피막의 유무와 관계없이 다양한 바이러스의 감염 예방을 위해서는 하이포염소산 소듐 등의 산화제가 널리 사용된다. 병원성 바이러스의 방역에 사용되는 산화제는 바이러스의 공통적인 표면 구조를 이루는 캡시드를 손상시키는 기능이 있어 바이러스를 파괴하거나 바이러스의 감염력을 잃게 한다.

병원체의 표면에 생긴 약간의 손상이 병원체를 사멸시키는데 충분하지 않더라도, 항미생물 화학제가 내부로 침투하면 살균 효과가 증가한다. 알킬화제와 산화제는 병원체의 내부로 침투하면 필수적인 물질 대사를 정지시킨다. 글루타르 알데하이드와 같은 알킬화제가 알킬 작용기를 단백질에 결합시키면 단백질을 변성시켜 기능을 상실하게 하고, 핵산의 염기에 결합시키면 핵산을 비정상 구조로 변화시켜 유전자 복제와 발현을 교란한다. 산화제인 하이포염소산 소듐은 병원체 내에서 불특정한 단백질들을 산화시켜 단백질로 이루어진 효소들의 기능을 비활성화하고 병원체를 사멸에 이르게 한다.

01 윗글에서 답을 찾을 수 있는 질문에 해당하지 않는 것은?

① 병원성 세균은 어떤 작용기제로 사람을 감염시킬까?
② 알코올 화합물은 병원성 세균의 살균에 효과가 있을까?
③ 바이러스와 세균의 표면 구조는 어떤 차이가 있을까?
④ 병원성 바이러스 감염 예방을 위한 방역에 사용되는 물질에는 무엇이 있을까?
⑤ 항미생물 화학제가 병원체에 대해 광범위한 살균 효과를 나타내는 이유는 무엇일까?

02 윗글을 읽고 이해한 내용으로 적절하지 않은 것은?

① 고농도 에탄올은 지질 피막이 있는 바이러스에 방역 효과가 있다.
② 하이포염소산 소듐은 병원체의 내부가 아니라 표면의 단백질을 손상시킨다.
③ 진균의 포자는 바이러스에 비해서 화학 물질에 대한 저항성이 더 강하다.
④ 알킬화제는 병원체 내 핵산의 염기에 알킬 작용기를 결합시켜 유전자의 발현을 방해한다.
⑤ 산화제가 다양한 바이러스를 사멸시키는 것은 그 산화제가 바이러스의 공통적인 구조를 구성하는 성분들에 작용하기 때문이다.

03 ㉠~㉢에 대한 설명으로 적절한 것은?

① ㉠과 ㉡은 모두, 질병의 원인이 되는 진균의 포자와 바이러스를 사멸시킬 수 있다.
② ㉠과 ㉢은 모두, 생활 환경의 방역뿐 아니라 사람의 상처 소독에 적용 가능하다.
③ ㉡과 ㉢은 모두, 바이러스의 종류에 따라 살균 효과가 달라질 수 있다.
④ ㉠은 ㉡과 달리, 세포막이 있는 병원성 세균은 사멸시킬 수 있으나 피막이 있는 병원성 바이러스는 사멸시킬 수 없다.
⑤ ㉡은 ㉢과 달리, 인체에 해로우므로 사람의 점막에 직접 닿아서는 안 된다.

04 〈보기〉는 윗글을 읽은 학생이 '가상의 실험 결과'를 보고 추론한 내용이다. [가]에 들어갈 말로 적절하지 <u>않은</u> 것은?

보기

• 가상의 실험 결과

> 항미생물 화학제로 사용되는 알코올 화합물 A를 변환시켜 다음과 같은 결과를 얻었다.
> **[결과 1]** A에서 지질을 손상시키는 기능만을 약화시켜 B를 얻었다.
> **[결과 2]** A에서 캡시드를 손상시키는 기능만을 강화시켜 C를 얻었다.
> **[결과 3]** B에서 캡시드를 손상시키는 기능만을 강화시켜 D를 얻었다.

• 학생의 추론 : 화합물들의 방역 효과와 안전성을 비교해 보면,
  [[가]   ]고 추론할 수 있어.

(단, 지질 손상 기능과 캡시드 손상 기능은 서로 독립적이며, 화합물 A, B, C, D의 비교 조건은 모두 동일하다고 가정함.)

① B는 A에 비해 지질 피막이 있는 바이러스에 대한 방역 효과는 작고, 인체에 대한 안전성은 높다

② C는 A에 비해 지질 피막이 없는 바이러스에 대한 방역 효과는 크고, 인체에 대한 안전성은 같다

③ C는 B에 비해 지질 피막이 있는 바이러스에 대한 방역 효과는 크고, 인체에 대한 안전성은 같다

④ D는 A에 비해 지질 피막이 없는 바이러스에 대한 방역 효과는 크고, 인체에 대한 안전성은 높다

⑤ D는 B에 비해 지질 피막이 없는 바이러스에 대한 방역 효과는 크고, 인체에 대한 안전성은 같다

2022학년도 6월

다음 글을 읽고 물음에 답하시오.

1993년 노벨 화학상은 중합 효소 연쇄 반응(PCR)을 개발한 멀리스에게 수여된다. 염기 서열을 아는 DNA가 한 분자라도 있으면 이를 다량으로 증폭할 수 있는 길을 열었기 때문이다. PCR는 주형 DNA, 프라이머, DNA 중합 효소, 4종의 뉴클레오타이드가 필요하다. 주형 DNA란 시료로부터 추출하여 PCR에서 DNA 증폭의 바탕이 되는 이중 가닥 DNA를 말하며, 주형 DNA에서 증폭하고자 하는 부위를 표적 DNA라 한다. 프라이머는 표적 DNA의 일부분과 동일한 염기 서열로 이루어진 짧은 단일 가닥 DNA로, 2종의 프라이머가 표적 DNA의 시작과 끝에 각각 결합한다. DNA 중합 효소는 DNA를 복제하는데, 단일 가닥 DNA의 각 염기 서열에 대응하는 뉴클레오타이드를 순서대로 결합시켜 이중 가닥 DNA를 생성한다.

PCR 과정은 우선 열을 가해 이중 가닥의 DNA를 2개의 단일 가닥으로 분리하는 것으로 시작한다. 이후 각각의 단일 가닥 DNA에 프라이머가 결합하면, DNA 중합 효소에 의해 복제되어 2개의 이중 가닥 DNA가 생긴다. 일정한 시간 동안 진행되는 이러한 DNA 복제 과정이 한 사이클을 이루며, 사이클마다 표적 DNA의 양은 2배씩 증가한다. 그리고 DNA의 양이 더 이상 증폭되지 않을 정도로 충분히 사이클을 수행한 후 PCR를 종료한다. 전통적인 PCR는 PCR의 최종 산물에 형광 물질을 결합시켜 발색을 통해 표적 DNA의 증폭 여부를 확인한다.

PCR는 시료의 표적 DNA 양도 알 수 있는 실시간 PCR라는 획기적인 개발로 이어졌다. 실시간 PCR는 전통적인 PCR와 동일하게 PCR를 실시하지만, 사이클마다 발색 반응이 일어나도록 하여 누적되는 발색을 통해 표적 DNA의 증폭을 실시간으로 확인할 수 있다. 이를 위해 실시간 PCR에서는 PCR 과정에 발색 물질이 추가로 필요한데, '이중 가닥 DNA 특이 염료' 또는 '형광 표식 탐침'이 이에 이용된다. ㉠ 이중 가닥 DNA 특이 염료는 이중 가닥 DNA에 결합하여 발색하는 형광 물질로, 새로 생성된 이중 가닥 표적 DNA에 결합하여 발색하므로 표적 DNA의 증폭을 알 수 있게 한다. 다만, 이중 가닥 DNA 특이 염료는 모든 이중 가닥 DNA에 결합할 수 있기 때문에 2개의 프라이머끼리 결합하여 이중 가닥의 이합체(二合體)를 형성한 경우에는 이와 결합하여 의도치 않은 발색이 일어난다.

㉡ 형광 표식 탐침은 형광 물질과 이 형광 물질을 억제하는 소광 물질이 붙어 있는 단일 가닥 DNA 단편으로, 표적 DNA에서 프라이머가 결합하지 않는 부위에 특이적으로 결합하도록 설계된다. PCR 과정에서 이중 가닥 DNA가 단일 가닥으로 되면, 형광 표식 탐침은 프라이머와 마찬가지로 표적 DNA에 결합한다. 이후 DNA 중합 효소에 의해 이중 가닥 DNA가 형성되는 과정 중에 탐침은 표적 DNA와의 결합이 끊어지고 분해된다. 탐침이 분해되어 형광 물질과 소광 물질의 분리가 일어나면 비로소 형광 물질이 발색되며, 이로써 표적 DNA가 증폭되었음을 알 수 있다. 형광 표식 탐침은 표적 DNA에 특이적으로 결합하는 장점을 지니나 상대적으로 비용이 비싸다.

[A] 실시간 PCR에서 발색도는 증폭된 이중 가닥 표적 DNA의 양에 비례하며, 일정 수준의 발색도에 도달하는 데 필요한 사이클은 표적 DNA의 초기 양에 따라 달라진다. 사이클의 진행에 따른 발색도의 변화가 연속적인 선으로 표시되며, 표적 DNA를 검출했다고 판단하는 발색도에 도달하는 데 소요된 사이클을 Ct값이라 한다. 표적 DNA의 농도를 알지 못하는 미지 시료의 Ct값과 표적 DNA의 농도를 알고 있는 표준 시료의 Ct값을 비교하면 미지 시료에 포함된 표적 DNA의 농도를 계산할 수 있다.

PCR는 시료로부터 얻은 DNA를 가지고 유전자 복제, 유전병 진단, 친자 감별, 암 및 감염성 질병 진단 등에 광범위하게 활용된다. 특히 실시간 PCR를 이용하면 바이러스의 감염 여부를 초기에 정확하고 빠르게 진단할 수 있다.

01 윗글에서 알 수 있는 내용으로 적절하지 <u>않은</u> 것은?

① 2종의 프라이머 각각의 염기 서열과 정확히 일치하는 염기 서열을 주형 DNA에서 찾을 수 없다.
② PCR에서 표적 DNA 양이 초기 양을 기준으로 처음의 2배가 되는 시간과 4배에서 8배가 되는 시간은 같다.
③ 전통적인 PCR는 표적 DNA 농도를 아는 표준 시료가 있어도 미지 시료의 표적 DNA 농도를 PCR 과정 중에 알 수 없다.
④ 실시간 PCR는 가열 과정을 거쳐야 시료에 포함된 표적 DNA의 양을 증폭할 수 있다.
⑤ 실시간 PCR를 실시할 때에 표적 DNA의 증폭이 일어나려면 DNA 중합 효소와 프라이머가 필요하다.

02 ㉠과 ㉡에 대한 설명으로 가장 적절한 것은?

① ㉠은 ㉡과 달리 프라이머와 결합하여 이합체를 이룬다.
② ㉠은 ㉡과 달리 표적 DNA에 붙은 채 발색 반응이 일어난다.
③ ㉡은 ㉠과 달리 형광 물질과 결합하여 이합체를 이룬다.
④ ㉡은 ㉠과 달리 한 사이클의 시작 시점에 발색 반응이 일어난다.
⑤ ㉠과 ㉡은 모두 이중 가닥 표적 DNA에 결합하는 물질이다.

03 어느 바이러스 감염증의 진단 검사에 PCR를 이용하려고 한다. 윗글을 읽고 이해한 반응으로 가장 적절한 것은?

① 전통적인 PCR로 진단 검사를 할 때, 시료에 바이러스의 양이 적은 감염 초기에는 감염 여부를 진단할 수 없겠군.
② 전통적인 PCR로 진단 검사를 할 때, DNA 증폭 여부 확인에 발색 물질이 필요 없으니 비용이 상대적으로 싸겠군.
③ 전통적인 PCR로 진단 검사를 할 때, 실시간 증폭 여부를 확인할 필요가 없어 진단에 걸리는 시간을 줄일 수 있겠군.
④ 실시간 PCR로 진단 검사를 할 때, 표적 DNA의 염기 서열이 알려져 있어야 감염 여부를 분석할 수 있겠군.
⑤ 실시간 PCR로 진단 검사를 할 때, 감염 여부는 PCR가 끝난 후에야 알 수 있지만 실시간 증폭은 확인할 수 있겠군.

04 [A]를 바탕으로 〈보기 1〉의 실험 상황을 가정하고 〈보기 2〉와 같이 예상 결과를 추론하였다. ㉮~㉱에 들어갈 말로 적절한 것은?

보기 1

표적 DNA의 농도를 알지 못하는 ⓐ 미지 시료와, 이와 동일한 표적 DNA를 포함하지만 그 농도를 알고 있는 ⓑ 표준 시료가 있다. 각 시료의 DNA를 주형 DNA로 하여 같은 양의 시료로 동일한 조건에서 실시간 PCR를 실시한다.

보기 2

> 만약 ⓐ가 ⓑ보다 표적 DNA의 초기 농도가 높다면,
>
> ↓
>
> 표적 DNA가 증폭되는 동안, 사이클이 진행됨에 따라 시간당 시료의 표적 DNA의 증가량은 ⓐ가 (　　㉮　　).
>
> ↓
>
> 실시간 PCR의 Ct값에서의 발색도는 ⓐ가 (　　㉯　　).
>
> ↓
>
> 따라서 실시간 PCR의 Ct값은 ⓐ가 (　　㉱　　).

	㉮	㉯	㉱
①	ⓑ보다 많겠군	ⓑ보다 높겠군	ⓑ보다 크겠군
②	ⓑ보다 많겠군	ⓑ와 같겠군	ⓑ보다 작겠군
③	ⓑ와 같겠군	ⓑ보다 높겠군	ⓑ보다 작겠군
④	ⓑ와 같겠군	ⓑ와 같겠군	ⓑ보다 작겠군
⑤	ⓑ와 같겠군	ⓑ보다 높겠군	ⓑ보다 크겠군

지문분석으로 독해력 향상하기

다음 글을 읽고 물음에 답하시오.

혈액은 세포에 필요한 물질을 공급하고 노폐물을 제거한다. 만약 혈관 벽이 손상되어 출혈이 생기면 손상 부위의 혈액이 응고되어 혈액 손실을 막아야 한다. 혈액 응고는 섬유소 단백질인 피브린이 모여 형성된 섬유소 그물이 혈소판이 응집된 혈소판 마개와 뭉쳐 혈병이라는 덩어리를 만드는 현상이다. 혈액 응고는 혈관 속에서도 일어나는데, 이때의 혈병을 혈전이라 한다. 이물질이 쌓여 동맥 내벽이 두꺼워지는 동맥 경화가 일어나면 그 부위에 혈전 침착, 혈류 감소 등이 일어나 혈관 질환이 발생하기도 한다. 이러한 혈액의 응고 및 원활한 순환에 비타민 K가 중요한 역할을 한다.

비타민 K는 혈액이 응고되도록 돕는다. 지방을 뺀 사료를 먹인 병아리의 경우, 지방에 녹는 어떤 물질이 결핍되어 혈액 응고가 지연된다는 사실을 발견하고 그 물질을 비타민 K로 명명했다. 혈액 응고는 단백질로 이루어진 다양한 인자들이 관여하는 연쇄 반응에 의해 일어난다. 우선 여러 혈액 응고 인자들이 활성화된 이후 프로트롬빈이 활성화되어 트롬빈으로 진환되고, 트롬빈은 혈액에 녹아 있는 피브리노겐을 불용성인 피브린으로 바꾼다. 비타민 K는 프로트롬빈을 비롯한 혈액 응고 인자들이 간세포에서 합성될 때 이들의 활성화에 관여한다. 활성화는 칼슘 이온과의 결합을 통해 이루어지는데, 이들 혈액 단백질이 칼슘 이온과 결합하려면 카르복실화되어 있어야 한다. 카르복실화는 단백질을 구성하는 아미노산 중 글루탐산이 감마-카르복시글루탐산으로 전환되는 것을 말한다. 이처럼 비타민 K에 의해 카르복실화되어야 활성화가 가능한 표적 단백질을 비타민 K-의존성 단백질이라 한다.

비타민 K는 식물에서 합성되는 ⊙ 비타민 K₁과 동물 세포에서 합성되거나 미생물 발효로 생성되는 ⊙ 비타민 K₂로 나뉜다. 녹색 채소 등은 비타민 K₁을 충분히 함유하므로 일반적인 권장 식단을 따르면 혈액 응고에 차질이 생기지 않는다.

그런데 혈관 건강과 관련된 비타민 K의 또 다른 중요한 기능이 발견되었고, 이는 칼슘의 역설과도 관련이 있다. 나이가 들면 뼈 조직의 칼슘 밀도가 낮아져 골다공증이 생기기 쉬운데, 이를 방지하고자 칼슘 보충제를 섭취한다. 하지만 칼슘 보충제를 섭취해서 혈액 내 칼슘 농도는 높아지나 골밀도는 높아지지 않고, 혈관 벽에 칼슘염이 침착되는 혈관 석회화가 진행되어 동맥 경화 및 혈관 질환이 발생하는 경우가 생긴다. 혈관 석회화는 혈관 근육 세포 등에서 생성되는 MGP라는 단백질에 의해 억제되는데, 이 단백질이 비타민 K-의존성 단백질이다. 비타민 K가 부족하면 MGP 단백질이 활성화되지 못해 혈관 석회화가 유발된다는 것이다.

비타민 K₁과 K₂는 모두 비타민 K-의존성 단백질의 활성화를 유도하지만 K₁은 간세포에서, K₂는 그 외의 세포에서 활성이 높다. 그러므로 혈액 응고 인자의 활성화는 주로 K₁이, 그 외의 세포에서 합성되는 단백질의 활성화는 주로 K₂가 담당한다. 이에 따라 일부 연구자들은 비타민 K의 권장량을 K₁과 K₂로 구분하여 설정해야 하며, K₂가 함유된 치즈, 버터 등의 동물성 식품과 발효 식품의 섭취를 늘려야 한다고 권고한다.

01 윗글에서 알 수 있는 내용으로 적절하지 않은 것은?

① 혈전이 형성되면 섬유소 그물이 뭉쳐 혈액의 손실을 막는다.
② 혈액의 응고가 이루어지려면 혈소판 마개가 형성되어야 한다.
③ 혈관 손상 부위에 혈병이 생기려면 혈소판이 응집되어야 한다.
④ 혈관 경화를 방지하려면 이물질이 침착되지 않게 해야 한다.
⑤ 혈관 석회화가 계속되면 동맥 내벽과 혈류에 변화가 생긴다.

02 칼슘의 역설에 대한 이해로 가장 적절한 것은?

① 칼슘 보충제를 섭취하면 오히려 비타민 K₁의 효용성이 감소된다는 것이겠군.
② 칼슘 보충제를 섭취해도 뼈 조직에서는 칼슘이 여전히 필요하다는 것이겠군.
③ 칼슘 보충제를 섭취해도 골다공증은 막지 못하나 혈관 건강은 개선되는 경우가 있다는 것이겠군.
④ 칼슘 보충제를 섭취하면 혈액 내 단백질이 칼슘과 결합하여 혈관 벽에 칼슘이 침착된다는 것이겠군.
⑤ 칼슘 보충제를 섭취해도 혈액으로 칼슘이 흡수되지 않아 골다공증 개선이 안 되는 경우가 있다는 것이겠군.

03 ㉠과 ㉡에 대한 설명으로 가장 적절한 것은?

① ㉠은 ㉡과 달리 우리 몸의 간세포에서 합성된다.

② ㉡은 ㉠과 달리 지방과 함께 섭취해야 한다.

③ ㉡은 ㉠과 달리 표적 단백질의 아미노산을 변형하지 않는다.

④ ㉠과 ㉡은 모두 표적 단백질의 활성화 이전 단계에 작용한다.

⑤ ㉠과 ㉡은 모두 일반적으로는 결핍이 발생해 문제가 되는 경우는 없다.

지문분석으로 독해력 향상하기

04 윗글을 참고할 때 〈보기〉의 (가)~(다)를 투여함에 따라 체내에서 일어나는 반응을 예상한 내용으로 적절하지 <u>않은</u> 것은?

> **보기**
>
> 다음은 혈전으로 인한 질환을 예방 또는 치료하는 약물이다.
>
> (가) 와파린 : 트롬빈에는 작용하지 않고 비타민 K의 작용을 방해함.
>
> (나) 플라스미노겐 활성제 : 피브리노겐에는 작용하지 않고 피브린을 분해함.
>
> (다) 헤파린 : 비타민 K-의존성 단백질에는 작용하지 않고 트롬빈의 작용을 억제함.

① (가)의 지나친 투여는 혈관 석회화를 유발할 수 있겠군.

② (나)는 이미 뭉쳐 있던 혈전이 풀어지도록 할 수 있겠군.

③ (다)는 혈액 응고 인자와 칼슘 이온의 결합을 억제하겠군.

④ (가)와 (다)는 모두 피브리노겐이 전환되는 것을 억제하겠군.

⑤ (나)와 (다)는 모두 피브린 섬유소 그물의 형성을 억제하겠군.

다음 글을 읽고 물음에 답하시오.

하루에 필요한 에너지의 양은 하루 동안의 총 열량 소모량인 대사량으로 구한다. 그중 기초 대사량은 생존에 필수적인 에너지로, 쾌적한 온도에서 편히 쉬는 동물이 공복 상태에서 생성하는 열량으로 정의된다. 이때 체내에서 생성한 열량은 일정한 체온에서 체외로 발산되는 열량과 같다. 기초 대사량은 개체에 따라 대사량의 60~75%를 차지하고, 근육량이 많을수록 증가한다.

기초 대사량은 직접법 또는 간접법으로 구한다. ㉠ 직접법은 온도가 일정하게 유지되고 공기의 출입량을 알고 있는 호흡실에서 동물이 발산하는 열량을 열량계를 이용해 측정하는 방법이다. ㉡ 간접법은 호흡 측정 장치를 이용해 동물의 산소 소비량과 이산화 탄소 배출량을 측정하고, 이를 기준으로 체내에서 생성된 열량을 추정하는 방법이다.

19세기의 초기 연구는 체외로 발산되는 열량이 체표 면적에 비례한다고 보았다. 즉 그 둘이 항상 일정한 비(比)를 갖는다는 것이다. 체표 면적은 (체중)$^{0.67}$에 비례하므로, 기초 대사량은 체중이 아닌 (체중)$^{0.67}$에 비례한다고 하였다. 어떤 변수의 증가율은 증가 후 값을 증기 전 값으로 나눈 값이므로, 체중이 W에서 2W로 커지면 체중의 증가율은 (2W)/(W) = 2이다. 이 경우에 기초 대사량의 증가율은 (2W)$^{0.67}$/(W)$^{0.67}$ = 2$^{0.67}$, 즉 약 1.6이 된다.

1930년대에 클라이버는 생쥐부터 코끼리까지 다양한 크기의 동물의 기초 대사량 측정 결과를 분석했다. 그래프의 가로축 변수로 동물의 체중을, 세로축 변수로 기초 대사량을 두고, 각 동물별 체중과 기초 대사량의 순서쌍을 점으로 나타냈다.

가로축과 세로축 두 변수의 증가율이 서로 다를 경우, 그 둘의 증가율이 같을 때와 달리, '일반적인 그래프'에서 이 점들은 직선이 아닌 어떤 곡선의 주변에 분포한다. 그런데 순서쌍의 값에 상용로그를 취해 새로운 순서쌍을 만들어서 이를 〈그림〉과 같이 그래프에 표시하면, 어떤 직선의 주변에 점들이 분포하는 것으로 나타난다. 그러면 그 직선의 기울기를 이용해 두 변수의 증가율을 비교할 수 있다. 〈그림〉에서 X와 Y는 각각 체중과 기초 대사량에 상용로그를 취한 값이다. 이런 방식으로 표현한 그래프를 'L-그래프'라 하자.

〈그림〉

체중의 증가율에 비해, 기초 대사량의 증가율이 작다면 L-그래프에서 직선의 기울기는 1보다 작으며 기초 대사량의 증가율이 작을수록 기울기도 작아진다. 만약 체중의 증가율과 기초 대사량의 증가율이 같다면 L-그래프에서 직선의 기울기는 1이 된다.

이렇듯 L-그래프와 같은 방식으로 표현할 때, 생물의 어떤 형질이 체중 또는 몸 크기와 직선의 관계를 보이며 함께 증가하는 경우 그 형질은 '상대 성장'을 한다고 한다. 동일 종에서의 심장, 두뇌와 같은 신체 기관의 크기도 상대 성장을 따른다.

한편, 그래프에서 가로축과 세로축 두 변수의 관계를 대변하는 최적의 직선의 기울기와 절편은 최소 제곱법으로 구할 수 있다. 우선, 그래프에 두 변수의 순서쌍을 나타낸 점들 사이를 지나는 임의의 직선을 그린다. 각 점에서 가로축에 수직 방향으로 직선까지의 거리인 편차의 절댓값을 구하고 이들을 각각 제곱하여 모두 합한 것이 '편차 제곱 합'이며, 편차 제곱 합이 가장 작은 직선을 구하는 것이 최소 제곱법이다.

클라이버는 이런 방법에 근거하여 L-그래프에 나타난 최적의 직선의

기울기로 0.75를 얻었고, 이에 따라 동물의 (체중)$^{0.75}$에 기초 대사량이 비례한다고 결론지었다. 이것을 '클라이버의 법칙'이라 하며, (체중)$^{0.75}$을 대사 체중이라 부른다. 대사 체중은 치료제 허용량의 결정에도 이용되는데, 이때 그 양은 대사 체중에 비례하여 정한다. 이는 치료제 허용량이 체내 대사와 밀접한 관련이 있기 때문이다.

01 윗글의 내용과 일치하지 <u>않는</u> 것은?

① 클라이버의 법칙은 동물의 기초 대사량이 대사 체중에 비례한다고 본다.
② 어떤 개체가 체중이 늘 때 다른 변화 없이 근육량이 늘면 기초 대사량이 증가한다.
③ 'L-그래프'에서 직선의 기울기는 가로축과 세로축 두 변수의 증가율의 차이와 동일하다.
④ 최소 제곱법은 두 변수 간의 관계를 나타내는 최적의 직선의 기울기와 절편을 알게 해 준다.
⑤ 동물의 신체 기관인 심장과 두뇌의 크기는 몸무게나 몸의 크기에 상대 성장을 하며 발달한다.

02 윗글을 읽고 추론한 내용으로 적절하지 <u>않은</u> 것은?

① 일반적인 경우 기초 대사량은 하루에 소모되는 총 열량 중에 가장 큰 비중을 차지하겠군.
② 클라이버의 결론에 따르면, 기초 대사량이 동물의 체표 면적에 비례한다고 볼 수 없겠군.
③ 19세기의 초기 연구자들은 체중의 증가율보다 기초 대사량의 증가율이 작다고 생각했겠군.
④ 코끼리에게 적용하는 치료제 허용량을 기준으로, 체중에 비례하여 생쥐에게 적용할 허용량을 정한 후 먹이면 과다 복용이 될 수 있겠군.
⑤ 클라이버의 법칙에 따르면, 동물의 체중이 증가함에 따라 함께 늘어나는 에너지의 필요량이 이전 초기 연구에서 생각했던 양보다 많겠군.

03 ㉠, ㉡에 대한 이해로 가장 적절한 것은?

① ㉠은 체온을 환경 온도에 따라 조정하는 변온 동물이 체외로 발산하는 열량을 측정할 수 없다.

② ㉡은 동물이 호흡에 이용한 산소의 양을 알 필요가 없다.

③ ㉠은 ㉡과 달리 격한 움직임이 제한된 편하게 쉬는 상태에서 기초 대사량을 구한다.

④ ㉠과 ㉡은 모두 일정한 체온에서 동물이 체외로 발산하는 열량을 구할 수 있다.

⑤ ㉠과 ㉡은 모두 생존에 필수적인 최소한의 에너지를 공급하면서 기초 대사량을 구한다.

04 윗글을 바탕으로 〈보기〉를 탐구한 내용으로 가장 적절한 것은?

보기

농게의 수컷은 집게발 하나가 매우 큰데, 큰 집게발의 길이는 게딱지의 폭에 '상대 성장'을 한다. 농게의 ⓐ <u>게딱지 폭</u>을 이용해 ⓑ <u>큰 집게발의 길이</u>를 추정하기 위해, 다양한 크기의 농게

의 게딱지 폭과 큰 집게발의 길이를 측정하여 다수의 순서쌍을 확보했다. 그리고 'L-그래프'와 같은 방식으로, 그래프의 가로축과 세로축에 각각 게딱지 폭과 큰 집게발의 길이에 해당하는 값을 놓고 분석을 실시했다.

① 최적의 직선을 구한다고 할 때, 최적의 직선의 기울기가 1보다 작다면 ⓐ에 ⓑ가 비례한다고 할 수 없겠군.

② 최적의 직선을 구하여 ⓐ와 ⓑ의 증가율을 비교하려고 할 때, 점들이 최적의 직선으로부터 가로축에 수직 방향으로 멀리 떨어질수록 편차 제곱 합은 더 작겠군.

③ ⓐ의 증가율보다 ⓑ의 증가율이 크다면, 점들의 분포가 직선이 아닌 어떤 곡선의 주변에 분포하겠군.

④ ⓐ의 증가율보다 ⓑ의 증가율이 작다면, 점들 사이를 지나는 최적의 직선의 기울기는 1보다 크겠군.

⑤ ⓐ의 증가율과 ⓑ의 증가율이 같고 '일반적인 그래프'에서 순서쌍을 점으로 표시한다면, 점들은 직선이 아닌 어떤 곡선의 주변에 분포하겠군.

08 2024학년도 6월

다음 글을 읽고 물음에 답하시오.

분자들이 만나 화학 반응을 진행하는 데 필요한 최소한의 운동 에너지를 활성화 에너지라 한다. 활성화 에너지가 작은 반응은, 반응의 활성화 에너지보다 큰 운동 에너지를 가진 분자들이 많아 반응이 빠르게 진행된다. 활성화 에너지를 조절하여 반응 속도에 변화를 주는 물질을 촉매라고 하며, 반응 속도를 빠르게 하는 능력을 촉매 활성이라 한다. 촉매는 촉매가 없을 때와는 활성화 에너지가 다른, 새로운 반응 경로를 제공한다. 화학 산업에서는 주로 고체 촉매가 이용되는데, 액체나 기체인 생성물을 촉매로부터 분리하는 별도의 공정이 필요 없기 때문이다. 고체 촉매는 대부분 활성 성분, 지지체, 증진제로 구성된다.

활성 성분은 그 표면에 반응물을 흡착시켜 촉매 활성을 제공하는 물질이다. 고체 촉매의 촉매 작용에서는 반응물이 먼저 활성 성분의 표면에 화학 흡착되고, 흡착된 반응물이 표면에서 반응하여 생성물로 변환된 후, 생성물이 표면에서 탈착되는 과정을 거쳐 반응이 완결된다. 금속은 다양한 물질들이 표면에 흡착될 수 있어 여러 반응에서 활성 성분으로 사용된다. 예를 들면, 암모니아를 합성할 때 철을 활성 성분으로 사용하는데, 이때 반응물인 수소와 질소가 철의 표면에 흡착되어 각각 원자 상태로 분리된다. 흡착된 반응물은 전자를 금속 표면의 원자와 공유하여 안정화된다. 반응물의 흡착 세기는 금속의 종류에 따라 달라진다. 이때 흡착 세기가 적절해야 한다. 흡착이 약하면 흡착량이 적어 촉매 활성이 낮으며, 흡착이 너무 강하면 흡착된 반응물이 지나치게 안정화되어 표면에서의 반응이 느려지므로 촉매 활성이 낮다. 일반적으로 고체 촉매에서는 반응에 관여하는 표면의 활성 성분 원자가 많을수록 반응물의 흡착이 많아 촉매 활성이 높아진다.

금속은 열적 안정성이 낮아, 화학 반응이 일어나는 고온에서 금속 원자들로 이루어진 작은 입자들이 서로 달라붙어 큰 입자를 이루게 되는데 이를 소결이라 한다. 입자가 소결되면 금속 활성 성분의 전체 표면적은 줄어든다. 이러한 문제를 해결하는 것이 지지체이다. 작은 금속 입자들을 표면적이 넓고 열적 안정성이 높은 지지체의 표면에 분산하면 소결로 인한 촉매 활성 저하가 억제된다. 따라서 소량의 금속으로도 ㉠ 금속을 활성 성분으로 사용하는 고체 촉매의 활성을 높일 수 있다.

증진제는 촉매에 소량 포함되어 활성을 조절한다. 활성 성분의 표면 구조를 변화시켜 소결을 억제하기도 하고, 활성 성분의 전자 밀도를 변화시켜 흡착 세기를 조절하기도 한다. 고체 촉매는 활성 성분이 반드시 있어야 하지만 경우에 따라 증진제나 지지체를 포함하지 않기도 한다.

01 윗글의 내용과 일치하지 않는 것은?

① 촉매를 이용하면 화학 반응이 새로운 경로로 진행된다.
② 고체 촉매는 기체 생성물과 촉매의 분리 공정이 필요하다.
③ 고체 촉매에 의한 반응은 생성물의 탈착을 거쳐 완결된다.
④ 암모니아 합성에서 철 표면에 흡착된 수소는 전자를 철 원자와 공유한다.
⑤ 증진제나 지지체 없이 촉매 활성을 갖는 고체 촉매가 있다.

02 ㉠의 촉매 활성을 높이는 방법으로 가장 적절한 것은?

① 반응물을 흡착하는 금속 원자의 개수를 늘린다.
② 활성 성분의 소결을 촉진하는 증진제를 첨가한다.
③ 반응물의 반응 속도를 늦추는 지지체를 사용한다.
④ 반응에 대한 활성화 에너지를 크게 하는 금속을 사용한다.
⑤ 활성 성분의 금속 입자들을 뭉치게 하여 큰 입자로 만든다.

03 윗글을 바탕으로 〈보기〉를 이해한 내용으로 적절하지 <u>않은</u> 것은?

보기

아세틸렌은 보통 선택적 수소화 공정을 통하여 에틸렌으로 변환된다. 이 공정에서 사용되는 고체 촉매는 팔라듐 금속 입자를 실리카 표면에 분산하여 만들며, 아세틸렌과 수소는 팔라듐 표면에 흡착되어 반응한다. 여기서 실리카는 표면적이 넓고 열적 안정성이 높다. 이때, 촉매에 규소를 소량 포함시키면 활성 성분의 표면 구조가 변화되어 고온에서 팔라듐의 소결이 억제된다. 또한 은을 소량 포함시키면 팔라듐의 전자 밀도가 높아지고 팔라듐 표면에 반응물이 흡착되는 세기가 조절되어 원하는 반응을 얻을 수 있다.

① 아세틸렌은 반응물에 해당한다.
② 팔라듐은 활성 성분에 해당한다.
③ 규소와 은은 모두 증진제에 해당한다.
④ 실리카는 낮은 온도에서 활성 성분을 소결한다.
⑤ 실리카는 촉매 활성 저하를 억제하는 기능을 한다.

04 윗글을 바탕으로 할 때, 〈보기〉의 금속 ⓐ~ⓓ에 대한 설명으로 가장 적절한 것은?

보기

다음은 여러 가지 금속에 물질 ㉮가 흡착될 때의 흡착 세기와 ㉮의 화학 반응에서 각 금속의 촉매 활성을 나타낸다.
(단, 흡착에 영향을 주는 다른 요소는 고려하지 않음.)

① ㉮의 화학 반응은 ⓐ보다 ⓑ를 활성 성분으로 사용할 때 더 느리게 일어난다.
② ㉮는 ⓐ보다 ⓒ에 흡착될 때 흡착량이 더 적다.
③ ㉮는 ⓐ보다 ⓓ에 흡착될 때 안정화되는 정도가 더 크다.
④ ㉮는 ⓑ보다 ⓒ에 더 약하게 흡착된다.
⑤ ㉮의 화학 반응에서 촉매 활성만을 고려하면 가장 적합한 활성 성분은 ⓓ이다.

| 과외식 기출 분석서, 나기출 |

나 없이 기출 풀지마라

독서

기술

다음 글을 읽고 물음에 답하시오.

　건강 상태를 진단하거나 범죄의 현장에서 혈흔을 조사하기 위해 검사용 키트가 널리 이용된다. 키트 제작에는 다양한 과학적 원리가 적용되는데, 적은 비용으로 쉽고 빠르고 정확하게 검사할 수 있는 키트를 제작하는 것이 요구된다. 이러한 필요에 따라 항원-항체 반응을 응용하여 시료에 존재하는 성분을 분석하는 다양한 형태의 키트가 개발되고 있다. 항원-항체 반응은 항원과 그 항원에만 특이적으로 반응하는 항체가 결합하는 면역 반응을 말한다. 항체 제조 기술이 발전하면서 휴대성이 높고 분석 시간이 짧은 측면유동면역분석법(LFIA)을 이용한 다양한 종류의 키트가 개발되고 있다.

　LFIA 키트를 이용하면 키트에 나타나는 선을 통해, 액상의 시료에서 검출하고자 하는 목표 성분의 유무를 간편하게 확인할 수 있다. LFIA 키트는 가로로 긴 납작한 막대 모양인데, 시료 패드, 결합 패드, 반응막, 흡수 패드가 순서대로 나란히 배열된 구조로 되어 있다. 시료 패드로 흡수된 시료는 결합 패드에서 복합체와 함께 반응막을 지나 여분의 시료가 흡수되는 흡수 패드로 이동한다. 결합 패드에 있는 복합체는 금-나노 입자 또는 형광 비드 등의 표지 물질에 특정 물질이 붙어 이루어진다. 표지 물질은 발색 반응에 의해 색깔을 내는데, 이 표지 물질에 붙어 있는 특정 물질은 키트 방식에 따라 종류가 다르다. 일반적으로 한 가지 목표 성분을 검출하는 키트의 반응막에는 항체들이 띠 모양으로 두 가닥 고정되어 있는데, 그중 시료 패드와 가까운 쪽에 있는 가닥이 검사선이고 다른 가닥은 표준선이다. 표지 물질이 검사선이나 표준선에 놓이면 발색 반응에 의해 반응선이 나타난다. 검사선이 발색되어 나타나는 반응선을 통해서는 목표 성분의 유무를 판정할 수 있다. 표준선이 발색된 반응선이 나타나면 검사가 정상적으로 진행되었음을 알 수 있다.

　LFIA 키트는 주로 ㉠ 직접 방식 또는 ㉡ 경쟁 방식으로 제작되는데, 방식에 따라 검사선의 발색 여부가 의미하는 바가 다르다. 직접 방식에서 복합체에 포함된 특정 물질은 목표 성분에 결합할 수 있는 항체이다. 시료에 목표 성분이 포함되어 있다면 목표 성분은 이 항체와 일차적으로 결합하고, 이후 검사선의 고정된 항체와 결합한다. 따라서 검사선이 발색되면 시료에서 목표 성분이 검출되었다고 판정한다. 한편 경쟁 방식에서 복합체에 포함된 특정 물질은 목표 성분에 대한 항체가 아니라 목표 성분 자체이다. 만약 시료에 목표 성분이 포함되어 있으면 시료의 목표 성분과 복합체의 목표 성분이 서로 검사선의 항체와 결합하려 경쟁한다. 이때 시료에 목표 성분이 충분히 많다면 시료의 목표 성분은 복합체의 목표 성분이 검사선의 항체와 결합하는 것을 방해하므로 검사선이 발색되지 않는다. 직접 방식은 세균이나 분자량이 큰 단백질 등을 검출할 때 이용하고, 경쟁 방식은 항생 물질처럼 목표 성분의 크기가 작은 경우에 이용한다.

　한편, 검사용 키트는 휴대성과 신속성 외에 정확성도 중요하다. 키트의 정확성을 측정하기 위해서는 키트를 이용해 여러 번의 검사를 실시하고 그 결과를 분석한다. 키트가 시료에 목표 성분이 들어있다고 판정하면 이를 양성이라고 한다. 이때 시료에 목표 성분이 실제로 존재하면 진양성, 시료에 목표 성분이 없다면 위양성이라고 한다. 반대로 키트가 시료에 목표 성분이 들어 있지 않다고 판정하면 음성이라고 한다. 이 경우 실제로 목표 성분이 없다면 진음성, 목표 성분이 있다면 위음성이라고 한다. 현실에서 위양성이나 위음성을 배제할 수 있는 키트는 없다.

　여러 번의 검사 결과를 통해 키트의 정확도를 구하는데, 정확도란 시료를 분석할 때 올바른 검사 결과를 얻을 확률이다. 정확도는 민감도와 특이도로 나뉜다. 민감도는 시료에 목표 성분이 존재하는 경우에 대해 키트가 이를 양성으로 판정한 비율이다. 특이도는 시료에 목표 성분이 없는 경우에 대해 키트가 이를 음성으로 판정한 비율이다. 민감도와 특이도가 모두 높아 정확도가 높은 키트가 가장 이상적이지만 현실에서는 그렇지 않은 경우가 많아서 상황에 따라 민감도나 특이도를 고려하여 키트를 선택해야 한다.

01 윗글을 읽고 알 수 있는 내용으로 적절하지 않은 것은?

① LFIA 키트에서 시료 패드와 흡수 패드는 모두 시료를 흡수하는 역할을 한다.

② LFIA 키트를 통해 검출하려고 하는 목표 성분은 항원-항체 반응의 항원에 해당한다.

③ LFIA 키트를 사용할 때 정상적인 키트에서 검사선이 발색되지 않으면 표준선도 발색되지 않는다.

④ LFIA 키트에 표지 물질이 없다면 시료에 목표 성분이 있더라도 이를 시각적으로 확인할 수 없다.

⑤ LFIA 키트를 이용하여 검사할 때, 시료에 목표 성분이 포함되어 있지 않더라도 검사선이 발색될 수 있다.

02 ㉠과 ㉡에 대한 이해로 가장 적절한 것은?

① ㉠은 ㉡과 달리, 시료에 들어 있는 목표 성분은 검사선에 도달하기 이전에 항체와 결합을 하겠군.

② ㉠은 ㉡과 달리, 시료에서 목표 성분을 검출했다면 검사선에서 항체와 목표 성분의 결합이 존재하지 않겠군.

③ ㉡은 ㉠과 달리, 시료가 표준선에 도달하기 이전에 검사선에 먼저 도달하겠군.

④ ㉡은 ㉠과 달리, 정상적인 검사로 시료에서 목표 성분을 검출했다면 반응막에 아무런 반응선도 나타나지 않았겠군.

⑤ ㉠과 ㉡은 모두 시료에 들어 있는 목표 성분이 표지 물질과 항원-항체 반응으로 결합하겠군.

03 윗글을 참고할 때, 〈보기〉의 A와 B에 들어갈 말을 올바르게 짝지은 것은?

> **보기**
>
> 검사용 키트를 가지고 여러 번의 검사를 실시하여 키트의 정확성을 측정하였을 때, 검사 결과 (A)인 경우가 적을수록 민감도는 높고, (B)인 경우가 많을수록 특이도는 높다.

	A	B
①	진양성	진음성
②	진양성	위음성
③	위양성	위음성
④	위음성	진음성
⑤	위음성	위양성

04 윗글을 바탕으로 〈보기〉를 이해한 반응으로 적절하지 <u>않은</u> 것은?

> **보기**
>
> 살모넬라균은 집단 식중독을 일으키는 대표적인 병원성 세균이다. 기존의 살모넬라균 분석법은 정확도는 높으나 3~5일의 시간이 소요되어 질병 발생 시 신속한 진단 및 예방에 어려움이 있었다. 살모넬라균은 감염 속도가 빠르므로 다량의 시료 중 오염이 의심되는 시료부터 신속하게 골라낸 후에 이 시료만을 대상으로 더 정확한 방법으로 분석하여 오염 여부를 확정 짓는 것이 효과적이다. 최근에 기존 방법보다 정확도는 낮으나 저렴한 비용으로 살모넬라균만을 신속하게 검출할 수 있는 ⓐ <u>LFIA 방식의 새로운 키트</u>가 개발되었다고 한다.

① ⓐ를 개발하기 전에 살모넬라균과 결합하는 항체를 제조하는 기술이 개발되었겠군.

② ⓐ의 결합 패드에는 표지 물질에 살모넬라균이 붙어 있는 복합체가 들어 있겠군.

③ ⓐ를 이용하여 음식물의 살모넬라균 오염 여부를 검사하려면 시료를 액체 상태로 만들어야겠군.

④ ⓐ를 이용하여 현장에서 살모넬라균 오염 의심 시료를 선별하기 위해서는 특이도보다 민감도가 높은 것이 더 효과적이겠군.

⑤ ⓐ를 이용하여 살모넬라균이 검출되었다고 키트가 판정한 경우에도 기존의 분석법으로는 균이 검출되지 않을 수 있겠군.

다음 글을 읽고 물음에 답하시오.

　㉠ 주사 터널링 현미경(STM)에서는 끝이 첨예한 금속 탐침과 도체 또는 반도체 시료 표면 간에 적당한 전압을 걸어 주고 둘 간의 거리를 좁히게 된다. 탐침과 시료의 거리가 매우 가까우면 양자 역학적 터널링 효과에 의해 둘이 접촉하지 않아도 전류가 흐른다. 이때 탐침과 시료 표면 간의 거리가 원자 단위 크기에서 변하더라도 전류의 크기는 민감하게 달라진다. 이 점을 이용하면 시료 표면의 높낮이를 원자 단위에서 측정할 수 있다. 하지만 전류가 흐를 수 없는 시료의 표면 상태는 STM을 이용하여 관찰할 수 없다. 이렇게 민감한 STM도 진공 기술의 뒷받침이 있었기에 널리 사용될 수 있었다.

　STM은 대체로 진공 통 안에 설치되어 사용되는데 그 이유는 무엇일까? 기체 분자는 끊임없이 떠돌아다니다가 주변과 충돌한다. 이때 일부 기체 분자들은 관찰하려는 시료의 표면에 붙어 표면과 반응하거나 표면을 덮어 시료 표면의 관찰을 방해한다. 따라서 용이한 관찰을 위해 STM을 활용한 실험에서는 관찰하려고 하는 시료와 기체 분자의 접촉을 최대한 차단할 필요가 있어 진공이 요구되는 것이다. 진공이란 기체 압력이 대기압보다 낮은 상태를 통칭하며 기체 압력이 낮을수록 진공도가 높다고 한다. 진공 통 내부의 온도가 일정하고 한 종류의 기체 분자만 존재할 경우, 기체 분자의 종류와 상관없이 통 내부의 기체 압력은 단위 부피당 떠돌아다니는 기체 분자의 수에 비례한다. 따라서 기체 분자들을 진공 통에서 뽑아내거나 진공 통 내부에서 움직이지 못하게 고정하면 진공 통 내부의 기체 압력을 낮출 수 있다.

　STM을 활용하는 실험에서 어느 정도의 진공도가 요구되는지를 이해하기 위해서는 '단분자층 형성 시간'의 개념을 이해할 필요가 있다. 진공 통 내부에서 떠돌아다니던 기체 분자들이 관찰하려는 시료의 표면에 달라붙어 한 층의 막을 형성하기까지 걸리는 시간을 단분자층 형성 시간이라 한다. 이 시간은 시료의 표면과 충돌한 기체 분자들이 표면에 달라붙을 확률이 클수록, 단위 면적당 기체 분자의 충돌 빈도가 높을수록 짧다. 또한 기체 운동론에 따르면 고정된 온도에서 기체 분자의 질량이 크거나 기체의 압력이 낮을수록 단분자층 형성 시간은 길다. 가령 질소의 경우 20℃, 760토르* 대기압에서 단분자층 형성 시간은 3×10^{-9}초이지만, 같은 온도에서 압력이 10^{-9}토르로 낮아지면 대략 2,500초로 증가한다. 이런 이유로 STM에서는 시료의 관찰 가능 시간을 확보하기 위해 통상 10^{-9}토르 이하의 초고진공이 요구된다.

　초고진공을 얻기 위해서는 ㉡ 스퍼터 이온 펌프가 널리 쓰인다. 스퍼터 이온 펌프는 진공 통 내부의 기체 분자가 펌프 내부로 유입되도록 진공 통과 연결하여 사용한다. 스퍼터 이온 펌프는 영구 자석, 금속 재질의 속이 뚫린 원통 모양 양극, 타이타늄으로 만든 판 형태의 음극으로 구성되어 있다. 자석 때문에 생기는 자기장이 원통 모양 양극의 축 방향으로 걸려 있고, 양극과 음극 간에는 2~7kV의 고전압이 걸려 있다. 양극과 음극 간에 걸린 고전압의 영향으로 음극에서 방출된 전자는 자기장의 영향을 받아 복잡한 형태의 궤적을 그리며 양극으로 이동한다. 이 과정에서 음극에서 방출된 전자는 주변의 기체 분자와 충돌하여 기체 분자를 그것의 구성 요소인 양이온과 전자로 분리시킨다. 여기서 자기장은 전자가 양극까지 이동하는 거리를 자기장이 없을 때보다 증가시켜 주어 전자와 기체 분자와의 충돌 빈도를 높여 준다. 이 과정에서 생성된 양이온은 전기력에 의해 음극으로 당겨져 음극에 박히게 되어 이동 불가능한 상태가 된다. 이 과정이 1차 펌프 작용이다. 또한 양이온이 음극에 충돌하면 타이타늄이 떨어져 나와 충돌 지점 주변에 들러붙는다. 이렇게 들러붙은 타

이타늄은 높은 화학 반응성 때문에 여러 기체 분자와 쉽게 반응하여, 떠돌아다니던 기체 분자를 흡착한다. 이는 떠돌아다니는 기체 분자의 수를 줄이는 효과가 있으므로 이를 2차 펌프 작용이라 부른다. 이렇듯 1, 2차 펌프 작용을 통해 스퍼터 이온 펌프는 초고진공 상태를 만들 수 있다.

〈스퍼터 이온 펌프〉

*토르(torr) : 기체 압력의 단위.

01 윗글의 내용과 일치하는 것은?

① 대기압보다 진공도가 낮은 상태가 진공이다.
② 스퍼터 이온 펌프는 초고진공을 만드는 역할을 한다.
③ 단분자층 형성 시간이 짧을수록 STM을 이용한 관찰이 용이하다.
④ 일정한 온도와 부피의 진공 통 안에서 떠돌아다니는 기체 분자의 수는 기체 압력에 반비례한다.
⑤ 단분자층 형성 시간은 시료 표면과 충돌한 기체 분자들이 표면에 달라붙을 확률과 무관하게 결정된다.

02 ㉠에 대한 이해로 가장 적절한 것은?

① 시료 표면의 높낮이를 원자 단위까지 측정할 수 없다.
② 시료의 전기 전도 여부에 관계없이 시료를 관찰할 수 있다.
③ 시료의 관찰 가능 시간을 늘리려면 진공 통 안의 기체 압력을 낮추어야 한다.
④ 시료 표면의 관찰을 위해서는 시료 표면에 기체의 단분자층 형성이 필요하다.
⑤ 양자 역학적 터널링 효과를 이용하여 탐침을 시료 표면에 접촉시킨 후 흐르는 전류를 측정한다.

03 ⓛ의 '음극'에 대한 설명으로 적절하지 <u>않은</u> 것은?

① 고전압과 전자의 상호 작용으로 자기장을 만든다.
② 떠돌아다니던 기체 분자를 흡착하는 물질을 내놓는다.
③ 기체 분자에서 분리된 양이온을 전기력으로 끌어당긴다.
④ 전자와 기체 분자의 충돌로 만들어진 양이온을 고정시킨다.
⑤ 기체 분자를 양이온과 전자로 분리시키는 전자를 방출한다.

지문분석으로 독해력 향상하기

04 윗글을 바탕으로 할 때, 〈보기〉에 대한 설명으로 <u>옳지 않은</u> 것은?

보기

    STM을 사용하여 규소의 표면을 관찰하는 실험을 하려고 한다. 동일한 사양의 STM이 설치된, 동일한 부피의 진공 통 A~E가 있고, 각 진공 통 내부에 있는 기체 분자의 정보는 다음 표와 같다. 진공 통 A 안의 기체 압력은 10^{-9}토르이며, 모든 진공 통의 내부 온도는 20℃이다. (단, 기체 분자가 규소 표면과 충돌하여 달라붙을 확률은 기체의 종류와 관계없이 일정하며, 제시되지 않은 모든 조건은 각 진공 통에서 동일하다. N은 일정한 자연수이다.)

진공 통	기체	분자의 질량 (amu*)	단위 부피당 기체 분자 수 (개/cm³)
A	질소	28	4N
B	질소	28	2N
C	질소	28	7N
D	산소	32	N
E	이산화 탄소	44	N

*amu : 원자 질량 단위.

① A 내부에서의 단분자층 형성 시간은 대략 2,500초이겠군.
② B 내부의 기체 압력은 10^{-9}토르보다 낮겠군.
③ C 내부의 진공도는 B 내부의 진공도보다 낮겠군.
④ D 내부에서의 단분자층 형성 시간은 A의 경우보다 길겠군.
⑤ E 내부의 시료 표면에 대한 단위 면적당 기체 분자의 충돌 빈도는 D의 경우보다 높겠군.

2020학년도 9월

다음 글을 읽고 물음에 답하시오.

스마트폰은 다양한 위치 측정 기술을 활용하여 여러 지형 환경에서 위치를 측정한다. 위치에는 절대 위치와 상대 위치가 있다. 절대 위치는 위도, 경도 등으로 표시된 위치이고, 상대 위치는 특정한 위치를 기준으로 한 상대적인 위치이다.

실외에서는 주로 스마트폰 단말기에 내장된 GPS(위성항법장치)나 IMU(관성측정장치)를 사용한다. GPS는 위성으로부터 오는 신호를 이용하여 절대 위치를 측정한다. GPS는 위치 오차가 시간에 따라 누적되지 않는다. 그러나 전파 지연 등으로 접속 초기에 짧은 시간 동안이지만 큰 오차가 발생하고 실내나 터널 등에서는 GPS 신호를 받기 어렵다. IMU는 내장된 센서로 가속도와 속도를 측정하여 위치 변화를 계산하고 초기 위치를 기준으로 하는 상대 위치를 구한다. 단기간 움직임에 대한 측정 성능이 뛰어나지만 센서가 측정한 값의 오차가 누적되기 때문에 시간이 지날수록 위치 오차가 커진다. 이 두 방식을 함께 사용하면 서로의 단점을 보완하여 오차를 줄일 수 있다.

한편 실내에서 위치 측정에 사용 가능한 방법으로는 블루투스 기반의 비콘을 활용하는 기술이 있다. 비콘은 실내에 고정 설치되어 비콘마다 정해진 식별 번호와 위치 정보가 포함된 신호를 주기적으로 보내는 기기이다. 비콘들은 동일한 세기의 신호를 사방으로 보내지만 비콘으로부터 거리가 멀어질수록, 벽과 같은 장애물이 많을수록 신호의 세기가 약해진다. 단말기가 비콘 신호의 도달 거리 내로 진입하면 단말기 안의 수신기가 이 신호를 인식한다. 이 신호를 이용하여 2차원 평면에서의 위치를 측정하는 방법으로는 다음과 같은 것들이 있다.

근접성 기법은 단말기가 비콘 신호를 수신하면 해당 비콘의 위치를 단말기의 위치로 정한다. 여러 비콘 신호를 수신했을 경우에는 신호가 가장 강한 비콘의 위치를 단말기의 위치로 정한다.

삼변측량 기법은 3개 이상의 비콘으로부터 수신된 신호 세기를 측정하여 단말기와 비콘 사이의 거리로 환산한다. 각 비콘을 중심으로 이 거리를 반지름으로 하는 원을 그리고, 그 교점을 단말기의 현재 위치로 정한다. 교점이 하나로 모이지 않는 경우에는 세 원에 공통으로 속한 영역의 중심점을 단말기의 위치로 측정한다.

㉠ 위치 지도 기법은 측정 공간을 작은 구역들로 나누어 각 구역마다 기준점을 설정하고 그 주위에 비콘들을 설치한다. 그리고 나서 비콘들이 송신하여 각 기준점에 도달하는 신호의 세기를 측정한다. 이 신호 세기와 비콘의 식별 번호, 기준점의 위치 좌표를 서버에 있는 데이터베이스에 위치 지도로 기록해 놓는다. 이 작업을 모든 기준점에서 수행한다. 특정한 위치에 도달한 단말기가 비콘 신호를 수신하면 신호 세기를 측정한 뒤 비콘의 식별 번호와 함께 서버로 전송한다. 서버는 수신된 신호 세기와 가장 가까운 신호 세기를 갖는 기준점을 데이터베이스에서 찾아 이 기준점의 위치를 단말기에 알려 준다.

01 윗글의 내용과 일치하는 것은?

① GPS를 이용하여 측정한 위치는 기준이 되는 위치가 어디냐에 따라 달라진다.

② 비콘들이 서로 다른 세기의 신호를 송신해야 단말기의 위치를 측정할 수 있다.

③ 비콘이 전송하는 식별 번호는 신호가 도달하는 단말기를 구별하기 위한 정보이다.

④ 비콘은 실내에서 GPS 신호를 받아 주위에 위성 식별 번호와 위치 정보를 전송하는 장치이다.

⑤ IMU는 단말기가 초기 위치로부터 얼마나 떨어져 있는지를 계산하여 단말기의 위치를 구한다.

02 오차에 대해 이해한 내용으로 적절한 것은?

① IMU는 시간이 지날수록 전파 지연으로 인한 오차가 커진다.

② GPS는 사용 시간이 길어질수록 위성의 위치를 파악하는 데 오차가 커진다.

③ IMU는 순간적인 오차가 발생하지만 시간이 지날수록 정확한 위치 측정이 가능해진다.

④ GPS는 단말기가 터널에 진입 시 발생한 오차를 터널을 통과하는 동안 보정할 수 있다.

⑤ IMU의 오차가 커지는 것은 가속도와 속도를 측정할 때 생기는 오차가 누적되기 때문이다.

03 ㉠에 대한 이해로 적절하지 <u>않은</u> 것은?

① 측정 공간을 더 많은 구역으로 나눌수록 기준점이 많아진다.
② 단말기가 측정 공간에 들어오기 전에 데이터베이스가 미리 구축되어 있어야 한다.
③ 측정된 신호 세기가 서버에 저장된 값과 가장 가까운 비콘의 위치가 단말기의 위치가 된다.
④ 비콘을 이동하여 설치하면 정확한 위치 측정을 위해 데이터베이스를 갱신할 필요가 있다.
⑤ 위치 지도는 측정 공간 안의 특정 위치에서 수신된 신호 세기와 식별 번호 등을 데이터베이스에 기록해 놓은 것이다.

04 〈보기〉는 단말기가 3개의 비콘 신호를 받은 상태를 도식화한 것이다. 윗글을 바탕으로 〈보기〉를 이해한 내용으로 적절한 것은?

* 각 원의 반지름은 신호 세기로 환산한 비콘과 단말기 사이의 거리이다.
* 신호 세기에 영향을 미치는 장애물이 Q의 위치에 있다.
  (단, 세 원에 공통으로 속한 영역이 항상 존재한다고 가정하며, 신호 세기에 영향을 미치는 다른 요소는 고려하지 않음.)

① 근접성 기법과 삼변측량 기법으로 측정한 단말기의 위치는 동일하겠군.
② 측정된 신호 세기를 약한 것부터 나열하면 비콘 1, 비콘 2, 비콘 3의 신호 순이겠군.
③ 실제 단말기의 위치는 삼변측량 기법으로 측정된 위치에 비해 비콘 3에 더 가까이 있겠군.
④ Q의 위치에 있는 장애물이 제거된다면, 삼변측량 기법으로 측정되는 단말기의 위치는 현재 측정된 위치에서 P방향으로 이동하겠군.
⑤ 단말기에서 측정되는 비콘 2의 신호 세기만 약해진다면, 삼변측량 기법으로 측정되는 단말기의 위치는 현재 측정된 위치에서 비콘 2 방향으로 이동하겠군.

다음 글을 읽고 물음에 답하시오.

일반 사용자가 디지털 카메라를 들고 촬영하면 손의 미세한 떨림으로 인해 영상이 번져 흐려지고, 걷거나 뛰면서 촬영하면 식별하기 힘들 정도로 영상이 흔들리게 된다. 흔들림에 의한 영향을 최소화하는 기술이 영상 안정화 기술이다.

영상 안정화 기술에는 빛을 이용하는 광학적 기술과 소프트웨어를 이용하는 디지털 기술 등이 있다. 광학 영상 안정화(OIS) 기술을 사용하는 카메라 모듈은 렌즈 모듈, 이미지 센서, 자이로 센서, 제어 장치, 렌즈를 움직이는 장치로 구성되어 있다. 렌즈 모듈은 보정용 렌즈들을 포함한 여러 개의 렌즈들로 구성된다. 일반적으로 카메라는 렌즈를 통해 들어온 빛이 이미지 센서에 닿아 피사체의 상이 맺히고, 피사체의 한 점에 해당하는 위치인 화소마다 빛의 세기에 비례하여 발생한 전기 신호가 저장 매체에 영상으로 저장된다. 그런데 카메라가 흔들리면 이미지 센서 각각의 화소에 닿는 빛의 세기가 변한다. 이때 OIS 기술이 작동되면 자이로 센서가 카메라의 움직임을 감지하여 방향과 속도를 제어 장치에 전달한다. 제어 장치가 렌즈를 이동시키면 피사체의 상이 유지되면서 영상이 안정된다.

렌즈를 움직이는 방법 중에는 보이스코일 모터를 이용하는 방법이 많이 쓰인다. 보이스코일 모터를 포함한 카메라 모듈은 중앙에 위치한 렌즈 주위에 코일과 자석이 배치되어 있다. 카메라가 흔들리면 제어 장치에 의해 코일에 전류가 흘러서 자기장과 전류의 직각 방향으로 전류의 크기에 비례하는 힘이 발생한다. 이 힘이 렌즈를 이동시켜 흔들림에 의한 영향이 상쇄되고 피사체의 상이 유지된다. 이외에도 카메라가 흔들릴 때 이미지 센서를 움직여 흔들림을 감쇄하는 방식도 이용된다.

OIS 기술이 손 떨림을 훌륭하게 보정해 줄 수는 있지만 렌즈의 이동 범위에 한계가 있어 보정할 수 있는 움직임의 폭이 좁다. 디지털 영상 안정화(DIS) 기술은 촬영 후에 소프트웨어를 사용해 흔들림을 보정하는 기술로 역동적인 상황에서 촬영한 동영상에 적용할 때 좋은 결과를 얻을 수 있다. 이 기술은 촬영된 동영상을 프레임 단위로 나눈 후 연속된 프레임 간 피사체의 움직임을 추정한다. 움직임을 추정하는 한 방법은 특징점을 이용하는 것이다. 특징점으로는 피사체의 모서리처럼 주위와 밝기가 뚜렷이 구별되며 영상이 이동하거나 회전해도 그 밝기 차이가 유지되는 부분이 선택된다.

먼저 k번째 프레임에서 특징점들을 찾고, 다음 k+1번째 프레임에서 같은 특징점들을 찾는다. 이 두 프레임 사이에서 같은 특징점이 얼마나 이동하였는지 계산하여 영상의 움직임을 추정한다. 그리고 흔들림이 발생한 곳으로 추정되는 프레임에서 위치 차이만큼 보정하여 흔들림의 영향을 줄이면 보정된 동영상은 움직임이 부드러워진다. 그러나 특징점의 수가 늘어날수록 연산이 더 오래 걸린다. 한편 영상을 보정하는 과정에서 영상을 회전하면 프레임에서 비어 있는 공간이 나타난다. 비어 있는 부분이 없도록 잘라 내면 프레임들의 크기가 작아지는데, 원래의 프레임 크기를 유지하려면 화질은 떨어진다.

01 윗글을 이해한 내용으로 적절하지 <u>않은</u> 것은?

① 디지털 영상 안정화 기술은 소프트웨어를 이용하여 이미지 센서를 이동시킨다.

② 광학 영상 안정화 기술을 사용하지 않는 디지털 카메라에도 이미지 센서는 필요하다.

③ 연속된 프레임에서 동일한 피사체의 위치 차이가 작을수록 동영상의 움직임이 부드러워진다.

④ 디지털 카메라의 저장 매체에는 이미지 센서 각각의 화소에서 발생하는 전기 신호가 영상으로 저장된다.

⑤ 보정 기능이 없다면 손 떨림이 있을 때 이미지 센서 각각의 화소에 닿는 빛의 세기가 변하여 영상이 흐려진다.

02 윗글의 'OIS 기술'에 대한 설명으로 적절하지 <u>않은</u> 것은?

① 보이스코일 모터는 카메라 모듈에 포함되는 장치이다.

② 자이로 센서는 이미지 센서에 맺히는 영상을 제어 장치로 전달한다.

③ 보이스코일 모터에 흐르는 전류에 의해 발생한 힘으로 렌즈의 위치를 조정한다.

④ 자이로 센서가 카메라 움직임을 정확히 알려도 렌즈 이동의 범위에는 한계가 있다.

⑤ 흔들림에 의해 피사체의 상이 이동하면 원래의 위치로 돌아오도록 렌즈나 이미지 센서를 이동시킨다.

03 윗글을 참고할 때, 〈보기〉의 A~C에 들어갈 말을 바르게 짝지은 것은?

보기

　특징점으로 선택되는 점들과 주위 점들의 밝기 차이가 (A), 영상이 흔들리기 전의 밝기 차이와 후의 밝기 차이 변화가 (B) 특징점의 위치 추정이 유리하다. 그리고 특징점들이 많을수록 보정에 필요한 (C)이/가 늘어난다.

	A	B	C
①	클수록	클수록	프레임의 수
②	클수록	작을수록	시간
③	클수록	작을수록	프레임의 수
④	작을수록	클수록	시간
⑤	작을수록	작을수록	프레임의 수

04 윗글을 읽고 〈보기〉를 이해한 반응으로 가장 적절한 것은?

보기

　새로 산 카메라의 성능을 시험해 보고 싶어서 OIS 기능을 켜고 동영상을 촬영했다. 빌딩을 찍는 순간, 바람에 휘청하여 들고 있던 카메라가 기울어졌다. 집에 돌아와 촬영된 영상을 확인하고 소프트웨어로 보정하려 한다.

〔촬영한 동영상 중 연속된 프레임〕

ⓐ k 번째 프레임　　　ⓑ k+1 번째 프레임

① ⓐ에서 프레임의 모서리 부분으로 특징점을 선택하는 것이 움직임을 추정하는 데 유리하겠군.
② ⓑ을 DIS 기능으로 보정하고 나서 프레임 크기가 변했다면 흔들림은 보정되었으나 원래의 영상 일부가 손실되었겠군.
③ ⓐ에서 빌딩 모서리들 간의 차이를 특징점으로 선택하고 그 차이를 계산하여 ⓑ을 보정하겠군.
④ ⓐ은 OIS 기능으로 손 떨림을 보정한 프레임이지만, ⓑ은 OIS 기능으로 보정해야 할 프레임이겠군.
⑤ ⓑ을 보면 ⓐ이 촬영된 직후 카메라가 크게 움직여 DIS 기능으로는 완전히 보정되지 않았다는 것을 알 수 있겠군.

다음 글을 읽고 물음에 답하시오.

최근의 3D 애니메이션은 섬세한 입체 영상을 구현하여 실물을 촬영한 것 같은 느낌을 준다. 실물을 촬영하여 얻은 자연 영상을 그대로 화면에 표시할 때와 달리 3D 합성 영상을 생성, 출력하기 위해서는 모델링과 렌더링을 거쳐야 한다.

모델링은 3차원 가상 공간에서 물체의 모양과 크기, 공간적인 위치, 표면 특성 등과 관련된 고유의 값을 설정하거나 수정하는 단계이다. 모양과 크기를 설정할 때 주로 3개의 정점으로 형성되는 삼각형을 활용한다. 작은 삼각형의 조합으로 이루어진 그물과 같은 형태로 물체 표면을 표현하는 방식이다. 이 방법으로 복잡한 굴곡이 있는 표면도 정밀하게 표현할 수 있다. 이때 삼각형의 꼭짓점들은 물체의 모양과 크기를 결정하는 정점이 되는데, 이 정점들의 개수는 물체가 변형되어도 변하지 않으며, 정점들의 상대적 위치는 물체 고유의 모양이 변하지 않는 한 달라지지 않는다. 물체가 커지거나 작아지는 경우에는 정점 사이의 간격이 넓어지거나 좁아지고, 물체가 회전하거나 이동하는 경우에는 정점들이 간격을 유지하면서 회전축을 중심으로 회전하거나 동일 방향으로 동일 거리만큼 이동한다. 물체 표면을 구성하는 각 삼각형 면에는 고유의 색과 질감 등을 나타내는 표면 특성이 하나씩 지정된다.

공간에서의 입체에 대한 정보인 이 데이터를 활용하여, 물체를 어디에서 바라보는가를 나타내는 관찰 시점을 기준으로 2차원의 화면을 생성하는 것이 렌더링이다. 전체 화면을 잘게 나눈 점이 화소인데, 정해진 개수의 화소로 화면을 표시하고 각 화소별로 밝기나 색상 등을 나타내는 화솟값이 부여된다. 렌더링 단계에서는 화면 안에서 동일 물체라도 멀리 있는 경우는 작게, 가까이 있는 경우는 크게 보이는 원리를 활용하여 화솟값을 지정함으로써 물체의 원근감을 구현한다. 표면 특성을 나타내는 값을 바탕으로, 다른 물체에 가려짐이나 조명에 의해 물체 표면에 생기는 명암, 그림자 등을 고려하여 화솟값을 정해 줌으로써 물체의 입체감을 구현한다. 화면을 구성하는 모든 화소의 화솟값이 결정되면 하나의 프레임이 생성된다. 이를 화면출력장치를 통해 모니터에 표시하면 정지 영상이 완성된다.

모델링과 렌더링을 반복하여 생성된 프레임들을 순서대로 표시하면 동영상이 된다. 프레임을 생성할 때, 모델링과 관련된 계산을 완료한 후 그 결과를 이용하여 렌더링을 위한 계산을 한다. 이때 정점의 개수가 많을수록, 해상도가 높아 출력 화소의 수가 많을수록 연산 양이 많아져 연산 시간이 길어진다. 컴퓨터의 중앙처리장치(CPU)는 데이터 연산을 하나씩 순서대로 수행하기 때문에 과도한 양의 데이터가 집중되면 미처 연산되지 못한 데이터가 차례를 기다리는 병목 현상이 생겨 프레임이 완성되는 데 오랜 시간이 걸린다. CPU의 그래픽 처리 능력을 보완하기 위해 개발된 ㉠그래픽처리장치(GPU)는 연산을 비롯한 데이터 처리를 독립적으로 수행할 수 있는 장치인 코어를 수백에서 수천 개씩 탑재하고 있다. GPU의 각 코어는 그래픽 연산에 특화된 연산만을 할 수 있고 CPU의 코어에 비해서 저속으로 연산한다. 하지만 GPU는 동일한 연산을 여러 번 수행해야 하는 경우, 고속으로 출력 영상을 생성할 수 있다. 왜냐하면 GPU는 한 번의 연산에 쓰이는 데이터들을 순차적으로 각 코어에 전송한 후, 전체 코어에 하나의 연산 명령어를 전달하면, 각 코어는 모든 데이터를 동시에 연산하여 연산 시간이 짧아지기 때문이다.

01 윗글에 대한 이해로 적절하지 않은 것은?

① 자연 영상은 모델링과 렌더링 단계를 거치지 않고 생성된다.
② 렌더링에서 사용되는 물체 고유의 표면 특성은 화솟값에 의해 결정된다.
③ 물체의 원근감과 입체감은 관찰 시점을 기준으로 구현한다.
④ 3D 영상을 재현하는 화면의 해상도가 높을수록 연산 양이 많아진다.
⑤ 병목 현상은 연산할 데이터의 양이 처리 능력을 초과할 때 발생한다.

02 모델링에 대한 설명으로 가장 적절한 것은?

① 다른 물체에 가려져 보이지 않는 부분에 있는 삼각형의 정점들의 위치는 계산하지 않는다.
② 삼각형들을 조합함으로써 물체의 복잡한 곡면을 정교하게 표현할 수 있다.
③ 하나의 작은 삼각형에 다양한 색상의 표면 특성들을 함께 부여한다.
④ 공간상에 위치한 정점들을 2차원 평면에 존재하도록 배치한다.
⑤ 다양하게 변할 수 있는 관찰 시점을 순차적으로 저장한다.

03 ㉠에 대한 추론으로 적절한 것은?

① 동일한 개수의 정점 위치를 연산할 때, 동시에 연산을 수행하는 코어의 개수가 많아지면 총 연산 시간이 길어진다.

② 정점의 위치를 구하기 위한 10개의 연산을 10개의 코어에서 동시에 진행하려면, 10개의 연산 명령어가 필요하다.

③ 1개의 코어만 작동할 때, 정점의 위치를 구하기 위한 연산 시간은 1개의 코어를 가진 CPU의 연산 시간과 같다.

④ 정점 위치를 구하기 위한 각 데이터의 연산을 하나씩 순서대로 처리해야 한다면, 다수의 코어가 작동하는 경우 총 연산 시간은 1개의 코어만 작동하는 경우의 총 연산 시간과 같다.

⑤ 정점 위치를 구하기 위해 연산해야 할 10개의 데이터를 10개의 코어에서 처리할 경우, 모든 데이터를 모든 코어에 전송하는 시간은 1개의 데이터를 1개의 코어에 전송하는 시간과 같다.

04 다음은 3D 애니메이션 제작을 위한 계획의 일부이다. 윗글을 바탕으로 할 때 적절하지 않은 것은?

	〔장면 구상〕	〔장면 스케치〕
장면 1	주인공 '네모'가 얼굴을 정면으로 향한 채 입에 아직 불지 않은 풍선을 물고 있다.	
장면 2	'네모'가 바람을 불어 넣어 풍선이 점점 커진다.	
장면 3	풍선이 더 이상 커지지 않고 모양을 유지한 채, '네모'는 풍선과 함께 하늘로 날아올라 점점 멀어지는 모습이 보인다.	

① 장면 1의 렌더링 단계에서 풍선에 가려 보이지 않는 입 부분의 삼각형들의 표면 특성은 화솟값을 구하는 데 사용되지 않겠군.

② 장면 2의 모델링 단계에서 풍선에 있는 정점의 개수는 유지되겠군.

③ 장면 2의 모델링 단계에서 풍선에 있는 정점 사이의 거리가 멀어지겠군.

④ 장면 3의 모델링 단계에서 풍선에 있는 정점들이 이루는 삼각형들이 작아지겠군.

⑤ 장면 3의 렌더링 단계에서 전체 화면에서 화솟값이 부여되는 화소의 개수는 변하지 않겠군.

다음 글을 읽고 물음에 답하시오.

'메타버스(metaverse)'는 '초월'이라는 의미의 '메타(meta)'와 '세계'를 뜻하는 '유니버스(universe)'의 합성어로, 현실 세계와 가상 공간이 적극적으로 상호 작용하는 공간을 의미한다. 감각 전달 장치는 메타버스 속에서 사용자를 대신하는 아바타가 보고 만지는 것으로 설정된 감각을 사용자에게 전달하는 장치이다. 사용자는 이를 통하여 가상 공간을 현실감 있게 체험하면서 메타버스에 몰입하게 된다.

시각을 전달하는 장치인 HMD*는 사용자의 양쪽 눈에 가상 공간을 표현하는, 시차*가 있는 영상을 전달한다. 전달된 영상을 뇌에서 조합하는 과정에서 사용자는 공간과 물체의 입체감을 느낄 수 있다. 가상 공간에서 물체를 접촉하는 것처럼 사용자의 손에 감각 반응을 직접 전달하는 장치로는 가상 현실 장갑이 있다. 가상 현실 장갑은 가상 공간에서 아바타가 만지는 가상 물체의 크기, 형태, 온도 등을 사용자가 느낄 수 있도록 설계되어 있다. 이 외에도 가상 현실 장갑은 사용자의 손가락 및 팔의 움직임에 따라 아바타를 움직이게 할 수 있다.

한편 사용자의 움직임을 아바타에게 전달하는 공간 이동 장치를 이용하면, 사용자는 몰입도 높은 메타버스 체험을 할 수 있다. 공간 이동 장치인 가상 현실 트레드밀은 일정한 공간에 설치되어 360도 방향으로 사용자의 이동이 가능하도록 바닥의 움직임을 지원한다.

[A]
가상 현실 트레드밀과 함께 사용되는 모션 트래킹 시스템은 사용자의 동작에 따라 아바타가 동일하게 움직일 수 있도록 동기화하는 시스템으로, 동작 추적 센서, 관성 측정 센서, 압력 센서 등으로 구성된다. 동작 추적 센서는 사용자의 동작을 파악하며, 관성 측정 센서는 사용자의 이동 속도 변화율 및 회전 속도를 측정한다. 압력 센서는 서로 다른 물체 간에 작용하는 압력을 측정한다. 만약 바닥에 압력 센서가 부착된 신발을 사용자가 신고 뛰면, 압력 센서는 지면과 발바닥 사이의 압력을 감지하여 사용자가 뛰는 힘을 파악할 수 있다. 모션 트래킹 시스템이 사용자의 동작 정보를 컴퓨터에 전달하면, 컴퓨터는 사용자가 움직이는 방향과 속도에 ⓐ맞춰 트레드밀의 바닥을 제어한다. 이와 같이 사용자의 이동 동작에 따라 트레드밀의 움직임이 변경되기도 하지만, 아바타가 존재하는 가상 공간의 환경 변화에 따라 트레드밀 바닥의 진행 속도 및 방향, 기울기 등이 변경되기도 한다. 또한 사용자의 움직임이나 트레드밀의 작동 변화에 따라 HMD에 표시되는 가상 공간의 장면이 변경되어 사용자는 더욱 현실감 높은 체험을 할 수 있다.

* HMD : 머리에 쓰는 3D 디스플레이의 한 종류.
* 시차 : 한 물체를 서로 다른 두 지점에서 보았을 때 방향의 차이.

01 윗글의 내용과 일치하지 <u>않는</u> 것은?

① 감각 전달 장치와 공간 이동 장치는 사용자가 메타버스에 몰입할 수 있게 한다.
② 공간 이동 장치는 현실 세계 사용자의 움직임을 메타버스의 아바타에게 전달한다.
③ HMD는 사용자가 시각을 통해 메타버스의 공간과 물체의 입체감을 느끼도록 한다.
④ 감각 전달 장치는 아바타가 느끼는 것으로 설정된 감각을 사용자에게 전달하는 장치이다.
⑤ 가상 현실 장갑을 착용하면 사용자와 아바타는 상호 간에 감각 반응을 주고 받을 수 있다.

02 [A]에 대한 이해로 적절한 것은?

① 관성 측정 센서는 사용자의 이동 속도와 뛰는 힘을 측정할 수 있다.
② HMD에 표시되는 가상 공간 장면의 변경에 따라 HMD는 가상 현실 트레드밀을 제어한다.
③ 가상 공간에서 아바타가 경사로를 만나면 가상 현실 트레드밀 바닥의 기울기가 변경될 수 있다.
④ 모션 트래킹 시스템은 아바타의 동작에 따라 사용자가 동일하게 움직일 수 있도록 동기화한다.
⑤ 아바타가 이동 방향을 바꾸면 가상 현실 트레드밀 바닥의 진행 방향이 변경되어 사용자의 이동 방향이 바뀌게 된다.

03 윗글을 바탕으로 〈보기〉를 이해한 내용으로 적절하지 <u>않은</u> 것은?

〈그림〉

동작 추적 센서의 하나인 키넥트 센서는 적외선 카메라와 RGB 카메라 등으로 구성된다. 적외선 카메라는 광원에서 발산된 적외선이 피사체의 표면에서 반사되어 수신되기까지 걸리는 시간을 측정하여, 피사체의 입체 정보를 포함하는 저해상도 단색 이미지를 제공한다. 반면 RGB 카메라는 피사체의 고해상도 컬러 이미지를 제공한다. 키넥트 센서는 저해상도 입체 이미지를 고해상도 컬러 이미지에 투영하여 사용자가 검출되는 경우, 〈그림〉과 같이 신체 부위에 대응되는 25개의 연결점을 선으로 이은 3D 골격 이미지를 제공한다.

① 키넥트 센서는 가상 공간에 있는 물체들 간의 거리를 측정하여 입체감을 구현할 수 있다.
② 키넥트 센서가 확보한, 사용자의 춤추는 동작 정보를 바탕으로 아바타의 춤추는 동작이 구현될 수 있다.
③ 키넥트 센서와 관성 측정 센서를 이용하여 사용자의 걷는 자세 및 이동 속도 변화율을 파악할 수 있다.
④ 연결점의 수와 위치의 제약 때문에 사용자의 골격 이미지로는 사용자의 얼굴 표정 변화를 아바타에게 전달할 수 없다.
⑤ 적외선 카메라의 입체 이미지와 RGB 카메라의 컬러 이미지 정보로부터 생성된 골격 이미지가 사용자의 동작 정보를 파악하는 데 사용된다.

04 문맥상 의미가 ⓐ와 가장 가까운 것은?

① 그 연주자는 피아노를 언니의 노래에 정확히 맞추어 쳤다.
② 아내는 집 안에 있는 물건들의 색깔을 조화롭게 맞추었다.
③ 우리는 다음 주까지 손발을 맞추어 작업을 마치기로 했다.
④ 그 동아리는 신입 회원을 한 명 더 뽑아 인원을 맞추었다.
⑤ 동생은 중간고사를 보고 나서 친구와 답을 맞추어 보았다.

지문분석으로 독해력 향상하기

다음 글을 읽고 물음에 답하시오.

주차하거나 좁은 길을 지날 때 운전자를 돕는 장치들이 있다. 이 중 차량 전후좌우에 장착된 카메라로 촬영한 영상을 이용하여 차량 주위 360°의 상황을 위에서 내려다본 것 같은 영상을 만들어 차 안의 모니터를 통해 운전자에게 제공하는 장치가 있다. 운전자에게 제공되는 영상이 어떻게 만들어지는지 알아보자.

먼저 차량 주위 바닥에 바둑판 모양의 격자판을 펴 놓고 카메라로 촬영한다. 이 장치에서 사용하는 광각 카메라는 큰 시야각을 갖고 있어 사각지대가 줄지만 빛이 렌즈를 ⓐ 지날 때 렌즈 고유의 곡률로 인해 영상이 중심부는 볼록하고 중심부에서 멀수록 더 휘어지는 현상, 즉 렌즈에 의한 상의 왜곡이 발생한다. 이 왜곡에 영향을 주는 카메라 자체의 특징을 내부 변수라고 하며 왜곡 계수로 나타낸다. 이를 알 수 있다면 왜곡 모델을 설정하여 왜곡을 보정할 수 있다. 한편 차량에 장착된 카메라의 기울어짐 등으로 인해 발생하는 왜곡의 원인을 외부 변수라고 한다. ㉠ 촬영된 영상과 실세계 격자판을 비교하면 영상에서 격자판이 회전한 각도나 격자판의 위치 변화를 통해 카메라의 기울어진 각도 등을 알 수 있으므로 왜곡을 보정할 수 있다.

왜곡 보정이 끝나면 영상의 점들에 대응하는 3차원 실세계의 점들을 추정하여 이로부터 원근 효과가 제거된 영상을 얻는 시점 변환이 필요하다. 카메라가 3차원 실세계를 2차원 영상으로 투영하면 크기가 동일한 물체라도 카메라로부터 멀리 있을수록 더 작게 나타나는데, 위에서 내려다보는 시점의 영상에서는 거리에 따른 물체의 크기 변화가 없어야 하기 때문이다.

㉡ 왜곡이 보정된 영상에서의 몇 개의 점과 그에 대응하는 실세계 격자판의 점들의 위치를 알고 있다면, 영상의 모든 점들과 격자판의 점들 간의 대응 관계를 가상의 좌표계를 이용하여 기술할 수 있다. 이 대응 관계를 이용해서 영상의 점들을 격자의 모양과 격자 간의 상대적인 크기가 실세계에서와 동일하게 유지되도록 한 평면에 놓으면 2차원 영상으로 나타난다. 이때 얻은 영상이 ㉢ 위에서 내려다보는 시점의 영상이 된다. 이와 같은 방법으로 구한 각 방향의 영상을 합성하면 차량 주위를 위에서 내려다본 것 같은 영상이 만들어진다.

01 윗글의 내용과 일치하는 것은?

① 차량 주위를 위에서 내려다본 것 같은 영상은 360°를 촬영하는 카메라 하나를 이용하여 만들어진다.

② 외부 변수로 인한 왜곡은 카메라 자체의 특징을 알 수 있으면 쉽게 해결할 수 있다.

③ 차량의 전후좌우 카메라에서 촬영된 영상을 하나의 영상으로 합성한 후 왜곡을 보정한다.

④ 영상이 중심부로부터 멀수록 크게 휘는 것은 왜곡 모델을 설정하여 보정할 수 있다.

⑤ 위에서 내려다보는 시점의 영상에 있는 점들은 카메라 시점의 영상과는 달리 3차원 좌표로 표시된다.

02 ㉠~㉢을 이해한 내용으로 가장 적절한 것은?

① ㉠에서 광각 카메라를 이용하여 확보한 시야각은 ㉢에서는 작아지겠군.

② ㉢에서는 ㉠과 마찬가지로 렌즈와 격자판 사이의 거리가 멀어질수록 격자판이 작아 보이겠군.

③ ㉢에서는 ㉠에서 렌즈와 격자판 사이의 거리에 따른 렌즈의 곡률 변화로 생긴 휘어짐이 보정되었겠군.

④ ㉡과 실세계 격자판을 비교하여 격자판의 위치 변화를 보정한 ㉢은 카메라의 기울어짐에 의한 왜곡을 바로잡은 것이겠군.

⑤ ㉡에서 렌즈에 의한 상의 왜곡 때문에 격자판의 윗부분으로 갈수록 격자 크기가 더 작아 보이던 것이 ㉢에서 보정되었겠군.

03 윗글을 바탕으로 〈보기〉를 탐구한 내용으로 가장 적절한 것은?

보기

　　그림은 장치 가 장착된 차량의 운전자에게 제공된 영상에서 전방 부분만 보여 준 것이다. 차량 전방의 바닥에 그려진 네 개의 도형이 영상에서 각각 A, B, C, D로 나타나 있고, C와 D는 직사각형이고 크기는 같다. p와 q는 각각 영상 속 임의의 한 점이다.

① 원근 효과가 제거되기 전의 영상에서 C는 윗변이 아랫변보다 긴 사다리꼴 모양이다.

② 시점 변환 전의 영상에서 D는 C보다 더 작은 크기로 영상의 더 아래쪽에 위치한다.

③ A와 B는 p와 q 간의 대응 관계를 이용하여 바닥에 그려진 도형을 크기가 유지되도록 한 평면에 놓은 것이다.

④ B에 대한 A의 상대적 크기는 가상의 좌표계를 이용하여 시점을 변환하기 전의 영상에서보다 더 커진 것이다.

⑤ p가 A 위의 한 점이라면 A는 p에 대응하는 실세계의 점이 시점 변환을 통해 선으로 나타난 것이다.

04 문맥상 ⓐ의 의미와 가장 가까운 것은?

① 그때 동생이 탄 버스는 교차로를 <u>지나고</u> 있었다.

② 그것은 슬픈 감정을 <u>지나서</u> 아픔으로 남아 있다.

③ 어느새 정오가 훌쩍 <u>지나</u> 식사 시간이 되었다.

④ 물의 온도가 어는점을 <u>지나</u> 계속 내려가고 있다.

⑤ 가장 힘든 고비를 <u>지나고</u> 나니 마음이 가분하다.

지문분석으로 독해력 향상하기

다음 글을 읽고 물음에 답하시오.

인터넷 검색 엔진은 검색어를 포함하는 웹 페이지를 찾아 화면에 보여 준다. 웹 페이지가 화면에 나타나는 순서를 정하기 위해 검색 엔진은 수백 개가 ⓐ 넘는 항목을 고려한 다양한 방식을 사용한다. 대표적인 항목으로 중요도와 적합도가 있다.

검색 엔진은 빠른 시간 내에 검색 결과를 보여 주기 위해 웹 페이지들의 데이터를 수집하여 인덱스를 미리 작성해 놓는다. 인덱스란 단어를 알파벳순으로 정리한 목록으로, 여기에는 각 단어가 등장하는 웹 페이지와 단어의 빈도수 등이 저장된다. 이때 각 웹 페이지의 중요도가 함께 기록된다.

㉠ 중요도는 웹 페이지의 중요성을 값으로 나타낸 것으로 링크 분석 기법으로 측정할 수 있다. 기본적인 링크 분석 기법에서 웹 페이지 A의 값은 A를 링크한 각 웹 페이지들로부터 받는 값의 합이다. 이렇게 받은 A의 값은 A가 링크한 다른 웹 페이지들에 균등하게 나눠진다. 즉 A의 값이 4이고 A가 두 개의 링크를 통해 다른 웹 페이지로 연결된다면, A의 값은 유지되면서 두 웹 페이지에는 각각 2가 보내진다.

하지만 두 웹 페이지가 실제로 받는 값은 2에 댐핑 인자를 곱한 값이다. 댐핑 인자는 사용자들이 웹 페이지를 읽다가 링크를 통해 다른 웹 페이지로 이동하지 않는 비율을 반영한 값으로 1 미만의 값을 가진다. 댐핑 인자는 모든 링크에 동일하게 적용된다. 가령 그 비율이 20%이면 댐핑 인자는 0.8이고 두 웹 페이지는 A로부터 각각 1.6을 받는다. 웹 페이지로 연결된 링크를 통해 받는 값을 모두 반영했을 때의 값이 각 웹 페이지의 중요도이다. 웹 페이지들을 연결하는 링크들은 변할 수 있기 때문에 검색 엔진은 주기적으로 웹 페이지의 중요도를 갱신한다.

사용자가 검색어를 입력하면 검색 엔진은 인덱스에서 검색어에 적합한 웹 페이지를 찾는다. ㉡ 적합도는 단어의 빈도, 단어가 포함된 웹 페이지의 수, 웹 페이지의 글자 수를 반영한 식을 통해 값이 정해진다. 해당 검색어가 많이 나올수록, 그 검색어를 포함하는 다른 웹 페이지의 수가 적을수록, 현재 웹 페이지의 글자 수가 전체 웹 페이지의 평균 글자 수에 비해 적을수록 적합도가 높아진다. 검색 엔진은 중요도와 적합도, 기타 항목들을 적절한 비율로 합산하여 화면에 나열되는 웹 페이지의 순서를 결정한다.

01 윗글을 통해 알 수 있는 내용으로 가장 적절한 것은?

① 인덱스는 사용자가 검색어를 입력한 직후에 작성된다.
② 사용자가 링크를 따라 다른 웹 페이지로 이동하는 비율이 높을수록 댐핑 인자가 커진다.
③ 링크 분석 기법은 웹 페이지 사이의 링크를 분석하여 웹페이지의 적합도를 값으로 나타낸다.
④ 웹·페이지의 중요도는 다른 웹 페이지에서 받는 값과 다른 웹 페이지에 나눠 주는 값의 합이다.
⑤ 사용자가 검색어를 입력하면 검색 엔진은 검색한 결과를 인덱스에 정렬된 순서대로 화면에 나타낸다.

02 ㉠, ㉡을 고려하여 검색 결과에서 웹 페이지의 순위를 높이기 위한 방안으로 가장 적절한 것은?

① 화제가 되고 있는 검색어들을 웹 페이지에 최대한 많이 나열하여 ㉠을 높인다.
② 사람들이 많이 접속하는 유명 검색 사이트로 연결하는 링크를 웹 페이지에 많이 포함시켜 ㉠을 높인다.
③ 알파벳순으로 앞 순서에 있는 단어들을 웹 페이지 첫 부분에 많이 포함시켜 ㉡을 높인다.
④ 다른 많은 웹 페이지들이 링크하도록 웹 페이지에서 여러 주제를 다루고 전체 글자 수를 많게 하여 ㉡을 높인다.
⑤ 다른 웹 페이지에서 흔히 다루지 않는 주제를 간략하게 설명하되 주제와 관련된 단어를 자주 사용하여 ㉡을 높인다.

03 〈보기〉는 웹 페이지들의 관계를 도식화한 것이다. 윗글을 바탕으로 〈보기〉를 이해한 내용으로 적절한 것은?

보기

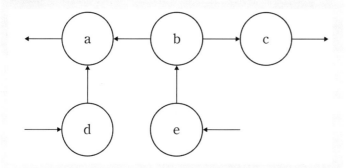

    원은 웹 페이지이고, 화살표는 웹 페이지에서 링크를 통해 화살표 방향의 다른 웹 페이지로 연결됨을 뜻한다. 댐핑 인자는 0.5이고, d와 e의 중요도는 16으로 고정된 값이다.

    (단, 링크와 댐핑 인자 외에 웹 페이지의 중요도에 영향을 주는 다른 요소는 고려하지 않음.)

① a의 중요도는 16이다.
② a가 b와 d로부터 각각 받는 값은 같다.
③ b에서 a로의 링크가 끊어지면 b와 c의 중요도는 같다.
④ e에서 a로의 링크가 추가되면 b의 중요도는 6이다.
⑤ e에서 c로의 링크가 추가되면 c의 중요도는 5이다.

04 문맥상 ⓐ의 의미와 가장 가까운 것은?

① 공부를 하다 보니 시간은 자정이 <u>넘었다</u>.
② 그들은 큰 산을 <u>넘어서</u> 마을에 도착했다.
③ 철새들이 국경선을 <u>넘어서</u> 훨훨 날아갔다.
④ 선수들은 가까스로 어려운 고비를 <u>넘었다</u>.
⑤ 갑자기 냄비에서 물이 <u>넘어서</u> 좀 당황했다.

다음 글을 읽고 물음에 답하시오.

저울은 흔히 지렛대의 원리를 이용하거나 전기 저항 변화를 측정하여 질량을 잰다. 그렇다면 초정밀 저울은 기체 분자나 DNA와 같은 미세 물질의 질량을 어떻게 잴까? 이에 답하기 위해서는 압전 효과에 대한 이해가 필요하다.

압전 효과에는 재료에 기계적 변형이 생기면 재료에 전압이 발생하는 1차 압전 효과와, 재료에 전압을 걸면 재료에 기계적 변형이 생기는 2차 압전 효과가 있다. 두 압전 효과가 모두 생기는 재료를 압전체라 하며, 수정이 주로 쓰인다.

압전체로 사용하는 수정은 특정 방향으로 절단 및 가공하여 납작한 원판 모양으로 만든다. 이후 원판의 양면에 전극을 만든 후 (+)와 (-) 극이 교대로 바뀌는 전압을 가하면 수정이 진동한다. 이때 전압의 주파수*를 수정의 고유 주파수와 일치시켜 수정이 큰 폭으로 진동하도록 하여 진동을 측정하기 쉽게 만든 것이 ⊙ 수정 진동자이다. 고유 주파수란 어떤 물체가 갖는 고유한 진동 주파수인데, 같은 재료의 압전체라도 압전체의 모양과 크기에 따라 달라진다. 수정 진동자에 어떤 물질이 달라붙어 질량이 증가하면 고유 주파수에서 진동하던 수정 진동자의 주파수가 감소한다. 수정 진동자의 주파수는 매우 작은 질량 변화에 민감하게 변하므로 기체 분자나 DNA와 같은 미세한 물질의 질량을 측정할 수 있다. 진동자에서 질량 민감도는 주파수의 변화 정도를 측정된 질량으로 나눈 값인데, 수정 진동자의 질량 민감도는 매우 크다.

수정 진동자로 질량을 측정하는 원리를 응용하면 특정 기체의 농도를 감지할 수 있다. 수정 진동자를 특정 기체가 붙도록 처리하면, 여기에 특정 기체가 달라붙으며 질량 변화가 생겨 수정 진동자의 주파수는 감소한다. 일정 시점이 되면 수정 진동자의 주파수가 더 감소하지 않고 일정한 값을 유지한다. 이렇게 일정한 값을 유지하는 이유는 특정 기체가 일정량 이상 달라붙지 않기 때문이다. 혼합 기체에서 특정 기체의 농도가 클수록 더 작은 주파수에서 주파수가 일정하게 유지된다. 특정 기체가 얼마나 빨리 수정 진동자에 붙어서 주파수가 일정한 값이 되는가의 척도를 반응 시간이라 하는데, 반응 시간이 짧을수록 특정 기체의 농도를 더 빨리 잴수 있다.

그런데 측정 대상이 아닌 기체가 함께 붙으면 측정하려는 대상 기체의 정확한 농도 측정이 어렵다. 또한 대상 기체만 붙더라도 그 기체의 농도를 알 수는 없다. 이 때문에 대상 기체의 농도에 따라 수정 진동자의 주파수 변화를 미리 측정해 놓아야 한다. 그 후 대상 기체의 농도를 모르는 혼합 기체에서 주파수 변화를 측정하면 대상 기체의 농도를 알 수 있다. 수정 진동자의 주파수 변화 정도를 농도로 나누면 농도에 대한 민감도를 구할 수 있다.

* 주파수 : 진동이 1초 동안 반복하는 횟수 또는 전압의 (+)와 (-) 극이 1초 동안, 서로 바뀌고 다시 원래대로 되는 횟수.

01 윗글에 대한 설명으로 가장 적절한 것은?

① 압전체의 제작 방법을 소개하고 제작 시 유의점을 나열하고 있다.
② 압전 효과의 개념을 정의하고 압전체의 장단점을 분석하고 있다.
③ 압전 효과의 종류를 분류하고 그 분류에 따른 압전체의 구조를 비교하고 있다.
④ 압전체의 유형을 구분하는 기준을 제시하고 초정밀 저울의 작동 과정을 단계별로 설명하고 있다.
⑤ 압전 효과에 기반한 초정밀 저울의 작동 원리를 설명하고 이 원리가 적용된 기체 농도 측정 방법을 소개하고 있다.

02 윗글을 통해 알 수 있는 내용으로 적절하지 <u>않은</u> 것은?

① 수정 이외에도 압전 효과를 보이는 재료가 존재한다.
② 수정을 절단하고 가공하여 미세 질량 측정에 사용한다.
③ 전기 저항 변화를 이용하여 물체의 질량을 측정하는 경우가 있다.
④ 같은 방향으로 절단한 수정은 크기가 달라도 고유 주파수가 서로 같다.
⑤ 진동자의 주파수 변화 정도를 측정된 질량으로 나누면 질량에 대한 민감도를 구할 수 있다.

03 ㉠에 대한 이해로 적절하지 <u>않은</u> 것은?

① ㉠에는 1차 압전 효과를 보일 수 있는 재료가 있다.

② ㉠에서는 전압에 의해 압전체의 기계적 변형이 일어난다.

③ ㉠에는 전극이 양면에 있는 원판 모양의 수정이 사용된다.

④ ㉠에서는 전극에 가하는 전압의 주파수를 수정의 고유 주파수에 맞춘다.

⑤ ㉠의 전극에 가해지는 특정 주파수의 전압은 압전체의 고유 주파수 값을 더 크게 만든다.

04 윗글을 바탕으로 〈보기〉를 탐구한 내용으로 가장 적절한 것은?

보기

알코올 감지기 A와 B를 이용하여 어떤 밀폐된 공간에 있는 혼합 기체의 알코올 농도를 측정하였다. 이때 A와 B는 모두 진동자에 알코올이 달라붙을 수 있도록 처리되어 있다. A와 B 모두, 시간이 흐름에 따라 주파수가 감소하다가 더 이상 감소하지 않고 일정하게 유지되었다.
    (단, 측정하는 동안 밀폐된 공간의 상황은 변동 없음.)

① A의 진동자에 있는 압전체의 고유 주파수를 알코올만 있는 기체에서 미리 측정해 놓으면, 혼합 기체에서의 알코올의 농도를 알 수 있겠군.

② B에 달라붙은 알코올의 양은 변하지 않고 다른 기체가 함께 달라붙은 후 진동자의 주파수가 일정하게 유지된다면, 이때 주파수의 값은 알코올만 붙었을 때보다 더 작겠군.

③ A와 B에서 알코올이 달라붙도록 진동자를 처리한 것은 알코올이 달라붙음에 따라 진동자가 최대한 큰 폭으로 진동할 수 있게 하려는 것이겠군.

④ A가 B에 비해 동일한 양의 알코올이 달라붙은 후에 생기는 주파수 변화 정도가 크다면, A가 B보다 알코올 농도에 대한 민감도가 더 작다고 할 수 있겠군.

⑤ B가 A보다 알코올이 일정량까지 달라붙는 시간이 더 짧더라도 알코올이 달라붙은 양이 서로 같다면, A와 B의 반응 시간은 서로 같겠군.

지문분석으로 독해력 향상하기

다음 글을 읽고 물음에 답하시오.

　　데이터를 처리할 때 데이터의 정확성은 매우 중요하다. 그런데 데이터에 결측치와 이상치가 포함되면 데이터의 특징을 제대로 ⓐ <u>나타내기</u> 어렵다.

　　결측치는 데이터 값이 ⓑ <u>빠져</u> 있는 것이다. 결측치를 처리하는 방법 중 하나인 대체는 다른 값으로 결측치를 채우는 것인데, 대체하는 값으로는 평균, 중앙값, 최빈값을 많이 사용한다. 중앙값은 데이터를 크기순으로 정렬했을 때 중앙에 위치한 값이다. 크기가 같은 값이 복수일 경우에도 순위를 매겨 중앙값을 찾고, 데이터의 개수가 짝수이면 중앙에 있는 두 값의 평균이 중앙값이다. 또 최빈값은 데이터에 가장 많이 나타나는 값을 이른다. 일반적으로 데이터 값이 연속적인 수치이면 평균으로, 석차처럼 순위가 있는 값에는 중앙값으로, 직업과 같이 문자인 경우에는 최빈값으로 결측치를 대체한다.

　　이상치는 데이터의 다른 값에 비해 유달리 크거나 작은 값으로, 데이터를 수집할 때 측정 오류 등에 의해 주로 ⓒ <u>생긴다.</u> 그러나 정상적인 데이터라도 데이터의 득징을 왜곡하는 데이터 값이 있을 수 있다. 예를 들어, 데이터가 어떤 프로 선수들의 연봉이고 그중 한 명의 연봉이 유달리 많다면, 이상치가 포함된 데이터에 해당한다. 이런 데이터의 특징을 하나의 수치로 나타내려는 경우 ㉠ <u>대푯값으로 평균보다 중앙값을 주로 사용한다.</u>

　　평면상에 있는 점들의 위치를 나타내는 데이터에서도 이상치를 발견할 수 있다. 대부분의 점들이 가상의 직선 주위에 모여 있다면 이 직선은 데이터의 특징을 잘 나타낸다고 할 수 있다. 이 직선을 직선 L이라고 하자. 그런데 직선 L로부터 멀리 떨어진 위치에도 몇 개의 점이 있다. 이 점들이 이상치이다.

　　㉡ <u>이상치를 포함하는 데이터에서 직선 L을 찾는다고 하자.</u> 이때 사용할 수 있는 기법의 하나인 A 기법은 두 점을 무작위로 골라 정상치 집합으로 가정하고, 이 두 점을 ⓓ <u>지나는</u> 후보 직선을 그어 나머지 점들과 후보 직선 사이의 거리를 구한다. 이 거리가 허용 범위 이내인 점들을 정상치 집합에 추가한다. 정상치 집합의 점의 개수가 미리 정해 둔 기준, 즉 문턱값보다 많으면 후보 직선을 최종 후보군에 넣는다. 반대로 점의 개수가 문턱값보다 적으면 후보 직선을 버린다. 만약 처음에 고른 점이 이상치이면, 대부분의 점들은 해당 후보 직선과의 거리가 너무 ⓔ <u>멀어</u> 이 직선은 최종 후보군에서 제외되는 것이다. 이 과정을 반복하여 최종 후보군을 구하고, 최종 후보군에 포함된 직선 중에서 정상치 집합의 데이터 개수가 최대인 직선을 직선 L로 선택한다. 이 기법은 이상치가 있어도 직선 L을 찾을 가능성이 높다.

01 윗글을 이해한 내용으로 적절하지 <u>않은</u> 것은?

① 데이터가 수치로 구성되지 않아도 최빈값을 구할 수 있다.
② 데이터의 특징이 언제나 하나의 수치로 나타나는 것은 아니다.
③ 데이터가 정상적으로 수집되었다면 이상치가 존재하지 않는다.
④ 데이터에 동일한 수치가 여러 개 있어도 중앙값으로 결측치를 대체할 수 있다.
⑤ 데이터를 수집하는 과정에서 측정 오류가 발생한 값이라도 이상치가 아닐 수 있다.

02 윗글을 참고할 때, ㉠의 이유로 가장 적절한 것은?

① 중앙값은 극단에 있는 이상치의 영향을 덜 받기 때문이다.
② 중앙값을 찾기 위해 데이터를 나열할 때 이상치는 제외되기 때문이다.
③ 데이터의 개수가 많아질수록 이상치도 많아지고 평균을 구하기 어렵기 때문이다.
④ 이상치가 포함되면 평균을 구하는 것이 중앙값을 찾는 것보다 복잡하기 때문이다.
⑤ 이상치가 포함되면 평균은 데이터에 포함되지 않는 값일 가능성이 큰 반면 중앙값은 항상 데이터에 포함된 값이기 때문이다.

03 ⓒ과 관련하여 윗글의 A 기법과 〈보기〉의 B 기법을 설명한 내용으로 가장 적절한 것은?

다음과 같은 방법으로 직선 L을 찾는 B 기법을 가정해 보자. 후보 직선을 임의로 여러 개 가정한 뒤에 모든 점에서 각 후보 직선들과의 거리를 구하여 점들과 가장 가까운 직선을 선택한다. 그러나 이렇게 찾은 직선은 직선 L로 적합한 직선이 아니다. 이상치를 포함해서 찾다 보니 대부분 최적의 직선과 이상치 사이에 위치한 직선을 선택하게 된다.

① A 기법과 B 기법 모두 최적의 직선을 찾기 위해 최대한 많은 점을 지나는 후보 직선을 가정한다.
② A 기법은 이상치를 제외하고 후보 직선을 가정하지만 B 기법은 이상치를 제외하는 과정이 없다.
③ A 기법에서 최종적으로 선택한 직선은 이상치를 지나지 않지만 B 기법에서 선택한 직선은 이상치를 지난다.
④ A 기법은 이상치의 개수가 문턱값보다 적으면 후보 직선을 버리지만 B 기법은 선택한 직선이 이상치를 포함할 수 있다.
⑤ A 기법에서 후보 직선의 정상치 집합에는 이상치가 포함될 수 있고 B 기법에서 후보 직선은 이상치를 지날 수 있다.

04 문맥상 ⓐ~ⓔ와 바꿔 쓰기에 가장 적절한 것은?

① ⓐ : 형성(形成)하기
② ⓑ : 누락(漏落)되어
③ ⓒ : 도래(到來)한다
④ ⓓ : 투과(透過)하는
⑤ ⓔ : 소원(疏遠)하여

2025학년도 6월

다음 글을 읽고 물음에 답하시오.

식품 포장재, 세제 용기 등으로 사용되는 플라스틱은 생활에서 흔히 ⓐ 접할 수 있다. 플라스틱은 '성형할 수 있는, 거푸집으로 조형이 가능한'이라는 의미의 '플라스티코스'라는 그리스어에서 온 말로, 열과 압력으로 성형할 수 있는 고분자 화합물을 이른다.

플라스틱은 단위체인 작은 분자가 수없이 반복 연결되는 중합을 통해 만들어진 거대 분자로 이루어져 있다. 단위체들은 공유 결합으로 연결되는데, 분자를 구성하는 원자들이 서로 전자를 공유하여 안정한 상태가 되는 결합을 공유 결합이라 한다. 두 원자가 각각 전자를 하나씩 내어놓아 그 두 개의 전자를 한쌍으로 공유하면 단일 결합이라 하고, 두 쌍을 공유하면 이중 결합이라 한다. 공유 전자쌍이 많을수록 원자 간의 결합력은 강하다. 대부분의 원자는 가장 바깥 전자 껍질의 전자 수가 8개가 될 때 안정해진다. 탄소 원자는 가장 바깥 전자 껍질에 4개의 전자를 갖고 있어, 다른 원자들과 전자를 공유하여 안정해질 수 있으며 다양한 형태의 공유 결합이 가능하여 거대한 분자의 골격을 이룰 수 있다.

플라스틱의 한 종류인 폴리에틸렌은 에틸렌 분자들이 서로 연결되는 중합 과정을 거쳐 만들어진다. 에틸렌은 두 개의 탄소 원자와 네 개의 수소 원자로 이루어지는데, 두 개의 탄소 원자가 서로 이중 결합을 하고 각각의 탄소 원자는 두 개의 수소 원자와 단일 결합을 한다. 탄소 원자 간의 이중 결합에서는 한 결합이 다른 하나보다 끊어지기 쉽다.

에틸렌의 중합에는 여러 가지 방법이 있는데 그중에 하나는 과산화물 개시제를 사용하는 것이다. 열을 흡수한 과산화물 개시제는 가장 바깥 껍질에 7개의 전자가 있는 불안정한 상태의 원자를 가진 분자로 분해된다. 이 불안정한 원자는 안정해지기 위해 에틸렌이 가진 탄소의 이중 결합 중 더 약한 결합을 끊어 버리면서 에틸렌의 한쪽 탄소 원자와 전자를 공유하며 단일 결합한다. 그러면 다른 쪽 탄소 원자는 공유되지 못한, 홀로 남은 전자를 갖게 된다. 이 불안정한 탄소 원자는 같은 방식으로 다른 에틸렌 분자와 반응을 하게 되고, 이와 같은 반응이 이어지며 불안정해지는 탄소 원자가 계속 생성된다. 에틸렌 분자들이 결합하여 더해지면 이것들은 사슬 형태를 이루며, 이 사슬은 지속적으로 성장하고 사슬 끝에는 불안정한 탄소 원자가 존재하게 된다. 성장하는 두 사슬의 끝이 서로 만나 결합하여 안정한 상태가 되면 반복적인 반응이 멈추게 된다. ㉠ 이 중합 과정을 거쳐 에틸렌 분자들은 폴리에틸렌이라는 고분자 화합물이 된다.

플라스틱을 이루는 거대한 분자들은 길이가 길다. 그래서 사슬들이 일정한 방향으로 나란히 배열되어 있는 결정 영역은, 분자들 전체에서 기대할 수는 없지만 부분적으로 있을 수는 있다. 플라스틱에서 결정 영역이 차지하는 부분의 비율은 여러 조건에 따라 조절이 가능하고 물성에 영향을 미친다. 결정 영역이 많아질수록 플라스틱은 유연성이 낮아 충격에 약하고 가공성이 떨어지며 점점 불투명해지지만, 밀도가 높아져 단단해지고 화학 물질에 대한 민감성이 감소하며 열에 의해 잘 변형되지 않는다. 이런 성질을 활용하여 필요에 따라 다양한 종류의 플라스틱을 만들 수 있다.

01 윗글에서 알 수 있는 내용으로 적절하지 않은 것은?

① 단위체들은 중합을 거쳐 거대 분자를 이룰 수 있다.

② 에틸렌 분자에는 단일 결합과 이중 결합이 모두 존재한다.

③ 플라스틱이라는 명칭의 유래는 열과 압력으로 성형이 되는 성질과 관련이 있다.

④ 불안정한 원자를 가진 에틸렌은 과산화물을 개시제로 쓰면 분해되면서 안정해진다.

⑤ 탄소와 탄소 사이의 이중 결합 중 하나의 결합 세기는 나머지 하나의 결합 세기보다 크다.

02 ㉠에 대한 이해로 적절하지 않은 것은?

① 성장 중의 사슬은 그 양쪽 끝부분에서 불안정한 탄소 원자가 생성된다.

② 사슬의 중간에 두 탄소 원자가 서로 전자를 하나씩 내어놓아 공유하는 결합이 존재한다.

③ 상태가 불안정한 원자를 지닌 분자의 생성이 연속적인 사슬 성장 반응이 일어나는 계기가 된다.

④ 공유되지 못하고 홀로 남은 전자를 가진 탄소 원자는 사슬의 성장 과정이 종결되기 전까지 계속 발생한다.

⑤ 에틸렌 분자를 구성하는 탄소 원자들 사이의 이중 결합이 단일 결합으로 되면서 사슬의 성장 과정을 이어 간다.

실전 국어 전형태

03 윗글을 바탕으로 〈보기〉의 ㉮와 ㉯를 이해한 내용으로 가장 적절한 것은?

보기

폴리에틸렌은 높은 압력과 온도에서 중합되어 사슬이 여기저기 가지를 친 구조로 만들어지기도 한다. ㉮ 가지를 친 구조의 사슬들은 조밀하게 배열되기 힘들다. 한편 특수한 촉매를 사용하여 저온에서 중합되면 탄소 원자들이 이루는 사슬이 한 줄로 쭉 이어진 직선형 구조로 만들어지기도 한다. 이 ㉯ 직선형 구조의 사슬들은 한 방향으로 서로 나란히 조밀하게 배열될 수 있다.

① 충격에 잘 깨지지 않도록 유연하게 하려면 ㉮보다 ㉯로 이루어진 소재가 적합하겠군.
② 포장된 물품이 잘 보이게 하려면 포장재로는 ㉮보다 ㉯로 이루어진 소재가 적합하겠군.
③ 보관 용기에서 화학 물질이 닿는 부분에는 ㉮보다 ㉯로 이루어진 소재를 쓰는 것이 좋겠군.
④ ㉯보다 ㉮로 이루어진 소재의 밀도가 더 높겠군.
⑤ 열에 잘 견디게 하려면 ㉯보다 ㉮로 이루어진 소재가 적합하겠군.

04 ⓐ와 문맥상 의미가 가장 가까운 것은?

① 요즘 신도시는 아파트가 대규모로 서로 접해 있다.
② 그는 자신의 수상 소식을 오늘에야 접하게 되었다.
③ 나는 교과서에서 접한 시를 모두 외웠다.
④ 우리나라는 삼면이 바다에 접해 있다.
⑤ 우리 집은 공원을 접하고 있다.

지문분석으로 독해력 향상하기

다음 글을 읽고 물음에 답하시오.

블록체인 기술은 데이터를 블록이라는 단위로 묶어 체인 형태로 연결한 것을 여러 대의 컴퓨터에 중복 저장하는 기술이다. 체인 형태로 연결된 블록의 집합을 블록체인이라 하고, 블록체인을 저장하는 컴퓨터를 노드라고 한다. 새로 생성된 블록은 노드들에 전파된다. 노드들은 블록에 포함된 내용이 블록체인의 다른 블록에 있는 내용과 상충되지 않는지, 동일한 내용이 블록체인의 다른 블록에 이중으로 포함되어 있지 않은지 검증한다. 검증이 끝난 블록을 블록체인에 연결할지 여부는 모든 노드들이 참여하는 승인 과정을 통해 정해진다. 승인이 완료된 블록은 블록체인에 연결되고, 이 블록체인은 노드들에 저장된다. 승인 과정에는 합의 알고리즘이 사용되고, 합의 알고리즘의 예로 '작업증명'이 있다.

블록체인 기술의 성능은 블록체인에 데이터가 저장되는 속도로 정의되며, 단위 시간당 블록체인에 저장되는 데이터의 양으로 계산될 수 있다. 블록체인 기술은 공개형과 비공개형으로 구분된다. 비공개형은 공개형과 달리 노드 수에 제한을 두고, 일반적으로 공개형에 비해 합의 알고리즘의 속도가 빠르다. 따라서 비공개형은 승인 과정에 걸리는 시간이 짧기 때문에 성능이 높다.

데이터가 무단으로 변경되기 어렵다는 성질을 무결성이라 하는데 무결성은 블록체인 기술의 대표적인 장점이다. 특정 노드에 저장되어 있는 일부 데이터가 변경되면 변경된 블록과 그 이후의 블록들은 블록체인과의 연결이 끊어진다. 끊어진 모든 블록을 다시 연결하는 것은 승인 과정을 필요로 하기 때문에 연결을 복구하는 것은 어렵다. 즉 블록과 블록체인의 연결을 유지하면서 블록체인에 포함된 데이터를 변경하는 것이 어려우므로 블록체인 데이터는 무결성이 높다. 무단 변경과 달리, 일부 데이터가 지워져도 승인된 원래의 데이터로 복원할 때는 승인 과정이 필요하지 않다. 따라서 ㉠ 블록체인에 포함된 데이터는 일부가 지워지더라도 복원이 용이하다.

블록체인 기술에서 고려해야 할 세 가지 특성이 있다. 보안성은 데이터의 무단 변경이 어려울 뿐 아니라 동일한 내용의 데이터가 블록체인의 서로 다른 블록에 또는 단일 블록에 이중으로 포함되는 것이 어렵다는 성질이다. 승인 과정에 걸리는 시간이 줄거나 노드 수가 감소하면 보안성은 낮아진다. 탈중앙성은 승인 과정에 다수의 노드들이 참여하고, 특정 노드가 승인 과정을 주도하지 않는다는 성질이다. 노드 수가 감소하면 탈중앙성은 낮아진다. 확장성은 블록체인 기술이 목표로 하는 응용 분야에 적용 가능할 만큼 성능이 높고, 노드 수가 증가해도 서비스 유지가 가능하다는 성질이다. 노드 수가 증가하면 성능이 저하되므로, 확장성이 높다는 것은 노드 수가 증가하더라도 성능 저하가 크지 않다는 것을 의미한다. 그래서 기술 변화 없이 확장성을 높이고자 할 때 노드 수를 제한하는 방법이 사용되기도 한다. 노드 수를 제한하면 성능 저하를 막을 수 있기 때문이다. 아직까지 블록체인 기술은 보안성, 탈중앙성, 확장성을 함께 높일 수 있는 방법이 없어 대규모로 채택되지 못하고 있다.

01 다음은 윗글을 읽은 학생에게 제공된 학습지의 일부이다. 학생의 '판단 결과'로 적절하지 <u>않은</u> 것은?

※ 아래를 읽고 맞으면 ○, 틀리면 × 표시를 하시오.	
판단할 내용	**판단 결과**
블록체인 기술의 특성과 한계를 살펴보고 있다.	○ …①
블록체인의 구조를 분석하고, 블록체인 기술의 응용 분야를 소개하고 있다.	× …②
블록체인 기술의 장점을 열거하고, 다른 기술과의 경쟁 양상을 설명하고 있다.	× …③
합의 알고리즘은 작업증명의 한 예이다.	○ …④
체인 형태로 연결된 블록의 집합을 저장하는 컴퓨터를 노드라고 한다.	○ …⑤

02 윗글에 대한 이해로 가장 적절한 것은?

① 승인 과정에 참여할 노드를 결정하기 위해 합의 알고리즘이 사용된다.

② 일부 블록체인 데이터가 변경되면 전체 노드의 모든 블록은 승인 과정을 다시 거쳐야 한다.

③ 블록과 블록체인의 연결을 유지하면서 블록체인 데이터를 삭제할 수 있으면 보안성이 높다.

④ 공개형 블록체인 기술은 같은 양의 데이터가 저장되는 데 걸리는 시간이 짧을수록 성능이 낮아진다.

⑤ 블록이 블록체인에 연결되기 위해서는 블록의 데이터가 블록체인의 다른 데이터와 비교되어야 한다.

03 ⊙의 이유로 가장 적절한 것은?

① 블록체인에 포함된 데이터는 변경이 쉽기 때문이다.
② 블록체인이 여러 노드들에 중복 저장되기 때문이다.
③ 승인 과정에 참여하는 노드 수에 제한이 있기 때문이다.
④ 데이터가 블록체인에 포함되기 위해서는 승인 과정을 필요로 하기 때문이다.
⑤ 동일한 데이터가 블록체인에 연결된 서로 다른 블록에 이중으로 포함되어 있기 때문이다.

지문분석으로 독해력 향상하기

04 윗글을 바탕으로 〈보기〉를 이해한 내용으로 가장 적절한 것은?

보기

노드 수가 10개로 고정된 블록체인 기술을 사용하고 있는 A 업체는 이전에 사용하던 작업증명 대신 속도가 더 빠른 합의 알고리즘을 개발해, 유통 분야에서 요구되는 성능을 초과 달성했다. 한편 B 업체는 최근 A 업체보다 데이터의 위조 불가능성을 향상시킨 블록체인 기술을 개발했다. 이 기술은 노드 수에 제한이 없지만 현재는 200개의 노드가 참여하고 있다. 승인 과정에는 작업증명을 사용한다.

① A 업체의 블록체인 기술은 이전보다 확장성과 보안성이 모두 높아졌겠군.
② B 업체의 블록체인 기술은 노드 수가 증가할수록 보안성과 확장성이 모두 높아지겠군.
③ B 업체의 블록체인 기술은 노드 수가 감소하면 성능은 높아지고 탈중앙성이 낮아지겠군.
④ A 업체의 블록체인 기술은 B 업체와 달리 공개형이고, B 업체보다 탈중앙성이 낮겠군.
⑤ A 업체의 블록체인 기술은 B 업체와 승인 과정이 다르고, B 업체보다 무결성이 높겠군.

다음 글을 읽고 물음에 답하시오.

문장이나 영상, 음성을 만들어 내는 인공 지능 생성 모델 중 확산 모델은 영상의 복원, 생성 및 변환에 뛰어난 성능을 보인다. 확산 모델의 기본 발상은, 원본 이미지에 노이즈를 점진적으로 추가하였다가 그 노이즈를 다시 제거해 나가면 원본 이미지를 복원할 수 있다는 것이다. 노이즈는 불필요하거나 원하지 않는 값을 의미한다. 원하는 값만 들어 있는 원본 이미지에 노이즈를 단계별로 더하면 노이즈가 포함된 확산 이미지가 되고, 여러 단계를 거치면 결국 원본 이미지가 어떤 이미지였는지 전혀 알아볼 수 없는 노이즈 이미지가 된다. 역으로, 단계별로 더해진 노이즈를 알 수 있다면 노이즈 이미지에서 원본 이미지를 복원할 수 있다. 확산 모델은 노이즈 생성기, 이미지 연산기, 노이즈 예측기로 구성되며, 순확산 과정과 역확산 과정 순으로 작동한다.

순확산 과정은 이미지에 노이즈를 추가하면서 노이즈 예측기를 학습시키는 과정이다. 첫 단계에서는, 노이즈 생성기에서 노이즈를 만든 후 이미지 연산기가 이 노이즈를 원본 이미지에 더해서 노이즈가 포함된 확산 이미지를 출력한다. 다음 단계부터는 노이즈 생성기에서 만든 노이즈를 이전 단계에서 출력된 확산 이미지에 더한다. 이러한 단계를 충분히 반복하면 최종적으로 노이즈 이미지가 출력된다. 이때 더해지는 노이즈는 크기나 분포 양상 등 그 특성이 단계별로 다르다. 따라서 노이즈 예측기는 단계별로 확산 이미지를 입력받아 이미지에 포함된 노이즈의 특성을 추출하여 수치들로 표현하고, 이 수치들을 바탕으로 노이즈를 예측한다. 노이즈 예측기 내부의 이러한 수치들을 잠재 표현이라고 한다. 노이즈 예측기는 잠재 표현을 구하고 노이즈를 예측하는 방식을 학습한다.

노이즈 예측기의 학습 방법은 기계 학습 중에서 지도 학습에 해당한다. 지도 학습은 학습 데이터에 정답이 주어져 출력과 정답의 차이가 작아지도록 모델을 학습시키는 방법이다. 노이즈 예측기를 학습시킬 때는 노이즈 생성기에서 만들어 넣어 준 노이즈가 정답에 해당하며 이 노이즈와 예측된 노이즈 사이의 차이가 작아지도록 학습시킨다.

역확산 과정은 노이즈 이미지에서 노이즈를 제거하여 원본 이미지를 복원하는 과정이다. 노이즈를 제거하려면 이미지에 단계별로 어떤 특성의 노이즈가 더해졌는지 알아야 하는데 노이즈 예측기가 이 역할을 한다. 노이즈 이미지 또는 중간 단계에서의 확산 이미지를 노이즈 예측기에 입력하면 이미지에 포함된 노이즈의 특성을 추출하여 잠재 표현을 구하고 이를 바탕으로 노이즈를 예측한다. 이미지 연산기는 입력된 확산 이미지로부터 이 노이즈를 빼서 현 단계의 노이즈를 제거한 확산 이미지를 출력한다. 확산 이미지에 이런 단계를 반복하면 결국 노이즈가 대부분 제거되어 원본 이미지에 가까운 이미지만 남게 된다.

한편, 많은 종류의 이미지를 학습시킨 후 학습된 이미지의 잠재 표현에 고유 번호를 붙이면 역확산 과정에서 이미지를 선택하여 생성할 수 있다. 또한 잠재 표현의 수치들을 조정하면 다른 특성의 노이즈가 생성되어 여러 이미지를 혼합하거나 실재하지 않는 이미지를 만들어 낼 수도 있다.

01 학생이 윗글을 읽은 방법으로 적절하지 않은 것은?

① 확산 모델이 지도 학습을 사용한다는 점에 주목하고, 지도 학습 방법이 확산 모델에 어떻게 적용되는지 확인하며 읽었다.

② 확산 모델이 두 가지 과정으로 이루어진다는 점에 주목하고, 두 과정 중 어느 과정이 선행되어야 하는지 살피며 읽었다.

③ 확산 모델에서 노이즈의 중요성을 파악하고, 사용되는 노이즈의 종류가 모델의 성능에 미치는 영향을 이해하며 읽었다.

④ 잠재 표현의 개념을 파악하고, 그 개념을 바탕으로 확산 모델이 노이즈를 예측하고 제거하는 원리를 이해하며 읽었다.

⑤ 확산 모델의 구성 요소를 파악하고, 그 구성 요소가 노이즈 처리 과정에서 어떤 기능을 하는지 확인하며 읽었다.

02 윗글을 이해한 내용으로 가장 적절한 것은?

① 노이즈 생성기는 순확산 과정에서만 작동한다.

② 확산 모델에서의 학습은 역확산 과정에서 이루어진다.

③ 이미지 연산기와 노이즈 예측기는 모두 확산 이미지를 출력한다.

④ 노이즈 예측기를 학습시킬 때는 예측된 노이즈가 정답으로 사용된다.

⑤ 역확산 과정에서 단계가 반복될수록 출력되는 확산 이미지는 원본 이미지와의 유사성이 줄어든다.

03 잠재 표현에 대한 설명으로 적절하지 <u>않은</u> 것은?

① 잠재 표현의 수치들을 조정하면 여러 이미지를 혼합할 수 있다.

② 역확산 과정에서 잠재 표현이 다르면 예측되는 노이즈가 다르다.

③ 확산 모델의 학습에는 잠재 표현을 구하는 방식이 포함되어 있다.

④ 잠재 표현은 이미지에 더해진 노이즈의 크기나 분포 양상에 따라 다른 값들이 얻어진다.

⑤ 잠재 표현은 노이즈 예측기가 원본 이미지를 입력받아 노이즈의 특성을 추출한 결과이다.

지문분석으로 독해력 향상하기

04 윗글을 바탕으로 〈보기〉를 이해한 내용으로 적절하지 <u>않은</u> 것은?

보기

A 단계는 확산 모델 과정 중 한 단계이다. ㉠은 원본 이미지이고, ㉡은 확산 이미지 중의 하나이며, ㉢은 노이즈 이미지이다. (가)는 이미지가 A 단계로 입력되는 부분이고, (나)는 이미지가 A 단계에서 출력되는 부분이다.

(가) ⇨ A 단계 ⇨ (나)

① (가)에 ㉠이 입력된다면, A 단계의 이미지 연산기에서는 ㉠에 노이즈를 더하겠군.

② (나)에 ㉢이 출력된다면, A 단계의 노이즈 생성기에서 생성된 노이즈가 이미지 연산기에서 확산 이미지에 더해졌겠군.

③ 순확산 과정에서 (가)에 ㉡이 입력된다면, A 단계의 노이즈 예측기에서 예측한 노이즈가 이미지 연산기에 입력되겠군.

④ 역확산 과정에서 (가)에 ㉢이 입력된다면, A 단계의 이미지 연산기에서는 ㉢에서 노이즈를 빼겠군.

⑤ 역확산 과정에서 (나)에 ㉡이 출력된다면, A 단계의 노이즈 예측기에서 예측한 노이즈가 이미지 연산기에 입력되었겠군.

나 없이
기출
풀지마라

콘텐츠가 강하다!
실전 국어 전형태

독서

V

예술

다음 글을 읽고 물음에 답하시오.

　근대 도시의 삶의 양식은 많은 학자들의 관심을 끌어 왔다. 오랫동안 지배적인 관점으로 받아들여진 것은 삶의 양식 중 노동 양식에 주목하는 ㉠ 생산학파의 견해였다. 생산학파는 산업 혁명을 통해 근대 도시 특유의 노동 양식이 형성되는 점에 관심을 기울였다. 그들은 우선 새로운 테크놀로지를 갖춘 근대 생산 체제가 대규모의 노동력을 각지로부터 도시로 끌어 모으는 현상에 주목했다. 또한 다양한 습속을 지닌 사람들이 어떻게 대규모 기계의 리듬에 맞추어 획일적으로 움직이는 노동자가 되는지 탐구했다. 예를 들어, 미셸 푸코는 노동자를 집단 규율에 맞춰 금욕 노동을 하는 유순한 몸으로 만들어 착취하기 위해 어떤 훈육 전략이 동원되었는지 연구하였다. 또한 생산학파는 노동자가 기계화된 노동으로 착취당하는 동안 감각과 감성으로 체험하는 내면세계를 상실하고 사물로 전락했다고 고발하였다. 이렇게 보면 근대 도시는 어떠한 쾌락과 환상도 끼어들지 못하는 거대한 생산 기계인 듯하다.

　이에 대하여 ㉡ 소비학파는 근대 도시인이 내면세계를 상실한 사물로 전락한 것은 아니라고 하면서 생산학파를 비판하기 시작했다. 예를 들어, 콜린 캠벨은 금욕주의 정신을 지닌 청교도들조차 소비 양식에서 자기 환상적 쾌락주의를 가지고 있었다고 주장하였다. 결핍을 충족시키려는 욕망과 실제로 욕망이 충족된 상태 사이에는 시간적 간극이 존재할 수밖에 없다. 그런데 근대 도시에서는 이 간극이 좌절이 아니라 오히려 욕망이 충족된 미래 상태에 대한 주관적 환상을 자아낸다. 생산학파와 달리 캠벨은 새로운 테크놀로지의 발달 덕분에 이런 환상이 단순한 몽상이 아니라 실현 가능한 현실이 될 것이라는 기대를 불러일으킨다고 보았다. 그는 이런 기대가 쾌락을 유발하여 근대 소비 정신을 북돋웠다고 긍정적으로 평가했다.

　근래 들어 노동 양식에 주목한 생산학파와 소비 양식에 주목한 소비학파의 입장을 ⓐ 아우르려는 연구가 진행되고 있다. 일찍이 근대 도시의 복합적 특성에 주목했던 발터 벤야민은 이러한 연구의 선구자 중 한 명으로 재발견되었다. 그는 새로운 테크놀로지의 도입이 노동의 소외를 심화한다는 점은 인정하였다. 하지만 소비 행위의 의미가 자본가에게 이윤을 ⓑ 가져다주는 구매 행위로 축소될 수는 없다고 생각했다. 소비는 그보다 더 복합적인 체험을 가져다주기 때문이다. 벤야민은 이런 사실을 근대 도시에 대한 탐구를 통해 설명한다. 근대 도시에서는 옛것과 새것, 자연적인 것과 인공적인 것 등 서로 다른 것들이 병치되고 뒤섞이며 빠르게 흘러간다. 환상을 자아내는 다양한 구경거리도 근대 도시 곳곳에 등장했다. 철도 여행은 근대 이전에는 정지된 이미지로 체험되었던 풍경을 연속적으로 이어지는 파노라마로 체험하게 만들었다. 또한 유리와 철을 사용하여 만든 상품 거리인 아케이드는 안과 밖, 현실과 꿈의 경계가 모호해지는 체험을 가져다주었다. 벤야민은 이러한 체험이 근대 도시인에게 충격을 가져다준다고 보았다. 또한 이러한 충격 체험을 통해 새로운 감성과 감각이 일깨워진다고 말했다.

　벤야민은 근대 도시의 복합적 특성이 영화라는 새로운 예술 형식에 드러난다고 주장했다. 19세기 말에 등장한 신기한 구경거리였던 영화는 벤야민에게 근대 도시의 작동 방식과 리듬에 상응하는 매체다. 영화는 조각난 필름들이 일정한 속도로 흘러가면서 움직임을 만들어 낸다는 점에서 공장에서 컨베이어 벨트가 만들어내는 기계의 리듬을 ⓒ 떠올리게 한다. 또한 관객이 아닌 카메라라는 기계 장치 앞에서 연기를 해야 하는 배우나 자신의 전문 분야에만 참여하는 스태프는 작품의 전체적인 모습을 파악하기 어렵다. 분업화로 인해 노동으로부터 소외되는 근대 도시인의 모

습이 영화 제작 과정에서도 드러나는 것이다. 하지만 동시에 영화는 일종의 충격 체험을 통해 근대 도시인에게 새로운 감성과 감각을 불러일으키는 매체이기도 하다. 예측 불가능한 이미지의 연쇄로 이루어진 영화를 체험하는 것은 이질적인 대상들이 복잡하고 불규칙하게 뒤섞인 근대 도시의 일상 체험과 유사하다. 서로 다른 시·공간의 연결, 카메라가 움직일 때마다 변화하는 시점, 느린 화면과 빠른 화면의 교차 등 영화의 형식 원리는 ㉯ 정신적 충격을 발생시킨다. 영화는 보통 사람의 육안이라는 감각적 지각의 정상적 범위를 넘어선 체험을 가져다준다. 벤야민은 이러한 충격 체험을 환각, 꿈의 체험에 ⓓ 빗대어 '시각적 무의식'이라고 불렀다. 관객은 영화가 제공하는 시각적 무의식을 체험함으로써 일상적 공간에 대해 새로운 의미를 발견하게 된다. 영화관에 모인 관객은 이런 체험을 집단적으로 공유하면서 동시에 개인적인 꿈의 세계를 향유한다.

　근대 도시와 영화의 체험에 대한 벤야민의 견해는 생산학파와 소비학파를 포괄할 수 있는 이론적 단초를 제공한다. 벤야민은 근대 도시인이 사물화된 노동자이지만 그 자체로 내면세계를 지닌 꿈꾸는 자이기도 하다는 사실을 보여 준다. 벤야민이 말한 근대 도시는 착취의 사물 세계와 꿈의 주체 세계가 교차하는 복합 공간이다. 이렇게 벤야민의 견해는 근대 도시에 대한 일면적인 시선을 ⓔ 바로잡는 데 도움을 준다.

01 윗글의 내용 전개 방식으로 가장 적절한 것은?

① 근대 도시의 삶의 양식에 대한 벤야민의 주장을 기준으로, 근대 도시의 산물인 영화를 유형별로 분류하고 있다.

② 근대 도시와 영화의 개념을 정의한 후, 근대 도시의 복합적 특성을 밝힌 벤야민의 견해에 대해 그 의의와 한계를 평가하고 있다.

③ 근대 도시의 삶의 양식에 대한 벤야민의 관점을 활용하여, 근대 도시의 기원과 영화의 탄생 간에 공통점과 차이점을 비교하고 있다.

④ 근대 도시의 복합적 특성에 따른 영화의 변화 양상을 통시적으로 살펴본 후, 근대 도시와 영화의 체험에 대한 벤야민의 주장을 비판하고 있다.

⑤ 근대 도시의 삶의 양식에 대한 서로 다른 견해를 소개한 후, 근대 도시와 영화에 대한 벤야민의 견해가 근대 도시의 복합적 특성을 드러냄을 밝히고 있다.

02 ㉠, ㉡에 대한 이해로 가장 적절한 것은?

① ㉠은 근대 도시를 근대 도시인이 지닌 환상에 의해 작동되는 생산 기계라고 본다.

② ㉠은 새로운 테크놀로지의 발달로 성립된 근대 생산 체제가 욕망과 충족의 간극을 해소할 수 있다고 본다.

③ ㉡은 근대 도시인의 소비 정신이 금욕주의 정신에 의해 만들어졌다고 본다.

④ ㉡은 근대 도시인이 사물로 전락한 대상이 아니라 실현 가능한 미래에 대한 기대를 가진 존재라고 본다.

⑤ ㉠과 ㉡은 모두 소비가 노동자에 대한 집단 규율을 완화하여 유순한 몸을 만든다고 본다.

03 ㉮에 대한 이해로 적절하지 <u>않은</u> 것은?

① 관객에게 새로운 감성과 감각을 불러일으킨다.

② 영화가 다루고 있는 독특한 주제에서 발생한다.

③ 근대 도시의 일상 체험에서 유발되는 충격과 유사하다.

④ 촬영 기법이나 편집 등 영화의 형식적 요소에 의해 관객에게 유발된다.

⑤ 육안으로 지각 가능한 범위를 넘어서는 영화적 체험으로부터 발생한다.

04 윗글을 바탕으로 〈보기〉를 이해한 내용으로 적절하지 <u>않은</u> 것은?

> **보기**
>
> 베르토프의 〈카메라를 든 사나이〉는 1920년대의 근대 도시를 소재로 한 다큐멘터리 영화다. 베르토프는 다중 화면, 화면 분할 등 다양한 영화 기법을 도입하여 도시의 일상적 공간을 새롭게 재구성하고 있다. 이 영화는 억압의 대상이던 노동자를 생산의 주체이자 새로운 시대의 주인공으로 묘사한다. 영화인도 노동자 중 한 사람이라고 생각했던 베르토프는 영화 속에서 주체적이고 자율적으로 영화를 제작하는 영화인의 모습을 보여 준다. 베르토프는 짧은 이미지들의 빠른 교차를 통해 영화가 편집의 예술임을 확인시켜 준다. 또한 영화관에서 신기한 장면에 즐겁게 반응하는 관객들의 모습을 영화 속에서 보여 줌으로써 영화가 상영되는 과정을 드러낸다.

① 베르토프의 영화는 분업화로 인해 영화 제작 과정에서 소외된 영화인의 모습을 보여 주는군.

② 베르토프의 영화에 등장하는 노동자의 모습은 생산학파가 묘사하는 훈육된 노동자의 모습과는 다르군.

③ 베르토프가 다양한 영화 기법을 통해 일상 공간을 재구성한 것은 벤야민이 말하는 시각적 무의식을 유발하겠군.

④ 베르토프가 사용한 짧은 이미지들의 빠른 교차는 벤야민이 말하는 예측 불가능한 이미지의 연쇄를 보여 주는군.

⑤ 베르토프의 영화에 등장하는 관객의 모습은 영화관에서 신기한 구경거리인 영화를 즐기는 근대 도시인을 보여 주는군.

05 <u>벤야민이 말한 근대 도시</u>를 이해한 내용으로 적절하지 <u>않은</u> 것은?

① 생산의 공간과 꿈꾸는 공간이 교차하는 공간이다.

② 소비 행위가 노동자에게 복합 체험을 가져다주는 공간이다.

③ 이질적인 것이 병치되고 뒤섞이며 빠르게 흘러가는 공간이다.

④ 새로운 테크놀로지의 도입을 통해 노동의 소외가 극복된 공간이다.

⑤ 집단 규율을 따라 노동하는 노동자도 내면세계를 가지고 있는 공간이다.

06 문맥상 ⓐ~ⓔ와 바꿔 쓰기에 가장 적절한 것은?

① ⓐ : 봉합(縫合)하려는

② ⓑ : 보증(保證)하는

③ ⓒ : 연상(聯想)하게

④ ⓓ : 의지(依支)하여

⑤ ⓔ : 개편(改編)하는

다음 글을 읽고 물음에 답하시오.

　과거는 지나가 버렸기 때문에 역사가가 과거의 사실과 직접 만나는 것은 불가능하다. 역사가는 사료를 매개로 과거와 만난다. 사료는 과거를 그대로 재현하는 것은 아니기 때문에 불완전하다. 사료의 불완전성은 역사 연구의 범위를 제한하지만, 그 불완전성 때문에 역사학이 학문이 될 수 있으며 역사는 끝없이 다시 서술된다. 매개를 거치지 않은 채 손실되지 않은 과거와 ⓐ 만날 수 있다면 역사학이 설 자리가 없을 것이다. 역사학은 전통적으로 문헌 사료를 주로 활용해 왔다. 그러나 유물, 그림, 구전 등 과거가 남긴 흔적은 모두 사료로 활용될 수 있다. 역사가들은 새로운 사료를 발굴하기 위해 노력한다. 알려지지 않았던 사료를 찾아내기도 하지만, 중요하지 않게 ⓑ 여겨졌던 자료를 새롭게 사료로 활용하거나 기존의 사료를 새로운 방향에서 파악하기도 한다. 평범한 사람들의 삶의 모습을 중점적인 주제로 다루었던 미시사 연구에서 재판 기록, 일기, 편지, 탄원서, 설화집 등의 이른바 '서사적' 자료에 주목한 것도 사료 발굴을 위한 노력의 결과이다.

　시각 매체의 확장은 사료의 유형을 더욱 다양하게 했다. 이에 따라 역사학에서 영화를 통한 역사 서술에 대한 관심이 일고, 영화를 사료로 파악하는 경향도 ⓒ 나타났다. 역사가들이 주로 사용하는 문헌 사료의 언어는 대개 지시 대상과 물리적 · 논리적 연관이 없는 추상화된 상징적 기호이다. 반면 영화는 카메라 앞에 놓인 물리적 현실을 이미지화하기 때문에 그 자체로 물질성을 띤다. 즉, 영화의 이미지는 닮은꼴로 사물을 지시하는 도상적 기호가 된다. 광학적 메커니즘에 따라 피사체로부터 비롯된 영화의 이미지는 그 피사체가 있었음을 지시하는 지표적 기호이기도 하다. 예를 들어 다큐멘터리 영화는 피사체와 밀접한 연관성을 갖기 때문에 피사체의 진정성에 대한 믿음을 고양하여 언어적 서술에 비해 호소력 있는 서술로 비춰지게 된다.

　그렇다면 영화는 역사와 어떻게 관계를 맺고 있을까? 역사에 대한 영화적 독해와 영화에 대한 역사적 독해는 영화와 역사의 관계에 대한 두 축을 ⓓ 이룬다. 역사에 대한 영화적 독해는 영화라는 매체로 역사를 해석하고 평가하는 작업과 연관된다. 영화인은 자기 나름의 시선을 서사와 표현 기법으로 녹여내어 역사를 비평할 수 있다. 역사를 소재로 한 역사 영화는 역사적 고증에 충실한 개연적 역사 서술 방식을 취할 수 있다. 혹은 역사적 사실을 자원으로 삼되 상상력에 의존하여 가공의 인물과 사건을 덧대는 상상적 역사 서술 방식을 취할 수도 있다. 그러나 비단 역사 영화만이 역사를 재현하는 것은 아니다. 모든 영화는 명시적이거나 우회적인 방법으로 역사를 증언한다. 영화에 대한 역사적 독해는 영화에 담겨 있는 역사적 흔적과 맥락을 검토하는 것과 연관된다. 역사가는 영화 속에 나타난 풍속, 생활상 등을 통해 역사의 외연을 확장할 수 있다. 나아가 제작 당시 대중이 공유하던 욕망, 강박, 믿음, 좌절 등의 집단적 무의식과 더불어 이상, 지배적 이데올로기 같은 미처 파악하지 못했던 가려진 역사를 끌어내기도 한다.

　영화는 주로 허구를 다루기 때문에 역사 서술과는 거리가 있다고 보는 사람도 있다. 왜냐하면 역사가들은 일차적으로 사실을 기록한 자료에 기반해서 연구를 ⓔ 펼치기 때문이다. 또한 역사가는 ㉠ 자료에 기록된 사실이 허구일지도 모른다는 의심을 버리지 않고 이를 확인하고자 한다. 그러나 문헌 기록을 바탕으로 하는 역사 서술에서도 허구가 배격되어야 할 대상만은 아니다. 역사가는 ㉡ 허구의 이야기 속에서 그 안에 반영된 당시 시대적 상황을 발견하여 사료로 삼으려고 노력하기도 한다. 지어낸 이야기는 실제 있었던 사건에 대한 기록이 아니지만 사고방식과 언어, 물질

문화, 풍속 등 다양한 측면을 반영하며, 작가의 의도와 상관없이 혹은 작가의 의도 이상으로 동시대의 현실을 전달해 주기도 한다. 어떤 역사가들은 허구의 이야기에 반영된 사실을 확인하는 것에서 더 나아가 ㉢ 사료에 직접적으로 나타나지 않은 과거를 재현하기 위해 허구의 이야기를 활용하여 사료에 기반한 역사적 서술을 보완하기도 한다. 역사가가 허구를 활용하는 것은 실제로 존재했던 과거에 접근하고자 하는 고민의 결과이다.

[A] 　영화는 허구적 이야기에 역사적 사실을 담아냄으로써 새로운 사료의 원천이 될 뿐 아니라, 대안적 역사 서술의 가능성까지 지니고 있다. 영화는 공식 제도가 배제했던 역사를 사회에 되돌려 주는 '아래로부터의 역사'의 형성에 기여한다. 평범한 사람들의 회고나 증언, 구전 등의 비공식적 사료를 토대로 영화를 만드는 작업은 빈번하게 이루어지고 있다. 그리하여 영화는 하층 계급, 피정복 민족처럼 역사 속에서 주변화된 집단의 묻혀 있던 목소리를 표현해 낸다. 이렇듯 영화는 공식 역사의 대척점에서 활동하면서 역사적 의식 형성에 참여한다는 점에서 역사 서술의 한 주체가 된다.

01 윗글의 내용 전개 방식으로 가장 적절한 것은?

① 역사의 개념을 밝히면서 영화와 역사 간의 공통점과 차이점을 비교하고 있다.

② 영화의 변천 과정을 통시적으로 밝혀 사료로서 영화가 지닌 의의를 강조하고 있다.

③ 역사에 대한 서로 다른 견해를 대조하여 사료로서 영화가 지닌 한계를 비판하고 있다.

④ 영화의 사료로서의 특성을 밝히면서 역사 서술로서 영화가 지닌 가능성을 제시하고 있다.

⑤ 다양한 영화의 유형별 장단점을 분석하여 영화가 역사 서술의 대안이 될 수 있는지에 대해 평가하고 있다.

03 ㉑, ㉴의 사례로 적절한 것만을 〈보기〉에서 있는 대로 찾아 바르게 짝지은 것은?

보기

ㄱ. 조선 후기 유행했던 판소리를 자료로 활용하여 당시 음식 문화의 실상을 파악하고자 했다.

ㄴ. B.C. 3세기경에 편찬된 것으로 알려진 경전의 일부에 사용된 어휘를 면밀히 분석하여, 그 경전의 일부가 후대에 첨가되었을 가능성을 검토했다.

ㄷ. 중국 명나라 때의 상거래 관행을 연구하기 위해 명나라 때 유행한 다양한 소설들에서 상업 활동과 관련된 내용을 모아 공통된 요소를 분석했다.

ㄹ. 17세기의 사건 기록에서 찾아낸 한 평범한 여성의 삶에 대한 역사서를 쓰면서 그 여성의 심리를 묘사하기 위해 같은 시대에 나온 설화집의 여러 곳에서 문장을 차용했다.

	㉑	㉴
①	ㄱ, ㄷ	ㄹ
②	ㄱ, ㄹ	ㄴ
③	ㄴ, ㄷ	ㄱ
④	ㄷ	ㄴ, ㄹ
⑤	ㄹ	ㄱ, ㄴ

02 윗글에 대한 이해로 가장 적절한 것은?

① 개인적 기록은 사료로 활용하기에 적절하지 않다.

② 역사가가 활용하는 공식적 문헌 사료는 매개를 거치지 않은 과거의 사실이다.

③ 기존의 사료를 새로운 방향에서 파악하는 것은 사료의 발굴이라고 할 수 있다.

④ 문헌 사료의 언어는 다큐멘터리 영화의 이미지에 비해 지시 대상에 대한 지표성이 강하다.

⑤ 카메라를 매개로 얻어진 영화의 이미지는 지시 대상과 닮아 있다는 점에서 상징적 기호이다.

04 ㉠에 나타난 역사가의 관점에서 [A]를 비판한 내용으로 가장 적절한 것은?

① 영화는 많은 사실 정보를 담고 있기 때문에 사료로서의 가능성을 가지고 있다.

② 하층 계급의 역사를 서술하기 위해서는 영화와 같이 허구를 포함하는 서사적 자료에 주목해야 한다.

③ 영화가 늘 공식 역사의 대척점에 있는 것은 아니며, 공식 역사의 입장에서 지배적 이데올로기를 선전하는 수단으로 활용되곤 한다.

④ 주변화된 집단의 목소리는 그 집단의 이해관계를 반영하기 때문에 그것에 바탕을 둔 영화는 주관에 매몰된 역사 서술일 뿐이다.

⑤ 기억이나 구술 증언은 거짓이거나 변형될 가능성이 있기 때문에 다른 자료와 비교하여 진위 여부를 검증한 후에야 사료로 사용이 가능하다.

05 윗글을 바탕으로 〈보기〉를 이해한 내용으로 적절하지 <u>않은</u> 것은?

보기

> 1982년 작 영화 「마르탱 게르의 귀향」은 16세기 중엽 프랑스 농촌의 보통 사람들 간의 사건에 관한 재판 기록을 토대로 한다. 당시 사건의 정황과 생활상에 관한 고증을 맡은 한 역사가는 영화 제작 이후 재판 기록을 포함한 다양한 문서들을 근거로 동명의 역사서를 출간했다. 1993년, 영화 「마르탱 게르의 귀향」은 19세기 중엽 미국을 배경으로 하여 허구적 인물과 사건으로 재구성한 영화 「서머스비」로 탈바꿈되었다. 두 작품에서는 여러 해 만에 귀향한 남편이 재판 과정에서 가짜임이 드러난다. 전자는 당시 생활상을 있는 그대로 복원하는 데 치중했다. 반면 후자는 가짜 남편을 마을에 바람직한 변화를 가져온 지도자로 묘사하면서 미국 근대사를 긍정적으로 평가하고자 하는 대중의 욕망을 반영했다.

① 「서머스비」에 반영된, 미국 근대사를 긍정적으로 평가하려는 대중의 욕망은 영학가 제작된 당시 사회의 집단적 무의식에 해당하는군.

② 실화에 바탕을 둔 영화 「마르탱 게르의 귀향」을 가공의 인물과 사건으로 재구성한 「서머스비」에서는 영화에 대한 역사적 독해를 시도하기 어렵겠군.

③ 영화 「마르탱 게르의 귀향」은 실제 사건의 재판 기록을 토대로 제작됐지만, 그 속에도 역사에 대한 영화인 나름의 시선이 표현 기법으로 나타났겠군.

④ 영화 「마르탱 게르의 귀향」은 역사적 고증에 바탕을 두고 당시 사건과 생활상을 충실히 재현하기 위해 노력했다는 점에서 개연적 역사 서술 방식에 가깝겠군.

⑤ 역사서 「마르탱 게르의 귀향」은 16세기 프랑스 농촌의 평범한 사람들의 삶의 모습을 서사적 자료에 근거하여 다루었다는 점에서 미시사 연구의 방식을 취했다고 볼 수 있군.

06 문맥상 ⓐ~ⓔ와 바꿔 쓰기에 적절하지 <u>않은</u> 것은?

① ⓐ : 대면(對面)할

② ⓑ : 간주(看做)되었던

③ ⓒ : 대두(擡頭)했다

④ ⓓ : 결합(結合)한다

⑤ ⓔ : 전개(展開)하기

나 없이

기출

풀지마라

나 없이

다음 글을 읽고 물음에 답하시오.

(가)

미학은 예술과 미적 경험에 관한 개념과 이론에 대해 논의하는 철학의 한 분야로서, 미학의 문제들 가운데 하나가 바로 예술의 정의에 대한 문제이다. 예술이 자연에 대한 모방이라는 아리스토텔레스의 말에서 비롯된 모방론은, 대상과 그 대상의 재현이 닮은꼴이어야 한다는 재현의 투명성 이론을 ⓐ 전제한다. 그러나 예술가의 독창적인 감정 표현을 중시하는 한편 외부 세계에 대한 왜곡된 표현을 허용하는 낭만주의 사조가 18세기 말에 등장하면서, 모방론은 많이 쇠퇴했다. 이제 모방을 필수 조건으로 삼지 않는 낭만주의 예술가의 작품을 예술로 인정해 줄 수 있는 새로운 이론이 필요했다.

20세기 초에 콜링우드는 진지한 관념이나 감정과 같은 예술가의 마음을 예술의 조건으로 규정하는 표현론을 제시하여 이 문제를 해결하였다. 그에 따르면, 진정한 예술 작품은 물리적 소재를 통해 구성될 필요가 없는 정신적 대상이다. 또한 이와 비슷한 ⓑ 시기에 외부 세계나 작가의 내면보다 작품 자체의 고유 형식을 중시하는 형식론도 발전했다. 벨의 형식론은 예술 감각이 있는 비평가들만이 직관적으로 식별할 수 있고 정의는 불가능한 어떤 성질을 일컫는 '의미 있는 형식'을 통해 그 비평가들에게 미적 정서를 유발하는 작품을 예술 작품이라고 보았다.

20세기 중반에, 뒤샹이 변기를 가져다 전시한 「샘」이라는 작품은 예술 작품으로 인정되지만 그것과 형식적인 면에서 차이가 없는 일반적인 변기는 예술 작품으로 인정되지 않는 이유를 설명하지 못하게 되자 두 가지 대응 이론이 나타났다. 하나는 우리가 흔히 예술 작품으로 분류하는 미술, 연극, 문학, 음악 등이 서로 이질적이어서 그것들 전체를 아울러 예술이라 정의할 수 있는 공통된 요소를 갖지 않는다는 웨이츠의 예술 정의 불가론이다. 그의 이론은 예술의 정의에 대한 기존의 이론들이 겉보기에는 명제의 형태를 취하고 있으나 사실은 참과 거짓을 판정할 수 없는 사이비 명제이므로, 예술의 정의에 대한 논의 자체가 불필요하다는 견해를 대변한다.

다른 하나는 예술계라는 어떤 사회 제도에 속하는 한 사람 또는 여러 사람에 의해 감상의 후보 자격을 수여받은 인공물을 예술 작품으로 규정하는 디키의 제도론이다. 하나의 작품이 어떤 특정한 기준에서 훌륭하므로 예술 작품이라고 부를 수 있다는 평가적 ⓒ 이론들과 달리, 디키의 견해는 일정한 절차와 관례를 거치기만 하면 모두 예술 작품으로 볼 수 있다는 분류적 이론이다. 예술의 정의와 관련된 이 논의들은 예술로 분류할 수 있는 작품들의 공통된 본질을 찾는 시도이자 예술의 필요충분조건을 찾는 시도이다.

(나)

예술 작품을 어떻게 감상하고 비평해야 하는지에 대해 다양한 논의들이 있다. 예술 작품의 의미와 가치에 대한 해석과 판단은 작품을 비평하는 목적과 태도에 따라 달라진다. 예술 작품에 대한 주요 비평 방법으로는 맥락주의 비평, 형식주의 비평, 인상주의 비평이 있다.

㉠ 맥락주의 비평은 주로 예술 작품이 창작된 사회적·역사적 배경에 관심을 갖는다. 비평가 텐은 예술 작품이 창작된 당시 예술가가 살던 시대의 환경, 정치·경제·문화적 상황, 작품이 사회에 미치는 효과 등을 예술 작품 비평의 중요한 ⓓ 근거로 삼는다. 그 이유는 예술 작품이 예술가가 속해 있는 문화의 상징과 믿음을 구체화하며, 예술가가 속한 사회의 특성들을 반영한다고 보기 때문이다. 또한 맥락주의 비평에서는 작품이

창작된 시대적 상황 외에 작가의 심리적 상태와 이념을 포함하여 가급적 많은 자료를 바탕으로 작품을 분석하고 해석한다.

그러나 객관적 자료를 중심으로 작품을 비평하려는 맥락주의는 자칫 작품 외적인 요소에 치중하여 작품의 핵심적 본질을 훼손할 우려가 있다는 비판을 받는다. 이러한 맥락주의 비평의 문제점을 극복하기 위한 방법으로는 형식주의 비평과 인상주의 비평이 있다. 형식주의 비평은 예술 작품의 외적 요인 대신 작품의 형식적 요소와 그 요소들 간 구조적 유기성의 분석을 중요하게 생각한다. 프리드와 같은 형식주의 비평가들은 작품 속에 표현된 사물, 인간, 풍경 같은 내용보다는 선, 색, 형태 등의 조형 요소와 비례, 율동, 강조 등과 같은 조형 원리를 예술 작품의 우수성을 판단하는 기준이라고 주장한다.

㉡ 인상주의 비평은 모든 분석적 비평에 대해 회의적인 ⓔ 시각을 가지고 있어 예술을 어떤 규칙이나 객관적 자료로 판단할 수 없다고 본다. "훌륭한 비평가는 대작들과 자기 자신의 영혼의 모험들을 관련시킨다."라는 비평가 프랑스의 말처럼, 인상주의 비평은 비평가가 다른 저명한 비평가의 관점과 상관없이 자신의 생각과 느낌에 대하여 자율성과 창의성을 가지고 비평하는 것이다. 즉, 인상주의 비평가는 작가의 의도나 그 밖의 외적인 요인들을 고려할 필요 없이 비평가의 자유 의지로 무한대의 상상력을 가지고 작품을 해석하고 판단한다.

01 (가)와 (나)의 공통적인 내용 전개 방식으로 가장 적절한 것은?

① 대립되는 관점들이 수렴되어 가는 역사적 과정을 밝히고 있다.
② 화제에 대한 이론들을 평가하여 종합적 결론을 도출하고 있다.
③ 화제가 사회에 미치는 영향들을 분석하여 서로 간의 차이를 밝히고 있다.
④ 화제와 관련된 관점의 문제점을 제시하고 대안적 관점을 소개하고 있다.
⑤ 화제와 관련된 하나의 사례를 중심으로 다양한 이론을 시대순으로 나열하고 있다.

03 (가)에 등장하는 이론가와 예술가들이 상대의 견해나 작품을 평가할 수 있는 말로 적절하지 않은 것은?

① 모방론자가 뒤샹에게 : 당신의 작품 「샘」은 변기를 닮은 것이 아니라 변기 그 자체라는 점에서 예술 작품이 되기 위한 필요충분조건을 갖추고 있습니다.
② 낭만주의 예술가가 모방론자에게 : 대상을 재현하기만 하면 예술가의 감정을 표현하지 않은 작품도 예술 작품으로 인정하는 당신의 견해는 받아들일 수 없습니다.
③ 표현론자가 낭만주의 예술가에게 : 당신의 작품은 예술가의 마음을 표현했으니 대상을 있는 그대로 표현하지 않았더라도 예술 작품입니다.
④ 뒤샹이 제도론자에게 : 예술계에서 일정한 절차와 관례를 거치면 예술 작품이라는 당신의 주장은 저의 작품 「샘」 외에 다른 변기들도 예술 작품이 될 수 있음을 인정하는 것입니다.
⑤ 예술 정의 불가론자가 표현론자에게 : 당신이 예술가의 관념을 예술 작품의 조건으로 규정할 때 사용하는 명제는 참과 거짓을 판단할 수 없기 때문에 받아들일 수 없습니다.

02 (가)의 형식론에 대한 이해로 가장 적절한 것은?

① 미적 정서를 유발할 수 있는 어떤 성질을 근거로 예술 작품의 여부를 판단한다.
② 모든 관람객이 직관적으로 식별할 수 있는 형식을 통해 예술 작품의 여부를 판단한다.
③ 감정을 표현하는 모든 작품은 그 작품이 정신적 대상이더라도 예술 작품이라고 주장한다.
④ 외부 세계의 형식적 요소를 작가 내면의 관념으로 표현하는 것을 예술의 조건이라고 주장한다.
⑤ 특정한 사회 제도에 속하는 모든 예술가와 비평가가 자격을 부여한 작품을 예술 작품으로 판단한다.

04 다음은 비평문을 쓰기 위해 미술 전람회에 다녀온 학생이 (가)와 (나)를 읽은 후 작성한 메모의 일부이다. 메모의 내용이 적절하지 않은 것은?

■ 작품 정보 요약
• 작품 제목 : 「그리움」
• 팸플릿의 설명
- 화가 A가, 화가였던 자기 아버지가 생전에 신던 낡고 색이 바랜 신발을 보고 그린 작품임.
- 화가 A의 예술가 정신은 궁핍하게 살면서도 예술혼을 잃지 않고 작품 활동을 했던 아버지의 삶에서 영향을 받았음.
• 작품 전체에 따뜻한 계열의 색이 주로 사용됨.

■ 비평문 작성을 위한 착안점
◦ 콜링우드의 관점을 적용하면, 화가 A가 낡은 신발을 그린 것에서 아버지에 대한 그리움을 갖고 있었으리라는 점을 제시할 수 있겠군. ·············· ①
◦ 디키의 관점을 적용하면, 평범한 신발이 특별한 이유는 신발의 원래 주인이 화가였다는 사실에 있음을 언급하여 이 그림을 예술 작품으로 평가할 수 있겠군. ············· ②
◦ 텐의 관점을 적용하면, 이 작품에서 아버지의 낡은 신발은 화가 A가 추구하는 예술가 정신의 상징임을 팸플릿 정보를 근거로 해석할 수 있겠군. ··············· ③
◦ 프리드의 관점을 적용하면, 따뜻한 계열의 색들을 유기적으로 구성한 점에서 이 그림이 우수한 작품임을 언급할 수 있겠군. ···· ④
◦ 프랑스의 관점을 적용하면, 그림 속의 낡고 색이 바랜 신발을 보고, 지친 나의 삶에서 편안함과 여유를 느꼈음을 서술할 수 있겠군. ················· ⑤

05 피카소의 「게르니카」에 대해 〈보기〉의 A는 ⊙의 관점, B는 ⓒ의 관점에서 비평한 내용이다. (나)를 바탕으로 A, B를 이해한 내용으로 적절하지 <u>않은</u> 것은?

 지문분석으로 독해력 향상하기

보기

피카소, 「게르니카」

A : 1937년 히틀러가 바스크 산악 마을인 '게르니카'에 30여 톤의 폭탄을 퍼부어 수많은 인명을 살상한 비극적 사건의 참상을, 울부짖는 말과 부러진 칼 등의 상징적 이미지를 사용하여 전 세계에 고발한 기념비적인 작품이다.

B : 뿔 달린 동물은 슬퍼 보이고, 아이는 양팔을 뻗어 고통을 호소하고 있다. 우울한 색과 기괴한 형태들이 나를 그 속으로 끌어들이는 듯하다. 그러나 빛이 보인다. 고통과 좌절감이 느껴지지만 희망을 갈구하는 훌륭한 작품이다.

① A에서 '1937년'에 '게르니카'에서 발생한 사건을 언급한 것은 역사적 정보를 바탕으로 작품을 해석하기 위한 것이겠군.
② A에서 비극적 참상을 '전 세계에 고발'하였다고 서술한 것은 작품이 사회에 미치는 효과를 드러내고자 한 것이겠군.
③ B에서 '슬퍼 보이고'와 '고통을 호소하고'라고 서술한 것은 작가의 심리적 상태를 표현하려는 것이겠군.
④ B에서 '우울한 색과 기괴한 형태'를 언급한 것은 비평가의 주관적 인상을 반영하기 위한 것이겠군.
⑤ B에서 '희망을 갈구하는'이라고 서술한 것은 비평가의 자유로운 상상력이 반영된 것이겠군.

06 문맥을 고려할 때, 밑줄 친 말이 ⓐ~ⓔ의 동음이의어인 것은?

① ⓐ : 모든 인간은 평등하다고 <u>전제(前提)</u>해야 한다.
② ⓑ : 가을은 오곡백과가 무르익는 <u>시기(時期)</u>이다.
③ ⓒ : 이 문제에 대해서는 <u>이론(異論)</u>의 여지가 없다.
④ ⓓ : 이 소설은 사실을 <u>근거(根據)</u>로 하여 쓰였다.
⑤ ⓔ : 청소년의 <u>시각(視角)</u>으로 이 문제를 살펴보자.

나 없이

기출

풀지마라

나 없이

다음 글을 읽고 물음에 답하시오.

(가)

리얼리즘 영화 이론가 앙드레 바쟁에 따르면 영화는 '세상을 향해 열린 창'이다. 창을 통해 세상을 인식하는 것처럼, 관객은 영화를 통해 현실을 객관적으로 인식할 수 있다. 영화가 담아내고자 하는 현실은 물리적 시·공간이 분할되지 않는 하나의 총체로, 그 의미가 미리 정해지지 않은 미결정의 상태이다. 바쟁은 영화가 현실의 물리적 연속성과 미결정성을 있는 그대로 드러내야 한다고 생각했다.

바쟁은 영화감독을 '이미지를 믿는 감독'과 '현실을 믿는 감독'으로 분류했다. 영화의 형식을 중시한 '이미지를 믿는 감독'은 다양한 영화적 기법으로 현실을 변형하여 ⓐ 새로운 의미를 창조하는 데 주력한다. 몽타주의 대가인 예이젠시테인이 대표적이다. 몽타주는 추상적이거나 상징적인 이미지를 통해 관객이 익숙한 대상을 낯설게 받아들이게 한다. 또한 짧은 숏들을 불규칙적으로 편집해서 영화가 재현한 공간이 불연속적으로 연결된 듯한 느낌을 만들어 낸다. 바쟁은 몽타주가 현실의 연속성을 ⓑ 깨뜨릴 뿐만 아니라 감독의 의도에 따라 관객이 현실을 하나의 의미로만 해석하게 할 우려가 있는 연출 방식이라고 생각했다.

바쟁은 '현실을 믿는 감독'을 지지했다. 이들은 '이미지를 믿는 감독'과 달리 영화의 내용, 즉 현실을 더 중요하게 생각하기에 변형되지 않은 현실을 객관적으로 보여 주고자 한다. 디프 포커스와 롱 테이크는 이를 가능하게 해 주는 영화적 기법이다. 디프 포커스는 근경에서 원경까지 숏 전체를 선명하게 초점을 맞춰 촬영하는 기법으로, 원근감이 느껴지도록 공간감을 표현할 수 있다. 롱 테이크는 하나의 숏이 1~2분 이상 끊김 없이 길게 진행되도록 촬영하는 기법이다. 영화 속 사건이 지속되는 시간과 관객의 영화 체험 시간이 일치하여 현실을 ⓒ 마주하는 듯한 효과를 낳는다. 바쟁에 따르면, 디프 포커스와 롱 테이크를 혼용하여 연출한 장면은 관객이 그 장면에 담긴 인물이나 사물을 자율적으로 선택하여 응시하면서 화면 속 공간 전체와 사건의 전개를 지켜볼 수 있게 해 준다.

바쟁은 현실의 공간에서 자연광을 이용해 촬영하거나, 연기 경험이 없는 일반인을 배우로 ⓓ 쓰는 등 다큐멘터리처럼 강한 현실감을 만들어 내는 연출 방식에 찬사를 보냈다. 또한 정교하게 구조화된 서사를 통해 의미를 명확하게 제시하는 영화보다는 열린 결말을 통해 의미를 확정적으로 제시하지 않는 영화를 선호했다. 이러한 영화가 미결정 상태의 현실을 있는 그대로 드러낸다고 생각했기 때문이다.

(나)

정신분석학적 영화 이론에 따르면 ㉠ 관객이 영화에서 느끼는 현실감은 상상적인 것이며 환영이다. 영화와 관객의 심리 사이의 관계를 다루는 정신분석학적 영화 이론은 영화와 관객 사이에 발생하는 동일시 현상에 주목한다. 이런 동일시 현상은 영화 장치로 인해 발생한다. 이때 영화 장치는 카메라, 영화의 서사, 영화관의 환경 등을 아우르는 개념이다. 가장 대표적인 동일시 현상은 관객이 영화의 등장인물에 자신을 일치시키는 것이다. 이런 동일시는 극영화뿐 아니라 다큐멘터리 영화에서도 발생한다. 그런데 관객이 보고 있는 인물과 사물은 영화가 상영되는 그 시간과 장소에는 존재하지 않는다. 그 인물과 사물의 부재를 채우는 역할은 관객의 몫이다. 관객은 상상적 작업을 통해, 영화가 보여 주는 세계의 중심에 자신을 위치시킴으로써, 허구적 세계와 현실 사이의 간극을 ⓔ 없앤다. 따라서 정신분석학적 영화 이론에서 영화는 일종의 몽상이다.

정신분석학적 영화 이론에 따르면 관객의 시점은 카메라의 시점과 동일시된다. 관객은 카메라에 의해 기록된 것만을 볼 수 있다. 따라서 관객은 자신이 영화를 보는 시선의 주체라고 생각하지만 그 시선은 카메라에 의해 이미 규정된 시선이다. 또한 영화는 촬영과 편집 과정에서 특정한 의도에 따라 선택과 배제가 이루어지지만, 관객은 제작 과정에서 무엇이 배제되었는지 알 수 없다. 관객은 자신이 현실 세계를 보고 있다고 믿지만, 사실은 인위적으로 만들어진 세계를 보고 있다는 것이 정신분석학적 영화 이론가들의 주장이다.

영화관의 환경은 관객이 영화가 환영임을 인식하기 어렵게 만든다. 영화에 몰입한 관객은 플라톤이 말한 '동굴의 비유' 속 죄수처럼 스크린에 비친 허구적 세계를 현실이라고 착각한다. 이때 영화는 꿈에 빗대진다. 정신분석학적 영화 이론은 영화가 은폐하고 있는 특정한 이념을 관객이 의심하지 않고 자신의 것으로 받아들일 위험이 있다고 경고한다. 이는 관객이 비판적 거리를 유지하면서 영화를 볼 수 있도록, 영화가 환영임을 영화 스스로 폭로하는 설정이 담겨 있는 대안적인 영화가 필요하다는 주장으로 이어진다.

01 (가)와 (나)에서 모두 답을 찾을 수 있는 질문으로 가장 적절한 것은?

① 영화는 무엇에 비유될 수 있는가?
② 영화의 내용과 형식 중 무엇이 중요한가?
③ 영화에 관객의 심리는 어떻게 반영되는가?
④ 영화 이론의 시기별 변천 양상은 어떠한가?
⑤ 영화관 환경은 관객에게 어떤 영향을 주는가?

03 〈보기〉의 입장에서 (가)의 '바쟁'에 대해 비판한 내용으로 가장 적절한 것은?

보기

관객은 특별한 예술 교육을 받지 않아도 작품을 해석할 수 있다. 또한 감독의 의도대로 작품을 해석하는 존재가 아니다. 따라서 감독은 영화를 통해 관객을 계몽하려 할 필요가 없다. 관객은 작품과 상호 작용하며 의미를 생산하는 능동적 존재이다. 감독과 관객은 수평적인 위치에 있다.

① 바쟁은 열린 결말의 영화를 관객이 이해하도록 돕는 예술 교육의 필요성을 간과하고 있다.
② 바쟁은 정교하게 구조화된 서사의 영화를 통해 관객을 계몽하는 것을 영화의 목적이라고 오인하고 있다.
③ 바쟁이 감독의 연출 역량을 기준으로 감독의 유형을 나눈 것은 영화와 관객의 상호 작용을 무시한 구분에 불과하다.
④ 바쟁이 변형된 현실을 통해 생성한 의미를 관객에게 전달하는 것을 중시한다는 점에서 관객의 능동적인 작품 해석 능력을 과소평가하고 있다.
⑤ 바쟁은 감독의 연출 방식에 따라 영화 작품에 대한 관객의 이해가 달라질 수 있다고 본다는 점에서 감독이 관객보다 우위에 있다고 간주하고 있다.

02 (가)를 바탕으로 할 때, 영화적 기법의 효과에 대한 이해로 적절하지 <u>않은</u> 것은?

① 몽타주를 활용하여 대립 관계의 두 세력이 충돌하는 상황을 상징적 이미지로 표현한 장면에서, 관객은 생소한 느낌을 받을 수 있다.
② 몽타주를 활용하여 서로 다른 공간을 짧은 숏으로 불규칙하게 교차시킨 장면에서, 관객은 영화 속 공간이 불연속적으로 재구성되었다는 인상을 받을 수 있다.
③ 디프 포커스를 활용하여 주인공과 주인공 뒤로 펼쳐진 배경을 하나의 숏으로 촬영한 장면에서, 관객은 배경이 흐릿하게 인물은 선명하게 보이는 느낌을 받을 수 있다.
④ 롱 테이크를 활용하여 사자가 사슴을 사냥하는 모든 과정을 하나의 숏으로 길게 촬영한 장면에서, 관객은 실제 상황을 마주하는 듯한 느낌을 받을 수 있다.
⑤ 디프 포커스와 롱 테이크를 활용하여 광장의 군중을 촬영한 장면에서, 관객은 자율적으로 인물이나 배경에 시선을 옮기며 사건의 전개를 지켜볼 수 있다.

04 정신분석학적 영화 이론을 바탕으로 할 때, ⊙의 이유로 가장 적절한 것은?

① 관객은 영화 장치의 영향을 받기 때문이다.
② 현실의 의미는 미리 정해져 있지 않기 때문이다.
③ 영화가 현실을 불연속적으로 파편화하여 드러내기 때문이다.
④ 관객은 영화의 은폐된 이념을 그대로 받아들일 위험이 있기 때문이다.
⑤ 관객은 영화의 제작 과정에서 배제된 것들을 인식할 수 있기 때문이다.

05 다음은 학생이 작성한 영화 감상문이다. 이에 대해 (가)의 바쟁(A)의 관점과 (나)의 정신분석학적 영화 이론(B)의 관점에서 설명한 내용으로 가장 적절한 것은?

> 최근 영화관에서 본 두 편의 영화가 기억에 남는다. ㉮ 첫째 번 영화는 고단하게 살아가는 한 가족의 일상을 표현한 작품이다. 다큐멘터리라는 착각이 들 정도로 사실적인 영화였다. 작품에 대해 더 찾아보니 거리에서 인공조명 없이 촬영되었고, 주인공은 연기 경험이 없는 일반인이었다고 한다. 마지막에 아버지가 아들의 손을 꼭 잡아 줄 때, 마치 내 손을 잡아 주는 것처럼 느껴져 감동적이었다. 열린 결말이라서 주인공 가족이 앞으로 어떻게 살아갈지 궁금했다.
> ㉯ 둘째 번 영화는 초인적 주인공이 외계의 침략자를 물리치는 내용이다. 영화 후반부까지 사건 전개를 예측하지 못할 정도로 반전을 거듭하는 이야기와 실재라고 착각할 정도로 뛰어난 컴퓨터 그래픽 화면은 으뜸이었지만 뻔한 결말은 아쉬웠다. 그래도 주인공이 침략자를 무찌르는 장면에서는 내가 주인공이 되어 세상을 구하는 것 같아서 쾌감이 느껴졌다. 그런데 영화가 끝나고 생각해 보니 왜 세계의 평화는 서구인이 지키고, 특정 나라에서 일어나는 사건이 인류의 위기인지 의아했다.

① A의 관점에서 보면, 학생이 ㉮에서 궁금함을 떠올린 것은 '이미지를 믿는 감독'이 열린 결말을 통해 현실을 있는 그대로 ㉮에 담았기 때문이다.

② A의 관점에서 보면, 학생이 ㉯에서 사건의 전개를 예측하지 못한 것은 ㉯에는 의미가 미리 정해져 있지 않은 미결정 상태의 현실이 담겨 있기 때문이다.

③ A의 관점에서 보면, 학생이 ㉮와 ㉯에서 착각하는 듯한 인상을 받은 것은 ㉮와 ㉯가 강한 현실감을 만들어 내는 연출 방식으로 촬영되었기 때문이다.

④ B의 관점에서 보면, 학생이 ㉯에서 의아함을 떠올린 것은 ㉯가 관객으로 하여금 비판적 거리를 유지하며 영화를 볼 수 있도록 하는 대안적인 영화이기 때문이다.

⑤ B의 관점에서 보면, 학생이 ㉮에서 감동을 받은 것과 ㉯에서 쾌감을 느낀 것은 상상적 작업을 통해 허구적 세계의 중심에 자신을 위치시켰기 때문이다.

06 문맥상 ⓐ~ⓔ와 바꿔 쓰기에 적절하지 않은 것은?

① ⓐ : 개선(改善)된
② ⓑ : 파괴(破壞)할
③ ⓒ : 대면(對面)하는
④ ⓓ : 기용(起用)하는
⑤ ⓔ : 해소(解消)한다

나 없이

기출

풀지마라

나 없이

나 없이
기출
풀지마라

독서

2022학년도 6월

다음 글을 읽고 물음에 답하시오.

　㉠ 특정 주제를 깊이 있게 탐구하기 위한 독서는 지식을 습득하고 이를 비판적·종합적으로 탐구하는 독서이다. 이러한 독서는 목차나 책 전체를 훑어보아 글의 전체 구조를 파악하고, 필요한 부분을 찾아 중점적으로 읽을 내용을 선별하는 것으로부터 출발한다. 이어 독자는 글 표면에 드러난 내용을 정확하고 충분하게 읽기, 글 이면의 내용을 추론하고 비판하며 읽기, 여러 관점을 비교하고 종합하며 읽기와 같은 방법을 적절히 조합하여 선별한 내용을 읽게 된다.

　위 과정에서 독자는 자신의 배경지식과 새로이 얻은 지식을 통합하여 의미를 구성한다. 그런데 이렇게 개인의 머릿속에서 구성된 의미는 다른 사회 구성원들과의 상호 작용을 거쳐 재구성된다. 따라서 특정 주제를 깊이 있게 탐구하기 위한 독서의 의미 구성은 개인적 차원뿐 아니라 사회적 차원에서도 이루어지는 것으로 이해되어야 한다.

　이를 감안하면 특정 주제를 깊이 있게 탐구하기 위한 독서에서는 기록의 역할이 부각된다. 탐구 과정에서 개인적으로 구성한 의미를 기록하는 것은 읽은 내용의 망각을 방지하며, 비판과 토론의 자료로서 사회적 차원의 의미 구성에 기여한다. 또한 보고서, 논문, 단행본 등의 형태로 발전하여 공동체의 지식이 축적되는 토대를 이룬다. 이렇게 볼 때 특정 주제를 깊이 있게 탐구하기 위한 독서는 학문 탐구의 과정에서 글을 읽고 의견을 주고받으며 토론하는 강론 또는 기록을 권유했던 전통과도 맥을 같이 한다.

01 윗글에서 확인할 수 있는 ㉠의 방법이 아닌 것은?

① 글 표면에 드러난 내용을 꼼꼼하게 읽기
② 목차를 보고 전체적인 구조를 파악하며 읽기
③ 글의 숨겨진 의미를 파악하며 비판적으로 읽기
④ 탐구하고자 하는 주제에 필요한 내용을 골라 읽기
⑤ 정서적 반응을 기준으로 글의 가치를 평가하며 읽기

02 윗글을 바탕으로 〈보기〉를 이해한 내용으로 적절하지 않은 것은?

보기

　학문하는 데는 연속적으로 공부하는 것을 중히 여긴다. 한 번이라도 그 맥이 끊어지게 되면 정신이 새어 나가고 성의가 흩어져 버리니, 어떻게 학문의 깊은 뜻을 꿰뚫어 볼 수 있겠는가? 벗끼리 서로 돕는 것으로는 함께 모여 학문을 강론하는 것보다 나은 것이 없다. 그런데 퇴계(退溪)는 "읽은 것을 얼굴을 마주하고 강론하는 것이 좋기는 하지만, 항상 마음속의 생각을 다 드러내지는 못하고 만다. 그러니 의문이 드는 부분을 뽑아 기록해서 벗에게 보내 자세히 살펴볼 수 있게 하는 것만 못하다."라고 하였다. 그 뜻이 참으로 옳다.

- 이익, 「서독승면론」 -

① '정신이 새어 나가고 성의가 흩어져 버리'는 데 대한 우려는 기록의 궁극적 목적이 망각의 방지에 있음을 시사한다.
② 학문 과정에서 '학문의 깊은 뜻을 꿰뚫어' 보고자 하는 것은 주제를 깊이 있게 탐구하고자 하는 태도와 일맥상통한다.
③ '읽은 것을 얼굴을 마주하고 강론하는 것'은 독서의 의미 구성 과정에 포함되는 구성원들과의 상호 작용을 가리킨다.
④ '마음속의 생각'이나 '의문이 드는 부분'을 '강론' 또는 '기록'을 통해 공유하는 것은 사회적 차원의 의미 구성 과정과 연결된다.
⑤ '기록해서 벗에게 보내 자세히 살펴볼 수 있게 하는 것'은 비판과 토론의 자료로 기능할 수 있는 기록의 의의를 드러낸다.

03 다음은 윗글을 읽은 학생의 반응이다. 이에 대한 설명으로 가장 적절한 것은?

> 첫 문장을 읽으면서 특정 전공 분야의 연구자를 대상으로 하는 글인 줄 알았어. 그런데 생각해 보니 이런 독서의 모습이 낯설지 않아. 우리도 학교에서 보고서 작성을 위해 책을 읽고 친구들과 의문점을 나누며 의논하는 경우가 많잖아?

① 독서에서 얻은 깨달음을 실천하려는 모습을 보이고 있다.
② 모범적인 독서 태도를 발견하고 반성의 계기로 삼고 있다.
③ 학습 경험과 결부하여 독서 활동의 의미를 확인하고 있다.
④ 알게 된 내용과 관련지어 추가적인 독서 계획을 세우고 있다.
⑤ 독서 경험에 비추어 지속적인 독서의 중요성을 인식하고 있다.

지문분석으로 독해력 향상하기

다음 글을 읽고 물음에 답하시오.

미술사를 다루고 있는 좋은 책이 많지만 학술적인 지식이 부족하면 이해하기 어려운 경우가 많다고 한다. 이런 점에서 미술에 대해 막 알아 가기 시작한 나와 같은 독자도 이해할 수 있다고 알려진, 곰브리치의 『서양 미술사』를 택해 서양 미술의 흐름을 살펴본 것은 좋은 결정이었다.

이 책을 통해 저자는 미술사를 어떻게 이해할 것인가를 설명한다. 저자는 서론에서 '미술이라는 것은 사실상 존재하지 않는다. 다만 미술가들이 있을 뿐이다.'라고 밝히며, 미술가와 미술 작품에 주목하여 미술사를 이해하려는 자신의 관점을 설명한다. 저자는 27장에서도 해당 구절을 들어 자신의 관점을 다시 설명하고 있었기 때문에, 27장의 내용을 서론의 내용과 비교하여 읽으면서 저자의 관점을 더 잘 이해할 수 있었다.

책의 제목을 처음 접했을 때는, 이 책이 유럽만을 대상으로 삼고 있을 거라고 생각했다. 하지만 책의 본문을 읽기 전에 목차를 살펴보니, 총 28장으로 구성된 이 책이 유럽 외의 지역도 포함하고 있음을 알 수 있었다. 1~7장에서는 아메리카, 이집트, 중국 등의 미술도 설명하고 있었고, 8~28장에서는 6세기 이후 유럽 미술에서부터 20세기 미국의 실험적 미술까지 다루고 있었다. 이처럼 책이 다룬 내용이 방대하기 때문에, 이전부터 관심을 두고 있었던 유럽의 르네상스에 대한 부분을 먼저 읽은 후 나머지 부분을 읽는 방식으로 이 책을 읽어 나갔다.

㉠ 『서양 미술사』는 자료가 풍부하고 해설을 이해하기 어렵지 않아서, 저자가 해설한 내용을 저자의 관점에 따라 받아들이는 것만으로도 충분히 만족스러웠다. 물론 분량이 700여 쪽에 달하는 점은 부담스러웠지만, 하루하루 적당한 분량을 읽도록 계획을 세워서 꾸준히 실천하다 보니 어느새 다 읽었을 만큼 책의 내용은 흥미로웠다.

01 윗글을 쓴 학생이 책을 선정할 때 고려한 사항 중, 윗글에서 확인할 수 있는 것은?

① 자신의 지식수준에 비추어 적절한 책인가?
② 다수의 저자들이 참여하여 집필한 책인가?
③ 다양한 연령대의 독자에게서 추천받은 책인가?
④ 이전에 읽은 책과 연관된 내용을 담고 있는 책인가?
⑤ 최신의 학술 자료를 활용하여 믿을 만한 내용을 담고 있는 책인가?

02 윗글에 나타난 독서 방법으로 적절하지 <u>않은</u> 것은?

① 책에서 내용상 관련된 부분을 비교하며 읽는다.
② 책의 목차를 통해 책의 구성을 파악하고 읽는다.
③ 자신의 경험과 저자의 경험을 연관 지으며 읽는다.
④ 책의 분량을 고려하여 독서 계획을 세워서 읽는다.
⑤ 자신의 관심에 따라서 읽을 순서를 정하여 읽는다.

03 윗글을 쓴 학생에게 ㉠과 관련하여 〈보기〉를 바탕으로 조언할 때, 그 내용으로 가장 적절한 것은?

보기

예술 분야의 책을 읽을 때, 책에 담긴 저자의 해설 외에도 다양한 해설이 있다는 점을 염두에 두어야 한다. 저자의 해설에도 저자가 속한 시대의 사회문화적 환경에서 비롯된 영향이 반영되기 마련이다. 이러한 점을 고려하여, 독자는 책의 내용을 무비판적으로 수용하기보다는 자신의 주관을 가지고 책의 내용에 대해 판단할 필요가 있다.

① 책의 자료를 자의적 기준에 의해 정리하기보다는 저자의 관점에 따라 정리하는 게 좋겠어.
② 책이 유발한 사회·문화적 영향을 파악하기보다는 책에 대한 다양한 해설을 찾아보는 게 좋겠어.
③ 다양한 분야를 균형 있게 다룬 책보다는 하나의 분야를 집중적으로 다루고 있는 책을 읽는 게 좋겠어.
④ 책의 내용을 자신의 취향에 따라 골라 읽기보다는 전문가인 저자가 책을 구성한 방식대로 읽는 게 좋겠어.
⑤ 책의 내용을 그대로 받아들이려 하기보다는 자신의 관점을 바탕으로 저자의 관점을 판단하며 읽는 게 좋겠어.

지문분석으로 독해력 향상하기

다음 글을 읽고 물음에 답하시오.

어떤 독서 이론도 이 한 장의 사진만큼 독서의 위대함을 분명하게 말해 주지 못할 것이다. 사진은 제2차 세계 대전 당시 처참하게 무너져 내린 런던의 한 건물 모습이다. ㉠ 폐허 속에서도 사람들이 책을 찾아 서가 앞에 선 이유는 무엇일까? 이들은 갑작스레 닥친 상황에서 독서를 통해 무언가를 구하고자 했을 것이다.

독서는 자신을 살피고 돌아볼 계기를 제공함으로써 어떻게 살 것인가의 문제를 생각하게 한다. 책은 인류의 지혜와 경험이 담겨 있는 문화유산이며, 독서는 인류와의 만남이자 끝없는 대화이다. 독자의 경험과 책에 담긴 수많은 경험들의 만남은 성찰의 기회를 제공함으로써 독자의 내면을 성장시켜 삶을 바꾼다. 이런 의미에서 독서는 자기 성찰의 행위이며, 성찰의 시간은 깊이 사색하고 스스로에게 질문을 던지는 시간이어야 한다. 이들이 책을 찾은 것도 혼란스러운 현실을 외면하려 한 것이 아니라 자신의 삶에 대한 숙고의 시간이 필요했기 때문이다.

또한 ㉡ 독서는 자신을 둘러싼 현실을 올바로 인식하고 당면한 문제를 해결할 논리와 힘을 지니게 한다. 책은 세상에 대한 안목을 키우는 데 필요한 지식을 담고 있으며, 독서는 그 지식을 얻는 과정이다. 독자의 생각과 오랜 세월 축적된 지식의 만남은 독자에게 올바른 식견을 갖추고 당면한 문제를 해결할 방법을 모색하도록 함으로써 세상을 바꾼다. 세상을 변화시킬 동력을 얻는 이 시간은 책에 있는 정보를 이해하는 데 그치는 것이 아니라 그 정보가 자신의 관점에서 문제를 해결할 수 있는 타당한 정보인지를 판단하고 분석하는 시간이어야 한다. 서가 앞에 선 사람들도 시대적 과제를 해결할 실마리를 책에서 찾으려 했던 것이다.

독서는 자기 내면으로의 여행이며 외부 세계로의 확장이다. 폐허 속에서도 책을 찾은 사람들은 독서가 지닌 힘을 알고, 자신과 현실에 대한 이해를 구하고자 책과의 대화를 시도하고 있었던 것이다.

01 윗글을 바탕으로 할 때, ㉠의 답으로 적절하지 <u>않은</u> 것은?

① 인류의 지혜와 경험을 배우기 위해
② 현실로부터 도피할 방법을 구하기 위해
③ 시대적 과제를 해결할 실마리를 찾기 위해
④ 자신의 삶에 대해 숙고할 시간을 갖기 위해
⑤ 세상에 대한 안목을 키우는 지식을 얻기 위해

02 <보기>는 ㉡과 같이 독서하기 위해 학생이 찾은 독서 방법이다. 이에 대한 반응으로 적절하지 <u>않은</u> 것은?

> 보기
>
> 해결하려는 문제와 관련하여 관점이 다른 책들을 함께 읽는 것은 해법을 찾는 한 방법이다. 먼저 문제가 무엇인지를 명확히 하고, 이와 관련된 서로 다른 관점의 책을 찾는다. 책을 읽을 때는 자신의 관점에서 각 관점들을 비교·대조하면서 정보의 타당성을 비판적으로 검토하고 평가한 내용을 통합한다. 이를 통해 문제를 다각적·심층적으로 이해하게 됨으로써 자신의 관점을 분명히 하고, 나아가 생각을 발전시켜 관점을 재구성하게 됨으로써 해법을 찾을 수 있다.

① 읽을 책을 선택하기 전에 해결하려는 문제가 무엇인지를 명확하게 인식해야겠군.
② 서로 다른 관점을 비교·대조하면서 검토함으로써 편협한 시각에서 벗어나 문제를 폭넓게 보아야겠군.
③ 문제의 해결을 위해 서로 다른 관점을 비판적으로 통합하여 문제에 대한 생각을 새롭게 구성할 수 있어야겠군.
④ 정보를 이해하는 수준을 넘어, 각 관점의 타당성을 검토하고 평가 내용을 통합함으로써 문제를 깊이 이해해야겠군.
⑤ 문제에 대한 여러 관점을 다각도로 검토하고, 비판적 판단을 유보함으로써 자신의 관점이 지닌 타당성을 견고히 해야겠군.

03 다음은 윗글을 읽은 학생의 독서 기록장 일부이다. 이에 대한 설명으로 가장 적절한 것은?

> 나의 독서 대부분은 정보 습득을 위한 것이었다. 책의 내용이 그대로 내 머릿속으로 옮겨져 지식이 쌓이기만을 바랐지 내면의 성장을 생각하지 못했다. 윤동주 평전을 읽으며 스스로에게 질문을 던지는 이 시간이 나에 대해 사색하며 삶을 가꾸는 소중한 시간임을 새삼 느낀다. 오늘 나는 책장을 천천히 넘기며 나에게로의 여행을 떠나 보려 한다.

① 삶을 성찰하게 하는 독서의 가치를 깨닫고 이를 실천하려는 모습을 보이고 있다.

② 문학 분야에 편중되었던 독서 습관을 버리고 다양한 분야의 책을 읽으려는 노력을 보이고 있다.

③ 독서를 지속적으로 실천하지 못한 태도를 반성하고 문제 해결을 위해 장기적인 독서 계획을 세우고 있다.

④ 내면적 성장을 위한 도구로서의 독서의 중요성을 인식하고 다양한 매체를 활용한 독서의 방법을 제안하고 있다.

⑤ 개인의 지적 성장에 머무는 독서의 한계를 지적하고 타인과 경험을 공유하는 독서 토론의 필요성을 강조하고 있다.

지문분석으로 독해력 향상하기

다음 글을 읽고 물음에 답하시오.

글을 읽으려면 글자 읽기, 요약, 추론 등의 읽기 기능, 어휘력, 읽기 흥미나 동기 등이 필요하다. 글 읽는 능력이 발달하려면 읽기에 필요한 이러한 요소를 잘 갖추어야 한다.

[A] 읽기 요소들 중 어휘력 발달에 관한 연구들에서는, 학년이 올라감에 따라 ㉠ 어휘력이 높은 학생들과 ㉡ 어휘력이 낮은 학생들 간의 어휘력 격차가 점점 더 커짐이 보고되었다. 여기서 어휘력 격차는 읽기의 양과 관련된다. 즉 어휘력이 높으면 이를 바탕으로 점점 더 많이 읽게 되고, 많이 읽을수록 글 속의 어휘를 습득할 기회가 많아지며, 이것이 다시 어휘력을 높인다는 것이다. 반대로, 어휘력이 부족하면 읽는 양도 적어지고 어휘 습득의 기회도 줄어 다시 어휘력이 상대적으로 부족하게 됨으로써, 나중에는 커져 버린 격차를 극복하는 데에 많은 노력이 필요하게 된다.

이렇게 읽기 요소를 잘 갖춘 독자는 점점 더 잘 읽게 되어 그렇지 않은 독자와의 차이가 갈수록 커지게 되는데, 이를 매튜 효과로 설명하기도 한다. 매튜 효과란 사회적 명성이나 물질적 자산이 많을수록 그로 인해 더 많이 가지게 되고, 그 결과 그렇지 않은 사람과의 차이가 점점 커지는 현상을 일컫는다. 이는 주로 사회학에서 사용되었으나 읽기에도 적용된다.

그러나 ⓐ 글 읽는 능력을 매튜 효과로만 설명하는 데에는 문제가 있다. 우선, 읽기와 관련된 요소들에서 매튜 효과가 항상 나타나는 것은 아니다. 인지나 정서의 발달은 개인마다 다르며, 한 개인 안에서도 그 속도는 시기마다 다르기 때문이다. 예컨대 읽기 흥미나 동기의 경우, 어릴 때는 상승 곡선을 그리며 발달 하다가 어느 시기부터 떨어지기도 한다. 또한 읽기 요소들은 상호 간에 영향을 미쳐 매튜 효과와 다른 결과를 낳기도 한다. 가령 읽기 기능이 부족한 독자라 하더라도 읽기 흥미나 동기가 높은 경우 이것이 읽기 기능의 발달을 견인할 수 있다.

그럼에도 불구하고 읽기를 매튜 효과로 설명하는 연구는 단순히 지능의 차이에 따라 글 읽는 능력이 달라진다고 보던 관점에서 벗어나, 읽기 요소들이 글을 잘 읽도록 하는 중요한 동력임을 인식하게 하는 계기가 되었다.

01 윗글의 내용과 일치하지 <u>않는</u> 것은?

① 읽기 기능에는 어휘력, 읽기 흥미나 동기 등이 포함된다.
② 매튜 효과에 따르면 읽기 요소를 잘 갖출수록 더 잘 읽게 된다.
③ 매튜 효과는 주로 사회학에서 사용되는 개념이었다.
④ 읽기 요소는 다른 읽기 요소들에 영향을 미치기도 한다.
⑤ 읽기 연구에서 매튜 효과는 읽기 요소의 가치를 인식하게 했다.

02 다음은 어휘력 발달에서 나타나는 매튜 효과를 도식화한 것이다. [A]를 바탕으로 ㉠과 ㉡에 대해 이해한 것으로 가장 적절한 것은?

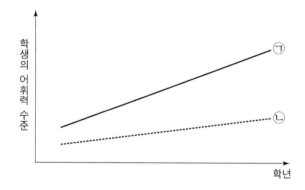

① ㉠은 ㉡에 비해 읽기 양이 적지만 어휘력은 더 큰 폭으로 높아진다.
② ㉡은 학년이 올라갈수록 ㉠과의 어휘력 격차를 줄일 수 있는 가능성이 커진다.
③ ㉡은 학년이 올라가면 ㉠에 비해 적은 노력으로도 어휘력 부족에서 벗어날 수 있다.
④ ㉠과 ㉡ 간의 어휘력 격차가 점점 커지는 것은 지능의 차이 때문이다.
⑤ ㉠과 ㉡ 간의 어휘력 격차가 점점 커지는 것은 읽기 양의 차이가 누적되기 때문이다.

03 〈보기〉의 관점에서 ⓐ를 뒷받침할 수 있는 내용으로 가장 적절한 것은?

보기

　　인간의 사고는 자연적으로 발달하기보다는 공동체 내 언어적 상호 작용에 의해 발달한다. 따라서 고차적 사고에 속하는 읽기도 타인과 상호 작용함으로써 점진적으로 발달한다.

① 읽기 발달의 속도는 한 개인 안에서도 시기마다 다르다.
② 읽기 발달은 읽기 속도나 취향 등 개인차에 따라 각기 다르다.
③ 읽기 흥미나 동기 등은 타고난 개인적 성향으로서 변하지 않는다.
④ 읽기 발달은 개인의 읽기 경험을 공유하는 사회적 환경에 따라 달라질 수 있다.
⑤ 충분한 시간과 몰입할 수 있는 장소가 주어진다면 혼자서도 읽기를 잘할 수 있다.

지문분석으로 독해력 향상하기

다음 글을 읽고 물음에 답하시오.

글을 읽는 동안 독자의 사고 과정을 밝힐 수 있는 방법 중 하나가 눈동자 움직임 분석 방법이다. 이것은 사고 과정이 눈동자의 움직임에 반영된다고 보고 그 특성을 분석하는 방법이다.

[A]
눈동자 움직임에 주목한 연구에 따르면, 글을 읽을 때 독자는 자신이 중요하다고 판단한 단어나 생소하다고 생각한 단어를 중심으로 읽는다. 글을 읽을 때 독자는 눈동자를 단어에 멈추는 고정, 고정과 고정 사이에 일어나는 도약을 보였는데, 도약은 한 단어에서 다음 단어로 이동하는 짧은 도약과 단어를 건너뛰는 긴 도약으로 구분된다. 고정이 관찰될 때는 단어의 의미 이해가 이루어졌지만, 도약이 관찰될 때는 건너뛴 단어의 의미 이해가 이루어지지 않았다. 글을 읽을 때 독자가 생각하는 단어의 중요도나 친숙함에 따라 눈동자의 고정 시간과 횟수, 도약의 길이와 방향도 달랐다. 독자가 중요하거나 생소하다고 생각한 단어일수록 고정 시간이 길었다. 이러한 단어는 독자가 글의 진행 방향대로 읽어 가다가 되돌아와 다시 읽는 경우도 있어 고정 횟수도 많았고, 이때의 도약은 글의 진행 방향과는 다르게 나타났다. 중요한 단어나 생소한 단어가 연속될 때는 그 단어마다 눈동자가 멈추면서 도약의 길이가 짧았다.

눈동자 움직임의 양상은 독자의 읽기 능력이 발달하면서 변화한다. 읽기 능력이 발달하면 이전과 같은 수준의 글을 읽거나 전에 읽었던 글을 다시 읽을 때, 단어마다 눈동자를 고정하지는 않게 되어 ㉠ 이전보다 고정 횟수와 고정 시간이 줄어들고 단어를 건너뛰는 긴 도약이 자주 일어나는 모습이 관찰된다. 학습 경험과 독서 경험이 쌓이면서 글의 구조에 대한 지식과 아는 단어, 배경지식이 늘어나기 때문이다. 또한 읽기 목적을 분명하게 인식하게 되면서 글에서 중요한 단어를 정확하게 선택할 수 있게 되는 것도 그 이유 중의 하나이다. 이때 문맥을 파악하기 위해 이미 읽은 단어를 다시 확인하려는 도약, 앞으로 읽을 단어를 먼저 탐색하는 도약 등이 빈번하게 나타난다.

01 윗글에 대한 이해로 가장 적절한 것은?

① 글을 읽을 때 눈동자의 움직임은 독자의 사고 과정에 영향을 받는다.
② 눈동자 움직임 분석 방법을 사용하지 않으면 독자의 사고 과정을 밝힐 수 없다.
③ 독자가 느끼는 글의 어려움의 정도는 독자의 눈동자 움직임의 양상에 영향을 주지 않는다.
④ 눈동자 움직임 분석 방법에 따르면 독자는 자신에게 친숙한 단어일수록 중요하다고 판단한다.
⑤ 글을 읽을 때 독자가 중요하다고 생각하는 단어의 빈도는 눈동자의 움직임에 영향을 주지 않는다.

02 다음은 학생이 자신의 읽기 과정을 기록한 글이다. [A]를 바탕으로 ⓐ~ⓔ를 분석한 내용으로 적절하지 않은 것은?

〈독서의 새로운 공간〉이라는 글을 읽으며 우선 글 전체에서 ⓐ 중요하다고 생각하는 단어만 확인하는 읽기를 했다. 이를 통해 '도서관'에 대한 내용이라는 것을 확인하고 ⓑ 글의 진행 방향에 따라 읽어 나갔다. '장서'의 의미를 알 수 없어서 ⓒ 앞에 읽었던 부분으로 돌아가서 다시 읽고 나니 문맥을 통해 '도서관에 소장된 책'이라는 의미임을 알게 되었다. 이후 도서관의 등장과 역할 변화가 글의 주제라는 것을 파악하고서 ⓓ 그와 관련된 단어들에 집중하며 읽어 나갔다. '파피루스를 대신하여 양피지가 사용되었다.'라는 문장을 읽을 때 ⓔ '대신하여'와 달리 '파피루스'와 '양피지'처럼 생소한 단어는 하나씩 확인하며 읽었다.

① ⓐ : 중요하다고 생각하는 단어에서는 고정이 일어났을 것이다.
② ⓑ : 도약이 진행되는 동안에는 건너뛴 단어의 의미 이해가 이루어지지 않았을 것이다.
③ ⓒ : 글이 진행되는 방향과 반대 방향의 도약이 나타났을 것이다.
④ ⓓ : 글의 주제와 관련이 없는 단어들을 읽을 때보다 고정 시간이 짧고 고정 횟수가 적었을 것이다.
⑤ ⓔ : 중요하지 않고 익숙한 단어들로만 이루어진 동일한 길이의 문장을 읽을 때보다 고정 시간이 길었을 것이다.

03 다음은 윗글을 읽은 학생이 ㉠에 대해 보인 반응이다. [가]에 들어갈 내용으로 적절하지 <u>않은</u> 것은?

> 읽기 능력이 발달하면, [가] 나에게도 이러한 현상이 나타날 수 있겠군.

① 글을 깊이 있게 이해하기 위해 꼼꼼히 읽을 때
② 글과 관련된 배경지식을 적극적으로 활용하여 읽을 때
③ 다양한 글을 읽어서 글의 구조를 잘 이해할 수 있을 때
④ 배우고 익힌 내용이 쌓여 글에 아는 단어가 많아졌을 때
⑤ 읽기 목적에 따라 중요한 단어를 정확하게 고를 수 있을 때

지문분석으로 독해력 향상하기

다음 글을 읽고 물음에 답하시오.

　사람들이 지속적으로 책을 읽는 이유 중 하나는 즐거움이다. 독서의 즐거움에는 여러 가지가 있겠지만 그 중심에는 '소통의 즐거움'이 있다.

　독자는 독서를 통해 책과 소통하는 즐거움을 경험한다. 독서는 필자와 간접적으로 대화하는 소통 행위이다. 독자는 자신이 속한 사회나 시대의 영향 아래 필자가 속해 있거나 드러내고자 하는 사회나 시대를 경험한다. 직접 경험하지 못했던 다양한 삶을 필자를 매개로 만나고 이해하면서 독자는 더 넓은 시야로 세계를 바라볼 수 있다. 이때 같은 책을 읽은 독자라도 독자의 배경지식이나 관점 등의 독자 요인, 읽기 환경이나 과제 등의 상황 요인이 다르므로, 필자가 보여 주는 세계를 그대로 수용하지 않고 저마다 소통 과정에서 다른 의미를 구성할 수 있다.

[A] ┌　이러한 소통은 독자가 책의 내용에 대해 질문하고 답을 찾아내는 과정에서 가능해진다. 독자는 책에서 답을 찾는 질문, 독자 자신에게서 답을 찾는 질문 등을 제기할 수 있다. 전자의 경우 책에 명시된 내용에서 답을 발견할 수 있고, 책의 내용들을 관계 지으며 답에 해당하는 내용을 스스로 구성할 수도 있다. 또한 후자의 경우 책에는 없는 독자의 경험에서 답을 찾을 수 있다. 이런 질문들을 풍부히 생성하고 주체적으로 답을 찾을 때 소통의 즐거움은 더 커진다. └

　한편 독자는 ⊙ 다른 독자와 소통하는 즐거움을 경험할 수도 있다. 책과의 소통을 통해 개인적으로 형성한 의미를 독서 모임이나 독서 동아리 등에서 다른 독자들과 나누는 일이 이에 해당한다. 비슷한 해석에 서로 공감하며 기존 인식을 강화하거나 관점의 차이를 확인하고 기존 인식을 조정하는 과정에서, 독자는 자신의 인식을 심화·확장할 수 있다. 최근 소통 공간이 온라인으로 확대되면서 독서를 통해 다른 독자들과 소통하며 즐거움을 누리는 양상이 더 다양해지고 있다. 자신의 독서 경험을 담은 글이나 동영상을 생산·공유함으로써, 책을 읽지 않은 타인이 책과 소통하도록 돕는 것도 책을 통한 소통의 즐거움을 나누는 일이다.

01 윗글의 내용과 일치하지 않는 것은?

① 같은 책을 읽은 독자라도 서로 다른 의미를 구성할 수 있다.

② 다른 독자와의 소통은 독자가 인식의 폭을 확장하도록 돕는다.

③ 독자는 직접 경험해 보지 못했던 다양한 삶을 책의 필자를 매개로 접할 수 있다.

④ 독자의 배경지식, 관점, 읽기 환경, 과제는 독자의 의미 구성에 영향을 주는 독자 요인이다.

⑤ 독자는 책을 읽을 때 자신이 속한 사회나 시대의 영향을 받으며 필자와 간접적으로 대화한다.

02 다음은 학생이 독서 후 작성한 글의 일부이다. [A]를 바탕으로 ⓐ~ⓔ를 이해한 내용으로 가장 적절한 것은?

　ⓐ '음악 시간에 들었던 베토벤의 교향곡 「합창」이 위대한 작품인 이유는 무엇일까?' 하는 생각에, 베토벤에 대한 책을 빌렸다. 책에서는 기악만으로 구성됐던 교향곡에 성악을 결합해 개성을 드러냈다는 점에서 ⓑ 이 곡이 낭만주의 음악의 특징을 보여 준다고 했다.

　「합창」을 해설한 부분에 이어, 베토벤의 생애에 관한 뒷부분도 읽었는데, ⓒ 이 내용들을 종합해, 절망적 상황에서도 열정적으로 자신이 좋아하는 일을 했기에 교향곡 구성의 새로움을 보여 준 명작이 탄생했음을 알게 됐다. 이후 ⓓ 내가 진정으로 좋아하는 일이 무엇인지 나에게 묻게 되었다. ⓔ 글 쓰는 일에서 가장 큰 행복을 느꼈던 나를 발견할 수 있었고, 나도 어떤 상황에서든 좋아하는 일을 계속해야겠다고 생각했다.

① ⓐ와 ⓑ에는 모두 '독자 자신에게서 답을 찾는 질문'이 나타난다.

② ⓒ와 ⓓ에는 모두 '책에 명시된 내용'에서 질문의 답을 찾아내는 모습이 나타난다.

③ ⓐ에는 '책에서 답을 찾는 질문'이, ⓔ에는 그에 대한 답을 '독자의 경험'에서 찾아내는 모습이 나타난다.

④ ⓑ에는 '책에서 답을 찾는 질문'이, ⓒ에는 그에 대한 답을 '책의 내용들을 관계 지으며' 찾아내는 모습이 나타난다.

⑤ ⓓ에는 '독자 자신에게서 답을 찾는 질문'이, ⓔ에는 그에 대한 답을 '독자의 경험'에서 찾아내는 모습이 나타난다.

03 윗글을 읽고 ㉠에 대해 보인 반응으로 적절하지 <u>않은</u> 것은?

① 스스로 독서 계획을 세우고 자신에게 필요한 책을 찾아 개인적으로 읽는 과정에서 경험할 수 있겠군.

② 독서 모임에서 서로 다른 관점을 확인하고 자신의 관점을 조정하는 과정에서 경험할 수 있겠군.

③ 개인적으로 형성한 의미를, 독서 동아리를 통해 심화하는 과정에서 경험할 수 있겠군.

④ 자신의 독서 경험을 담은 콘텐츠를 생산하고 공유하는 과정에서 경험할 수 있겠군.

⑤ 오프라인뿐 아니라 온라인 공간에서 해석을 나누는 과정에서도 경험할 수 있겠군.

지문분석으로 독해력 향상하기

다음 글을 읽고 물음에 답하시오.

선생님의 권유나 친구의 추천, 자기 계발 등 우리가 독서를 하게 되는 동기는 다양하다. 독서 동기는 '독서를 이끌어 내고, 지속하는 힘'으로 정의되는데, 이 정의에는 독서의 시작과 지속이라는 두 측면이 포함되어 있다. 이러한 독서 동기는 슈츠가 제시한 '때문에 동기'와 '위하여 동기'라는 두 유형을 적용하여 설명할 수 있다.

[A] 독서의 '때문에 동기'는 독서 행위를 하게 만든 이유를 의미한다. 이는 독서 행위를 유발한 계기가 되므로 독서 이전 시점에 이미 발생한 사건이나 경험에 해당한다. 독서의 '위하여 동기'는 독서 행위를 통해 달성하고자 하는 목적을 의미한다. 그 목적은 독서 행위의 결과로 달성되므로 독서 이후 시점의 상태에 대한 기대나 예측이라는 성격을 가지며, 달성하지 못할 가능성을 내포한다. 예를 들어, 친구에게 책을 선물로 받아서 읽게 되었다고 할 때, 선물로 책을 받은 것은 이 독서 행위의 '때문에 동기'이다. 그리고 책을 읽고 친구와 책에 대해 대화를 나누는 것을 목적으로 설정했다면 이는 '위하여 동기'가 된다. 또한 독서 행위를 통해 성취감이나 감동을 느끼는 것, 선물로 받은 책을 읽어서 친구를 실망시키지 않는 것 등도 이 독서 행위의 결과로 기대할 수 있는 것이므로 역시 '위하여 동기'가 된다고 할 수 있다.

이러한 동기 개념은 독서 습관의 형성 과정을 설명하는 데 도움이 된다. 성공적인 독서 경험의 핵심은 독서 행위를 통해 즐거움과 유익함을 경험하는 것인데, 이러한 경험을 하게 되면 다른 책을 더 읽고 싶다는 마음이 들고 그러한 마음은 새로운 독서 행위로 연결된다. 독서의 즐거움과 유익함은 새로운 독서 행위의 이유가 된다는 점에서 '때문에 동기'가 된다. 동시에, 새로운 독서 행위를 통해 다시 경험하고 싶어지는 '위하여 동기'가 되기도 한다. 이러한 선순환을 통해 독서 경험이 반복되고 심화되면서 독서 습관이 자연스럽게 형성된다. 따라서 독서 습관을 형성하려면 '때문에 동기'와 '위하여 동기'를 바탕으로 우선 독서 행위를 시작하는 것과, 성공적인 독서 경험을 통해 독서 행위를 지속하는 것이 중요하다.

01 윗글의 내용에 대한 이해로 적절하지 않은 것은?

① 타인의 권유나 추천이 독서를 하는 이유가 될 수 있다.
② 슈츠는 동기의 두 측면을 합쳐 하나의 유형으로 제시했다.
③ 독서 습관을 형성하기 위해서는 독서 행위를 시작하는 것이 필요하다.
④ 독서 동기의 정의는 독서를 시작하게 하는 힘과 계속하게 하는 힘을 포함한다.
⑤ 독서의 '때문에 동기'와 '위하여 동기'는 독서 습관의 형성 과정을 설명하는 데 유용하다.

02 다음은 학생의 메모이다. [A]를 참고할 때, ㉮~㉰에 대한 설명으로 가장 적절한 것은?

나는 ㉮ 학교에서 '한 학기에 책 한 권 읽기' 과제를 받았다. 그래서 이번 학기에 읽을 책으로 철학 분야의 책을 선택했다. 책을 다 읽고 나면 ㉯ 철학에 대해 많이 알게 되겠지. 그리고 ㉰ 어려운 책을 읽어 냈다는 뿌듯함도 느낄 수 있을 거야.

① ㉮는 독서를 통해 달성하고자 하는 목적이므로 '위하여 동기'라고 할 수 있다.
② ㉯는 독서를 하도록 만든 사건에 해당하므로 '때문에 동기'라고 할 수 있다.
③ ㉮와 ㉯는 이미 발생하여 독서의 계기가 되었으므로 '때문에 동기'라고 할 수 있다.
④ ㉮와 ㉰는 독서 이전 시점에 경험한 일에 해당하므로 '때문에 동기'라고 할 수 있다.
⑤ ㉯와 ㉰는 독서의 결과로 얻게 될 기대에 해당하므로 '위하여 동기'라고 할 수 있다.

실전 국어 전형태

03 윗글을 바탕으로 할 때, 〈보기〉를 설명한 내용으로 적절하지 <u>않은</u> 것은?

보기

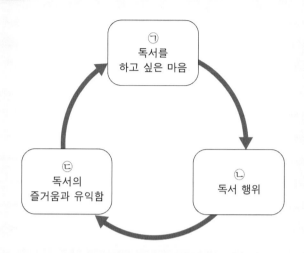

① ㉠으로 시작해 ㉢을 경험하면 ㉠은 자연스럽게 사라진다.

② ㉡으로 ㉢을 얻는 것이 성공적 독서 경험의 핵심이다.

③ ㉢의 경험을 통하여 ㉠이 생기면 ㉡으로 이어질 수 있다.

④ ㉢은 ㉡의 결과인 동시에 새로운 ㉡의 목적이 될 수 있다.

⑤ ㉠, ㉡, ㉢의 선순환을 통해 독서 경험이 반복되고 심화된다.

지문분석으로 독해력 향상하기

2024학년도 9월

다음 글을 읽고 물음에 답하시오.

　　흔히 읽기는 듣기·말하기와 달리 영·유아가 글자를 깨치고 나서야 시작된다고 생각한다. 그러나 대부분의 읽기 발달 연구에서는 그 전에도 읽기 발달이 진행된다고 본다. 이 연구들에서는 읽기 행동의 특성이나 글에 대한 이해 수준 등에 따라 읽기 발달 단계를 위계화한다. 대개 '읽기 준비'를 하나의 단계로 보고, 이후의 단계를 '글자를 익히고 소리 내어 읽기', '의미를 이해하며 읽기', '학습 목적으로 읽기', '다양한 관점으로 읽기', '의미를 재구성하며 읽기'의 순으로 나눈다.

　　여기서 읽기 준비 단계는 읽기의 기초가 형성되는 중요한 시기이다. 이 시기의 영·유아는 글자를 깨치지는 못하더라도 글자의 형태에 익숙해지며, 글자와 소리의 대응 관계도 어렴풋이 알게 된다. 이 과정에서 글자가 뜻이 있고 음성으로 표현된다는 것을 알게 되는 유의미한 경험을 한다.

　　이 연구들에 따르면 ㉠ 읽기 준비 단계에서 영·유아의 읽기 발달은 타인의 읽기 행위를 관찰하고 글자에 대한 다양한 경험을 쌓으며 진행된다. 영·유아는 타인의 책 읽는 모습을 보며 글의 시작 부분, 글자를 읽는 방향, 책장을 넘기는 방식 등을 알게 된다. 읽어 주는 사람의 표정이나 몸짓을 기억해 모방하기도 한다. 의사소통의 각 영역인 듣기·말하기·읽기·쓰기는 서로 영향을 주며 함께 발달한다. 글자를 모르는 영·유아가 책을 넘기며 중얼거리고 책 읽는 흉내를 내는 것, 책 읽는 소리를 들으며 따라 말하는 것, 들은 단어나 구절을 사용해 문장을 지어 말하는 것, 읽어 주는 것을 들으며 그림이나 글자 형태로 끄적거리는 것이 이에 해당한다.

[A] ┌　　읽기 발달은 일정한 시기에 급격히 이루어지는 것이 아니라 글자를 깨치기 이전부터 점진적으로 진행된다. 따라서 이 시기에 생활 속에서, 책을 자주 읽어 주며 생각을 묻는 등 의사소통의 각 영역이 같이 발달할 수 있도록 하는 자연스러운 지도가 읽기 발달에 도움을 준다. 읽기 준비 단계에서의 경험은 이후의 단계에 중요한 영향을 미친다.

01 대부분의 읽기 발달 연구의 내용과 일치하지 않는 것은?

① 의미를 재구성하며 읽는 단계는 읽기 발달의 마지막 단계이다.
② 영·유아의 의사소통 각 영역은 상호 간의 작용 없이 발달한다.
③ 영·유아는 글자와 소리가 관계를 맺고 있다는 것을 막연하게 알게 된다.
④ 읽기 행동의 특성이나 글에 대한 이해 수준 등에 따라 읽기 발달의 단계를 나눈다.
⑤ 글자를 습득하고 소리 내어 읽는 단계는 학습을 목적으로 읽는 단계에 선행한다.

02 ㉠에 대한 이해로 적절하지 않은 것은?

① 타인이 책을 읽어 줄 때 들었던 구절을 사용하여 말하는 행동이 관찰된다.
② 책에서 글이 시작되는 부분을 찾거나 일정한 방향으로 글자를 보는 행위가 관찰된다.
③ 글에 나타난 여러 단어의 뜻을 명확히 알고 소리 내어 글자를 읽는 행동이 관찰된다.
④ 책 읽어 주는 것을 들으며 그림이나 글자와 비슷한 형태로 나타내는 행위가 관찰된다.
⑤ 책을 볼 때 부모가 손가락으로 짚어 가며 읽어 준 행동을 기억하여 유사한 행동을 하는 것이 관찰된다.

03 [A]와 〈보기〉를 비교한 내용으로 가장 적절한 것은?

보기

읽기 지도는 신체적, 정신적으로 어느 정도 성숙한 이후에 해야 한다. 그 전에는 읽기 지도를 하지 않는 것이 바람직하다. 듣기·말하기와 달리 읽기 발달은 글자를 읽을 수 있는 기초 기능을 배운 후부터 시작되기 때문이다. 따라서 듣기와 말하기를 먼저 가르친 후 읽기, 쓰기의 순으로 가르치는 것이 효과적이다.

① [A]와 달리 〈보기〉는 일상에서의 자연스러운 읽기 지도를 강조하는군.
② [A]와 달리 〈보기〉는 글자를 깨치기 전의 경험이 읽기 발달에 영향을 준다고 보는군.
③ [A]와 달리 〈보기〉는 글자 읽기의 기초 기능을 배운 후부터 읽기 발달이 시작된다고 보는군.
④ [A]와 〈보기〉는 모두 읽기 이후에 쓰기를 가르쳐야 한다고 강조하는군.
⑤ [A]와 〈보기〉는 모두 신체적, 정신적으로 어느 정도 성숙한 이후에 읽기를 가르치는 것이 효과적이라고 보는군.

다음 글을 읽고 물음에 답하시오.

독서는 독자가 목표한 결과에 도달하기 위해 글을 읽고 의미를 구성하는 인지 행위이다. 성공적인 독서를 위해서는 초인지가 중요하다. 독서에서의 초인지는 독자가 자신의 독서 행위에 대해 인지하는 것으로서 자신의 독서 과정을 점검하고 조정하는 역할을 한다.

[A]
초인지는 글을 읽기 시작한 후 지속적으로 이루어지는 점검 과정에 동원된다. 독자는 가장 적절하다고 판단한 독서 전략을 사용하여 독서를 진행하는데, 그 전략이 효과적이고 문제가 없는지를 평가하며 점검한다. 효과적이지 않거나 문제가 있다고 판단하면 이를 해결해야 한다. 문제가 무엇인지 분명하지 않은 경우에는 독서 중에 떠오르는 생각들을 살펴보고 그중 독서의 진행을 방해하는 생각들을 분류해 보는 방법으로 문제점이 무엇인지 파악할 수 있다. 독서가 중단 없이 이어지는 상태이지만 문제가 발생한 것을 독자 자신이 인지하지 못하는 경우도 있다. 의도한 목표에 부합하지 않는 방법으로 읽기를 진행하거나 자신이 이해한 정도를 판단하지 못하는 예가 그것이다. 문제 발생 여부의 점검을 위해서는 독서 진행 중간중간에 이해한 내용을 정리하는 방법을 사용할 수 있다.

초인지는 문제를 해결하기 위해 독서 전략을 조정하는 과정에도 동원된다. 독서 목표를 고려하여, 독자는 ㉠ 지금 사용하고 있는 전략을 계속 사용할 것인지를 판단해야 한다. 또 ㉡ 문제 해결을 위한 다른 전략에는 무엇이 있는지, ㉢ 각 전략의 특징과 사용 절차, 조건 등은 무엇인지 알아야 한다. 또한 독자 자신이 사용할 수 있는 전략이 무엇인지, ㉣ 전략들의 적절한 적용 순서가 무엇인지, ㉤ 현재의 상황에서 최적의 전략이 무엇인지 판단하여 새로운 전략을 선택한다. 선택한 전략을 수행하는 과정에서 독자는 초인지를 활용하여 점검과 조정을 되풀이하며 능동적으로 의미를 구성해 간다.

01 윗글을 이해한 내용으로 적절하지 않은 것은?

① 독서 전략을 선택할 때 독서의 목표를 고려할 필요가 있다.

② 독서 전략의 선택을 위해 개별 전략들에 대한 지식이 필요하다.

③ 독서 목표의 달성을 위해 독자는 자신의 독서 행위에 대해 인지해야 한다.

④ 독서 문제의 해결을 위해 독자는 자신이 사용할 수 있는 전략이 무엇인지 알아야 한다.

⑤ 독서 문제를 해결하기 위해 새로 선택한 전략은 점검과 조정의 대상에서 제외할 필요가 있다.

02 [A]에서 알 수 있는 내용으로 가장 적절한 것은?

① 독서 진행 중 이해한 내용을 정리하는 것은 독자 스스로 독서 진행의 문제를 점검하는 데에 적합하지 않다.

② 독서 진행 중 독자가 자신이 얼마나 이해하고 있는지 파악하지 못할 때에는 점검을 잠시 보류해야 한다.

③ 독서 진행에 문제가 없어 보이더라도 목표에 부합하지 않는 독서가 이루어지는 경우가 있다.

④ 독서 중에 떠오르는 생각을 분류하는 것은 독서 문제의 발생을 막는다.

⑤ 독서가 멈추지 않고 진행될 때에는 초인지의 역할이 필요 없다.

실전 국어 전형태

03 〈보기〉는 윗글을 읽은 학생이 독서 중 떠올린 생각이다. ㉠~㉤과 관련하여 ⓐ~ⓔ를 설명한 내용으로 적절하지 <u>않은</u> 것은?

보기

- 이 용어가 무슨 뜻인지 모르겠어.
- 처음 나왔을 때는 무시하고 읽었는데 다시 등장했으니, 문맥을 통해 의미를 가정하고 읽어 봐야겠어. ····························· ⓐ

↓

- 더 읽어 보았지만 여전히 정확한 뜻을 모르겠네. 그럼 어떻게 하지?
- 관련된 내용을 앞부분에서 다시 찾아 읽든가, 인터넷 자료를 검색해 보든가, 다른 책들을 찾아볼 수 있겠네. ············· ⓑ
- 검색을 하려면 인터넷 접속이 필요하겠네. ······················· ⓒ
- 검색은 나중에 하고, 먼저 앞부분을 다시 읽어 봐야겠다. 그다음에 다른 책을 찾아봐야지. ······································· ⓓ
- 그럼 일단 앞부분에 관련된 내용이 있었는지 읽어 보자.

↓

- 앞부분에는 관련된 내용이 없어서 도움이 안 되네.
- 이 용어와 관련된 분야의 책을 찾아보는 것이 가장 좋겠어. ··· ⓔ

↓

- 이제 이 용어의 뜻이 이해되네. 그럼 계속 읽어 볼까?

① ⓐ : ㉠을 판단하여 사용 중인 전략을 계속 사용하기로 결정했다.
② ⓑ : ㉡을 고려하여 선택할 수 있는 전략들을 떠올렸다.
③ ⓒ : ㉢을 고려하여 전략의 사용 조건을 확인했다.
④ ⓓ : ㉣을 판단하여 전략들의 적용 순서를 결정했다.
⑤ ⓔ : ㉤을 판단하여 최적이라고 생각한 전략을 선택했다.

VI. 독서

2025학년도 6월

다음 글을 읽고 물음에 답하시오.

여러 글에서 다양한 정보를 종합하며 읽는 능력은 많은 정보가 산재해 있는 디지털 환경에서 더욱 중요해졌다. 궁금증 해소나 글쓰기 등 문제 해결을 위한 목적으로 글 읽기를 할 때에 한 편의 글에 원하는 정보가 충분하지 않다면, 여러 글을 읽으며 이를 해결할 수 있다.

독자는 우선 문제 해결에 도움이 되는 글들을 찾아야 한다. 읽을 글을 선정할 때에는 믿을 만한 글인지와 읽기 목적과 관련이 있는 글인지를 평가하는 것이 중요하다. ㉠ 신뢰성 평가는 글의 저자, 생산 기관, 출판 시기 등 출처에 관한 정보를 확인하여 그 글이 믿을 만한지 판단하는 것이다. ㉡ 관련성 평가는 글의 내용에 읽기 목적과 부합하는 정보가 있는지 판단하는 것인데, 이를 위해서는 읽기 목적을 지속적으로 떠올리며 평가해 가야 한다.

문제를 해결하기에 적절한 글들을 선정했다면, 다음으로는 읽기 목적에 맞게 글을 읽어야 한다. 이때 글의 정보는 독자가 이해한 의미로 재구성되고 이 과정에서 독자는 선택하기, 연결하기, 조직하기 전략을 활용한다. 이들 세 전략은 꼭 순서대로 사용하는 것은 아니며 반복해서 활용할 수 있다.

선택하기란 읽은 글에서 필요한 정보를 추출하는 전략이다. 연결하기란 읽은 글들에서 추출한 정보들을 정교화하며 연결하여, 읽은 글에서는 나타나지 않던 의미를 구성하거나 심화된 의미로 나아가는 전략이다. 글의 정보를 재구조화하는 것은 조직하기라고 한다. 예를 들어, 시간의 순서에 따른 글과 정보 나열의 글을 읽고, 읽은 글의 구조와는 다른 비교·대조의 구조로 의미를 구성할 수 있다.

이러한 전략을 적극적으로 활용하면, 정보의 홍수 속에서 유용한 정보를 찾아 삶의 여러 문제를 해결하는 데에도 도움이 될 것이다.

01 윗글의 내용과 일치하지 <u>않는</u> 것은?

① 글을 선정하는 과정에서 글을 평가하는 것은 중요하다.
② 여러 글 읽기에서 정보를 연결하는 것은 문제 해결에 유용한 방법이 될 수 있다.
③ 궁금증을 해소하기 위한 읽기에서 글의 의미를 재구성하는 전략이 사용될 수 있다.
④ 여러 글에서 필요한 정보를 추출하는 과정은 문제를 해결하기 위한 읽기 목적과 관련된다.
⑤ 필요한 정보를 한 편의 글에서 얻지 못할 때는 다른 글을 찾기보다 그 글을 반복해서 읽는다.

02 ㉠, ㉡에 대한 설명으로 가장 적절한 것은?

① 글 내용이 수행 과제와 관련 있는지 평가하는 것은 ㉠에 해당한다.
② 읽을 글을 선정하기 위해 출판사의 공신력을 따지는 것은 ㉠을 고려한 것이다.
③ ㉡에서는 글이 언제 작성되었는지를 중심으로 판단해야 한다.
④ 정보가 산재해 있는 디지털 환경에서는 ㉠의 필요성이 사라지고 ㉡에 대한 요청이 증가한다.
⑤ 글 내용에 목적에 맞는 정보가 있는지 확인하는 것은 ㉠에, 저자의 경력 정보를 확인하는 것은 ㉡에 관련된다.

03 다음은 여러 글 읽기를 수행한 학생의 독서록이다. 윗글을 참고하여 ⓐ~ⓔ에 대해 이해한 내용으로 적절하지 <u>않은</u> 것은?

동물이 그린 그림의 판매에 대한 궁금증이 생겼다. 동물의 행동 사례를 열거하여 소개한 〈동물은 예술가〉라는 글에서 ⓐ '동물의 그림도 예술 상품이 될 수 있다'는 정보를 얻을 수 있었다. 이어서 동물에게의 유산 상속이 성공한 사례와 실패한 경우를 비교·대조한 〈동물에게 상속할 수 있는가〉라는 글을 읽으며 ⓑ '동물도 재산상의 권리를 가질 수 있다'는 정보를 찾을 수 있었다. 그리고 ⓒ 이 정보를 〈동물은 예술가〉에서 추출한 정보와 연결하여 '동물의 그림에도 저작권이 있겠다'는 새로운 의미를 떠올렸다. 동물이 저작권을 가질 수 있는지 알기 위해, 저작권의 개념을 시대순으로 정리한 〈저작권의 역사〉라는 글을 읽고 저작권의 의의를 이해하여 동물도 저작권을 가질 수 있다고 판단하였다. 이를 바탕으로 ⓓ 세 글의 정보를 종합하여 '동물 저작권의 성립 요건'에 관해 인과 관계 구조로 정리하였다. 그러면서 동물이 소유권의 주체가 될 수 있는지에 대한 이해가 더 필요하여 〈동물에게 상속할 수 있는가〉에서 ⓔ '동물 소유권에 관한 다양한 논의'에 대한 정보를 추출하였다.

① ⓐ : 〈동물은 예술가〉를 읽으며 선택하기 전략을 활용했겠군.

② ⓑ : 〈동물에게 상속할 수 있는가〉를 읽으며 연결하기 전략에 앞서 조직하기 전략을 활용했겠군.

③ ⓒ : 〈동물은 예술가〉와 〈동물에게 상속할 수 있는가〉를 읽으며 선택한 정보들로 연결하기 전략을 활용했겠군.

④ ⓓ : 새로운 구조로 정리하여 의미를 구성하기 위해 조직하기 전략을 활용했겠군.

⑤ ⓔ : 〈동물에게 상속할 수 있는가〉를 읽으며 선택하기 전략을 다시 활용했겠군.

다음 글을 읽고 물음에 답하시오.

학습 목적으로 글을 읽을 때 독자는 문자 이외에 그림, 사진 등의 시각 자료가 포함된 글을 접하곤 한다. 시각 자료가 글 내용을 이해하는 데 도움을 준다는 견해에 따르면, 시각 자료는 문자 외에 또 다른 학습 단서가 된다. 문자로만 구성된 글을 읽을 때 독자는 머릿속으로 문자가 제공하는 정보, 즉 '문자 정보'만을 처리하지만, 시각 자료가 포함된 글을 읽을 때는 '이미지 정보'도 함께 처리한다. 이 두 정보들은 서로 참조되면서 연결되어 독자가 글 내용을 이해하는 데 상호 보완적으로 기여한다. 독자가 문자 정보를 떠올리지 못할 때 이미지 정보가 단서가 되어 글 내용을 기억하는 데도 도움을 준다.

시각 자료는 글 내용과 관련하여 어떤 목적으로 쓰이는가에 따라 예시적, 설명적, 보충적 시각 자료로 구분할 수 있다. 예시적 시각 자료는 글 내용을 시각화하여 보여 주는 데 목적이 있다. 설명적 시각 자료는 글 내용을 시각화하여 제시하는 목적에 더하여 글에서 다룬 내용을 보완하는 목적으로 쓰인다. 보충적 시각 자료는 글의 주제와 관련이 있지만 글에서 다루어지지 않은 내용을 추가하여 보충하는 목적으로 쓰인다. 이에 따라 보충적 시각 자료는 글 내용의 범위를 확장하는 특징이 있다. 이 외에 독자의 흥미를 유발하거나 글 내용과 관련 없이 여백을 메우는 목적으로 장식적 시각 자료가 쓰이기도 한다.

㉠ 글 내용과 관련된 시각 자료를 포함한 글을 읽을 때, 독자는 글의 내용과 시각 자료의 관계를 살피고 시각 자료로 강조된 중요한 정보를 파악해야 한다. 또한 시각 자료가 설명 대상이나 개념을 적절하게 표현하는지, 글에서 효과적으로 쓰이는지를 판단해야 한다. 이를 토대로, 독자는 글 내용과 이에 적합한 시각 자료를 종합하여 의미를 구성해야 한다. 독자는 매력적인 시각 자료에 사로잡혀 읽기의 목적을 잃지 않고, 낯설고 복잡한 시각 자료도 읽어 내는 능동성을 발휘할 필요가 있다.

01 윗글의 내용과 일치하지 <u>않는</u> 것은?

① 시각 자료는 여백을 채우는 목적으로 쓰이기도 한다.
② 글에서 중요한 정보를 시각 자료를 통해 부각할 수 있다.
③ 독자가 시각 자료에 끌리다 보면 글을 읽는 목적을 잃을 수 있다.
④ 시각 자료의 용도는 머릿속에서 처리되는 정보의 종류에 따라 구분된다.
⑤ 독자는 낯선 시각 자료도 읽어 내는 능동적 자세를 가질 필요가 있다.

02 ㉠에 대한 이해로 적절하지 <u>않은</u> 것은?

① 글의 의미는 글 내용과 시각 자료를 종합하여 구성할 수 있다.
② 문자 정보와 이미지 정보는 상호 참조되어 보완적으로 작용할 수 있다.
③ 문자로만 구성된 글보다 내용을 이해하기가 쉬웠다면 이미지 정보가 단서가 되었을 수 있다.
④ 글에서 설명하는 개념과 시각 자료의 관련성을 따지고 시각 자료의 적절성을 판단할 필요가 있다.
⑤ 문자 정보 처리와 이미지 정보 처리를 통해 연결된 정보를 독자가 떠올려야 글의 내용을 기억할 수 있다.

03 〈보기〉는 학생이 쓴 독서 일지의 일부이다. 윗글을 바탕으로 〈보기〉를 설명한 내용으로 가장 적절한 것은?

보기

'이집트의 기록 문화'라는 제목의 글을 읽었다. 제목 옆에 비행기 그림이 있었다. 글은 "파피루스 줄기를 잘라, 줄기를 가로세로로 겹치고 서로 붙여 종이를 만들었다."라는 내용만 있어서 이해하기 어려웠다. 글 속에 있는 그림을 보니, 그림 1에서 파피루스 줄기를 같은 길이로 길고 얇게 자른다는 것을, 그림 2에서 그것들을 가로세로로 겹치고 서로 붙여 종이를 만든다는 것을 알 수 있었다. 그림 3은 이집트 상형 문자가 벽에 새겨진 모습을 담고 있었다.

① 비행기 그림은 글 내용을 시각적으로 보여 주는 예시적 시각 자료이다.

② 그림 1은 글 내용을 시각화해 보여 주면서 글 내용도 보완해 주는 설명적 시각 자료이다.

③ 그림 2는 글에서 다루지 않은 내용을 보여 주는 보충적 시각 자료이다.

④ 그림 3은 글 내용에 있는 설명 대상을 표현하여 글의 주제와의 관계를 보여 주고 있다.

⑤ 그림 2와 3은 글에서 다룬 내용을 보완하여 글의 범위를 확장하고 있다.

지문분석으로 독해력 향상하기

다음 글을 읽고 물음에 답하시오.

밑줄 긋기는 일상적으로 유용하게 활용할 수 있는 독서 전략이다. 밑줄 긋기는 정보를 머릿속에 저장하고 기억한 내용을 떠올리는 데 도움이 된다. 독자로 하여금 표시한 부분에 주의를 기울이도록 해 정보를 머릿속에 저장하도록 돕고, 표시한 부분이 독자에게 시각적 자극을 주어 기억한 내용을 떠올리는 데 단서가 되기 때문이다. 이러한 점에서 밑줄 긋기는 일반적인 독서 상황뿐 아니라 학습 상황에서도 유용하다. 또한 밑줄 긋기는 방대한 정보들 가운데 주요한 정보를 추리는 데에도 효과적이며, 표시한 부분이 일종의 색인과 같은 역할을 하여 독자가 내용을 다시 찾아보는 데에도 용이하다.

통상적으로 독자는 글을 읽는 중에 바로바로 밑줄 긋기를 한다. 그러다 보면 밑줄이 많아지고 복잡해져 밑줄 긋기의 효과가 줄어든다. 또한 밑줄 긋기를 신중하게 하지 않으면 잘못 표시한 밑줄을 삭제하기 위해 되돌아가느라 독서의 흐름이 방해받게 되므로 효과적으로 밑줄 긋기를 하는 것이 중요하다.

밑줄 긋기의 효과를 얻기 위한 방법에는 몇 가지가 있다. 우선 글을 읽는 중에는 문장이나 문단에 나타난 정보 간의 상대적 중요도를 결정할 때까지 밑줄 긋기를 잠시 늦추었다가 주요한 정보에 밑줄 긋기를 한다. 이때 주요한 정보는 독서 목적에 따라 달라질 수 있다는 점을 고려한다. 또한 자신만의 밑줄 긋기 표시 체계를 세워 밑줄 이외에 다른 기호도 사용할 수 있다. 밑줄 긋기 표시 체계는 밑줄 긋기가 필요한 부분에 특정 기호를 사용하여 표시하기로 독자가 미리 정해 놓는 것이다. 예를 들면 하나의 기준으로 묶을 수 있는 정보들에 동일한 기호를 붙이거나 순차적인 번호를 붙이기로 하는 것 등이다. 이는 기본적인 밑줄 긋기를 확장한 방식이라 할 수 있다.

밑줄 긋기는 어떠한 수준의 독자라도 쉽게 사용할 수 있다는 점 때문에 연습 없이 능숙하게 사용할 수 있다고 오해되어 온 경향이 있다. 그러나 본질적으로 밑줄 긋기는 주요한 정보가 무엇인지에 대한 판단이 선행되어야 한다는 점에서 단순하지 않다. ⊙ 밑줄 긋기의 방법을 이해하고 잘 사용하는 것은 글을 능동적으로 읽어 나가는 데 도움이 될 수 있다.

01 윗글의 내용과 일치하지 않는 것은?

① 밑줄 긋기는 일반적인 독서 상황에서 도움이 된다.

② 밑줄 이외의 다른 기호를 밑줄 긋기에 사용하는 것이 가능하다.

③ 밑줄 긋기는 누구나 연습 없이도 능숙하게 사용할 수 있는 전략이다.

④ 밑줄 긋기로 표시한 부분은 독자가 내용을 다시 찾아보는 데 유용하다.

⑤ 밑줄 긋기로 표시한 부분이 독자에게 시각적인 자극을 주어 기억한 내용을 떠올리는 데 도움이 된다.

02 ⊙에 해당하는 내용으로 가장 적절한 것은?

① 글을 다시 읽을 때를 대비해서 되도록 많은 부분에 밑줄 긋기를 하며 읽는다.

② 글 전체에 주의를 기울일 수 있도록 글을 읽고 있을 때에는 밑줄 긋기를 하지 않는다.

③ 정보의 중요도를 판정하기 어려우면 우선 밑줄 긋기를 한 후 잘못 그은 밑줄을 삭제한다.

④ 주요한 정보를 추릴 수 있도록 자신이 만든 밑줄 긋기 표시 체계에 따라 밑줄 긋기를 한다.

⑤ 글에 반복되는 어휘나 의미가 비슷한 문장이 나올 때마다 바로바로 밑줄 긋기를 하며 글을 읽는다.

03 윗글을 바탕으로 학생이 다음과 같이 밑줄 긋기를 했다고 할 때, 이에 대한 평가로 적절하지 <u>않은</u> 것은?

[독서 목적] 고래의 외형적 특징에 대한 정보 습득

[표시 기호] ☐ , 1) · 2) , ✓ , ～～～

[독서 자료]

　고래는 육지 박유동물에서 기원했지만, 수중 생활에 적응하여 새끼를 수중에서 낳는다. 1) 암컷들은 새끼를 낳을 때 서로 도와주며, 2) 어미들은 새끼들을 정성껏 보호한다.

　고래의 생김새는 고래의 종류마다 다른데, ✓대체로 몸길이는 1.3m에서 30m에 이른다. ✓피부에는 털이 없거나 아주 짧게 나 있다. 지느러미는 배를 젓는 노와 같은 형태이고, 헤엄칠 때 수평을 유지하는 기능을 한다.

　고래는 폐로 호흡하므로 물속에서 숨을 쉴 수 없다. 고래의 머리 꼭대기에는 분수공이 있다. 물속에서 참았던 숨을 분수공으로 내뿜고 다시 숨을 들이마신 뒤 잠수한다. 작은 고래들은 몇 분밖에 숨을 참지 못하지만, 큰 고래들은 1시간 정도 물속에 머물 수 있다.

① 독서 목적을 고려하면, 1문단에서 '☐'로 표시한 부분은 적절하지 않게 밑줄 긋기를 하였군.

② 독서 목적을 고려하면, 1문단에서 '1)', '2)'와 같이 순차적인 번호로 표시한 부분은 적절하지 않게 밑줄 긋기를 하였군.

③ 2문단에서 '☐'로 표시한 부분을 보니, 독서 목적에 관련된 주요 어구에 밑줄 긋기를 하였군.

④ 독서 목적을 고려하면, 2문단에서는 '지느러미는 배를 젓는 노와 같은 형태'에 '✓'를 누락하였군.

⑤ '～～～'로 표시한 부분을 보니, 독서 목적을 고려하여 3문단 내에서 정보 간의 상대적인 중요도를 판단해 주요한 문장에 밑줄 긋기를 하였군.

빠른 정답

Ⅰ. 인문

01.	2019학년도 6월	② ④ ③ ③ ② ⑤
02.	2019학년도 11월	① ② ③ ④
03.	2020학년도 6월	② ④ ⑤ ⑤
04.	2020학년도 11월	② ② ④ ⑤ ②
05.	2021학년도 6월	① ④ ② ④ ⑤ ④
06.	2021학년도 12월	① ④ ⑤ ③ ④ ③
07.	2022학년도 6월	③ ④ ④ ② ② ①
08.	2022학년도 9월	⑤ ④ ⑤ ④
09.	2022학년도 11월	① ③ ④ ③ ② ③
10.	2023학년도 6월	① ③ ④ ① ② ③
11.	2023학년도 9월	③ ① ⑤ ⑤ ③ ①
12.	2023학년도 11월	④ ⑤ ③ ② ⑤ ②
13.	2024학년도 6월	① ③ ① ② ③ ④
14.	2024학년도 9월	④ ⑤ ③ ⑤ ⑤ ①
15.	2024학년도 11월	③ ① ④ ④ ⑤ ④
16.	2025학년도 6월	④ ⑤ ④ ① ① ②
17.	2025학년도 11월	④ ⑤ ③ ② ① ②

Ⅱ. 사회

01.	2019학년도 6월	③ ② ① ③ ⑤
02.	2019학년도 9월	② ④ ② ③ ①
03.	2019학년도 11월	③ ⑤ ① ③ ①
04.	2020학년도 6월	④ ③ ① ③ ②
05.	2020학년도 9월	⑤ ⑤ ② ③ ①
06.	2020학년도 11월	① ③ ④ ⑤ ⑤ ③
07.	2021학년도 6월	② ⑤ ④ ③ ③
08.	2021학년도 9월	⑤ ① ⑤ ④ ③
09.	2021학년도 12월	⑤ ③ ① ④ ②
10.	2022학년도 6월	③ ⑤ ④ ②
11.	2022학년도 9월	② ③ ② ① ③ ⑤
12.	2022학년도 11월	② ⑤ ⑤ ④
13.	2023학년도 6월	① ⑤ ④ ②
14.	2023학년도 9월	② ④ ② ④
15.	2023학년도 11월	④ ⑤ ② ⑤
16.	2024학년도 6월	② ④ ⑤ ⑤
17.	2024학년도 9월	③ ⑤ ④ ①
18.	2024학년도 11월	⑤ ③ ② ②
19.	2025학년도 6월	① ⑤ ② ①
20.	2025학년도 9월	④ ④ ③ ①
21.	2025학년도 11월	① ② ② ③

III. 과학

01.	2019학년도 11월	② ⑤ ④ ⑤ ② ②
02.	2020학년도 6월	③ ④ ⑤ ② ① ④
03.	2020학년도 11월	⑤ ① ③ ①
04.	2021학년도 9월	① ② ③ ③
05.	2022학년도 6월	① ② ④ ②
06.	2023학년도 6월	① ② ④ ③
07.	2023학년도 11월	③ ④ ④ ①
08.	2024학년도 6월	② ① ④ ③

IV. 기술

01.	2019학년도 6월	③ ① ④ ②
02.	2019학년도 9월	② ③ ① ⑤
03.	2020학년도 9월	⑤ ⑤ ③ ③
04.	2021학년도 6월	① ② ② ②
05.	2021학년도 12월	② ② ④ ④
06.	2022학년도 9월	⑤ ③ ① ①
07.	2022학년도 11월	④ ② ④ ①
08.	2023학년도 9월	② ⑤ ⑤ ①
09.	2024학년도 9월	⑤ ④ ⑤ ②
10.	2024학년도 11월	③ ① ⑤ ②
11.	2025학년도 6월	④ ① ③ ③
12.	2025학년도 9월	④ ⑤ ② ③
13.	2025학년도 11월	③ ① ⑤ ③

V. 예술

01.	2019학년도 9월	⑤ ④ ② ① ④ ③
02.	2020학년도 9월	④ ③ ① ⑤ ② ④
03.	2021학년도 9월	④ ① ① ② ③ ③
04.	2025학년도 9월	① ③ ⑤ ① ⑤ ①

VI. 독서

01.	2022학년도 6월	⑤ ① ③
02.	2022학년도 9월	① ③ ⑤
03.	2022학년도 11월	② ⑤ ①
04.	2023학년도 6월	① ⑤ ④
05.	2023학년도 9월	① ④ ①
06.	2023학년도 11월	④ ⑤ ①
07.	2024학년도 6월	② ⑤ ①
08.	2024학년도 9월	② ③ ③
09.	2024학년도 11월	⑤ ③ ①
10.	2025학년도 6월	⑤ ② ②
11.	2025학년도 9월	④ ⑤ ②
12.	2025학년도 11월	③ ④ ⑤

나 없이

기출

풀지마라

나 없이

프리미엄 국어 콘텐츠
억대급 투자를 통한 질적 차이를 경험하라!

2014
과외식
기출분석서
나기출 출시

2017
전형태
모의고사
교보문고
BEST 3

2019
3년 연속
대성마이맥
파이널 교재
완판

2020
나기출급
EBS 분석서
나BS 출시

2025
프리미엄
문제집
N제 시리즈
전격 출시

1 콘텐츠가 강하다!
실전 국어 전형태

국어강사 전형태

메가스터디 강사
동국대 국어교육과

53700

9 791193 609156
ISBN 979-11-93609-15-6

정가 21,900원 (SET/전 2권)

인강 강사가 떠먹여주는
" 과외식 기출 문제집 "

해설편

나기출

독서편

7개년
평가원 기출
전문항 수록

2026
수능 국어 대비

단순 해설이 아니라,
최신 트렌드 설명과 풀이 방법까지 과외식으로!

콘텐츠가 강하다!
실전 국어 전형태

메가스터디 전형태

수능국어, 전형태로 ALL IN ONE!
전형태의 실전 국어

전형태 실전 국어 커리큘럼

입문	실전 국어 기초 시리즈	수능 국어 입문 강좌 **올인원 베이직**	문학의 기초 확립 **평가원에서 쓰는 문학 개념.zip**
개념	올인원 시리즈	일주일 만에 끝내는 **고전시가 올인원** 해석이 쉬워지는 **문학 올인원**	독해가 쉬워지는 **독서 올인원**
		전형태 시그니처 **언어와 매체 올인원**	화작의 모든 것 **화법과 작문 올인원**
기출	모의평가 분석	6평 상세 해설 및 EBS 연계 분석	9평 상세 해설 및 EBS 연계 분석
연계	나 없이, EBS 하지 마라!	나BS 수능특강 문학 나BS 수능특강 문학 변형문제 N제	나BS 수능완성 문학 스페셜
		나BS 언어와 매체	
심화	클리어 시리즈	언어(문법) 심화 학습 **언어(문법) 클리어**	
파이널	EBS 파이널	일주일 연계 작품 총정리! **나BS 파이널.zip**	EBS 파이널 문법 특강 + 언매 모의고사 10회
	전형태 파이널	수능 시험장의 행동강령 **파이널 최종점검**	전형태 **파이널 모의고사**

교재 전용 커리큘럼

올인원		수능 국어에 필요한 모든 어휘 **어휘 올인원**	
나 없이, 기출 풀지 마라		나기출 베이직	나기출 언어와 매체
	나기출 문학 나기출 독서	나기출 화작	나기출 고난도
N제 시리즈		문법 N제	매체 N제

인강 강사가 떠먹여주는
" 과외식 기출 문제집 "

해설편

나기출

7개년
평가원 기출
전문항 수록

2026
수능 국어 대비

독서편

단순 해설이 아니라,
최신 트렌드 설명과 풀이 방법까지 **과외식으로!**

메가스터디 **전형태**

수능국어, 전형태로 ALL IN ONE!
전형태의 실전 국어

전형태 실전 국어 커리큘럼

입문	실전 국어 기초 시리즈	수능 국어 입문 강좌 **올인원 베이직**		문학의 기초 확립 **평가원에서 쓰는 문학 개념.zip**
개념	올인원 시리즈	일주일 만에 끝내는 **고전시가 올인원**	해석이 쉬워지는 **문학 올인원**	독해가 쉬워지는 **독서 올인원**
		전형태 시그니처 **언어와 매체 올인원**		화작의 모든 것 **화법과 작문 올인원**
기출	모의평가 분석	6평 상세 해설 및 EBS 연계 분석		9평 상세 해설 및 EBS 연계 분석
연계	나 없이, EBS 하지 마라!	나BS 수능특강 문학	나BS 수능특강 문학 변형문제 N제	나BS 수능완성 문학 스페셜
			나BS 언어와 매체	
심화	클리어 시리즈		언어(문법) 심화 학습 **언어(문법) 클리어**	
파이널	EBS 파이널	일주일 연계 작품 총정리! **나BS 파이널.zip**		EBS 파이널 문법 특강 + 언매 모의고사 10회
	전형태 파이널	수능 시험장의 행동강령 **파이널 최종점검**		전형태 **파이널 모의고사**

교재 전용 커리큘럼

올인원		수능 국어에 필요한 모든 어휘 **어휘 올인원**		
나 없이, 기출 풀지 마라	나기출 베이직		나기출 언어와 매체	
	나기출 문학	나기출 독서	나기출 화작	나기출 고난도
N제 시리즈	문법 N제		매체 N제	

인강 강사가 떠먹여주는
" 과외식 기출 문제집 "

나기출

7개년
평가원 기출
전문항 수록

2026
수능 국어 대비

독서편

단순 해설이 아니라,
최신 트렌드 설명과 풀이 방법까지 과외식으로!

1 콘텐츠가 강하다!
실전 국어 전형태

메가스터디 전형태

Contents | 이 책의 순서

I ◦ 인문

Ⅱ ∘ 사회

Contents | 이 책의 순서

V ◦ 예술

VI ◦ 독서

| 과외식 기출 분석서, 나기출 |

나 없이
기출
풀지마라

독서

I

인문

지문분석

이익과 최한기의 인체관

이익(18c)

「서국의」에서 아담 샬의 『주제군징』에 대해 논평

『주제군징』: "뇌가 몸의 운동과 (①)주관"

뇌가 몸의 운동을 주관한다는 내용에는 동의
But 지각 활동은 (②)이 주관한다는 심주지각설 고수

최한기(19c)

인체를 '몸기계'로 형상화

생명력 有, 자발적 운동 (기독교적 세계관 부정)

홉슨의 『전체신론』 접한 후 문제의식 본격화

홉슨 : 뇌주지각설 주장
"뇌가 지각을 주관하는 것은 창조주의 섭리"

(③)을 주관하는 뇌의 역할과 중요성 인정
But 뇌주지각설은 완전하지 않다는 입장

'심'이 지각 운용을 주관한다는 심주지각설 주장

기존의 심주지각설 : '심' = 심장
최한기의 심주지각설 : '심' = (④)

'신기'

형체 無, 몸속을 두루 돌아다님.

신기의 (⑤) → 생명 활동, 지각 가능

감각 기관 통한 지각 활동
→ 외부 세계 정보를 수용, 저장

한 몸을 주관, 그 자체가 하나로 통합
→ 감각 통합

스스로의 사유 → 지각 내용 (⑥)
→ 세계의 변화에 대응

의의

서양 의학 맹신X, (⑦) 수용

형태쌤 Comment

지문이 통시적으로 서술되어 있기에 시간의 흐름에 따른 변화 양상(공통점과 차이점)에 주목해야 한다. 또한 전체적으로 동양과 서양의 대조가 드러나 있기에 이 부분도 비교하며 읽어야 한다. 다만 지문 전반적으로 정보량이 많지 않고, 어려운 내용이 아니기에 독해에는 큰 무리가 없었다.

문제분석 01-06번

번호	정답	정답률(%)	선지별 선택비율(%)				
			①	②	③	④	⑤
1	②	84	6	84	2	3	5
2	④	78	5	4	8	78	5
3	③	84	5	4	84	4	3
4	③	74	9	9	74	6	2
5	②	59	5	59	5	10	21
6	⑤	92	2	1	2	3	92

01

정답설명

② 17세기부터 유입된 서학의 수용으로 일어난 인체관의 변화를 조선 시대 학사 '이익'과 '최한기'의 견해를 통해 제시하고 있다.

오답설명

① '이익'의 심주지각설에서 '최한기'의 심주지각설로 서술의 변화가 드러났지만, 이를 심주지각설에 대한 어떤 하나의 견해에서 분화(단순하거나 등질적인 것에서 복잡하거나 이질적인 것으로 변함)되는 과정을 서술한 것이라고는 볼 수는 없다. 또한 단계적 서술도 드러나지 않았다.

③ 인체관과 관련된 유학자 '이익'과 '최한기'의 주장은 드러나지만 이에 대한 문제점을 열거하며 비판하고 있지 않다.

④ '최한기'의 심주지각설은 '이익'의 심주지각설을 그대로 수용하지 않고, 기존의 심주지각설이 '심'을 심장으로 보았던 것과 달리 신기의 '심'으로 파악하였으므로 두 학자의 견해가 서로 충돌되는 지점이 있다고 볼 수 있다. 하지만 견해를 절충하여 새로운 결론을 도출하고 있지는 않다.

⑤ 우리나라에 유입된 서양 의학에 대한 유학자들의 의견에 대해 제시하고 있을 뿐, 동양과 서양의 지식인들이 서로 영향을 주고받으며 인체관을 정립하는 과정을 인과적으로 설명하고 있지는 않다.

02

정답설명

④ 2문단에서 아담 샬이 쓴 『주제군징』에는 당대 서양 의학의 대변동을 이끈 근대 해부학 및 생리학의 성과나 그에 따른 기계론적 인체관은 담기지 않았다고 하였다. 반면 4문단의 '인체를 형체와 내부 장기로 구성된 일종의 기계로~몸기계로 형상화하면서도'를 통해 홉슨의 저서에는 기계론적 인체관의 내용이 담겨 있음을 알 수 있으므로 선지의 내용은 적절하지 않다.

오답설명

① 4문단의 '최한기의 인체관을~몸기계로 형상화하면서도'에서 홉슨의 저서를 접하기 전부터 최한기가 인체를 일종의 기계로 파악하고 있었음을 확인할 수 있다.

② 2문단의 '뇌가 몸의 운동과 지각 활동을~전통적인 심주지각설을 고수

하였다.'에서 뇌가 지각 활동을 주관한다고 주장한 아담 샬과 달리 이익은 심장이 지각 활동을 주관한다고 이해하였음을 확인할 수 있다.

③ 2문단의 '이익은 몸의 운동을 뇌가 주관한다는 것은 긍정하였지만'과 5문단의 '뇌가 운동뿐만 아니라 지각을 주관한다는 홉슨의 뇌주지각설'에서 확인할 수 있다.

⑤ 2문단의 '『주제군징』에는 당대 서양 의학의~중세의 해부 지식 등이 실려 있었다.'와 5문단의 '뇌가 지각을 주관하는 과정을 창조주의 섭리로 보고 지각 작용과 기독교적 영혼 사이의 연관성을 부각하려 한 『전체신론』'에서 확인할 수 있다.

03

정답설명

③ 3문단에서 서양 의학이 조선 사회에 끼친 영향이 두드러지지 않았던 이유를 밝히고 있으나, 당대 의원들이 서양 의학의 한계를 지적했다는 내용은 확인할 수 없다.

오답설명

① 3문단의 '서학에 대한 조정의 금지 조치'에서 확인할 수 있다.

② 3문단의 '당시에 전해진 서양 의학 지식은 내용 면에서도 부족했을 뿐 아니라'에서 확인할 수 있다.

④ 3문단의 '서양 해부학이 야기하는 윤리적 문제도 서양 의학의 영향력을 제한하는 요인으로 작용하였으며'에서 확인할 수 있다.

⑤ 3문단의 '지구가 둥글다거나 움직인다는 주장만큼 충격적이지는 않았다.'에서 확인할 수 있다.

04

정답설명

③ ㄴ. 6문단에서 '신기는 한 몸을 주관하며 그 자체가 하나로 통합되어 있기 때문에 감각을 통합할 수 있'다고 하였다. 따라서 귀로 들은 것과 눈으로 본 것을 합하여 하나로 만들 수 있다는 진술은 최한기의 견해와 부합한다.

　ㄷ. 6문단에서 '신기는 신체와 함께 생성되고 소멸되는 것'이며 '지각 내용의 종합과 확장, 곧 스스로의 사유를 통해 지각 내용을 조정하고, 그러한 작용에 적응하여 온갖 세계의 변화에 대응'한다고 하였으므로 해당 진술은 최한기의 견해와 부합한다.

오답설명

　ㄱ. 2문단에 따르면 심장이 지각 활동을 주관한다는 것은 최한기의 견해가 아니라 이익의 견해에 해당한다.

　ㄹ. 최한기는 신기가 대소로 구분되어 있다고 보지 않았다. 6문단에서 신기는 그 자체가 하나로 통합되어 있다고 하였으므로 적절하지 않다.

05

정답설명

② 데카르트는 사유라는 특징을 갖는 정신이 두뇌에 깃들어 있다고 하였

다. 하지만 6문단에서 최한기는 신기의 '심'이 지각 운용을 주관하며, 신기는 뇌나 심장 같은 인체 기관이 아니라 몸을 구성하면서 형체가 없이 몸속을 두루 돌아다니는 것이라 하였다.

오답설명

① 데카르트는 정신과 물질은 서로 독립적이라고 주장하였다. 하지만 6문단에서 최한기는 신기가 신체와 함께 생성되고 소멸되는 것으로, 몸을 구성하고 주관하는 것이라 하였다.

③ 〈보기〉의 '데카르트는 물질과 정신을 구분하여, 물질은 공간을 차지한다는 특징을 갖는 반면 정신은 사유라는 특징을 갖는다고 보았다.'를 통해, 데카르트의 '정신'이 형체가 없음을 알 수 있다. 또한 6문단에서 최한기는 신기가 뇌나 심장 같은 인체 기관이 아니라 몸을 구성하면서 형체가 없이 몸속을 두루 돌아다니는 것이라고 보았다.

④ 데카르트는 물질과 정신을 구분하여 서로 독립적이라고 주장했기 때문에 정신과 물질이 영향을 주고받음을 설명할 수 없다는 비판을 받았다. 반면 최한기는 4문단에서 인체를 신기와 결부하여, 지각 운용을 주관하는 신기가 신체 운동의 원인이라고 규정하였다.

⑤ 4문단에서 기계적 운동의 인과 관계를 설명하려면 원인을 찾는 과정이 꼬리에 꼬리를 물고 이어지게 되며, 이러한 무한 소급을 끝맺으려면 운동의 최초 원인을 상정해야만 한다고 하였다. 최한기는 기계적 운동의 최초 원인으로 '신기'를 상정하여 무한 소급의 문제를 해결하려고 하였다. 반면 데카르트는 물질의 기계적 운동을 옹호하고 정신과 물질이 서로 독립적이라고 주장하였을 뿐, 무한 소급의 문제를 끝맺기 위한 기계적 운동의 최초 원인을 상정하지는 않았다. 따라서 데카르트가 최한기에서처럼 기계적 운동의 최초 원인을 상정한다면 무한 소급의 문제를 해결할 수 있을 것이다.

06

정답설명

⑤ ⓔ의 '맹신하다'는 '옳고 그름을 가리지 않고 덮어놓고 믿다.'라는 의미로 사용되었다. 따라서 이를 '가리다'로 대체할 수 없다.

오답설명

① ⓐ의 '유입되다'는 '문화, 지식, 사상 따위가 들어오게 되다.'라는 의미로 사용되었으므로 이를 '들어오다'라는 단어로 대체할 수 있다.

② ⓑ의 '제시하다'는 '어떠한 의사를 말이나 글로 나타내어 보이게 하다.'라는 의미로 사용되었으므로 이를 '드러내다'라는 단어로 대체할 수 있다.

③ ⓒ의 '전파하다'는 '전하여 널리 퍼뜨리다.'라는 의미로 사용되었으므로 이를 '퍼뜨리다'라는 단어로 대체할 수 있다.

④ ⓓ의 '수록되다'는 '책이나 잡지에 실리다.'라는 의미로 사용되었으므로 이를 '실리다'라는 단어로 대체할 수 있다.

구조도 정답

① 지각 활동　② 심장　③ 신체 운동　④ 신기의 '심'
⑤ 균형　⑥ 조정　⑦ 주체적

가능세계

지문해설

① 두 명제가 모두 참인 것도 모두 거짓인 것도 가능하지 않은 관계를 모순 관계라고 한다. 예를 들어, 임의의 명제를 P라고 하면 P와 ~P는 모순 관계이다.(기호 '~'은 부정을 나타낸다.) P와 ~P가 모두 참인 것은 가능하지 않다는 법칙을 무모순율이라고 한다. 그런데 "다보탑은 경주에 있다."와 "다보탑은 개성에 있을 수도 있었다."는 모순 관계가 아니다. 현실과 다르게 다보탑을 경주가 아닌 곳에 세웠다면 다보탑의 소재지는 지금과 달라졌을 것이다. 철학자들은 이를 두고, P와 ~P가 모두 참인 혹은 모두 거짓인 가능세계는 없지만 다보탑이 개성에 있는 가능세계는 있다고 표현한다.

▶ 글의 1~2문단에서 필자의 관심사를 찾아야 한다고 했다. 필자는 모순 관계, 무모순율이라는 개념을 정의한 뒤, 예를 들어 가능세계를 언급하였다. 아직은 필자의 관심사가 명확히 드러나지 않았으니, 벌써부터 다보탑이 경주에 있는지, 개성에 있을 수도 있는지 고민하지 말고 2문단을 읽어 보자.

② '가능세계'의 개념은 일상 언어에서 흔히 쓰이는 필연성과 가능성에 관한 진술을 분석하는 데 중요한 역할을 한다. 'P는 가능하다'는 P가 적어도 하나의 가능세계에서 성립한다는 뜻이며, 'P는 필연적이다'는 P가 모든 가능세계에서 성립한다는 뜻이다. "만약 Q이면 Q이다."를 비롯한 필연적인 명제들은 모든 가능세계에서 성립한다. "다보탑은 경주에 있다."와 같이 가능하지만 필연적이지는 않은 명제는 우리의 현실세계를 비롯한 어떤 가능세계에서는 성립하고 또 어떤 가능세계에서는 성립하지 않는다.

▶ 가능세계와 언어·명제의 필연성·가능성에 대해 설명하고 있구나. 필자는 가능세계에 대해 관심을 가지고 있어. 차이점은 아주 중요한 출제 포인트이니, 가능한 명제와 필연적인 명제의 차이를 반드시 체크해 두어야겠지. 시험장에서는 중요 내용을 머릿속에 구조화하기 쉽지 않으니, 간단히 메모를 하거나 밑줄을 긋는 것이 좋다.

명제	성립하는 가능세계	예문
P는 가능하다	하나 이상의 가능세계	다보탑은 경주에 있다.
P는 필연적이다	모든 가능세계	만약 Q이면 Q이다.

③ 가능세계를 통한 담론은 우리의 일상적인 몇몇 표현들을 보다 잘 이해하는 데 도움이 된다. 다음 상황을 생각해 보자. 나는 현실에서 아침 8시에 출발하는 기차를 놓쳤고, 지각을 했으며, 내가 놓친 기차는 제시간에 목적지에 도착했다. 그리고 나는 "만약 내가 8시 기차를 탔다면, 나는 지각을 하지 않았다."라고 주장한다. 그런데 전통 논리학에서는 "만약 A이면 B이다."라는 형식의 명제는 A가 거짓인 경우에는 B의 참 거짓에 상관없이 참이라고 규정한다. 그럼에도 내가 만약 그 기차를 탔다면 여전히 지각을 했을 것이라고 주장하지는 않는 이유는 무엇일까?

▶ 전통 논리학에서는, "[A] 만약 내가 8시 기차를 탔다면 / [B] 나는 지각을 하지 않았다."의 형식을 갖는 명제는 A가 거짓일 경우 무조건 참이 된다. 즉, "만약 내가 8시 기차를 탔다면 / 나는 지각을 하지 않았다. or 나는 지각을 하였다." 모두 참이 되는 것이지. 필자는 '나'가 8시 기차를 탔더라도 지각을 했을 수도 있는데, 왜 지각을 하지 않았다고만 주장하는 것인지 묻고 있다.

내가 그 기차를 탄 가능세계들을 생각해 보면 그 이유를 알 수 있다. 그 가능세계 중 어떤 세계에서 나는 여전히 지각을 한다. 가령 내가 탄 그 기차가 고장으로 선로에 멈춰 운행이 오랫동안 지연된 세계가 그런 예이다. 하지만 내가 기차를 탄 세계들 중에서, 내가 기차를 타고 별다른 이변 없이 제시간에 도착한 세계가 그렇지 않은 세계보다 우리의 현실세계와의 유사성이 더 높다. 일반적으로, A가 참인 가능세계들 중에 비교할 때, B도 참인 가능세계가 B가 거짓인 가능세계보다 현실세계와 더 유사하다면, 현실세계의 나는 A가 실현되지 않은 경우에, 만약 A라면 ~B가 아닌 B이라고 말할 수 있다.

▶ 가능세계와 현실세계의 유사성이 기준이었구나. 즉, 시간에 맞춰 8시 기차를 탔다면, '지각을 하지 않는 가능세계'가 '지각을 하는 가능세계'보다 현실세계와 더 유사하다는 거야. 그래서 "만약 내가 8시 기차를 탔다면, 나는 지각을 하지 않았다."와 같이 주장하게 된다는 것이다.

▶ 아까 2문단에서, 가능세계는 일상 언어에서의 필연성·가능성에 관한 진술을 분석하는 데 중요한 역할을 한다고 하였는데, 이에 대한 구체적인 설명이 3문단에 제시된 것이다. 현실세계에서, 전통 논리학으로는 충분히 '참'이 되는 명제를 주장하지 않는 이유를 가능세계 개념으로 설명한 것이지.

④ 가능세계는 다음의 네 가지 성질을 갖는다. 첫째는 가능세계의 일관성이다. 가능세계는 명칭 그대로 가능한 세계이므로 어떤 것이 가능하지 않다면 그것이 성립하는 가능세계는 없다. 둘째는 가능세계의 포괄성이다. 이것은 어떤 것이 가능하다면 그것이 성립하는 가능세계는 존재한다는 것이다. 셋째는 가능세계의 완결성이다. 어느 세계에서든 임의의 명제 P에 대해 "P이거나 ~P이다."라는 배중률이 성립한다. 즉 P와 ~P 중 하나는 반드시 참이라는 것이다. 넷째는 가능세계의 독립성이다. 한 가능세계는 모든 시간과 공간을 포함해야만 하며, 연속된 시간과 공간에 포함된 존재들은 모두 동일한 하나의 세계에만 속한다. 한 가능세계 W1의 시간과 공간이, 다른 가능세계 W2의 시간과 공간으로 이어질 수는 없다. W1과 W2는 서로 시간과 공간이 전혀 다른 세계이다.

▶ 가능세계의 네 가지 성질이 설명되었구나. 각각의 개념에 밑줄 그으면서 읽고, 문제를 풀 때 돌아오면 되겠다. 간단히 정리하면 아래와 같겠지. (물론 너희들의 이해를 돕기 위한 것일 뿐, 시험장에서 정갈하게 표를 그릴 필요는 없다!)

일관성	포괄성	완결성	독립성
'어떤 것이 가능하지 않다' → 성립하는 가능세계 존재x	'어떤 것이 가능하다' → 성립하는 가능세계 존재	어느 세계든 배중률 (P or ~P 중 하나는 반드시 참) 성립	연속된 시·공간의 존재 → 모두 동일한 세계에 존재

⑤ 가능세계의 개념은 철학에서 갖가지 흥미로운 질문과 통찰을 이끌어 내며, 그에 관한 연구 역시 활발히 진행되고 있다. 나아가 가능세계를 활용한 논의는 오늘날 인지 과학, 언어학, 공학 등의 분야로 그 응용의 폭을 넓히고 있다.

▶ 가능세계의 응용 분야에 대해 언급하며 글이 마무리되었다. 이제 문제로 가 보자.

지문분석

가능세계

- 모순 관계
  - 두 명제가 모두 참 or 모두 거짓일 수 X
  - → 모순 관계의 두 명제가 모두 참 or 모두 거짓인 가능세계 無

- "다보탑은 경주에 있다."와
  "다보탑은 개성에 있을 수도 있었다."
  - 현실과 다르게 다보탑이 개성에 있을 가능성 有
  - → 다보탑이 개성에 있는 가능세계 有

- 일상 언어에서의 가능세계 개념
  - 'P는(①)' : 모든 가능세계에서 성립
  - 'P는(②)'
    : 어떤 가능세계에서는 성립O, 어떤 가능세계에서는 성립X

- 가능세계 담론을 통한 일상적 표현 이해
  - 현실 : 8시 기차 놓쳐 지각, 놓친 기차는 제시간에 도착
    "만약 내가 8시 기차를 탔다면, 나는 지각을 하지 않았다." 주장
  - A(8시 기차를 탐)가 참인 가능세계 중 B(제시간에 도착)도
    참인 가능세계가 B가 거짓인 가능세계보다 (③)와 더 유사
    - → A가 실현되지 않은 경우
      "만약 A라면 B이다."라고 말할 수 있음

- 가능세계의 성질
  - (④) : 어떤 것이 가능 X
    - → 그것이 성립하는 가능세계 존재 X
  - (⑤) : 어떤 것이 가능 O
    - → 그것이 성립하는 가능세계 존재 O
  - (⑥) : 어느 세계에서든 P와 ~P 중 하나는 반드시 참
  - (⑦) : 한 가능세계는 모든 시간, 공간을 포함
    연속된 시공간에 포함된 존재들은 모두 하나의 세계에만 속함
    - W1의 시공간이 W2의 시공간으로 이어질 수 없음
    - W1과 W2는 서로 시공간이 전혀 다른 세계

형태쌤 Comment

지문의 내용을 천천히 읽어 보면 손도 못 댈 정도로 어려운 지문은 아니지만, 수능 시험장이라는 특수한 상황에서는, 게다가 당시 고난도의 화작문과 문학이라는 엄청난 변수로 인해 시간이 부족한 상황에서는 상당한 난도로 다가왔을 지문이다. 개념을 초반부에 깔고 들어가는 지문은 중·후반부에 개념 적용을 통한 사례 설명이 나오기 때문에, 무조건 초반부에 힘을 줘서 읽어야 한다. 그래야 중·후반부의 내용을 제대로 이해하며 독해를 진행할 수 있기 때문이다.

문제분석 01-04번

번호	정답	정답률(%)	선지별 선택비율(%)				
			①	②	③	④	⑤
1	①	59	59	9	17	9	6
2	②	48	5	48	12	21	14
3	③	53	7	18	53	18	4
4	④	34	14	13	31	34	8

01

정답설명

① 4문단에서 가능세계의 완결성을 언급하며, '어느 세계에서든 임의의 명제 P에 대해 "P이거나 ~P이다."라는 배중률이 성립한다'고 하였다.

오답설명

② 2문단에 따르면 가능하지만 필연적이지 않은 명제는 우리의 현실세계를 비롯한 어떤 가능세계에서는 성립하고 또 어떤 가능세계에서는 성립하지 않는다. 예를 들어 "다보탑은 개성에 있다."와 같은 명제는 우리의 현실세계에서는 성립하지 않는 가능한 명제이므로, 모든 가능한 명제가 현실세계에서 성립한다고 볼 수는 없다.

③ 2문단에서 필연적인 명제들은 모든 가능세계에서 성립한다고 하였다.

④ 1문단에서 무모순율은 P와 ~P가 모두 참인 것은 가능하지 않다는 법칙을 뜻한다고 하였다.

⑤ 3문단에 따르면 전통 논리학에서는 "만약 A이면 B이다."라는 명제가 있을 때, A가 거짓이라면 해당 명제는 B의 참 거짓에 상관없이 참이라고 하였다.

02

정답설명

② 2문단에서 "만약 Q이면 Q이다."는 필연적인 명제이며, 필연적인 명제는 모든 가능세계에서 성립한다고 하였다. 즉, 해당 선지는 모든 가능세계 중 "다보탑은 경주에 있다."가 거짓인 가능세계는 없냐고 묻고 있는 것이다. 2문단에서 "다보탑은 경주에 있다."는 가능하지만 필연적이지는 않은 명제이며, 이러한 명제는 성립하지 않는 가능세계가 있다고 하였으므로 적절하지 않은 진술이다.

오답설명

① 2문단에서 "다보탑은 경주에 있다."는 가능하지만 필연적이지는 않은 명제이며, 이러한 명제가 성립하지 않는 가능세계가 있다고 하였다.

③ 1문단에 따르면 모순 관계란 두 명제가 모두 참인 것도 모두 거짓인 것도 가능하지 않은 관계를 뜻한다. 이때, "다보탑은 개성에 있을 수도 있었다."와 "다보탑은 개성에 있지 않다."는 모순 관계라고 볼 수 없다. 현실세계에서 다보탑이 개성에 있지 않은 것은 맞지만, 현실과 다르게 다보탑을 경주가 아닌 곳에 세웠다면 다보탑의 소재지는 지금과 달라졌을 것이기 때문이다. 즉 ⓒ과 "다보탑은 개성에 있지 않다."가 둘 다 참일 수 있으므로 이 둘은 모순 관계가 아닌 것이다.

④ "다보탑은 개성에 있을 수도 있었다."가 거짓이라면, 가능세계의 완결성 (배중률)에 따라 ~P에 해당하는 "다보탑은 개성에 있을 수 없다."가 반드시 참이 된다. 다보탑이 개성에 있는 것이 가능하지 않으므로 가능세계의 일관성에 따라 그것이 성립하는 가능세게는 존재하지 않는디.

⑤ "다보탑은 경주에 있다."와 "다보탑은 개성에 있을 수도 있었다."는 모순 관계가 아니므로 현실세계에서 둘 다 참인 것이 가능하다. 다보탑이 현재 경주에 있지만, 다보탑이 개성에 지어졌을 수도 있다는 가능성을 배제할 수 없다.

03

정답설명

③ 3문단에 따르면, 8시 기차를 탄 세계들끼리 비교할 때 내가 제시간에 도착한 세계가 그렇지 않은 세계보다 현실세계와 더 유사하다. 이러한 경우 8시 기차를 타지 못했을 때 "만약 8시 기차를 탔어도 지각했을 것이다."가 아닌, "만약 8시 기차를 탔다면 제시간에 도착했을 것이다."라고 이야기할 수 있는 것이다. 이를 조금 바꿔 말하면 선지와 같이 기차를 탔을 경우 지각한 가능세계가 지각하지 않은 가능세계보다 현실세계와의 유사성이 더 낮기 때문이 된다.

오답설명

①, ② 3문단에 따르면, "만약 8시 기차를 탔다면 제시간에 도착했을 것이다."라고 이야기할 수 있는 경우는 8시 기차를 탄 가능세계들끼리 비교할 때를 전제로 한다.

④ 밑줄만 보고 생각하면, 매력적인 선지가 될 수 있다. '밑줄만 보면'. 수능 국어는 주관식이 아닌 객관식이다. 밑줄의 의미도 지문을 통해 답이 나온 상태로 출제가 된다. 따라서 밑줄을 보며 '생각하는 것'이 아니라, 밑줄의 주변을 보고 의미를 확정한 다음에 해당하는 선지를 '찾으러 가는 것'이 중요하다. 그래야 이런 매력적인 오답에 낚이지 않는다. 필자는 3 문단에서 밑줄의 이유로 '현실세계와의 유사성'을 제시하였다. 따라서 기차를 탄 가능세계들끼리 비교했을 때, 지각을 하지 않은 가능세계의 수가 많아서가 아닌, 지각을 하지 않은 가능세계가 현실세계와 더 유사하다고 판단되기 때문에 "만약 8시 기차를 탔다면 제시간에 도착했을 것이다."라고 이야기할 수 있는 것이다.

⑤ 가능세계들 안에서 현실세계와의 유사성을 따지는 것이지, 현실세계에서의 참 거짓을 따지는 것이 아니다.

04

정답설명

④ 〈보기〉에서 "모든 학생은 연필을 쓴다."와 "어떤 학생도 연필을 쓰지 않는다."는 반대 관계의 명제들이어서 둘 중 하나만 참인 것이 가능하다고 하였다. 4문단에 따르면 가능세계의 포괄성은 어떤 것이 가능하다면 그것이 성립하는 가능세계는 존재한다는 것을 뜻하므로, "모든 학생은 연필을 쓴다."나 "어떤 학생도 연필을 쓰지 않는다." 둘 중 하나가 참인 가능세계는 존재한다.

오답설명

① 4문단에 따르면 가능세계의 완결성은 어느 세계에서든 '모순 관계'를 갖는 P와 ~P 중 하나는 반드시 참이라는 것을 의미한다. "모든 학생은 연필을 쓴다."와 "어떤 학생도 연필을 쓰지 않는다."는 P와 ~P 관계, 즉 모순 관계가 아니라 '반대 관계'이므로 '모든 학생이 연필을 쓰는 가능세계가 존재한다는 것과 어떤 학생도 연필을 쓰지 않는 가능세계가 존재한다는 것 중 하나는 반드시 참'이라고 이야기할 수 없는 것이다.

② 4문단에 따르면 가능세계의 포괄성은 어떤 것이 가능하다면 그것이 성립하는 가능세계는 존재한다는 것을 뜻한다. "어떤 학생도 연필을 쓰지 않는다."는 가능한 명제이므로 그것이 성립하는 가능세계, 즉 어떤 학생도 연필을 쓰지 않는 가능세계는 존재한다. 하지만 그 세계에 속한 어떠한 학생도 연필을 쓰지 않으므로 이 경우 '그 세계에 속한 한 명의 학생이 연필을 쓰는 가능세계'가 존재한다고 볼 수 없다.

③ 4문단에 따르면 가능세계의 완결성은 어느 세계에서든 모순 관계를 갖는 P와 ~P 중 하나는 반드시 참이라는 것을 의미한다. 그리고 '모순 관계'는 1문단에 나온 것처럼 모두 참인 것도, 모두 거짓인 것도 가능하지 않은 관계다. "어떤 학생은 연필을 쓴다."와 "어떤 학생은 연필을 쓰지 않는다."는 둘 다 참이 될 수가 있는 명제들이므로 서로 모순 관계에 있다고 볼 수 없다. 따라서 가능세계의 완결성과는 관련이 없다.

⑤ 4문단에 따르면 가능세계의 일관성은 어떤 것이 가능하지 않다면 그것이 성립하는 가능세계가 존재하지 않는 경우에 대해 이야기하는 것이다. 해당 선지는 어떠한 가능세계가 존재하는 경우에 대해 이야기하고 있으므로 가능세계의 일관성에 따른 것이라고 볼 수 없다. 반대 관계의 명제들인 "모든 학생은 연필을 쓴다."와 "어떤 학생도 연필을 쓰지 않는다."가 둘 다 거짓인 경우, 어떤 학생들은 연필을 쓰고 어떤 학생들은 연필을 쓰지 않는 것이 가능하므로 이러한 가능세계가 존재한다는 진술은 가능세계의 포괄성에 따른 진술이다.

구조도 정답

① 필연적이다
② 가능하다
③ 현실세계
④ 일관성
⑤ 포괄성
⑥ 완결성
⑦ 독립성

지문분석

에피쿠로스 사상

　고대 그리스 시대

　　(①) 세계관

　　신에 의해 우주가 운행됨 ⇒ 두려움O

에피쿠로스

　비결정론적 세계관

　　이신론적 관점

　　・ 신 : 존재O , 인간 세계 개입X

　　인간의 행복 : (②)인 인간에 의해 완성

　자연학

　　영혼, 육체 : 모두 미세한 입자로 구성, 서로 상호작용

　　육체 소멸하면 영혼 함께 소멸
　　⇒ 사후 (③)X ⇒ 두려움X

　　원자 운동 : 우연적 / 우주 : 우연의 산물,
　　→ 인간 삶 : 신의 섭리X

　쾌락주의적 윤리학

　　자유로운 삶의 근본을 규명

　　인생의 궁극적 목표 : (④)

형태쌤 Comment

길이도 길지 않고, 무난한 지문이다. 고대 그리스의 사상과 에피쿠로스 사상의 차이점을 신경 쓰면서, 에피쿠로스 사상의 특징을 읽어나가면 된다.

문제분석 01-04번

번호	정답	정답률(%)	선지별 선택비율(%)				
			①	②	③	④	⑤
1	②	89	6	89	1	2	2
2	④	89	4	2	3	89	2
3	⑤	57	3	3	30	7	57
4	⑤	78	3	7	7	5	78

01

정답설명

② 윗글은 신, 인간, 우주에 대한 이해를 바탕으로 에피쿠로스 사상을 설명하고 있다. 또한 이를 바탕으로 인간이 자신의 삶을 주체적으로 살아갈 수 있게 하는 자유 의지, 행복 실현을 위한 방안을 제시하는 에피쿠로스 사상의 목적과 의의를 다루고 있다.

오답설명

① 1문단에 설명된 고대 그리스 시대 사람들의 '잘못된 믿음'을 에피쿠로스 사상의 성립 배경이라 볼 수도 있으나, 인간과 자연의 관계를 중심으로 설명하지 않았다.

③ 에피쿠로스 사상에 대한 비판과 옹호는 나타나지 않으며, 그의 사상이 지닌 한계나 사상의 발전적 계승에 대한 내용도 설명하지 않았다.

④ 에피쿠로스 사상을 둘러싼 논쟁이나 그에 대한 이견이 제시되지 않았으며, 이를 당대 세계관과 비교하고 있지도 않다.

⑤ 에피쿠로스 사상의 현대적 수용과 효용성, 행복과 쾌락의 상관성에 대해 설명하지 않았다.

02

정답설명

④ ㉠(이신론적 관점)에 따르면 신은 중간 세계에 사는 존재이며 인간 세계에 개입하지 않는다. 따라서 인간의 행복은 신이 아니라, 자율적 존재인 인간 자신에 의해 완성된다. ㉡(자연학)은 원자의 운동이 우연성에 의한 것이므로, 원자로 이루어진 우주 역시 우연의 산물이며 '신의 섭리'라는 것은 없다고 보는 입장이다. 따라서 인간은 자신의 삶을 주체적으로 살아갈 수 있게 하는 자유 의지를 가진다고 하였다. 즉, ㉠과 ㉡은 인간이 잘못된 믿음(신에 대한 두려움, 자연재해나 천체 현상에 대한 두려움)에서 벗어날 수 있는 근거를 제시하는 것이다. 한편, ㉢(윤리학)은 자유 의지를 가진 주체적 존재인 인간이, 인생의 궁극적 목표인 '행복'을 영혼이 안정된 상태에서 실현할 수 있는 방안을 제시하는 쾌락주의적 윤리학이다.

03

정답설명

⑤ ㄴ : 4문단에서 에피쿠로스는 우연성을 자유 의지의 근거로 삼았는데, 우연이라는 것은 의지와 무관한 것이라 볼 수 있으므로 이에 대한 비판으로 적절하다.

　ㄷ : 3문단에 의하면 에피쿠로스는 인간이 사후에 신의 심판을 받지 않으므로 죽음에 대한 모든 두려움에서 벗어나게 된다고 말하는데, 인간이 죽음을 두려워하는 원인이 사후에 받을 신의 재판뿐이라고 볼 수는 없으므로 적절한 비판이다.

　ㄹ : 1문단에서 에피쿠로스는 '신이 야기한다고 생각되는 자연재해'에 대한 당대 사람들의 두려움만을 고려하였을 뿐, 자연재해 자체에 대한 두려움은 고려하지 않았으므로 이에 대한 비판으로 적절하다.

오답설명

ㄱ : 신의 섭리에 따라 인간의 삶을 이해하려는 입장을 비판하고 있다. 4문단에서 에피쿠로스는 인간의 삶에서 신의 섭리는 찾을 수 없다고 하였으므로 이는 적절하지 않은 비판이다.

04

정답설명

⑤ 〈보기〉에서 신이 인간의 세계에 속해 있지 않다고 한 것은 에피쿠로스 사상과 같다. 그러나 에피쿠로스는 신의 영향력이 인간 세계에 미치지 않는다고 보는 입장이므로, 에피쿠로스 사상과 〈보기〉의 생각에 '신의 영향력이 인간 세계의 외부에서 온다고 보는 공통점'이 있다는 선지는 적절하지 않다. 또한 〈보기〉는 '신은 인간의 세계에 속해 있지는 않으나' '모든 것들을 바르고 행복한 상태에 이르도록 이끈다'고 생각하기에 '신의 영향력이 인간 세계의 외부에서 온다'고 보는 입장에 해당한다.

오답설명

① 신이 모든 것의 원인이자 목적이라고 보는 〈보기〉와 달리, 2문단에서 에피쿠로스는 신이 인간 세계에 개입하지 않는다고 보았다.

② 신이 모든 것을 이끈다고 보는 〈보기〉와 달리, 4문단에서 에피쿠로스는 우주가 우연의 산물이며 우주와 인간의 세계에 신의 관여는 없다고 하였다.

③ 2문단에서 에피쿠로스는 신의 존재는 인정한다고 했으므로, 〈보기〉와 에피쿠로스 모두 신의 존재를 인정한다는 것을 알 수 있다.

④ 〈보기〉가 신이 모든 것들을 행복으로 이끈다고 한 것과 달리, 에피쿠로스는 2문단에서 인간의 행복은 인간 자신에 의해 완성된다고 보았다.

구조도 정답

① 결정론적
② 자율적 존재
③ 신의 심판
④ 행복

지문분석

베이즈주의

임의의 명제에 대한 믿음의 태도

↳ 전통적 인식론자

'참/거짓/참도 거짓도 아님' 중 반드시 하나만 가짐

↳ 베이즈주의자

(　①　)(가장 강한 믿음~가장 약한 믿음)를 포함

명제의 참/거짓 여부 새롭게 앎
= 명제의 참/거짓 여부에 대해 가장 강한 믿음의 정도를 새롭게 가짐

(　②　) : 믿음의 정도의 변화에 관한 원리

'명제 A=참'을 새롭게 앎
→ 명제 B에 대한 기존 믿음의 정도 변화

↳ 'B=참'에 대한 믿음의 정도
→ 'A=참일 경우 B=참'에 대한 믿음의 정도

새로 알게 된 명제가 둘 이상인 경우에도 적용 O

믿음의 정도에만 적용, 행위와는 무관

서로 (　③　) 명제 사이에는 적용 X

특별한 이유 X → 믿음의 정도 (　④　)
= 실용적 효율성

형태쌤 Comment

얼핏 무난하게 읽히는 것 같은 지문이지만, 문제 풀이는 만만하지 않았을 것이다. 전통적 인식론자와 베이즈주의자 사이의 차이점을 파악하는 것은 기본이고, '조건화 원리'라는 핵심 개념을 정확히 이해했어야 문제 풀이가 가능한 지문이다.

문제분석　01-05번

번호	정답	정답률(%)	선지별 선택비율(%)				
			①	②	③	④	⑤
1	②	84	4	84	4	6	2
2	②	76	4	76	6	8	6
3	④	82	2	5	6	82	5
4	⑤	57	2	4	21	16	57
5	②	91	2	91	1	3	3

01

정답설명

② 4문단에 따르면 베이즈주의자의 관점에서는 특별한 이유가 없다면 믿음의 정도를 유지하는 것이 합리적이다. 따라서 '특별한 이유 없이 믿음의 정도를 바꾸어야 하는 이유'에 대한 답은 윗글에서 찾을 수 없다.

오답설명

① 4문단에서 베이즈주의자는 '상식적으로 당연하게 여겨지는 생각을 정당화하기 위해 기존의 믿음의 정도를 유지함으로써 얻을 수 있는 실용적 효율성에 호소'하였음을 확인할 수 있다.

③ 3문단에서 어떤 명제가 참이라는 것을 새롭게 알게 되더라도 그 명제와 관련 없는 명제에 대한 믿음의 정도는 변하지 않아야 함을 설명하였다. 즉, 어떤 명제에 대한 믿음의 정도를 바꿀지의 여부는, 참이라는 것을 새롭게 알게 된 명제와의 '연관 여부'에 달려 있다.

④ 믿음의 정도가 어떤 방식으로 달라져야 하는지는 2문단에서 답을 찾을 수 있다. A가 참이라는 것을 새롭게 알게 되면, B가 참일 것이라는 믿음의 정도는 [A=참 → B=참]이라는 것에 대한 믿음의 정도가 되어야 한다는 것이다. 2문단에서는 B('내일 비가 온다.')가 참이라는 것을 약하게 믿는 갑은, A('오늘 비가 온다.')가 참일 경우 B가 참이라는 것을 강하게 믿는다는 조건하의 경우를 사례로 들어 설명하고 있다.

⑤ 1문단에 따르면 전통적 인식론자는 임의의 명제에 대해 '참/거짓/참도 거짓도 아님' 중 하나의 태도만을 가진다고 본다. 반면 베이즈주의자는 임의의 명제가 '참/거짓'이라는 것에 대해 가장 강한 믿음의 정도에서 가장 약한 믿음의 정도를 가질 수 있다고 보는 입장이다.

02

정답설명

② 일단 ㉠과 ㉡의 입장을 간단히 짚고 가자.

㉠은 전통적 인식론자로, 임의의 명제에 대해 '참/거짓/참도 거짓도 아님' 세 가지 중 하나의 태도만을 가진다고 보는 입장이다. ㉡은 베이즈주의자로, 임의의 명제가 '참/거짓'이라는 것에 대해 가장 강한 믿음의 정도에서 가장 약한 믿음의 정도까지 가질 수 있다고 본다.

"을이 '내일 눈이 온다.'가 거짓이라 믿는 것은 그 명제가 거짓임을 강한 정도로 믿는다는 의미라고 주장"하는 것은 ㉠이 아니라 ㉡이다.

오답설명

① ㉠과 ㉡은 믿음의 태도에 대한 입장이 전혀 다르므로, ㉠이면서 ㉡일 수 없다.

③ ㉠은 임의의 명제에 대해 '참/거짓/참도 거짓도 아님' 중에서 하나의 태도만을 가질 수 있다고 보는 입장이다. 따라서 참이라고 믿는 명제에 대해 거짓이라고 믿을 수는 없다고 주장할 것이다.

④ ㉡은 임의의 명제의 참/거짓 여부를 명확히 가리지 않고, '믿음의 정도'를 믿음의 태도에 포함시키는 입장이다. 이에 따르면 임의의 명제가 참 혹은 거짓이라는 것에 대한 믿음의 정도가 같을 수도 있다.

⑤ 1문단에서 ㉡은 믿음을 정도의 문제로 보고 임의의 명제에 대해 인식 주체는 가장 강한 믿음의 정도에서 가장 약한 믿음의 정도까지 가질 수

있다고 생각했음을 알 수 있다. 따라서 거짓이라고 믿는 서로 다른 두 명제에 대한 믿음의 정도는 다를 수 있다.

03

정답설명

④ 조건화 원리는 명제의 참/거짓 여부를 새롭게 알게 될 경우, 이와 관련한 명제에 대한 믿음의 정도가 달라진다는 원리이다. 2문단에서 조건화 원리는 새롭게 알게 된 명제가 동시에 둘 이상인 경우에도 마찬가지로 적용됨을 알 수 있다. 참고로, 새롭게 알게 된 명제들의 참/거짓 여부가 반드시 동일해야 한다는 설명은 없으므로, 이에 대해 고민할 필요는 없다.

오답설명

① 4문단에서 특별한 이유 없이 믿음의 정도를 바꾸는 것은 에너지를 불필요하게 소모하는 것이므로, 특별한 이유가 없다면 기존의 믿음의 정도를 유지하는 것이 합리적이라는 것을 설명히고 있다.

② 2문단을 통해 조건화 원리는 믿음의 정도에 관한 것일 뿐, 행위에 관한 것이 아님을 확인할 수 있다. 즉, 조건화 원리는 '어떤 행위를 할~행위를 해서는 안 된다고 말해 준다.'는 선지의 설명과 부합하지 않는다.

③ 3문단의 '어떤 명제가 참인지 거짓인지 새롭게 알게 되더라도 그 명제와 관련 없는 명제에 대한 믿음의 정도는 변하지 않아야 한다.'에서 새롭게 알게 된 명제와 관련 없는 명제일 경우, 믿음의 정도를 유지해야 한다는 내용을 설명하고 있다.

⑤ 조건화 원리가 믿음의 정도에 따른 제약이 있다는 설명은 윗글에 제시되어 있지 않다.

04

정답설명

⑤ 병과 정의 '㉮가 참이라는 것에 대한 믿음의 정도'가 서로 다를 수는 있으나, ㉯가 참이라는 것을 알게 된 후에 ㉮가 참이라는 것에 대한 믿음의 정도까지 다를 것이라고 단정할 근거는 윗글과 〈보기〉에서 찾을 수 없다.

오답설명

① 3문단에서 어떤 명제에 대해 새롭게 알게 되더라도 그 명제와 무관한 명제에 대한 믿음의 정도는 바뀌지 않는다고 하였고, 〈보기〉에서 병은 조건화 원리에 의해서만 믿음의 정도를 바꾼다고 하였다. 따라서 병이 ㉮와 관련이 없는 다른 명제만을 새롭게 알게 된다면, ㉮에 대한 병의 믿음의 정도는 변하지 않을 것이다.

②, ③ 〈보기〉에 제시된 ㉯, ㉰는 '참이라고 새롭게 알게 될 수 있는 명제'이다. ㉯, ㉰ 중에서 ㉯만 알게 된 경우, ㉮가 참일 가능성은 높아진다. 따라서 병이 ㉯만이 참이라는 것을 알게 된다면, ㉮가 참이라는 것에 대한 믿음의 정도가 더 강해질 수 있다. 반면, ㉰를 알게 될 경우 ㉮가 참일 가능성이 낮아진다고 볼 수 있다. 따라서 ㉯를 알게 된 후에 ㉰를 추가로 알게 된다면, ㉮가 참이라는 것에 대한 믿음의 정도는 ㉰를 알기 전보다 약해질 수 있다.

④ 조건화 원리에 의하면, 어떤 명제 A가 참이라는 것을 새롭게 알게 된 상태에서 그와 연관된 명제 B가 참일 것이라는 믿음의 정도는 'A가 참이라는 조건하에 B가 참'일 경우에 대한 믿음의 정도가 되어야 한다. 또한 이는 새롭게 알게 된 명제가 둘 이상인 경우에도 마찬가지로 적용된다. 따라서 병이 ㉯, ㉰가 참이라는 것을 동시에 알게 된다면, ㉮가 참이라는 것에 대한 믿음의 정도는 '㉯와 ㉰가 참이라는 조건하에 ㉮가 참이라는 것에 대한 믿음의 정도'로 변하게 된다.

05

정답설명

② ⓑ와 ②의 '따르다'는 모두 '어떤 경우, 사실이나 기준 따위에 의거하다.'의 의미로 쓰였다.

오답설명

① ⓐ의 '가지다'는 '생각, 태도, 사상 따위를 마음에 품다.'의 의미이지만, ①의 '가시나'는 '모임을 치르나.'의 의미이나.

③ ⓒ의 '보다'는 '고려의 대상이나 판단의 기초로 삼다.'의 의미이지만, ③의 '보다'는 '맡아서 보살피거나 지키다.'의 의미이다.

④ ⓓ의 '얻다'는 '권리나 결과·재산 따위를 차지하거나 획득하다.'의 의미로 쓰였지만, ④의 '얻다'는 '병을 앓게 되다.'의 의미로 쓰였다.

⑤ ⓔ의 '바꾸다'는 '원래의 내용이나 상태를 다르게 고치다.'의 의미로 쓰였지만, ⑤의 '바꾸다'는 '원래 있던 것을 없애고 다른 것으로 채워 넣거나 대신하게 하다.'의 의미로 쓰였다.

구조도 정답

① 믿음의 정도
② 조건화 원리
③ 관련 없는
④ 유지

지문분석

(가) 과거제의 의의

↳ 합리성

(①) 시험으로 관료 선발

신분, 추천 < 시험 성적

↳ 공정성

(②) 제고 → 사회적 유동성 ↑

익명성 확보를 위한 장치 도입

↳ 사회적 효과

학습 동기 제공

(③) 확대, 지식의 보급 → 지식인 집단 ↑

고전, 유교 경전 학습 → 도덕적인 가치 기준 공유

최종 통과 X : 국가가 특권 부여 → 경쟁적 선발 제도의 부작용 완화

↳ 사회적 안정에 기여

(④) 엘리트층의 연속성

관료 선발 과정의 안정성, 관료제에 기초한 통치의 안정성

↳ (⑤)에 영향

사상적 : 학자의 지식 > 귀족의 세습적 지위
→ 정치적인 합리성으로 봄

제도적 : 관료 선발에 시험 도입

(나) 과거제의 부작용

↳ 개혁론

유형원의 (①) 구상

17C 중국 개혁론 : 봉건적 요소 부분적 재도입

고염무, 황종희

↳ 부작용

치열한 경쟁

깊이 있는 학습 X, (②) 학습 O

장기간 수험 생활로 재능 낭비

시험의 (③)에 대한 회의

인성이나 실무 능력 평가 X

↳ 임용 후

(④)가 공공성과 상충

가시적, 단기적인 결과만 중시

(⑤) 의식의 약화

(⑤) 소속감 ↓, 충성심 ↓

↳ 과거제 보완 주장

(⑥) 요소 도입해 소속감과 충성심 확보

형태쌤 Comment

(가)는 과거제의 의의, (나)는 과거제의 부작용에 대한 지문이다. 둘의 대립적 시각과 과거제가 사회에 가져온 영향에 집중하여 읽어야 한다.

문제분석   01-06번

번호	정답	정답률 (%)	선지별 선택비율(%)				
			①	②	③	④	⑤
1	①	77	77	3	3	11	6
2	④	67	25	4	2	67	2
3	②	73	12	73	8	4	3
4	④	85	6	2	5	85	2
5	⑤	81	2	6	7	4	81
6	④	92	1	4	1	92	2

01

정답설명

① (가)는 과거제가 합리성과 공정성을 가지고 있었기 때문에 여러 가지 사회적 효과를 가져왔다고 설명하고 있다. 또한 (나)에서는 많은 인재들이 수험 생활에만 매달림으로써 재능을 낭비했다는 점, 과거제로 등용된 관리들이 단기적인 성과만 중시했다는 점 등 과거제가 사회에 끼친 부정적인 영향에 대해 설명하고 있으므로 두 지문 모두 특정 제도인 과거제가 사회에 미친 영향을 인과적으로 서술하고 있음을 알 수 있다.

오답설명

② (가)에서는 과거제를 분석하는 두 이론이 구분되어 제시되지 않았다. (나)에서는 과거제에 대한 여러 개혁론이 제시되었으나, 두 가지 이론을 구분하여 소개하고 있지는 않다.
③ 구체적 사상가들의 견해를 언급하며 과거제에 대한 관점을 드러내는 것은 (가)가 아니라 (나)이다.
④ (나)는 과거제의 문제점과 함께 비판의 근거가 제시된 것으로 볼 수 있으나, 이를 선호의 근거와 비교하고 있지는 않으므로 적절하지 않다.
⑤ (가)는 과거제의 발전을 통시적으로 설명하지 않았고, (나)에서는 과거제에 대한 학자들의 개혁론을 설명하고 있을 뿐 과거제에 대한 학자들의 상반된 입장을 공시적(똑같은 시대 또는 시점에 놓여 있는 체계를 분석하는 것)으로 설명하지 않았다.

02

정답설명

④ (가)의 3문단 '최종 단계까지 통과하지 못한 사람들에게도 국가가 여러 특권을 부여하고 그들이 지방 사회에 기여하도록 하여'에서 국가가 과거에 합격하지 못한 사람들로 하여금 지방 사회에 기여하도록 하였다는 것은 알 수 있다. 한편 선지의 '지방의 관료에 의해 초빙될 기회를 주었다.'라는 내용은 (나)의 1문단에 제시되었는데, 이는 과거제를 보완하려는 황종희가 언급한 '벽소'라는 옛 제도에 대한 설명이므로 (가)의 내용과 일치하지 않는다.

오답설명

① (가)의 5문단 '과거제에 대한 정보는 선교사들을 통해 유럽에 전해져 많은 관심을 불러일으켰다.'와 '이러한 관심은 사상적 동향뿐 아니라 실질적인 사회 제도에까지 영향을 미쳐서, 관료 선발에 시험을 통한 경쟁이 도입되기도 했다.'에서 시험을 통한 관료 선발 제도가 동아시아뿐 아니라 유럽에서도 실시되었음을 알 수 있다.
② (가)의 3문단 '과거제는 여러 가지 사회적 효과를 가져왔는데,~그 결과 통치에 참여할 능력을 갖춘 지식인 집단이 폭넓게 형성되었다.'와 4문단의 '관료제에 기초한 통치의 안정성에도 기여했다.'에서 과거제가 폭넓은 지식인 집단을 형성하여 관료제에 기초한 통치에 기여했다는 것을 알 수 있다.
③ (가)의 3문단 '최종 단계까지 통과하지 못한 사람들에게도 국가가 여러 특권을 부여하고 그들이 지방 사회에 기여하도록 하여'에서 최종 단계까지 통과하지 못한 사람들도 국가로부터 혜택을 받을 수 있었음을 알

수 있다.
⑤ (가)의 5문단의 '일군의 유럽 계몽사상가들은 학자의 지식이 귀족의 세습적 지위보다 우위에 있는 체제를 정치적인 합리성을 갖춘 것으로 보았다.'에서 귀족의 지위보다 학자의 지식이 우위에 있는 체제가 합리적이라고 여긴 계몽사상가들이 있었음을 알 수 있다.

03

정답설명

② (나)의 3문단 '지역 사회를 위해 장기적인 전망을 가지고 정책을 추진하기보다 가시적이고 단기적인 결과만을 중시하는 부작용을 가져왔다. 개인적 동기가 공공성과 상충되는 현상이 나타났던 것이다.'에서 알 수 있듯이 과거제로 등용된 관리들의 개인적 동기(승진 등)가 공공성과 상충되는 세태를 보였다. 그리고 4문단에 따르면 이것에 대한 해결로 '봉건적 요소(세습)를 도입'하자는 주장이 제시되었다. 따라서 봉건적 요소에 대한 지향이 공공성과 상충되는 세태로 나타났다고 할 수 없다.

오답설명

① (나)의 3문단에서 '세습적이지 않으면서 몇 년의 임기마다 다른 지역으로 이동하는' 과거제 출신의 관리들은 '공동체에 대한 소속감이 낮'다고 하였으므로 과거제로 등용된 관리들은 근무지를 자주 바꾸게 되어 근무지에 대한 소속감이 약했을 것임을 알 수 있다.
③ (나)의 3문단에서 과거제로 선발한 관료들은 '개인적 동기가 공공성과 상충되는 현상'을 보였다고 하였다. 즉 세습 엘리트에 비해 개인적 동기가 강해서 공동체 의식이 높지 않았음을 알 수 있다.
④ (나)의 3문단에서 '과거제 출신의 관리들이~출세 지향적이기 때문에'라고 하였고 '지역 사회를 위해 장기적인 전망을 가지고 정책을 추진하기보다 가시적이고 단기적인 결과만을 중시'한다고 하였으므로 과거제를 통해 배출된 관료들이 출세 지향적이어서 장기적 안목보다는 근시안적인 결과에 치중했다는 것을 알 수 있다.
⑤ (나)의 3문단에서 '능력주의적 태도는~관리의 업무에 대한 평가에도 적용'되어 관리들이 '승진을 위해서 빨리 성과를 낼 필요가 있었기에,~가시적이고 단기적인 결과만을 중시'하였다고 하였으므로, 과거제가 낳은 능력주의적인 태도로 인해 관리들이 승진을 위해 가시적인 성과만을 내려는 경향이 강해졌음을 알 수 있다.

04

정답설명

④ ㉠은 공정성의 강화를 위한 것이며 이는 보다 많은 사람들에게 사회적 지위 획득의 기회를 준 것임을 (가)의 2문단에서 알 수 있다. ㉡은 (나)의 2문단에서 과거제가 '학습 능력 이외의 인성이나 실무 능력을 평가할 수 없'어 발생하였다고 하였으므로, 관리 선발 시 됨됨이 검증의 곤란함에서 비롯되었음을 알 수 있다.

오답설명

① ㉠은 공정성을 강화하기 위한 것으로 이와 같은 공정성을 바탕으로 보다 많은 사람에게 사회적 지위 획득의 기회를 주었음을 알 수 있다. 하지만 (가)의 2문단에서 '응시 자격에 일부 제한이 있었다'고 하였으므

로, ㉠이 모든 사람에게 응시 기회를 보장하지는 않았음을 알 수 있다. ㉡은 과거제가 학습 능력 이외의 인성이나 실무 능력을 평가할 수 없다는 이유에서 비롯되었지 결과주의의 지나친 확산에서 비롯되었다고 할 수 없다.

② (가)의 4문단에 따르면 '과거제의 합리성'이 사회적 안정에 기여했다고 할 수는 있으나, ㉠ 자체가 사회적 안정을 보장한다고 보기는 어렵다. ㉡은 대대로 관직을 물려받는 문제인 세습제에서 비롯된 것이 아니라 과거제가 학습 능력 이외의 것을 평가할 수 없음에서 비롯되었다.

③ ㉠이 지역 공동체의 전체 이익을 증진시켰다는 내용은 제시되지 않았으며, ㉡은 지나친 경쟁이 유발한 국가 전체의 비효율성에서 비롯된 것은 아니다. 지나친 경쟁이 유발한 국가 전체의 비효율성은 (나)의 2문단에서 과거제의 문제점으로 제시되었다.

⑤ ㉠은 관료들이 지닌 도덕적 가치 기준의 다양성을 확대하지 않았다. (가)의 3문단에 따르면 과거제는 도덕적인 가치 기준에 대한 광범위한 공유를 이끌어 냈으나 이는 ㉠으로 인한 것이 아니라 고전과 유교 경전이 주가 되는 학습의 내용 때문이다. 또한 (나)의 4문단에서 '사적이고 정서적인 관계에서 볼 수 있는 소속감과 충성심을 과거제로 확보하기 어렵'다고 하였으므로 사적이고 정서적인 관계 확보의 어려움이 과거제의 문제점으로 제시된 것은 맞으나 ㉡이 여기에서 비롯되었다고 할 수는 없다.

05

정답설명

⑤ '병'은 과거제로 인해 많은 사람들이 공부하려는 생각을 가지게 된 점을 긍정적으로 보았는데, 이러한 과거제로 인한 학습 동기 강화는 (가)의 3문단 '특히 학습에 강력한 동기를 제공함으로써'에서 알 수 있다. 그러나 그는 과거제가 학습에 동기를 부여한 것에 주목하였을 뿐 실무 능력을 중심으로 평가하는 시험 방식에 주목한 것이 아니며, 과거제가 실무 능력을 평가할 수 없다는 내용은 (나)의 2문단에서 찾아볼 수 있다.

오답설명

① '갑'은 과거제로 인해 사회적 지위 획득의 기회가 열려 사회적 유동성이 증가했다는 점을 긍정적으로 보았다. 이는 (가)의 2문단 '공정성을 바탕으로~개방성을 제고하여 사회적 유동성 역시 증대시켰다.'를 고려할 때, 능력주의에 따른 공정성과 개방성이라는 시험의 성격에 주목한 것임을 알 수 있다.

② '을'은 과거제로 인해 많은 선비들이 재능을 낭비하는 것을 부정적으로 보았는데, 이는 (나)의 2문단 '치열한 경쟁은~많은 인재들이 수험 생활에 장기간 매달리면서 재능을 낭비하는 현상도 낳았다.'로 보아 치열한 경쟁을 유발하는 시험의 성격에 주목한 것임을 알 수 있다.

③ '을'은 과거제를 통해 조선 사회에 유교적 가치가 광범위하게 자리를 잡은 것을 긍정적으로 보았다. 이는 (가)의 3문단 '시험에 필요한 고전과 유교 경전이 주가 되는 학습의 내용은 도덕적인 가치 기준에 대한 광범위한 공유를 이끌어 냈다.'를 고려할 때, 고전과 유교 경전 위주의 시험 내용에 주목한 것임을 알 수 있다.

④ '병'은 과거 시험 준비를 위해 나오는 책들은 학습의 깊이가 없어 문제라고 하며 과거제로 인해 심화된 공부를 하기 어렵다는 점을 부정적으로 보았다. 이는 (나)의 2문단 '치열한 경쟁은 학문에 대한 깊이 있는 학습

이 아니라 합격만을 목적으로 하는 형식적 학습을 하게 만들었고'를 고려할 때, 형식적인 학습을 유발한 시험 방식에 주목한 것임을 알 수 있다.

06

정답설명

④ 지문의 'ⓓ 매달리면서'는 '어떤 일에 관계하여 거기에만 몸과 마음이 쏠려 있다.'라는 의미이다. 이는 선지의 '사소한 일에만 매달리면'의 '매달리다'와 같은 의미임을 알 수 있다.

오답설명

① 지문의 'ⓐ 두고'는 '행위의 준거점, 목표, 근거 따위를 설정하다.'라는 의미로 쓰였으나, 선지의 '두고'는 '일정한 곳에 놓다.'라는 뜻으로 쓰였다.

② 지문의 'ⓑ 되살리는'은 '죽거나 없어졌던 것을 다시 살리다.'라는 뜻으로 쓰였으나, 선지의 '되살렸다'는 '잊었던 감정이나 기억, 기분 따위를 다시 떠올리거나 살려 내다.'라는 뜻으로 쓰였다.

③ 지문의 'ⓒ 걸쳐'는 '일정한 횟수나 시간, 공간을 거쳐 이어지다.'라는 뜻으로 쓰였으나, 선지의 '걸쳐'는 '가로질러 걸리다.'라는 뜻으로 쓰였다.

⑤ 지문의 'ⓔ 어려웠던'은 '가능성이 거의 없다.'라는 뜻으로 쓰였으나, 선지의 '어려울수록'은 '가난하여 살아가기가 고생스럽다.'라는 뜻으로 쓰였다.

구조도 정답

(가)

① 능력주의적   ② 개방성   ③ 교육
④ 동질적   ⑤ 유럽

(나)

① 공거제   ② 형식적   ③ 익명성
④ 개인적 동기   ⑤ 공동체   ⑥ 봉건적

지문분석

(가) 북학론

18세기 북학파 : 청 다녀온 경험 연행록 기록 → (①) 구체화

박제가

청의 현실 : 조선이 지향할 가치 기준

『(②)』: 중화가 보존된 것이자, 조선의 발전 방향

명에 대한 의리 문제는 소멸된 것, 청 문물 수용의 이익 주장

양반도 이익을 추구하자는 (③) 입장

(④)

「입연기」: 청의 현실 객관적 기록

청 문물의 효용과 이용후생 관심

(⑤) : 이분법 시각 X, 청과 조선 모두의 가치 인정

명에 대한 의리 중시

→ 자신이 제시한 인식 태도에서 벗어나는 모습

(나) 18세기 후반 청의 현실

청의 번영

여러 단계의 시장 그물처럼 연결 → 국내 교역 ↑

일상적 물건도 (①) 상품

상인 조직의 발전, (②)의 확대

대외 무역의 발전, (③)의 유입 → (③)으로 과세 → 상품 경제 발전

청의 위기의 징후

(④) 증가

새로운 작물 재배, 개간, 이주, 농경 집약화 등
민간의 노력에도 해결 X

이주 및 도시화 → 사회적 유대 약화
→ 결사 조직 성행 → 불법적 활동, 반란 기반

인맥에 기초한 관료 사회의 (⑤) 심화

조정의 조치

외국과의 접촉 차단 → 서양에 대한 무역 개방 축소

형태쌤 Comment

18세기 북학론을 주장한 두 학자의 견해를 설명하는 글인 (가)와, 18세기 청의 사회상을 설명하는 글인 (나)로 나누어져 있다. 구조도 깔끔하고 내용도 단순하여 주장을 잘 비교하였다면 쉽게 풀 수 있는 문제였다.

문제분석 01-06번

번호	정답	정답률 (%)	선지별 선택비율(%)				
			①	②	③	④	⑤
1	①	80	80	4	6	8	2
2	④	73	2	9	11	73	5
3	⑤	46	4	2	44	4	46
4	③	76	1	2	76	4	17
5	④	71	3	7	12	71	7
6	③	93	1	2	93	1	3

01

정답설명

① (가)에서는 18세기 중국(청)에 대한 조선 학자 박제가, 이덕무의 견해인 '북학론'을 제시하면서, 북학론의 형성 배경과 두 학자가 주장한 북학론의 차이를 설명하고 있다.

오답설명

② (가)에서는 18세기 중국을 바라보는 사상적 관점인 '북학론'을 제시하고 있으나, 두 학자의 북학론이 지닌 역사적 의의와 한계를 비교하고 있지는 않다.

③ (나)에서는 18세기 중국의 사회상을 제시하고 있으나, 다양한 사회상을 시대별 기준에 따라 분류하여 서술하고 있지는 않다.

④ (나)에서는 18세기 중국의 사상적 변화를 언급하고 있지 않다.

⑤ (가)는 18세기 후반 중국을 다녀온 박제가와 이덕무의 북학론을, (나)는 18세기 후반의 중국의 현실을 제시하고 있을 뿐, (가)와 (나) 모두 중국의 현실이 다른 나라에 미친 영향을 예를 들어 설명하고 있지 않다.

02

정답설명

④ (가)의 3문단에 따르면 이덕무는 '청 문물의 효용을 도외시하지 않고 박제가와 마찬가지로 물질적 삶을 중시하는 이용후생에 관심을 보였'으므로 청 문물의 효용성은 긍정했다고 볼 수 있다. 하지만 '중국인들의 외양이 만주족처럼 변화된 것을 보고 비통한 감정을 토로하며 중화의 중심이라 여겼던 명에 대한 의리를 중시하는 등'에서 청이 중화를 보존하고 있지 않다고 여겼음을 알 수 있다. 즉, 이덕무는 중화의 중심은 명나라라고 생각하였고 이를 청나라가 보존하고 있지 않음을 슬퍼했으므로 선지 뒷부분의 설명은 적절하지 않다.

오답설명

① (가)의 2문단 '청의 현실은 그에게 중화가 손상 없이 보존된 것이자~그의 북학론의 밑바탕이 되었다.'에서 박제가는 청의 현실은 중화가 보존된 것이고 이러한 청의 문물을 도입하는 북학론이야말로 중화와 합치되는 방향이라고 생각하였음을 알 수 있다.

② (가)의 2문단 '박제가 인식한 청의 현실은~조선이 지향할 가치 기준이었다.'에서 박제가는 자신이 파악한 청의 현실이 조선을 평가하는 기준이라고 생각하였음을 알 수 있다.

③ (가)의 3문단 '이덕무는~민생과 무관하다고 지적하였다.'에서 이덕무는 청의 현실을 관찰하면서 황제의 행차와 관련된 조치가 민생의 문제와 무관하다고 지적하는 등 그 이면에 있는 민생의 문제를 간과하지 않았음을 알 수 있다.

⑤ (가)의 2문단 '중화 관념의 절대성을 인정하였기 때문에~그의 북학론의 밑바탕이 되었다.'와 3문단 '중화의 중심이라 여겼던 명에 대한 의리를 중시하는 등'에서 박제가와 이덕무 모두 중화 관념에 대해서는 긍정적인 태도를 보였음을 알 수 있다.

03

정답설명

⑤ 평등견이란 이덕무의 인식 태도로, (가)의 3문단에 따르면 그는 평등견을 통해 '청에 대한 찬반의 이분법에서 벗어나 청과 조선의 현실적 차이뿐만 아니라 양쪽 모두의 가치를 인정'하고, 청과 조선은 구분되지만 서로 배타적이지는 않다고 보았다. 즉, 이는 청에 대한 배타적 태도를 지양하고, 청과 구분되는 조선의 독자성을 유지하자는 인식 태도라고 할 수 있다.

오답설명

① 이덕무는 평등견을 통해 청과 조선 양쪽 모두의 가치를 인정하였지, 조선의 풍토를 기준으로 삼아 청의 제도를 개선하자고 인식하지는 않았다.

② 이덕무는 평등견을 통해 청과 조선 양쪽 모두의 가치를 인정하였지, 조선의 고유한 삶의 방식을 청의 방식에 따라 개혁해야 한다고 인식하지는 않았다.

③ 이덕무는 평등견을 통해 청과 조선 양쪽 모두의 가치를 인정하고 청을 배우는 것과 조선 사람이 조선 풍토에 맞게 살아가는 것이 서로 모순되지 않다고 하였을 뿐, 풍토로 인한 차이를 해소하려고 하지는 않았다. 풍토로 인한 차이를 인정하는 것과 이를 해소하는 것은 다르다.

④ 이덕무는 평등견을 통해 청과 조선 양쪽 모두의 가치를 인정하였다. 또한 이덕무가 중국인들의 외양이 변화된 모습을 통해 비통한 감정을 토로하며 명에 대한 의리를 중시한 것은 맞으나 이는 평등견의 태도에서 벗어난 한계를 보여 주는 것이다.

04

정답설명

③ ㉠은 18세기 청의 번영 이면에 위기의 징후들이 나타나고 있었다는 설명이다. (나)의 2문단 '급격한 인구 증가로~반란의 조직적 기반이 되었다.'에서 이러한 위기의 징후들은 인구 증가로 인한 사회적 유대 약화,

불법적인 활동과 반란의 기반이 되는 결사 조직의 성행들로 나타나기 시작했다는 것을 알 수 있다.

오답설명

① 새로운 작물의 보급 증가로 경제적 번영이 이루어졌다는 언급은 (나)에 나타나 있지 않으며 ㉠은 위기 상황에 대한 언급이므로 적절하지 않다.

② 신용 기관이 확대되고 교역의 질과 양이 급변하고 있음을 (나)의 1문단에서 언급하였으나 ㉠은 위기 상황에 대한 언급이므로 적절하지 않다.

④ (나)의 2문단에서 인구 증가로 이주 및 도시화가 진행되었던 것과 인구 증가로 인한 문제를 막기 위해 새로운 작물 재배, 개간, 이주, 농경 집약화 등과 같은 노력을 하였음을 알 수 있다. 그러나 이는 인구 증가를 해결하고자 한 민간의 노력이며 이는 조정에서 추진한 정책이라고 볼 수 없다.

⑤ (나)의 2문단에 따르면 인구 증가로 인한 이주 및 도시화가 진행되면서 전통적인 사회적 유대가 약화되었으나, 이 때문에 관료 사회의 부정부패가 심화되지는 않았다. 관료 사회의 부정부패는 인구 증가와 무관하지 않다고 하였을 뿐, 사회적 유대의 약화 때문이 아니다.

05

정답설명

④ (나)의 1문단에서 은의 유입과 이를 통해 은을 매개로 한 과세가 가능해져 중국의 상품 경제가 발전했다고 하였다. 〈보기〉에서는 '은이란 천년이 지나도~썩어 없어진다.'라고 하며 은에 대해 높게 평가하고 있으며 '우리나라는 해마다~바꿔 오는 일은 없다.'라고 하며 우리나라, 즉 조선에서 은에 대한 효용적 측면을 간과하고 있음을 비판적으로 바라보고 있다. 따라서 〈보기〉에서는 은의 효용적 측면을 간과하지 않았음을 알 수 있다.

오답설명

① [A]는 이익 추구를 인간의 자연스러운 욕망으로 긍정하고 양반도 이익을 추구하자는 실용적 입장을 제시한 부분이다. 〈보기〉에 제시된 중국인들의 상업에 대한 인식은 '중국 사람은~골동품을 산다.'에 나와 있듯이 이익을 추구하는 실용적 입장이므로, [A]의 입장에 부합하는 것임을 알 수 있다.

② [A]에서 박제가는 청 문물제도의 수용이 가져다주는 이익을 논하며 북학론의 당위성을 설파하였다. 〈보기〉에서 '우리나라에서는~힘이 미치지 못한다.'라고 하며 조선에 산물 유통을 필요로 하는 백성들이 많다고 언급하였으므로 이는 북학론의 당위성을 뒷받침하는 근거임을 알 수 있다.

③ (나)의 1문단에서는 18세기 중국의 국내 교역이 활발하게 이루어졌음을 제시하였다. 이는 〈보기〉에서 언급하고 있는 중국인들의 상행위에 대한 서술 '중국 사람은~골동품을 산다.'와 상충되지 않는다.

⑤ (나)의 2문단에서는 인맥에 기초한 관료 사회의 부정부패 심화에 대해 언급하고 있다. 이는 〈보기〉에서의 중국의 관료에 대한 묘사 '재상조차도 직접~골동품을 산다.'에서는 드러나지 않는 진술에 해당한다.

06

정답설명

③ ⓒ의 '한정되다'는 '수량이나 범위 따위가 제한되어 정해지다.'라는 뜻으로 '더 이상의 진전이 없이 어떤 상태에 머무르다.'라는 뜻의 '그치다'와 바꾸어 '사치품에 그치지 않고'로 쓰기에 적절하다.

오답설명

① ⓐ의 '보존되다'는 '잘 보호되고 간수되어 남겨지다.'라는 뜻으로 '가려 있거나 보이지 않던 것이 보이게 되다.'라는 뜻의 '드러나다'와 바꾸어 쓰기에 적절하지 않다.

② ⓑ의 '도외시하다'는 '상관하지 아니하거나 무시하다.'라는 뜻으로 '사물을 헤아리고 판단하다.'라는 뜻의 '생각하다'와 바꾸어 쓰기에 적절하지 않다.

④ ⓓ의 '자극하다'는 '외부에서 작용을 주어 감각이나 마음에 반응이 일어나게 하다.'라는 뜻으로 '앞서 있는 것의 정도나 수준에 이를 만큼 가까이 가다.'라는 뜻의 '따라가다'와 바꾸어 쓰기에 적절하지 않다.

⑤ ⓔ의 '성행하다'는 '매우 성하게 유행하다.'라는 뜻으로 '어떤 일이 생기다.'라는 뜻의 '일어나다'와 바꾸어 쓰기에 적절하지 않다.

구조도 정답

(가)
① 북학론
② 북학의
③ 실용적
④ 이덕무
⑤ 평등견

(나)
① 장거리 교역
② 신용 기관
③ 은
④ 급격한 인구
⑤ 부정부패

07 2022학년도 6월

과정 이론

지문해설

(가)

① 근대 이후 서양의 철학자들은 과학적 세계관이 대두하면서 이전과는 달리 인과를 물리적 작용 사이의 관계로 국한하려는 경향을 보였다. 문제는 흄이 지적했듯이 인과 관계 그 자체는 직접 관찰할 수 없다는 것이다. 원인과 결과에 해당하는 사건만을 관찰할 수 있을 뿐이다. 가령 "추위 때문에 강물이 얼었다."는 직접 관찰한 물리적 사실을 진술한 것이 아니다. 그래서 인과가 과학적 개념인지에 대한 의심이 철학자들 사이에 제기되었다. 이에 인과를 과학적 세계관에 입각하여 이해하려는 시도가 새먼의 과정 이론이다.

▶ 1문단에서는 글의 화제를 찾아야 한다. '문제'나 '의심'에 집중하면서 내용을 따라가 보자. <과학적 세계관이 대두했다 → 인과를 물리적 작용 사이의 관계로 국한하자 → 인과는 관찰할 수 없는데? → 인과가 과학적 개념이 맞을까?>라는 근대 이후 철학자들의 사고 과정을 따라가며, 새먼이 인과를 어떻게 과학적 세계관에 입각하여 파악했는지를 중심으로 글을 읽어 보자.

② 야구공을 던지면 땅 위의 공 그림자도 따라 움직인다. 공이 움직여서 그림자가 움직인 것이지 그림자 자체가 움직여서 그림자의 위치가 변한 것은 아니다. 과정 이론은 이 차이를 다음과 같이 설명한다. 과정은 대상의 시공간적 궤적이다. 날아가는 야구공은 물론이고 땅에 멈추어 있는 공도 시간은 흘러가고 있기에 시공간적 궤적을 그리고 있다. 공이 멈추어 있는 상태도 과정인 것이다. 그런데 모든 과정이 인과적 과정은 아니다. 어떤 과정은 다른 과정과 한 시공간적 지점에서 만난다. 즉, 두 과정이 교차한다. 만약 교차에서 표지, 즉 대상의 변화된 물리적 속성이 도입되면 이후의 모든 지점에서 그 표지를 전달할 수 있는 과정이 인과적 과정이다.

▶ 일단 2문단 처음 부분에 주목해야 한다. [공의 움직임 → 그림자의 움직임 O / 그림자 자체의 움직임 → 그림자의 위치 변화 X] 당연한 얘기 같지만, 이 문장에서 구분하고 있는 차이점을 밝히는 것이 과정 이론의 핵심이다. 천천히 내용을 따라가 보자. 1) 과정은 대상의 시공간적 궤적이다. 2) 모든 대상은 시공간적 궤적을 그린다. 3) 즉 모든 대상은 과정을 가진다. (멈춰 있든, 움직이든) 4) 모든 과정이 인과적 과정은 아니다. 5) 두 과정이 교차할 때 대상의 변화된 물리적 속성이 도입된 표지를 교차 이후 모든 지점에서 전달할 수 있는 과정이 인과적 과정이다. 필자의 관심사에 해당하는 내용이기에 뒤에 예시까지 써서 확실하게 추가 설명을 한다.

③ 가령 바나나가 a 지점에서 b 지점까지 이동하는 과정을 과정 1이라고 하자. a와 b의 중간 지점에서 바나나를 한 입 베어 내는 과정 2가 과정 1과 교차했다. 이 교차로 표지가 과정 1에 도입되었고 이 표지는 b까지 전달될 수 있다. 즉, 바나나는 베어 낸 만큼이 없어진 채로 줄곧 b까지 이동할 수 있다. 따라서 과정 1은 인과적 과정이다. 바나나가 이동한 것이 바나나가 b에 위치한 결과의 원인인 것이다.

▶ 과정 1 : 바나나 a 지점 → b 지점 이동
과정 2 : a와 b의 중간 지점에서 바나나 한 입 베어 냄

▶ 과정 1과 과정 2가 교차하면, 과정 1에서 멀쩡히 잘 가던 바나나가 과정 2와 교차하는 순간 일부 없어진 상태가 되겠지? 그렇게 대상의 변화된 물리적 속성이 도입된 채로(한 입이 없어진 채로) 바나나는 b 지점까지 이동할 것이다. 즉, 앞서 말했듯이 표지가 과정 1에 도입되었고, b 지점까지 표지가 전달되었으므로 과정 1은 교차된 이후의 모든 지점에서 표지를 전달할 수 있는 인과적

과정이 되는 것이지.

한편, 바나나의 그림자가 스크린에 생긴다고 하자. 바나나의 그림자가 스크린상의 a′ 지점에서 b′ 지점까지 움직이는 과정을 과정 3이라 하자. 과정 1과 과정 2의 교차 이후 스크린상의 그림자 역시 변한다. 그런데 a′과 b′ 사이의 스크린 표면의 한 지점에 울퉁불퉁한 스티로폼이 부착되는 과정 4가 과정 3과 교차했다고 하자. 그림자가 그 지점과 겹치면서 일그러짐이라는 표지가 과정 3에 도입되지만, 그 지점을 지나가면 그림자는 다시 원래대로 돌아오고 스티로폼은 그대로이다. 이처럼 과정 3은 다른 과정과의 교차로 도입된 표지를 전달할 수 없다.

▶ 과정 3 : 바나나의 그림자 스크린상의 a′ 지점 → b′ 지점 이동
과정 4 : a′와 b′ 사이 스크린 표면 한 지점에 스티로폼 부착

▶ 과정 3과 과정 4가 교차하면, 바나나의 그림자가 스티로폼이 부착된 지점에서 일그러지는데, 이때 그림자라는 대상의 물리적 속성이 변화하는 것이 과정 3에 도입되므로 표지가 두 과정의 교차에 도입되는 것은 맞다. 그러나 스티로폼이 부착된 지점을 지나게 되면 더 이상 그림자는 일그러지지 않는다. 즉, 해당 표지는 스티로폼이 부착된 지점을 지나면 사라지므로, 과정 3은 다른 과정과의 교차로 도입된 표지를 전달할 수 없게 된다. 따라서, 과정 3은 인과적 과정이 아니라는 것이지.

④ 과정 이론은 규범이나 마음과 같은, 물리적 세계 바깥의 측면을 해명하기 어렵다는 한계를 지닌다. 예컨대 내가 사회 규범을 어긴 것과 내가 벌을 받아야 하는 것 사이에는 인과 관계가 있지만 과정 이론은 이를 잘 다루지 못한다.

▶ 과정 이론은 대상의 변화라는 물리적 속성의 도입을 이후 모든 지점에서 전달할 수 있는지를 기준으로 인과적 과정을 설정해서 과학적으로 인과를 설명한 것은 맞아. 그러나 물리적 세계의 바깥에 존재하는, 규범이나 마음 등을 설명하기는 어렵다고 하네. 사회 규범을 어기면 벌을 받는 결과가 생기지? 둘 사이에는 인과 관계가 존재하긴 하지만 과정 이론을 통해서는 이를 설명할 수 없다는 거야. 이 지문에선 인과를 과학적으로 설명하는 과정 이론의 내용을 파악해야 해.

지문분석

(가) 과정 이론

배경

근대 이후 서양 철학자들
: 인과를 (①) 작용 사이의 관계로 국한 (∵과학적 세계관 대두)
But, 인과 관계 자체를 관찰할 수 없음 (by.흄)
→ 인과가 과학적 개념인가에 대한 의심

내용

인과를 (②)에 입각하여 이해하려는 시도

과정 : 대상의 (③) 궤적
모든 과정이 (④)은 아님
(④) : 두 과정이 교차하면서 표지(대상의 변화된 물리적 속성)가
도입되면 이후 모든 지점에서 그 표지를 전달할 수 있는 과정

ex)
과정 1 : 바나나 a → b 이동
과정 2 : a와 b 중간 지점에서 바나나 한 입 베어 냄
⇒과정 1에 도입된 표지(베어 낸 바나나)가 b까지 전달되므로,
  과정 1은 인과적 과정 (⑤)
과정 3 : 바나나 그림자 스크린 상의 a′ → b′ 이동
과정 4 : a′와 b′ 사이 스크린 표면 한 지점에 스티로폼 부착
⇒과정 3에 도입된 표지(일그러진 그림자)가 b′까지 전달되지
  못하므로, 과정 3은 인과적 과정 (⑥)

한계

물리적 세계 바깥의 측면(규범, 마음) 해명 어려움
→ 사회 규범을 어긴 것과 벌을 받는 것의 인과 관계 잘 다루지 못함

(나) 재이론

자연 현상과 인간사를 (①)로 설명하는 동아시아 대표적 논의

한대 동중서

천견설(하늘이 덕을 잃은 군주에게 재이를 내려 견책)과
(②)(공통된 음양의 기를 통해 하늘과 인간이 서로 감응) 결합

군주의 실정 → 음양의 기 변화 → 재이를 통한 하늘의 경고

재이 = 군주권이 하늘로부터 비롯된 것 입증, 군주 실정에 대한 경고
ex) 가뭄과 홍수, 일식과 월식 등

양면적 성격

신하가 정치적 논의에 참여할 수 있는 (③) 제공
재이 발생 시 군주가 (④)을 구하고 신하가 이에 응하는 전통

원인으로서의 인간사와 결과로서의 재이 일대일 대응시키는 (⑤)
: 억지가 심하다는 평가
→ 예언화 경향
: 재이를 인간사의 징조로, 인간사를 재이의 결과로 대응시킴
: 군주가 직언하는 신하를 탄압하는 빌미가 됨

송대 주희

예측 가능한 (⑥) → 재이로 간주하지 않는 경향 수용
재이를 이치에 의해 설명되기 어려운 자연 현상으로 간주

재이론 고수

군주를 경계하는 적절한 방법이자 유용한 정치적 기제
(⑦) 제시 : 군주의 허물과 잘못 쌓임 → 하늘 감응
→ 변칙적 자연 현상 발생
재이를 군주의 심성 수양 문제로 귀결시킴

형태쌤 Comment

'인과'에 대한 동서양의 이론을 소개하는 글로, 구조는 어렵지 않지만 내용을
꼼꼼히 이해해야 문제를 풀 수 있는 지문이었다. 특히 (가) 지문에서, 인과적 과
정을 사례를 통해 설명하는 부분을 정확하게 이해했어야 한다.

문제분석 01-06번

번호	정답	정답률 (%)	선지별 선택비율(%)				
			①	②	③	④	⑤
1	③	77	3	4	77	8	8
2	④	72	2	3	12	72	11
3	④	37	15	7	14	37	27
4	②	76	9	76	4	8	3
5	②	51	2	51	27	13	7
6	①	96	96	1	1	1	1

01

정답설명

③ (가)에서는 '인과'를 과학적 세계관으로 이해하려는 시도인 '과정 이론'을 정의하고 있고, 사회 규범을 어긴 것과 벌을 받아야 하는 것의 인과 관계라는 구체적인 사례를 들며 이를 설명하지 못하는 '과정 이론'의 한계를 제시하면서 글의 내용을 전개하고 있다. 그러나 '과정 이론'의 전망을 제시하지는 않았다.

오답설명

① (가)에서는 '인과'에 대한 특정 이론인 '과정 이론'이 등장하게 된 배경을, 과학적 세계관이 대두함에 따라 근대 이후 서양의 철학자들이 이전과는 달리 인과를 물리적 작용 사이의 관계로 국한하려는 경향을 보였다는 것과 관련지어 제시하고 있다.

② (나)에서는 '인과'와 연관된 특정 이론인 '재이론'이 자연 현상과 인간사를 인과 관계로 설명하는 이론임을 설명하며, 그 배경 사상으로 천견설과 천인감응론을 제시하고 있다.

④ (나)에서는 '인과'와 연관된 특정 이론인 '재이론'을 제시하였으며, '재이론'의 개별적 대응 방식이 예언화 경향으로 이어지다가 송대에 이르러 전반적 대응설로 변용되는 양상을 제시하고 있으므로 적절하다.

⑤ (가)는 '인과'를 과학적으로 설명하려는 서양의 '과정 이론'을, (나)는 자연 현상과 인간사를 '인과'로 설명하려는 동양의 '재이론'을 제시하고 있다. 따라서 '인과'와 관련하여 동서양의 특정 이론들에 나타나는 관점을 비교하는 것은 두 글을 통합적으로 이해하는 학습이므로 적절하다.

02

정답설명

④ (나)의 1문단에서 '한대의 동중서는 하늘이 덕을 잃은 군주에게 재이를 내려 견책한다는 천견설과, 인간과 하늘에 공통된 음양의 기를 통해 하늘과 인간이 서로 감응한다는 천인감응론을 결합하여 재이론을 체계화하였다.'라고 하였으므로 한대의 재이론에서는 하늘을 음양의 변화에 반응하고, 경고를 하는 의지를 가진 존재로 전제하였음을 알 수 있다.

오답설명

① (가)의 1문단에서 '인과를 물리적 작용 사이의 관계로 국한하려는 경향'에 따라 '인과가 과학적 개념인지에 대한 의심이 철학자들 사이에 제기'되었고 '이에 인과를 과학적 세계관에 입각하여 이해하려는 시도가 생겨난 과정 이론'이라고 하였으므로, '과정 이론'은 과학적 세계관으로 인과를 이해하려는 이론임을 알 수 있다. 또한 (가)의 4문단에서 '과정 이론은 규범이나 마음과 같은, 물리적 세계 바깥의 측면을 해명하기 어렵다는 한계를 지닌다.'라고 하였으므로 과정 이론은 물리적 세계의 테두리 안에서 인과를 해명하는 이론임을 알 수 있다.

② (가)의 2문단에서는 과정이 교차하며 대상의 변화된 물리적 속성이 도입되면 이후의 모든 지점에서 그 표지를 전달할 수 있는 과정이 인과적 과정이라고 과정 이론을 설명하고 있는데, (가)의 4문단에서 '내가 사회 규범을 어긴 것과 내가 벌을 받아야 하는 것 사이에는 인과 관계가 있지만 과정 이론은 이를 잘 다루지 못한다.'라고 하였으므로 사회 규범

위반과 처벌 당위성 사이의 인과 관계는 과정 이론에서의 표지 전달로 설명되기 어려움을 알 수 있다.

③ (가)의 1문단에서 '근대 이후 서양의 철학자들은 과학적 세계관이 대두하면서 이전과는 달리 인과를 물리적 작용 사이의 관계로 국한하려는 경향'을 보였으나 인과 관계 그 자체를 직접 관찰할 수 없어 '인과가 과학적 개념인지에 대한 의심이 철학자들 사이에 제기되었다.'라고 하였으므로 적절하다.

⑤ (나)의 3문단에서 '송대에 이르러, 주희는 천문학의 발달로 예측 가능하게 된 일월식을 재이로 간주하지 않는 경향을 수용하였고, 재이를 근본적으로 이치에 의해 설명되기 어려운 자연 현상으로 간주하였다.'라고 하였으므로 적절하다.

03

정답설명

④ 과정 2는 a와 b의 중간 지점에서 바나나를 한 입 베어 내는 과정이고, 과정 3은 바나나의 그림자가 스크린상의 a´ 지점에서 b´ 지점까지 움직이는 과정이다. 그러나 [A]에서 '과정 1과 과정 2의 교차 이후 스크린상의 그림자 역시 변한다.'라고 하였으므로, 바나나의 일부를 떼어 냄으로써 변화된 바나나 그림자의 모양은 과정 3과 과정 2가 교차함으로써 도입된 표지가 아니라 과정 1과 과정 2가 교차함으로써 도입된 표지이다. 또한 (가)의 2문단에서 '어떤 과정은 다른 과정과 한 시공간적 지점에서 만'나는 것이 두 과정의 교차라고 하였는데, 스크린에 생기는 그림자와 실제의 바나나는 서로 다른 시공간적 지점에 있으므로 교차하지 않을 것임을 알 수 있다.

오답설명

① [A]에서 바나나가 a 지점에서 b 지점으로 이동하는 과정 1은 인과적 과정이라고 하였으나, 바나나의 그림자가 a´ 지점에서 b´ 지점으로 이동하는 과정 3은 다른 과정과의 교차로 도입된 표지를 전달할 수 없다고 하였으므로 과정 3은 인과적 과정이 아님을 알 수 있다. (가)의 2문단에서 '과정은 대상의 시공간적 궤적이다.'라고 하였으므로, 서로 다른 과정을 가진 바나나와 그 그림자는 서로 다른 시공간적 궤적을 가지고 있음을 알 수 있다.

② 과정 1과 과정 2가 교차하기 이전에는 바나나가 온전했으나, 과정 1과 과정 2가 교차하면서 바나나가 한 입 베어 낸 상태가 되었다. [A]에 따르면 이 표지는 b까지 전달될 수 있으므로 과정 1은 인과적 과정이며, 두 과정이 교차하면서 '대상의 변화된 물리적 속성'이 도입되었으므로 바나나는 과정 1과 과정 2가 교차한 이후에 물리적 속성이 변화했음을 알 수 있다.

③ [A]에서 과정 1은 인과적 과정이라고 하였으며, 과정 3은 다른 과정과의 교차로 도입된 표지를 전달할 수 없다고 하였으므로 인과적 과정이 아님을 알 수 있다.

⑤ 과정 3과 과정 4의 교차로 도입된 표지는 울퉁불퉁한 스티로폼이 부착된 스크린의 한 지점에서 바나나의 그림자가 일그러지는 것인데, 그 지점을 지나가면 그림자는 다시 원래대로 돌아온다고 하였으므로 과정 3에는 이 표지가 전달되지 않음을 알 수 있다. 또한 과정 4에도 바나나의 그림자가 일그러진 표지는 전달되지 않으므로 해당 선지는 적절하다.

04

정답설명

② (나)의 2문단에서, '원인으로서의 인간사와 결과로서의 재이를 일대일로 대응시켜 설명하는' 개별적 대응 방식은 '예언화 경향(㉠)'으로 이어져 '재이를 인간사의 징조로, 인간사를 재이의 결과로 대응시키는 풍조를 낳기도 하였다'고 설명하고 있다. 즉 인간사가 원인이고 재이가 결과라는 이전의 방식과 달리 '예언화 경향(㉠)'은 인간사를 결과로, 재이를 원인으로 보아 인간사와 재이의 인과 관계를 역전시키는 것에 해당하므로 적절하다.

오답설명

① (나)의 2문단에 따르면 군주의 과거 실정에 대한 경고로서 재이의 의미가 강조되어 신하의 직언이 활성화된 것은 동중서 이후 개별적 대응 방식이 억지가 심하다는 평가를 받아 '예언화 경향(㉠)'으로 이어지기 전의 일이다.

③ (나)의 3문단에서 '재이론은 여전히 정치 현장에서 사라지지 않았'다고 하였으며, 주희는 군주를 경계하는 적절한 방법을 찾고자 재이론을 고수하며 군주의 잘못이 쌓이면 하늘이 감응하여 변칙적인 자연 현상이 일어날 것이라는 '전반적 대응설(㉡)'을 제시했다고 하였으므로, 적절하지 않다.

④ 군주에게 허물과 잘못이 쌓이면 이에 하늘이 감응하여 변칙적인 자연 현상이 일어날 것이라는 '전반적 대응설(㉡)'은, 군주의 허물과 잘못으로 인해 재이가 발생할 것이라고 설명하므로 누적된 실정과 특정한 재이 현상을 연결 짓는 방식이라고는 볼 수 있다. 그러나 (나)의 3문단을 고려하면 군주의 권력을 강화시키는 것이 아닌 군주를 경계하는 방식으로 활용되었을 것임을 알 수 있다.

⑤ (나)의 3문단에 따르면 '전반적 대응설(㉡)'은 군주의 허물과 잘못을 재이로 연결 짓고 있으므로, 군주의 지배력과 변칙적인 자연 현상이 무관하다는 인식을 강화하지 않는다.

05

정답설명

② ㉯는 '인과 관계란 서로 다른 대상들이 물리적 성질들을 서로 주고받는 관계일 수밖에 없다.'라고 하였으므로, 인과 관계를 대상 간의 물리적 상호 작용으로 국한하고 있음을 알 수 있다. 그러나 (나)의 1문단에 따르면 동중서의 재이론은 자연 현상과 인간사를 인과 관계로 설명하며 하늘과 인간의 감응을 기반으로 하였으므로, 대상 간의 물리적 상호 작용에 국한되지 않는다. 따라서 ㉯의 입장은 동중서의 재이론이 보여 준 입장과 부합하지 않음을 알 수 있다.

오답설명

① (가)의 1문단에서 흄은 '인과 관계 그 자체는 직접 관찰할 수 없다'라는 문제를 제기하였고 〈보기〉의 ㉮는 인과 관계가 직접 관찰될 수 없다면 관찰 가능한 현상을 탐구하는 것을 통해 인과 개념을 과학적으로 규명할 수 있다고 하였으므로, 과정의 교차에서 대상의 변화된 물리적 속성이 도입되었을 때, 그 표지를 이후의 모든 지점에서 전달할 수 있는 것

을 인과적 과정으로 보는 과정 이론은 인과 개념을 과학적으로 규명하려는 시도의 하나임을 알 수 있다.

③ ㉰는 치세에서는 재이가 없었고 난세에서는 재이가 있었으므로 하늘과 인간이 서로 통한다고 설명하고 있는데, (나)에서 동중서와 주희는 모두 자연 현상과 인간사를 인과 관계로 설명하여 군주의 실정을 재이로 연결 짓는 재이론을 고수하고 있으므로 적절하다.

④ ㉰는 치세에서는 재이가 없었고 난세에서는 재이가 있었으므로 하늘과 인간이 서로 통한다고 설명하고 있으므로, 덕과 세상의 변화 사이에 인과 관계가 있다고 보았음을 알 수 있다. 이때 덕이 물리적 세계 바깥의 현상에 해당한다면, (가)의 4문단에 따라 덕은 새먼의 과정 이론으로 설명될 수 없으므로 적절하다.

⑤ ㉱는 홍수와 지방관의 실정이 관련이 없다고 본다. 새먼의 과정 이론은 두 과정이 교차할 때 대상의 변화된 물리적 속성이 도입되면 이후의 모든 지점에서 그 표지를 전달할 수 있는 과정을 인과적 과정으로 보는데, 지방관의 실정에서 도입된 표지가 홍수로 이어지는 과정으로 전달될 수 없다면 이는 인과적 과정이 아니며, 이에 따라 새먼은 실정을 홍수의 원인으로 보지 않을 것이므로 적절하다.

06

정답설명

① ⓐ와 선지의 '찾다'는 모두 '모르는 것을 알아내고 밝혀내려고 애쓰다. 또는 그것을 알아내고 밝혀내다.'라는 의미로 쓰였다.

오답설명

② 선지의 '찾다'는 '모르는 것을 알아내기 위하여 책 따위를 뒤지거나 컴퓨터를 검색하다.'라는 의미로 쓰였다.

③ 선지의 '찾다'는 '어떤 것을 구하다.'라는 의미로 쓰였다.

④ 선지의 '찾다'는 '원상태를 회복하다.'라는 의미로 쓰였다.

⑤ 선지의 '찾다'는 '잃거나 빼앗기거나 맡기거나 빌려주었던 것을 돌려받아 가지게 되다.'라는 의미로 쓰였다.

구조도 정답

(가)

① 물리적　　　　　　　　② 과학적 세계관
③ 시공간적　　　　　　　④ 인과적 과정
⑤ O　　　　　　　　　　⑥ X

(나)

① 인과 관계　　　　　　　② 천인감응론
③ 명분　　　　　　　　　④ 직언
⑤ 개별적 대응 방식　　　⑥ 일월식
⑦ 전반적 대응설

자유의지

지문해설

① 인간의 본성에 관한 서로 다른 두 관점이 있다.

▶ 필자는 서로 다른 두 관점을 제시하며 글을 시작하고 있구나.

종교적 인간관에 따르면, 인간에게는 물리적 실체인 몸 이외에 비물리적 실체인 영혼이 있다. 영혼은 물리적 몸과 완전히 구별되며 인간의 결정의 원천이다. 반면 유물론적 인간관에 따르면, 인간은 물리적 몸에 지나지 않는다. 물리적 몸 이외에 영혼은 존재하지 않는다. 따라서 인간의 결정은 단지 뇌에서 일어나는 신경 사건이다.

▶ 공통점과 차이점이 제시되었다! 종교적 인간관은 영혼의 존재를 인정하고, 인간의 결정이 영혼으로부터 비롯된다고 보지만 유물론적 인간관에서는 영혼의 존재를 인정하지 않고, 인간의 결정을 뇌에서 일어나는 물리적 사건으로 보는구나. 영혼의 존재 인정 여부 외에 '인간의 결정'을 어떻게 해석하는지에 대해서도 주목하고 있어.

이러한 두 관점 중 유물론적 인간관을 가정할 때, 인간은 자유롭게 선택할 수 있을까? 즉 인간에게 자유의지가 있을까?

▶ 필자는 유물론적 인간관을 바탕으로 '자유의지'를 설명하고자 하는구나.

가령 갑이 냉장고 문을 여니 딸기 우유와 초코 우유만 있다고 해 보자. 갑은 이것들 중 하나를 자유의지로 선택할 수 있을까?

② 이러한 질문과 관련하여 반자유의지 논증은 갑에게 자유의지가 없다고 결론 내린다.

▶ 반자유의지 논증에서는 자유의지의 존재를 인정하지 않아.

우선 임의의 선택은 이전 사건들에 의해 선결정되거나 무작위로 일어난다.

▶ 반자유의지 논증에서 사용할 두 가지 전제가 제시되었다.

여기서 무작위로 일어난다는 것은 선결정되지 않는다는 것을 의미한다.

▶ 무작위 = 선결정되지 않음! 같은 말을 다르게 표현하여 혼동을 주려고 하겠구나.

이러한 전제하에 반자유의지 논증은 선결정 가정과 무작위 가정을 모두 고려한다. 첫 번째로 임의의 선택이 그 이전 사건들에 의해 선결정된다고 가정해 보자.

▶ 첫 번째 가정은 어떤 선택이 선결정된 경우이다.

반자유의지 논증에서는 이 경우 우리에게 자유의지가 없다고 결론 내린다. 가령 갑의 딸기 우유 선택이 심지어 갑이 태어나기도 전에 선결정된 것이라면 갑이 자유의지로 그것을 선택한 것이라고 보기 어려울 것이다.

▶ 어찌 보면 당연하다. 이미 결정된 것을 고르는 것은 인간의 자유의지에 의한 선택으로 보기는 어렵겠지.

두 번째로 임의의 선택이 무작위로 일어난 것이라 가정해 보자.

▶ 두 번째 가정은 어떤 선택이 선결정되어 있지 않은 경우이다.

반자유의지 논증에서는 이 경우에도 우리에게 자유의지가 없다고 결론 내린다. 가령 갑의 딸기 우유 선택이 단지 갑의 뇌에서 무작위로 일어난 신경 사건이라고 한다면, 그것은 자유의지의 산물이라고 보기 어려울 것이다.

▶ 어떤 사건이 무작위로 일어난 신경 사건이라면, 이는 어떤 의지가 개입되었다고 보기 어려우므로 첫 번째 가정과 마찬가지로 자유의지에 의한 선택으로는 보기 어렵다는 것이지.

③ 그러나 이 논증에 관한 다양한 비판이 가능하다.

▶ 2문단과는 반대되는 주장이 제기되겠구나.

반자유의지 논증을 비판하는 한 입장에 따르면 반자유의지 논증의 선결정 가정을 고려할 때의 결론은 받아들여야 하지만, 무작위 가정을 고려할 때의 결론은 받아들일 필요가 없다.

▶ 주의하자. 2문단에서 반자유의지 논증이 제기한 두 가지 가정-결론을 모두 부정하는 것이 아니다! 선결정 가정에 따른 결론은 인정하지만 무작위 가정에 따른 결론은 인정하지 않는 것이다.

따라서 반자유의지 논증의 결론도 받아들일 필요가 없다고 주장한다.

▶ 반자유의지 논증이 제시한 두 가지 중 하나를 인정할 수 없으니 그들의 주장은 결국 받아들일 필요가 없다는 것이지. 그러니 '반자유의지 논증을 비판하는' 입장인 것이다.

그 이유는 아래와 같다.

▶ 이제 왜 선결정 가정에 따른 결론은 인정하지만 무작위 가정에 따른 결론은 인정하지 않는지를 설명하려나 보다.

④ 임의의 선택이 나의 자유의지의 산물이 되기 위해서는 다음 두 가지 조건을 모두 충족해야 한다.

▶ 임의의 선택이 자유의지인지, 그렇지 않은지를 구별해야 하니 먼저 이들이 생각한 '자유의지'의 조건은 무엇인지를 설명하고 있다.

첫째, 내가 그 선택의 주체여야 한다.

▶ (1) 선택의 주체 = 나!

둘째, 나의 선택은 그 이전 사건들에 의해 선결정되지 않아야 한다.

▶ (2) 임의의 선택 = 선결정 X일 것!

그런데 어떤 선택이 그 이전 사건들에 의해 선결정되어 있다면,

▶ 4문단에서는 먼저 선택이 선결정된 경우를 따져보고 있어.

이것은 자유의지를 위한 둘째 조건과 충돌한다. 따라서 반자유의지 논증의 선결정 가정을 고려할 때의 결론인 우리에게 자유의지가 없다는 점을 받아들여야 한다.

▶ 3문단에서 말했듯이 이 입장은 반자유의지 논증에서 '선결정 가정을 고려할 때의 결론'은 인정한다. 나의 선택이 선결정되어 있다면, 자유의지에 따른 선택이기 위한 두 번째 조건인 선결정 X를 만족하지 못하므로 해당 선택이 자유의지에 의한 것이라고 보기는 어렵다는 거야.

물론 이러한 자유의지와 다른 의미를 지닌 자유의지가 있을 수 있다.

▶ '이러한 자유의지'는 앞선 (1), (2)번 조건을 모두 만족하는 자유의지겠지. 자유의지도 여러 종류가 있나 보다.

만약 '내가 자유롭게 선택했다'는 말이 단지 '내가 하고자 원했던 것을 했다'는 욕구 충족적 자유의지를 의미한다면, 나의 선택이 그 이전 사건들에 의해 선결정되어 있든 그렇지 않든 그것은 내 자유의지의 산

물일 수 있다.

▶ 욕구 충족적 자유의지의 경우에는 선결정 여부와는 상관없이 자유의지에 의한 선택으로 볼 수 있는 것이구나.

그러나 이러한 자유의지는 여기서 염두에 두는 두 가지 조건을 모두 충족하는 자유의지와 다르다.

▶ 어쨌든 이 입장에서 따지는 것은 (1), (2)를 만족시키는 자유의지를 기준으로 하는 것이니 욕구 충족적 자유의지와 혼동하면 안 된다는 거야.

⑤ 다음으로, 어떤 선택이 무작위로 일어난 것이라고 하더라도

▶ 이번엔 무작위 가정에 따른 결론을 검증해 보려고 하네. 3문단에서 이 입장은 무작위 가정을 고려했을 때의 결론은 받아들일 필요가 없다고 했지?

그 선택의 주체는 나일 수 있다.

▶ 그 이유가 제시되었다. 무작위 가정이라면 일단 4문단에 제시된 조건 중 (2)는 만족하지. 무작위라는 것은 선결정되지 않았다는 것이니까. 이때 그 선택의 주체가 '나'라면? 조건 (1)까지 만족해 버리지! 결국 이 선택은 자유의지에 따른 선택이 되는 것이야. 반자유의지 논증과는 다른 결론이 도출되었어.

유물론적 인간관에 따르면 '갑이 딸기 우유를 선택했다'는 것은 '선택 시점에 갑의 뇌에서 신경 사건이 발생했다'는 것을 의미한다.

▶ 1문단에서 나왔던 유물론적 인간관의 주장이 다시 제시되었다. 이 지문이 전체적으로 유물론적 인간관에 따라 자유의지를 설명하는 구조를 가지고 있다는 것을 파악하지 못했다면 꽤 당황했을 것이다. 어쨌든, 이 관점에서는 '선택했다'는 것을 '뇌'에서 신경 사건이 발생했다는 물리적 사건으로 설명한다.

갑의 이러한 신경 사건이 이전 사건들에 의해 선결정되지 않은 것으로 가정해 보자.

▶ 5문단에서는 계속 선택이 무작위로 일어난 경우를 가정하고 있다.

이러한 가정 아래에서도 갑은 그 선택의 주체일 수 있다. 왜냐하면 이 가정은 선택 시점에 발생한 뇌의 신경 사건으로서 '갑이 딸기 우유를 선택했다'는 사실을 바꾸지 않기 때문이다.

▶ 계속 언급했듯이 선택이 무작위로 일어난 것임을 가정한다면, 갑이 딸기 우유를 선택한 것은 이전 사건의 영향을 받아 이미 결정되었던 것이 아니라, 어쨌든 갑이 그 선택의 주체라는 것을 의미하지. 딸기 우유를 고른 것은 다른 사람이 아닌 갑이니까. 이 사실은 변하지 않으니 (1)번 조건이 충족되어 버리는구나.

결국 반자유의지 논증의 무작위 가정을 고려할 때의 결론은 받아들일 필요가 없다.

▶ (1)번과 (2)번 조건이 모두 만족되었으니 이 경우의 선택은 '자유의지'에 따른 것이 되는구나. 이를 통해 반자유의지 논증 중 무작위 가정을 고려할 때의 결론을 반박할 수 있겠어.

지문분석

자유의지
↳ 유물론적 인간관
　: 인간 = 물리적 몸(영혼X) ↔ 종교적 인간관
　　인간의 결정 = 뇌에서 일어나는 (①)

반자유의지 논증 : 자유의지 X

　If) 임의의 선택 → 그 이전 사건들에 의해 (②)됨
　⇒ 자유의지 X

　If) 임의의 선택 → 무작위로 일어남
　⇒ 자유의지 X (뇌에서 무작위로 일어난 신경 사건)

반자유의지 논증을 비판하는 한 입장
: 선결정 가정을 고려할 때의 결론 → 받아들임
(③) 가정을 고려할 때의 결론 → 받아들일 필요 X

임의의 선택이 자유의지의 산물이기 위한 조건
(1) 그 선택의 주체 = 나
(2) 선택 → 그 이전 사건들에 의해 (②) X

If) 어떤 선택이 그 이전 사건들에 의해 선결정 O
→ 조건 (2)와 충돌
∴ 자유의지 X

　(④) 자유의지 ((1)+(2) 조건 충족 자유의지와는 다름)
　: 내가 하고자 원했던 것을 했다는 자유의지
　이전 사건들에 의한 선결정 여부와 관계 X 자유의지의 산물

If) 어떤 선택이 무작위로 일어난 경우
　(= 선결정되지 않은 경우, (2) 조건 만족)
→ 그 선택의 주체는 (⑤)일 수 있음
유물론적 인간관 : 선택 시점에 '나'의 뇌에서 (①)이 발생함
→ '나'가 선택했다는 사실을 바꾸지는 않음 ((1) 조건 만족)
∴ 자유의지 O ((1)+(2) 조건 충족)

형태쌤 Comment

　특정 주제에 대한 입장이 다소 추상적으로 서술되어 있어 이해하는 데 어려움을 겪을 수 있는 지문이었다. 그러나 쌤이 늘 강조했듯이 전체적인 구조를 잡고 갔다면 충분히 문제를 풀 수 있었을 것이다. 단순하게 문단별 내용만 확인한 학생들은 마지막 문단에 다시 등장한 유물론적 인간관에 따른 해석에 당황했을 수도 있겠다. 지문의 구조를 파악하고 독해하는 것의 중요성을 잘 생각하면서 문제를 풀어보도록 하자.

번호	정답	정답률(%)	선지별 선택비율(%)				
			①	②	③	④	⑤
1	⑤	93	1	3	1	2	93
2	④	86	1	6	6	86	1
3	⑤	73	2	8	8	9	73
4	④	68	9	9	10	68	4

01

정답설명

⑤ 2문단에서 '반자유의지 논증은 선결정 가정과 무작위 가정을 모두 고려한다.'라고 하였고, 이때 무작위로 일어난다는 것은 선결정되지 않는다는 것을 의미한다고 하였으므로, 반자유의지 논증은 임의의 선택이 선결정되지 않을 가능성을 고려함을 알 수 있다.

오답설명

① 1문단에서 '유물론적 인간관'은 '물리적 몸 이외에 영혼은 존재하지 않는' 것으로 보았음을 알 수 있다.

② 1문단에서 '유물론적 인간관'은 인간의 선택, 즉 결정을 물리적 몸인 '뇌'에서 일어나는 신경 사건이라고 본다는 점을 확인할 수 있다.

③ 1문단에서 '종교적 인간관'은 인간에게 '물리적 실체인 몸 이외에 비물리적 실체인 영혼'이 있다고 보았음을 확인할 수 있다.

④ 1문단에서 '종교적 인간관'은 인간의 선택에서 비물리적 실체인 영혼을 '인간의 결정의 원천'으로 보았음을 확인할 수 있다.

02

정답설명

④ 4문단에서 ⓐ의 경우 나의 선택이 그 이전 사건들에 의해 선결정되어 있든 그렇지 않든 그것은 내 자유의지의 산물일 수도 있다고 하였다. 그에 반해 ⓑ는 (1) 내가 그 선택의 주체이고, (2) 나의 선택이 그 이전 사건들에 의해 선결정되지 않아야 한다는 조건을 모두 충족하는 자유의지이다. 이를 통해 판단했을 때, '어떤 선택이 선결정되어 있다'면, (2)번 조건을 충족하지 않는 것이므로 그 선택을 한 사람에게 ⓑ는 있을 수 없다는 것을 추론할 수 있다.

오답설명

① 어떤 선택을 원해서 한다는 것, 즉 '내가 하고자 원했던 것을 했다'라는 것은 ⓐ에 해당하는 자유의지이므로, 이와 같은 선택을 한 사람에게 ⓐ가 있을 수 없다고 판단할 수 없다.

② 어떤 선택을 원해서 한다는 것은 ⓐ에 해당하는 것이다. 그러나 이는 ⓑ와는 다른 자유의지로, 선결정과는 무관하다고 하였으므로 그 선택을 한 사람이 ⓑ를 충족할 수도 있다. 따라서 이와 같은 선택을 한 사람에게 ⓑ가 없다고 단언할 수는 없다.

③ ⓐ에서는 나의 선택이 그 이전 사건들에 의해 선결정되어 있든 그렇지 않든 그것은 내 자유의지의 산물일 수도 있다고 하였으므로 이와 같은

선택을 한 사람에게 ⓐ가 있을 수 없다고 판단할 수는 없다.

⑤ 어떤 선택을 원해서 한 경우에는 ⓐ가 있는 것으로 간주할 수 있으며, 이는 그 선택이 선결정되어 있는가의 여부에 영향을 받지 않는다. 또한 선결정되어 있지 않다면 (2)번 조건을 만족하는 것이므로, 이것이 '나'의 주체적인 선택일 경우 ⓑ가 있을 수 있다.

03

정답설명

⑤ 반자유의지 논증을 비판하는 입장에 따르면 어떤 선택이 무작위로 일어났다고 하더라도, 그 선택의 주체는 '나'일 수 있다고 하였다. 또한 유물론적 인간관에 따르면 어떤 선택은 선택을 한 시점에 선택을 한 주체(나)의 뇌에서 신경 사건이 발생했다는 것을 의미한다. 만약 이 사건을 선결정되지 않은 것, 즉 무작위로 일어난 것으로 가정한다고 하더라도, 내가 그 선택을 했다는 사실 자체가 바뀌지는 않는다. 이에 따라 어떤 선택이 '그 이전 사건들에 의해 선결정되지 않아야 한다'라는 조건을 만족하며, '내가 그 선택의 주체여야 한다'라는 조건 또한 충족할 수 있음을 알 수 있다.

오답설명

① 비물리적 실체인 영혼이 존재하지 않는다는 것은 유물론적 인간관에 따른 주장이나, 이것을 ⓛ의 근거로 보기는 어렵다.

②, ③, ④ ⓛ은 '무작위 가정을 고려할 때'를 전제로 하고 있으므로 적절하지 않다.

04

형태쌤의 과외시간

비문학의 〈보기〉 문제에는 2가지 유형이 있다.

하나는 **지문을 통해 〈보기〉를 바라보는 유형**으로, 지문의 정보와 〈보기〉의 정보를 1:1로 대응시키는 것이 우선이다. 비문학 〈보기〉 문제의 대부분을 차지한다.

또 하나는 **〈보기〉를 통해 지문을 바라보는 유형**으로, 보통 〈보기〉의 정보를 통해 지문의 정보를 반박하거나 비판하는 유형으로 제시된다. 문학과 비슷한 유형이라고 보면 된다.

이 지문은 지문을 통해 〈보기〉를 바라보는 첫 번째 유형에 해당한다. H는 ㉠에 입각하여 탐구 활동을 진행하였으므로, 반자유의지 논증의 선결정 가정을 고려할 때의 결론은 인정하나, 무작위 가정을 고려할 때의 결론은 인정하지 않는다는 점을 분명히 알아 두고 가자.

정답설명

④ H는 인간이 어떤 결정을 내릴 때, 그가 어떤 선택을 할지 알게 해 주는 다른 신경 사건이 매번 발생한다고 가정하였는데, 이는 이전 사건들에 의해 임의의 선택이 선결정된다는 것을 의미한다. 만약 H의 가설이 실

memo

험 결과에 의해 입증되지 않는다면, 이는 마지막 문단에서 다루는 '어 떤 선택이 무작위로 일어난 것(=선결정되지 않은 것)'에 해당한다. 그러 나 마지막 문단에서 이러한 경우에도 '결국 반자유의지 논증의 무작위 가정을 고려할 때의 결론은 받아들일 필요가 없다.'라고 하였으므로, ④ 번 선지가 적절함을 알 수 있다.

오답설명

① H의 가설이 입증되었다는 것은 선결정 가정을 고려했을 때의 결론이 입증된 것과 같으므로 적절하지 않다.

② H의 가설이 입증되었다는 것은 선결정 가정을 고려했을 때의 결론이 입증된 것과 같다. ㉠에 의하면 무작위 가정을 고려할 때의 결론은 받 아들일 필요가 없다고 하였으므로 적절하지 않다.

③ H의 가설이 입증되지 않는다면, 이는 임의의 선택이 이전 사건들에 의 해 선결정되는 것이 아닌 것이므로, 선결정 가정이 참일 수밖에 없다는 선지는 적절하지 않다.

⑤ H는 ㉠에 입각하여 탐구 활동을 진행하였는데, ㉠과 같은 입장에서는 결국 '반자유의지 논증의 결론도 받아들일 필요가 없다'고 주장한다 하 였으므로 적절하지 않다.

구조도 정답

① 신경 사건
② 선결정
③ 무작위
④ 욕구 충족적
⑤ 나

헤겔의 변증법

지문해설

(가)

① 정립-반정립-종합. 변증법의 논리적 구조를 일컫는 말이다. 변증법에 따라 철학적 논증을 수행한 인물로는 단연 헤겔이 거명된다. 변증법은 대등한 위상을 지니는 세 범주의 병렬이 아니라, 대립적인 두 범주가 조화로운 통일을 이루어 가는 수렴적 상향성을 구조적 특징으로 한다.

▶ 글의 첫머리부터 필자의 관심사가 대놓고 제시되었다. 필자는 '정립-반정립-종합'이라는 변증법의 논리적 구조에 관심이 있구나. 우리에겐 다소 낯선 개념이다. 예를 들어 살펴보도록 할까?

▶ 신분 제도가 존재했던 조선 시대에 노비는 과거 시험을 볼 수 없었지. 이것을 '정립'이라고 하자. 그런데, 어느 날 어떤 사람이 "노비라도 과거 시험을 볼 수 있도록 해야 하지 않느냐."라는 대립하는 의견을 제기한다. 이것이 '반정립'에 해당하는 것이다. 이후 두 대립적인 의견을 종합하여 '노비라도 능력이 있다면 특정 분야의 과거 시험 응시는 가능하다.'라는 법이 만들어진다면, 이것이 '종합'이 되는 것이다. 대립적인 두 범주가 조화로운 통일을 이루어 좀 더 나은 방향이 제시되었지? 이를 '수렴적 상향성'이라고 한다는구나.

헤겔에게서 변증법은 논증의 방식임을 넘어, 논증 대상 자체의 존재 방식이기도 하다. 즉 세계의 근원적 질서인 '이념'의 내적 구조도, 이념이 시·공간적 현실로서 드러나는 방식도 변증법적이기에, 이념과 현실은 하나의 체계를 이루며, 이 두 차원의 원리를 밝히는 철학적 논증도 변증법적 체계성을 지녀야 한다.

▶ 또 헤겔에게 변증법은 '논증의 방식 + 논증 대상 자체의 존재 방식'이야. 헤겔은 세계의 근원적 질서인 '이념'의 내적 구조와 이념이 드러나는 방식은 모두 변증법적이니, 두 차원의 원리를 밝히는 철학적 논증 또한 변증법적 체계성을 지니고 있어야 한다고 본 것이지. '논증 대상 자체'가 변증법으로 존재한다는 얘기가 나왔는데, 일단 이해가 안 되는 것은 당연하다. 첫머리에서 얘기한 '정립-반정립-종합'을 통해 이 내용을 이후에 풀어줄 것이니, 뒤에서 읽고 이해하면 된다.

② 헤겔은 미학도 철저히 변증법적으로 구성된 체계 안에서 다루고자 한다. 그에게서 미학의 대상인 예술은 종교, 철학과 마찬가지로 '절대정신'의 한 형태이다. 절대정신은 절대적 진리인 '이념'을 인식하는 인간 정신의 영역을 가리킨다. 예술·종교·철학은 절대적 진리를 동일한 내용으로 하며, 다만 인식 형식의 차이에 따라 구분된다. 절대정신의 세 형태에 각각 대응하는 형식은 직관·표상·사유이다. '직관'은 주어진 물질적 대상을 감각적으로 지각하는 지성이고, '표상'은 물질적 대상의 유무와 무관하게 내면에서 심상을 떠올리는 지성이며, '사유'는 대상을 개념을 통해 파악하는 순수한 논리적 지성이다. 이에 세 형태는 각각 '직관하는 절대정신', '표상하는 절대정신', '사유하는 절대정신'으로 규정된다. 헤겔에 따르면 직관의 외면성과 표상의 내면성은 사유에서 종합되고, 이에 맞춰 예술의 객관성과 종교의 주관성은 철학에서 종합된다.

▶ 1문단에서 변증법의 기본적인 구조를 살펴보았다면, 이를 바탕으로 헤겔이 '미학'을 어떻게 다루었는지를 이어서 살펴보자. 헤겔에게 미학의 대상인 예술은 종교, 철학과 함께 절대적 진리(이념)를 인식하는 인간 정신의 영역인 '절대정신'의 한 형태이다. 여기에 대응하는 형식은 '직관·표상·사유'이지. [예술-종교-철학] / [직관-표상-사유] 짝을 잘 맞춰 두도록 하자! 다음의 표는

이와 같은 대응 내용을 정리한 것이다. 시험장에서는 이렇게 깔끔한 표를 그릴 필요는 없지만, 간단한 메모를 통해 정리하면 문제를 풀 때 이용하기 좋겠지.

절대정신의 형태		인식 형식		
예술	객관성	직관	물질적 대상 감각적으로 지각	외면성
종교	주관성	표상	물질적 대상 유무 무관하게 심상을 떠올림.	내면성
철학	(객관성+주관성) 종합	사유	대상을 개념을 통해 파악	(외면성+내면성) 종합

③ 형식 간의 차이로 인해 내용의 인식 수준에는 중대한 차이가 발생한다. 헤겔에게서 절대정신의 내용인 절대적 진리는 본질적으로 논리적이고 이성적인 것이다. 이러한 내용을 예술은 직관하고 종교는 표상하며 철학은 사유하기에, 이 세 형태 간에는 단계적 등급이 매겨진다. 즉 예술은 초보 단계의, 종교는 성장 단계의, 철학은 완숙 단계의 절대정신이다. 이에 따라 예술-종교-철학 순의 진행에서 명실상부한 절대정신은 최고의 지성에 의거하는 것, 즉 철학뿐이며, 예술이 절대정신으로 기능할 수 있는 것은 인류의 보편적 지성이 미발달된 머나먼 과거로 한정된다.

▶ 형식 간의 차이는 인식 수준의 차이를 발생시키고, 세 형태 간의 단계적 등급을 만든다. 예술 → 종교 → 철학 순으로 가며 점차 완숙 단계의 절대정신이 된다는 것이지. 즉, 헤겔은 철학을 가장 높은 단계로 인식하고 있는 것이구나.

(나)

① 변증법의 매력은 '종합'에 있다. 종합의 범주는 두 대립적 범주 중 하나의 일방적 승리로 끝나도 안 되고, 두 범주의 고유한 본질적 규정이 소멸되는 중화 상태로 나타나도 안 된다. 종합은 양자의 본질적 규정이 유기적 조화를 이루어 질적으로 고양된 최상의 범주가 생성됨으로써 성립하는 것이다.

▶ (나)에서 주목하는 것은 변증법의 '종합' 단계이다. 바람직한 종합 단계의 조건은 다음과 같다.
(1) 두 대립적 범주 중 하나의 일방적 승리 X
(2) 두 범주의 중화 X
(3) 두 범주가 유기적 조화 → 질적으로 고양된 최상의 범주 생성

▶ 앞서 봤던 예에 적용해 볼까? '노비라도 능력이 있다면 특정 분야의 과거 시험 응시는 가능하다.'라는 것은, 반정립의 주장을 무시한 것도 아니고 신분 제도가 사라진 것도 아니니 (1)과 (2)의 조건이 만족된다. 또 두 범주가 조화를 이루어 노비에게도 기회가 생기는 더 나은 상황이 나타났으니 (3)도 만족하지.

② 헤겔이 강조한 변증법의 탁월성도 바로 이것이다. 그러기에 변증법의 원칙에 최적화된 엄밀하고도 정합적인 학문 체계를 조탁하는 것이 바로 그의 철학적 기획이 아니었던가. 그런데 그가 내놓은 성과물들은 과연 그 기획을 어떤 흠결도 없이 완수한 것으로 평가될 수 있을까? 미학에 관한 한 '그렇다'는 답변은 쉽지 않을 것이다.

▶ (나)의 필자도 이와 같은 변증법의 우수성은 인정하고 있어. 그러나 '예술-종교-철학'과 같이 단계를 나누어 미학의 대상들을 변증법적으로 설명한 헤겔의 주장에 대해서는 비판점이 존재하나 보다.

지성의 형식을 직관-표상-사유 순으로 구성하고 이에 맞춰 절대정신

을 예술-종교-철학 순으로 편성한 전략은 외관상으로는 변증법 모델에 따른 전형적 구성으로 보인다. 그러나 실질적 내용을 보면 직관으로부터 사유에 이르는 과정에서는 외면성이 점차 지워지고 내면성이 점증적으로 강화·완성되고 있음이, 예술로부터 철학에 이르는 과정에서는 객관성이 점차 지워지고 주관성이 점증적으로 강화·완성되고 있음이 확연히 드러날 뿐, 진정한 변증법적 종합은 이루어지지 않는다. 직관의 외면성 및 예술의 객관성의 본질은 무엇보다도 감각적 지각성인데, 이러한 핵심 요소가 그가 말하는 종합의 단계에서는 완전히 소거되고 만다.

▶ 실질적 내용 측면에서, 외면성을 가진 직관은 사유에 이르면서 점차 외면성이 지워지고 내면성이 강화된대. 마찬가지로 예술 → 철학에서는 객관성이 지워지고 주관성이 강화된다는군. 아까 예술은 직관의 형식과 대응하고, 직관은 물질적 대상을 감각적으로 지각한다고 했지? 그러니 예술은 본래 외면성과 객관성을 가졌었고, 이것을 감각적 지각성이라고 표현한 거야. 그런데 (나)에 따르면 종합 단계에서 이러한 속성이 '완전히 소거'되어 버린다는데? 1문단에서 이야기했던 조건과 맞지 않는구나! 그래서 헤겔의 미학 변증법을 비판한 건가 봐. 문제 상황이 제시되었으니 이어질 문단에서는 그 해결 방안을 소개하겠지.

③ 변증법에 충실하려면 헤겔은 철학에서 성취된 완전한 주관성이 재객관화되는 단계의 절대정신을 추가했어야 할 것이다. 예술은 '철학 이후'의 자리를 차지할 수 있는 유력한 후보이다. 실제로 많은 예술 작품은 '사유'를 매개로 해서만 설명되지 않는가. 게다가 이는 누구보다도 풍부한 예술적 체험을 한 헤겔 스스로가 잘 알고 있지 않은가. 이 때문에 방법과 철학 체계 간의 이러한 불일치는 더욱 아쉬움을 준다.

▶ 그러면 이상적인 변증법이 되려면 어떻게 해야 할까? (나)의 필자는 '철학 이후'의 자리라는 추가 단계의 절대정신이 필요하다고 한다. 그리고 그 자리를 차지할 수 있는 유력 후보는 바로 '예술'이래. 철학에서 객관성의 본질인 감각적 지각성이 소거되고 주관성만 드러나게 되었으니, 그 본질을 다시 찾기 위해서는 이를 '재객관화'하여 객관성을 추가해야겠지. 이것을 바로 '완전한 주관성이 재객관화되는 단계의 절대정신'으로 볼 수 있겠다. 이에 대해 필자는 실제로 많은 예술 작품은 '사유'를 매개로 해서만 설명된다는 점을 근거로 들고 있구나.

▶ 이 지문의 <보기>를 예로 살펴보자. '괴테와 실러'의 작품은 '인생의 완숙기'에 이르러서야 '최고의 지성적 통찰'을, 즉 철학 단계에 이르러서야 진정한 예술성을 가질 수 있었다고 하지? 예술은 분명 철학보다 낮은 단계였는데 말이야. 이를 통해 (나)의 필자가 문제 상황에 대한 해결 방안으로 "'철학 이후'의 자리를 차지"할 '예술'을 제시하고 있음을 알 수 있겠다.

지문분석

(가) 헤겔의 변증법

→ **변증법**

변증법의 논리적 구조 : 정립-반정립-종합
(①) : 대립적인 두 범주 → 조화로운 통일

논증의 방식 + 논증 대상 자체의 존재 방식
이념의 내적 구조, 이념이 시·공간적 현실로서 드러나는 방식
→ 변증법적
이념과 현실 두 차원의 원리 밝히는 (②) → 변증법적 체계성 필요

→ **절대정신의 형태 (예술·종교·철학)**

절대정신 :
절대적 진리인 '이념' 인식하는 인간 정신의 영역
예술·종교·철학 → 동일한 내용(절대적 진리) / (③)의 차이에 따라 구분

인식 형식 (직관·표상·사유)

직관 → 예술에 대응
– 물질적 대상을 감각적으로 지각하는 지성

표상 → 종교에 대응
– 물질적 대상 유무와 무관, 내면에서 심상을 떠올리는 지성

사유 → 철학에 대응
– 대상을 개념을 통해 파악하는 순수한 논리적 지성

직관의 외면성–표상의 (④) → 사유에서 종합
예술의 (⑤)–종교의 주관성 → 철학에서 종합

(⑥) 간의 차이 → 내용 인식 수준의 차이 유발

단계적 등급 : 예술 < 종교 < 철학(명실상부한 절대정신)

(나) 헤겔의 미학 변증법 비판

→ **변증법의 '종합'**

– 두 대립적 범주 중 하나의 일방적 승리 X
– 두 범주의 (①) X
– 두 범주의 본질적 규정이 유기적 조화 → 최상의 범주 생성

→ **비판점**

– 외관상 : 변증법 모델에 따른 전형적 구성 O

– 실질적 내용
직관 → 사유 : (②) 지워짐, 내면성 점증적 강화·완성
예술 → 철학 : 객관성 지워짐, (③) 점증적 강화·완성
⇒ 변증법적 종합 X
직관의 외면성, 예술의 객관성의 본질인 (④)이 종합 단계에서 완전히 소거됨

– 철학에서 성취된 완전한 주관성이 재객관화되는 단계의 절대정신 추가 필요
– 철학 이후의 자리 = 예술
∴ 실제로 많은 예술 작품이 (⑤)를 매개로 해서만 설명 가능

형태쌤 Comment

학생들에게 다소 어려울 수 있는 개념인 '변증법적 논리적 구조'에 관한 지문들이다. (가)에서는 미학에 대한 헤겔의 변증법적 이론을 소개하고, (나)에서는 그에 대한 비판을 제시하고 있다. 제시된 정보를 단편적으로만 정리하지 않고, 두 입장의 공통점과 차이점, 비판 지점을 정확하게 이해했어야 문제를 수월하게 풀수 있었을 것이다. 공통된 소재를 다루는 두 글의 공통점과 차이점 찾기는 쌤이 늘 강조했던 출제 포인트이지.

문제분석 01-06번

번호	정답	정답률 (%)	선지별 선택비율(%)				
			①	②	③	④	⑤
1	①	59	59	9	25	5	2
2	③	64	14	12	64	5	5
3	④	78	3	6	6	78	7
4	③	62	10	10	62	12	6
5	②	35	14	35	8	32	11
6	③	78	5	2	78	3	12

01

정답설명

① (가)는 변증법적 체계를 바탕으로 한 헤겔의 미학에서 예술을 초보 단계의 절대정신으로 보았음을 설명하고 있다. 한편 (나)는 변증법적 체계를 바탕으로 헤겔의 미학 이론을 비판하며, 예술을 '철학 이후'의 자리를 차지할 수 있는 유력한 후보로 제시하고 있다.

오답설명

② (가)에서는 변증법적 체계를 바탕으로 한 헤겔의 미학에 대해 설명하고 있을 뿐, 이에 대한 상반된 평가를 제시하고 있지 않으며 더 설득력 있는 미학 이론을 모색하고 있지도 않다. 한편 (나)에서는 헤겔의 미학 이론이 갖는 한계를 지적하며 단계를 추가해야 한다고 하였을 뿐, 특정한 철학적 방법에 대한 상반된 평가를 제시하지는 않았다.

③ (가)와 (나) 모두 특정한 철학적 방법의 시대적 한계를 지적하고 그에 맞서는 혁신적 방법을 제안하고 있지 않다. (나)에 제시된 것은 '헤겔'의 주장이 가진 한계점이다. 이것을 '철학적 방법의 시대적 한계'로 보기는 어렵지. 생소한 개념에 당황했던 학생들이 이 선지에 많이 낚였다. 대충 보고 넘겨서는 안 되는 선지인 것이지.

④ (가)와 (나) 모두 특정한 철학적 방법에서 파생된 미학 이론을 바탕으로 예술 장르의 범주를 나누어 이를 유형화하고 있지 않다.

⑤ (가)와 (나) 모두 특정한 철학적 방법의 통시적인 변화 과정이 드러나 있지 않으며, 이를 적용하여 철학사를 단계적으로 설명하고 있지도 않다.

02

정답설명

③ 2문단에서 헤겔은 절대정신의 세 가지 형태인 '예술·종교·철학'이 인식 형식의 차이에 따라 구분되며, '예술·종교·철학'에 대응하는 형식은 각각 '직관·표상·사유'라고 하였다. 즉 절대정신의 세 가지 형태가 지성의 세 가지 형식에 의해 구분되는 것일 뿐, 지성의 세 가지 형식이 인식하는 대상이 절대정신의 세 가지 형태라고 보기는 어렵다.

오답설명

① 2문단의 '예술·종교·철학은 절대적 진리를 동일한 내용으로 하며, 다만 인식 형식의 차이에 따라 구분된다.'에서 확인할 수 있다.

② 1문단의 "세계의 근원적 질서인 '이념'의 내적 구조도, 이념이 시·공간적 현실로서 드러나는 방식도 변증법적이기에, 이념과 현실은 하나의 체계를 이루며, 이 두 차원의 원리를 밝히는 철학적 논증도 변증법적 체계성을 지녀야 한다."에서 확인할 수 있다.

④ 1문단의 '헤겔에게서 변증법은 논증의 방식임을 넘어, 논증 대상 자체의 존재 방식이기도 하다.'에서 확인할 수 있다.

⑤ 3문단의 '헤겔에게서 절대정신의 내용인 절대적 진리는 본질적으로 논리적이고 이성적인 것이다.'에서 확인할 수 있다.

03

정답설명

④ '예술의 새로운 개념을 설정하는 것'을 기존의 개념을 바탕으로 새로운 개념을 설정하는 것으로 이해한다면 '사유'의 개념을 적용한 것으로 허용할 수 있다. 그러나 '새로운 개념'을 바탕으로 새로운 감각을 일깨우는 작품의 창작을 기획하는 것은, 물질적 대상을 감각적으로 지각하는 것이 아니므로 '직관'을 적용한 것으로 보기 어렵다.

오답설명

① '먼 타향에서 밤하늘의 별들을 바라보는 것'은 물질적 대상인 '별'을 시각적으로 지각한 것이므로 '직관'을 적용한 것으로 볼 수 있다. 또한 '같은 곳에서 고향의 하늘을 상기하는 것'은 내면에서 심상을 떠올리는 것이므로 '표상'을 적용한 것으로 볼 수 있다.

② '타임머신을 타고 미래로 가는 자신의 모습을 상상하는 것'과 '판타지 영화의 장면을 떠올려 보는 것'은 모두 물질적 대상의 유무와는 무관하게 내면에서 심상을 떠올리는 것이므로 '표상'을 적용한 것으로 볼 수 있다.

③ '초현실적 세계가 묘사된 그림을 보는 것'은 물질적 대상인 '그림'을 시각적으로 지각하는 것이므로 '직관'을 적용한 것으로 볼 수 있다. 또한 '작품을 상상력 개념에 의거한 이론에 따라 분석하는 것'은 대상을 개념을 통해 파악하는 것이므로 '사유'를 적용한 것으로 볼 수 있다.

⑤ '도덕적 배려의 대상'을 특정 '개념'에 따라 규정하여 이해하는 것은 '사유'를 통해 이루어진다. 또한 '이에 맞서 감수성 소유 여부를 새로운 기준으로 제시하는 것'은 다른 개념을 바탕으로 대상을 이해하는 것이므로 '사유'를 적용한 것으로 볼 수 있다.

04

정답설명

③ (나)의 글쓴이의 관점에 따르면 ㉠(정립-반정립-종합)의 '종합'은 두 대립적 범주의 본질적 규정이 유기적 조화를 이루어 질적으로 고양된 최상의 범주가 생성됨으로써 성립하는 것이다. 그런데, 이때 '질적으로 고양된 최상의 범주'가 형성되는 과정에서 첫 번째 범주의 특성 자체가 갈수록 강해진다고 볼 것인지는 지문을 통해 확인할 수 없다. 또한 (나)의 글쓴이는 헤겔이 절대정신을 ㉡(예술-종교-철학) 순으로 편성한 전략은 직관으로부터 사유에 이르는 과정에서는 외면성이 점차 지워지고 예술로부터 철학에 이르는 과정에서는 객관성이 점차 지워진다고 하였다. 즉, ㉡에서는 범주 간 이행에서 첫 번째 범주의 특성이 갈수록 약해진다고 본 것이므로 해당 선지는 적절하지 않다.

오답설명

① (나)의 글쓴이는 1문단에서 ㉠의 세 번째 범주인 '종합'을 제외한 두 범주를 '두 대립적 범주'라고 표현하였다. ㉡의 '예술-종교'의 관계도 이와 같은 관점에 따라 파악할 것이므로 적절하다.

② (나)의 1문단에서 '종합'은 두 범주의 본질적 규정이 유기적 조화를 이루어 '질적으로 고양된 최상의 범주'가 생성됨으로써 성립하는 것이라고 하였다. 따라서 ㉠에 대한 분석은 적절하다. 또한 ㉡에 대하여, 2문단에서 예술로부터 철학에 이르는 과정에서 두 번째 범주의 성질인 '주관성이 점증적으로 강화·완성되고 있음이 확연히 드러'난다고 하였으므로 해당 분석 역시 적절하다.

④, ⑤ (나)의 글쓴이는 헤겔이 주장한 ㉠의 탁월성은 인정하였으나, 미학의 측면에서는 어떤 흠결도 없는 것으로 보기는 어렵다고 보았다. 따라서 ㉠에서는 세 번째 범주인 '종합'에서 첫 번째와 두 번째 범주의 조화로운 통일이 이루어질 것으로 볼 것이며, 범주 간 이행에서 두 범주가 조화로운 통일을 이루어 가는 '수렴적 상향성' 또한 나타난다고 볼 것이다. 그러나 ㉡의 경우, (나)의 글쓴이는 직관의 외면성 및 예술의 객관성의 본질인 '감각적 지각성'이 '종합' 단계에서 완전히 소거되어 버리는 문제점을 지적하고 있으므로 ㉡에서는 두 범주의 조화로운 통일이 이루어지거나 수렴적 상향성이 드러난다고 보지 않을 것이다.

05

정답설명

② 〈보기〉의 헤겔은 괴테와 실러가 인생의 완숙기에 이르러서야 최고의 지성적 통찰을 진정한 예술미로 승화시킬 수 있었다고 하였다. 이는 그들이 '철학-사유' 단계에 도달함에 따라 미적으로 세련된 작품을 창작했다고 본 것이다. 그러나 이는 (나)의 2문단에 따르면 괴테와 실러가 '외면성이 점차 지워지고 내면성이 점증적으로 강화·완성'된 단계에 도달한 후 이를 바탕으로 '예술' 단계에 진입했음을 나타내는 것으로 볼 수 있다. 헤겔은 분명 이론에서는 '예술'이 외면성을 지니는 직관에 대응한다고 하였는데, 현실에서는 그와 다른 주장을 한 것이다. 이는 (나)의 글쓴이가 3문단에서 '실제로 많은 예술 작품은~헤겔 스스로가 잘 알고 있지 않은가.'라며 아쉬움을 표했던 지점이다. (나)의 글쓴이는 이와 같은 문제를 해결하기 위해서는 '철학에서 성취된 완전한 주관성이 재객관화되는 단계의 절대정신'이 추가되어야 한다며 "'철학 이후'의 자

리"를 차지할 수 있는 유력한 후보로 예술을 제시하였다. 따라서 (나)의 글쓴이는 〈보기〉의 헤겔의 발언에 대하여 이론에서는 외면성에 대응하는 예술이 현실에서는 내면성을 바탕으로 하는 절대정신일 수 있다는 말이 될 것이라고 반응할 것이다.

오답설명

① '중화'는 두 범주의 고유한 본질적 규정이 소멸되는 상태를 의미한다. 그런데 〈보기〉에 제시된 헤겔의 발언에서는 대립적 범주들이 종합을 이룰 때, 각 범주들이 중화되는 부분을 찾을 수 없다.

③ 헤겔은 '정립-반정립-종합'이라는 변증법적 논리적 구조를 '예술-종교-철학'에 대응시켰으므로, 이론에서 '예술'이 반정립 단계에 위치한다고 보기는 어렵다.

④ 헤겔의 이론에서 '예술'이 객관성을 본질로 하는 것은 맞다. 그러나 〈보기〉에 제시된 헤겔의 발언은 (나)에 따르면 '철학에서 성취된 완전한 주관성이 재객관화되는 단계'에 해당하는 것이므로, (나)의 글쓴이는 〈보기〉의 헤겔의 발언이 예술이 현실에서 '객관성이 사라진 주관성을 지닌다'는 내용이 된다고 보지는 않았을 것이다.

⑤ 헤겔의 이론에서는 '명실상부한 절대정신'은 최고의 지성에 의거하는 '철학'뿐이고, '예술'은 초보 단계의 절대정신이라고 하면서 예술이 절대정신으로 기능할 수 있는 것은 머나먼 과거로 한정된다고 하였다. 선지에서 '절대정신으로 규정되는 예술'이라고 하였으나 이는 초보 단계인지 명실상부한 절대정신인지 수식어를 언급하고 있지 않으므로 허용할 여지가 있다. 또한 예술이 현실에서 진리의 인식을 수행할 수 없다고 진술한 것도 헤겔의 견해에 따르면 허용할 수 있다. 그러나 이 문제는 〈보기〉의 헤겔의 발언에 따른 (나)의 글쓴이가 할 대답으로 옳은 것을 고르는 문제이다. 〈보기〉에서 헤겔의 발언은 예술을 외면성을 지닌 것으로 보았던 (가)에서의 주장과 반대되지만, 예술의 절대정신 여부와는 관련이 없는 이야기이다. 또한 괴테와 실러의 예술이 현실에 있기 때문에 진리의 인식을 수행할 수 없다고 말한 것도 아니므로 적절하지 않다.

06

정답설명

③ ⓒ의 '끝나도'는 '종합'이 이루어질 때 두 대립적 범주 중 하나의 일방적인 승리로 결과가 마무리되면 안 된다는 맥락에서 쓰인 것이므로, '어떤 결말이나 결과에 이르게 되다.'라는 의미인 '귀결(歸結)되어도'로 바꾸어 쓸 수 있다.

오답설명

① ⓐ의 '지녀야'는 '바탕으로 갖추고 있다.'라는 의미로 쓰인 것이므로, '물건을 지니고 있다.'라는 의미의 '소지(所持)하여야'로 바꾸어 쓸 수 없다.

② ⓑ의 '가리킨다'는 '어떤 대상을 특별히 집어서 두드러지게 나타낸다.'라는 의미로 쓰인 것이므로, '요점이나 요령을 얻다, 어떤 기회나 정세를 알아차리다.'라는 의미의 '포착(捕捉)한다'로 바꾸어 쓸 수 없다.

④ ⓓ의 '보면'은 '대상의 내용이나 상태를 알기 위하여 살피다.'라는 의미로 쓰인 것이므로, '상태, 모양, 성질 따위가 그와 같다고 보거나 그렇

다고 여기다.'라는 의미의 '간주(看做)하면'으로 바꾸어 쓸 수 없다.

⑤ ⓔ의 '이루어지지'는 '어떤 대상에 의하여 일정한 상태나 결과가 생기거나 만들어지다.'라는 의미로 쓰인 것이므로, '조직이나 단체 따위가 짜여 만들어지다.'라는 의미의 '결성(結成)되지'로 바꾸어 쓸 수 없다.

memo

구조도 정답

(가)

① 수렴적 상향성   ② 철학적 논증   ③ 인식 형식

④ 내면성   ⑤ 객관성   ⑥ 형식

(나)

① 중화   ② 외면성   ③ 주관성

④ 감각적 지각성   ⑤ 사유

육가와 고려 역사서

▶ **지문해설**

(가)

① 전국 시대의 혼란을 종식한 진(秦)은 분서갱유를 단행하며 사상 통제를 기도했다. 당시 권력자였던 이사(李斯)에게 역사 지식은 전통만 따지는 허언이었고, 학문은 법과 제도에 대해 논란을 일으키는 원인에 불과했다. 이에 따라 전국 시대의 『순자』처럼 다른 사상을 비판적으로 흡수하여 통합 학문의 틀을 보여 준 분위기는 일시적으로 약화되었다. 이에 한(漢) 초기 사상가들의 과제는 진의 멸망 원인을 분석하고 이에 기초한 안정적 통치 방안을 제시하며, 힘의 지배를 숭상하던 당시 지배 세력의 태도를 극복하는 것이었다. 이러한 과제에 부응한 대표적 사상가는 육가(陸賈)였다.

▶ 한 초기 사상가들은 왕조의 안정적 통치를 위해 이전 왕조인 진이 멸망한 원인, 즉 문제점을 분석하고 그것을 극복하는 것을 과제로 삼았다. 이때, 앞서 진이 사상 통제를 시도하며 역사 지식과 학문을 부정하는 분위기를 조성했다는 내용은 한 초기 사상가들이 분석한 진의 문제점과 연결될 것임을 예측할 수 있다.

▶ 필자는 한 초기의 대표적 사상가인 '육가'에 주목하고 있다. 그러니 우리도 그가 밝힌 진의 문제점과 그 극복 방안에 주목하며 글을 읽어야겠지?

② 순자의 학문을 계승한 그는 한 고조의 치국 계책 요구에 부응해 『신어』를 저술하였다.

▶ 1문단에서 순자는 다른 사상을 비판적으로 흡수하여 통합 학문의 틀을 보여 주었다고 하였다. 순자의 학문을 계승했다는 것은 육가의 사상 역시 『순자』의 통합 학문적 특징을 가지고 있음을 의미하는 것이겠지.

이 책을 통해 그는 진의 단명 원인을 가혹한 형벌의 남용, 법률에만 의거한 통치, 군주의 교만과 사치, 그리고 현명하지 못한 인재 등용 등으로 지적하고, 진의 사상 통제가 낳은 폐해를 거론하며 한 고조에게 지식과 학문이 중요함을 설득하고자 하였다. 그에게 지식의 핵심은 현실 정치에 도움을 주는 역사 지식이었다.

▶ 육가는 진의 단명 원인이 잘못된 정치 운영에 있고, 왕조의 안정적 통치를 위해서는 지식과 학문을 중요시해야 한다고 보았구나. 특히 그가 역사 지식을 지식의 핵심으로 여겼다는 점은 역사 지식을 부정적으로 여긴 진과의 차이점이니 반드시 체크해 두었어야 한다.

그는 역사를 관통하는 자연의 이치에 따라 천문·지리·인사 등 천하의 모든 일을 포괄한다는 통물(統物)과, 역사 변화 과정에 대한 통찰로서 상황에 맞는 조치를 취하고 기존 규정을 고수하지 않는다는 통변(通變)을 제시하였다. 통물과 통변이 정치의 세계에 드러나는 것이 인의(仁義)라고 파악한 그는 힘에 의한 권력 창출을 긍정하면서도 권력의 유지와 확장을 위한 왕도 정치를 제안하며 인의의 실현을 위해 유교 이념과 현실 정치의 결합을 시도하였다.

▶ 육가 사상의 핵심 개념들이 제시되고 있다. 이는 출제된 문제와 직접적으로 관련되어 있으니 각각의 개념이 어떤 의미인지 잘 파악해야 한다.

통물 : 역사를 관통하는 자연의 이치로 모든 일 포괄
통변 : 역사 변화 과정에 대한 통찰 → 유연성 있는 대처
인의 : 통물과 통변이 정치 세계에 드러나는 것

▶ 육가는 역사 지식을 '통물'과 '통변'으로 구분 짓고 이를 '인의'와 연결시켰다. 그리고 '인의'가 실현되는 정치를 위해 유교 이념과 현실 정치의 결합을 시도하였다.

③ 인의가 실현되는 정치를 위해 육가는 유교의 범위를 벗어나지 않는 한에서 타 사상을 수용하였다. 예와 질서를 중시하며 교화의 정치를 강조하는 유교를 중심으로 도가의 무위와 법가의 권세를 끌어들였다. 그에게 무위는 형벌을 가벼이 하고 군주의 수양을 강조하는 것으로 평온한 통치의 결과를 의미했고, 권세도 현명한 신하의 임용을 통해 정치권력의 안정을 도모하는 방향성을 가진 것이었기에 원래의 그것과는 차별된 것이었다.

▶ 순자와 마찬가지로 육가 또한 다른 사상을 비판적으로 흡수하며 통합 사상적 성격을 보여 주었구나.

유교 : 예와 질서, 교화의 정치
도가(무위) : 형벌을 가벼이 하고 군주의 수양 강조 → 평온한 통치
법가(권세) : 현명한 신하의 임용 → 정치권력의 안정 도모

▶ 정리하자면 육가는 '인의가 실현되는 정치'를 추구하였고 이를 위해 유교 범위 안에 타 사상을 차별적으로 수용하여 '유교 이념+현실 정치'를 시도하였던 것이다.

④ 육가의 사상은 과도한 융통성으로 사상적 정체성이 문제가 되기도 했지만, 군주의 정치 행위에 따라 천명이 결정됨을 지적하고 인의의 실현을 강조한 통합의 사상이었다. 그의 사상은 한 무제 이후 유교 독존의 시대를 여는 데 기여하였다.

▶ 육가의 사상이 갖는 한계와 의의를 정리하며 글이 마무리되고 있다.

(나)

① 조선 초기에 진행된 고려 관련 역사서 편찬은 고려 멸망의 필연성과 조선 건국의 정당성을 드러내는 작업이었다. 편찬자들은 다양한 방식으로 고려와 조선의 차별성을 부각하고, 고려보다 조선이 뛰어남을 설득하고자 하였다.

▶ (가)에서는 한 초기 육가의 『신어』가 저술된 배경을 소개하였는데, (나)에서는 조선 초기 고려 관련 역사서의 편찬 목적에 대해 소개하고 있다. 그 목적은 조선 건국의 정당성을 드러내는 것에 있다.

② 태조의 명으로 고려 말에 찬술되었던 자료들을 모아 고려에 관한 역사서가 편찬되었지만, 왕실이 아닌 편찬자의 주관이 개입되었다는 비판이 제기되는 등 여러 문제점이 지적되었다.

▶ 고려에 관한 역사서를 편찬하는 과정에서 발생한 논란이 제시되었다. 편찬자의 주관이 개입된다면 역사 서술의 객관성과 공정성에 문제가 생기겠지.

이에 태종은 고려의 역사서를 다시 만들라는 명을 내렸다. 이후 고려의 용어들을 그대로 싣자는 주장과 유교적 사대주의에 따른 명분에 맞추어 고쳐 쓰자는 주장이 맞서는 등 세종 대까지도 논란이 계속되었지만, 문종 대에 이르러 『고려사』 편찬이 완성되었다. 이 과정에서 역사 연구에 관심을 기울인 세종은 경서(經書)가 학문의 근본이라면 역사서는 학문을 현실에서 구현하는 것으로 파악하고, 집현전 학자들과의 경연을 통해 경서와 역사서에 대한 이해를 쌓아 갔다.

▶ 역사 연구에 깊은 관심을 가진 세종은 경서와 역사서를 학문과 현실의 연결 고리로 보고 이에 대한 이해를 쌓아 갔다.

③ 이런 분위기에서 세종은 중국과 우리나라의 흥망성쇠를 담은 『치평요람』의 편찬을 명하였고, 집현전 학자들은 원(元)까지의 중국 역사와 고려까지의 우리 역사를 정리하였다. 정리 과정에서 주자학적 역사관이 담긴 『자치통감강목』에 따라 역대 국가를 정통과 비정통으로 구분했지만, 편찬 형식 측면에서는 강목체를 따르지 않았다. 또한 올바른 정치의 여부에 따라 국가의 운명이 다하고 천명이 옮겨 간다는 내용을 드러내고자 기존 역사서와 달리 국가 간 전쟁과 외교 문제, 국가 말기의 혼란과 새 국가 초기의 혼란 수습 등을 부각하였다.

▶ 세종의 명에 따라 편찬된 역사서 『치평요람』에 대한 설명이 제시되고 있다. 국가의 운명이 올바른 정치에 달려 있다는 내용은 고려의 멸망 원인이 잘못된 정치로 인한 것임을 지적하고, 이를 통해 조선 건국의 정당성을 강조하고자 한 시도라 할 수 있겠지. 고려 관련 역사서를 편찬하고자 한 이유가 제시된 1문단의 내용과 연결 지어 이해할 수 있어야 한다.

▶ 또한 『치평요람』과 『자치통감강목』의 공통점과 차이점을 언급하고 있으니 잘 체크해 두자.
[공통점 : 주자학적 역사관에 따라 역대 국가를 정통과 비정통으로 구분 / 차이점 : 편찬 형식]

④ 이러한 편찬 방식은 국가의 흥망성쇠를 거울삼아 국가를 잘 운영하겠다는 목적 이외에 새 국가의 토대를 마련하려는 의도가 전제된 것이었다. 이런 의도가 집중적으로 반영된 곳은 『치평요람』의 「국조(國朝)」 부분이었다. 이 부분의 편찬자들은 유교적 시각에서 고려 정치를 바라보며 불교 사상의 폐단을 비롯한 문제점들을 다각도로 드러냈고, 이를 통해 유교적 사회로의 변화를 주장하였다. 이성계의 능력과 업적을 담기는 했지만 이것이 조선 건국을 정당화하기에는 불충분했기에 세종은 역사적 사실을 배경으로 조선 왕조의 우수성을 부각한 『용비어천가』의 편찬을 지시했다. 이는 왕조의 우수성과 정통성을 경전과 역사의 다양한 근거를 통해 보여 주고자 한 것이었다.

▶ 『치평요람』이 유교적 시각에서 고려 정치를 바라보며 고려의 문제점을 지적하고 이를 바탕으로 안정적 통치의 토대를 마련하고자 한 역사서임이 다시 한 번 강조되고 있다. 그러나 『치평요람』만으로는 조선 건국의 정당성을 보여 주기에 부족하다고 판단하여 조선 왕조의 우수성을 역사적으로 뒷받침할 수 있도록 『용비어천가』를 편찬하였음을 알 수 있다.

지문분석

(가) 육가의 사상

↳ 사회적 배경

진나라 이사 : 역사 지식과 학문 폄하 → 『순자』와 같은 통합 학문 ↓

한 초기 사상가들의 과제

진의 멸망 원인 분석
→ 안정적 통치 방안 제시, 지배 세력의 태도 극복

↳ 육가

(①) 저술 : 한 고조의 치국 계책 요구에 부응

진의 단명 원인 지적 : 가혹한 형벌 남용, 법률에만 의거한 통치, 군주의 교만과 사치, 현명하지 못한 인재 등용

진의 (②)가 낳은 폐해 거론 → 지식·학문의 중요함 설득 목적

지식의 핵심 : 현실 정치에 도움을 주는 (③)

통물 : 역사 관통하는 자연의 이치에 따라 천문·지리·인사 등 천하의 모든 일 포괄

(④) : 역사 변화 과정에 대한 통찰, 상황에 맞는 조치 취하고 기존 규정 고수 X

인의 : 통물과 (④)이 정치 세계에 드러나는 것

인의의 실현 : 유교 이념과 현실 정치 결합 시도

예, 질서, 교화의 정치 강조하는 유교 중심으로 도가의 (⑤)와 (⑥)의 권세 수용

(⑤) : 형벌 ↓, 군주 수양 강조 → 평온한 통치 결과

권세 : 현명한 신하 임용 → 정치권력 안정 도모

평가

과도한 융통성 → 사상적 정체성이 문제가 됨

통합의 사상 : 군주의 정치 행위에 따라 천명이 결정됨을 지적, 인의의 실현 강조

(나) 조선 초기 고려 역사서 편찬

└▸ **목적**

> 고려 멸망의 (①)과 조선 건국의 정당성 표출

└▸ **태조대** : 편찬자의 주관 개입에 대한 비판 有

└▸ **태종대** : 고려의 용어 사용에 대한 논란

└▸ **세종**

> (②) : 학문의 근본
> 역사서 : 학문을 현실에서 구현
> (③) 편찬 지시
>> 원까지의 중국 역사와 고려까지의 우리 역사 정리
>> 『자치통감강목』에 따라 역대 국가를 (④)과 비(④)으로 구분
>> 편찬 형식 : (⑤)체 따르지 않음
>> 올바른 정치 여부에 따라 천명이 옮겨 간다는 내용
>> → 전쟁, 외교 문제, 국가 말 혼란과 새 국가 초기 혼란 수습 부각
>> 「국조」 : 새 국가의 토대 마련 의도 집중 반영
>>> 유교적 시각에 의거한 고려 정치 해석
>>> (⑥)의 폐단 등 문제점 → 유교 사회로의 변화 주장
> 『용비어천가』 편찬 지시
>> 역사적 사실을 배경으로 조선 왕조 우수성 부각

└▸ **문종대** : 『고려사』 편찬 완성

형태쌤 Comment

> 지문 자체는 평이하였으나 내용 일치 측면에서 헷갈리는 문제가 많았던 지문이었다. 지문의 구조를 전체적으로 파악하고, (가)와 (나)를 관통하는 '유교적 역사서'와 그 목적을 이해한 뒤 차이점을 중심으로 읽어 가며 문제에 접근했다면, 어렵지 않게 풀이할 수 있었을 것이다.

문제분석 01-06번

번호	정답	정답률 (%)	선지별 선택비율(%)				
			①	②	③	④	⑤
1	①	88	88	2	5	4	1
2	③	62	2	24	62	7	5
3	④	65	4	7	7	65	17
4	①	35	35	3	4	55	3
5	②	53	3	53	12	14	18
6	③	54	23	4	54	18	1

01

정답설명

① (가)는 한 초기 사상가인 육가가 저술한 책 『신어』를, (나)는 조선에서 쓰인 고려 관련 역사서 『치평요람』 등을 설명하고 있다. (가)에 따르면 『신어』는 한 고조의 치국 계책 요구에 부응하여 저술된 것으로 이 책에는 육가의 사상인 인의의 실현을 강조한 통합의 사상이 반영되어 있다. 한편 (나)에 따르면 『치평요람』은 고려에 관한 역사서를 편찬하는 과정에서 제기되었던 여러 논란과 세종의 역사 연구에 대한 관심을 바탕으로 편찬되었으며, 유교적 사회로의 변화를 주장하고 조선 초기 조선 건국의 정당성을 드러내고자 하는 의도가 반영되었다. 따라서 이를 통해 당시 시대 상황과 사상이 각각의 책에 반영된 양상을 비교할 수 있으므로 적절하다.

오답설명

② (가)에서 언급한 『신어』는 육가가 한 고조의 치국 계책 요구에 부응하여 낸 책이라고 하였으므로, 피지배 계층을 대상으로 한 책이라고 볼 수 없다.

③ (가)는 한 초기 사상가인 육가에 의해 쓰여진 『신어』와, 전국 시대의 『순자』를 언급하였으므로 동일한 시대가 아닌 서로 다른 시대에 쓰인 책들을 설명하였음을 알 수 있다. 한편, (나)는 조선 초기에 쓰인 『고려사』와 『치평요람』 등을 언급하였으므로 서로 다른 시대에 쓰인 책들을 설명하고 있다고 보기 어렵다.

④ (가)와 (나)에서 설명한 책은 모두 학문적이면서도 실용적 성격의 책이라고 할 수 있다. (가)에서 『신어』를 저술한 육가는 한 고조에게 '지식과 학문이 중요함'을 설득하고자 하였으며, 육가에게 '지식의 핵심은 현실 정치에 도움을 주는 역사 지식이었'다고 하였으므로, 『신어』는 학문적 성격과 함께 현실 정치에 도움을 주는 실용적 성격도 지닌 책임을 알 수 있다. (나)에서도 세종은 역사서를 '학문을 현실에서 구현하는 것으로 파악'하였으므로, 세종의 지시로 편찬한 역사서들은 학문적이면서 실용적 성격을 갖추었을 것임을 알 수 있다.

⑤ (가)의 『신어』는 한 고조의 치국 계책 요구에 부응해 육가가 저술한 것이고, (나)의 『치평요람』, 『고려사』, 『용비어천가』 또한 왕이 편찬을 지시한 책이므로, 모두 국가 주도로 편찬된 책에 해당한다.

02

정답설명

③ (나)의 3문단에서 『치평요람』은 '정리 과정에서 주자학적 역사관이 담긴 『자치통감강목』에 따라 역대 국가를 정통과 비정통으로 구분했지만, 편찬 형식 측면에서는 강목체를 따르지 않았'다고 하였으므로, 역대 국가를 정통과 비정통으로 구분하여 정리한 것은 『자치통감강목』의 '편찬 형식'에 따른 것이 아님을 알 수 있다.

오답설명

① (가)의 1문단에서 진의 권력자였던 '이사에게 역사 지식은 전통만 따지는 허언이었고, 학문은 법과 제도에 대해 논란을 일으키는 원인에 불과했다.'라고 하였으므로 적절하다.

② (가)의 1문단에서 '전국 시대의 『순자』처럼 다른 사상을 비판적으로 흡수하여 통합 학문의 틀을 보여 준 분위기'라고 하였으므로 적절하다.

④ (나)의 4문단에서 '국조' 부분의 편찬자들이 '유교적 시각에서 고려 정치를 바라보며 불교 사상의 폐단을 비롯한 문제점들을 다각도로 드러냈고, 이를 통해 유교적 사회로의 변화를 주장하였다.'라고 하였으므로 적절하다.

⑤ (나)의 4문단에서 세종은 역사적 사실을 바탕으로 조선 왕조의 우수성을 부각하기 위해 『용비어천가』의 편찬을 지시하였다고 하였으므로 적절하다.

03

정답설명

④ ㉠~㉢은 육가가 제시한 개념으로, ㉢은 '인의'이다. (가)의 3문단에 따르면 육가는 인의가 실현되는 정치를 위해 '교화의 정치를 강조하는 유교를 중심으로 도가의 무위와 법가의 권세를 끌어들였'는데, 이때 무위는 군주의 수양을 강조하는 것이며 권세는 정치권력의 안정을 도모하는 방향성을 가진 것이다. 즉, 육가는 군주의 부단한 수양과 안정된 권력을 바탕으로 교화의 정치를 펼쳐야 ㉢이 실현되는 것으로 보았음을 알 수 있다.

오답설명

① (가)의 2문단에 따르면 ㉠(통물)은, 역사를 관통하는 자연의 이치에 따라 천문·지리·인사 등 천하의 모든 일을 포괄한다. 즉 ㉠은 천하의 모든 일을 포괄하는 것일 뿐, 역사 속에서 각광 받던 학문 분야들의 개별적 특징을 이해한 것은 아니다.

② (가)의 2, 3문단에 따르면 ㉡(통변)은, '역사 변화 과정에 대한 통찰로서 상황에 맞는 조치를 취하고 기존 규정을 고수하지 않는다'는 것으로, 육가는 통물과 통변이 정치의 세계에 드러나는 것이 인의라고 파악하였다. 하지만 그는 유교를 중심 이념으로 삼아 도가와 법가 사상을 수용하였으므로 도가나 법가 사상을 중심 이념으로 삼았다는 선지의 내용은 적절하지 않다.

③ (가)의 2, 3문단에 따르면 ㉢은 통물과 통변이 정치의 세계에 드러나는 것이며, 육가는 인의가 실현되는 정치를 위해 유교를 중심으로 도가의 무위와 법가의 권세를 끌어들였다. 권세는 현명한 신하의 임용을 통해 정치권력의 안정을 도모하는 것이라고 하였으나, 무위는 형벌을 가벼이 하고 군주의 수양을 강조하는 것이라고 하였으므로 선지의 '엄한 형벌의 집행'이 적절하지 않음을 알 수 있다.

⑤ (가)의 2문단에 따르면 육가는 역사 지식을 현실 정치에 도움을 주는 것으로 보았으며, 인의의 실현을 위해 유교 이념과 현실 정치의 결합을 시도하였다. 즉 ㉠과 ㉡이 아닌, ㉠과 ㉡이 정치의 세계에 드러나는 것인 ㉢을 역사 지식과 현실 정치를 긴밀히 연결하여 실현될 수 있는 것으로 본 것이다. 또한 육가는 '힘에 의한 권력 창출을 긍정'하였으나 이를 ㉠~㉢과 관련짓지는 않았다.

04

정답설명

① ㄱ : '육가'와 '집현전 학자들'은 각각 '진'과 '고려'의 역사를 거울삼아, 새 국가를 안정적으로 통치하려는 내용을 책에 담았다. '육가'는 『신어』에 진의 단명 원인을 지적하고 진의 사상 통제가 낳은 폐해를 거론하며 지식과 학문의 중요함을 강조하여 새 국가인 '한'을 안정적으로 통치하고자 하였다. 한편 '집현전 학자들'은 고려 관련 역사서를 편찬하면서 고려의 정치를 유교적 시각에서 바라보며 불교 사상의 폐단을 비롯한 문제점들을 부각하였고, 이를 통해 조선 건국의 정당성을 드러내어 새 국가인 '조선'을 안정적으로 통치하고자 하였다.

오답설명

ㄴ : '육가'는 '진'의 멸망 원인을 '가혹한 형벌의 남용, 법률에만 의거한 통치, 군주의 교만과 사치, 그리고 현명하지 못한 인재 등용 등'으로 보며 '진'의 잘못된 정치 운영에서 멸망 원인을 찾았다. 한편 '집현전 학자들'의 경우 『치평요람』을 편찬할 때 '올바른 정치의 여부에 따라 국가의 운명이 다하고 천명이 옮겨 간다는 내용'을 드러냈고 유교적 시각에 따라 고려 정치를 바라보며 비판하였으므로, 옛 국가 '고려'의 멸망 원인을 잘못된 정치 운영에서 찾았음을 알 수 있다.

ㄷ : 사상을 통제하면 사상적 공백이 생길 수 있다. '육가'는 '진'의 사상 통제를 비판하였으므로 옛 국가 '진'에서의 사상적 공백을 채우기 위해 새 국가 '한'에서 유교적 이념의 중요성을 역설하였다고 볼 수 있다. 그러나 '집현전 학자들'은 '유교적 시각에서 고려 정치를 바라보며 불교 사상의 폐단을 비롯한 문제점들을 다각도로 드러냈'다고 하였으므로, 옛 국가 '고려'의 불교 사상을 비판하고 유교적 사회로의 변화를 주장하였을 뿐, 사상적 공백을 채우기 위해 유교 사상을 내세운 것이 아님을 알 수 있다.

05

정답설명

② ㄱ은 역사 서술의 근원인 자료를 바르게 파악하여야 한다는 견해이다. (나)의 2문단에서 『고려사』 편찬 과정에서 '고려의 용어들을 그대로 싣자는 주장과 유교적 사대주의에 따른 명분에 맞추어 고쳐 쓰자는 주장이 맞섰다'고 하였는데, 고려의 용어가 '가짜'인 것은 아니므로 이는 진위를 판별하는 것과는 거리가 멀다. 즉, 고려의 용어를 고쳐 쓰자는 것은 유교적 사대주의에 따른 명분에 맞춘 것이지, 진위를 분명히 파악하여 자료를 바로잡고 깨끗하게 하고자 한 것이 아니므로 선지의 이해는 적절하지 않다.

오답설명

① (가)에 따르면 『신어』에서는 '진'의 멸망 원인을 지적하였다. ㄱ에서는 '진위를 분명히 한 후에야 성패가 어긋나지 않을 수 있'다고 하였으므로, 이에 따르면 『신어』에 제시된 진의 멸망 원인에 대한 지적은 관련 내용의 진위에 대한 명확한 판별 이후에 이루어져야 하는 것임을 알 수 있다.

③ (나)에서 『치평요람』에는 우리나라의 흥망성쇠가 기록되어 있다고 하였

다. ㄴ에서는 '고금의 흥망은 현실의 객관적 형세인 시세의 흐름에 따르는 것이며, 사림의 재주와 덕행으로 말미암은 것은 아니'라고 하였으므로, ㄴ의 견해에 따르면 『치평요람』에 서술된 고려와 조선의 흥망 원인은 시대의 흐름에 있는 것이라 할 수 있다.

④ ㄷ에서는 '역사란 선을 높이고 악을 낮추며 선을 권면하고 악을 징계하는 것'이라고 하였다. 이에 따르면 『신어』에 제시된 진에 대한 비판은 악을 낮추고 징계하는 것으로 볼 수 있다.

⑤ (나)의 2문단에 따르면 세종은 '경서가 학문의 근본이라면 역사서는 학문을 현실에서 구현하는 것으로 파악하'였고, ㄷ에서는 '도의 본체는 경서에 있지만 그것의 큰 쓰임은 역사서에 담겨 있다.'라고 하였다. ㄷ의 견해에 따르면 세종의 생각에서 학문의 근본인 경서는 도의 본체에, 학문의 현실 구현인 역사서는 도의 큰 쓰임에 대응함을 알 수 있다.

06

정답설명

③ ⓒ의 '숭상하다'는 '높여 소중히 여기다.'라는 의미로 사용되있으므로, '절대자나 종교적 이념 따위를 받들고 따르다.'라는 의미의 '믿다'와 바꾸어 쓸 수 없다.

오답설명

① ⓐ의 '기도하다'는 '어떤 일을 이루도록 꾀하다.'라는 의미로 사용되었으므로, '꾀하다'와 바꿔 쓸 수 있다.

② ⓑ의 '흡수하다'는 '외부에 있는 사람이나 사물 따위를 내부로 모아들이다.'라는 의미로 사용되었으므로, '받아들이다'와 바꿔 쓸 수 있다.

④ ⓓ의 '개입되다'는 '자신과 직접적인 관계가 없는 일에 끼어들게 되다.'라는 의미로 사용되었으므로, '끼어들다'와 바꿔 쓸 수 있다.

⑤ ⓔ의 '계속되다'는 '끊이지 않고 이어져 나가다.'라는 의미로 사용되었으므로, '이어지다'와 바꿔 쓸 수 있다.

구조도 정답

(가)

① 『신어』   ② 사상 통제
③ 역사 지식 ④ 통변
⑤ 무위   ⑥ 법가

(나)

① 필연성   ② 경서
③ 『치평요람』 ④ 정통
⑤ 강목   ⑥ 불교 사상

지문분석

(가) 아도르노의 예술관

대중 예술

이윤 극대화를 위한 (①)으로 전락 → 예술의 본질 상실

현대 사회의 모순과 부조리 은폐

창작의 구성에서 표현까지 표준화되어 생산되는 상품에 불과

대중 예술의 규격성 → 개인의 감상 능력도 표준화됨.

개인의 정체성마저 (①)으로 전락시키는 기제

예술의 조건

하나의 가치 체계로의 환원을 거부하는 (②)을 지녀야 함.

대중이 원하는 아름다운 상품이 되기를 거부
→ 그 자체로 추하고 불쾌한 것이 되어야 함.

예술가가 직시한 세계의 본질을 감상자들에게 체험하게 해야 함.

일정한 형식이 없는 (③)된 모습으로 나타나야 함.
→ 현대 사회의 부조리를 체험하게 하는 매개

비동일성을 체험하게 함 → (④)의 폭력에 저항해야 함.

(⑤) 예술 ex) 쇤베르크의 음악

그 자체로 동일화에 저항

저항이나 계몽을 직접적으로 드러내지 않음.

(나) 아도르노 미학에 대한 비판

아도르노의 미학의 의의

예술과 (①)의 관계를 통해 예술의 자율성을 추구

기존의 예술에 대한 비판적 관점을 제공

(②)의 작품

아도르노의 관점에서는 사회의 본질과 유리된
'아름다운 가상'을 표현한 것에 불과

but 예술가의 주관적 인상을 붉은색과 회색 등의 색채와
기하학적 형태로 표현한 (③)일 수 있음.

(③) : 세계를 바라보는 주체의 관념을 재현하는 것
→ 감각될 수 없는 것을 감각 가능한 것으로 구현하는 것

아도르노 미학의 한계

진정한 예술을 형태 그 자체의 (④)에 대한 체험으로 한정
→ 주관의 재현이라는 미메시스 부정

(⑤)의 관점에서 예술의 동일화를 시도
→ 현실 속 다양한 예술의 가치가 발견될 기회를 박탈

형태쌤 Comment

(가), (나)로 나뉜 지문치고는 다소 평이한 수준의 지문이었다. (가)에서는 아도르노가 대중 예술을 어떻게 바라보는지에 대해 설명하며 그의 예술관을 제시하고 있다. (나)에서는 아도르노 미학의 의의를 밝히며 글을 시작하지만, 그의 미학의 한계점을 지적하고 비판하는 것이 글의 주된 내용이다. 각 글이 말하고자 하는 바와 근거를 파악하며 읽는다면 여섯 문제 모두 쉽게 맞힐 수 있었을 것이다.

문제분석 01-06번

번호	정답	정답률 (%)	선지별 선택비율(%)				
			①	②	③	④	⑤
1	③	90	0	3	90	5	2
2	①	78	78	3	2	15	2
3	⑤	56	13	5	9	17	56
4	⑤	84	1	5	5	5	84
5	③	70	3	7	70	14	6
6	①	92	92	4	1	2	1

01

정답설명

③ (가)에서는 화제와 관련된 개념인 '동일성'과 '비동일성'을 정의하였으나, 개념의 변화 과정은 제시하지 않았다. (나) 또한 화제와 관련된 개념인 '미메시스'를 정의하였으나, 개념의 변화 과정은 제시하지 않았다.

오답설명

① (가)와 (나)는 공통적으로 '아도르노의 예술관'을 중심 화제로 삼아 글을 전개하고 있다.

② (가)에서는 '쇤베르크'의 음악을 전위 예술의 예로 제시하며, 전위 예술은 '그 자체로 동일화에 저항하면서도, 저항이나 계몽을 직접적으로 드러내지 않는다는 것'에 의미가 있다고 서술하고 있다. (나)에서는 '세잔'의 작품을 예로 들어서, 아도르노의 미학에서는 부정적으로 평가될 수 있는 작품도 '미메시스'일 수 있다는 의미를 제시하고 있다.

④ (가)에서는 논지를 강화하기 위해 다른 이의 견해를 제시하고 있지 않으나, (나)에서는 '베냐민'의 견해를 인용하여 논지를 강화하고 있다.

⑤ (나)에서는 (가)에서 소개한 아도르노의 이론에 대해 '예술과 사회의 관계를 통해 예술의 자율성을 추구했다'는 의의를 밝힌 후 '주관의 재현이라는 미메시스가 부정'되고 '예술의 영역을 극도로 축소시'킨다는 그의 이론이 갖는 한계를 지적하고 있다.

02

정답설명

① (가)의 1문단에 따르면 아도르노는 '대중 예술은 개인의 정체성마저 상품으로 전락시키는 기제로 작용한다'고 보았으므로, 아도르노가 보는 대중 예술이 문화 산업을 통해 상품화된 개인의 정체성과 대립적 관계를 형성한다고 볼 수 없다.

오답설명

② (가)의 1문단의 '대중 예술의 규격성으로 인해 개인의 감상 능력 역시 표준화되고'를 통해 알 수 있다.

③ (가)의 1문단의 '모든 것을 상품의 교환 가치로 환원하려는 자본주의 사회', '대중 예술이 이윤 극대화를 위한 상품으로 전락함'을 통해 알 수 있다.

④ (가)의 1문단의 '모든 것을 상품의 교환 가치로 환원하려는 자본주의 사회에서', '현대 사회의 모순과 부조리를 은폐하고 있다'를 통해 알 수 있다.

⑤ (가)의 1문단의 '대중 예술이 이윤 극대화를 위한 상품으로 전락함', '대중 예술의 규격성으로 인해~개인의 개성은 다른 개인의 그것과 다르지 않게 된다고 보았다.'를 통해 알 수 있다.

03

정답설명

⑤ (나)의 2문단에 따르면, 미메시스란 세계를 바라보는 예술가의 주관을 감각 가능한 것으로 구현하는 것을 말한다. 한편, 3문단에 따르면 아도르노에게 예술은 감상자로 하여금 세계의 본질을 체험하게 하는 것인데, 그는 이 세계의 본질을 현대 사회의 부조리에 국한시켰다. 즉 아도르노는 예술을 예술가의 주관을 재현하는 것이 아닌, 비정형적인 형태를 통해 부조리를 체험하게 하는 것이라고 본 것이다. 따라서 선지의 내용은 ㉠의 이유로 적절하다.

오답설명

① 아도르노의 미학은 예술을 비정형적 형태에 대한 체험으로 한정하는 것이며, 그의 미학에서 정형적 형태가 재현된다는 내용은 윗글에서 찾을 수 없다.

② 아도르노의 미학에서 재현의 주체가 전환된다는 내용은 찾을 수 없다.

③ 아도르노의 미학에서는 미적 체험의 대상이 사회의 부조리에만 국한되므로 선지의 내용은 적절하지 않다.

④ ㉠의 이유는 아도르노의 미학이 예술가의 주관을 배제한 채 예술을 비정형적인 형태에 대한 체험으로 한정하기 때문이다. 선지의 내용은 이를 반대로 이해한 것이다.

04

정답설명

⑤ (가)의 3문단에 따르면 아도르노는 전위 예술을 '그 자체로 동일화에 저항'하는 것으로 보았고, 이와 같이 예술은 '비동일성을 체험하게 함으로써 동일화의 폭력에 저항해야 한다'고 보았다. 따라서 아도르노가 전위 예술의 관점에서 예술의 동일화를 시도하고 있다고 말하는 ㉡에 대해 (가)의 '아도르노'의 관점에서는 동일화를 거부하는 속성이 전위 예술의 본질이므로 전위 예술의 관점에서 예술을 동일화할 수 없으며, 전위 예술을 추구하는 것은 비동화를 지향하는 것이라고 반박할 수 있을 것이다.

오답설명

① (가)의 1문단에 따르면 아도르노는 대중 예술의 규격성으로 인해 개인의 감상 능력 또한 표준화되며, 개인의 개성이 상실된다고 보았다. 이것은 예술의 동일화가 실현된 것으로 볼 수 있다. 또한 (가)의 3문단에 따르면 전위 예술은 동일화에 저항하는 것이기 때문에 동일화가 애초에 예술과 무관하다는 선지의 내용은 적절하지 않다.

② 아도르노는 전위 예술이 동일성으로 귀결된다고 보지 않았다. 또한 선지의 내용은 ㉡을 반박할 수 있는 내용이 아니라 ㉡을 보완하는 내용이다.

③ 아도르노가 대중 예술에서 비동일성을 발견할 수 있다고 보지는 않았다. 또한 예술이 동일화에 저항해야 한다고 보았기 때문에 예술의 동일화가 무의미하다고 생각지는 않았음을 알 수 있다.

④ 전위 예술이 동일성과 비동일성의 구분을 거부하는 것은 아니다. 또한 아도르노는 전위 예술이 동일화에 저항한다고 보았으므로 그의 관점에서 '전위 예술로의 동일화'라는 표현은 적절하지 않다.

05

정답설명

③ (가)의 3문단에서 아도르노는 '전위 예술이 그 자체로 동일화에 저항하면서도, 저항이나 계몽을 직접적으로 드러내지 않는다는 것을 높게 평가한다.'라고 하였다. 따라서 사회에 대한 저항을 직접적으로 드러낸 예술이어야 진정한 예술이라고 할 수 있다는 선지의 내용은 적절하지 않다.

오답설명

① (가)의 2문단에 따르면, 아도르노는 '예술은 대중이 원하는 아름다운 상품이 되기를 거부하고, 그 자체로 추하고 불쾌한 것이 되어야 한다'고 보았다. 또한 그는 예술이 '현대 사회의 부조리를 체험하게 하는 매개여야 한다'고 보았으므로 선지와 같이 설명할 수 있다.

② 두 번째 작품은 아도르노가 보는 대중 예술의 하나라고 할 수 있다. (가)의 1문단에 따르면 대중 예술을 보는 개인의 감상 능력은 표준화되고 개인의 정체성마저 상품으로 전락한다고 했으므로 선지와 같이 설명할 수 있다.

④ (나)의 글쓴이는 마지막 문단에서 '작가의 어떠한 주관도 결여된 사진에서조차 새로운 예술 정신을 발견하는 것이 가능하다는 베냐민의 지적처럼, 전위 예술이 아닌 예술에서도 미적 가치를 발견할 수 있다.'라고 하였으므로 선지와 같이 설명할 수 있다.

⑤ (나)의 글쓴이는 마지막 문단에서 '대중 예술이라 하더라도 사회에 대한 비판적 기능을 수행하는 경우도 있다.'라고 보았다. 두 번째 작품에서 얼굴이 묘사된 유명 연예인이 사회에 비판적이라는 점에서 선지와 같이 설명할 수 있다.

06

정답설명

① ⓐ의 '전락시키다'는 '전락'에 사동의 의미를 가진 접사 '-시키다'가 결합한 말로, '나쁜 상태나 타락한 상태에 빠지게 하다.'라는 의미이다. 이는 '더 보태거나 빼지 아니하고 어떤 것을 주고 다른 것을 받다.'라는 뜻의 '맞바꾸다'로 바꿔 쓸 수 없다.

오답설명

② ⓑ의 '유리되다'는 '따로 떨어지게 되다.'라는 의미이다. 이는 '둘 사이에 관련성이 거의 없다.'라는 뜻의 '동떨어지다'와 바꿔 쓸 수 있다.

③ ⓒ의 '응시하다'는 '눈길을 모아 한 곳을 똑바로 바라보다.'라는 의미이다. 이는 '어떤 현상이나 사태를 자신의 시각으로 관찰하다.'라는 뜻의 '바라보다'와 바꿔 쓸 수 있다.

④ ⓓ의 '박탈하다'는 '남의 재물이나 권리, 자격 따위를 빼앗다.'라는 의미이다. 이는 '남이 가지고 있는 자격이나 권리를 잃게 하다.'라는 뜻의 '빼앗다'와 바꿔 쓸 수 있다.

⑤ ⓔ의 '발견하다'는 '미처 찾아내지 못하였거나 아직 알려지지 아니한 사물이나 현상, 사실 따위를 찾아내다.'라는 의미이다. 이는 '모르는 것을 알아서 드러내다.'라는 뜻의 '찾아내다'와 바꿔 쓸 수 있다.

구조도 정답

(가)
① 상품   ② 비동일성
③ 비정형화   ④ 동일화
⑤ 전위

(나)
① 사회   ② 세잔
③ 미메시스   ④ 비정형성
⑤ 전위 예술

유서 편찬 방식

지문해설

(가)

① 중국에서 비롯된 유서(類書)는 고금의 서적에서 자료를 수집하고 항목별로 분류, 정리하여 이용에 편리하도록 편찬한 서적이다. 일반적으로 유서는 기존 서적에서 필요한 부분을 뽑아 배열할 뿐 상호 비교하거나 편찬자의 해석을 가하지 않았다. 유서는 모든 주제를 망라한 일반 유서와 특정 주제를 다룬 전문 유서로 나눌 수 있으며, 편찬 방식은 책에 따라 다른 경우가 많았다. 중국에서는 대체로 왕조 초기에 많은 학자를 동원하여 국가 주도로 대규모 유서를 편찬하여 간행하였다. 이를 통해 이전까지의 지식을 집성하고 왕조의 위엄을 과시할 수 있었다.

▶ 처음부터 '유서'의 개념이 제시되고 있다. 필자가 말하고자 하는 주요 제재이 겠구나. 유서의 종류를 일반 유서와 전문 유서로 구분하고, 중국에서의 유서에 대해 설명하고 있다.

▶ 중국 유서 : 왕조 초기, 많은 학자, 국가 주도, 대규모, 왕조 위엄 과시

② 고려 때 중국 유서를 수용한 이후, 조선에서는 중국 유서를 활용하는 한편, 중국 유서의 편찬 방식에 따라 필요에 맞게 유서를 편찬하였다. 조선의 유서는 대체로 국가보다 개인이 소규모로 편찬하는 경우가 많았고, 목적에 따른 특정 주제의 전문 유서가 집중적으로 편찬되었다. 전문 유서 가운데 편찬자가 미상인 유서가 많은데, 대체로 간행을 염두에 두지 않고 기존 서적에서 필요한 부분을 발췌, 기록하여 시문 창작, 과거 시험 등 개인적 목적으로 유서를 활용하고자 하였기 때문이었다.

▶ 조선에서는 중국의 유서 편찬 방식을 활용하여 우리의 필요에 맞게 유서를 편찬하였다고 한다. 앞서 나왔던 중국의 유서 편찬 방식과는 다른 조선의 유서 편찬 방식이 제시되고 있다. '유서 → 중국의 유서 → 조선의 유서'의 제시 순서를 보면, 필자가 무엇을 말하려는지 보이지?

▶ 조선 유서 : 개인, 소규모, 전문 유서(편찬자 미상 많음.), 개인적 목적

③ 이 같은 유서 편찬 경향이 지속되는 가운데 17세기부터 실학의 학풍이 하나의 조류를 형성하면서 유서 편찬에 변화가 나타났다. 실학자들의 유서는 현실 개혁의 뜻을 담았고, 편찬 의도를 지식의 제공과 확산에 두었다. 또한 단순 정리를 넘어 지식을 재분류하여 범주화하고 평가를 더하는 등 저술의 성격을 드러냈다. 독서와 견문을 통해 주자학에서 중시되지 않았던 지식을 집적했고, 증거를 세워 이론적으로 밝히는 고증과 이에 대한 의견 등 '안설'을 덧붙이는 경우가 많았다. 주자학의 지식을 이어받는 한편, 주자학이 아닌 새로운 지식을 수용하는 유연성과 개방성을 보였다. 광범위하게 정리한 지식을 식자층이 쉽게 접할 수 있어야 한다고 생각했고, 객관적 사실 탐구를 중시하여 박물학과 자연 과학에 관심을 기울였다.

▶ 17세기부터 나타난 실학자들의 유서 편찬 방식에 대해 설명하고 있다. 조선의 실학자들은 주자학의 지식을 이어받기도 하고 주자학이 아닌 새로운 지식을 수용하기도 하였구나.

▶ 실학자들의 유서 : 현실 개혁, 지식 제공·확산, 지식 재분류·범주화·평가, 고증

과 안설, 유연성과 개방성, 객관적 사실 탐구

④ 조선 후기 실학자들이 편찬한 유서가 주자학의 관념적 사유에 국한되지 않고 새로운 지식의 축적과 확산을 촉진한 것은 지식의 역사에서 적지 않은 의미를 지닌다.

▶ 조선 후기 실학자들이 편찬한 유서의 의의(새로운 지식의 축적과 확산을 촉진)를 밝히며 글이 마무리되고 있다.

(나)

① 예수회 선교사들이 중국에 소개한 서양의 학문, 곧 서학은 조선 후기 유서(類書)의 지적 자원 중 하나로 활용되었다. 조선 후기 실학자들 가운데 이수광, 이익, 이규경 등이 편찬한 백과전서식 유서는 주자학의 지적 영역 내에서 서학의 지식을 어떻게 수용하였는지를 보여 주는 대표적인 사례이다.

▶ 서학이 조선 후기 유서의 지적 자원 중 하나로 활용되었다고 하며, 그 대표적인 사례로 실학자들의 백과전서식 유서를 제시하고 있다. (가) 지문에서는 유서의 특성, 실학자들의 유서 편찬 방식에 대해 개괄적으로 설명했다면, (나) 지문에서는 조선 후기 실학자들이 유서를 편찬할 때 서학을 어떻게 받아들였는지 구체적으로 설명할 것인가 보다.

② 17세기의 이수광은 주자학뿐 아니라 다른 학문에 대해서도 열린 태도를 가지고 있었다. 주자학에 기초하여 도덕에 관한 학문과 경전에 관한 학문 등이 주류였던 당시 상황에서, 그는 『지봉유설』을 통해 당대 조선의 지식을 망라하여 항목화하고 자신의 견해를 덧붙였을 뿐 아니라 사신의 일원으로 중국에서 접한 서양 관련 지식을 객관적으로 소개했다. 이에 대해 심성 수양에 절실하지 않을뿐더러 주자학이 아닌 것이 뒤섞여 순수하지 않다는 일부 주자학자의 비판이 있었지만, 그가 소개한 서양 관련 지식은 중국과 큰 시간 차이 없이 주변에 알려졌다.

▶ '17세기의 이수광'이라고 하며 구체적인 시기와 학자를 제시했다. 혹시 시기별로 학자들의 유서를 설명할 것인가? 아직 확실하진 않으니 계속 읽어 보자. 이수광의 『지봉유설』은 일부 주자학자의 비판을 받기도 했지만 그가 소개한 서양 관련 지식은 중국과 큰 시간 차이 없이 주변에 알려졌다고 한다.

③ 18세기의 이익은 서학 지식 자체를 『성호사설』의 표제어로 삼았고, 기존의 학설을 정당화하거나 배제하는 근거로 서학을 수용하는 등 서학을 지적 자원으로 활용하였다. 특히 그는 서학의 세부 내용을 다른 분야로 확대하며 상호 참조하는 방식으로 지식을 심화하고 확장하여 소개하였다. 서학의 해부학과 생리학을 그 자체로 수용하지 않고 주자학 심성론의 하위 이론으로 재분류하는 등 지식의 범주를 바꾸어 수용하였다. 또한 서학의 수학을 주자학의 지식 영역 안에서 재구성하기도 하였다.

▶ '18세기의 이익', 시기별로 학자들의 유서를 설명하려는 것이 맞구나. 이익은 서학을 다른 분야로 확대하기도 하고 주자학의 하위 이론으로 재분류하거나 주자학의 지식 영역 안에서 재구성하기도 하였다.

④ 19세기의 이규경도 『오주연문장전산고』를 편찬하면서 서학을 적극 활용하였다. 그는 『성호사설』의 분류 체계를 적용하였고 이익과 마찬가지로 서학의 천문학, 우주론 등의 내용을 수록하였다. 그가 주로 유서의 지적 자원으로 활용한 중국의 서학 연구서들은 서학을 소화하여 중국의 학문과 절충한 것이었고, 서학이 가지는 진보성의 토대가 중국이라는 서학 중국 원류설을 반영한 것이었다. 이에 따라 이규경은

이 책들에 담긴 중국화한 서학 지식과 서학 중국 원류설을 받아들였고, 문명의 척도로 여겨진 기존의 중화 관념에서 탈피하지 않으면서도 서학 수용의 이질감과 부담감에서 자유로울 수 있었다. 이렇듯 이규경은 중국의 서학 연구서들을 활용해 매개적 방식으로 서학을 수용하였다.

▶ '19세기의 이규경' 역시 서학을 지적 자원으로 적극 활용하였다. 이규경은 서학 중국 원류설을 반영해 기존의 중화 관념에서 탈피하지 않으면서 서학과 중국의 학문을 절충하는 매개적 방식을 따랐구나.

지문분석

(가) 조선의 유서 편찬 방식

↳ 유서 : 고금의 서적에서 자료를 수집, 분류, 정리해 이용에 편리하도록 편찬한 서적

(①) 유서 : 모든 주제
전문 유서 : (②) 주제

↳ 중국의 유서

대체로 왕조 초기, 많은 학자, (③) 주도(대규모), 왕조 위엄 과시 목적

↳ 조선의 유서

- 대체로 개인(소규모), 전문 유서
- 간행 염두에 두지 X, (④) 목적 → 전문 유서 중 편찬자 미상↑

↳ 실학자들의 유서

현실 개혁의 뜻, 지식 제공·확산

지식 재분류·범주화·평가

고증(증거를 세워 이론적으로 밝힘), (⑤)(자신의 의견)

유연성과 개방성 보임. 객관적 사실 탐구 중시

(⑥)에 국한 X, 새로운 지식의 축적과 확산 촉진

(나) 조선 실학자들의 서학 수용 양상

↳ 17C 이수광 『지봉유설』

1) 당대 조선의 지식 망라하여 (①) + 자신의 견해
2) 서양 관련 지식 객관적 소개
→ 일부 (②)의 비판 : 심성 수양 절실 X, 주자학 아닌 것 뒤섞임.

↳ 18C 이익 『성호사설』

1) 지식 심화, 확장
: 다른 분야로 확대하며 (③) 방식
2) 지식의 범주 바꾸어 수용
: 주자학의 하위 이론으로 재분류, 주자학의 지식 영역 안에서 (④)

↳ 19C 이규경 『오주연문장전산고』

1) 『성호사설』 분류 체계 적용
2) (⑤) 방식으로 서학 수용
: 서학 중국 (⑥) 반영(서학이 가지는 진보성 토대 = 중국)
→ 기존 중화 관념 탈피 X, 서학 수용 이질감과 부담감 X

형태쌤 Comment

동일한 제재에 대한 두 글이 하나의 지문으로 이루어진 구성이다. 이러한 경우에는 각 지문의 전개 방식이 주요 출제 요소이므로, 거시적인 관점에서 이를 파악해야 한다. (가)와 (나) 모두 지문의 내용 자체가 어렵지 않으며 각 문단의 핵심 내용을 잘 파악했다면 무난하게 풀이할 수 있었을 것이다.

문제분석   01-06번

번호	정답	정답률 (%)	선지별 선택비율(%)				
			①	②	③	④	⑤
1	④	89	1	2	3	89	5
2	⑤	94	1	2	2	1	94
3	③	86	2	5	86	4	3
4	②	89	3	89	3	2	3
5	⑤	60	3	10	14	13	60
6	②	87	2	87	6	3	2

01

정답설명

④ (가) O, (나) O / (가)는 1~3문단에서 전체적으로 유서의 특성에 대해 설명하고 있으며, 4문단에서 '조선 후기 실학자들이 편찬한 유서'가 '지식의 역사에서 적지 않은 의미'를 지닌다며 그 의의를 설명하였다. 한편 (나)는 유서 편찬에서 '서학'이라는 특정 학문의 수용 양상을 '17세기, 18세기, 19세기'로 나누어 시기별로 소개하였다.

오답설명

① (가) O, (나) X / (가)의 1문단에서 유서의 유형을 '모든 주제를 망라한 일반 유서와 특정 주제를 다룬 전문 유서'로 분류하였다. 그러나 (나)는 유서의 분류 기준과 적절성 여부를 평가하지 않았다.

② (가) O, (나) X / (가)는 1문단의 '유서는 고금의 서적에서~편리하도록 편찬한 서적이다.'에서 유서의 개념과 유용성을 소개하였다. 그러나 (나)는 국가별 유서의 변천 과정을 설명한 것이 아니라 조선 후기 실학자들의 유서에 대해 설명했다.

③ (가) X, (나) O / (가)는 유서가 중국에서 비롯되었다고 언급했을 뿐, 유서의 기원에 대한 다양한 학설을 검토하지는 않았다. 반면 (나)는 유서 편찬자들 간의 견해 차이를 분석하였다고 볼 수 있다.

⑤ (가) X, (나) O / (가)는 유서에 대한 평가를 제시했을 뿐, 이것이 시대별로 달라진 원인을 분석하진 않았다. 반면 (나)는 조선 후기 실학자인 이수광, 이익, 이규경이 편찬한 각각의 유서를 토대로 백과전서식 유서의 특징을 제시하였다.

02

정답설명

⑤ (가)의 1문단의 '일반적으로 유서는 기존 서적에서 필요한 부분을 뽑아 배열할 뿐 상호 비교하거나 편찬자의 해석을 가하지 않았다.'에서 선지의 내용이 적절하지 않음을 알 수 있다.

오답설명

①, ② (가)의 2문단의 '전문 유서 가운데 편찬자가 미상인 유서가 많은데,~시문 창작, 과거 시험 등 개인적 목적으로 유서를 활용하고자 하였기 때문이었다.'에서 알 수 있다.

③ (가)의 2문단의 '중국 유서의 편찬 방식에 따라', '조선의 유서는 대체로 국가보다 개인이 소규모로 편찬하는 경우가 많았고'에서 알 수 있다.

④ (가)의 1문단의 '중국에서는 대체로 왕조 초기에 많은 학자를 동원하여~왕조의 위엄을 과시할 수 있었다.'에서 알 수 있다.

03

정답설명

③ (가)의 3문단에 따르면 ㉮(실학자들의 유서)는 '평가를 더하는 등 저술의 성격'을 드러냈다. 그러나 (나)의 4문단에 따르면 ㉡(『오주연문장전산고』)은 '서학이 가지는 진보성의 토대가 중국이라는 서학 중국 원류설'을 반영한 것이지, 중국 학문의 진보성을 확인하고자 서학을 활용한 것은 아니다.

오답설명

① (가)의 3문단에 따르면 ㉮는 '편찬 의도를 지식의 제공과 확산'에 두었다. 한편 (나)의 3문단에서 ㉠(『성호사설』)은 '상호 참조하는 방식으로 지식을 심화하고 확장하여 소개'하였다고 했으므로 선지의 내용은 적절하다.

② (가)의 3문단에 따르면 ㉮는 '지식을 재분류하여 범주화하고 평가를 더하는 등 저술의 성격'을 드러냈다. 한편 (나)의 3문단에서 ㉠은 '서학의

해부학과 생리학을 그 자체로 수용하지 않고 주자학 심성론의 하위 이론으로 재분류'하였다고 했으므로 선지의 내용은 적절하다.

④ (가)의 3문단에 따르면 ㉮는 '객관적 사실 탐구를 중시하여 박물학과 자연 과학'에 관심을 기울었다. 한편 (나)의 4문단에서 ㉡은 '서학의 천문학, 우주론 등의 내용'을 수록하였다고 했으므로 선지의 내용은 적절하다.

⑤ (가)의 3문단에 따르면 ㉮는 '새로운 지식을 수용하는 유연성과 개방성'을 보였다. 한편 (나)의 3문단에서 '서학 지식 자체'를 ㉠의 표제어로 삼았다고 했고, 4문단에서 ㉡을 편찬하면서 '서학을 적극 활용'하였다고 했으므로 선지의 내용은 적절하다.

04

정답설명

② (나)의 2문단에 따르면 이수광은 '심성 수양에 절실하지 않을뿐더러 주자학이 아닌 것이 뒤섞여 순수하지 않다는 일부 주자학자의 비판'을 받았다. 하지만 이수광은 '주자학뿐 아니라 다른 학문에 대해서도 열린 태도'를 가지고, '서양 관련 지식을 객관적으로 소개'하였다. 따라서 '주자학에 매몰되어 세상의 여러 이치를 연구하지 않는 것은 널리 배우고 익히는 앎의 바른 방법이 아닐 것이다.'는 ㉯(일부 주자학자의 비판)를 반박하는 말로 적절하다.

오답설명

①, ③, ④, ⑤ 모두 지문에 제시되지 않은 내용이며, 이수광의 입장과 관련이 있다고 볼 수 없다.

05

정답설명

⑤ (나)의 4문단에서 『오주연문장전산고』는 '서학 중국 원류설을 받아들였고, 문명의 척도로 여겨진 기존의 중화 관념에서 탈피하지 않'았다고 했으므로 중국을 문명의 척도로 받아들였다고 볼 수 있다. 반면 〈보기〉에서 『임원경제지』에는 서학이 가지는 진보성의 토대가 중국이라는 서학 중국 원류설, 중국과 비교한 조선의 현실 등이 반영되었다고 하였으므로, '중국의 현실과 조선의 현실을 비교한 내용이 확인되'는 것은 맞으나 '중화 관념에 구애되지 않'는다는 내용은 적절하지 않다.

오답설명

① (가)의 3문단에서 '실학자들의 유서는 현실 개혁의 뜻'을 담았다고 했다. 한편 〈보기〉의 『임원경제지』에는 '국가를 위한다는 목적의식'이 명시되어 있으며 '향촌 구성원 전체의 삶의 조건을 개선할 수 있는 방안'이 실렸고, '향촌 실생활에서 활용할 수 있는 내용이 집성'되었으므로 (가)의 실학자들의 유서와 마찬가지로 현실의 문제를 개선하려는 목적의식을 확인할 수 있다.

② (가)의 3문단에서 실학자들은 '증거를 세워 이론적으로 밝히는 고증'을 덧붙이는 경우가 많았다고 했다. 한편 〈보기〉의 『임원경제지』는 '중국 서적들에서 향촌 관련 부분을 발췌, 분류하고 고증'했으며 '안설을 부기(원문에 덧붙이어 적음)'하였다고 했으므로 편찬자의 고증과 의견이 반

영된 것을 확인할 수 있다.

③ (나)의 2문단에서 『지봉유설』은 '당대 조선의 지식을 망라'하고 '서양
관련 지식을 객관적으로 소개'하였다고 했으므로 일반 유서의 성격을
띤다고 볼 수 있다. 이에 비해 〈보기〉의 『임원경제지』는 '중국 서적들
에서 향촌 관련 부분을 발췌, 분류하고 고증한 유서'라고 했으므로 특
정한 주제(향촌)를 중심으로 편찬되는 전문 유서의 성격이 두드러진다
고 할 수 있다.

④ (나)의 3문단에서 『성호사설』은 '기존의 학설을 정당화하거나 배제하는
근거로 서학을 수용'하였다고 했다. 반면 〈보기〉의 『임원경제지』는 '향
촌 구성원 전체의 삶의 조건을 개선할 수 있는 방안이 실렸고, 향촌 실
생활에서 활용할 수 있는 내용이 집성'되었다고 했으므로 향촌 사회 구
성원의 삶에 필요한 실용적인 지식의 활용에 대한 관심이 드러날 것이
라 볼 수 있다.

06

정답설명

② '계몽하다'는 '지식수준이 낮거나 인습에 젖은 사람을 가르쳐서 깨우치
다.'라는 뜻이다. ⓑ의 '이어받다'는 '이미 이루어진 일의 결과나, 해 오
던 일 또는 그 정신 따위를 전하여 받다.'라는 뜻이므로 이 둘을 바꾸어
쓰는 것은 적절하지 않다.

오답설명

① '의거하다'는 '어떤 사실이나 원리 따위에 근거하다.'라는 뜻이므로 ⓐ의
'따르다'와 바꾸어 쓰기에 적절하다.

③ '용이하다'는 '어렵지 아니하고 매우 쉽다.'라는 뜻이므로 ⓒ의 '쉽다'와
바꾸어 쓰기에 적절하다.

④ '혼재되다'는 '뒤섞이어 있다.'라는 뜻이므로 ⓓ의 '뒤섞이다'와 바꾸어
쓰기에 적절하다.

⑤ '변경하다'는 '다르게 바꾸어 새롭게 고치다.'라는 뜻이므로 ⓔ의 '바꾸
다'와 바꾸어 쓰기에 적절하다.

구조도 정답

(가)

① 일반   ② 특정
③ 국가   ④ 개인적
⑤ 안설   ⑥ 주자학의 관념적 사유

(나)

① 항목화   ② 주자학자
③ 상호 참조   ④ 재구성
⑤ 매개적   ⑥ 원류설

지식의 구분

지문해설

(가)

① 심리 철학에서 동일론은 의식이 뇌의 물질적 상태와 동일하다고 본다. 이와 달리 기능주의는 의식은 기능이며, 서로 다른 물질에서 같은 기능이 구현될 수 있다고 주장한다. 이때 기능이란 어떤 입력이 주어졌을 때 특정한 출력을 내놓는 함수적 역할로 정의되며, 함수적 역할의 일치는 입력과 출력의 쌍이 일치함을 의미한다. 실리콘 칩으로 구성된 로봇이 찔림이라는 입력에 대해 고통을 출력으로 내놓는 기능을 가진다면, 로봇과 우리는 같은 의식을 가진다는 것이다. 이처럼 기능주의는 의식을 구현하는 물질이 무엇인지는 중요하지 않다고 본다.

▶ 철학적 지문에서는 동일한 개념을 다르게 진술할 때, 동일한 개념끼리 연결하는 것이 중요하다. 기능주의에서 [의식=기능=함수적 역할], [함수적 역할의 일치=입·출력 쌍의 일치] 이 두 개는 꼭 체크해야 한다. 일단 기능주의에서는 동일한 기능을 수행하면 동일한 의식을 가진다고 보는구나.

② 설(Searle)은 기능주의를 반박하는 사고 실험을 제시한다. '중국어 방' 안에 중국어를 모르는 한 사람만 있다고 하자. 그는 중국어로 된 입력이 들어오면 정해진 규칙에 따라 중국어로 된 출력을 내놓는다. 설에 의하면 방 안의 사람은 중국어 사용자와 함수적 역할이 같지만 중국어를 아는 것은 아니다. 기능이 같으면서 의식은 다른 사례가 있다는 것이다.

▶ 이에 '설'은 사고 실험(가상 실험)으로 기능주의를 반박한다. 동일한 입·출력 쌍을 제시해도 둘의 의식은 다를 수 있다는 것이다.

③ 동일론, 기능주의, 설은 모두 의식에 대한 논의를 의식을 구현하는 몸의 내부로만 한정하고 있다.

▶ 필자가 정리를 하거나 공통점을 제시할 때 주목해야 한다. 본격적인 논의가 시작되기 때문이다. 일단 이들의 공통점은 '의식을 몸의 내부에만 한정'했다는 것이다.

하지만 **의식의 하나인 '인지' 즉 '무언가를 알게 됨'은 몸 바깥에서 일어나는 일과 맞물려 벌어진다.** 기억나지 않는 정보를 노트북에 저장된 파일을 열람하여 확인하는 것이 한 예이다. 로랜즈의 확장 인지 이론은 이를 설명하는 이론이다.

▶ '로랜즈'는 의식을 몸의 내부에 한정하지 않았다는 것인데, 아직 굵게 체크한 문장이 이해가 안 되는 것은 당연한 것이다. 계속 가 보자.

④ 그에 따르면 인지 과정은 주체에게 '심적 상태'가 생겨나게 하는 과정이다. 기억이나 믿음이 심적 상태의 예이다.

▶ 철학적 지문에서 개념은 대화의 약속이다. 개념을 머릿속에 넣지 않고 독해를 진행하는 것은 아무 의미 없는 독해다. '인지 과정'은 '심적 상태(기억)가 생겨나게 하는 과정'임을 꼭 기억하자.

심적 상태는 어떤 것에도 의존함이 없이 주체에게 의미를 나타낸다. 예를 들어, 무언가를 기억하는 사람은 자기의 기억이 무엇인지 알아보기 위해 아무것도 의존할 필요가 없다. 이와 달리 '파생적 상태'는 주체의 해석에 의존해서만 또는 사회적 합의에 의존해서만 의미를 나타내는 상태로 정의된다.

▶ 심적 상태와 다르게 파생적 상태는 해석을 해야 의미를 나타낼 수 있다. 따라서 의존적이다.

앞의 예에서 노트북에 저장된 정보는 선자적 신호가 나열된 상태로서 파생적 상태이다. 주체에 의해 열람된 후에도 노트북의 정보는 여전히 파생적 상태이다. 하지만 열람 후 주체에게는 기억이 생겨난다. 로랜즈에게 인지 과정은 파생적 상태가 심적 상태로 변환되는 과정이 **아니라**, 파생적 상태를 조작함으로써 심적 상태를 생겨나게 하는 과정이다.

▶ 'A가 아닌 B'의 진술은 필자가 강조할 때 주로 쓰는 문장 패턴이다. 파생적 상태는 노트북의 정보다. 노트북에 있는 정보가 심적 상태(기억)로 변환되는 것이 아님을 명심하자. 인지를 하더라도 노트북에는 정보가 파생적 상태로 남아 있다. 오히려 파생적 상태를 조작함(감각 기관으로 보고 해석함)으로써 주체에게 심적 상태(기억)가 생겨나게 하는 것이 인지 과정이다.

심적 상태가 주체의 몸 외부로 확장되는 것이 **아니라**, 심적 상태를 생겨나게 하는 인지 과정이 확장되는 것이다. 이러한 확장된 인지 과정은 인지 주체의 것일 때에만, 다시 밀해 환경의 변화를 탐지하고 그에 맞춰 행위를 조절하는 주체와 통합되어 있을 때에만 성립할 수 있다. 즉 로랜즈에게 주체 없는 인지란 있을 수 없다. 확장 인지 이론은 의식의 문제를 몸 안으로 한정하지 않고 바깥으로까지 넓혀 설명한다는 의의를 지닌다.

▶ 인지 과정에서는 주체의 역할이 중요하다. 주체가 환경 변화를 탐지하고 행위를 조절할 때 인지가 가능한 것이고, 심적 상태를 생겨나게 하는 인지 과정이 확장된다. 그렇다면 인지 과정이 확장되기 위해선 주체 외부의 대상인 파생적 상태가 필요하겠지. 그래야 새로운 정보를 받아들이고, 인지는 계속 확장될 수 있을 것이다. 3문단의 내용이 드디어 이해가 되는 순간이다. 로랜즈는 의식의 문제를 몸 안으로만 한정하지 않고, 몸 밖의 대상과 만나며 확장하는 이론을 제시한 것이다.

(나)

① 일반적으로 '지각'이란 몸의 감각 기관을 통해 사물에 대해 아는 것을 의미한다. 이러한 지각을 분석할 때 두 가지 사실에 직면한다. 첫째, 그 사물과 내 몸은 물질세계에 있다. 둘째, 그 사물에 대한 나의 의식은 물질세계가 아닌 다른 세계에 있다. 즉 몸으로서의 나는 사물과 같은 세계에 속하는 동시에 의식으로서의 나는 사물과 다른 세계에 속한다.

▶ 사물을 감각하는 몸은 물질세계에 있으면서, 사물에 대한 의식은 사물과 다른 세계에 있다. 우리가 쉽게 납득할 수 있는 당연한 얘기로 시작을 하고 있다.

② 이에 대한 객관주의 철학의 입장은 두 가지로 나뉜다. 의식을 포함한 모든 것을 물질로 환원하여 의식은 물질에 불과하다고 주장하거나, 의식을 물질과 구분되는 독자적 실체로 규정함으로써 의식과 물질의 본질적 차이를 주장한다. 전자에 의하면 지각은 사물로부터의 감각 자극에 따른 주체의 물질적 반응으로 이해되며, 후자에 의하면 지각은 감각된 사물에 대한 주체 즉 의식의 판단으로 이해된다.

▶ 객관주의 1은 [의식=물질]이다. '정신'의 개념을 인정하지 않는 이 입장에서는 모든 작용은 물질적인 작용이다. 따라서 '지각'은 감각된 사물에 대한 주체의 물질적 반응이다. 객관주의 2는 [의식≠물질]이다. 따라서 '지각'은 감각된 사물에 대한 주체(의식)의 판단이다.

이처럼 양자 모두 주체와 대상의 분리를 전제하고 지각을 이해한다.

주체와 대상은 지각 이전에 이미 확정되어 각각 존재한다는 것이다.

▶ 둘의 공통점이 나온다. 출제 요소이니 긴장해야 한다. 둘은 모두 지각을 하는 주체와 지각이 되는 대상을 분리하고 있다. 또한 주체와 대상은 모두 지각하기 이전에 존재하고 있다. 우리가 상식적으로 납득할 수 있는 설명이다.

③ 하지만 지각은 주체와 대상이 각자로서 존재하기 이전에 나타나는 얽힘의 체험이다.

▶ 여기부터 우리의 상식적인 판단과 다른 내용이 나온다. 배경지식이 있거나 관련된 내용에 관심이 있어서 쉽게 이해가 되면 좋지만, 그렇지 않을 경우도 있다. 이때는 이해를 못하더라도 사실 관계(주장과 근거)를 정확하게 확인하고, 필자의 전제를 받아들이면서 독해를 진행해야 한다.

예를 들어 다른 사람과 손이 맞닿을 때 내가 누군가의 손을 만지는 동시에 나의 손 역시 누군가에 의해 만져진다. 감각하는 것이 동시에 감각되는 것이 되는 얽힘의 순간에, 나는 나와 대상을 확연히 구분한다.

▶ 감각이 되는 얽힘의 순간에 나와 대상을 구분할 수 있다는 것을 바꿔 생각하면, '얽힘의 순간'이 없다면 구분을 할 수 없다는 얘기다. 철학적인 관점은 우리의 일상적인 생각과는 다르다. 우리는 '나의 존재'를 의심하지 않고 받아들이지만, 철학자들은 '나의 존재'에 대한 의심을 품으며 실존을 탐구한다. 여기도 마찬가지다. 낯선 내용에 당황하지 말고, ['얽힘의 순간 전'에는 나와 대상을 구분할 수 없다]는 필자의 전제를 받아들여야 다음 내용으로 독해를 진행할 수 있다.

지각이라는 얽힘의 작용이 있어야 주체와 대상이 분리될 수 있다. 다시 말해 주체와 대상은 지각이 일어난 이후 비로소 확정된다. 따라서 지각과 감각은 서로 구분되지 않는다.

▶ 필자의 전제를 다시 기억하자. '얽힘의 순간 전'에는 나와 대상을 구분할 수 없다. 몸은 있지만 의식을 하는 주체가 확정되지 않은 상태인 것이다. '얽힘의 순간'은 주체와 대상이 만나는 감각의 순간이다. 그리고 이 순간 지각이 일어나며 주체와 대상이 확정된다. 우리는 평소에 마음속으로 어떤 목적을 떠올리며 대상을 감각할 때가 있다. 하지만 여기서는 아예 다르다. 주체가 의식을 하고 감각을 하는 것이 아니다. 감각하는 순간 지각이 동시에 일어나며, 그 후 주체와 대상이 확정되는 것이다.

④ 지각은 물질적 반응이나 의식의 판단이 아니라, 내 몸의 체험이다. 지각은 나의 몸에 의해 이루어지는 것이고, 지각이 이루어지게 하는 것은 모두 나의 몸이다.

▶ 지각과 감각은 동시에 일어나며 이것이 일어나기 전에는 주체가 없는 상태다. 따라서 필자는 '얽힘의 순간'이 일어나는 '몸의 체험'에 주목한다. 좀 더 추가적인 내용이 있다면 필자의 입장을 수월하게 이해할 수 있겠지만, 평가원 독서 지문은 분량의 규격이 있기에 여기서 글은 마무리된다. 지문에 대한 이해도는 각자 다르겠지만, 일단 필자의 입장과 전제를 챙긴 상태로 문제로 가자.

지문분석

(가) 의식에 대한 논의

↪ **몸 내부에서의 논의**

동일론

　의식 = 뇌(물질)

기능주의

　의식 = (①) = 함수적 역할
　함수적 역할의 일치 : 입출력 쌍의 일치
　→ 의식을 구현하는 (②)은 중요하지 않음

설

　기능주의 반박 / 기능은 같지만 (③)이 다른 사례 있음

↪ **몸 외부로의 확장**

로랜즈의 확장 인지 이론

　의식 중 인지는 몸 밖의 일과 맞물려 벌어짐

　인지 과정 : 주체에게 (④)가 생기는 과정
　　　　　　 = 파생적 상태 조작으로 심적 상태가 생기는 과정

　인지 과정의 확장에는 환경 변화를 탐지하는 (⑤)가 필요함
　→ 주체가 없는 인지는 없음

(나) 지각에 대한 입장

↪ 지각 : 몸의 감각 기관을 통해 사물에 대해 아는 것

↪ **객관주의 〈1〉**

　의식 = 물질
　지각은 감각 자극에 따른 주체의 (①)

↪ **객관주의 〈2〉**

　의식 ≠ 물질
　지각은 감각된 사물에 대한 주체(의식)의 (②)

↪ → 공통점 : 주체와 대상의 분리 / 주체와 대상은 (③) 이전에 확정

↪ **필자의 입장**

　지각은 주체와 대상이 각자로 존재하기 전에 나타남
　지각이 있어야 주체와 대상이 분리 가능
　주체와 대상은 지각 후 확정
　→ 지각과 감각은 구분X

　지각은 물리적 반응이나 의식의 판단 X, 내 (④)의 체험 O

문제분석 01-06번

번호	정답	정답률(%)	선지별 선택비율(%)				
			①	②	③	④	⑤
1	①	78	78	3	5	12	2
2	③	79	4	4	79	8	5
3	①	56	56	9	11	12	12
4	②	81	2	81	6	8	3
5	③	70	4	6	70	12	8
6	④	92	2	1	5	92	0

01

정답설명

① 철학적인 내용이 나오는 지문은 동일한 개념을 다른 표현으로 제시한다. (가)의 1문단에 따르면 기능주의는 의식을 기능으로 보았으며, 이때 기능은 '함수적 역할'이다. 2문단에서 '설'은 '기능이 같으면서 의식은 다른 사례'가 있다며 기능주의를 반박했다고 하였으므로 '설'의 입장은 의식과 기능(=함수적 역할)이 같지 않다는 것임을 알 수 있다. 한편 (나)의 마지막 문단에 '지각'이 '내 몸의 체험'이라고 명시되어 있다.

02

정답설명

③ 4문단에 따르면, 로랜즈에게 '기억이나 믿음'과 같은 '심적 상태'는 주체의 몸 외부로 확장되는 것이 아니라 '인지 과정'이 확장되는 것이다. 따라서 로랜즈의 입장에서는 '기억'이 주체의 몸 바깥으로 확장될 수 없다.

오답설명

① 1문단에 따르면, 동일론은 의식이 뇌의 물질적 상태와 동일하다고 보았다. 따라서 동일론자들은 뇌가 존재하지 않으면 의식도 없다고 할 것이다.

② 2문단에 따르면, '중국어 방' 안의 사람은 중국어를 모르는 사람이다. 다만 중국어 사용자와 동일한 기능(함수적 역할)을 할 뿐이다. 이 둘은 기능이 같으면서 의식이 다른 사례를 나타낸다. 따라서 '설'은 둘의 의식이 다르다고 볼 것이다.

④ 4문단에 따르면, 인지 과정은 파생적 상태를 조작함으로써 심적 상태를 생기게 하는 과정이다. 따라서 로랜즈의 입장에서 인지 과정은 파생적

상태를 조작하는 과정을 포함한다.

⑤ 4문단에 따르면, 노트북에 저장된 정보는 파생적 상태다. 파생적 상태를 조작해야 심적 상태가 생기는 것이니, 로랜즈는 노트북에 저장된 정보(파생적 상태)가 그 자체로는 심적 상태가 아니라고 볼 것이다.

03

접근이 중요하다. 'A의 견해나 입장에 대한 설명으로 가장 적절한 것'을 고르라는 문제의 핵심은 A에 대한 정확한 판단이다. A의 특징을 정확하게 잡아야 선지에 있는 다양한 사례들을 빠르게 지워 나갈 수 있다.

정답설명

① (나)의 필자의 핵심은 '선 지각 후 주체'다. 우리의 상식과는 이질적인 내용이지만, 필자는 감각과 지각 후에 주체와 대상이 확정된다고 하였다. 하지만 ㉠에서는 환경의 변화를 탐지하고 그에 맞춰 행위를 조절하는 주체를 전제하고 있다. 이른바 '선 주체 후 지각'이다. 따라서 (나)의 필자는 이 부분을 타당하지 않다고 볼 것이다.

오답설명

② (나)의 2문단에 따르면 '의식이 세계를 구성하는 독자적 실체'라고 본 것은 필자가 아닌 객관주의의 입장이다.

③ (나)의 2문단에 따르면 '의식은 물질에 불과'하다고 본 것은 필자가 아닌 객관주의의 입장이다.

④ 선지의 앞뒤가 연결되지 않는다. '주체와 통합된 경우에만 확장된 인지 과정이 성립'할 수 있다는 것은, '외부 세계에 대한 지각이 이뤄질 수 없다'고 본 것이 아니다.

⑤ 선지의 앞뒤가 연결되지 않는다. '주체와 통합'된 경우에만 확장된 인지 과정이 성립할 수 있다는 것은, '인지 과정과 인지 주체의 통합'을 말하는 것이다. 이를 '주체와 대상의 분리'로 연결 짓는 것은 잘못된 내용이다. 또한 (나)의 필자는 주체와 대상의 분리를 통해서만 지각이 이뤄질 수 있다고 하지 않았다. '지각이 있어야 주체와 대상이 분리'될 수 있다고 하였다.

04

정답설명

② '얽힘의 순간'은 손이 맞닿는 '감각의 순간'이다. 그리고 필자는 '지각이라는 얽힘의 작용이 있어야 주체와 대상이 분리될 수 있다'고 하였다. 즉, 필자는 감각과 지각이 동시에 일어난다고 보고 있음을 알 수 있다.

따라서 감각하고 감각되는 얽힘의 작용이 지각이기 때문에 둘은 서로 구분되지 않는다고 본 것이다.

05

정답설명

③ (가)의 4문단에 따르면, '파생적 상태'는 주체의 해석에 의존해야만 의미를 나타내는 상태다. 지문에서 제시한 사례인 '노트북에 저장된 정보'가 이에 해당하며, 주체는 이를 조작함(감각 기관으로 보고 해석함)으로써 심적 상태가 생기는 것이다. 〈보기〉의 '막대기의 진동'도 A의 해석에 의존해야만 의미를 나타내는 상태다. 따라서 진동 상태는 파생적 상태에 해당된다.

오답설명

① (가)의 1문단에 따르면, 기능주의는 의식을 기능으로 본다. 또한 입·출력 쌍이 일치하면 함수적 역할이 일치하고, 의식이 동일하다고 본다. A와 B가 동일한 질문(입력)에 동일한 대답(출력)을 하면, 함수적 역할이 일치하는 것이고, 둘의 의식은 동일한 것이다.

② (가)의 4문단에 따르면, 확장 인지 이론에서는 파생적 상태를 조작함으로써 심적 상태가 생기는 것을 '인지 과정'으로 본다. B가 BCI를 조작하는 것이 인지 과정인 경우, B에게는 사물의 위치에 대한 '심적 상태'가 생겨날 것이다.

④ (나)의 4문단에서 몸에 의한 지각을 주장하는 입장에 따르면, '지각'은 몸의 체험이며, 몸에 의해 이뤄지는 것이다. 그리고 '지각이 이루어지게 하는 것은 모두 나의 몸'이다. 따라서 A가 막대기로 사물의 위치를 지각하는 경우에 막대기는 A의 몸의 일부로 볼 수 있다.

⑤ (나)의 2문단에서 의식을 물질로 환원하는 입장에 따르면, 모든 것은 물질로 환원 가능하고 의식도 물질에 불과하다. 그리고 지각은 감각 자극에 따른 주체의 물질적 반응이다. 따라서 BCI를 통해 입력된 정보로부터 B에게 지각이 일어났다면, B의 뇌에서 해당 자극에 따른 물질적 반응이 일어난 것이다.

06

정답설명

형태쌤의 과외시간

문맥적 의미를 찾는 것은 밑줄 친 부분보다는 주변을 보면서 밑줄 친 부분의 범주를 제한하는 방식이 효과적이다. 밑줄 친 부분의 어휘를 본인이 아는 가장 쉬운 단어로 바꾼 후 선지에 적용을 하는 방식은 통하지 않을 때도 종종 있고 이 경우 당황해서 틀릴 수도 있기 때문이다.

④ 밑줄(ⓓ)의 앞을 살펴보자. '기억'을 알아보는 것이다. 즉, '추상적인 어떤 것'을 알아보는 것이니, '단어의 뜻'이 무엇인지 알아보는 것과 유사하다.

구조도 정답

(가)

① 기능
② 물질
③ 의식
④ 심적 상태
⑤ 주체

(나)

① 물질적 반응
② 판단
③ 지각
④ 몸

지문분석

(가) 조선 시대의 신분제

> 조선 초기

(①) (법적 신분제)

『경국대전』 규정 : (②)과 천인으로 신분을 나눔.

(②) : 과거에 응시할 수 있음. 납세와 군역의 의무를 짐.

천인 : 개인이나 국가에 소속되어 천역 담당

> 16세기 이후

양반, 중인, 상민, 천인의 사회적 분화(사회적 신분제)

→ (③)이 세습적으로 군역 면제 등의 차별적 특혜를 받는 신분으로 굳어졌기 때문

> 조선 후기

농업 생산력의 증대 + 상공업의 발달 → 신분제 변화

노비 : 속량과 도망 등의 방식 → 신분적 억압 점차 벗어남.

상민 : (④) 직역 획득 → 제도적으로 양반이 됨.
　　　　　but 온전한 양반으로 인정 ×

(⑤) 현상 → 양반의 하한선과 비(非)양반층의 상한선이 근접

양반들이 비양반층의 진입을 막는 힘 < 비양반층이 양반에 접근하고자 하는 힘

(나) 신분제 개혁론

> 유형원

(①)의 건설 구상 : 성리학적 가치·규범의 국가 공동체 운영

구성원 : (②)의 사민으로 편성

노비제 폐지, 비도덕적 직업인 광대와 같은 직업군 철폐

과거제 대신 (③)로 관료 선발

도덕적 능력이 뛰어난 자 추천 선발 → 여러 단계 교육
→ 최소한의 학식 확인 → 관료 임명

지방에도 관료 선발 인원 적절히 분배

⇒ 향촌 사회의 풍속도 도덕적으로 이끌 수 있음.

> 정약용

(④) 개편 구상 : 사농공상별로 구분하여 거주

(⑤) 집단을 재편 : (⑥) 선발 → 교육 → 시험 → 관료 선발

사 거주지에서 선사 선발 多
노비 제외 농민·상공인에도 선사 선발 인원 배정
노비제 유지

> 공통점

(⑦) 능력주의에 의한 신분제 개혁론 제시

사회 지배층으로서의 '사'에 주목

'사' 집단에 정치권력, 경제력 등을 집중

지배층과 피지배층 간의 차등 엄격하게 유지

⇒ 사회 지배층의 재구성을 통한 도덕 국가 체제 추구

형태쌤 Comment

조선 시대의 신분제 변화 과정을 통시적으로 설명하는 글인 (가) 지문과 도덕적 능력주의에 기초한 신분제 개혁론을 주장한 두 학자의 견해를 비교·설명하는 글인 (나) 지문으로 나누어져 있다. 시간의 흐름에 따라 달라지는 신분제의 변화 양상과 신분제 개혁론을 주장한 두 학자의 공통점과 차이점을 잘 비교하며 읽어야 한다.

문제분석 01-06번

번호	정답	정답률 (%)	선지별 선택비율(%)				
			①	②	③	④	⑤
1	④	66	3	22	6	66	3
2	⑤	66	2	9	14	9	66
3	③	68	8	10	68	9	5
4	⑤	36	16	6	6	36	36
5	⑤	53	4	9	17	17	53
6	①	97	97	0	1	1	1

01

정답설명

④ 1문단에 따르면 『경국대전』의 신분 체계는 '신분을 양인과 천인으로 나눈 양천제'였으며, 16세기 이후 양인은 사회적으로 양반, 중인, 상민으로 분화되었다. 한편 3, 4문단에 따르면 '유학'의 증가 현상은 양반의 특권을 원했던 상민층에서 유학 직역을 얻으려 함에 따라 나타난 것이었다. 즉, 조선 후기 '유학'의 증가는 양인 내부의 분화된 신분들 사이에서 일어난 현상이므로 『경국대전』의 신분 체계가 작동하지 않는 현상을 보여 주는 것이라고 볼 수 없다.

오답설명

① 2문단의 '영조 연간에 편찬된 법전인 『속대전』에서는~그들을 양인 납세자로 전환하는 것이 유리했기 때문이었다.'에서 확인할 수 있다.

② 1문단에서 '조선 왕조의 기본 법전인 『경국대전』에 규정된 신분제는 신분을 양인과 천인으로 나눈 양천제'였으며, 이러한 법적 신분제는 '갑오개혁으로 철폐되기 이전까지 조선 사회의 근간이 되었다.'라고 하였으므로 선지의 설명은 적절하다. 참고로 '양반, 중인, 상민, 천인' 이렇게 4개의 신분이 있다고 오독하면 안 된다. '양반, 중인, 상민'은 '사회적 신분제'이다. 이를 '법적 신분제'로 보면 '양인'으로 묶을 수 있고, '법적 신분제'는 신분을 '양인과 천인'으로 나누는 것이다.

③ 2문단에서 조선 후기 '몰락한 양반들은 노비의 유지가 어려워졌기 때문에 몸값을 받고 속량해 주는 길을 선택했다.'라고 하였다. 이를 통해 조선 후기 양반 중에는 노비를 양인 신분으로 풀어 주고 몸값 즉, 금전적 이익을 얻은 이들이 있었음을 알 수 있다.

⑤ 3문단의 '호적상 유학은 군역 면제라는 특권이 있어서~온전한 양반으로 인정받는 것을 의미하는 것은 아니었다.'에서 확인할 수 있다.

02

정답설명

⑤ 2문단에 따르면 유형원은 '공거제를 통해 도덕적 능력이 뛰어난 자를 추천으로 선발하여 여러 단계의 교육을 한 후, 최소한의 학식을 확인하여 관료로 임명해야 한다고 제안했'다. 한편 3문단에 따르면 정약용은 "도덕적 능력의 여부에 따라 추천으로 예비 관료인 '선사'를 선발하고 일정한 교육을 한 후, 여러 단계의 시험을 거쳐 관료를 선발할 것을 제안했"다. 즉, 유형원과 정약용 모두 시험으로 도덕적 능력이 우수한 이를 선발하는 것이 아니라, '추천'으로 예비 관료를 선발하는 방안을 제시한 것이다. 또한 정약용은 예비 관료인 선사가 관료가 되기 위해서는 여러 단계의 시험을 거쳐야 한다고 하였으므로, 예비 관료를 선발하여 교육한 후 관료로 임명하는 방안을 제시했다고 볼 수도 없다.

오답설명

① 2문단의 '아울러 비도덕적 직업이라고 생각한 광대와 같은 직업군을 철폐하고, 사농공상의 사민으로 편성하고자 했다.'에서 확인할 수 있다.

② 2문단의 '도덕을 기준으로 관료를 선발하고 지방에도 관료 선발 인원을 적절히 분배하면 향촌 사회의 풍속도 도덕적으로 이끌 수 있다고 본 것이다.'에서 확인할 수 있다.

③ 4문단에 따르면 정약용은 '사회 지배층으로서의 사에 주목'하였으며, '사회 전체의 도덕 실천을 이끌기 위해 사 집단에 정치권력, 경제력 등을 집중시키려 했'다. 이는 지배층인 사 집단이 주도권을 가지고 사회를 운영하는 방안을 구상한 것이므로 선지의 설명은 적절하다.

④ 3문단의 '신분제가 동요하는 상황에서~사농공상별로 구분하여 거주하는 것을 포함한 행정 구역 개편을 구상했다.'에서 확인할 수 있다. 이때, '사농공상'은 '선비, 농부, 공장(工匠), 상인을 이르던 말'이므로 직업별로 신분을 구분했음을 알 수 있다.

03

정답설명

③ (가)의 3, 4문단을 통해 조선 후기에는 경제적으로 성장한 상민층이 유학 직역을 얻어 제도적으로 양반이 되는 상황이 확대되었음을 알 수 있다. 이때 상민층은 온전한 양반으로 인정받지 못했으며, 양반들은 비양반층의 진입을 막는 힘을 작동시켰다. 상민층이 양반 집단의 일원으로 인정받기 위해 필요한 조건인 ㉠은 양반들이 비양반층, 즉 상민층의 진입을 막는 힘의 측면으로 이해할 수 있으므로, ㉠은 상민층이 양반으로 인정받는 것을 억제하는 장치라 할 수 있다. 한편 (나)의 1, 2문단에 따르면 유형원은 도덕적 능력주의에 기초한 개혁론을 통해 양반 이외의 신분에서는 관료가 되기 어려운 상황을 바꾸고자 했으며, 신분 세습을 비판하고 도덕적 기준으로 관료를 선발해야 함을 제시했다. ㉡은 이러한 유형원의 생각이 반영된 것이므로, 능력주의를 통해 인재 등용에 신분의 벽을 두지 않으려는 방안이라 할 수 있다.

오답설명

① (가)의 3, 4문단을 통해 조선 후기에는 경제적으로 성장한 상민층이 유학 직역을 얻어 제도적으로 양반이 되는 신분 상승 현상이 나타났음을

알 수 있다. 하지만 상민층은 온전한 양반으로 인정받지 못했으며 양반 집단의 일원으로 인정받기 위해서는 ㉠과 같은 다양한 조건이 요구되었으므로, ㉠은 신분적 정체성을 지키려는 양반층의 노력이라 할 수 있다. 한편, ㉡은 선사를 선발할 때 사 집단에게 기회를 더 주겠다는 정책적 방안이다. 하지만 (나)의 3문단에 따르면 농민과 상공인에게도 선사의 선발 인원을 배정해 사 집단으로 진출할 수 있는 기회를 제공했으므로, ㉡은 양반층의 신분적 정체성을 지키기 위한 정책적 방안이라 할 수 없다.

② 호적상 유학 직역이 증가하는 상황에서 온전한 양반으로 인정받으려는 상민층에게 요구된 ㉠은 법전에 명시된 것이 아니므로, 양반 집단이 기득권을 지키기 위해 행한 자율적 노력이라 할 수 있다. 한편, (나)의 3문단에 따르면 정약용은 도덕적 능력의 여부에 따라 선사를 선발하고자 하였다. ㉡에서 사 집단에게 기회를 더 주려는 의도를 확인할 수 있지만, 농민과 상공인에게도 선사의 선발 인원을 배정해 사 집단으로 진출할 수 있는 기회를 제공했으므로, ㉡은 기존의 양반들이 가진 기득권을 제도적으로 강화하기 위한 방안이라 할 수 없다.

④ (가)의 3, 4문단에 따르면 경제적으로 성장한 상민층이 유학 직역을 얻어 제도적으로 양반이 되는 신분 상승 현상이 확대되고 있었으므로 ㉠은 신분 구분을 강화하여 불평등을 심화하는 제도의 역할을 할 수 없다. 한편, (나)의 2문단을 통해 유형원은 도덕적 능력이 뛰어난 자를 선발하여 관료로 임명해야 한다고 제안했음을 알 수 있다. ㉢은 이러한 유형원의 생각을 반영해 도덕적 능력을 중심으로 지배층을 구성하고자 한 방안일 뿐, 사회 지배층의 인원을 늘려야 한다는 내용은 아니다. 따라서 ㉢은 사회 지배층의 인원을 늘려 도덕 실천을 이끌기 위한 방안이라 할 수 없다.

⑤ (나)의 3문단에 따르면 정약용은 도덕적 능력 여부에 따라 선사를 선발하고자 하였다. ㉡에서 사 집단에게 기회를 더 주려는 의도를 확인할 수 있지만, 농민과 상공인에게도 선사의 선발 인원을 배정해 사 집단으로 진출할 수 있는 기회를 제공했으므로 ㉡은 신분적 구분을 명확하게 하기 위한 장치의 역할을 할 수 없다. 한편, (나)의 2문단을 통해 유형원은 도덕적 능력이 뛰어난 자를 선발하여 관료로 임명해야 한다고 제안했음을 알 수 있다. ㉢은 이러한 유형원의 생각을 반영해 도덕적 능력을 중심으로 지배층을 구성하고자 하는 방안일 뿐, 양반층과 비양반층의 신분적 구분을 없애기 위한 방안은 아니다. 또한 (나)의 2문단에 따르면 유형원은 신분을 사농공상의 사민으로 편성하고자 했으므로 양반층('사')과 비양반층의 신분적 구분을 했음을 알 수 있다. 따라서 ㉢은 양반과 비양반층의 신분적 구분을 없애기 위한 방안이라 할 수 없다.

04

정답설명

형태쌤의 과외시간

	유형원	정약용
ㄱ	O	O
ㄴ	O	O
ㄷ	O	X
ㄹ	X	X

ㄱ. 유형원은 신분을 사농공상으로 나누고, 사회 지배층을 사로 구성하고자 하였다. 따라서 유형원은 ㄱ의 내용에 동의했을 것이다. 또한, 정약용 역시 신분을 사농공상으로 구분하고, 사회 지배층을 사로 구성하고자 하였으므로 ㄱ의 내용에 동의했을 것이다.

ㄴ. 유형원은 신분 세습을 비판하고, 도덕적 능력(인의)에 따라 관료를 선발하고자 하였다. 따라서 유형원은 ㄴ의 내용에 동의했을 것이다. 또한, 정약용 역시 양반의 세습을 비판하며 도덕적 능력에 따라 사회 지배층을 재편하고자 하였으므로 ㄴ의 내용에 동의했을 것이다.

ㄷ. 유형원은 노비제를 폐지하고, 비도덕적 직업이라고 생각한 광대와 같은 직업군을 철폐하여 이들을 사농공상의 신분제 안에 편입하고자 하였다. 따라서 유형원은 ㄷ의 내용에 동의했을 것이다. 반면, 정약용은 노비제는 사를 뒷받침하기 위해 유지되어야 한다고 주장했으며, 노비 이외에서 사 집단으로 진출할 수 있도록 했다고 하였으므로 나라 안의 모든 이에게 존귀하게 될 기회가 열린다는 ㄷ의 내용에 동의하지 않았을 것이다.

ㄹ. 유형원은 신분을 사농공상으로 나누었으므로 양반과 상민을 구분했음을 알 수 있다. 하지만 도덕을 기준으로 관료를 선발하고자 하였으므로 양반과 상민이 구분된 경계를 넘지 않아야 한다는 ㄹ의 내용에 동의하지 않았을 것이다. 또한, 정약용 역시 신분을 사농공상으로 구분하고, 도덕적 능력에 따라 사회 지배층을 재편하고자 했으므로 양반과 상민이 구분된 경계를 넘지 않아야 한다는 ㄹ의 내용에 동의하지 않았을 것이다.

⑤ 정약용은 ㄱ의 내용에는 동의하고, ㄷ의 내용에는 동의하지 않았을 것이므로 선지의 설명은 적절하다.

05

정답설명

⑤ 〈보기〉에 따르면 '학자 계급'이 '노동 계급'으로 환원될 수 있고, '노동 계급'도 '학자 계급'으로 승격될 수 있으므로 '노동 계급'과 '학자 계급' 간의 이동은 가능하다. 하지만 노동을 면제받는 '학자 계급'과 달리 '노동 계급'은 노동을 면제받지 못하므로, 계급 간 차등이 있음을 알 수 있다. 한편, (나)의 마지막 문단에서 유형원과 정약용은 지배층과 피지배층 간의 차등을 엄격하게 유지하고자 했다고 하였다. 즉, 유토피아와 (나) 모두 계급 간 차등을 전제한 것이므로 선지의 설명은 적절하지 않다.

오답설명

① 〈보기〉에 따르면 유토피아에서 연구와 공공의 일에 전념하는 '학자 계급'은, 성직자가 능력 있는 이를 추천하고 대표들이 승인하는 절차를 거쳐야 될 수 있으므로 선발의 과정을 거침을 확인할 수 있다. 한편, (가)의 '유학'은 경제적으로 성장한 상민층이 얻는 직역이지만, (나)의 '선사'는 도덕적 능력 여부에 따라 추천을 받아 선발되는 예비 관료이므로 '학자 계급'은 (나)의 '선사'에 가깝다.

② 〈보기〉에 따르면 유토피아에서 학자 계급은 노동을 면제받지만, '학자 계급'도 성과가 부족하면 '노동 계급'으로 환원될 수 있고 '노동 계급'도 '학자 계급'으로 승격될 수 있으므로, 그 특권이 세습되지 않음을 확인할 수 있다. 반면, (가)의 1문단에 따르면 16세기 이후의 '양반'은 세습적으로 군역 면제 등의 차별적 특혜를 받는 신분으로 굳어졌다고 하였으므로 〈보기〉의 관료와 차이가 있다.

③ 〈보기〉에 따르면 유토피아에서 '학자 계급'은 노동을 면제받으며, 성직자, 관료 등의 권력층은 이 '학자 계급'에서만 나오도록 했다. 한편, (나)의 마지막 문단에 따르면 유형원과 정약용은 사회 지배층을 '사 집단'으로 구성하고자 하였으며, 사회 전체의 도덕 실천을 이끌기 위해 '사 집단'에 정치권력, 경제력 등을 집중시키려 했으므로 〈보기〉와 생각이 유사하다.

④ 〈보기〉에 따르면 유토피아에서는 '노동 계급'도 공부에 진전이 있으면 '학자 계급'으로 승격될 수 있으므로, 학업 능력을 기준으로 '노동 계급'이 '학자 계급'으로 승격됨을 확인할 수 있다. 반면, (가)에 따르면 상민 출신인 '유학'이 '양반'으로 인정받기 위해서는 '유교적 의례의 준행, 문중과 족보에의 편입 등' 다양한 조건이 필요했다. 하지만 이러한 조건들은 학업 능력과는 관련이 없으므로 〈보기〉와 차이가 있다.

06

정답설명

① 지문의 ⓐ(굳어졌다)는 '점점 몸에 배어 아주 자리를 잡게 되다.'라는 의미이다. 이는 선지의 '관용이 우리 집의 가훈으로 확고하게 굳어졌다.'의 '굳어졌다'와 같은 의미이다.

오답설명

② '어젯밤 적당하게 내린 비로 대지가 더욱 굳어졌다.'의 '굳어졌다'는 '누르는 자국이 나지 아니할 만큼 단단하게 되다.'의 의미이므로, ⓐ와 다르다.

③ '포기하지 않겠다는 결심이 어머니의 격려로 굳어졌다.'의 '굳어졌다'는 '흔들리거나 바뀌지 아니할 만큼 힘이나 뜻이 강하게 되다.'의 의미이므로, ⓐ와 다르다.

④ '길에서 버스를 기다리던 사람들의 몸이 추위로 굳어졌다.'의 '굳어졌다'는 '근육이나 뼈마디가 점점 뻣뻣하게 되다.'의 의미이므로, ⓐ와 다르다.

⑤ '갑작스러운 소식에 나도 모르게 얼굴이 딱딱하게 굳어졌다.'의 '굳어졌다'는 '표정이나 태도 따위가 긴장으로 딱딱하게 되다.'의 의미이므로, ⓐ와 다르다.

구조도 정답

(가)

① 양천제
② 양인
③ 양반
④ 유학
⑤ 신분 상승

(나)

① 도덕 국가
② 사농공상
③ 공거제
④ 행정 구역
⑤ 사
⑥ 선사
⑦ 도덕적

지문분석

(가) 한비자의 『노자』 해석

- 『노자』
  - (①)
    - 만물 생성의 근원
    - 영구불변하는 (②)
  - 인간의 (③)
    - 사회 혼란의 원인 → 없애야 함.

- 한비자
  - (①)
    - 천지 만물의 존재와 본질의 근거
    - 인간 사회의 흥망성쇠 좌우
    - (④)(형체 x, 고정 x) :
      상황에 따라 유연하게 변화 → 통치술도 고정 x
    - 구체적인 사물과 사건에 내재한 (⑤) 포괄
      → 다양한 개별 사건의 시비 판단 기준
      → (①)에 근거한 입법
  - 인간의 (③)
    - 사회 혼란의 원인 but 필연적 → (③)을 제어할 법 필요

(나) 『노자』에 대한 유학자들의 견해

- 송나라 이후 유학자들
  - 도 : 인간 삶의 올바른 길
    - 유학의 도 기반 → 도가의 도 주목, 『노자』 주석 전개

- 왕안석(송나라 초기)
  - 유학의 실천적 측면과 결부하여 『노자』 이해 → 『노자주』 저술
    - 1) 도 = (①)(氣)
      : 만물의 물질적 (②), 기의 작용에 의해 사물 형성
    - 2) 사회 안정을 위해 인간의 적극적 개입 필요성 주장
      : 지혜와 덕이 뛰어난 사람 → (③) 제정
      → 현실 사회의 변화에 따라 새롭게 해야 함. → 사회 안정
    - 3) 유학 이념 (④)으로 사용 주장

- 오징(원나라)
  - 주술적인 종교에 불과한 도교에 사람들이 빠지는 것 경계
  - 유학 이념과 관련지어 『노자』 일부 내용 교체 및 기존 구성 체제 재편
    → 『도덕진경주』 저술
    - 1) 도 : 근원적이고 (⑤), 모든 이치 내재
    - 2) 도의 (⑥) 결과
      : 천지 만물, 유학의 인의예지, 사회 규범과 사회 질서 체계

- 설혜(명나라)
  - 노자 사상에 대한 오해 불식 주장
  - 다양한 경전 인용하여 『노자』 해석 및 이해 → 『노자집해』 저술
    - 1) 도 : 인간의 (⑦), 천명
    - 2) 노자 사상과 유학 다르지 x
      : 노자 사상과 유학 모두 본성과 천명의 이치 탐구
      : 『노자』 인의 등 비판 → 도덕을 근본으로 삼게 하기 위한 충고

형태쌤 Comment

『노자』의 도에 대한 한비자의 견해를 설명하는 글인 (가) 지문과 『노자』의 도에 대한 중국 송나라 이후 유학자들의 견해를 시간의 흐름에 따라 설명하는 글인 (나) 지문으로 나누어져 있다. 『노자』의 도를 해석하는 각 유학자들의 차이점에 주목하며 읽어야 한다.

번호	정답	정답률 (%)	선지별 선택비율(%)				
			①	②	③	④	⑤
1	③	86	2	4	86	6	2
2	①	66	66	5	4	15	10
3	④	56	4	28	6	56	6
4	④	42	10	22	8	42	18
5	⑤	49	4	8	17	22	49
6	④	97	1	1	1	97	0

01

정답설명

③ (나)는 '도'라는 특정 개념을 중심으로 『노자』에 대한 여러 학자(왕안석, 오징, 설혜)의 견해를 시간의 흐름에 따라 순차적으로 제시하였으므로 선지의 설명은 적절하다.

오답설명

① (가)는 1문단에서 『한비자』가 중국 전국 시대의 한비자의 사상이 담긴 저작이며, 한비자가 『노자』에 대한 해석을 통해 자신의 법치 사상을 뒷받침했다고 언급하였으므로 이를 철학사적 의의와 연결 지어 생각해 볼 수 있다. 하지만 『한비자』와 『노자』의 사회적 파급력을 비교하지는 않았으므로 선지의 설명은 적절하지 않다.

② (가)는 1문단에서 한비자가 엄격한 법치를 통해 부국강병을 꾀하고자 했다고 밝혔으므로 한비자가 추구한 이상적인 사회를 소개했다고 볼 수 있다. 하지만 이상적인 사회 실현을 위해 『노자』를 수용한 입장의 한계를 설명하고 있지는 않으므로 선지의 설명은 적절하지 않다.

④ (나)는 왕안석, 오징, 설혜가 『노자』를 해석한 의도를 각각 제시하고 있지만 그 차이로 인해 발생한 학자 간의 이견을 절충하고 있지는 않다.

⑤ (가)는 『노자』에 대한 한비자의 견해만을 제시하였을 뿐, 다양한 시각에서 제시된 비판이 심화되는 과정을 구체적 사례와 함께 설명하고 있지 않다. 한편 (나)는 『노자』에 대한 왕안석, 오징, 설혜의 견해를 제시하고 있지만, 다양한 시각에서 제시된 비판이 심화되는 과정을 구체적 사례와 함께 설명하고 있지 않으므로 선지의 설명은 적절하지 않다.

02

정답설명

① 4문단에 따르면 한비자는 도가 개별 법칙을 포괄하기 때문에 다양한 개별 사건의 시비를 판단하는 기준이 될 수 있다고 설명하였을 뿐, 사건의 시비에 따라 도가 달라진다고 설명하지 않았다.

오답설명

② 4문단의 '인간은 욕망을 필연적으로 가질 수밖에 없음을 지적'에서 확인할 수 있다.

③ 3문단의 '도가 천지와 더불어 영원히 존재', '도는 형체가 없을 뿐 아니라~변화하는 것이라고 파악'에서 확인할 수 있다.

④ 2문단의 '인간 사회의 일은 도에 따라 제대로 행했는가의 여부에 따라 그 성패가 드러나는 것이라고 이해했다.'에서 확인할 수 있다.

⑤ 2문단의 '도를 천지 만물의 존재와 본질의 근거라고 본 한비자의 이해', 4문단의 '한비자는 도를 구체적인 사물과 사건에 내재한 개별 법칙의 통합으로 보고.'에서 확인할 수 있다.

03

정답설명

④ (나)의 3문단에 따르면 오징은 노자의 가르침이 유학과 크게 다르지 않음을 밝히고자, 도와 유학 이념을 관련지어 『노자』의 일부 내용을 바꾸고 기존 구성 체제를 재편하였다. 이는 유학을 노자 사상과 연관 지은 것이라고 파악할 수 있다. 또한 그는 유학의 인의예지, 사회 규범과 사회 질서 체계를 도가 현실화한 결과로 파악했으므로 ㉠(유학자의 입장)은 유학을 노자 사상과 연관 지어 유교적 사회 질서의 정당성을 확인하는 것으로 표출되었음을 알 수 있다. 한편, (나)의 4문단에 따르면 설혜는 본성과 천명의 이치를 탐구한다는 점에서 노자 사상과 유학이 다르지 않음에도, 기존의 주석서가 『노자』의 진정한 의미를 제대로 밝히지 못해 유학자들이 노자 사상을 이단으로 치부했다며 노자 사상에 대한 이러한 오해를 불식해야 한다고 보았다. 따라서 ㉡(학문적 소신)은 노자 사상이 유학과 다르지 않다는 것을 밝혀 오해를 바로잡으려는 것으로 표출되었다고 볼 수 있다.

오답설명

① (나)의 3문단에 따르면 『노자』는 유학의 인의예지가 도의 쇠퇴 때문에 나타난 것으로 보았으므로, 유학 덕목의 등장을 긍정적으로 평가했다고 볼 수 없다. 또한 오징은 『노자』와 달리 인의예지는 도가 현실화하여 드러난 것이라고 보았으므로 ㉠이 유학 덕목의 등장과 관련한 『노자』의 견해를 수용했다고 볼 수 없다. 반면, (나)의 4문단에 따르면 설혜는 『노자』가 유학 덕목인 인의 등을 비판한 것은 도덕을 근본으로 삼게 하기 위한 충고라고 파악하였다. 이는 ㉡에 따라 유학 덕목에 대한 『노자』의 비판에 담긴 긍정적 의도를 밝히려는 것으로 볼 수 있다.

② (나)의 3문단에 따르면 도교를 주술적인 종교로 간주한 오징은 ㉠의 입장에서 사람들이 주술적 종교인 도교에 빠지는 것을 경계하여 도와 유학 이념을 관련지어 『노자』의 일부 내용을 바꾸고 기존 구성 체제를 재편한 『도덕진경주』를 저술했다. 따라서 유학에 주술성이 있는 도교가 유입된 것이 아니라, 주술성이 있는 도교가 유학을 받아들여 체계화되었음을 알 수 있으며, ㉠이 유학에 유입되고 있는 주술성을 제거하는 것으로 표출되었다는 설명은 적절하지 않다. 반면, (나)의 4문단의 '다양한 경전을 인용하여~노자 사상과 유학이 다르지 않다고 보았다.'를 통해 ㉡은 노자 사상이 탐구하는 대상에 대한 이해를 근거로 노자 사상과 유학의 공통점을 제시했음을 알 수 있다.

③ (나)의 3문단에 따르면 오징은 도교가 유학을 받아들여 체계화되었음에도 이를 주술적인 종교로 보고, ㉠의 입장에서 사람들이 도교에 빠지는 것을 경계하여 도와 유학 이념을 관련지어 『노자』의 일부 내용을 바꾸고 기존 구성 체제를 재편한 『도덕진경주』를 저술했다. 따라서 ㉠은 유학의 가르침을 차용한 종교인 도교가 사람들을 현혹하는 상황에 대응하는 것으로 표출되었다고 볼 수 있다. 반면, (나)의 4문단에 따르면 설혜

는 ⓛ에 따라 다양한 경전을 인용하여 『노자』를 해석하고 노자 사상과 유학이 다르지 않음을 주장하였을 뿐, 『노자』를 해석한 경전들을 참고하여 유학 이론의 독창성을 밝히지는 않았으므로 선지의 설명은 적절하지 않다.

⑤ (나)의 3문단에 따르면 오징은 도교의 시조로 간주된 노자의 가르침과 공자의 학문인 유학이 크게 다르지 않음을 밝히고자 하였으므로 ㉠은 특정 종교에서 추앙하는 사상가와 유학 이론의 관련성을 제시하는 것으로 표출되었다고 볼 수 있다. 반면, (나)의 4문단에 따르면 설혜는 ⓛ에 따라 다양한 경전을 인용하여 『노자』를 해석하고 노자 사상과 유학이 다르지 않음을 주장하였을 뿐, 유학의 사상적 우위를 입증하고자 하지는 않았으므로 선지의 설명은 적절하지 않다.

04

정답설명

형태쌤의 과외시간

	왕안석	오징
ㄱ	X	X
ㄴ	X	O
ㄷ	O	O
ㄹ	O	X

ㄱ. 왕안석은 도를 만물의 물질적 근원인 '기'로 보고 기가 현상 세계에 앞서 존재한다고 보았으므로, 도 역시 현상 세계에 앞서 존재한다고 보았을 것이다. 또한, 오징 역시 모든 이치를 내재한 도가 현실화하여 천지 만물이 생성된다고 이해했으므로, 도가 만물에 앞서서 존재한다고 보았을 것이다. 따라서 둘 다 ㄱ의 내용에 동의하지 않았을 것이다.

ㄴ. 왕안석은 자연과 달리 인간 사회의 안정을 위해서는 제도와 규범의 제정과 같은 인간의 적극적인 개입이 필요하다고 주장했다. 즉, 인간 사회의 규범은 도가 현실에 드러난 것이 아니라, 지혜와 덕이 뛰어난 사람이 제정하는 것이므로 왕안석은 ㄴ의 내용에 동의하지 않았을 것이다. 반면, 오징은 인간이 마땅히 따라야 할 사회 규범을 도가 현실화한 결과로 파악했으므로, ㄴ의 내용에 동의했을 것이다.

ㄷ. 왕안석은 도와 기를 동일한 것으로 파악하였으며 현상 세계에 앞서 존재하는 기의 작용에 의해 사물이 형성된다고 보았으므로, 도가 세상일과 유기적으로 관련된다고 보았을 것이다. 또한, 오징은 인간이 마땅히 따라야 할 사회 규범과 사회 질서 체계를 도가 현실화한 결과로 파악하였다. 따라서 둘 다 ㄷ의 내용에 동의했을 것이다.

ㄹ. 왕안석은 기가 시시각각 변화하듯 현상 세계도 변화하며, 사람이 제정한 사회 제도와 규범도 현실 사회의 변화에 따라 새롭게 해야 한다고 주장하였으므로 ㄹ의 내용에 동의했을 것이다. 반면, 오징은 도를 근원적인 불변하는 것으로 보았으므로, ㄹ의 내용에 동의하지 않았을 것이다.

④ 오징은 ㄱ과 ㄹ의 내용에 동의하지 않았을 것이므로 선지의 설명은 적절하다.

05

정답설명

⑤ 〈보기〉에 따르면 왕부지는 노자 사상의 비현실성을 드러내어 유학의 실용적 가치를 부각하고자 하였으므로, 노자 사상을 비판하는 입장을 취했음을 알 수 있다. 한편, (나)의 4문단에 따르면 설혜는 기존의 『노자』 주석서가 『노자』의 진정한 의미를 제대로 밝히지 못해 유학자들이 노자 사상을 이단으로 치부했다며 기존 주석서들을 비판하고, 본성과 천명의 이치를 탐구한다는 점에서 노자 사상과 유학은 다르지 않으므로 노자 사상에 대한 이러한 오해를 불식해야 한다고 주장하였다. 따라서 설혜의 입장은 노자 사상의 비현실성을 드러냄으로써 유학의 실용적 가치를 부각한 왕부지의 입장과는 차이를 보이므로 선지의 설명은 적절하지 않다.

오답설명

① 〈보기〉에 따르면 왕부지는 『노자』에서처럼 단순히 인간의 이기적 욕망을 없애는 것이 아니라 사회 질서 유지를 위해 유학 규범을 활용해야 한다고 강조하였다. 따라서 왕부지는 (가)의 4문단에서 한비자가 『노자』와 달리 인간은 욕망을 필연적으로 가질 수밖에 없음을 지적하며 이를 제어하기 위해 법이 필요하다고 강조한 것을 수긍하였을 것이다.

② 〈보기〉에 따르면 왕부지는 『노자』에서 아무런 행동을 하지 않아도 천하가 다스려진다고 한 것을 비판하였다. 따라서 왕부지는 (나)의 2문단에서 왕안석이 인위적인 것을 제거해야만 도가 드러나고 인간 사회가 안정된다는 『노자』를 비판하고, 유학 이념이 실질적 수단으로 사용되어야 한다고 주장한 것을 긍정하였을 것이다.

③ 〈보기〉에 따르면 왕부지는 『노자』의 본래 뜻을 드러내어 노자 사상을 비판하고자 하였다. 따라서 왕부지는 (나)의 3문단에서 오징이 도와 유학 이념을 관련짓는 구절을 추가하는 등 『노자』의 일부 내용을 바꾸고 기존 구성 체제를 재편한 것을 잘못이라고 볼 것이다.

④ 〈보기〉에 따르면 왕부지는 기존의 『노자』 주석서가 노자 사상이 아닌 사상 즉, 유학을 기준으로 삼았기 때문에 주석자의 사상도 왜곡되었다고 보았다. 따라서 왕부지는 (나)의 3문단에서 오징이 유학을 기준으로 유학의 인의예지를 도가 현실화하여 드러난 것으로 해석한 점에 대해 비판할 것이다.

06

정답설명

④ 지문의 '담기다(ⓐ)'는 '어떤 내용이나 사상이 그림, 글, 말, 표정 따위 속에 포함되거나 반영되다.'라는 의미이다. 이는 '화폭에 봄 경치가 그대로 담겨 있다.'의 '담기다'와 같은 의미이므로 적절하다.

오답설명

①, ② 선지의 '담기다'는 '어떤 물건이 그릇 따위에 넣어지다.'의 의미이므로, ⓐ의 의미와 다르다.

③ '시원한 계곡물에 수박이 담겨 있다.'의 '담기다'는 '액체 속에 넣어지다.'의 의미이므로, ⓐ의 의미와 다르다.

⑤ '매실이 설탕물에 한 달째 담겨 있다.'의 '담기다'는 '김치·술·장·젓갈

따위를 만드는 재료가 버무려지거나 물이 부어져서, 익거나 삭도록 그 릇에 보관되다.'의 의미이므로, ⓐ의 의미와 다르다.

구조도 정답

(가)

① 도
② 항상성
③ 욕망
④ 가변성
⑤ 개별 법칙

(나)

① 기
② 근원
③ (사회) 제도와 규범
④ 실질적 수단
⑤ 불변
⑥ 현실화
⑦ 도덕 본성

지문분석

(가) 도덕 문장의 진리 적합성 판단

> **전통적인 윤리학**
>
> 도덕 문장의 (①)을 판정하고, 그에 대한 객관적 근거를 찾고자 함.
>
> 진리 적합성 = 참 또는 거짓일 수 있다는 성질

> **에이어의 주장**
>
> 진리 적합성을 갖는 모든 문장 = 분석적 문장 or 종합적 문장
>
> · 분석적 문장 = 문장에 사용된 단어의 정의를 통해 검증되는 문장
> · 종합적 문장 = 경험적 관찰에 의해 검증되는 문장
>
> ex) 도덕 문장 '선은 A이다'
> ─ 분석적 문장 x : 술어 A ⊄ 선,
>   '선' = 더 이상 분석할 수 없는 단순 개념
> ─ 종합적 문장 x : 경험적 관찰로 검증 x,
>   '선' 그 자체를 우리의 감각으로 검증 x
>
> (②)
>
> · 다양한 감정이나 태도 표현,
>   타인의 감정을 불러일으키는 정서적 의미
> · 감정을 표현하는 도덕 주체로부터 (③)으로 존재하는
>   무언가 기술 x
> · 분석적 문장 x, 종합적 문장 x → 진리 적합성을 갖지 않음.
>
> 도덕 문장이 진리 적합성을 갖는다고 오해하는 이유
>
> : (④)의 표현적 용법, 기술적 용법을 구분하지 못하기 때문
>
> · 표현적 용법 = 감정을 표현
> · 기술적 용법 = 세계에 관한 어떤 사실을 기술
>
> ex) '도둑질은 나쁘다'
> ─ 표현적 용법 : 화자의 감정을 표현
>   → 도덕 문장 o, 어떤 사실 기술 x
> ─ 기술적 용법 : 도둑질이 사회적으로 배척된다는 사실 기술
>   → (⑤)에 관한 것 x → 도덕 문장 x (경험적 검증 o)

(나) 도덕 문장을 포함한 전건 긍정식의 진리 적합성 판단

> **논리학자들의 문제 제기**
>
> (①) = 'P이면 Q이다. P이다. 따라서 Q이다.'인 논증
>
> 'P이면 Q이다.', 'P이다.'의 두 전제가 참
> → 결론 'Q이다.' 반드시 참
>
> 전건 긍정식의 'P'가 감정이나 태도를 표현하는 문장일 경우
> : 'P이면 Q이다.'의 P와 'P이다.'의 P 사이에 내용의 차이 발생
> ex) '굴은 맛있다.' : 화자의 선호(감정) 표현 o
>   '굴은 맛있다면 굴은 비싸다.' 조건문의 일부인 '굴은 맛있다.'
>   : 화자의 선호 표현 x
>
> ⇒ 전건 긍정식임에도 두 전제의 참이 결론 'Q이다.'의
>   참을 보장 (②)
>
> 에이어의 윤리학 견해(도덕 문장은 진리 적합성 x)를 고수하기
> 위한 방법
> 1) 도덕 문장을 포함하는 전건 긍정식의 (③) 부정
> 2) 전건 긍정식은 도덕 문장을 포함할 수 없다고 해야 함.

> **행크스**
>
> 도덕 문장을 비롯한 모든 (④) 문장 = 참 또는 거짓일 수 있음.
>
> 판단적 :
> 대상에 (⑤)을 부여하는 내용을 지니는 것이 그 문장의 본질
>
> 조건문 'P이면 Q이다.'에 포함된 문장 'P이다.' = 판단적
> → 단독으로 진술된 문장 'P이다.'와 내용의 차이 x
> ⇒ 도덕 문장을 포함하는 전건 긍정식 = 타당해 보이고, 실제로도 타당
>
> 조건문 'P이면 Q이다.'에 포함된 'P이다.'와
> 단독으로 진술된 'P이다.'의 차이
> : 조건문에 포함된 'P이다.'는 그것의 판단적 본질은 발현 x
> but 이 맥락에서도 'P이다.' 자체는 대상에 속성을 부여하는
>   내용을 지님.
> → 'P이다.'의 판단적 본질은 여전히 잃지 x
>
> ex) '굴은 맛있다면 굴은 비싸다.'에 포함된 '굴은 맛있다.' :
>   화자가 대상에 속성을 부여하는 행위를 하는 것 x
>   → 판단적 본질 발현 x
>   but 조건문에 포함된 '굴은 맛있다.'는 판단적 본질을 잃지 x

형태쌤 Comment

철학적 내용이 나오는 지문은 정보 자체의 추상성 때문에 구체적 예시를 제시하여 개념의 이해를 돕도록 글이 구성된다. 추상적인 내용이 머릿속에 잘 정리가 되지 않더라도, 이를 설명하는 예시를 바탕으로 내용을 이해해야 한다. 또한 견해에 대한 비판이 나오는 경우 문제의 원인과 비판 지점이 무엇인지 정확하게 이해하고 있어야 이어지는 문제를 수월하게 풀 수 있었을 것이다. 각자의 입장과 차이점, 해결 방법은 쌤이 늘 강조했던 출제 포인트이다.

번호	정답	정답률(%)	선지별 선택비율(%)				
			①	②	③	④	⑤
1	④	60	7	3	10	60	20
2	⑤	48	8	8	22	14	48
3	④	66	6	5	10	66	13
4	①	35	35	15	15	20	15
5	①	31	31	12	18	22	17
6	②	93	2	93	2	2	1

01

정답설명

④ 3문단에서 도덕 용어는 기술하는 사실의 종류가 아닌, 감정을 표현한 것인지 어떤 사실을 기술한 것인지에 따라 표현적 용법과 기술적 용법으로 구분할 수 있다고 하였다.

오답설명

① 3문단에 따르면 도덕 용어를 기술적 용법으로 사용한 문장은 경험적으로 검증이 가능하다.

② 3문단에서 표현적 용법을 활용한 도덕 문장은 화자의 감정을 표현한 문장이며, 이는 감정을 담은 어조로 말하는 것과 다름없다고 하였으므로 적절하다.

③ 2문단에 따르면 에이어는 진리 적합성을 갖는 문장은 분석적 문장이거나 종합적 문장이라고 보았다. 이때 문장이 분석적이려면 술어가 주어의 개념 속에 내포되어 있어야 한다고 하였으므로 적절하다.

⑤ 3문단에 따르면 에이어는 도덕 문장에 진리 적합성이 있다는 오해는 도덕 용어의 표현적, 기술적 용법을 구분하지 못하기 때문이라고 주장하였다. 문장을 기술적 용법으로 해석할 경우 경험적 검증이 가능하지만 이 경우 해당 문장은 도덕 문장이 아니라고 하였으므로, 도덕 문장에 진리 적합성이 있다는 판단은 도덕 문장을 기술적 용법으로 해석한 데에서 기인한다고 할 수 있다.

02

정답설명

⑤ [A]에 따르면 판단적 문장이 조건문에 포함되는 경우 그것의 판단적 본질은 발현하지 못하더라도 조건문에 포함된 문장의 판단적 본질, 즉 대상에 속성을 부여하는 내용은 여전히 잃지 않는다. 따라서 '표절은 나쁘다.'는 화자가 표절에 나쁨을 부여하지 않는 맥락에서도 그것의 판단적 본질을 유지할 수 있다.

오답설명

① [A]에서 '조건문에 포함된 문장도 판단적'이라고 하였다. 따라서 '귤은 맛있다면 귤은 비싸다.'라는 조건문에 포함된 문장 '귤은 맛있다.' 역시 판단적임을 알 수 있다.

② [A]에서 '도덕 문장을 비롯한 모든 판단적 문장은 참 또는 거짓일 수

있'으며, '조건문에 포함된 문장도 판단적이라는 점에서 단독으로 진술될 때와 내용의 차이가 없다'고 하였다. 따라서 '표절은 나쁘다.'라는 문장이 조건문에 포함되더라도 참 또는 거짓일 수 있으므로 선지의 설명은 적절하지 않다.

③ [A]에서 조건문에 포함된 '귤은 맛있다.'는 '대상에 속성을 부여하는 내용을 지닌다'고 하였으므로 선지의 설명은 적절하지 않다.

④ [A]에서 '화자의 문장 진술은 그 내용과 완전히 무관할 수는 없'다고 하였으므로, '귤은 맛있다.'를 귤이 맛있음의 속성을 가진다는 내용과 완전히 무관한 채로 진술할 수는 없다.

03

정답설명

④ (나)에 따르면 감정이나 태도를 표현한 문장이 조건문의 일부가 될 경우 해당 문장은 단독 문장으로 쓰일 때와 달리 감정이나 태도를 표현하지 않는다. (가)에서 에이어는 도덕 문장을 감정이나 태도를 표현한 문장으로 보고 있으므로 (가), (나)의 내용을 고려할 때 에이어는 [진술 3]의 내용에 대해서는 동의할 것이다. 그러나 에이어는 도덕 문장은 진리 적합성을 갖지 않는다고 주장하였으므로, 도덕 문장이 전건 긍정식의 전제로 사용된다고 하더라도 진리 적합성을 갖지 않는다고 할 것이다. 에이어의 견해에 대한 근거가 적절하게 제시되지 않았으므로 선지의 설명은 적절하지 않다.

오답설명

①, ② (가)에 따르면 에이어는 도덕적으로 옳고 그름에 관한 도덕 문장은 감정을 표현하는 도덕 주체로부터 독립적으로 존재하는 무언가를 기술할 수 없다고 하였으므로, 이를 근거로 객관적으로 존재하는 도덕적 사실은 없다고 판단하였을 것이다. 한편, 이와 같은 에이어의 주장은 전통적인 윤리학자들의 기본 가정을 부정하는 주장이라 하였으므로 전통적인 윤리학자들은 객관적으로 존재하는 도덕적 사실이 있다고 판단하였을 것임을 알 수 있다.

③ (가)에 따르면 에이어는 참 또는 거짓일 수 있다는 성질인 진리 적합성을 갖는 모든 문장은 분석적이거나 종합적이지만, 도덕 문장은 분석적이지도 종합적이지도 않기에 진리 적합성을 갖지 않는다고 주장하였으므로 선지의 설명은 적절하다.

⑤ (나)에 따르면 행크스는 전건 긍정식의 두 전제에 공통으로 포함된 도덕 문장은 판단적이라는 점에서 조건문의 일부로 사용되거나 단독으로 진술될 때 내용의 차이가 없다고 하였으므로 선지의 설명은 적절하다.

04

정답설명

① ㉠(몇몇 논리학자들이 제기한 문제)은 도덕 문장을 포함한 전건 긍정식은 두 전제가 참이라도 결론의 참을 보장하지 않는다는 문제이다. 이때 '몇몇 논리학자들'은 전건 긍정식이 직관적으로 타당해 보인다는 점을 문제 삼는 것이 아니라, 직관적으로 타당해 보이더라도 도덕 문장을 포함하는 전건 긍정식이 타당하지 않음을 문제 삼은 것이므로 선지의 설명은 적절하지 않다.

오답설명

② (나)의 1문단에서는 전건 긍정식이 타당하기 위해선 두 전제가 모두 감정이나 태도를 나타내서는 안 됨을 설명하고 있다. 따라서 ㉠에 따르면 도덕 문장을 포함하는 전건 긍정식이 타당하다면 도덕 문장이 감정을 표현한다는 견해는 수용될 수 없을 것이다.

③ (나)의 1문단에 따르면 몇몇 논리학자들은 전건 긍정식의 P가 감정이나 태도를 표현하는 문장일 경우, 'P이면 Q이다.'의 P와 'P이다.'의 P 사이에서 발생하는 내용의 차이로 인해 두 전제의 참이 결론 'Q이다.'의 참을 보장하지 않는다고 주장하였다. 따라서 ㉠은 전건 긍정식이 타당하기 위해선 두 전제 모두에 나타난 문장의 내용이 일치해야 함을 전제로 하고 있음을 알 수 있다.

④ (나)의 1문단에 따르면 몇몇 논리학자들은 전건 긍정식의 P가 감정이나 태도를 표현하는 문장일 경우, 'P이면 Q이다.'의 P와 'P이다.'의 P 사이에서 발생하는 내용의 차이로 인해 두 전제의 참이 결론 'Q이다.'의 참을 보장하지 않는다고 주장하였다. 이때 도덕 문장은 감정이나 태도를 표현하는 문장이며, 개인적 선호는 감정에 해당하므로 ㉠은 도덕 문장뿐만 아니라 개인적 선호를 나타내는 문장에 대해서도 제기될 수 있음을 알 수 있다.

⑤ 도덕 문장을 판단적이라고 보는 행크스의 이론에 따르면 조건문에 포함된 문장은 판단적이라는 점에서 단독으로 진술될 때와 내용의 차이가 없으므로 ㉠은 애당초 발생하지 않을 것임을 알 수 있다.

05

정답설명

① 도덕 문장이 태도나 감정을 표현한다는 주장은 (가)의 에이어의 주장에 해당한다. 〈보기〉 역시 도덕 문장을 태도를 표현하는 것으로 보고 있으므로, 도덕 문장을 포함하는 조건문이 '태도에 대한 태도'를 표현한다는 〈보기〉의 주장과 에이어의 주장은 상충하지 않는다.

오답설명

② 논증의 타당성이 전제와 결론의 참에 의해 규정된다는 주장은 (나)의 전건 긍정식이 타당하다는 입장과 관련이 있다. 이들은 전건 긍정식의 전제 중 하나가 감정이나 태도를 표현한 문장일 경우 해당 논증은 타당하지 않은 것으로 판단해야 한다고 하였으므로, 타당성을 논증에 나타난 태도 사이의 관계에 의해 규정할 수 있다는 〈보기〉의 주장과 상충한다.

③ 무엇이 윤리적으로 옳고 그른지에 대한 객관적 기준을 세워야 한다는 주장은 (가)의 전통적 윤리학자들의 주장이다. 이들은 도덕 문장이 감정을 표현하는 주관적 태도를 나타내지 않는다고 여기므로, 도덕 문장은 찬성과 반대라는 주관적 태도를 나타낸다는 〈보기〉의 주장과 상충한다.

④ '귤은 맛있다.'가 귤에 대한 화자의 선호를 표현한다는 주장은 (가)의 에이어의 주장과 관련이 있다. 에이어는 이렇게 감정이나 태도를 표현하는 문장을 도덕 문장이라고 보고, 도덕 문장은 참 또는 거짓일 수 있다는 진리 적합성을 갖지 않음을 밝혔다. '자선은 옳다.'가 자선에 대한 화자의 찬성을 표현한다고 본 〈보기〉의 입장 역시 해당 문장에 대한 참, 거짓을 판단할 수 없다고 하였으므로 〈보기〉의 주장과 에이어의 주장은 상충하지 않는다.

⑤ '도둑질은 나쁘다.'가 화자의 정서를 표출하므로 진리 적합성이 없다는 주장은 (가)의 에이어의 주장에 해당한다. 폭력에 대한 화자의 태도를 표현하는 문장이 참, 거짓일 수 없다는 〈보기〉의 주장은 태도를 표현하는 문장이 진리 적합성이 없음을 드러낸 것이므로 〈보기〉의 주장과 에이어의 주장은 상충하지 않는다.

06

정답설명

② '제시하다'는 '어떠한 의사를 말이나 글로 나타내어 보이게 하다.'라는 뜻이다. ⓑ의 '내놓다'는 '생각이나 의견을 제시하다.'라는 뜻이므로 이 둘은 바꾸어 쓰기에 적절하다.

오답설명

① '수색하다'는 '구석구석 뒤지어 찾다.'라는 뜻이다. ⓐ의 '찾다'는 '모르는 것을 알아내고 밝혀내려고 애쓰다.'라는 뜻이므로 이 둘을 바꾸어 쓰는 것은 적절하지 않다.

③ '전파하다'는 '전하여 널리 퍼뜨리다.'라는 뜻이다. ⓒ의 '펼치다'는 '생각 따위를 전개하거나 발전시키다.'라는 뜻이므로 이 둘을 바꾸어 쓰는 것은 적절하지 않다.

④ '발산하다'는 '감정 따위가 밖으로 드러나 해소되거나 분위기 따위가 한껏 드러나다.'라는 뜻이다. ⓓ의 '불러일으키다'는 '어떤 마음, 행동, 상태를 일어나게 하다.'라는 뜻이므로 이 둘을 바꾸어 쓰는 것은 적절하지 않다.

⑤ '공개하다'는 '어떤 사실이나 사물, 내용 따위를 여러 사람에게 널리 터놓다.'라는 뜻이다. ⓔ의 '열다'는 '새로운 기틀을 마련하다.'라는 뜻이므로 이 둘을 바꾸어 쓰는 것은 적절하지 않다.

구조도 정답

(가)

① 진리 적합성
② 도덕 문장
③ 독립적
④ 도덕 용어
⑤ 옳고 그름

(나)

① 전건 긍정식
② x
③ 타당성
④ 판단적
⑤ 속성

2025학년도 11월

지문분석

(가) 개화의 의미 변화 과정

↳ **개항 이전(개화 실행 주체 = 왕)**

　개화 = 통치자의 통치 행위
　　→ 변화하는 세상에 대한 (①) 확장 + 피통치자에 대한 교화

↳ **임오군란 이후(개화 실행 주체 = 왕)**

　· 『한성순보』
　　개화 = 서양 기술과 제도의 도입을 통한
　　(②)(인민 입장/독립 주권의 소중함 자각)
　　+ 풍속의 진보(통치자 입장/문명의 장점 수용 → 추가 진보)

　· 개화당의 한 인사
　　개화 = 서양 근대 국가의 통치 방식으로의 변화

↳ **갑신정변(개화 실행 주체 ≠ 왕)**

　개화 = 풍속의 진보+통치 방식 변화
　　→ (③)에 대한 도전 + 개인의 사욕을 위한 것

↳ **갑신정변 이후**

　· 유길준의 『서유견문』 → 개화의 부정적 이미지 탈피 노력

　· 『대한매일신보』 등(개화 실행 주체 = 국가 구성원 전체)
　　개화 = 근대 국가 주권을 향해 국가 구성원 전체를 조직하고
　　동원하는 것

↳ **을사늑약 이후**

　· 개화 논의 → 문명에 대한 본격적 논의

　· 대한 자강회
　　주체 인식의 준거 = 서양 근대 문명의 주체
　　　→ 민족 주체성 간과

　· 박은식
　┌ 문명의 물질적 측면(과학) : 서양으로부터 수용
　└ 문명의 정신적 측면(철학) : (④)을 혁신하여 재구성
　　→ 근대 주체 = 과학적·철학적 인식 주체이자 실천적 (⑤)의 주체

(나) 중국의 서양 과학 및 기술의 수용 과정

↳ 20세기 초반 : (①)을 사회 전체에 이식하려는 시도

옌푸

　· 국가 간 경쟁에서 승리하기 위한 조건 :
　　기술 + 국민의 (②) 자질(과학적 사유 능력이 가장 중요)
　· 과학 = (③)의 방법에 근거한 근대 학문 전체
　· 과학 습득으로 전통 학문의 폐단에서 벗어나야 함.

천두슈

　· (④) = 과학 및 과학의 방법에 근거한 문화
　· 과학의 근거 위에서 민주 정치 실현 가능,
　　전통문화 전반에 대한 철저한 부정과 비판
　· 사상·철학 및 사회·인간의 삶에 대한 연구
　　→ 과학의 방법 이용
　· 제1차 세계 대전의 비극 : 과학 자체의 죄악 ×

장쥔마이

　· 통제되지 않은 과학이 불러온 역작용 목도 → 서양 근대 문명 비판
　· 과학적 방법 부정 ×, but (⑤) 문제에는 과학적 방법 적용 ×
　· (④) 운동에 의해 부정된 중국 전통 가치관을 수호

형태쌤 Comment

　개화의 의미 변화 과정을 통시적으로 설명하는 (가) 지문과 과학 문명의 수용과 관련한 중국 학자들의 견해를 비교·설명한 (나) 지문으로 나누어져 있다. 통시적 흐름에 따라 달라지는 변화 양상과 학자들 간의 공통점 및 차이점을 잘 정리하면서 읽어야 문제 풀이에서 실수하지 않는다.

문제분석 01-06번

번호	정답	정답률(%)	선지별 선택비율(%)				
			①	②	③	④	⑤
1	④	80	7	3	2	80	8
2	⑤	70	4	13	8	5	70
3	③	77	7	4	77	6	6
4	②	37	5	37	30	10	18
5	①	28	28	23	14	25	10
6	②	91	1	91	1	1	6

01

정답설명

④ (나)의 2문단에 따르면 옌푸는 '과학 정신이 전제되지 않은 정치적 변혁은 뿌리내릴 수 없'다고 보았다. 이는 정치적 변혁을 위해서는 과학 정신이 선행되어야 한다는 주장이므로, 인과를 바꾸어 설명한 선지의 내용은 적절하지 않다.

오답설명

① (가)의 1문단에서 '서양의 과학과 기술, 천주교의 수용을 반대했던 이항로를 비롯한 척사파의 주장은 개항 이후에도 지속되'었다고 하였다.

② (가)의 4문단에 따르면, 을사늑약 이후 박은식은 '문명의 정신적 측면인 철학은 유학을 혁신하여 재구성하는 것'이 필요하다고 보았다.

③ (나)의 1문단에 따르면, 중국은 근대화를 추진함에 있어 기술 수용만으로는 부족하다는 인식을 바탕으로 '진정한 근대를 이루기 위해 기술 배후에서 작용하는 과학 정신을 사회 전체에 이식하'고자 하였다.

⑤ (나)의 4문단에 따르면, 장쥔마이는 통제되지 않은 과학이 불러온 역작용을 목도한 후에 근대 과학 문명에 대한 비판적 인식을 바탕으로 중국 전통 가치관의 수호를 내세웠다.

02

정답설명

⑤ (가)의 2문단에 따르면, 『한성순보』의 개화 개념에는 '인민이 국가의 독립 주권의 소중함을 깨닫는 의식의 변화가 내포되'어 있다. 『한성순보』는 『대한매일신보』가 간행되기 전의 신문이므로 선지의 내용은 적절하지 않다.

오답설명

① (가)의 1문단의 '개화는 개항 이전에는 통치자의 통치 행위로서 변화하는 세상에 대한 지식 확장과 피통치자에 대한 교화를 의미했다.'를 통해 개항 이전의 개화 개념은 피통치자인 백성을 다스리는 통치자로서의 역할과 관련이 있었음을 알 수 있다.

② (가)의 2문단에 따르면, 『한성순보』의 개화 개념에는 '수용 가능한 문명의 장점을 받아들여 국가의 진보를 달성한다는 의미'가 담겨 있다. 이때 '수용 가능한 문명'은 선별적으로 수용할 수 있는 서양 기술과 제도를 의미하므로 선지의 내용은 적절하다.

③ (가)의 3문단에 따르면 '개화 실행 주체로서 왕의 역할이 사라진 것은 갑신정변에서'였으므로, 갑신정변 이전 시점에 제시된 『한성순보』와 개화당의 한 인사의 개화 개념에는 통치권자인 왕이 개화의 실행 주체로 상정되어 있음을 알 수 있다.

④ (가)의 3문단의 '개화 실행 주체로서 왕의 역할이 사라진 것은 갑신정변에서였다.~갑신정변의 개화 개념은 통치권에 대한 도전'에서 확인할 수 있다.

03

정답설명

③ (나)의 3문단에 따르면 '천두슈'는 '제1차 세계 대전의 비극은 과학을 이용해 저지른 죄악의 결과일 뿐 과학 자체의 죄악이 아니라고 주장하'였으므로, 선지의 진술에 동의할 것이다. 한편, (나)의 4문단에 따르면 '장쥔마이'는 '통제되지 않은 과학이 불러온 역작용을 목도'하고 근대 과학 문명에 대해 비판을 하면서도 '과학적 방법을 부정하지 않았'으므로 선지의 진술에 동의할 것이다.

오답설명

① (나)의 3문단에서 '천두슈'는 '중국이 달성해야 할 신문화는 과학 및 과학의 방법에 근거한 문화라 보고, 신문화를 이루기 위해 전통문화 전반에 대한 철저한 부정과 비판을 시도했'으므로, 선지의 진술에 동의할 것이다. 반면 (나)의 4문단에 따르면 '장쥔마이'는 '과학적 방법을 부정하지 않았'으나 인생관의 문제는 과학과 별개로 파악했고 '중국 전통 가치관의 수호를 내세웠'으므로, 선지의 진술에 동의하지 않을 것이다.

② (나)의 2문단에 따르면 '천두슈'는 전통 학문의 폐단에서 벗어나기 위해 과학을 습득하여야 한다고 주장한 '옌푸'의 입장을 이어받았으므로, '옌푸'와 동일하게 전통 사상의 폐단은 과학 정신이 뿌리내리지 못한 사회 체질에서 비롯된 것이라고 보았을 것이다. 반면 (나)의 4문단에 따르면 '장쥔마이'는 사상적 위기가 근대 과학 문명에서 초래되었다고 보았으며, '과학만능주의에 기초한 신문화 운동에 의해 부정된 중국 전통 가치관의 수호를 내세웠'으므로, 선지의 진술에 동의하지 않을 것이다.

④ (나)의 3문단에서 '천두슈'는 '과학의 근거 위에서만 민주 정치의 실현이 가능하'며, 사상이나 철학, 사회와 인간의 삶에 대한 연구에 서양의 과학 정신을 이용해야 한다고 주장하였으므로, 선지의 진술에 동의할 것이다. 반면 (나)의 4문단에 따르면 '장쥔마이'는 '과학적 방법을 부정하지 않았'으나 사상적 위기가 근대 과학 문명에서 초래되었으며 '인생관의 문제에는 과학적 방법이 적용될 수 없다고 지적했'으므로, 선지의 진술에 동의하지 않을 것이다.

⑤ (나)의 3문단에 따르면 '천두슈'는 '사상이나 철학이 과학의 방법을 이용하지 않으면 공상에 그칠 뿐이라고 주장'하였으므로, 선지의 진술에 동의할 것이다. 반면 (나)의 4문단에서 '장쥔마이'는 사상적 위기가 근대 과학 문명에서 초래되었다고 보았으므로, 선지의 진술에 동의하지 않을 것이다.

04

정답설명

② (가)의 4문단에 따르면 박은식은 '서양 근대 문명의 주체를 주체 인식의 준거로 삼았'던 대한 자강회의 주요 인사들과 달리, '과학적·철학적 인식의 주체이자 실천적 도덕 수양의 주체로서의 성격을 띠는' 새로운 근대 주체의 형성에 주목하였다. 따라서 ㉠은 주체 인식의 준거가 서양 근대 문명의 주체라는 인식에 반대하는 입장이다. 한편, (나)의 3문단에 따르면 천두슈는 '사상이나 철학이 과학의 방법을 이용하지 않으면 공상에 그칠 뿐이라고 주장'하였으므로, ㉡은 철학이 과학의 방법에 근거할 수 없다는 생각에 반대하는 입장이다.

오답설명

① ㉠ O, ㉡ X / (가)의 4문단에 따르면 박은식은 '가치관 정립과 인격 수양을 위해' 철학은 필수적이라는 입장을 취하며, '과학적·철학적 인식의 주체이자 실천적 도덕 수양의 주체로서의 성격을 띠는' 근대 주체를 제시하였다. 따라서 ㉠은 인격의 수양을 동반하는 근대 주체의 정립에 동의하는 입장이다. 반면 (나)의 3문단에 따르면 천두슈는 '신문화를 이루기 위해 전통문화 전반에 대해 철저한 부정과 비판을 시도했'으므로, ㉡은 전통적 사유 방식에 기반을 둔 신문화의 달성에 동의하는 입장이 아니다.

③ ㉠ X, ㉡ O / (가)의 4문단에 따르면 박은식은 '생존과 편리 증진을 위해 과학 연구가 시급'하다고 보았으므로, ㉠은 생존과 편리 증진을 위한 과학 연구의 시급성을 부인하는 입장이 아니다. 반면, (나)의 3문단에 따르면 천두슈는 '사상이나 철학이 과학의 방법을 이용하지 않으면 공상에 그칠 뿐이라고 주장'하였으므로, ㉡은 과학의 방법에 영향 받지 않는 사상이나 철학을 부인하는 입장이다.

④ ㉠ O, ㉡ X / (가)의 4문단에 따르면 앞서 근대 문명을 이룬 국가를 추종하는 태도를 보인 것은 '대한 자강회의 주요 인사들'이다. 이러한 상황에서 박은식은 '자국 철학 전통의 정립'이라는 사상적 흐름에 따라 새로운 근대 주체를 제시하였으므로, ㉠은 앞서 근대 문명을 이룬 국가를 추종하였던 대한 자강회의 태도를 비판하는 입장이다. 반면, (나)의 3문단에 따르면 천두슈는 '제1차 세계 대전의 비극은 과학을 이용해 저지른 죄악의 결과일 뿐 과학 자체의 죄악이 아니라고 주장하'였으므로, ㉡은 전쟁의 폐해가 과학을 오용한 자들의 탓이라는 주장을 비판하는 입장이 아니다.

⑤ ㉠ O, ㉡ X / (가)의 4문단에 따르면 박은식은 과학을 문명의 물질적인 측면으로, 철학을 문명의 정신적인 측면으로 보았으므로, ㉠은 과학과 철학이 문명의 두 축을 이루는 학문이라는 견해에 동의하는 입장이다. 반면, (나)의 3문단에 따르면 천두슈는 사상이나 철학이 과학의 방법을 이용해야 한다고 보았으므로, ㉡은 철학보다 과학이 우위임을 인정할 수 없다는 견해에 동의하는 입장이 아니다.

05

정답설명

① (가)의 2문단에 따르면, 고종은 **반서양 정서의 교정**을 위해 『한성순보』를 발간하였다. 한편 〈보기〉의 마을 사람들은 서양의 생산 기술을 도입하는 **정책의 필요성에 공감**하였으므로, 반서양 정서를 가지고 있다고 보기 어렵다. 정부가 서양의 생산 기술 도입으로 변화하게 될 마을을 홍보한 것은 발전을 이뤄 낼 수 있다는 확신이 부족한 마을 사람들을 독려하기 위함이며, 『한성순보』의 간행 취지와 부합하지 않는다.

오답설명

② (가)의 3문단에 따르면 개화당의 한 인사의 개화 개념에 내포된 개화의 지향점은 '서양 근대 국가의 통치 방식으로의 변화'이며, 〈보기〉에서 정부가 서양의 생산 기술을 도입하며 내세운 목표는 '마을의 경제 발전'이므로 목표가 서로 다르다.

③ (가)의 4문단에 따르면 박은식은 과학을 문명의 물질적인 측면으로, 철학을 문명의 정신적인 측면으로 보며 가치관 정립과 인격 수양을 위한 철학의 중요성을 강조하였다. 따라서 박은식은 〈보기〉 속 젊은이들이 보인 자문화에 대한 인식 변화가 가치관 정립을 위한 철학이 부재했기 때문이라고 볼 것이다.

④ (나)의 2문단에 따르면 옌푸는 '경쟁에서 승리하려면 기술뿐 아니라 국민의 정신적 자질이 뒷받침되어야' 함을 강조하였다. 따라서 옌푸는 〈보기〉에서 마을이 정신적 자질 없이 기술의 수용만을 중시하면 마을 간 경쟁에서 승리할 수 없다고 볼 것이다.

⑤ (나)의 4문단에 따르면 장쥔마이는 '과학이 어떻게 발달하든 그것이 인생관의 문제를 해결할 수는 없다며' 과학적 방법의 한계를 지적하였다.

따라서 장쥔마이는 〈보기〉에서 마을이 과거에 중시했던 '협력과 나눔의 인생관'이 더 이상 유효하지 않게 된 문제는 인생관의 문제이기에 과학적 방법으로 해결할 수 없다고 볼 것이다.

06

정답설명

② 지문의 '그치다(ⓐ)'는 '더 이상의 진전이 없이 어떤 상태에 머무르다.'라는 의미이다. 이는 선지의 '우리 학교는 이번에 16강에 그쳤다.'의 '그치다'와 같은 의미이다.

오답설명

①, ③, ④, ⑤ '계속되던 일이나 움직임이 멈추거나 끝나다. 또는 그렇게 하다.'라는 의미의 '그치다'이므로, ⓐ의 의미와 다르다.

구조도 정답

(가)

① 지식

② 인지

③ 통치권

④ 유학

⑤ 도덕 수양

(나)

① 과학 정신

② 정신적

③ 인과 실증

④ 신문화

⑤ 인생관

나 없이
기출
풀지마라

독서

사회

지문분석

계약과 법규

사법 : 개인과 개인 사이의 재산, 가족 관계 등에 적용되는 법

'(①)의 원칙 (계약 내용은 당사자들이 정함)' 적용

계약 내용≠사법 규정 →(②) 우선 적용

임의 법규

당사자가 자유롭게 계약 내용을 정할 수 있는 규정

사법은 원칙적으로 (③)
→ 계약으로 달리 정하지 않았다면 사법 규정 적용

ex) 임대인의 수선 의무 조항

임대인이 수선할 의무
But 세입자가 해결한다는 계약 내용 있다면 우선 적용

단속 법규

계약 내용 ≠ 법률
→ 법적 불이익O, (④)O (급부 의무 인정)

ex) 공인 중개사 소유 부동산의 직접 매매를 금지하는 규정

공인 중개사에게 벌금 부과, 계약 자체는 유효

강행 법규

계약 내용 ≠ 법률
→ 법적 불이익O, (④)X (급부 의무 부정)

이미 급부 이행한 경우 '(⑤) 반환 청구권' 인정

ex) 의사와 의사 아닌 사람의 의료 기관 동업을 금지하는 규정

계약 효력 (⑥), 동업 자금 반환 청구 가능

'부당 이득 반환 청구권' 인정 X

급부 내용이 비도덕적·반사회적인 경우

(⑦) : 계약의 자유를 제한하려면 최소로 제한해야 함

형태쌤 Comment

법 지문이 어렵게 출제될 때는 법률적 개념으로 어떤 현상이나 사례를 설명하는 경우가 많다. 이런 경우 개념에 대한 명확한 이해와 함께 사례에 개념을 정밀하게 적용해야 하기 때문에 난도가 높다. 이 지문은 사례가 먼저 나오긴 했지만, 화제를 도입하기 위한 사례이기에 어려운 법 지문의 패턴은 아니다. 설명하는 개념만 명확하게 이해하면 쉽게 독해를 진행할 수 있도록 구성되었다.

문제분석 01-05번

번호	정답	정답률 (%)	선지별 선택비율(%)				
			①	②	③	④	⑤
1	③	77	4	4	77	11	4
2	②	63	5	63	25	5	2
3	①	79	79	3	9	6	3
4	③	62	7	11	62	14	6
5	⑤	91	3	3	2	1	91

01

정답설명

③ 6문단에 따르면 국가는 정당한 입법 목적을 달성하기 위해 개인 간의 계약에 개입하며, 이 경우 계약의 자유를 최소로 제한해야 한다는 비례 원칙이 적용된다. 즉, 비례 원칙은 국가가 개인 간의 계약에 개입하는 모든 경우에 적용되는 것이므로 단속 법규로 개입하는 경우에도 비례 원칙이 적용된다.

오답설명

① 2문단의 '당사자들이 사법에 속하는 법률의 규정과 어긋난 내용으로 계약을 체결한 경우에 계약 내용이 우선 적용된다.'에서 확인할 수 있다.

② 2, 3문단에 따르면 임의 법규는 사법에 속하는 법률의 규정보다 그에 어긋난 계약 내용이 우선적으로 적용되는 반면, 단속 법규는 법률로 정해진 내용과 어긋나게 계약하면 법적 불이익이 수반된다. 따라서 임의 법규가 단속 법규에 비해 계약 자유의 원칙에 더 부합한다고 볼 수 있다.

④ 6문단에 따르면 국가가 개인 간의 계약에 개입하는 것은 정당한 입법 목적을 달성하기 위해서이다. 이는 정당한 입법 목적이 달성되었다면 국가는 더 이상 개인 간의 계약에 개입해서는 안 된다는 것을 의미한다. 따라서 단속 법규로 입법 목적을 달성할 수 있는 계약에 대해 체결된 계약의 효력 자체도 인정되지 않는 강행 법규로 국가가 개입하는 것은 정당화될 수 없다.

⑤ 5문단의 '급부의 내용이 위조지폐 제작처럼 비도덕적이거나 반사회적인 행동이라면, 계약의 효력이 인정되지 않을 뿐 아니라 이미 넘겨준 이익을 돌려받을 권리도 부정되는 것이 원칙이다.'에서 확인할 수 있다.

02

정답설명

② ㄱ. 법률의 규정과 계약 내용이 어긋날 때는 계약 내용이 우선적으로 적용되지만, 수선에 관한 내용이 계약서에 없다면 원칙적으로 법률의 규정이 적용되므로 민법전의 법조문에 의해 건물주가 수선 의무를 진다. 또한 이 계약은 '임의 법규'가 적용되므로 수선 의무를 계약에 포함하지 않은 것에 대한 법적 불이익은 누구에게도 없다.

ㄷ. 법률의 규정과 계약 내용이 어긋날 때는 계약 내용이 우선적으로 적용되므로, 계약서 내용에 따라 세입자가 수선 의무를 진다. 또한 이

계약은 '임의 법규'가 적용되므로 자유롭게 계약 내용을 정할 수 있으며, 법적 불이익은 누구에게도 없다.

오답설명

ㄴ. 수선에 관한 내용이 계약서에 없다면 민법전의 법조문에 의해 건물주가 수선 의무를 진다. 또한 이 계약은 '임의 법규'가 적용되므로 아무도 법적 불이익을 받지 않는다.

ㄹ. 법률의 규정과 계약 내용이 어긋날 때는 계약 내용이 우선적으로 적용되므로, 계약서 내용에 따라 세입자가 수선 의무를 진다. 또한 이 계약은 '임의 법규'가 적용되므로 아무도 법적 불이익을 받지 않는다.

03

정답설명

㉠과 ㉡을 정리하면 다음과 같다.

㉠ : '단속 법규'가 적용되는 계약

㉡ : '강행 법규'가 적용되는 계약

① ㉠에 해당하는 단속 법규의 경우 체결된 계약 내용이 법률에 정해진 내용과 어긋나면 법적 불이익이 있다. 한편, ㉡에 해당하는 강행 법규의 경우 체결된 계약 내용이 법률에 정해진 내용과 어긋나면 법적 불이익이 있을 뿐 아니라 체결된 계약의 효력 자체도 인정되지 않는다. 따라서 ㉠과 ㉡의 공통점은 법적 불이익을 받는 계약 당사자가 있는 것이다.

오답설명

② ㉡은 급부 의무가 인정되지 않지만, ㉠은 급부 의무가 인정된다.

③ ㉠은 급부 의무가 인정되기 때문에 계약에 따라 넘어간 재산적 이익을 반환해야 할 필요가 없다. 한편 ㉡은 급부 내용에 따라 판단이 달라지는데, 만약 급부 내용이 비도덕적이거나 반사회적이라면 계약에 따라 넘어간 재산적 이익을 반환해야 하는 '부당 이득 반환 청구권'이 인정되지 않는다.

④ ㉠은 법적 불이익이 있지만 계약의 효력 자체는 그대로 둔다. 그러나 ㉡은 법적 불이익을 받을 뿐 아니라 체결된 계약의 효력 자체도 인정되지 않는다.

⑤ ㉠과 ㉡ 모두 '개인과 개인 사이의 재산, 가족 관계 등에 적용되는 법'인 사법의 영역에 해당한다. 2문단의 '계약의 구체적인 내용 결정 등은 당사자들 스스로 정할 수 있다는 것이다.'를 통해 선지의 내용은 ㉠과 ㉡ 모두 해당되지 않음을 알 수 있다.

04

정답설명

③ 6문단에 따르면 국가가 개인 간의 계약에 개입하는 것은 정당한 입법 목적을 달성하기 위해서이다. 이를 고려할 때, B에게 벌금을 부과하는 것에 더하여 계약의 효력 자체도 인정하지 않은 이유는, 벌금을 부과하는 것만으로는 법률의 입법 목적을 실현하기에 부족하다는 점을 고려했기 때문이라 할 수 있다.

형태쌤의 과외시간

• 농지를 용도에 맞지 않게 사용하는 것에 합의· 농지 임대차 계약 체결
　⇒ 농지법 위반 → '강행 법규' 적용

• B에게 벌금 부과 = 법적 불이익

• 계약 무효 = 계약의 효력 인정 ×

• B가 A에게 사용료 반환 = 급부 의무 부정, 부당 이득 반환 청구권 인정

• A가 B에게 농지를 빌려 써서 얻은 이익을 반환 = 부당 이득 반환 청구권 인정

오답설명

① 사법은 개인과 개인 사이의 재산, 가족 관계 등에 적용되는 법이므로, A와 B가 농지 임대차 계약을 체결할 때에도 사법의 적용을 받는다.

② 인과 관계를 잘 살펴야 한다. 〈보기〉는 체결된 계약 내용이 법률과 어긋나는 경우, 국가가 개인 간의 계약에 개입하여 (1) 계약을 무효화하고 (2) 법적 불이익을 주는 '강행 법규'를 적용한 상황이다. B가 벌금을 부과 받은 것은 (2)에 해당한다. 즉 법률로 정해진 행동과 어긋나는 계약을 해서 벌금을 부과한 것이지, 계약이 효력이 있음을 인정하지 않았기 때문은 아니다.

④ 부당 이득 반환 청구권이 인정되지 않는 경우는 급부의 내용이 비도덕적이거나 반사회적인 행동인 경우이다. 이 계약에서는 부당 이득 반환 청구권이 인정되었으므로 급부의 내용이 비도덕적이나 반사회적인 행동에 해당한다고 볼 수 없다.

⑤ B가 A에게서 받은 사용료를 반환하라고 판결한 것은 사용료가 부당 이득에 해당한다고 판단했기 때문이다.

05

정답설명

⑤ ⓐ와 '나는 조장으로서 큰 부담을 지고 있다.'의 '지다'는 모두 '책임이나 의무를 맡다.'라는 의미로 쓰였다.

오답설명

① '어떤 현상이나 상태가 이루어지다.'라는 의미이다.

② '신세나 은혜를 입다.'라는 의미이다.

③ '어떤 좋지 아니한 관계가 되다.'라는 의미이다.

④ '물건을 짊어서 등에 얹다.'라는 의미이다.

구조도 정답

① 계약 자유　　② 계약 내용　　③ 임의 법규

④ 계약 효력　　⑤ 부당 이득　　⑥ 부정

⑦ 비례 원칙

지문분석

채권

→ 정부나 기업이 (①) 위해 발행

발행자 : 일정 이자와 원금을 투자자에게 지급
투자자 : 채권을 다시 매도하거나 이자를 받아 수익 얻음

→ 채권 투자에는 신용 위험이 수반됨

신용 위험 : 발행자의 (②) 부족 등의 사유로
이자, 원금이 지급되지 않을 가능성

채권의 신용 등급을 공시하는
(③) 제도 도입하여 투자자 보호

신용 위험↑ → 신용 등급↓ → (④)↓

→ CDS 거래 : 보장 매입자와 보장 매도자 사이의 거래

기초 자산 : 신용 위험의 이전이 일어나는 대상 자산

기초 자산의 부도 시 (⑤)가 손실을 보상
→ 채권의 (⑥)이 보장 매입자로부터 보장 매도자로 이전

(⑦)
: 보장 매도자가 위험 부담의 대가로 받는 보험료의 요율

기초 자산의 신용 위험↑ → CDS 프리미엄↑

보장 매도자의 지급 능력↑ → CDS 프리미엄↓

보장 매도자가 발행한 채권의 신용 등급↑
→ CDS 프리미엄↑

형태쌤 Comment

1문단에서 화제(A : CDS 프리미엄)를 제시하고 있고, 2~3문단에서는 화제를 위한 전제(B1 : 신용 위험)를, 4문단에서도 화제를 위한 전제(B2 : CDS)를, 5문단에서는 화제(A : CDS 프리미엄)를 구체화하여 내용을 전개하고 있다. 이른바 ABA 구조의 지문이다. 특히 4문단에서 집중적으로 나오는 개념을 정확하게 이해하고 넘어가야 필자가 본격적으로 화제를 풀어 줄 때 제대로 이해하며 독해를 진행할 수 있다.

문제분석 01-05번

번호	정답	정답률(%)	선지별 선택비율(%)				
			①	②	③	④	⑤
1	②	90	2	90	2	4	2
2	④	83	4	5	5	83	3
3	②	46	6	46	8	20	20
4	③	62	5	8	62	18	7
5	①	91	91	5	2	1	1

01

정답설명

② 3문단에 따르면 발행자의 지급 능력이 최상급인 채권에 AAA라는 최고 신용 등급이 부여되며, 신용 위험이 커지는 순서에 따라 AA, A, BBB, BB 등 점차 낮아지는 등급 범주로 평가된다. 이를 통해 채권 발행자의 지급 능력이 커지면, 신용 위험은 작아질 것임을 알 수 있다.

오답설명

① 2문단에 따르면 채권은 정부나 기업이 자금을 조달하기 위해 발행하는 것이다.

③ 2문단에 따르면 각국은 신용 평가 제도를 도입하여 채권을 매입한 투자자를 보호하고 있다.

④ 3문단에 따르면 채권은 신용 위험이 클수록 신용 등급이 낮아진다. 또한 다른 조건이 일정한 가운데 신용 위험이 커지면, 즉 신용 등급이 낮아지면 채권 시장에서 해당 채권의 가격은 떨어진다고 하였으므로 선지의 내용은 적절하다.

⑤ 2문단에 따르면 채권의 발행자는 정해진 날에 일정한 이자와 원금을 투자자에게 지급할 것을 약속하는데, 이때 채권 투자에는 이자와 원금이 지급되지 않을 가능성인 신용 위험이 수반된다.

02

정답설명

④ 개념에 대한 이해를 직접적으로 물어보는 문제다. ㉠(갑)과 ㉡(을)은 CDS 계약을 체결하였으므로, ㉠은 보장 매입자, ㉡은 보장 매도자이다. 4문단에서 'CDS 거래를 통해 채권의 신용 위험은 보장 매입자로부터 보장 매도자로 이전된다.'라고 하였으므로 선지의 설명은 적절하다.

오답설명

① 4문단에서 "CDS 거래에서 신용 위험의 이전이 일어나는 대상 자산을 '기초 자산'이라고 한다."라고 하였다. ㉡(을)이 발행하고 ㉠이 매입한 채권은 ㉡과의 CDS 거래에서 신용 위험의 이전이 일어나는 자산이기 때문에, ㉠이 매입하여 보유한 채권은 기초 자산이다.

② 4문단에서 'CDS 거래를 통해 채권의 신용 위험은 보장 매입자로부터 보장 매도자로 이전된다.'라고 하였으므로, 기초 자산의 부도 손실을 보상하는 것은 ㉠이 아니라 ㉡이다.

③ [A]에서 ㉡은 채권 투자자가 아니라 채권 발행자임을 알 수 있다. 신용 위험을 피하기 위해 ㉡과 CDS 계약을 체결한 채권 투자자는 ㉠이다.

⑤ 5문단에서 '보장 매도자는 기초 자산의 신용 위험을 부담하는 것에 대한 보상으로 보장 매입자로부터 일종의 보험료를 받는'다고 하였으므로, ㉡은 기초 자산에 부도가 나지 않아도 일단 이득(=보험료)을 얻게 된다. 만약 기초 자산에 부도가 난다면, ㉡이 보상해야 할 손실이 보험료보다 적을 경우에만 이득을 보게 된다.

03

정답설명

② CDS 프리미엄이 '가장 작은', '가장 큰' 것을 고르는 것이 아니라 '두 번째로 큰' 것을 고르라는 문제로구나. 실수하지 않도록 정신 차려야 한다. 5문단에서 CDS 프리미엄이 큰 경우를 친절히 설명해 줬으니, 차근차근 따라가면 쉽게 풀 수 있는 문제다. CDS 프리미엄은 ⑴ 기초 자산의 신용 위험이 클수록, ⑵ 보장 매도자의 지급 능력이 우수할수록, ⑶ 보장 매도자가 발행한 채권의 신용 등급이 높을수록 크다. 3문단에 따르면 신용 위험이 클수록 신용 등급은 낮아지므로, 결국 CDS 프리미엄 크기의 순서는 〈보기〉의 기초 자산의 신용 등급이 낮고 보장 매도자 발행 채권의 신용 등급이 높은 기초 자산 순서일 것이다. CDS 프리미엄 크기가 큰 순서로 나열하면, '㉮-㉯-㉰-㉱-㉲'가 되겠구나.

04

정답설명

③ 경제 지문에서는 〈보기〉가 복잡할수록 개념의 증감만 정확하게 따지면 된다. 당연히 핵심적인 개념에 대한 이해는 무조건 선행된 상태로 〈보기〉를 봐야겠지? 채권 B_X의 신용 등급은 A-에서 낮아졌다가 다시 올라갔다. 신용 등급이 낮아지면 손실의 가능성이 커지고, 신용 등급이 높아지면 손실의 가능성이 줄어든다.

이제 시기별로 따져보자. 2011년 10월은 B_X의 신용 위험에 대한 우려가 발생한 2011년 9월 17일 이후이므로 위험도가 높다고 할 수 있다. 2012년 12월 30일에는 X의 지급 능력이 2011년 8월 시점보다 개선되었다고 하였으므로, 2013년 1월은 B_X의 신용 위험으로 Z가 손실을 입을 가능성이 2011년 10월보다 작아졌을 것이다.

오답설명

① X는 채권 발행자이다. 4문단에서 'CDS 거래를 통해 채권의 신용 위험은 보장 매입자로부터 보장 매도자로 이전된다.'라고 하였으므로, 신용 위험을 부담하게 된 것은 보장 매도자인 Z이다.

② 2011년 11월은, 2011년 9월 17일에 악화된 X의 재무 상황이 개선되기 전이다. 따라서 B_X의 신용 등급은 계약 시점의 A-보다 높을 수 없다. 오히려 A-보다 낮아졌겠지.

④ 보장 매도자인 Z가 발행한 채권의 등급은 2011년 1월 1일에는 AAA였으나, 2013년 9월에 AA+로 하락하였다. 5문단에서 '보장 매도자가 발행한 채권의 신용 등급이 높으면 CDS 프리미엄은 크다.'라고 하였다. 따라서 2013년 10월 2일 B_X의 CDS 프리미엄인 100 bp는 이전에 비해 하락한 수치일 것이다. 2013년 3월은 Z가 발행한 채권의 등급이 하락하기 이전이므로, 이 시점의 CDS 프리미엄은 100 bp보다 높을 것이다.

⑤ B_X의 신용 등급에 대한 정보는 계약 체결 당시 등급인 A-만 제시되어 있다. 그런데 2012년 12월 30일, X의 지급 능력이 2011년 8월 시점보다 개선되었다고 하였으므로 구체적인 B_X의 신용 등급은 알 수 없더라도 A-보다는 높을 것으로 추측할 수 있다.

05

정답설명

① ⓐ와 '오늘 아침에는 기온이 영하로 떨어졌다.'의 '떨어지다'는 모두 '값, 기온, 수준, 형세 따위가 낮아지거나 내려가다.'라는 의미로 쓰였다.

오답설명

② '이익이 남다.'라는 의미이다.
③ '입맛이 없어지다.'라는 의미이다.
④ '옷이나 신발 따위가 해어져서 못 쓰게 되다.'라는 의미이다.
⑤ '말이 입 밖으로 나오다.'라는 의미이다.

구조도 정답

① 자금 조달
② 지급 능력
③ 신용 평가
④ 채권 가격
⑤ 보장 매도자
⑥ 신용 위험
⑦ CDS 프리미엄

03
II. 사회
2019학년도 11월

지문분석

계약과 법률 행위

→ 계약 : 의사 표시를 필수 요소로 하여
(①)를 발생시키는 (②)의 일종

→ 당사자에게 (③)(채권)과
(④)(채무)를 동시에 발생시킴

→ 매매 계약 : '팔겠다', '사겠다'라는
의사 표시가 합치함으로써 성립

매도인 : 매매 목적물 소유권 이전 의무 + 매매 대금 지급 청구권
매수인 : 매매 대금 지급 의무 + 매매 목적물 이전 청구권

→ 의무 불이행시
사적으로 물리력을 행사하여 해결하는 것은 금지

(⑤)로써 채권 존재·내용 확정
+ 국가가 물리력을 행사하는 (⑥) 신청 가능

→ 최초 계약시부터 그 내용이
실현 불가능한 경우 : 계약 자체가 (⑦)

→ 채무자의 과실로 이행 불능이 된 경우

채무자가 책임져야 함.
채권자는 (⑧) 행사 가능(단독 행위)

계약 해제 전 이행 O → 채권자 (⑨) 행사 가능

형태쌤 Comment

언뜻 보면 평이한 것 같지만 사실 만만치 않은 지문이다. 특히 초반부에 제시된 화제와 연관된 개념(매도인, 매수인, 채권, 채무)을 정확하게 인지하고 중반부로 넘어가야 지문을 제대로 이해하면서 독해를 진행할 수 있다. 2문단까지 읽었을 때, '매도인, 매수인'에 대한 개념이 머릿속에 정확하게 남아 있지 않다면, 반드시 1문단으로 돌아갔어야 한다. 독서 지문에서의 '개념'은 출제자와 수험생의 약속이기 때문에, '개념'에 대한 정확한 이해 없이 이후의 내용을 이해하는 것은 불가능하기 때문이다. 그리고 3문단부터 본격적으로 나오는 문제 상황에 대한 체크도 필수다. 독서 지문에서 '문제-원인-해결'의 구조는 반드시 출제되는 요소임을 인지했다면 무엇이, 왜 문제가 되는지와 어떻게 해결을 하는지를 정확하게 체크하면서 이후의 독해를 진행했어야 한다. 참고로 이 지문과 상당히 유사한 지문 구성으로 2017학년도 9평 〈사단 법인〉 지문이 있으니, 비교하며 다시 풀어 보는 것도 좋겠다.

문제분석 01-05번

번호	정답	정답률(%)	선지별 선택비율(%)				
			①	②	③	④	⑤
1	③	48	23	9	48	15	5
2	⑤	55	5	8	17	15	55
3	①	78	78	5	5	8	4
4	③	49	5	17	49	20	9
5	①	96	96	0	1	1	2

01

정답설명

③ 2문단에서 '의사 표시를 필수적 요소로 하여 법률 효과를 발생시키는 행위들을 법률 행위라 한다.'라고 하였다. 여기만 보면 [의사 표시 → 법률 행위 → 법률 효과]의 판단이 나오면서 ③을 무심코 넘길 수도 있다. 하지만 독서 지문은 부분이 아닌, 전체적인 내용을 보고 판단을 해야 한다. 게다가 5문단은 문제 상황에 대한 해결이 나온 부분으로 반드시 신경 써서 읽었어야 하는 부분이다. 6문단을 보면, '채무 불이행은 갑이나 을의 의사 표시가 작용한 것이 아니라, 매매 목적물의 소실에 따른 이행 불능으로 말미암은 것이다. 이러한 사건을 통해서도 법률 효과가 발생한다.'라고 나와 있다. 즉, '법률 효과'는 '법률 행위'가 없더라도 '의사 표시가 작용하지 않은 사건'을 통해서도 발생될 수 있다.

오답설명

① 2문단에 따르면 청구권을 내용으로 하는 권리가 채권이며, 4문단에 따르면 채권의 내용은 실체법에서 규정하고 있다고 하였으므로 실체법에는 청구권에 관한 규정이 있음을 알 수 있다.

② 4문단에 따르면 채권을 강제적으로 실현할 수 있도록 절차법이 갖추어져 있어 법원에 강제 집행을 신청할 수도 있다. 이를 통해 절차법에 강제 집행 제도가 마련되어 있음을 알 수 있다.

④ 4문단의 '법원에 강제 집행을 신청할 수도 있다. 강제 집행은 국가가 물리적 실력을 행사하여~채권이 실현되도록 하는 제도이다.'에서 확인할 수 있다.

⑤ 5문단의 '그 계약은 실현 불가능한 내용을 담고 있기 때문에 체결할 때부터 계약 자체가 무효이다.'에서 확인할 수 있다.

02

정답설명

⑤ 초반부에 나온 개념에 대해 정확하게 이해했는지 물어보는 문제다. 3문단에서 '을의 채무는 그림 A의 소유권을 갑에게 이전하는 것'이며, 물건의 소유권을 이전하는 방식은 그 물건을 인도하는 것이라고 하였으므로 ㉠(을의 채무)에는 물건을 인도할 의무가 있다. 한편 7문단에서 '갑의 채권은 결국 을에게 매매 대금을 반환해 달라고 청구할 수 있는 권리가 된다.'라고 하였으므로 ㉡(갑의 채권)에는 금전의 지급을 청구할 권리가 있다.

오답설명

① ㉠은 매도인인 을이 그림 A의 소유권을 매수인인 갑에게 이전해야 할 의무이다. 따라서 이는 매수인의 청구와 매도인의 이행으로 소멸한다.

② ㉡은 갑이 계약을 해제한 후 을에게 매매 대금을 반환해 달라고 청구할 수 있는 '원상회복 청구권'이다. 6문단에 따르면, ㉡을 성립시키는 채무 불이행은 매매 목적물의 소실에 따른 이행 불능으로 말미암은 것이므로 채권자와 채무자의 의사 표시가 작용하여 성립한 것으로 볼 수 없다.

③ 7문단에서 갑이 계약을 해제하여 그 계약으로 발생한 채권과 채무는 없 던 것이 되었다고 하였다. 따라서 ㉠은 소멸했으며, ㉠이 이행되지 못한 결과로 ㉡이 발생한 것이다.

④ ㉡은 계약 해제 후 생긴 권리이므로, ㉠과 ㉡은 동일한 계약으로 인한 효과가 아니다. 동전의 양면처럼 서로 다른 방향에서 파악되는 것은 ㉠ -갑의 채권(갑이 을에게 그림 A의 소유권을 이전해 달라고 청구할 수 있는 권리)이다.

03

정답설명

① 문제 상황에 밑줄을 그어 놓고 물어보고 있다. 무엇을 물어보겠니? 당연 히 원인이나 해결을 물어보겠지. 지문에서 원인과 해결을 체크했다면 바로 정답을 찾을 수 있고, 나머지 선지를 검토하지 않아도 다음 문제 로 넘어갈 수 있다. 시험장에서 시간 관리는 이렇게 하는 것이다. '을' 의 과실로 불이 나 그림 A가 타 없어졌기 때문에, 매매 목적물의 소실 에 따른 이행 불능 사건으로 '법률 효과'가 발생한다. 이에 따라 '갑'이 계약을 해제할 수 있는 권리를 갖게 되는 것이다.

오답설명

② 5문단의 '결국 채무는 이행 불능이 되었다. 소송을 하더라도 불능의 내 용을 이행하라는 판결은 나올 수 없다.'를 통해 '갑'은 소를 제기하더라 도 매매의 목적이 된 재산권(그림)을 이전받을 수 없음을 알 수 있다.

③ 이와 같은 상황에서 '갑'의 원상회복 청구권은 '갑'이 '을'에게 매매 대 금을 반환해 달라고 청구할 수 있는 권리를 뜻한다. 그림 A는 이미 불 에 타 없어졌으므로 '갑'이 그림 A의 소유권을 회복할 수는 없다.

④ 그림 A의 소실이 계약 체결 전이 아니라 계약 체결 후에 일어난 일이므 로, '갑'과 '을'의 계약은 실현 불가능한 내용을 담고 있지 않다. 채무가 이행 불능이 된 이유는 계약 체결 이후 '을'의 과실 때문이다.

⑤ '을'의 과실 때문에 '갑'에게 그림 A를 인도하는 것이 불가능해졌으므로 '을'은 채무 불이행에 대한 책임을 져야 한다. 이는 5문단의 '이행 불능 이 채무자의 과실 때문에 일어난 것이라면 채무자가 채무 불이행에 대 한 책임을 져야 한다.'에서 확인할 수 있다.

04

정답설명

형태쌤의 과외시간

〈보기〉의 내용을 간단하게 정리하면 다음과 같다.

증여	- 당사자 : 의사 표시 O, 이행 의무 O
	- 상대방 : 승낙(의사 표시) O, 이행 의무 X
유언	- 유언자 : 의사 표시 O
	- 상대방 : 승낙(의사 표시) X

③ 2문단에 따르면 변제는 채무자가 채무의 내용대로 이행하여 채권을 소 멸시키는 것이다. 증여의 경우 당사자는 상대방에게 자기의 재산을 주 어야 할 의무(채무)가 생기고, 상대방은 당사자의 재산을 받을 권리(채 권)가 생긴다. 따라서 증여도 변제의 의무를 발생시킨다.

오답설명

① 2문단을 통해 법률 행위는 의사 표시를 필수적 요소로 하고, 법률 효과를 발생시킴을 알 수 있다. 증여와 유언, 매매는 모두 의사 표시한다고 하 였으므로 모두 법률 행위로서 의사 표시를 요소로 한다는 것은 적절하다.

② 법률 행위는 법률 효과를 발생시킨다. 증여와 유언은 의사 표시를 필수 적 요소로 한 법률 행위이므로 법률 효과를 발생시키려는 목적이 있다 는 선지의 설명은 적절하다.

④ 증여는 당사자 일방만이 이행 의무를 지니고 상대방은 이행 의무를 지 니지 않는다. 그러나 매매는 양 당사자가 서로 권리를 행사하고 의무를 이행하는 관계에 놓이므로 차이가 있다.

⑤ 증여는 당사자가 의사를 표시하고 상대방이 이를 승낙해야 하지만, 유 언은 유언자가 의사만 표시하면 된다. 상대방의 승낙은 필요하지 않다.

05

정답설명

① @와 '오랜 연구 끝에 만족할 만한 실험 결과가 나왔다.'의 '나오다'는 모두 '처리나 결과로 이루어지거나 생기다.'라는 의미로 쓰였다.

오답설명

② '어떠한 태도를 취하여 겉으로 드러내다.'라는 의미이다.

③ '방송을 듣거나 볼 수 있다.'라는 의미이다.

④ '책, 신문 따위에 글, 그림 따위가 실리다.'라는 의미이다.

⑤ '상품이나 인물 따위가 산출되다.'라는 의미이다.

구조도 정답

① 법률 효과   ② 법률 행위   ③ 청구권

④ 이행 의무   ⑤ 판결   ⑥ 강제 집행

⑦ 무효   ⑧ 계약 해제권   ⑨ 원상회복 청구권

경제 정책 수단

지문해설

① 전통적인 통화 정책은 정책 금리를 활용하여 물가를 안정시키고 경제 안정을 도모하는 것을 목표로 한다. 중앙은행은 경기가 과열되었을 때 정책 금리 인상을 통해 경기를 진정시키고자 한다. 정책 금리 인상으로 시장 금리도 높아지면 가계 및 기업에 대한 대출 감소로 신용 공급이 축소된다. 신용 공급의 축소는 경제 내 수요를 줄여 물가를 안정시키고 경기를 진정시킨다. 반면 경기가 침체되었을 때는 반대의 과정을 통해 경기를 부양시키고자 한다.

▶ 글의 초반부에서는 필자의 관심사가 무엇인지를 파악하는 것이 중요하다. 필자는 전통적인 통화 정책의 목적과 과열된 경기를 진정시키는 방법에 대해 설명하고 있다. 통화 정책이 어떤 과정으로 경제를 안정시키는지는 문제와 연결될 수 있으니 잘 정리해 두어야 시간을 낭비하지 않을 수 있다. 간단하게 메모를 해도 좋고 화살표로 표시해 두는 것도 좋다.

▶ [경기 과열 : 금리↑ - 대출↓ - 신용 공급↓ - 수요↓ - 물가 안정 - 경기 진정]
[경기 침체 : 금리↓ - 대출↑ - 신용 공급↑ - 수요↑ - 물가 상승 - 경기 부양]

② 금융을 통화 정책의 전달 경로로만 보는 전통적인 경제학에서는 금융감독 정책이 개별 금융 회사의 건전성 확보를 통해 금융 안정을 달성하고자 하는 미시 건전성 정책에 집중해야 한다고 보았다. 이러한 관점은 금융이 직접적인 생산 수단이 아니므로 단기적일 때와는 달리 장기적으로는 경제 성장에 영향을 미치지 못한다는 인식과, 자산 시장에서는 가격이 본질적 가치를 초과하여 폭등하는 버블이 존재하지 않는다는 효율적 시장 가설에 기인한다. 미시 건전성 정책은 개별 금융 회사의 건전성에 대한 예방적 규제 성격을 가진 정책 수단을 활용하는데, 그 예로는 향후 손실에 대비하여 금융 회사의 자기자본 하한을 설정하는 최저 자기자본 규제를 들 수 있다.

▶ 전통적인 경제학의 경제 정책이 '통화 정책'과 '금융감독 정책'으로 나누어지는구나. 정책이 두 가지로 나뉘고 있다는 점과 각각의 정책이 무엇을 목표로 하는지 잘 체크했어야 한다.
[통화 정책 → 물가 안정 / 금융감독 정책 → 금융 안정]

▶ '미시 건전성 정책'을 강조하는 전통적인 경제학의 관점은 (1) 금융은 장기적으로 경제 성장에 영향을 미치지 못한다는 인식 (2) 버블이 존재하지 않는다는 효율적 시장 가설에 기인한 것이다. 미시 건전성 정책이 '최저 자기자본 규제'와 같은 예방적 규제 성격을 가진 정책 수단을 활용한다는 점도 체크하자.

③ 이처럼 전통적인 경제학에서는 금융감독 정책을 통해 금융 안정을, 통화 정책을 통해 물가 안정을 달성할 수 있다고 보는 이원적인 접근 방식이 지배적인 견해였다.

▶ 친절하게 전통적인 경제학이 이원적인 접근 방식을 취하고 있음을 제시해 주고 있다. 1, 2문단을 구조화하여 읽은 학생이라면 이를 제시해 주지 않았더라도 당연히 파악하고 있었을 것이다.

그러나 글로벌 금융 위기 이후 금융 시스템이 와해되어 경제 불안이 확산되면서 기존의 접근 방식에 대한 자성이 일어났다. 이 당시 경기 부양을 목적으로 한 중앙은행의 저금리 정책이 자산 가격 버블에 따른 금융 불안을 야기하여 경제 안정이 훼손될 수 있다는 데 공감대가 형성되었다.

▶ 주목해야 할 내용이 나왔다. '그러나' 이후로는 직전 내용과 다른 양상이 나올

테니 차이점을 잘 파악하자. '글로벌 금융 위기'를 기점으로 기존의 접근 방식에 대한 자성(반성)이 일어났다는 것은 전통적인 경제학이 한계를 지니고 있음을 나타내는 표현이다. 이후에는 전통적인 경제학의 문제점과 이를 보완할 수 있는 새로운 관점이 제시될 것임을 예측할 수 있다.

또한 금융 회사가 대형화되면서 개별 금융 회사의 부실이 금융 시스템의 붕괴를 야기할 수 있게 됨에 따라 금융 회사 규모가 금융 안정의 새로운 위험 요인으로 등장하였다. 이에 기존의 정책으로는 금융 안정을 확보할 수 없고, 경제 안정을 위해서는 물가 안정뿐만 아니라 금융 안정도 필수적인 요건임이 밝혀졌다. 그 결과 미시 건전성 정책에 거시 건전성 정책이 추가된 금융감독 정책과 물가 안정을 위한 통화 정책 간의 상호 보완을 통해 경제 안정을 달성해야 한다는 견해가 주류를 형성하게 되었다.

▶ 예상한 대로 전통적인 경제학의 문제점이 제시되고 있다.
(1) 금융 회사가 대형화되면서 미시 건전성 정책만으로는 금융 안정을 확보할 수 없음.
(2) 통화 정책만으로는 경제 안정을 도모할 수 없음. → 물가 안정뿐만 아니라 금융 안정도 필수적인 요건임.

▶ 각각의 문제점에 대한 해결 방안도 제시해 주었다.
(1) 금융감독 정책 : 기존의 미시 건전성 정책 + 거시 건전성 정책
(2) 기존의 이원적인 접근 방식에서 벗어나 통화 정책과 금융감독 정책을 상호 보완해 활용

④ 거시 건전성이란 개별 금융 회사 차원이 아니라 금융 시스템 차원의 위기 가능성이 낮아 건전한 상태를 말하고, 거시 건전성 정책은 금융 시스템의 건전성을 추구하는 규제 및 감독 등을 포괄하는 활동을 의미한다.

▶ 3문단에서 언급했던 '거시 건전성'에 대한 설명이 구체화되고 있다. 미시 건전성과 대비되는 거시 건전성의 개념이 제시되고 있으니 잘 체크해 두어야겠지? 개별 금융 회사 차원인 미시 건전성 정책과 달리 거시 건전성 정책은 금융 시스템 차원의 건전성에 관한 것이다.

이때, 거시 건전성 정책은 미시 건전성이 거시 건전성을 담보할 수 있는 충분조건이 되지 못한다는 '구성의 오류'에 논리적 기반을 두고 있다.

▶ 개별 금융 회사의 건전성을 확보한다고 해서 전체 금융 시스템이 건전하다고 볼 수는 없다는 뜻이다.

거시 건전성 정책은 금융 시스템 위험 요인에 대한 예방적 규제를 통해 금융 시스템의 건전성을 추구한다는 점에서, 미시 건전성 정책과는 차별화된다.

▶ 미시 건전성 정책은 개별 금융 회사에 대한 예방적 규제였으니 '시스템 차원'의 거시 건전성 정책과는 다르다. 대비되는 것만 잘 잡고 간다면 크게 헷갈릴 건 없다.

⑤ 거시 건전성 정책의 목표를 효과적으로 달성하기 위해서는 경기 변동과 금융 시스템 위험 요인 간의 상관관계를 감안한 정책 수단의 도입이 필요하다. 금융 시스템 위험 요인은 경기 순응성을 가진다. 즉 경기가 호황일 때는 금융 회사들이 대출을 늘려 신용 공급을 팽창시킴에 따라 자산 가격이 급등하고, 이는 다시 경기를 더 과열시키는 반면 불황일 때는 그 반대의 상황이 일어난다. 이를 완화할 수 있는 정책 수단으로는 경기 대응 완충자본 제도를 들 수 있다. 이 제도는 정책 당국이 경기 과열기에 금융 회사로 하여금 최저 자기자본에 추가적인 자기자본, 즉 완충자본을 쌓도록 하여 과도한 신용 팽창을 억제

시킨다. 한편 적립된 완충자본은 경기 침체기에 대출 재원으로 쓰도록 함으로써 신용이 충분히 공급되도록 한다.

▶ 앞서 거시 건전성 정책은 금융 시스템 차원의 위기 가능성을 낮춰 결과적으로는 경제를 안정시키는 것을 목표로 한다고 하였다. 이를 위해 5문단에서는 경기 변동과 금융 시스템 위험 요인 간의 상관관계를 고려하고, 이를 토대로 금융 시스템 위험 요인을 완화할 수 있는 구체적 제도인 '경기 대응 완충자본 제도'에 대해 설명하고 있다. 미시 건전성 정책은 최저 자기자본 규제를 통해 금융 회사의 자기자본 하한을 설정하였는데, 경기 대응 완충자본 제도는 금융 회사로 하여금 이러한 최저 자기자본에 완충자본(추가적 자기자본)을 쌓도록 하여 경제 안정을 유도하는구나.

▶ [경기 호황 : 금융 회사 대출↑ → 신용 공급↑ → 자산 가격 급등 ⇒ 경기 과열 → 정책 당국 개입(금융 회사의 완충자본 적립) → 과도한 신용 팽창·자산 가격 급등 억제 ⇒ 경기 안정]

형태쌤 Comment

글로벌 금융 위기를 기점으로 하여 달라진 경제 정책에 대해 파악하면서 읽어야 한다. 미시 건전성 정책과 거시 건전성 정책의 공통점과 차이점을 파악하고, 문제를 풀 때 지문과 선지를 비교하며 차분하게 접근하면 된다.

지문분석

경제 정책 수단

↳ **글로벌 금융 위기 이전 : 전통적 경제학**

   통화 정책 → (①) 안정

     경기 과열 : [정책 금리↑]→[시장 금리↑]
     →[대출, 신용 공급↓]→[수요↓]⇒물가 안정, 경기 진정

   금융감독 정책 → (②) 안정

   미시 건전성 정책

     효율적 시장 가설에 기인

     (③)의 건전성 확보→금융 안정 달성

     예방적 규제 : (④) 규제

      손실에 대비해
      금융 회사의 자기자본 하한 설정

↳ **글로벌 금융 위기 : 기존 방식에 대한 자성**

   저금리 정책→자산 가격 버블로 인한 금융 불안 유발

   금융 회사의 규모가 새로운 위험 요인으로 등장

↳ **글로벌 금융 위기 이후**

   통화 정책 + 금융감독 정책 상호 보완

   거시 건전성 정책

     개별 금융 회사 차원 X, (⑤) 차원의 건전성 추구

     예방적 규제 : (⑥) 제도

      경기 과열기 : 완충자본 적립→신용 팽창 억제

      경기 침체기
      : 완충자본을 대출 재원으로 사용→신용 공급

문제분석   01-05번

번호	정답	정답률 (%)	선지별 선택비율(%)				
			①	②	③	④	⑤
1	④	63	5	6	22	63	4
2	③	62	9	6	62	13	10
3	①	58	58	7	21	8	6
4	③	26	12	9	26	16	37
5	②	91	2	91	3	2	2

01

정답설명

④ 3문단에 따르면 글로벌 금융 위기 이후에는 '중앙은행의 저금리 정책이 자산 가격 버블에 따른 금융 불안을 야기하여 경제 안정이 훼손될 수 있다는 데 공감대가 형성되었다.'라고 하였으므로, 선지의 내용은 적절하다.

오답설명

① 2문단을 통해 글로벌 금융 위기 이전에는 금융이 '단기적일 때와는 달리 장기적으로는 경제 성장에 영향을 미치지 못한다'고 보았음을 알 수 있다.

② 2문단을 통해 글로벌 금융 위기 이전에는 개별 금융 회사의 건전성 확보를 통해 금융 안정을 달성하고자 하였음을 알 수 있다.

③ 3문단에 따르면 통화 정책과 금융감독 정책 간의 상호 보완을 통해 경제 안정을 달성해야 한다는 견해는 글로벌 금융 위기 이후의 정책에 해당한다. 2문단에 따르면 글로벌 금융 위기 이전에는 '금융을 통화 정책의 전달 경로로만 보'았으므로 선지의 내용은 적절하지 않다.

⑤ 3문단을 통해 글로벌 금융 위기 이후 경제 불안이 확산되고 자산 가격 버블에 따른 금융 불안으로 인해 경제 안정이 훼손될 수 있다고 보았음을 알 수 있다. 즉, 글로벌 금융 위기 이후에는 자산 가격 변동이 경기 변동을 유발할 수 있다고 본 것이다.

02

정답설명

③ ㉠(미시 건전성 정책), ㉡(거시 건전성 정책) 모두 금융 안정을 달성하기 위해 예방적 규제 성격의 정책 수단을 사용한다. 2문단의 '미시 건전성 정책은 개별 금융 회사의 건전성에 대한 예방적 규제 성격을 가진 정책 수단을 활용', 4문단의 '거시 건전성 정책은 금융 시스템 위험 요인에

대한 예방적 규제를 통해 금융 시스템의 건전성을 추구'에서 이를 확인할 수 있다.

오답설명

① 3문단의 '전통적인 경제학에서는 금융감독 정책을 통해 금융 안정을, 통화 정책을 통해 물가 안정을 달성할 수 있다고 보는 이원적인 접근 방식이 지배적인 견해였다.'에서 확인할 수 있다.

② 5문단에서 ㉡의 목표를 효과적으로 달성하기 위해서는 신용 공급의 경기 순응성을 완화할 정책 수단이 필요하다고 설명하면서, 그 수단으로 '경기 대응 완충자본 제도'를 언급하였다.

④ 4문단의 '거시 건전성 정책은 금융 시스템 위험 요인에 대한~미시 건전성 정책과는 차별화된다.'에서 확인할 수 있다.

⑤ ㉠과 ㉡ 모두, 금융 안정을 달성하기 위해 금융 회사의 자기자본을 이용한 정책 수단을 사용한다. ㉠은 금융 회사의 자기자본 하한을 설정하는 '최저 자기자본 규제'를, ㉡은 금융 회사가 경기 과열기에 쌓은 추가적인 자기자본을 경기 침체기에 대출 재원으로 쓰도록 하는 '경기 대응 완충자본 제도'를 시행하는 것을 통해 이를 확인할 수 있다.

03

정답설명

① 미시 건전성 정책과 거시 건전성 정책의 차이점인 '완충자본'에 주목해야 한다. 〈보기〉에서 B 건전성 정책에서는 완충자본을 C하도록 한다고 하였으니, B는 '거시'고 D는 '미시'다. 5문단에 따르면 거시 건전성 정책에서는 경기가 호황일 때 완충자본을 쌓도록 하고, 불황일 때는 적립된 완충자본을 대출 재원으로 사용하도록 한다. 즉, A가 '호황'이면 C는 '적립', A가 '불황'이면 C는 '사용'이어야 한다. 결국 이를 모두 충족하는 선지는 ①임을 알 수 있다.

04

정답설명

③ 경기 대응 완충자본 제도는 금융 회사가 모아 둔 완충자본을 경기 침체기에 대출 재원으로 쓰게 하여, 신용 공급이 팽창되는 효과를 노린 제도이다. 그러나 통화 정책 효과가 경기에 대해 비대칭적이라면, 확대된 신용 공급이 의도치 않은 문제를 일으킬 수 있다는 것을 〈보기〉에서 확인할 수 있다. 따라서 '끈 밀어올리기'가 있을 경우, 경기 침체기에 경기 대응 완충자본 제도를 도입하는 것은 위험하다.

오답설명

① 3문단에서 글로벌 금융 위기 때 정책 금리를 인하한 결과 자산 가격 버블이 발생했다고 하였다. 또한 〈보기〉에서 '끈 밀어올리기' 현상이 일어나면, 정책 금리를 인하했을 때 오히려 신용 공급이 자산 시장에 과도하게 유입되어 문제가 발생할 수 있다고 하였다. 따라서 '끈 밀어올리기'를 통해 경기 침체기에 자산 가격 버블이 발생하는 경우를 설명할 수 있다.

② 〈보기〉에서 경기 침체를 극복하기 위해 중앙은행이 정책 금리 인하를 통해 경기에 대응하려 해도 '경기 주체'인 '가계'의 소비 심리, '기업'의

투자 심리에 따라 그 효과가 달라질 수 있음을 설명하고 있으므로 선지의 내용은 적절하다.

④ 〈보기〉에 따르면, 통화 정책 효과가 경기에 대해 비대칭적이라는 것은 중앙은행의 정책 금리 조정이 경기 부양을 일으키지 못한다는 것을 의미한다. 따라서 통화 정책 효과가 경기에 대해 비대칭적이라면, 정책 금리 조정 이외의 방안을 도입할 필요가 있다. 이는 3문단의 글로벌 금융 위기에서도 알 수 있는데, 당시 저금리 정책의 실패 이후 금융감독 정책과 통화 정책 간의 상호 보완이 필요하다는 견해가 주류를 형성하게 되었다고 하였다.

⑤ 〈보기〉에 따르면 통화 정책 효과가 경기에 대해 비대칭적이라면 통화 정책은 경기 과열을 억제하는 데 효과적이다. 한편 1문단에서 경기가 과열되었을 때 정책 금리 인상은 신용 공급의 축소를 불러와 경기를 진정시킨다고 하였으므로 선지의 설명은 적절하다.

05

정답설명

② ⓐ와 ㉣의 '들다'는 모두 '설명하거나 증명하기 위하여 사실을 가져다 대다.'라는 의미로 쓰였다.

오답설명

① '의식이 회복되거나 어떤 생각이나 느낌이 일다.'라는 의미이다.

③ '어떤 처지에 놓이다.'라는 의미이다.

④ '어떤 때, 철이 되거나 돌아오다.'라는 의미이다.

⑤ '적금이나 보험 따위의 거래를 시작하다.'라는 의미이다.

구조도 정답

① 물가

② 금융

③ 개별 금융 회사

④ 최저 자기자본

⑤ 금융 시스템

⑥ 경기 대응 완충자본

점유와 소유

지문해설

① 물건을 사용하고 있는 사람이 그 물건의 주인일까? 점유란 물건에 대한 사실상의 지배 상태를 뜻한다. 이에 비해 소유란 어떤 물건을 사용·수익·처분할 수 있는 권리를 가진 상태라고 정의된다. 따라서 점유자와 소유자가 항상 일치하지는 않는다.

▶ 1~2문단에서는 필자의 관심사를 찾는 것이 급선무이다. 필자는 '물건의 주인'에 관심이 있다. 그리고 '점유'와 '소유'의 개념을 제시하고 있다. 점유자와 소유자 중 물건의 주인은 누구일까? 당연히 '권리'를 가진 '소유자'다. 하지만 점유자와 소유자는 일치하지 않을 수도 있다고 한다. 누군가에게 물건을 빌려 준 경우일 텐데, 계속 가 보자.

② 물건을 빌려 쓰거나 보관하고 있는 것을 포함하여 물건을 물리적으로 지배하는 상태를 직접점유라고 한다. 이에 비해 어떤 물건을 빌려 쓰거나 보관하는 사람에게 그 물건의 반환을 청구할 수 있는 권리를 가진 사람도 사실상의 지배를 한다고 볼 수 있다. 이와 같이 반환청구권을 가진 상태를 간접점유라고 한다. 직접점유와 간접점유는 모두 점유에 해당한다. 점유는 소유자를 공시하는 기능도 수행한다. 공시란 물건에 대해 누가 어떤 권리를 가지고 있는지를 알려 주는 것이다. 물건 중에서 피아노, 금반지, 가방 등과 같은 대부분의 동산은 점유에 의해 소유권이 공시된다.

▶ 개념이 쏟아지고 있다. 일단 천천히 가야 한다. 이렇게 초반부에 개념을 쏟아낼 때는 중·후반부에서 이 개념을 디테일하게 적용해야 하는 경우가 있기 때문에, 초반부의 개념은 확실하게 머릿속에 넣고 가야 한다.

▶ 직접점유 : 물건을 물리적으로 지배하는 상태. 즉, 물건을 가지고 있는 상태다.
간접점유 : '반환청구권'을 가진 상태. 즉, 물건은 없지만 '권리'를 가진 상태다.
공시 : 물건에 대한 권리를 누가 가지고 있는지 알려 주는 것. 대부분의 동산은 점유에 의해 소유권이 공시된다.

▶ 여기서 대충 넘기지 말고, 잠깐만 생각하자. 필자의 관심사는 '물건의 주인'이다. 그럼 물건의 주인은 어떻게 되어야 하는 것일까? 단순히 '직접점유'만 하면 주인이 될까? 그것은 아니다. 물건의 소유권을 가진 상태에서 '직접점유'를 하거나, '반환청구권'을 가진 상태인 '간접점유'를 해야 한다. 1문단에서 봤던 '권리'에 힘을 주고 읽어야 이런 판단을 할 수 있다.

③ 물건의 소유권이 양도되려면, 소유자가 양도인이 되어 양수인과 유효한 양도 계약을 하고 이에 더하여 소유권 양도를 공시해야 한다. 점유로 소유권이 공시되는 동산의 소유권 양도는 점유를 넘겨주는 점유 인도로 공시된다. 양수인이 간접점유를 하여 소유권 이전이 공시되는 경우로서 '점유개정'과 '반환청구권 양도'가 있다. 예를 들어 A가 B에게 피아노의 소유권을 양도하기로 계약하되 사흘간 빌려 쓰는 것으로 합의한 경우, B는 A에게 피아노를 사흘 후 돌려 달라고 요구할 수 있는 반환청구권을 가지게 된다. 이처럼 양도인이 직접점유를 유지하지만, 양수인에게 점유 인도가 이루어진 것으로 간주되는 경우를 점유개정이라고 한다. 한편 C가 자신이 소유한 가방을 D에게 맡겨 두어 이에 대한 반환청구권을 가지게 되었는데, 이 가방의 소유권을 E에게 양도하는 계약을 체결하였다고 하자. 이때 C가 D에게 통지하여 가방 주인이 바뀌었으니 가방을 E에게 반환하라고 알려 주면 D가 보관 중

인 가방에 대한 반환청구권은 C로부터 E에게로 넘어간다. 이 경우를 반환청구권 양도라고 한다.

▶ 소유권의 양도 : 소유자(양도인)와 양수인 간의 유효한 양도 계약 + 소유권 양도 공시(점유 인도)
이것이 일반적인 양도이다. 즉, '직접점유' 상태의 양도다.
양수인이 '간접점유'를 하여 소유권 이전이 공시되는 경우는 '점유개정'과 '반환청구권 양도' 둘로 나눠지는구나. 이럴 경우 신경 써야 하는 것은? 두 경우 사이의 공통점과 차이점이지. 반드시 확인하고 가야 한다.
시험장에서는 밑줄이나 간단한 메모로도 충분하지만, 이해를 돕기 위해 정리해 보면 아래와 같다.

점유개정	반환청구권 양도
양수인 간접점유, 반환청구권 가짐.	
양도인이 직접점유 유지 양수인에게 점유 인도한 것으로 간주	간접점유하던 양도인이 양수인에게 반환청구권을 양도

④ 양도인이 소유자가 아니더라도 양수인이 점유 인도를 받으면 소유권을 취득할 수 있을까? 점유로 공시되는 동산의 경우 양수인이 충분히 주의를 했는데도 양도인이 소유자가 아님을 알지 못한 채 양도인과 유효한 계약을 하고, 점유 인도로 공시를 했다면 양수인은 소유권을 취득한다. 이것을 '선의취득'이라 한다. 다만 간접점유에 의한 인도 방법 중 점유개정으로는 선의취득을 하지 못한다. 선의취득으로 양수인이 소유권을 취득하면 원래 소유자는 원하지 않아도 소유권을 상실하게 된다.

▶ 양도인이 소유자가 아니라면? 이는 3문단 첫 문장과 완전 반대되는 전제다. 구조적으로 확실하게 끊고 가자. '간접점유에 의한 인도 방법 중 점유개정으로는 선의취득을 하지 못한다.' 이 문장의 의미를 파고들어 보자.
"너는 눈은 예뻐." 이 문장은 무슨 의미일까? 보조사에 힘을 주고 읽어 보자. 느낌이 안 온다면, "너는 눈만 예뻐." 이 문장의 의미를 생각해 봐라. 보조사 '은/는'은 '대조'의 기능이 있다. "A와 B 중에 A는 하지 못한다."라는 문장이다. 그럼 이 문장은 B는 가능하다는 의미를 내포하고 있는 것이다.

▶ '간접점유에 의한 인도 방법 중 점유개정으로는 선의취득을 하지 못한다.' 즉, 점유개정은 불가능하지만, 반환청구권 양도일 경우는 '선의취득'에 의해 양수인이 소유권을 취득할 수 있다는 의미가 들어 있는 것이다. 단, 여기에는 조건이 있다. '충분히 주의를 했는데도'와, '유효한 계약'이다.

▶ 물론 이 정도의 생각은 학생마다 편차가 클 수 있다. 어떤 학생에게는 당연한 생각이고, 어떤 학생에게는 상당히 힘든 추론이다. 후자인 학생의 경우 시험장에서 빠르게 지문을 읽으며 여기까지 생각하기는 쉽지 않다. 다만 이런 추론은 보통 오답 선지에서 요구하니, 아래 <보기> 문제의 5번 선지처럼 추론을 요구할 때, 이 정도로 생각을 하면 된다.

⑤ 반면에 국가가 관리하는 공적 기록인 등기·등록으로 공시되어야 하는 물건은 아예 선의취득 대상이 아니다. 법률이 등록 대상으로 규정한 자동차, 항공기 등의 동산은 등록으로 공시되는 물건이고, 토지·건물과 같은 부동산은 등기로 공시되는 물건이다. 이러한 고가의 재산에 대해 선의취득을 허용하게 되면 원래 소유자의 의사에 반하는 소유권 박탈이 일어나게 된다. 이것은 거래 안전에만 치중하고 원래 소유자의 권리 보호를 경시한 것이 되어 바람직하지 않다고 볼 수 있다.

▶ 또 끊어 주자. 구조적으로 변화가 나타났다.
 ┌ 선의취득 O : 점유로 소유권이 공시되는 동산
 └ 선의취득 X : 국가가 관리하는 공적 기록인 등기·등록으로 공시되어야 하는 물건(법률 등록 대상의 동산, 부동산)

▶ 차이가 나타나는 이유 : 소유자의 권리 보호 → 고가의 재산이니까.

▶ 지문 내용 자체는 그리 어렵지 않은데, 개념이 워낙 여러 개 제시되고, 조건이나 전제에 따라 해당 개념의 성립 여부가 얽혀 있다 보니 문제에 적용하는 데에는 어려움을 느꼈을 것이다. 선개념 제시 지문은 항상 '개념 파악'에 주력해야 한다는 것을 기억해야 한다. 급하게 달려가지 말고, 개념 간의 관계와 공통점 / 차이점을 중점적으로 파악하며 읽는다면 문제를 풀다가 지문으로 돌아왔을 때 시간을 덜 낭비할 수 있겠지.

지문분석

점유와 소유

- **점유자 ≠ 소유자**
  - **점유 : 물건에 대한 사실상의 지배 상태**
    - 직접점유 : 물건을 (①)으로 지배하는 상태
    - 간접점유 : 반환청구권을 가진 상태
    - 대부분의 (②)은 점유에 의해 소유권이 공시됨
  - **소유 : 어떤 물건을 사용·수익·처분할 수 있는 권리를 가진 상태**

- **소유권의 양도**
  - **소유권 양도 조건**
    - (1) 양도인(소유자), 양수인 간 유효한 양도 계약
    - (2) 소유권 양도 (③)
  - **1) 양도인이 소유자인 경우**
    - 점유로 소유권이 공시되는 동산 : (④)로 공시
    - 양수인이 간접점유를 하여 소유권 이전이 공시되는 경우
      - 점유개정 : (⑤)이 직접점유 유지, 양수인에게 점유 인도된 것으로 간주
      - 반환청구권 양도 : 소유권 이전에 따라 양도인의 반환청구권 또한 양수인에게 넘어가는 경우
  - **2) 양도인이 소유자가 아닌 경우**
    - 점유로 소유권이 공시되는 동산 : 선의취득에 의해 소유권 취득
    - but, (⑥)으로는 선의취득 불가
    - 등기·등록으로 공시되는 물건은 선의취득 대상 X
    - 원래 소유자의 의사에 반하는 소유권 박탈이 일어날 수 있기 때문

형태쌤 Comment

점유, 소유, 양도, 공시 등 개념어가 남발되는 지문이다. 각 개념어의 의미와 관계, 공통점과 차이점을 파악하며 읽어야만 지문의 핵심 내용을 제대로 짚어낼 수 있다.

번호	정답	정답률(%)	선지별 선택비율(%)				
			①	②	③	④	⑤
1	⑤	55	10	5	8	22	55
2	⑤	62	2	5	19	12	62
3	②	49	4	49	25	8	14
4	③	30	8	16	30	24	22
5	①	87	87	2	1	9	1

01

정답설명

⑤ 3문단에서 물건의 소유권이 양도되려면 유효한 양도 계약을 한 뒤에 소유권 양도를 공시해야 한다고 하였다. 따라서 공시 방법이 갖춰지지 않아도 소유권이 이전된다는 선지의 내용은 적절하지 않다.

오답설명

① 1문단에서 점유는 물건에 대한 사실상의 지배 상태를 뜻한다고 하였다. 따라서 가방을 사용하고 있는 사람은 그 가방의 점유자라고 할 수 있다.

② 1문단의 '점유자와 소유자가 항상 일치하지는 않는다.'에서 확인할 수 있다.

③ 3문단에서 동산의 소유권 양도는 점유 인도로 공시된다고 하였다. 따라서 물건의 소유권이 유효한 계약으로 이전되려면 점유 인도가 있어야 한다.

④ 2문단에서 피아노, 금반지, 가방 등과 같은 대부분의 동산은 점유에 의해 소유권이 공시된다고 하였다. 따라서 가방에 대해 누가 소유권을 가지고 있는지를 알려 주는 방법은 점유임을 알 수 있다.

02

정답설명

⑤ 2문단에 따르면 대부분의 동산은 점유에 의해 소유권이 공시되며, 점유에는 직접점유와 간접점유가 있다. 또한 3, 4문단에 따르면 유효한 양도 계약에 의한 소유권 양도는 점유를 넘겨주는 점유 인도로 공시된다. 따라서 동산인 피아노의 소유자가 되기 위해서는 유효한 양도 계약이 있어야 하며, 직접점유나 간접점유 중 하나를 갖춰야 함을 알 수 있다.

오답설명

① 물리적 지배를 하면 동산의 '간접점유자'가 아니라 '직접점유자'가 된다는 것을 [A]에서 확인할 수 있다.

② 점유는 소유권 공시의 기능을 하며, 간접점유는 점유에 해당한다. 따라서 간접점유도 소유권에 대한 공시 방법이 된다. 이는 3문단의 '간접점유를 하여 소유권 이전이 공시되는 경우'를 통해서도 확인할 수 있다.

③ 물건의 소유자가 해당 물건을 물리적으로 지배할 경우, 점유자 자신이 물건을 물리적으로 소유하고 있으므로, 반환청구권을 가진 간접점유자가 반드시 필요하지 않다.

④ 간접점유자는 직접점유자가 가진 물건에 대해 반환청구권을 가진 사람으로서 물건에 대해 사실상의 지배를 하는 소유자이다.

03

정답설명

② ㉡이 ㉠과 달리 선의취득을 허용하지 않는 이유는 '거래 안전에만 치중'하여 '소유자의 권리 보호를 경시'하는 것이 바람직하지 않기 때문이며, 이는 5문단에서 확인할 수 있다. 이를 통해 ㉠과 달리 ㉡은 원래 소유자의 권리 보호가 거래 안전보다 중시되는 대상임을 알 수 있다.

오답설명

① 국가가 관리하는 공적 기록에 의해 소유권 양도가 공시되는 것은 ㉠이 아니라 ㉢임을 5문단에서 확인할 수 있다.

③ 선지의 구성을 잘 봐야 한다. 'A하므로 B할 수 없다.'에서 A와 B의 연결을 제대로 파악해야 한다. 고난도 선지는 이런 식으로 앞뒤의 인과 관계의 집요한 처리를 요구한다. ㉢은 등기로 공시되고, ㉠은 점유로 공시된다. 이런 차이가 있는 것은 ㉢이 '고가의 재산'이기 때문이다. '물리적 지배의 대상' 여부 때문이 아니다.

④ 양도인이 소유자가 아니더라도 소유권 이전이 가능한 것은 '선의취득'이다. ㉠은 선의취득이 가능하지만, ㉡은 선의취득 대상이 될 수 없다.

⑤ ㉠은 점유로 공시되는 동산을 말하며, ㉠에 대해 점유개정으로 소유권 양도가 이뤄진 사례가 3문단에 제시되어 있다. 그러나 ㉢은 점유가 아니라 등기로 소유권 양도가 공시되는 물건이다.

04

정답설명

③ 〈보기〉의 상황을 정리해 보자.
갑 : 금반지의 직접점유자
을 : 갑에게서 금반지의 소유권을 양도받은 양수인,
    병에게 금반지의 소유권을 양도한 양도인
병 : 을에게서 금반지의 소유권을 양도받은 양수인

(1) 갑이 소유자일 경우

⇨ 을 : 갑에게서 물리적 지배를 넘겨받지 않아도 소유권을 취득한다. 이는 '양도인이 직접점유를 유지하지만, 양수인에게 점유 인도가 이루어진 것으로 간주되는 경우'인 '점유개정'으로, 3문단의 첫 번째 사례에 해당한다. 3문단에 제시된 바와 같이, 을은 반환청구권을 가짐으로써 소유권을 양도받는다.

⇨ 병 : 자신이 소유권을 양도받기로 계약한 금반지를 갑에게 맡겨 두고, 금반지에 대한 반환청구권을 가진 상태인 을과 소유권 양도 계약을 체결하였다. 이는 3문단의 두 번째 사례인 '반환청구권 양도'에 해당한다. 따라서 병은 갑이 직접점유한 금반지에 대해 반환청구권을 가지며, 이는 양수인이 간접점유를 하여 소유권 이전이 공시되는 경우에 해당한다. 즉, 병은 금반지의 점유 인도를 받을 수 있고 소유권을 취득할 수 있다.

(2) 갑이 소유자가 아닐 경우

⇨ 을 : 양도인이 소유자인지 충분히 주의했고, 갑과 유효한 계약을 하였다. 그러나 을은 선의취득을 할 수 없다. 갑과 을은 '갑이 금반지를 보관하다가 을이 요구할 때 넘겨주기로 합의'한 관계로서, 갑이 직접점유한 금반지에 대해 을이 반환청구권을 가지는 점유개정에 해당하기 때문이다. 4문단에서 점유개정으로는 선의취득을 하지 못한다고 하였으므로, 을은 소유권을 취득할 수 없다.

⇨ 병 : 병이 양도인인 을이 소유권자인지 충분히 주의를 기울였다면, 병은 금반지의 소유권을 취득할 수 있다. 4문단에서 양도인이 소유자가 아니라도 양수인이 점유 인도를 받으면 '선의취득'에 의해 소유권을 취득할 수 있다고 하였기 때문이다. 을과 병의 계약은 앞서 설명했듯이 반환청구권 양도에 해당한다. 반환청구권 양도는 점유개정과 달리 선의취득이 가능하므로, 병은 금반지의 소유권을 취득할 수 있는 것이다.

③으로 돌아가 보자.
갑이 금반지 소유자가 아니더라도, 병은 금반지의 소유권을 취득할 수 있다. 다만 을로부터 소유권을 양도받는 것이 아니라, 반환청구권 양도로 점유 인도를 받아 소유권을 얻는 것이다.

오답설명

①, ② 갑이 금반지 소유자라면, 금반지의 물리적 지배를 넘겨받지 않았더라도 을은 점유 인도를 받은 것으로 간주되며, 을에게서 반환청구권을 양도받은 병은 소유권을 취득한다.

④, ⑤ 갑이 금반지 소유자가 아니더라도, 을은 반환청구권 양도로 병에게 점유 인도를 한 것으로 간주되며 병은 소유권을 취득한다.

05

정답설명

① ⓐ와 '작년은 우리나라에서 수많은 사건이 일어난 해였다.'의 '일어나다'는 모두 '어떤 일이 생기다.'라는 의미로 쓰였다.

오답설명

② '소리가 나다.'라는 의미이다.
③ '약하거나 희미하던 것이 성하여지다.'라는 의미이다.
④ '어떤 마음이 생기다.'라는 의미이다.
⑤ '몸과 마음을 모아 나서다.'라는 의미이다.

구조도 정답

① 물리적
② 동산
③ 공시
④ 점유 인도
⑤ 양도인
⑥ 점유개정

국제 협약이 갖는 규범성

지문해설

① 국제법에서 일반적으로 조약은 국가나 국제기구들이 그들 사이에 지켜야 할 구체적인 권리와 의무를 명시적으로 합의하여 창출하는 규범이며, 국제 관습법은 조약 체결과 관계없이 국제 사회 일반이 받아들여 지키고 있는 보편적인 규범이다. 반면에 경제 관련 국제기구에서 어떤 결정을 하였을 경우, 이 결정 사항 자체는 권고적 효력만 있을 뿐 법적 구속력은 없는 것이 일반적이다. 그런데 국제결제은행 산하의 바젤위원회가 결정한 BIS 비율 규제와 같은 것들이 비회원의 국가에서도 엄격히 준수되는 모습을 종종 보게 된다. 이처럼 일종의 규범적 성격이 나타나는 현실을 어떻게 이해할지에 대한 논의가 있다. 이는 위반에 대한 제재를 통해 국제법의 효력을 확보하는 데 주안점을 두는 일반적 경향을 되돌아보게 한다. 곧 신뢰가 형성하는 구속력에 주목하는 것이다.

▶ 첫 문단에서 필자의 관심사가 제시되고 있다. 먼저 국제법에 대해 언급한 후, 국제법과 달리 법적 구속력이 없는 국제기구의 결정 사항에 대해 언급하고 있구나. 둘의 본질적인 차이점이 제시되어 있으니, 이 내용은 반드시 체크해 두자. 마지막 부분에서 국제기구의 결정 사항이 갖는 '신뢰가 형성하는 구속력'에 주목한다고 하였으니, 이 내용이 글의 주제와 직결된다고 생각하면 되겠다.

② BIS 비율은 은행의 재무 건전성을 유지하는 데 필요한 최소한의 자기자본 비율을 설정하여 궁극적으로 예금자와 금융 시스템을 보호하기 위해 바젤위원회에서 도입한 것이다. 바젤위원회에서는 BIS 비율이 적어도 규제 비율인 8%는 되어야 한다는 기준을 제시하였다. 이에 대한 식은 다음과 같다.

$$\text{BIS 비율(\%)} = \frac{\text{자기자본}}{\text{위험가중자산}} \times 100 \geq 8(\%)$$

▶ 1문단에서 언급되었던 국제기구의 결정 사항의 예시로 BIS 비율이 제시되었다. 법적 구속력은 없지만 '신뢰가 형성하는 구속력'을 갖는 사례로 볼 수 있겠지. 중간에 BIS 비율을 산출하는 공식이 제시되어 있는데, 독서 영역은 수학 영역이 아니므로 복잡한 계산을 요구하지 않을 것이니 겁먹지 말자.

여기서 자기자본은 은행의 기본자본, 보완자본 및 단기후순위채무의 합으로, 위험가중자산은 보유 자산에 각 자산의 신용 위험에 대한 위험 가중치를 곱한 값들의 합으로 구하였다. 위험 가중치는 자산 유형별 신용 위험을 반영하는 것인데, OECD 국가의 국채는 0%, 회사채는 100%가 획일적으로 부여되었다. 이후 금융 자산의 가격 변동에 따른 시장 위험도 반영해야 한다는 요구가 커지자, 바젤위원회는 위험가중자산을 신용 위험에 따른 부분과 시장 위험에 따른 부분의 합으로 새로 정의하여 BIS 비율을 산출하도록 하였다. 신용 위험의 경우와 달리 시장 위험의 측정 방식은 감독 기관의 승인하에 은행의 선택에 따라 사용할 수 있게 하여 '바젤 I' 협약이 1996년에 완성되었다.

▶ BIS 비율이 어떻게 산출되는지를 제시한 후, 이를 토대로 완성된 '바젤 I' 협약에 대해 언급하고 있다. 2문단을 읽으면서 자기자본과 위험가중자산을 산출하는 데 필요한 요소들을 간단히 메모해 놓는 것도 괜찮다.

자기자본	기본자본+보완자본+단기후순위채무
위험가중지산	신용 위험에 따른 부분 = 보유 지산×각 지산의 신용 위험에 대한 위험 가중치
	시장 위험에 따른 부분

③ 금융 혁신의 진전으로 '바젤 I' 협약의 한계가 드러나자 2004년에 '바젤 II' 협약이 도입되었다. 여기에서 BIS 비율의 위험가중자산은 신용 위험에 대한 위험 가중치에 자산의 유형과 신용도를 모두 고려하도록 수정되었다. 신용 위험의 측정 방식은 표준 모형이나 내부 모형 가운데 하나를 은행이 이용할 수 있게 되었다. 표준 모형에서는 OECD 국가의 국채는 0%에서 150%까지, 회사채는 20%에서 150%까지 위험 가중치를 구분하여 신용도가 높을수록 낮게 부과한다. 예를 들어 실제 보유한 회사채가 100억 원인데 신용 위험 가중치가 20%라면 위험가중자산에서 그 회사채는 20억 원으로 계산된다. 내부 모형은 은행이 선택한 위험 측정 방식을 감독 기관의 승인하에 그 은행이 사용할 수 있도록 하는 것이다. 또한 감독 기관은 필요시 위험가중자산에 대한 자기자본의 최저 비율이 규제 비율을 초과하도록 자국 은행에 요구할 수 있게 함으로써 자기자본의 경직된 기준을 보완하고자 했다.

▶ 이번에는 '바젤 II' 협약이 등장했다. '바젤 I' 협약의 내용에서 몇 가지가 보완된 것이라 하니, 달라진 부분을 잘 정리해 놓도록 하자.

	'바젤 I' 협약	'바젤 II' 협약
신용 위험 가중치	자산 유형만 고려	자산 유형+신용도 고려
신용 위험 측정 방식 (위험 가중치 부과)	국채 0% 회사채 100% 일괄적으로 부과	표준 모형: 국채 0~150% 회사채 20~150% 부과 (신용도와 음의 상관관계)
		내부 모형: 은행 선택
최저 BIS 비율	8%	필요시 8% 초과하도록 요구 가능

④ 최근에는 '바젤 III' 협약이 발표되면서 자기자본에서 단기후순위채무가 제외되었다. 또한 위험가중자산에 대한 기본자본의 비율이 최소 6%가 되게 보완하여 자기자본의 손실 복원력을 강화하였다. 이처럼 새롭게 발표되는 바젤 협약은 이전 협약에 들어 있는 관련 기준을 개정하는 효과가 있다.

▶ '바젤 II' 협약을 토대로 보완한 '바젤 III' 협약의 내용 역시 잘 정리해 놓아야 하겠지.

	'바젤 II' 협약	'바젤 III' 협약
자기자본 산출 방식	기본자본+보완자본+단기후순위채무	기본자본+보완자본 (단기후순위채무 제외)
위험가중자산에 대한 기본자본 비율	기준 없음	최소 6%

⑤ 바젤 협약은 우리나라를 비롯한 수많은 국가에서 채택하여 제도화하고 있다. 현재 바젤위원회에는 28개국의 금융 당국들이 회원으로 가입되어 있으며, 우리 금융 당국은 2009년에 가입하였다. 하지만 우리나라는 가입하기 훨씬 전부터 BIS 비율을 도입하여 시행하였으며,

현행 법제에도 이것이 반영되어 있다. 바젤 기준을 따름으로써 은행이 믿을 만하다는 징표를 국제 금융 시장에 보여 주어야 했던 것이다. 재무 건전성을 의심받는 은행은 국제 금융 시장에 자리를 잡지 못하거나, 심하면 아예 발을 들이지 못할 수도 있다.

▶ 바젤 협약은 강제성이 없는 국제기구의 결정 사항일 뿐이지만, 우리나라를 비롯한 여러 나라들에서 채택하고 있다고 하는구나. 다시 1문단으로 돌아가 볼까? 1문단에서 언급했던, 국제기구의 결정 사항이 갖는 일종의 규범적 성격에 대해 다시금 언급하고 있는 것이다.

▶ 위반해도 제재가 가해지지 않는 바젤 기준을 여러 국가에서 자발적으로 따르는 이유가 뭘까? 바로 '재무 건전성', 즉 은행이 믿을 만하다는 징표를 국제 금융 시장에 보여 주기 위함이다. 1문단에서 언급했던 '신뢰가 형성하는 구속력'에서 '신뢰'란 국제 사회에서의 신뢰를 뜻하는 것이겠구나.

⑥ 바젤위원회에서는 은행 감독 기준을 협의하여 제정한다. 그 헌장에서는 회원들에게 바젤 기준을 자국에 도입할 의무를 부과한다. 하지만 바젤위원회가 초국가적 감독 권한이 없으며 그의 결정도 법적 구속력이 없다는 것 또한 밝히고 있다. 바젤 기준은 100개가 넘는 국가가 채택하여 따른다. 이는 국제기구의 결정에 형식적으로 구속을 받지 않는 국가에서까지 자발적으로 받아들여 시행하고 있다는 것인데, 이런 현실을 말랑말랑한 법(soft law)의 모습이라 설명하기도 한다. 이때 조약이나 국제 관습법은 그에 대비하여 딱딱한 법(hard law)이라 부르게 된다. 바젤 기준도 장래에 딱딱하게 응고될지 모른다.

▶ 5문단에서 언급했던 이유로 100개가 넘는 국가가 바젤 기준을 채택하여 따른다고 하였다. 이와 같이 형식적으로 구속을 받지 않는 국가에서까지 자발적으로 받아들여 시행하고 있다는 점에서 바젤 협약을 '말랑말랑한 법'으로 설명하고 있고, 이와 대비되는 조약이나 국제 관습법을 '딱딱한 법'으로 설명하고 있다.

▶ 2~4문단의 정보는 1문단에서 설명한 개념을 구체화한 것이었고, 1문단에서 설명했던 내용이 5, 6문단에서 다시 이어지는 구조를 가지고 있다. 즉 지문을 거시적으로 보면 [A-B-A'] 구조로 이루어져 있는 것이다. 2~4문단과 같이 정보가 쏟아지는 부분에서 중심을 잃지 말고, 이렇게 지문을 구조화시켜 거시적으로 바라보는 관점이 필요하다.

지문분석

국제 협약이 갖는 규범성

> **국제 사회에서 준수되는 사항들**
>
> > **국제법 :(①) 통해 효력 확보**
> >
> > > 조약 : 국가 / 국제기구 사이에 지켜야 할 권리·의무를 합의한 규범
> > >
> > > 국제 관습법 : 국제 사회 일반이 받아들여 지키고 있는 보편적 규범
> >
> > **국제기구의 결정 : (②)가 형성하는 구속력**
> >
> > > 권고적 효력 O / 초국가적 감독 권한, 법적 구속력 X
> > > But 비회원 국가에서도 준수됨.
> > >
> > > 법제화된 규범이 아님에도 규범성을 지님.

> **바젤위원회의 BIS 비율(=자기자본/위험가중자산×100(%))**
>
> > 은행의(③) 유지에 필요한 자기자본의 최소 비율 설정
> > 예금자와 금융 시스템 보호 위해 도입
> >
> > 최저 BIS 규제 비율 : 8%

> **바젤 협약**
>
> > **바젤 I 협약**
> >
> > > 자기자본=기본자본+보완자본+단기후순위채무
> > >
> > > 위험가중자산=신용 위험에 따른 부분+(④) 위험에 따른 부분
> > >
> > > > 신용 위험에 따른 부분
> > > > =보유 자산×자산의 신용 위험에 대한 위험 가중치
> > > >
> > > > 시장 위험 측정 방식 : 감독 기관 승인하에 은행이 선택
> >
> > **바젤 II 협약(바젤 I 협약을 토대로 수정)**
> >
> > > 신용 위험 가중치 부과시 (⑤)도 고려하도록 수정
> > >
> > > > 표준 모형 : 국채는 0~150%, 회사채는 20~150%까지
> > > > 위험 가중치를 구분
> > > >
> > > > 내부 모형 : 감독 기관 승인하에 은행이 선택
> > >
> > > [감독 기관 → 은행] 최저 BIS 비율이 8% 넘도록 요구 가능
> >
> > **바젤 III 협약(바젤 II 협약을 토대로 수정)**
> >
> > > 자기자본에서 (⑥) 제외
> > >
> > > 위험가중자산에 대한 (⑦)의 비율 최소 6%로 설정

> **바젤 기준 도입 이유**
>
> > 은행의 재무 건전성을 (⑧)에 보여 주기 위함.

형태쌤 Comment

　　1문단에서 국제법과 국제기구의 결정을 나누어 제시하고, 2~4문단에서 국제기구의 결정 중 대표적 사례인 바젤 협약의 BIS 비율에 대해 심층적으로 다룬 후 5, 6문단에서 이를 말랑말랑한 법으로, 국제법을 딱딱한 법으로 규정하여 그 성격을 설명하고 있다. 지문의 구조 자체는 복잡하지 않으나 바젤 협약의 변화 내용을 언급하는 부분에서 정보가 많이 제시되므로, 이를 잘 표시해 두었다가 문제를 풀 때 다시 돌아와 확인해야 한다.

문제분석　01-06번

번호	정답	정답률 (%)	선지별 선택비율(%)				
			①	②	③	④	⑤
1	①	77	77	7	4	5	7
2	③	69	3	7	69	13	8
3	④	53	10	15	10	53	12
4	⑤	29	5	22	19	25	29
5	⑤	46	4	9	11	30	46
6	③	62	3	10	62	15	10

01

정답설명

① 특정한 국제적 기준인 바젤 협약의 내용을 제시한 후 그 변화 양상을 바젤 I, 바젤 II, 바젤 III 협약으로 서술하며 국제 사회에 작용하는 법과 협약의 규범성을 설명하고 있다.

오답설명

② 특정한 국제적 기준인 바젤 협약이 제정된 원인은 2문단에 '예금자와 금융 시스템을 보호하기 위해'라고 제시되어 있다. 그러나 국제 사회의 규범을 감독 권한의 발생 원인이 아니라, 구속력을 형성하는 근거(제재/신뢰)에 따라 분류하고 있다.

③ 특정한 국제적 기준인 바젤 협약이 예금자나 국제 금융 시장에 은행의 재무 건전성을 보여 줄 수 있음을 언급하고 있으나, 국제 사회에 수용되는 규범의 필요성을 상반된 관점에서 논증하고 있지는 않다.

④ 특정한 국제적 기준과 관련된 국내법의 특징을 서술하고 있지 않으며, 국제 사회에 받아들여지는 규범의 장단점을 설명하고 있지도 않다.

⑤ 특정한 국제적 기준의 설정 주체가 바뀐 사례를 서술하고 있지 않으며, 국제 사회에서 규범 설정 주체가 지닌 특징 역시 분석하고 있지 않다.

02

정답설명

③ '신뢰가 형성하는 구속력'은 딱딱한 법에 해당하는 조약이나 국제 관습법이 아니라 말랑말랑한 법에 해당하는 국제기구의 결정과 관련된 내용이다. 1문단에서 조약이나 국제 관습법에서는 일반적으로 위반에 대한 제재를 통해 국제법의 효력을 확보하는 데 주안점을 둔다고 하였으므로 선지의 내용은 적절하지 않다.

오답설명

① 1문단의 '국제법에서 일반적으로 조약은 국가나 국제기구들이 그들 사이에 지켜야 할 구체적인 권리와 의무를 명시적으로 합의하여 창출하는 규범'에서 확인할 수 있다.

② 4문단의 '새롭게 발표되는 바젤 협약은 이전 협약에 들어 있는 관련 기준을 개정하는 효과가 있다.'에서 확인할 수 있다.

④ 5문단의 '바젤 기준을 따름으로써 은행이 믿을 만하다는 징표를~아예 발을 들이지 못할 수도 있다.'를 통해, 국제기구의 결정을 지키지 않을 때 입게 될 불이익이 그 결정이 준수되도록 하는 역할을 함을 알 수 있다.

⑤ 5문단의 '바젤 기준을 따름으로써 은행이 믿을 만하다는 징표를~아예 발을 들이지 못할 수도 있다.'를 통해, 세계 각국에서 바젤 기준을 법제화하는 이유는 자국 은행의 재무 건전성을 대외적으로 드러내어 국제 금융 시장에 자리를 잡기 위함임을 확인할 수 있다.

03

정답설명

④ 2, 3문단에 따르면, 바젤 I 협약에서는 '시장 위험의 측정 방식'을 감독 기관의 승인 하에 은행의 선택에 따라 사용할 수 있게 하였으며 이는 바젤 II 협약에서도 유지된다. 또한 바젤 II 협약의 '신용 위험의 측정 방식' 중 '내부 모형'은 은행이 선택한 위험 측정 방식을 감독 기관의 승인하에 그 은행이 사용할 수 있도록 하는 것이므로 선지의 내용은 적절하다.

오답설명

① 2문단에 따르면 바젤 I 협약의 경우 회사채에 위험 가중치 100%를 획일적으로 부여하도록 하였으므로, 보유하고 있는 회사채의 신용도가 낮아지든 높아지든 BIS 비율에는 영향을 미치지 않을 것임을 알 수 있다. 위험 가중치를 부과할 때 신용도까지 고려하도록 한 것은 바젤 II 협약의 내용이다.

② 3문단에 따르면, 바젤 II 협약은 필요시 감독 기관이 자국 은행에 위험가중자산에 대한 자기자본의 최저 비율이 규제 비율을 초과하도록 요구할 수 있다는 내용을 담고 있다. 따라서 각국의 은행들이 준수해야 하는 위험가중자산 대비 자기자본의 최저 비율은 동일하지 않을 것임을 알 수 있다.

③ 자기자본이 동일한 상태에서 BIS 비율이 높아지기 위해서는 위험가중자산의 값이 작아져야 한다. 3문단에 따르면, 바젤 II 협약에서는 위험 가중치를 구할 때 신용 위험을 측정하는 방식으로 표준 모형이나 내부 모형 가운데 하나를 은행이 선택하도록 하였다. 이 중 표준 모형의 경우 국채에 0~150%의 가중치를, 회사채에 20~150%의 가중치를 부여하였다. 만약 은행이 표준 모형을 선택하고, 위험 가중치가 0%인 국채를 매각한 뒤 이를 위험 가중치가 20%인 회사채에 투자한다면 위험가중자산의 값이 커지게 되므로 BIS 비율은 낮아진다. 이와 같은 경우를 고려할 때 주어진 상황에서 BIS 비율이 '항상' 높아진다고 이야기할 수는 없다.

⑤ 바젤 III 협약에서는 자기자본에서 단기후순위채무를 제외하고, 위험가중자산에 대한 기본자본의 비율이 최소 6%가 되도록 보완하였다. 즉,

자기자본은 기본자본과 보완자본의 합으로만 산출되는 것이다. 이를 기준으로 하여 만약 BIS 규제 비율이 8%라고 할 때, 위험가중자산에 대한 기본자본의 비율이 7%인 경우라면 위험가중자산 대비 보완자본의 비율이 1%밖에 되지 않더라도 BIS 비율 규제를 준수할 수 있으므로 보완자본의 비율이 최소 2%여야 한다는 진술은 적절하지 않다.

04

정답설명

⑤ 바젤 III 협약에서는 자기자본에서 단기후순위채무가 제외되었다. 그러므로 자기자본은 기본자본과 보완자본의 합으로 산출된다. 이를 기준으로 할 때, 위험가중자산의 변동 없이 보완자본을 10억 원 증액한다면 (50+30)÷1,000×100=8%이므로 바젤위원회의 규제 비율인 8%를 충족한다고 볼 수 있다. 다만 바젤 III 협약에서는 위험가중자산에 대한 기본자본의 비율이 최소 6%가 되어야 한다는 내용을 보충하기도 하였으므로, 이에 대해서도 따져 보아야 한다. 이때 위험가중자산에 대한 기본자본의 비율은 50÷1,000×100=5%이므로 보완된 기준을 충족할 수 없다.

오답설명

① 〈보기〉에서 갑 은행은 바젤 II 협약의 표준 모형에 따라 BIS 비율을 산출하여 공시하였다고 하였다. 바젤 II 협약에 의거한 BIS 비율은 기본자본, 보완자본 및 단기후순위채무의 합을 신용 위험과 시장 위험에 따른 위험가중자산으로 나눈 후 100을 곱한 값이다. 즉 110÷1,000×100=11%이므로 바젤위원회가 제시한 규제 비율인 8%보다 높음을 알 수 있다.

② 자기자본이 동일한 상태에서 BIS 비율이 높아지기 위해서는 위험가중자산의 값이 작아져야 한다. 공시된 BIS 비율에서 회사채에 반영된 위험 가중치는 50%라고 하였는데, 이것이 20%로 줄어들면 위험가중자산의 값이 작아지므로 BIS 비율은 높아지게 된다.

③ 회사채에 반영된 위험 가중치가 50%인데 위험가중자산이 300억 원으로 제시되어 있으므로, 그 실제 규모는 600억 원이다. 국채와 회사채의 위험가중자산이 300억 원으로 동일한 상황에서 국채의 실제 규모가 600억 원보다 크다면, 곱해진 위험 가중치가 50%보다 낮았을 것임을 알 수 있다. 예를 들어 국채의 실제 규모를 1,000억 원이라고 가정할 때 위험 가중치를 반영하여 산출된 위험가중자산이 300억 원이므로 곱해진 위험 가중치는 30%임을 알 수 있다.

④ 회사채에 반영된 위험 가중치가 50%인데 위험가중자산이 300억 원으로 제시되어 있으므로, 그 실제 규모는 600억 원이다. 바젤 I 협약에서 위험 가중치는 국채의 경우 0%, 회사채의 경우 100%로 획일적으로 부여되었으므로, 바젤 I 협약을 기준으로 신용 위험에 따른 위험가중자산을 산출한다면 회사채는 실제 규모인 600억 원과 동일할 것이다.

05

정답설명

⑤ ㉠은 법적 구속력이 없는 바젤위원회의 결정을 바젤위원회 미가입 국가에서까지 자발적으로 채택하여 따르고 있다는 내용이다. 따라서 바젤위

원회 회원이 없는 국가에서 바젤 기준을 제도화하여 국내에서 효력이 발생하도록 한다는 내용은 이에 부합한다고 볼 수 있다.

형태쌤의 과외시간

비문학의 사례 문제

비문학의 사례 문제는 '지우는 방식'이 아니라, '찾아가는 방식'으로 풀어야 한다. 즉, '지문'에서 사례의 조건을 정확하게 파악한 후에 선지에서 해당 내용을 '찾으러 가는 방식'으로 풀이를 진행해야 매력적인 오답으로 손이 가지 않는다는 것이다.

사례 문제에서 틀리는 경우는 항상 '지문의 조건'을 제대로 인지하지 못한 경우가 많다.

오답설명

① ㉠은 법적 구속력이 없는 바젤위원회의 결정을 바젤위원회 미가입 국가에서까지 자발적으로 채택하여 따르고 있다는 내용이다. 하지만 바젤위원회가 국제 금융 현실에 맞지 않게 된 바젤 기준을 개정하는 것은, ㉠의 내용과 관련이 없으므로 부합하는 내용이라고 볼 수 없다.

② 가입 회원이 없는 국가가 자발적으로 바젤위원회의 결정을 채택하여 따르는 것이 아니라, 바젤위원회에서 바젤 기준을 준수하도록 요청한다는 내용은 ㉠과 부합하는 것으로 볼 수 없다.

③ 바젤위원회 회원의 국가가 준수 의무가 있는 바젤 기준을 실제로는 지키지 않는다는 내용은 ㉠과 반대되는 경우이므로 부합하는 내용이라고 볼 수 없다.

④ ㉠은 국제기구의 결정에 구속을 받지 않는 국가가 자발적으로 따르고 있다는 내용으로, 이는 바젤위원회 회원 국가가 아닌데도 준수 의무를 이행하는 것과 관련이 있다. 따라서 바젤위원회 회원의 국가가 강제성이 없는 바젤 기준에 대하여 준수 의무를 이행하는 것은 ㉠과 부합하는 것으로 볼 수 없다.

06

정답설명

③ 해당 문맥의 내용은 재무 건전성을 의심받는 은행이 국제 금융 시장에 자리를 잡지 못하거나, 심하면 아예 국제 금융 시장에 발을 들이지 못할 수도 있다는 내용이다. '바젤위원회에 가입'한다는 내용과는 상관이 없으므로 이와 같이 바꿔 쓸 수는 없다.

오답설명

① 해당 문맥의 내용은 바젤 II 협약에서 BIS 비율의 위험가중자산을 산출할 때 자산의 신용도까지 반영하도록 수정되었다는 내용이다. 따라서 '고려하도록'을 '반영하여 산출하도록'으로 수정하는 것은 적절하다.

② ⓑ에서 언급한 '규제 비율'은 바젤위원회에서 결정한 8%의 값을 의미한다. 따라서 '규제 비율을 초과하도록'을 '8%가 넘도록'으로 수정하는 것은 적절하다.

④ 해당 문맥의 내용은 바젤위원회의 결정이 법적 구속력이 없다는 내용이

다. 바젤위원회의 결정은 국제기구의 결정에 해당하며, 1문단에서 이 결정 사항 자체는 권고적 효력만 있을 뿐이라고 하였으므로 '법적 구속력이 없다는'을 '권고적 효력이 있을 뿐이라는'으로 수정하는 것은 적절하다.

⑤ '딱딱한 법'은 조약이나 국제 관습법을 의미한다. 따라서 말랑말랑한 법인 바젤 기준이 장래에 '딱딱하게 응고될지' 모른다는 표현을 '조약이나 국제 관습법이 될지' 모른다는 표현으로 수정하는 것은 적절하다.

구조도 정답

① 제재
② 신뢰
③ 재무 건전성
④ 시장
⑤ 신용도
⑥ 단기후순위채무
⑦ 기본자본
⑧ 국제 금융 시장

2021학년도 6월

지문분석

지식 재산

- **ICT 산업 : 지식 재산을 기반으로 창출**

  (①) : 특허를 독점적으로 사용할 수 있는 법률상 권리

  영업 비밀 : 생산 방법, 판매 방법, 그 밖에 영업 활동에 유용한
  기술상 or 경영상 정보. 일정 조건 만족시 법적 보호 가능

- **ICT 다국적 기업의 지식 재산 수입 과세 문제**

  (②) 도입 진행 중

  배경 : 법인세 감소에 대한 각국의 우려

  법인세

  기업의 이윤(= 수입 - (③))에 대해 부과

  ICT 다국적 기업의 회피 사례

  법인세율 (④) 국가에 자회사 설립, 이윤 몰아주는 방식

  ICT 주도권 가진 국가 : 디지털세 도입에 방어적

- **지식 재산 보호 문제**

  ICT 주도권 가진 국가 : 지식 재산 보호의 국제적 강화 중시

  지식 재산의 보호

  보호 수준↓ : 유인 비용↑ / 보호 수준↑ : (⑤)↑

  최적의 보호 수준 : 유인 비용 + 접근 비용이 최소일 때

  국민 소득 수준에 따라 보호 정도가 다름

형태쌤 Comment

1문단에서 '지식 재산 보호 문제', '과세 문제' 두 가지의 화제를 언급했으니 그 둘에 대한 정보를 놓치지 말았어야 한다. 법인세, 디지털세만 신경 썼던 학생들은 지식 재산 보호 문제와 관련한 4번 문제에서 고전했을 것이다.

문제분석   01-05번

번호	정답	정답률 (%)	선지별 선택비율(%)				
			①	②	③	④	⑤
1	②	75	3	75	8	10	4
2	⑤	64	5	13	6	12	64
3	④	62	4	9	17	62	8
4	③	48	9	12	48	20	11
5	③	70	2	10	70	8	10

01

정답설명

② 1문단을 통해 영업 비밀이 일정 조건을 갖출 경우 법적으로 보호되는 대상이라는 것만 알 수 있을 뿐, 영업 비밀이 법적 보호 대상으로 인정받기 위한 절차에 대한 내용은 지문에 제시되지 않았다.

오답설명

① 1문단에서 특허권과 영업 비밀의 공통점이 '(1) 법으로 보호받을 수 있는 권리, (2) 지식 재산'임을 알 수 있다.

③ 'ICT 다국적 기업의 수입에 과세하는 제도'는 '디지털세'를 말한다. 2문단을 통해, 국가가 기업으로부터 걷는 세금 중 가장 중요한 '법인세'의 감소에 대한 각국의 우려가 디지털세 도입의 배경이 되었음을 알 수 있다.

④ 로열티를 이용하여 ICT 다국적 기업의 법인세를 줄이는 사례가 3문단에 제시되어 있다. 이를 통해 ICT 다국적 기업은 법인세율이 높은 나라에 세운 자회사가 법인세율이 낮은 나라에 세운 자회사에 로열티를 지출하는 방식을 사용하여 법인세를 줄이고 있음을 알 수 있다.

⑤ 유인 비용과 접근 비용의 합이 최소가 될 때가 지식 재산 보호의 최적 수준임이 4문단에 제시되어 있다.

02

정답설명

⑤ 2문단에서 '디지털세는 이를 도입한 국가에서 ICT 다국적 기업이 거둔 수입에 대해 부과되는 세금'이라고 하였으므로, 선지의 내용은 적절하다.

오답설명

① 1문단에서 지식 재산 보호 문제와 과세 문제라는 두 가지 화제를 언급했는데, 디지털세는 과세 문제에 대한 내용일 뿐 지식 재산 보호 문제와는 무관하다. 따라서 디지털세가 지식 재산 보호를 강화할 수 있는 수단이라는 선지의 내용은 적절하지 않다.

② '디지털세'는 해당 제도를 도입한 국가에서 ICT 다국적 기업이 거둔 수입에 부과되는 세금이며, '법인세'는 '이윤(수입에서 제반 비용을 제외한 금액)'에 대해 부과하는 세금이다. 따라서 디지털세가 이윤에서 제반 비용을 제외한 금액에 부과된다는 선지의 내용은 적절하지 않다.

③ 3문단에서, ICT 산업에서 주도적인 국가는 주도권 유지를 위해 디지털세 도입에 방어적이라고 하였다.

④ 여러 국가에 자회사를 설립하는 방식으로 줄이는 것은 디지털세가 아니라 법인세이다. 법인세율이 낮은 국가에 자회사를 추가로 설립하여 법인세 납부액을 줄이는 사례가 3문단에 제시되어 있다.

03

정답설명

④ ㉠과 관련하여 3문단의 내용을 정리해 보자.

형태쌤의 과외시간

㉠ ICT 다국적 기업 : 법인세율이 현저히 낮은 국가에 설립한 자회사에 이윤을 몰아줌. → 법인세 회피

사례)
· ICT 다국적 기업 Z사가 법인세율이 매우 낮은 A국에 자회사 설립, 특허 사용 권한 부여
· A국보다 법인세율이 높은 B국에 설립된 자회사
→ B국 자회사 : A국 자회사에 로열티(= 제반 비용) 지출 → 이윤(= 수입- 제반 비용 = 법인세 부과 대상) 최소화

결국 B국 자회사는 제반 비용이, A국 자회사는 이윤이 높아지는 구조다. 법인세율이 높은 나라에서는 이윤을 최소화하고, 그 이윤을 법인세율이 낮은 나라에 몰아주는 방법으로 법인세 납부를 최소화하는 거지.

즉, ICT 다국적 기업은 법인세율이 높은 국가의 자회사에서 이윤을 줄여야 법인세 납부를 최소화할 수 있다. 위에서 정리했듯이, 법인세는 이윤에 대해 부과하는 세금이며, 이윤은 수입에서 제반 비용을 뺀 것을 말한다. 따라서 ICT 다국적 기업은 법인세율이 낮은 국가의 자회사에 특허 사용 권한을 부여하여, 법인세율이 높은 국가의 자회사에서 로열티를 지출하게 함으로써 이윤을 최대한 낮추어 법인세를 최소화하는 전략을 쓰는 것이다.

오답설명

① 법인세율이 높은 국가에 세운 자회사가 법인세율이 현저히 낮은 국가에 세운 자회사에 특허 사용에 대한 로열티를 지불하므로, 법인세율이 낮은 국가에 세운 자회사의 수입이 늘어날 수는 있으나, 이를 통해 법인세율이 높은 국가일수록 ICT 다국적 기업 자회사의 수입이 많다는 것은 알 수 없다. 법인세는 수입이 아니라, 수입에서 제반 비용을 제외한 '이윤'에 대해서만 부과되는 세금이다.

② ICT 다국적 기업은 법인세율이 낮은 국가의 자회사에 특허 사용 권한을 부여하여 로열티를 받게 한다.

③ 수입 대비 제반 비용의 비율이 높다는 것은 수입에 비해 이윤이 낮다는 의미이다. 3문단의 사례에서 알 수 있듯이, 법인세율이 높은 국가일수록 ICT 다국적 기업 자회사의 수입 대비 제반 비용의 비율이 높다. 왜? 이윤을 낮춰야 법인세를 덜 내니까. ICT 다국적 기업들은 법인세율이 낮은 국가의 자회사에게 이윤(수입-제반 비용)을 몰아주고, 법인세율이 높은 국가의 자회사가 제반 비용(로열티)을 지출하게 하는 방법으로 법인세를 회피한다잖아.

⑤ 법인세율이 높은 국가에 본사가 있는 ICT 다국적 기업 자회사의 수입 대비 이윤의 비율은 법인세율이 낮은 국가일수록 높다. ㉠에서 법인세율이 현저하게 낮은 국가의 자회사에 이윤을 몰아준다고 하였다.

04

정답설명

③ 지문에서 제시된 인과, 대립 관계를 명확히 정리해야 한다.

지식 재산의 보호 약할수록		지식 재산의 보호 강할수록
유용한 지식 창출의 유인 저해 → 지식 진보 정체	↔	지식 접근 제한 → 소수만 혜택 O
유인 비용(-) 발생		접근 비용(-) 발생

접근 비용은 지식 재산의 보호가 강할수록 발생하는 손해를 말한다. S국에서 현재의 특허 제도가 특허권을 과하게 보호한다고 판단할 경우, 지식 재산 보호 수준을 낮춰 접근 비용을 줄이고자 할 것이다.

오답설명

① 4문단에 따르면, ICT 산업에서 주도적인 국가는 지식 재산 보호의 국제적 강화를 중시한다. 따라서 그들은 S국이 유인 비용을 현재보다 크게 인식하여 지식 재산 보호 수준을 높이길 바랄 것이다.

② '지식 재산 창출 의욕의 저하로 인한 손해'는 '유인 비용'을 말한다. 유인 비용은 지식 재산 보호 수준이 낮을수록 발생하는 비용이므로, 선지의 내용은 적절하다.

④ S국의 국민 소득이 점점 높아진다면, 지식 재산 보호 수준이 낮아졌다가('가장 낮은 소득 수준을 벗어난 국가들은 그들보다 소득 수준이 낮은 국가들보다 오히려 특허 보호가 약한 것으로 나타났다.') 국민 소득이 일정 수준에 도달하면 다시 높아질('국민 소득이 일정 수준 이상인 상태에서는 국민 소득이 증가할수록 특허 보호 정도가 강해지는 경향') 것이다.

⑤ S국이 지식 재산 보호 수준을 높이면, 지식의 발전이 저해되어 발생하는 손해(=유인 비용)는 감소하고, 다수가 지식 재산의 혜택을 누리지 못하여 발생하는 손해(=접근 비용)는 증가할 것이다.

05

정답설명

③ ⓐ는 ICT 다국적 기업이 법인세 납부를 회피하기 위해 사용하는 방법에 해당한다(①). 법인세율이 높은 국가에 설립한 자회사의 제반 비용을 늘림으로써(⑤) 이윤을 줄여 법인세를 최소화하고(④), 법인세율이 낮은 국가의 자회사에 수입과 이윤을 몰아주는(②, ③) 것이다. 아직도 이해를 못한 학생이 있다면 3번 문제 해설을 다시 읽어 보길 바란다.

구조도 정답

① 특허권
② 디지털세
③ 제반 비용
④ 현저하게 낮은
⑤ 접근 비용

행정 규제

지문해설

① 국가, 지방 자치 단체와 같은 행정 주체가 행정 목적을 실현하기 위해 국민의 권리를 제한하거나 국민에게 의무를 부과하는 '행정 규제'는 국회가 제정한 법률에 근거해야 한다. 그러나 국회가 아니라, 대통령을 수반으로 하는 행정부나 지방 자치 단체와 같은 행정 기관이 제정한 법령인 행정입법에 의한 행정 규제의 비중이 커지고 있다. 드론과 관련된 행정 규제 사항들처럼, 첨단 기술과 관련되거나, 상황 변화에 즉각 대처해야 하거나, 개별적 상황을 반영하여 규제를 달리해야 하는 행정 규제 사항들이 늘어나고 있기 때문이다. 행정 기관은 국회에 비해 이러한 사항들을 다루기에 적합하다.

▶ 글의 도입부에서는 항상 필자의 관심사를 최우선적으로 찾으며 읽어야 한다. 필자는 '행정 규제'에 대해 말하고자 한다. 특히, 국회가 아니라 행정 기관이 제정한 행정입법에 의한 행정 규제의 비중이 커지고 있다는 것과 그 이유를 설명하고 있다는 점에 주목하자.

② 행정입법의 유형에는 위임명령, 행정규칙, 조례 등이 있다. 헌법에 따르면, 국회는 행정 규제 사항에 관한 법률을 제정할 때 특정한 내용에 관한 입법을 행정부에 위임할 수 있다. 이에 따라 제정된 행정입법을 위임명령이라고 한다. 위임명령은 제정 주체에 따라 대통령령, 총리령, 부령으로 나누어진다. 이들은 모두 국민에게 적용되기 때문에 입법예고, 공포 등의 절차를 거쳐야 한다. 위임명령은 입법부인 국회가 자신의 권한의 일부를 행정부에 맡겼기 때문에 정당화될 수 있다. 그래서 특정한 행정 규제의 근거 법률이 위임명령으로 제정할 사항의 범위를 정하지 않은 채 위임하는 포괄적 위임은 헌법상 삼권 분립 원칙에 저촉된다. 위임된 행정 규제 사항의 대강을 위임 근거 법률의 내용으로부터 예측할 수 있어야 한다는 것이다.

▶ 차이점이 제시되었다. 쌤이 항상 강조해 온 출제 포인트이지. 정당화될 수 있는 '위임명령', 헌법에 저촉되는 '포괄적 위임'을 구분해서 읽어야겠지? 법률로 제정할 사항의 범위, 즉 국회가 행정부에 맡기고자 한 권한의 범위를 정하지 않은 채 위임한 포괄적 위임은 ① 삼권 분립의 원칙에 저촉되며, ② 위임된 행정 규제 사항을 근거 법률의 내용으로부터 예측할 수 없으므로 정당화될 수 없는 것이다.

다만 행정 규제 사항의 첨단 기술 관련성이 클수록 위임 근거 법률이 위임할 수 있는 사항의 범위가 넓어진다.

▶ 1문단에서, 행정 기관은 국회에 비해 첨단 기술과 관련된 행정 규제 사항들을 다루기에 적합하다고 했었지.

한편, 위임명령이 법률로부터 위임받은 범위를 벗어나서 제정되거나, 위임 근거 법률이 사용한 어구의 의미를 확대하거나 축소하여 제정되어서는 안 된다. 위임 명령이 이러한 제한을 위반하여 제정되면 효력이 없다.

▶ 위임명령은 어디까지나 법률에 철저히 근거해야 한다는 것이구나.

③ 행정규칙은 원래 행정부의 직제나 사무 처리 절차에 관한 행정입법으로서 고시(告示), 예규 등이 여기에 속한다. 일반 국민에게는 직접 적용되지 않기 때문에, 법률로부터 위임받지 않아도 유효하게 제정될 수 있고 위임명령 제정 시와 동일한 절차를 거칠 필요가 없다.

▶ 위임명령과의 차이점이구나. 체크해 둬야겠지.

그러나 행정 규제 사항에 관하여 행정규칙이 제정되는 예외적인 경우도 있다. 위임된 사항이 첨단 기술과의 관련성이 매우 커서 위임명령으로는 대응하기 어려워 불가피한 경우, 위임 근거 법률이 행정입법의 제정 주체만 지정하고 행정입법의 유형을 지정하지 않았다면 위임된 사항이 고시나 예규로 제정될 수 있다. 이런 경우의 행정규칙은 위임명령과 달리, 입법예고, 공포 등을 거치지 않고 제정된다.

▶ 행정규칙은 원래 행정부의 직제나 사무 처리 절차에 관한 행정입법인데, 예외적으로 행정 규제 사항에 관하여 제정되는 경우도 있다. 위임된 사항이 첨단 기술과의 관련성이 매우 커서 위임명령으로는 대응하기 어려워 불가피한 경우, 위임 근거 법률이 행정입법의 제정 주체만 지정하고 행정입법의 유형을 지정하지 않았을 때에만 해당한다. 어떤 목적으로 제정되든 간에, 행정규칙은 위임명령과 달리 입법예고, 공포 등의 절차를 거칠 필요가 없다는 차이점은 체크해 두는 것이 좋겠지.

④ 조례는 지방 의회가 제정하는 행정입법으로 지역의 특수성을 반영하여 제정되고 지역에서 발생하는 사안에 대해 적용된다. 제정 주체가 지방 자치 단체의 기관인 지방 의회라는 점에서 행정부에서 제정하는 위임명령, 행정규칙과 구별된다.

▶ 조례는 제정 주체에서 다른 행정입법과 차이를 보인다. 거듭 말하지만, 차이점은 중요한 출제 포인트다!

조례도 행정 규제 사항을 규정하려면 법률의 위임에 근거해야 한다. 또한 법률로부터 포괄적 위임을 받을 수 있지만 위임 근거 법률이 사용한 어구의 의미를 다르게 사용할 수 없다. 조례는 입법예고, 공포 등의 절차를 거쳐 제정된다.

▶ 조례 역시 행정 규제에 관해서는 법률의 위임에 근거해야 하고, 위임명령과 같은 절차를 거쳐 제정되는구나. 위임명령과의 공통점이니 체크해 주자. 대상 간의 공통점, 차이점은 중요한 출제 포인트다!

지문분석

행정 규제

→ 행정 주체가 행정 목적을 실현하기 위해 국민 권리 제한 or 의무 부과

→ 국회가 제정한 법률에 근거해야 함
But (①)관련↑, 즉각적 대처·개별적 규제 필요성↑
→ 행정입법에 의한 행정 규제의 비중↑

→ **행정입법**

(②)

국회가 행정 규제 사항에 관한 법률을 제정할 때, 특정한 내용에 관한
입법을 (③)에 위임하여 제정된 행정입법(대통령령, 총리령, 부령)

모두 국민에게 적용 → 입법예고, 공포 등의 절차를 거쳐야 함

(④) 정당화 X
  * 이유 01: 근거 법률이 위임명령으로 제정할 사항의 범위를 정하지
      않은 채 위임 → 헌법의 삼권 분립 원칙에 저촉
  * 이유 02: 위임 근거 법률의 내용으로부터 (⑤) 가능해야 함

행정 규제 사항의 첨단 기술 관련성↑ → 위임 가능한 사항의 범위↑

법률로부터 위임받은 범위를 벗어나서 제정
or 의미를 확대·축소하여 제정 → 효력 X

(⑥)

행정부의 직제·사무 처리 절차에 관한 행정입법(고시, 예규 등)

일반 국민에게 직접 적용 X
→ 법률로부터 위임 필요 X, 입법예고, 공포 등의 절차 X

행정규칙이 제정되는 예외적인 경우
위임된 사항과 첨단 기술의 관련성이 매우 커서 위임명령으로
대응이 어려움 + 위임 근거 법률이 행정입법의 제정 주체 지정 O,
행정입법의 유형 지정 X
  → 위임된 사항이 고시나 예규로 제정
  → 입법예고, 공포 등의 절차 (⑦)

조례

지방 의회가 제정하는 행정입법

지역의 특수성을 반영하여 제정, 지역에서 발생하는 사안에 대해 적용

(④) O, 위임 근거 법률이 사용한 어구의 의미를 다르게 사용 X,
입법예고, 공포 등의 절차 O

형태쌤 Comment

위임명령, 행정규칙, 조례 등 핵심 개념의 특징이 나열되어 있는데, 지문의 길
이에 비해 정보의 양이 많은 편이다. 모든 내용을 한 번에 이해하고 풀기보다는,
거시적 독해로 공통점, 차이점만 잡아내고 문제를 풀 때 돌아와서 체크하는 것
이 시간을 절약하는 방법이다.

문제분석 01-05번

번호	정답	정답률(%)	선지별 선택비율(%)				
			①	②	③	④	⑤
1	⑤	71	2	6	11	10	71
2	①	47	47	35	5	8	5
3	⑤	67	3	3	11	16	67
4	④	45	9	25	13	45	8
5	③	59	11	4	59	10	16

01

정답설명

⑤ 1문단의 '상황 변화에 즉각 대처해야 하거나~행정 기관은 국회에 비해
이러한 사항들을 다루기에 적합하다.'를 통해, 행정부가 국회보다 신속
히 대응할 수 있는 행정 규제 사항은 행정입법의 대상으로 적합하다는
것을 알 수 있다.

오답설명

① 행정입법에 속하는 법령들은 제정 주체가 동일하지 않다. 위임명령, 행
정규칙의 제정 주체는 행정부이고, 조례의 제정 주체는 지방 의회이다.

② 1문단의 '개별적 상황을 반영하여~행정 기관은 국회에 비해 이러한 사
항들을 다루기에 적합하다.'를 통해, 행정입법에 속하는 법령들은 개별
적 상황을 반영한다는 것을 알 수 있다. 그러나 지역의 특수성을 반영
하는 것은 행정입법에 속하는 법령 중 '조례'뿐이다.

③ 3문단에서 행정규칙은 '법률로부터 위임받지 않아도 유효하게 제정될
수 있다'고 하였으므로, 행정입법에 속하는 모든 법령들이 정당성을 확
보하기 위하여 국회의 위임에 근거하는 것은 아님을 알 수 있다.

④ 4문단에서 행정 규제 사항에 적용되는 행정입법 중 조례는 '법률로부터
포괄적 위임을 받을 수 있다'고 하였다.

02

정답설명

① ㉠에서 '위임명령이 이러한 제한을 위반하여 제정되'었다는 것은 위임명
령이 법률로부터 위임받은 범위를 벗어나서 제정되거나, 위임 근거 법
률이 사용한 어구의 의미를 확대하거나 축소하여 제정되는 경우를 말한
다. 즉 위임명령이 법률에 근거하지 않고 행정 규제 사항을 규정한 경
우를 말하는 것이다. 선지의 '행정 규제 사항을 규정'은 당연히 적절한
내용이다. 2문단에 설명된 '국회는 행정 규제 사항에 관한 법률을 제정
할 때 특정한 내용에 관한 입법을 행정부에 위임할 수 있다. 이에 따라
제정된 행정입법을 위임명령이라고 한다.'에서 알 수 있듯이, '위임명
령' 자체가 '행정 규제 사항'에 대한 것이잖니.

오답설명

② 포괄적 위임을 받아 제정된 경우는 특정한 행정 규제의 근거 법률이 위
임명령으로 제정할 사항의 범위를 정하지 않은 채 위임한 경우이다. 반
면 ㉠은 제정할 사항의 범위가 정해지지 않은 것이 문제가 아니라, 위임

받는 범위를 벗어난 경우에 해당하므로 포괄적 위임과 다른 경우이다.
③ 첨단 기술에 대한 내용을 정확히 반영하였는지 여부에 따라 위임명령의 효력이 정해진다는 내용은 지문에 제시되지 않았다.
④ 윗글은 행정입법에 의한 행정 규제(국가, 지방 자치 단체와 같은 행정 주체가 행정 목적을 실현하기 위해 국민의 권리를 제한하거나 국민에게 의무를 부과하는 것)에 대해 설명하고 있다. 위임명령은 국회가 행정부에 위임한 입법 권한에 따라 제정된 행정입법에 해당한다. 즉, 위임명령이 국민의 권리를 제한하는 권한을 행정 기관에 맡기는 것이 아니라, 국회가 국민의 권리를 제한하는 권한을 행정 기관에 맡겨 제정한 행정입법 중 하나가 위임명령에 해당하는 것이다.
⑤ 1문단을 통해 알 수 있듯이, 행정입법에 의한 행정 규제는 구체적 상황의 특성을 반영한 융통성 있는 대응을 하기 위해 이뤄지는 것이다. 위임명령이 구체적 상황의 특성을 반영한 융통성 있는 대응을 하지 못했다면 문제가 있는 것이긴 하지만, ㉠에서 지적한 문제는 이와는 거리가 멀다.

03
정답설명
⑤ 행정규칙이 행정 규제 사항을 규정하는 경우는 위임된 사항이 첨단 기술과의 관련성이 매우 커서 위임명령으로는 대응하기 어려워 불가피한 경우에만 해당한다. 즉, 위임명령만으로 규제가 어려운 행정 규제 사항에 대해 행정규칙이 추가적인 역할을 하는 것이므로, 행정규칙이 위임받을 수 있는 사항의 범위는 위임명령과 같지 않을 것임을 알 수 있다.

오답설명
① '행정규칙은 원래 행정부의 직제나 사무 처리 절차에 관한 행정입법으로서~법률로부터 위임받지 않아도 유효하게 제정될 수 있고'에서 확인할 수 있다. 행정규칙은 위임명령과 다르게 법률의 위임이 필요 없다.
② '행정규칙은 원래 행정부의 직제나 사무 처리 절차에 관한 행정입법으로서~일반 국민에게는 직접 적용되지 않기 때문에'에서 확인할 수 있다.
③ '행정 규제 사항에 관하여 행정규칙이 제정되는 예외적인 경우도~행정규칙은 위임명령과 달리, 입법예고, 공포 등을 거치지 않고 제정된다.'에서 확인할 수 있다.
④ '행정 규제 사항에 관하여 행정규칙이 제정되는 예외적인 경우도~위임 근거 법률이 행정입법의 제정 주체만 지정하고'를 통해, 행정 규제 사항을 규정하는 행정규칙은 위임 근거 법률의 위임을 받은 제정 주체에 의해 제정된다는 것을 알 수 있다.

04
먼저 ㉮~㉰를 정리하자.
㉮는 국회가 제정한 '법률'에 해당한다.
㉯는 대통령령이므로 '위임명령', 즉 국회가 행정 규제 사항에 관한 법률을 제정할 때 특정한 내용에 관한 입법을 행정부에 위임한 경우에 해당한다.
㉰는 지방 의회에서 제정한 법령이므로 '조례'에 해당한다.

정답설명
④ 2문단을 통해 위임명령이 위임 근거 법률이 사용한 어구의 의미를 확대하거나 축소하여 제정될 경우 효력이 없다는 것을 알 수 있고, 4문단을 통해 행정 규제 사항을 규정하는 조례는 위임 근거 법률이 사용한 어구의 의미를 다르게 사용할 수 없다는 것을 알 수 있다. ㉯, ㉰는 모두 「옥외광고물 등의 관리와 옥외광고산업 진흥에 관한 법률」에 근거하고 있으므로, ㉯에 나오는 '광고물'의 의미와 ㉰에 나오는 '광고물'의 의미는 반드시 일치해야 한다.

오답설명
① 2문단을 통해 위임된 행정 규제 사항의 대강을 위임 근거 법률의 내용으로부터 예측할 수 있어야 한다는 것을 알 수 있다. 즉, ㉮의 제3조의 내용에서는 ㉯의 제5조의 신고 대상 광고물에 관한 사항의 '구체적 내용'이 아니라 '대강의 내용'을 '예측'할 수 있을 것이다. 위임된 행정 규제 사항의 '구체적 내용'을 위임 근거 법률의 내용으로부터 '확인'할 수 있다는 설명은 지문에 제시되지 않았다.
② 2문단에 따르면 특정한 행정 규제의 근거 법률이 위임명령으로 제정할 사항의 범위를 정하지 않은 채 위임할 경우 헌법에 저촉되므로, 위임된 행정 규제 사항의 대강을 위임 근거 법률의 내용으로부터 예측할 수 있어야 한다. 〈보기〉의 회신에 의하면, ㉯의 제5조는 ㉮의 제16조(광고물 실명제)가 아니라 ㉮의 제3조(광고물 등의 허가 또는 신고)의 내용에서 제정할 사항의 범위가 정해져 위임을 받았다고 볼 수 있다.
③ 2문단의 '위임명령은~입법예고, 공포 등의 절차를 거쳐야 한다.', 4문단의 '조례는 입법예고, 공포 등의 절차를 거쳐 제정된다.'를 통해 ㉯, ㉰ 모두 입법예고와 공포 절차를 거쳤을 것임을 알 수 있다.
⑤ 2문단에서 위임명령은 '모두 국민에게 적용'된다고 하였으며, 4문단에서 조례는 '지역에서 발생하는 사안에 대해 적용된다'고 하였으므로, ㉯는 모든 국민에게 적용되고, ㉰는 지방에 한정되어 적용된다는 것을 알 수 있다. 따라서 ㉯를 준수해야 하는 국민 중에는 ㉰를 준수하지 않아도 되는 국민이 있을 것이라고 설명해야 적절하다.

05
정답설명
③ ⓒ의 '예측하다'는 '미리 헤아려 짐작하다.'의 의미로 쓰였으므로, '짐작하여 가늠하거나 미루어 생각하다.'의 의미인 '헤아리다'와 바꾸어 쓸 수 있다.

오답설명
① ⓐ의 '실현하다'는 '꿈, 기대 따위를 실제로 이루다.'의 의미이므로, '보이지 아니하던 어떤 대상이 모습을 드러내다.'의 의미인 '나타내다'와 바꾸어 쓸 수 없다.
② ⓑ의 '반영하다'는 '다른 것에 영향을 받아 어떤 현상을 나타내다.'의 의미이므로, '가려 있거나 보이지 않던 것을 보이게 하다.'의 의미인 '드러내다'와 바꾸어 쓸 수 없다.
④ ⓓ의 '대응하다'는 '어떤 일이나 사태에 맞추어 태도나 행동을 취하다.'의 의미이므로, '마주 대하다.'의 의미인 '마주하다'와 바꾸어 쓸 수 없다.

⑤ ⓔ의 '구별되다'는 '성질이나 종류에 따라 차이가 나다.'의 의미이므로, '변하여 전과는 다르게 되다.'의 의미인 '달라지다'와 바꾸어 쓸 수 없다.

 memo

구조도 정답

① 첨단 기술
② 위임명령
③ 행정부
④ 포괄적 위임
⑤ 예측
⑥ 행정규칙
⑦ X

09

Ⅱ. 사회
2021학년도 12월

지문분석

예약의 법적 의미

정의
> 당사자들이 합의한 내용대로 권리가 발생하는 계약의 일종

목적
> 재화/서비스 제공을 (①)으로 하는
> 본계약을 성립시킬 수 있는 권리 발생

예약의 유형

채권을 발생시키는 예약
> (②)의 본계약 성립 요구에 대해 상대방이 승낙하는 것
>
> 예) 급식 업체 선정-예약 성립, 본계약 체결 요구에 응할 의무 O

(③)을 발생시키는 예약
> (②)가 본계약 성립시키겠다는 의사 표시만으로 본계약 성립
>
> 예) 식당 예약 후 도착하여 예약 완결권 행사-본계약 성립
> 급부에 대한 채권 발생

급부가 이행되지 않을 시

채권자에게 손해가 발생한 경우
> 채무자-자신의 고의/과실 아님 증명 못하는 한 (④) 책임
> → (⑤)로 바뀜

타인이 고의/과실로 (②)의 권리 실현 방해한 경우
> 방해자가 (⑤)를 짐
>
> 예약 상대방과 방해자 둘 중 한명만 손해 배상
> → 다른 한쪽의 배상 의무는 사라짐

형태쌤 Comment

낯설지 않은 개념인 채권, 채무, 계약에 대한 지문이니, 읽는 데에 어려움은 없었을 것이다. 다만 예약의 유형에 따른 공통점과 차이점, 급부 불이행에 따른 문제의 양상을 제대로 구분해 가며 읽지 않았다면 문제를 풀 때 시간을 많이 빼앗겼을 것이다.

문제분석 01-05번

번호	정답	정답률 (%)	선지별 선택비율(%)				
			①	②	③	④	⑤
1	⑤	74	5	4	10	7	74
2	③	43	9	8	43	18	22
3	①	40	40	24	22	8	6
4	④	49	9	9	22	49	11
5	②	87	8	87	2	1	2

01

정답설명

⑤ 불법행위 책임은 계약의 당사자 사이에만 국한되는 개념이 아니다. 5문단에 따르면 '법률에 의하면 누구든 고의나 과실에 의해 타인에게 피해를 끼치는 행위를 하고 그 행위의 위법성이 인정되면 불법행위 책임이 성립'한다.

오답설명

① 2문단의 '계약이 성립하면 합의 내용대로 권리 발생 등의 효력이 인정되는 것이 원칙'이라는 설명을 통해, 계약상의 채권은 계약이 성립하면 추가 합의가 없어도 발생하는 것이 원칙임을 알 수 있다.

② 1문단에서 채권은 어떤 사람이 다른 사람에게 특정 행위(급부)를 요구할 수 있는 권리인데, 급부는 재화나 서비스 제공인 경우가 많지만 그 외의 내용일 수도 있다고 하였으므로 선지의 내용은 적절하다.

③ 3문단에서 채권을 발생시키는 예약의 경우 예약상 권리자는 본계약 성립 요구를 할 수 있다고 하였다. 따라서 예약상 권리자가 본계약 성립 요구를 하는지 여부에 따라 본계약상 권리의 발생 여부가 결정된다. 한편, 예약 완결권을 발생시키는 예약의 경우 예약상 권리자가 본계약을 성립시키겠다는 의사를 표시하는 것만으로 본계약이 성립하므로, 예약상 권리자가 본계약을 성립시키겠다는 의사 표시 유무로 본계약상 권리의 발생 여부가 결정된다. 따라서 예약상 권리자는 본계약상 권리의 발생 여부를 결정할 수 있다는 것을 알 수 있다.

④ 1문단의 '채무자가 채권을 가진 이에게 급부를 이행하면 채권에 대응하는 채무는 소멸한다.'에서 알 수 있듯이, 급부가 이행되면 채무자의 채권자에 대한 채무가 소멸된다.

02

정답설명

③ 2문단에 따르면, ㉠은 '예약에 해당하지 않는 계약'이다. 기차 승차권을 미리 구입해 두고, 기차 탑승을 요구할 수 있는 권리인 채권의 행사 시점을 미래로 정해 두는 것이다.

오답설명

① 1문단에서 '채권은 어떤 사람이 다른 사람에게 특정 행위를 요구할 수 있는 권리이다. 이 특정 행위를 급부'라 한다고 설명하였다. ㉠에서는

기차 탑승을 요구할 수 있는 권리가 채권, 기차 탑승 서비스의 제공이 급부가 된다.

② '채권에 대응하는 의무'는 '채무'이다. ㉠에서 기차 탑승을 요구할 수 있는 권리는 채무가 아니라 채권이다. 따라서 기차를 탑승하지 않는 것은 승차권 구입으로 발생한 채권을 포기하는 것이다.

④ 2문단에서 ㉠이 '예약에 해당하지 않는 계약'임을 명시하였다. 따라서 승차권 구입이 '계약 없이' 권리를 발생시키는 행위라는 선지의 이해는 적절하지 않다.

⑤ 미리 돈을 지불하는 것이 미래에 필요한 기차 탑승 서비스 이용이라는 계약을 성립시킬 수 있는 권리를 확보한 것이라는 선지의 설명은, ㉠이 '예약'일 경우에만 성립한다. 거듭 말하지만 ㉠은 '예약'이 아니라 '계약'이다.

03
정답설명

① [A]에 설명된 예약의 유형은 (1) 채권을 발생시키는 예약, (2) 예약 완결권을 발생시키는 예약이다. [A]의 설명대로 하나씩 짝지으면 의외로 문제는 쉽게 풀린다.

ㄱ. (1)은 급식 업체를 선정·통지하는 경우 성립한다. [A]에서 '한 업체가 선정되었다고 회사에서 통지하면 예약이 성립한다.'라고 하였으므로 이 예약이 성립하기 위한 급부인 ㄱ은 '급식 계약 승낙'이다.

ㄴ. (2)의 예약은 [A]에 있는 '가족 행사를 위해 식당을 예약'한 경우인데, 이 경우에는 예약상 권리자가 식당에 도착하여 예약 완결권을 행사하면 곧바로 본계약이 성립하므로 예약상 급부는 필요하지 않다.

ㄷ. [A]에서 '선정된 업체가 급식을 제공하고 대금을 받기로 하는 본계약'이라고 하였으므로, ㄷ의 급부는 '급식 대금 지급'임을 알 수 있다.

04
정답설명

먼저 〈보기〉의 상황을 간단히 정리해 보자.

갑 : 을과 예약한 채권자. '오전 10시에 머리 손질'이라는 채권을 가지고 있었으나, 손해를 입음.

을 : 갑과 예약한 채무자. '오전 10시에 머리 손질을 해야 한다'는 급부를 이행하지 않아 손해를 입힘.

병 : 갑과 을의 예약 시간에 고의로 끼어들어 위법성이 있는 행위를 하여 갑에게 손해를 입힘.

④ 4문단의 '채무자는 자신의 고의나 과실에서 비롯된 것이 아님을 증명하지 못하는 한 채무 불이행 책임을 진다.'를 고려하면, ㉠가 발생하는 과정에서 을에게 고의나 과실이 있는지 없는지 증명되지 않은 경우 채무 불이행 책임을 지는 것은 을뿐이다. 병은 5문단에 제시된 '법률에 의하면 누구든 고의나 과실에 의해~불법행위 책임이 성립'에 의해 손해 배상 채무를 진다. 병은 채무·채권을 갖는 계약 당사자가 아니므로 채무 불이행 책임과는 무관하다.

오답설명

①, ②, ③ 4문단을 통해 채무자가 채무 불이행 책임을 면하는 경우는 자신

의 고의나 과실에서 비롯된 것이 아님을 증명했을 경우임을 알 수 있다. ㉠가 발생하는 과정에서 을의 과실이 있는 경우, 을은 갑에 대해 채무 불이행 책임이 있다. 이때 채무의 내용은 채권자의 손해를 돈으로 물어야 하는 손해 배상 채무로 바뀐다. 또한 5문단에서 고의나 과실에 의해 타인에게 피해를 끼치는 행위를 하고 그 행위의 위법성이 인정되면 불법행위 책임이 성립하여, 가해자는 피해자에게 손해를 돈으로 배상할 채무를 진다고 하였으므로 병은 갑에 대해 손해 배상 채무가 있다(①). 이때 을과 병의 급부 내용은 동일하다(③).

그런데 5문단에서 '다만 예약상 권리자에게 예약 상대방이나 방해자 중 누구라도 손해 배상을 하면 다른 한쪽의 배상 의무도 사라진다. 급부 내용이 동일하기 때문이다.'라고 하였으므로, 을이 갑에게 배상을 하면 병은 갑에 대한 채무가 사라진다(②).

⑤ 4문단에 따르면, 채무자는 자신의 고의나 과실에서 비롯된 것이 아님을 증명할 경우 채무 불이행 책임을 지지 않는다. 따라서 ㉠가 발생하는 과정에서 을에게 고의나 과실이 없음이 증명된 경우, 을은 갑이 입은 손해를 배상할 책임이 없다. 반면 병의 행위는 '고의나 과실에 의해 타인에게 피해를 끼치는 행위를 하고 그 행위의 위법성이 인정'되는 행위이므로, 병은 갑이 입은 손해에 대해 금전으로 배상할 책임이 있다.

05
정답설명

② ⓑ와 ⓓ의 '받았다'는 모두 '다른 사람이 주거나 보내오는 물건 따위를 가지다.'의 의미로 쓰였다.

오답설명

① ⓐ의 '가지다'는 '자기 것으로 하다.'의 의미로 쓰였으나, ①의 '가지다'는 '생각, 태도, 사상 따위를 마음에 품다.'의 의미로 쓰였다.

③ ⓒ의 '생기다'는 '어떤 일이 일어나다.'의 의미로 쓰였으나, ③의 '생기다'는 '없던 것이 새로 있게 되다.'의 의미로 쓰였다.

④ ⓓ의 '묻다'는 '어떠한 일에 대한 책임을 따지다.'의 의미로 쓰였으나, ④의 '묻다'는 '무엇을 밝히거나 알아내기 위하여 상대편의 대답이나 설명을 요구하는 내용으로 말하다.'의 의미로 쓰였다.

⑤ ⓔ의 '끼치다'는 '영향, 해, 은혜 따위를 당하거나 입게 하다.'의 의미로 쓰였으나, ⑤의 '끼치다'는 '소름이 한꺼번에 돋아나다.'의 의미로 쓰였다.

구조도 정답
① 급부 내용
② 예약상 권리자
③ 예약 완결권
④ 채무 불이행
⑤ 손해 배상 채무

지문분석

베카리아

인간

> 1) 자유와 행복을 추구하는 이성적 존재 (= 계몽주의 사조)
> 2) 이익 (①) O, 그에 따라 행동하는 존재
> 3) 감각적인 존재

형벌

> 주권 : 저마다 할애한 자유의 총합 → 주권자가 이를 위탁받아 관리
> 법 : 사회의 형성과 지속을 위한 조건
> 형벌 : 전체 복리를 위해 법 위반자에게 설정된 것
> ∴ 형벌권의 행사 → (②)의 범위 벗어날 수 X
>
> 목적 : 범죄자가 또다시 피해를 끼치지 못하도록 억제 +
>   다른 사람들이 그 같은 행위를 하지 못하도록 (③)
> – 목적 달성 : 공익이 입게 되는 손실 < 형벌이 가하는 손해
> – 처벌 체계 → 성문법으로 규정, 집행의 확실성 필요
> – 처벌 → (④)을 훼손한 정도에 비례 (넘어설 경우 → 폭압, 불필요)
> – 인간의 정신에 큰 효과를 끼치는 것 → 형벌의 (⑤) (강도 X)

평가

> – 잔혹한 형벌 반대 → 휴머니스트
> – 최대 다수의 최대 행복 주장 → 공리주의자
> – 자유로운 인간들 사이의 합의 바탕으로 논의 전개 → 사회 계약론자
> – 의의 : 응보주의 탈피, 장래의 범죄 발생 방지하는 (⑥)로 나아가는
>   토대 마련

형태쌤 Comment

　베카리아가 주장하는 '형벌'에 대하여 그 전제와 목적 등을 차근차근 풀어가는 지문이다. 지문의 구조는 상대적으로 복잡하지 않고, 정보의 양도 많지 않았다. 다만 문제를 풀기 위해 지문의 내용을 전체적으로 고려하여 추론해야 하는 선지가 있으니 하나의 문단에서만 답안의 근거를 찾으려는 학생들은 3번 문제 풀이에 고전했을 것이다.

문제분석　01-04번

번호	정답	정답률 (%)	선지별 선택비율(%)				
			①	②	③	④	⑤
1	③	83	2	7	83	3	5
2	⑤	84	1	2	2	11	84
3	④	54	8	29	6	54	3
4	②	59	24	59	3	3	11

01

정답설명

③ 1문단에서 국민이 저마다 할애한 자유의 총합이 주권을 구성하고, '주권자가 이를 위탁받아 관리한다'고 하였으므로, 베카리아의 관점에서 주권자는 개개인의 국민이 아니라 개개인의 국민으로부터 주권을 위탁받은 자임을 알 수 있다.

오답설명

① 1문단에서 사람은 끊임없는 전쟁과 같은 상태에서 벗어나기 위하여 자유의 일부를 떼어 주는 합의를 한다고 하였으며, 법은 사회의 형성과 지속을 위한 조건이라고 하였으므로 적절한 설명이다.

② 여러 문단에 제시된 정보를 종합해서 판단해야 하는 선지다. 1문단에 따르면 베카리아는 '이성적인 인간을 상정하는 당시 계몽주의 사조'에 호응하였고, '이익을 저울질할 줄 알고 그에 따라 행동하는 존재로서 인간을 전제'하였다. 따라서 사람을 이성적이고 타산적(자신에게 도움이 되는지를 따져 헤아리는 것)인 존재로 보았겠지. 또한 3문단에서 베카리아가 인간을 '감각적인 존재'로 보았음을 확인할 수 있다.

④ 3문단에서 베카리아는 '가장 잔혹한 형벌도 계속 시행되다 보면 사회 일반은 그에 무디어'지며, '죽는 장면의 목격은~그 기억은 일시적'이라고 하였다. 따라서 잔혹함이 주는 공포의 효과가 처음에는 크더라도 시간이 흐르면서 감소함을 알 수 있다.

⑤ 1문단에서 베카리아는 '형벌권의 행사는 양도의 범위를 벗어날 수 없다는 출발점을 세웠다'고 하였다.

02

정답설명

⑤ ㉠(울타리)은 범죄를 가로막는 방벽인 '형벌'을 가리킨다. 2문단에서 베카리아는 형벌의 정도는 공익을 훼손한 정도에 비례해야 하며, 그것을 넘어서는 처벌은 폭압이며 불필요하다고 하였다.

오답설명

① 2문단에서 베카리아는 형벌의 목적이 '범죄자가 또다시 피해를 끼치지 못하도록 억제하'는 데 있다고 하였다.

② 2문단에서 베카리아는 '누구나 알 수 있도록 처벌 체계는 명확히 성문법으로 규정되어야' 한다고 하였다.

③ 2문단에서 베카리아는 ㉠의 높이는 공익을 훼손한 정도에 비례하여 달리해야 한다고 하였다.

④ 1문단에서 베카리아는 형벌에 관한 이론을 정리하며 '이익을 저울질할 줄 알고 그에 따라 행동하는 존재로서 인간을 전제'하였다. 또한 2문단에서 형벌의 목적은 공익이 입게 되는 그만큼의 손실보다 형벌이 가하는 손해가 조금이라도 크기만 하면 달성된다고 하였다. 이를 종합하면 손익을 저울질하는 인간의 이성을 형벌의 목적 달성에 활용한다고 볼 수 있다.

03

정답설명

④ 3문단에서 베카리아는 '자유로운 인간들 사이의 합의를 바탕으로 논의를 전개하여 사회 계약론자로 이해된다'고 하였다. 또한 '더욱 중요한 것을 지키기 위해 희생한 자유에는 무엇보다도 값진 생명이 포함될 수 없다'고 하였다. 따라서 '무엇보다도 값진 생명'을 내어주는 합의는 있을 수 없으므로 베카리아는 사회 계약론의 입장에서 사형을 비판할 것이다.

오답설명

① 1문단에서 베카리아는 전체 복리(행복과 이익을 아울러 이르는 말)를 위해 법 위반자에게 설정된 것이 형벌이라고 보았으므로, 형벌이 사회적 행복 증진을 저해한다고 보지는 않을 것이다.

② 3문단에서 베카리아는 장래의 범죄 발생을 방지한다는 일반 예방주의로 나아가는 토대를 세웠다는 평가를 받는다고 하였다. 또한 더욱 중요한 것을 지키기 위해 희생한 자유에는 무엇보다도 값진 생명이 포함될 수 없다고 말했다는 점을 통해 베카리아가 사형에 대한 비판적인 입장을 가졌음을 추론할 수 있다. 그러나 베카리아가 사형의 폐지를 주장한 것은 사형이 범죄 예방 효과를 가지지 않기 때문이 아니라, 사형은 잔혹하지만 일시적인 형벌이므로 시간이 갈수록 효과가 감소하기 때문이다. 즉 베카리아는 형벌의 목적을 달성하는 것에 효과적이지 않기 때문에 사형을 반대하는 것이지, 사형의 범죄 예방 효과가 존재하지 않는다고 주장하지는 않을 것이다.

③ 3문단에서 베카리아는 '죽는 장면의 목격은 무시무시한 경험이지만 그 기억은 일시적'이라고 하였으므로, 사형이 사람의 기억에 영구히 각인된다는 설명은 적절하지 않다.

⑤ 2문단에서 베카리아는 '형벌은 범죄가 일으킨 결과를 되돌려 놓을 수 없다'고 하였으므로, 피해 회복의 관점으로 형벌을 바라보지 않았을 것이다. 또한 3문단의 '죽는 장면의 목격은~자유를 박탈당한 인간이 속죄하는 고통의 모습을 오랫동안 대하는 것이 더욱 강력한 억제 효과를 갖는다'를 통해 베카리아는 사형보다는 무기 징역이 더욱 강력한 억제 효과를 가진다고 볼 것임을 유추할 수 있다.

04

정답설명

② '단절(斷絶)하다'는 '유대나 연관 관계를 끊다.'라는 의미이다. ⓑ의 '가로막는'은 유대나 연관 관계를 끊는 것이 아니라 범죄가 일어나지 못하도록 막는다는 의미로 쓰인 것이므로, '방지(防止)하다'로 바꿔 쓸 수 있다.

오답설명

① '향유(享有)하다'는 '누리어 가지다.'라는 의미이므로 ⓐ와 바꿔 쓸 수 있다.

③ '둔감(鈍感)해지다'는 '감정이나 감각이 무뎌지다.'라는 의미이므로 ⓒ와 바꿔 쓸 수 있다.

④ '지대(至大)하다'는 '더할 수 없이 크다.'라는 의미이므로 ⓓ와 바꿔 쓸 수 있다.

⑤ '수립(樹立)하다'는 '국가나 정부, 제도, 계획 따위를 이룩하여 세우다.'라는 의미이므로 ⓔ와 바꿔 쓸 수 있다.

구조도 정답

① 저울질   ② 양도
③ 예방   ④ 공익
⑤ 지속   ⑥ 일반 예방주의

지문분석

(가) 독점적 경쟁 시장에서의 광고

독점적 경쟁 시장

유사하지만 차별적인 상품을 다수의 판매자가 경쟁하며 판매하는 시장

상품에 대한 구매자의 (①) 인지·선호를 위해 광고 이용
→ (②) 강화

(②)

상품 가격을 결정할 수 있는 힘

구매자의 수요를 고려
→ 구매자 : 상품 물량 ↓ → 높은 가격 지불
→ 판매자 : (③) ↓ → 높은 가격 책정

(②)로 차별성 없는 경우보다 높은 가격에 판매
→ 단기적 이윤 But 이윤 지속 기대 X
(∵ 신규 판매자 장기적 증가 → 기존 판매자 상품 수요 ↓
→ 이윤 ↓)

광고를 통해 상품 차별화하는 방법

상품에 대한 (④) 전달

많은 비용을 들인 것으로 보이는 광고
→ 자신 없는 상품에 많은 (⑤)을 지출하지 않을 것이라는
구매자의 추측 유도

가격이 변화할 때 구매자의 상품 수요량이 변하는 정도인 수요의 (⑥) ↓
→ 구매자 충성도 ↑ → 판매자의 (②) 강화 → 경쟁 제한

(나) 광고의 영향

시장

독점적 경쟁 시장의 판매자 간 경쟁 촉진

광고를 통해 상품 정보 노출 → 구매자가 품질·가격에 예민해짐
→ 구매자가 가격에 민감하게 수요량 바꿈 → 판매자 (①) 경쟁

신규 판매자가 광고로 신상품 홍보, 시장 진입 경쟁 촉진

⇒ 판매자 증가 → 판매자의 독점적 지위 약화
→ 구매자 다양한 상품 높지 않은 가격에 구매 가능

경제와 사회 전반

상품에 대한 소비 촉진

소비자의 구매 욕구 강화
(②) 단축

생산 활동 자극됨

(③)(근로자의 노동, 기계, 설비) 투입

고용·투자 증가

근로자 or (④)인 구매자의 소득 증가

한계 소비 성향
: 경제 전반의 소득이 증가할 때 소비가 증가하는 정도
: 양의 값 (경제 전반의 (⑤) 향상 → 소비 증가)

⇒ 경제 전반에 선순환

환경

소비·생산 활동에서 환경 오염 발생

환경 오염 비용을 판매자·구매자가 지불할 가능성 ↓ → 환경 오염 ↑

환경 오염을 우려하는 사람들 : 광고의 소비 촉진 효과 비판

형태쌤 Comment

지문의 내용은 크게 어렵지 않았지만, 각 지문의 구조를 파악하여 접근하는 것이 중요했다. 광고가 독점적 경쟁 시장의 판매자와 구매자, 시장과 경제 전반에 어떻게 영향을 미치는지를 글의 흐름을 따라가며 읽었다면 정답을 쉽게 찾아갈 수 있었을 것이다.

번호	정답	정답률 (%)	선지별 선택비율(%)				
			①	②	③	④	⑤
1	②	91	3	91	3	2	1
2	③	93	2	2	93	2	1
3	②	93	2	93	2	2	1
4	①	88	88	2	2	3	5
5	③	81	1	2	81	5	11
6	⑤	91	3	2	2	2	91

01

정답설명

② (가)의 1문단에서 '각 판매자는 자신이 공급하는 상품을 구매자가 차별적으로 인지하고 선호할 수 있도록 하기 위해 광고를 이용한다.~독점적 지위를 강화할 수 있기 때문이다.'라고 언급하였고, (가)의 3문단에서도 '판매자는 이렇게 광고가 경쟁을 제한하는 효과를 노린다.'라고 언급하였다. 이를 통해 (가)에서는 광고가 구매자의 차별적 인지와 선호를 위해 판매자에게 중요하며, 판매자가 광고를 통해 독점적 지위를 강화하여 경쟁을 제한하는 효과를 얻으려 함을 설명하고 있음을 알 수 있다.

오답설명

① (가)의 1문단에서 '광고는 시장의 형태 중 독점적 경쟁 시장에서 그 효과가 크다.'와 같이 광고가 시장에서 차지하는 위상을 소개하고 있으나, 광고의 개념을 정의하고 있지 않다.

③ (나)는 2, 3문단에서 광고의 영향에 대하여 경제 전반에 선순환이 이루어진다는 견해와 광고의 환경 오염을 우려하며 소비 촉진 효과에 대한 비판을 제기하는 사람들의 견해를 제시하고 있으나, 각각의 견해가 안고 있는 한계점을 지적하고 있지는 않다.

④ (나)는 광고가 구매자에게 수용되는 과정을 제시하고 있지 않으며 구매자가 광고를 수용할 때의 유의점도 나열하고 있지 않다.

⑤ (가)는 3문단을 통해 구매자는 상품의 차별성이나 경쟁력, 상품에 대한 충성도 등을 고려하여 상품을 선택한다는 것을 알 수 있다. 또한 (나)는 1문단의 '구매자가 상품의 품질이나 가격에 예민해질 때'와 2문단의 '광고는 쓰던 상품을 새 상품으로 대체하고 싶은 소비자의 욕구를 강화하고, 신상품이 인기를 누리는 유행 주기를 단축하여 소비를 증가시킬 수 있다.'를 통해 구매자가 상품의 품질과 가격, 기존 상품을 새 상품으로 대체하고 싶은 욕구, 상품의 인기 등을 고려하여 상품을 선택한다는 것을 알 수 있다. 그러나 (가)와 (나) 모두 광고와 관련된 제도나 이에 대한 필요성을 제시하고 있지는 않다.

02

정답설명

③ (가)의 2문단에서 '독점적 지위를 누린다는 것은 상품의 가격을 결정할 수 있는 힘이 있다는 의미'라고 하였다. 그러나 '그럼에도 불구하고 판매자는 구매자의 수요를 고려해야 한다. 대체로 구매자는~더 높은 가격

을 책정할 수 있다.'에서 독점적 지위를 누리더라도 판매자는 구매자가 지불하고자 하는 가격이 상품 공급량에 따라 어느 정도인지를 감안하여 공급량을 조정하여야 함을 알 수 있다.

오답설명

① (가)의 2문단 '이윤을 보는 판매자가 있으면 그러한 이윤에 이끌려 약간 다른 상품을 공급하는 신규 판매자의 수가 장기적으로 증가'에서 독점적 지위가 독점적 경쟁 시장에 신규 판매자가 진입하는 것을 차단하는 않음을 알 수 있다.

② (가)의 2문단 '일반적으로 독점적 지위를 누린다는 것은 상품의 가격을 결정할 수 있는 힘이 있다는 의미이다.'와 '판매자는 공급량을 감소시킴으로써 더 높은 가격을 책정할 수 있다.'에서 독점적 지위란 판매자가 공급량을 조절하여 가격을 책정할 수 있는 힘을 가지고 있음을 의미한다는 것을 알 수 있다.

④ (가)의 2문단 '독점적 경쟁 시장의 판매자도~다소 비싼 가격에 상품을 판매하는 경향이 있다.'와 '그러나 그 결과~그 이윤이 지속되리라 기대할 수는 없다.'에서 독점적 지위가 독점적 경쟁 시장의 판매자가 다소 비싼 가격을 책정할 수 있게 하지만, 그것이 지속적 이윤을 보장하는 것은 아님을 알 수 있다.

⑤ (가)의 1문단 '각 판매자는 자신이 공급하는~독점적 지위를 강화할 수 있기 때문이다.'에서 독점적 경쟁 시장의 판매자가 자신의 상품을 구매자가 차별적으로 인지하고 선호하게 하면 독점적 지위가 강화됨을 알 수 있다.

03

정답설명

② (나)의 2문단에서, 경제 전반의 소득이 증가할 때 소비가 증가하는 정도를 한계 소비 성향이라고 하며, 한계 소비 성향은 양(+)의 값이어서 경제 전반의 소득 수준이 향상되면 소비가 증가한다고 하였다. 또한 광고로 인해 소비가 촉진되고 이로 인해 소득이 증가하여 광고가 경제 전반에 선순환을 일으키는 것이므로, 한계 소비 성향이 커지면 광고가 경제 전반에 선순환을 일으키는 정도도 커짐을 알 수 있다.

오답설명

① (나)의 2문단 '광고는 쓰던 상품을~신상품이 인기를 누리는 유행 주기를 단축하여 소비를 증가시킬 수 있다.'를 통해 알 수 있다.

③ (나)의 2문단 '생산 활동이 증가하면~근로자이거나 투자자인 구매자의 소득을 증가시킬 수 있다.'를 통해 알 수 있다.

④ (나)의 2문단 '상품의 생산에는~고용이나 투자가 증가한다.'를 통해 알 수 있다.

⑤ (나)의 3문단 '소비뿐만 아니라 소비로 촉진된 생산 활동에서도 환경 오염이 발생하기 때문이다.'를 통해 알 수 있다.

04

형태쌤의 과외시간

㉠ '경쟁을 제한'하는 것 : 광고를 통해 구매자가 특정 상품에 가지는 충성도가 높아지며 이를 통해 판매자의 독점적 지위가 강화되면, 광고가 ㉠이라는 효과를 줄 수 있음.

㉡ '경쟁을 촉진'하는 것 : 광고를 통해 구매자가 상품 정보에 노출되면 상품 품질과 가격 등에 예민해지며 이는 판매자의 독점적 지위를 약화시키고 ㉡이라는 결과를 야기할 수 있음.

정답설명

① (가)의 3문단에 따르면, 상품에 대한 구매자의 충성도가 높아지면 판매자의 독점적 지위는 강화되어 시장 판매자 간의 경쟁이 제한(㉠)된다. 또한 수요의 가격 탄력성이 높아지면 가격이 변화할 때 구매자의 상품 수요량이 변화하는 정도가 커진다. (나)의 1문단에서 구매자가 가격에 민감하게 수요량을 바꾼다면 판매자는 가격 경쟁에 돌입하게 된다고 하였으므로, 판매자 간의 경쟁이 촉진(㉡)된다.

오답설명

② ㉠ X, ㉡ X / (가)의 2문단에서 독점적 지위를 누린다는 것은 상품의 가격을 결정할 수 있는 힘이 있다는 의미이다. 경쟁이 제한되면 판매자의 독점적 지위는 강화되어 상품에 대한 높은 가격을 책정할 수 있으므로 상품의 가격을 쉽게 올릴 수 있게 된다. 또한 (나)의 1문단에서 경쟁이 촉진되면 구매자는 판매자의 가격 경쟁에 따라 상품을 높지 않은 가격에 구매할 수 있게 된다고 하였다.

③ ㉠ X, ㉡ X / (가)의 2문단에 따르면, 이윤에 이끌린 신규 판매자의 수는 장기적으로 증가하므로 경쟁이 제한된다고 해서 시장 전체 판매자 수가 증가하지 않는 것은 아니다. 또한 (나)의 1문단에서 경쟁이 촉진되어 더 많은 판매자가 시장에서 경쟁하게 되면 각 판매자의 독점적 지위가 약화된다고 하였으므로 이를 바탕으로 신규 판매자가 시장에 진입하기 어려워진다고 볼 수는 없음을 알 수 있다.

④ ㉠ X, ㉡ O / (가)의 3문단에 따르면, 기존 판매자의 광고가 차별성을 알리는 데에 성공한다면 기존 판매자가 독점적 지위를 강화하여 경쟁을 제한할 수 있으므로 선지의 내용이 적절하지 않음을 알 수 있다. 한편 (나)의 1문단에 따르면, 신규 판매자가 광고를 통해 신상품을 쉽게 홍보하고 시장에 진입할 수 있게 됨으로써 경쟁이 촉진된다고 하였으므로 경쟁의 촉진은 신규 판매자의 광고가 의도대로 성공한 결과임을 알 수 있다.

⑤ ㉠ O, ㉡ X / 광고로 인해 가격에 대한 구매자의 민감도가 약화되었다는 것은 수요의 가격 탄력성이 감소하였다는 의미이므로, 판매자의 독점적 지위는 강화되어 경쟁이 제한된다. 한편 (나)의 1문단에 따르면, 광고로 인해 판매자가 경쟁 상품의 가격을 고려할 필요가 커져야 가격 경쟁에 돌입하여 경쟁이 촉진되므로 해당 선지는 적절하지 않다.

05

정답설명

③ (가)의 2문단에 따르면, '이윤을 보는 판매자가 있으면~신규 판매자의 수가 장기적으로 증가'한다. '갑' 기업은 '을' 기업이 선도하는 여드름 억제 비누 시장에 진입하기 위해 광고를 이용하려 하므로, 이 광고로 '갑' 기업이 단기적으로 이윤을 보게 된다면 여드름 억제 비누 시장 내의 판매자 간 경쟁은 장기적으로 강화될 수 있다.

오답설명

① '갑' 기업의 광고 기획 초안에 따르면 '을' 기업이 여드름 억제 비누 시장을 선도하는 경쟁사라고 하였으므로 '을' 기업은 여드름 억제 비누 시장의 독점적 지위를 가지고 있음을 알 수 있다. (나)의 1문단에서 더 많은 판매자가 시장에서 경쟁하면 각 판매자의 독점적 지위는 약화된다고 하였으므로, 이 광고가 '갑' 기업의 의도대로 성공한다면 '을' 기업의 독점적 지위가 약화될 수 있을 것이다.

② (나)의 2문단에 따르면 생산 활동이 증가하면 고용이나 투자가 증가할 수 있다고 하였으므로, 이 광고로 '갑' 기업의 여드름 억제 비누 생산이 확대된다면 이 비누를 생산하는 공장의 고용이나 투자가 증가할 수 있을 것이다.

④ (가)의 3문단에 따르면 판매자가 광고를 통해 상품의 차별성을 알리는 대표적인 방법은 상품에 대한 정보를 전달하는 것이다. '갑' 기업의 광고 기획 초안에서 '을' 기업은 큰 비용을 들여 인기 드라마에 상품을 여러 차례 노출하는 전략으로 광고 중이라고 하였고 '갑' 기업은 이와 달리 새로운 성분의 여드름 억제 효과를 강조하고 일반인 광고 모델을 쓸 것이라고 하였으므로, 이 광고에서 '갑' 기업은 많은 비용을 들이는 방법보다 정보를 전달하는 방법으로 상품의 차별성을 알리려 함을 알 수 있다.

⑤ (가)의 3문단에 따르면 수요의 가격 탄력성은 가격의 변화에 따른 구매자의 상품 수요량 변화 정도를 말한다. 이 광고가 '갑' 기업의 신제품을 포함한 여드름 억제 비누 수요의 가격 탄력성을 높인다는 것은, 곧 광고를 통해 상품 정보에 노출된 구매자가 가격에 따라 상품에 대한 수요량을 민감하게 변화시킨다는 의미이다. (나)의 1문단에 따르면 판매자는 이때 경쟁 상품의 가격을 더욱 고려하여 가격 경쟁에 돌입할 것이므로 '갑' 기업은 자사 제품의 가격을 높게 책정할 수 없을 것이다.

06

정답설명

⑤ ⓐ는 '어떤 일에 돈, 노력, 물자 따위가 쓰이다.'라는 의미로 쓰였다. '투입(投入)되다' 또한 '사람이나 물자, 자본 따위가 필요한 곳에 넣어지다.'라는 의미로 사용되므로, 문맥상 ⓐ와 바꾸어 쓸 수 있다.

오답설명

① '반입되다'는 '운반되어 들어오다.'라는 의미로 사용되므로, 문맥상 ⓐ와 바꾸어 쓰기에 적절하지 않다.

② '삽입되다'는 '틈이나 구멍 사이에 다른 물체가 넣어지다.' 혹은 '글 따위에 다른 내용이 넣어지다.'라는 의미로 사용되므로, 문맥상 ⓐ와 바꾸어 쓰기에 적절하지 않다.

③ '영입되다'는 '환영하여 받아들여지다.'라는 의미로 사용되므로, 문맥상 ⓐ와 바꾸어 쓰기에 적절하지 않다.

④ '주입되다'는 '흘러 들어가도록 부어져 넣어지다.' 혹은 '기억과 암기가 주로 되어 지식이 넣어지다.'라는 의미로 사용되므로, 문맥상 ⓐ와 바꾸어 쓰기에 적절하지 않다.

memo

구조도 정답

(가)

① 차별적 ② 독점적 지위 ③ 공급량

④ 정보 ⑤ 광고 비용 ⑥ 가격 탄력성

(나)

① 가격 ② 유행 주기 ③ 생산 요소

④ 투자자 ⑤ 소득 수준

기축 통화로서의 달러화

지문해설

① 기축 통화는 국제 거래에 결제 수단으로 통용되고 환율 결정에 기준이 되는 통화이다. 1960년 트리핀 교수는 브레턴우즈 체제에서의 기축 통화인 달러화의 구조적 모순을 지적했다. 한 국가의 재화와 서비스의 수출입 간 차이인 경상 수지는 수입이 수출을 초과하면 적자이고, 수출이 수입을 초과하면 흑자이다. 그는 "미국이 경상 수지 적자를 허용하지 않아 국제 유동성 공급이 중단되면 세계 경제는 크게 위축될 것"이라면서도 "반면 적자 상태가 지속돼 달러화가 과잉 공급되면 준비 자산으로서의 신뢰도가 저하되고 고정 환율 제도도 붕괴될 것"이라고 말했다.

▶ 첫 문단에서는 필자의 관심사가 제시된다. 필자는 트리핀이 지적한 기축 통화인 달러화의 구조적 모순에 대해 말하기 위해, 기축 통화와 경상 수지의 개념을 제시하고 있는 거야. [기축 통화 = 환율 결정의 기준이 되는 통화, 경상 수지 = 수출>수입 : 흑자, 수출<수입 : 적자] 개념을 정리하고, 트리핀의 지적을 정리해 보자.

▶ 미국이 경상 수지 적자 허용 X → 국제 유동성 공급 중단 → 세계 경제 위축, 미국의 경상 수지 적자 지속 → 달러화 과잉 공급 → 준비 자산으로서의 신뢰도↓, 고정 환율 제도 붕괴

▶ 여기까지 읽었을 때, 답답한 느낌이 들었다면 지극히 정상이다. 대충 무슨 말인지는 알겠는데 정확하게 이해가 안 되는 상태. 그것은 '국제 유동성', '준비 자산', '고정 환율 제도' 등의 개념을 몰라서다. 당연히 필자도 학생들의 어려움을 알고 있으니, 본격적인 얘기를 하려면 개념에 대한 설명을 해주겠지. 2문단 가자.

② 이러한 트리핀 딜레마는 국제 유동성 확보와 달러화의 신뢰도 간의 문제이다. 국제 유동성이란 국제적으로 보편적인 통용력을 갖는 지불 수단을 말하는데, 금 본위 체제에서는 금이 국제 유동성의 역할을 했으며, 각 국가의 통화 가치는 정해진 양의 금의 가치에 고정되었다. 이에 따라 국가 간 통화의 교환 비율인 환율은 자동적으로 결정되었다.

▶ 개념 탑재하자. 국제 유동성이란 국제적으로 보편적 통용력을 갖는 지불 수단이래. 아까의 기축 통화 개념과 비슷하지? 금 본위 체제에서는 금이 국제 유동성의 역할을 했고, 각 국가의 통화 가치는 금의 가치에 고정되어 환율이 결정되었대.

이후 브레턴우즈 체제에서는 국제 유동성으로 달러화가 추가되어 '금 환 본위제'가 되었다. 1944년에 성립된 이 체제는 미국의 중앙은행에 '금 태환 조항'에 따라 금 1온스와 35달러를 언제나 맞교환해 주어야 한다는 의무를 지게 했다. 다른 국가들은 달러화에 대한 자국 통화의 가치를 고정했고, 달러화로만 금을 매입할 수 있었다. 환율은 경상 수지의 구조적 불균형이 있는 예외적인 경우를 제외하면 ±1% 내에서의 변동만을 허용했다. 이에 따라 기축 통화인 달러화를 제외한 다른 통화들 간 환율인 교차 환율은 자동적으로 결정되었다.

▶ 이후 브레턴우즈 체제에서는 국제 유동성으로 금 이외에 달러화가 추가되었대. 그러면 달러화도 기축 통화로 쓰인 것이겠네. 즉 금처럼 달러도 세계 통화의 절대적인 가치 기준이 된 거지. 그리고 미국은 언제든 달러를 금으로 교환해 줘야 할 의무가 생겼어. 자, 이제 1문단과 2문단에서 얘기한 [국제 유동성 확보와 달러화의 신뢰도] 딜레마를 이해해 보자.

▶ 미국이 경상 수지 흑자(적자 허용 X)로 수출이 수입을 초과하면 달러가 외부로 공급이 안 되어 세계 경제가 위축된다. 반면 미국이 경상 수지 적자로 수입이 수출을 초과하면 외부로 달러가 과잉 공급되는데, 미국은 언제든 이 달러를 금으로 바꿔줄 의무가 있다. 따라서 가진 금보다 많은 달러가 공급되면 달러의 신뢰도가 떨어진다는 것이다. 이것이 바로 딜레마의 정체다.

③ 1970년대 초에 미국은 경상 수지 적자가 누적되기 시작하고 달러화가 과잉 공급되어 미국의 금 준비량이 급감했다.

▶ 그러다 문제가 발생한다. 앞서 트리핀의 지적이 현실화된 거야. [경상 수지의 적자가 누적 → 달러화 과잉 공급 → (보유한 금 이상으로 과잉 공급된 달러로 금을 맞교환하는 것이 불가능할 수도 있으니) 준비 자산으로서의 신뢰도↓, 고정 환율 제도 붕괴]겠지.

이에 따라 미국은 달러화의 금 태환 의무를 더 이상 감당할 수 없는 상황에 도달했다.

▶ 앞서 금 1온스와 35달러를 언제나 맞교환해 주어야 한다는 '금 태환 조항'에 따라 미국의 중앙은행은 달러를 금으로 '언제나' 바꿔 줄 수 있어야 해. 그런데 달러화가 시중에 많아지면, 금은 한정되어 있으므로 그 모든 달러화에 맞는 금으로 바꾸어 줄 수가 없다는 거야.

이를 해결할 수 있는 방법은 달러화의 가치를 내리는 평가 절하, 또는 달러화에 대한 여타국 통화의 환율을 하락시켜 그 가치를 올리는 평가 절상이었다.

▶ 왜 이것이 해결책이 될 수 있는지 생각해 보자. 일단 달러화의 가치를 내리면 어떻게 될까? 달러화의 가치는 1온스=35달러로 고정이잖아. 근데 미국이 '달러화가 그만한 가치는 없나 봐요~'하면서 1온스=70달러로 올리면, 미국은 금을 1/2만큼 준비해도 되는 거야. 달러화의 가치를 내리면, 금 태환 의무가 줄어들게 되지.

▶ 아니면 달러화에 대한 타국 통화의 환율을 하락시키는 방법도 있어. 1달러에 1,000원이라고 가정해 보자. 근데 달러화에 대한 환율을 1달러에 500원으로 하락시킨다고 생각해 봐. 그러면 달러화에 비해 타국 통화의 상대적 가치가 상승하게 되지. 가치는 항상 상대적이야. 타국 통화의 가치가 상승하면, 달러화의 가치가 줄어드는 것이니, 결국 금 태환 의무가 줄어드는 것으로 볼 수 있겠지.

▶ 그리고 가장 중요한 것은 달러화의 가치와 환율의 관계야. 3문단에서 환율이 하락하면 통화의 가치가 올라간다고 했지? 역으로 달러화의 가치가 하락하면 미국의 환율이 오른다는 것이야. 이게 왜 중요한지 사례를 통해 이해해 보자. 우리나라 환율이 1달러에 1,000원(1달러=1,000원)에서 2,000원(1달러=2,000원)으로 올랐다고 해 보자. 그럼 1달러(외화 표시 가격)에 파는 물건을 100개 팔아 100달러를 벌 때, 환율이 1,000원일 때는 10만 원의 매출인데, 환율이 2,000원일 때는 20만 원의 매출 효과가 생겨. 이를 통해 가격을 낮춰서 팔 수도 있지. 즉, 통화 가치가 하락하여 환율이 상승하면 엄청난 가격 경쟁력이 생기는 거야. 미국이 기를 쓰고 달러화의 가치를 내리려는 것이 바로 이 때문이야. 달러화의 가치가 떨어지면, 미국의 환율이 올라가면서, 경상 수지 적자를 해결할 수 있다는 것이지.

▶ 여기까지 생각을 해야 하나 싶은 학생도 있겠지만, 환율에 대한 정의만 알고 있으면 판단이 가능한 부분이고, 이 부분의 논리를 평가원은 <보기> 문제의 정답으로 집요하게 요구했어. 기본적인 경제학 용어의 개념은 알고 들어오라는 불친절한 지문 구성을 평가원이 한 거야. 그것도 수능 시험장에서..ㅠㅠ

▶ 해결법 : 달러화 가치↓ / 타국 통화 환율↓(=타국 통화 가치↑=달러화 가치↓)

▶ 달러화 가치↓ / 타국 통화 환율↓ ⇒ 미국 환율↑(경상 수지 흑자)

하지만 브레턴우즈 체제하에서 달러화의 평가 절하는 규정상 불가능했고, 당시 대규모 대미 무역 흑자 상태였던 독일, 일본 등 주요국들은 평가 절상에 나서려고 하지 않았다.

▶ 앞서 브레턴우즈 체제하에서 달러화의 가치는 고정되어 있다고 했지? 달러 본위 체제이기도 하니까. 그래서 달러화 평가 절하는 규정상 불가능하고, 두

번째 방법은 독일이나 일본 등 여타국 통화의 환율을 하락시켜 여타국 통화의 가치를 올리는 평가 절상이지. 그런데 미국과의 무역에서 흑자를 보던 독일과 일본은 자기 국가의 통화 가치를 올리고 싶지 않았대. 왜 그랬을까? 아까의 반대 경우야. 1달러=1,000원이었던 것에서 환율이 내려 1달러=500원이 되면, 같은 1달러치를 팔아도 500원밖에 못 버니까, 수출이 많은 쪽에서는 별로 내키지 않는 제안이었던 거지.

이 상황이 유지되기 어려울 것이라는 전망으로 독일의 마르크화와 일본의 엔화에 대한 투기적 수요가 증가했고, 결국 환율의 변동 압력은 더욱 커질 수밖에 없었다. 이러한 상황에서 각국은 보유한 달러화를 대규모로 금으로 바꾸기를 원했다. 미국은 결국 1971년 달러화의 금 태환 정지를 선언한 닉슨 쇼크를 단행했고, 브레턴우즈 체제는 붕괴되었다.

▶ 규정상 달러화의 평가 절하는 불가능하니까, 사람들은 독일이나 일본 등 주요 국가들이 평가 절상을 할 수밖에 없다고 생각을 했나 봐. 그래서 가치가 올라갈 마르크화와 엔화에 대한 투기적 수요가 증가한 거지. 이런 상황에서 미국이 금 태환 의무를 다하지 못할 것 같다는 우려가 전세계적으로 심화되고, 결국 다들 불안한 달러화를 안전한 금으로 바꾸고 싶어 하게 된 거야. 미국은 이 요구를 다 들어줄 수 없었기 때문에 결국 달러화의 금 태환은 정지되었고, 달러화의 가치를 고정한 브레턴우즈 체제는 붕괴하게 되었어.

④ 그러나 붕괴 이후에도 달러화의 기축 통화 역할은 계속되었다. 그 이유로 규모의 경제를 생각할 수 있다. 세계의 모든 국가에서 어떠한 기축 통화도 없이 각각 다른 통화가 사용되는 경우 두 국가를 짝짓는 경우의 수만큼 환율의 가짓수가 생긴다. 그러나 하나의 기축 통화를 중심으로 외환 거래를 하면 비용을 절감하고 규모의 경제를 달성할 수 있다.

▶ 그래도 달러화는 아직까지 기축 통화 역할을 하고 있대. 기축 통화라는 것이 없이 각 나라별로 환율을 교환할 때를 생각해 보자. 예를 들어 우리나라가 4개의 국가와 무역을 하면 4개의 환율을 다 신경 써야 하잖아? 근데 기축 통화라는 것이 있으면 환율의 가짓수가 줄게 되니, 비용도 절감하고 규모의 경제도 달성하게 되는 거지.

지문분석

기축 통화로서의 달러화

└ **기축 통화**

국제 거래의 결제 수단, 환율 결정에 기준이 되는 통화

(①) 딜레마 : 달러화의 구조적 모순 지적

국제 유동성 확보와 달러화의 신뢰도 간 문제

미국이 경상 수지 적자 허용 X → 국제 유동성 공급 중단
→ 세계 경제 위축

미국의 경상 수지 적자 지속 → 달러화 (②)
→ 준비 자산으로서의 신뢰도 ↓, 고정 환율 제도 붕괴

└ **국제 유동성**

국제적으로 보편적인 통용력 갖는 지불 수단

(③) 체제 : 금이 국제 유동성 역할

각 국가의 통화 가치 = 정해진 양의 금의 가치에 고정
→ 환율 자동 결정

브레턴우즈 체제 : 금, 달러화가 국제 유동성 역할

미국의 중앙은행에 금 태환 조항에 따른 의무 지게 함.

환율은 일반적으로 ±1% 내에서의 변동만 허용
→ 교차 환율 자동 결정

└ **1970년대 초 미국**

문제 상황

미국 경상 수지 적자 누적 → 달러화 과잉 공급
→ 미국 금 (④) 급감 → 미국 달러화의 금 태환 의무 감당 X

해결할 수 있는 방법

① 달러화의 가치 ↓ (평가 절하) → 규정상 불가능
② 달러화에 대한 타국 통화 환율 ↓ 가치 ↑ (평가 절상)
→ 대미 무역 흑자국 참여 X

결과

독일 마르크화, 일본 엔화 투기적 수요 ↑ ⇒ 환율 변동 압력 ↑
⇒ 달러화와 금 교환 요구 ↑ ⇒ 미국 (⑤) 단행
⇒ 브레턴우즈 체제 붕괴

붕괴 이후에도 달러화의 기축 통화 역할 지속

⇒ 환율의 가짓수를 줄여 비용을 줄이고 (⑥)를 달성하기 위함.

형태쌤 Comment

학생들을 실전에서 당황하게 했던 지문이다. 구조적으론 상당히 깔끔한데, 길이가 짧아진 최근 출제 경향상 친절한 설명이 부족했던 것이다. 이에 따라 경제 개념에 친숙하지 않은 학생들이 수능 시험장에서 할 것(무엇이 문제인지, 왜 문제인지, 그래서 해결책은 무엇인지 파악)을 제대로 하지 못했다. 환율의 상승과 하락, 그리고 이에 따른 달러화 가치 변화를 토대로 문제가 해결되는 점을 집요하게 파고들어야 하는 까다로운 지문이었다.

문제분석 01-04번

번호	정답	정답률 (%)	선지별 선택비율(%)				
			①	②	③	④	⑤
1	②	70	4	70	8	5	13
2	⑤	38	16	25	15	6	38
3	⑤	58	5	12	10	15	58
4	④	32	12	26	16	32	14

01

정답설명

② 1문단에서 트리핀 교수는 "미국이 경상 수지 적자를 허용하지 않아 국제 유동성 공급이 중단되면 세계 경제는 크게 위축될 것"이라면서도 "반면 적자 상태가 지속돼 달러화가 과잉 공급되면 준비 자산으로서의 신뢰도가 저하되고 고정 환율 제도도 붕괴될 것"이라고 말했다. 즉 지문을 통해 트리핀이 브레턴우즈 체제 내에서의 기축 통화인 달러화의 문제에 대해 전망했다는 것은 알 수 있지만, 브레턴우즈 체제 붕괴 이후의 세계 경제 위축에 대해 어떻게 전망했는지에 대해서는 알 수 없다.

오답설명

① 4문단에 따르면, 브레턴우즈 체제가 붕괴한 이후에도 달러화의 기축 통화 역할이 지속된 데에 대한 이유는 하나의 기축 통화를 중심으로 외환 거래를 하면 비용을 절감할 수 있으며, 규모의 경제를 달성할 수 있기 때문임을 알 수 있다.

③ 2문단에 따르면, 1944년에 설립된 브레턴우즈 체제가 미국의 중앙은행에 '금 태환 조항'에 따라 금 1온스와 35달러를 언제나 맞교환해 주어야 한다는 의무를 지게 했다는 내용이 제시되어 있다.

④ 2문단에 따르면, 브레턴우즈 체제에서는 기존의 금 본위 체제에서 국제 유동성 역할을 했던 금에 달러화가 추가되어 '금 환 본위제'가 되었다고 하였다. 따라서 브레턴우즈 체제에서는 금과 달러화가 국제 유동성의 역할을 하였음을 알 수 있다.

⑤ 1문단에서 트리핀 교수는 "적자 상태가 지속돼 달러화가 과잉 공급되면 준비 자산으로서의 신뢰도가 저하되고"라고 말했다. 이를 근거로 브레턴우즈 체제에서 달러화가 과잉 공급될 경우 준비 자산으로서의 신뢰도가 저하됨을 알 수 있다.

02

정답설명

⑤ 3문단에 따르면, 달러화에 대한 여타국 통화의 환율을 하락시켜 그 가치를 올리는 것을 평가 절상이라고 하였다. 왜 환율을 하락시키면 가치가 올라갈까? 예를 들어, 달러당 환율이 1,000원이면 1달러는 1,000원이라는 뜻이지. 달러당 환율이 1,500원으로 올랐다면 우리나라 돈의 가치가 떨어져 더 많은 돈을 내야 달러를 구할 수 있는 것이고, 달러당 환율이 500원으로 하락했다면 우리나라 돈의 가치가 올라 더 적은 돈을 내고 달러를 구할 수 있다는 것이야. 즉, **환율 상승은 자국 화폐의 가치 하락이고, 환율 하락은 자국 화폐의 가치 상승**이야. 브레턴우즈 체제에서 마르크화가 달러화에 대해 평가 절상(가치가 상승)되었다는 것은 곧 마르크화의 가치가 올라갔다는 뜻이야. 즉, 같은 금액의 마르크화로 교환 가능한 달러화의 액수도 많아지고, 구입 가능한 금의 양도 많아지겠지.

오답설명

① 3문단에서 달러화가 과잉 공급되었으나 브레턴우즈 체제하에서는 여전히 금 1온스=35달러로 달러화의 가치가 고정되어 있었으므로 달러화의 고평가 문제가 있었음을 알 수 있다. 또한 이를 해결할 수 있는 방법은 달러화의 가치를 내리는 평가 절하라고 했고 미국이 달러화의 금 태환 정지를 선언한 닉슨 쇼크를 단행한 이후에 브레턴우즈 체제는 붕괴되었다고 했으니, 브레턴우즈 체제하에서 규정상 불가능했던 달러화의 평가 절하가 가능해졌음을 알 수 있다.

② 3문단에 따르면, 브레턴우즈 체제에서 미국이 달러화의 금 태환 의무를 감당할 수 없게 되었고 이를 해결할 수 있는 방법으로 달러화에 대한 타국 통화의 환율을 하락시켜 그 가치를 올리는 평가 절상이 있다고 하였다. 독일의 마르크화와 일본의 엔화가 평가 절상되면 달러화에 대한 마르크화와 엔화의 가치가 상승하므로, 가치가 상승할 것으로 예상되는 마르크화와 엔화의 수요가 상승할 것임을 알 수 있다. 대규모 대미 무역 흑자였던 독일, 일본이 평가 절상에 나서지 않으려 했다고 하였지만 이 상황이 유지되기 어려울 것이라는 전망으로 투기적 수요가 증가했다고 했으니 이들 통화의 평가 절상을 예상한 것이겠지.

③ 금의 생산량이 증가하면 국제 유동성 중 하나인 금의 공급량이 증가될 것이다. 이에 따라 금 준비량의 부족 문제가 어느 정도 해결될 수 있어 트리핀 딜레마 상황이 완화될 수 있다.

④ 1문단에 따르면, 트리핀 딜레마는 경상 수지 적자를 허용하지 않으면 국제 유동성 공급이 중단되어 세계 경제가 위축될 것이고, 경상 수지 적자를 허용하면 달러화가 과잉 공급되어 고정 환율 제도가 붕괴한다는 것이므로 선지의 진술은 적절하다.

03

정답설명

⑤ 2문단에서 기축 통화인 달러화를 제외한 다른 통화들 간의 환율을 교차 환율이라고 하였다. 그러므로 미국을 포함한 세 국가가 존재할 때 ⓒ의 경우, 다른 국가들 간의 교차 환율은 1개이다. 그러나 4문단에서 어떠한 기축 통화도 없이 각각 다른 통화가 사용되는 경우에는 두 국가를

짝짓는 경우의 수만큼 환율의 가짓수가 생긴다고 하였으므로 ⓒ에서의 환율의 가짓수는 1보다 많음을 알 수 있다.

오답설명

① ㉠에서는 금이 국제 유동성의 역할을 했고 각 국가의 통화 가치는 정해진 양의 금의 가치에 고정되었다고 하였으므로 ㉠에서 자동적으로 결정되는 환율의 가짓수는 금에 자국 통화의 가치를 고정한 국가 수와 같음을 알 수 있다.

② ㉡은 달러화가 기축 통화인 체제이므로, ㉡이 붕괴된 이후에도 달러화가 기축 통화라면 교차 환율의 가짓수도 ㉡과 같을 것이다.

③ ⓒ에서는 두 국가를 짝짓는 경우의 수만큼 환율의 가짓수가 생긴다고 하였다. 선지만 놓고 보면, 국가 수가 하나 증가한다면 그 새로운 국가가 이전에 있던 모든 국가와 다 환율이 있어야 하므로, 환율의 가짓수는 이전에 있던 모든 국가의 수만큼 늘어날 것이다. 쉽게 예시를 들면, A, B, C 세 국가가 있을 때 환율의 가짓수는 {A,B}, {A,C}, {B,C}로 총 세 가지이지만 국가 D가 여기에 추가되면 환율의 가짓수는 {A,B}, {A,C}, {A,D}, {B,C}, {B,D}, {C,D}로 총 6개가 되므로, 국가 하나가 추가된다고 해서 환율의 전체 가짓수가 하나씩 증가하는 것은 아님을 알 수 있지.

④ ㉠에서는 '국가 간 통화의 교환 비율인 환율은 자동적으로 결정되었다'고 했고, ㉡에서는 '기축 통화인 달러화를 제외한 다른 통화들 간 환율인 교차 환율은 자동적으로 결정되었다'고 했다. 즉, ㉠에서 자동적으로 결정되는 환율의 가짓수는 금에 자국 통화의 가치를 고정한 국가 수와 같으므로 3개이다. ㉡의 경우 교차 환율만 자동적으로 결정되므로 1개이다. 그러므로 ㉠에서 ㉡으로 바뀌면 자동적으로 결정되는 환율의 가짓수가 3개에서 1개로 줄어들 것임을 알 수 있다.

04

정답설명

④ 3문단에서 경상 수지 적자의 해결로 타국 통화의 환율 하락을 제시하였다. 가치는 상대적이기에 타국 통화의 환율이 하락하면, 자국 통화의 환율은 상승한다. 환율이 상승하면, 자국 통화의 가치가 하락하여 수출 경쟁력이 생겨 경상 수지가 흑자로 갈 수 있다.
여기서 이해가 안 되는 학생을 위해 사례를 다시 가져올게. 우리나라에서 1,000원 하고 외국에서 1달러(외화 표시 가격)했던 물건을, 수출할 때 환율이 2,000원으로 올랐다고 가정해 보자. 물건 가격을 똑같이 1,000원에 팔면 결국 외국에 0.5달러(외화 표시 가격)에 팔게 되는 것이므로 엄청난 수출 경쟁력이 생기는 거야.
즉, 환율 상승=경상 수지 흑자 / 환율 하락=경상 수지 적자

〈보기〉를 보면, 국제적 합의로 환율의 기준이 되는 A국 통화에 대한 B국 통화의 환율은 50% 하락했고, C국은 30% 하락했다. 즉, B국과 C국만 비교해 보면, C국의 환율이 상대적으로 덜 하락하였고, B국과 비교했을 때 기존보다 환율이 높은 상황이 된 것이다. 환율이 상승하면 경상 수지는 흑자가 된다. 따라서 B국에 대한 C국의 경상 수지는 개선될 것이다.

오답설명

① 금리가 인상되어 외국 자본이 유입되는 것은 A국의 통화에 대한 수요가 상승한 것이고, A국 통화의 가치가 상승한 것이다. 따라서 '외국 자본의 대량 유입'으로 A국 통화의 신뢰도가 낮아졌다는 설명은 적절하지 않다.

② 3문단에서 타국 통화의 환율 하락은 타국 통화의 가치를 올리는 평가 절상이라고 하였다. 그리고 가치는 상대적이기에 B국 통화의 가치가 내려가면 상대적으로 A국 통화는 가치가 하락한다.

③ 〈보기〉를 보면, 국제적 합의로 환율의 기준이 되는 A국 통화에 대한 B국 통화의 환율은 50% 하락했고, C국은 30% 하락했다. 따라서 기축 통화인 A국 통화에 대한 B국과 C국의 통화 환율은 모두 하락했지만, C국 통화의 환율은 B국에 비해 상대적으로 덜 하락하였으니, B국 통화에 대한 C국 통화의 환율이 하락했다고 볼 수는 없다.

⑤ 〈보기〉에서 A국의 소득세 감면과 군비 증대로 A국의 금리가 인상되었다고 하였다. A국의 금리가 인상되면 모두가 A국의 은행에 돈을 넣으려고 하므로 A국의 통화에 대한 수요가 상승하여 결국 A국의 통화 가치가 상승하겠지? (은행에 돈을 넣으려 하니 시중에 풀린 돈이 줄어 A국 통화량 하락으로 인한 A국의 통화 가치 상승으로 이해할 수도 있겠다.) 여기서 잠깐 3문단을 보고 오자. 통화 가치 상승은 환율 하락과 연결된다. 따라서 A국의 환율이 하락하니, 경상 수지는 악화(1달러=1,000원이었던 것에서 환율이 내려 1달러=500원이 되면, 같은 1달러어치를 팔아도 500원밖에 못 버니까)되며, 이것에 대한 해결은 A국의 환율 상승이나 B국의 환율 하락이다.

형태쌤의 과외시간

환율은 자국 돈의 가치라고 생각하면 돼. 달러당 환율이 1,000원이면 1달러는 1,000원이라는 뜻이지. 달러당 환율이 1,500원으로 올랐다면 우리나라 돈의 가치가 떨어져 더 많은 돈을 내야 달러를 구할 수 있는 것이고, 달러당 환율이 500원으로 하락했다면, 우리나라 돈의 가치가 올라 더 적은 돈을 내고 달러를 구할 수 있다는 것이야. 즉, **환율 상승은 자국 화폐의 가치 하락이고, 환율 하락은 자국 화폐의 가치 상승**이야.

우리나라에서 외국으로 물건을 수출한다면, 환율이 오르면 이득을 보게 돼. 우리나라 환율이 1달러에 1,000원에서 2,000원으로 올랐다고 해 보자. 그럼 1달러(외화 표시 가격)에 파는 물건을 100개 팔아 100달러를 벌 때, 환율이 1,000원일 때는 10만 원의 매출인데, 환율이 2,000원일 때는 20만 원의 매출 효과가 생겨. 이를 통해 가격을 낮춰서 팔 수도 있지. 즉, 통화 가치가 하락하여 환율이 상승하면 엄청난 가격 경쟁력이 생기는 거야. 이에 따라 수출은 늘고 수입은 줄게 되어 경상 수지는 흑자가 되지.

환율 상승=경상 수지 흑자 / 환율 하락=경상 수지 적자

구조도 정답

① 트리핀 ② 과잉 공급 ③ 금 본위
④ 준비량 ⑤ 닉슨 쇼크 ⑥ 규모의 경제

사건의 효과 평가

지문해설

① 경제학에서는 증거에 근거한 정책 논의를 위해 사건의 효과를 평가해야 할 경우가 많다. 어떤 사건의 효과를 평가한다는 것은 사건 후의 결과와 사건이 없었을 경우에 나타났을 결과를 비교하는 일이다. 그런데 가상의 결과는 관측할 수 없으므로 실제로는 사건을 경험한 표본들로 구성된 시행집단의 결과와, 사건을 경험하지 않은 표본들로 구성된 비교집단의 결과를 비교하여 사건의 효과를 평가한다. 따라서 이 작업의 관건은 그 사건 외에는 결과에 차이가 날 이유가 없는 두 집단을 구성하는 일이다.

▶ 첫 문단에서 글의 화제, 즉 필자의 관심사가 제시되고 있다. 필자는 경제학에서 사건의 효과를 평가하는 것에 관심이 있다. 사건의 효과를 평가할 때 가상의 결과는 관측할 수 없기에 실제로는 시행집단과 비교집단의 결과를 비교하는데, 이때 중요한 것은 해당 사건 외에는 결과에 차이가 날 이유가 없는 두 집단을 구성해야 한다는 점이다. 해당 사건 이외에 다른 이유가 존재한다면 그 사건의 효과를 제대로 평가할 수 없겠지.

▶ 시행집단 : 사건을 경험한 표본들로 구성된 집단
비교집단 : 사건을 경험하지 않은 표본들로 구성된 집단

가령 어떤 사건이 임금에 미친 효과를 평가할 때, 그 사건이 없었다면 시행집단과 비교집단의 평균 임금이 같을 수밖에 없도록 두 집단을 구성하는 것이다. 이를 위해서는 두 집단에 표본이 임의로 배정되도록 사건을 설계하는 실험적 방법이 이상적이다. 그러나 사람을 표본으로 하거나 사회 문제를 다룰 때에는 이 방법을 적용할 수 없는 경우가 많다.

▶ 실험적 방법은 사건의 효과를 평가하는 이상적 방법이지만 한계가 존재한다. 사람을 표본으로 삼거나 사회 문제를 다루는 경우, 예측할 수 없는 변수 때문에 이상적인 두 집단을 설정하기 쉽지 않아 적용하기 어려운 경우가 많다. 한계가 제시되었으니 이를 보완하거나 해결할 수 있는 방법이 제시될 것임을 예측할 수 있겠다. 참고로 적용할 수 없는 경우가 많다는 것은 아예 적용이 불가능하다는 것이 아니라, 적용할 수 있는 경우가 있으나 드물다는 뜻이다. 표현의 의미를 정확하게 이해해야 내용 일치 문제에서 오답을 고르지 않을 수 있다.

② 이중차분법은 시행집단에서 일어난 변화에서 비교집단에서 일어난 변화를 뺀 값을 사건의 효과라고 평가하는 방법이다. 이는 사건이 없었더라도 비교집단에서 일어난 변화와 같은 크기의 변화가 시행집단에서도 일어났을 것이라는 평행추세 가정에 근거해 사건의 효과를 평가한 것이다. 이 가정이 충족되면 사건 전의 상태가 평균적으로 같도록 두 집단을 구성하지 않아도 된다.

▶ 평행추세 가정에 근거해 사건의 효과를 평가하는 '이중차분법'이 제시되었다. '이중차분법'은 두 집단의 결과 값을 비교하는 것이 아니라 변화량을 비교하는 방법이구나. 이러한 방법이라면 두 집단의 상태가 완전히 같지 않아도 사건의 효과를 평가할 수 있겠지. 이상적인 두 집단을 설정하기 어렵다는 '실험적 방법'이 갖는 한계를 해결할 수 있는 평가 방법이 '이중차분법'인 것이다.

▶ 평행추세 가정 충족 O = 사건 제외 시 두 집단에 일어나는 크기 변화 '같음'
평행추세 가정 충족 X = 사건 제외 시 두 집단에 일어나는 크기 변화 '다름'

③ 이중차분법은 1854년에 스노가 처음 사용했다고 알려져 있다. 그는 두 수도 회사로부터 물을 공급받는 런던의 동일 지역 주민들에 주

목했다. 같은 수원을 사용하던 두 회사 중 한 회사만 수원을 바꿨는데 주민들은 자신의 수원을 몰랐다. 스노는 수원이 바뀐 주민들과 바뀌지 않은 주민들의 수원 교체 전후 콜레라로 인한 사망률의 변화들을 비교함으로써 콜레라가 공기가 아닌 물을 통해 전염된다는 결론을 내렸다. 경제학에서는 1910년대에 최저임금제 도입 효과를 파악하는 데 이 방법이 처음 이용되었다.

▶ 이중차분법을 사용한 실제 사례에 대해 설명하고 있다. 구체적 사례에서 시행집단과 비교집단이 무엇인지, 사건이 무엇인지 등을 잘 체크해야 문제를 풀이할 때 혼동하지 않을 수 있다. 스노는 아래와 같이 수원 교체로 인한 콜레라 사망률 변화를 비교함으로써 물을 통해 콜레라가 전염된다는 결론을 얻을 수 있었다.

▶ 시행집단 : 수원이 바뀐 주민들로 구성된 집단
비교집단 : 수원이 바뀌지 않은 주민들로 구성된 집단
사건 : 수원 교체
사건의 효과 : 수원이 바뀐 주민들의 콜레라 사망률 변화 – 수원이 바뀌지 않은 주민들의 콜레라 사망률 변화

④ 평행추세 가정이 충족되지 않는 경우에 이중차분법을 적용하면 사건의 효과를 잘못 평가하게 된다. 예컨대 어떤 노동자 교육 프로그램의 고용 증가 효과를 평가할 때, 일자리가 급격히 줄어드는 산업에 종사하는 노동자의 비중이 비교집단에 비해 시행집단에서 더 큰 경우에는 평행추세 가정이 충족되지 않을 것이다.

▶ 평행추세 가정이 충족되지 않는 경우란, 사건을 제외했을 때 두 집단에 일어나는 변화의 크기가 같지 않은 경우를 말한다. 이러한 경우에 이중차분법을 적용하면 사건의 효과를 잘못 평가하게 되는 문제가 생긴다. 언급된 사례를 통해 이해해 보자.

▶ 시행집단 : 노동자 교육 프로그램에 참여한 노동자들로 구성된 집단
비교집단 : 노동자 교육 프로그램에 참여하지 않은 노동자들로 구성된 집단
사건 : 노동자 교육 프로그램
사건의 효과 : 프로그램에 참여한 노동자들의 고용률 변화 – 프로그램에 참여하지 않은 노동자들의 고용률 변화

▶ 언급된 사례의 경우, 이중차분법이 제대로 적용되려면 노동자 교육 프로그램이 없었을 때 비교집단에서 일어난 고용률 변화와 같은 크기의 변화가 시행집단에서 나타나야 한다. 그런데 시행집단에 일자리가 급격히 줄어드는 산업에 종사하는 노동자의 비중이 비교집단보다 많다면, 프로그램이 없더라도 시행집단은 비교집단에 비해 고용률이 낮겠지. 이 경우에 이중차분법을 적용해 버리면, 실제 프로그램의 효과에 비해 그 효과를 작게 평가하게 되는 문제가 발생한다.

그렇다고 해서 집단 간 표본의 통계적 유사성을 높이려고 사건 이전 시기의 시행집단을 비교집단으로 설정하는 것이 평행추세 가정의 충족을 보장하는 것은 아니다. 예컨대 고용처럼 경기변동에 민감한 변화라면 집단 간 표본의 통계적 유사성보다 변화 발생의 동시성이 이 가정의 충족에서 더 중요할 수 있기 때문이다.

▶ 두 집단의 통계적 유사성을 높이기 위해 사건 이전 시기의 시행집단을 비교집단으로 설정한다는 것은, 일자리가 급격히 줄어드는 산업에 종사하는 노동자의 비중이 많은 시행집단을 사건 이전과 사건 이후로 나누어 사건 이전을 비교집단으로 삼는다는 거야. 그렇다면 일자리가 급격히 줄어드는 산업에 종사하는 노동자의 비중에서 차이가 나지 않겠지. 하지만 이렇게 한다고 해도, 경기변동에 민감한 변화라면 두 집단의 변화가 동시에 발생한 변화여야 한다는 점이 통계적 유사성보다 더 중요할 수 있기에 평행추세 가정이 무조건 충족되는 것은 아니다.

⑤ 여러 비교집단을 구성하여 각각에 이중차분법을 적용한 평가 결과가 같음을 확인하면 평행추세 가정이 충족된다는 신뢰를 줄 수 있다.

또한 시행집단과 여러 특성에서 표본의 통계적 유사성이 높은 비교집단을 구성하면 평행추세 가정이 위협받을 가능성을 줄일 수 있다. 이러한 방법들을 통해 이중차분법을 적용한 평가에 대한 신뢰도를 높일 수 있다.

▶ 이중차분법을 적용한 평가에 대한 신뢰도를 높일 수 있는 방법에 대해 언급하며 지문이 마무리되고 있다.

지문분석

사건의 효과 평가

- 사건 후의 결과와 사건이 없었을 경우에 나타났을 결과를 비교

- 가상의 결과 관측 X → 실제로는 시행집단의 결과와 비교집단의 결과 비교

  - (①) : 사건을 경험한 표본들로 구성

  - (②) : 사건을 경험하지 않은 표본들로 구성

- (③) 방법

  두 집단에 표본이 임의로 배정되도록 사건 설계

  사람을 표본으로 하거나 사회 문제를 다룰 때 적용 어려움

- (④)

  사건의 효과 = 시행집단에서 일어난 변화
  　　　　　　 − 비교집단에서 일어난 변화

  1854년 스노가 처음 사용 → 콜레라의 원인이 '물'이라고 밝힘

  경제학 → 1910년대에 (⑤) 도입 효과를 파악하는 데 처음 사용

  (⑥) 가정

    사건이 없었더라도 비교집단에서 일어난 변화와
    같은 크기의 변화가 시행집단에서도 일어났을 것이라는 가정

    충족 X → 이중차분법 적용 시 사건의 효과 잘못 평가

    (⑥) 가정 충족 → 신뢰도 ↑

      여러 비교집단을 구성 → 각각에 이중차분법 적용
      → 평가 결과가 같음

      시행집단과 여러 특성에서
      표본의 (⑦)이 높은 비교집단 구성

      경기 변동에 민감한 변화
      : 집단 간 표본의 (⑦)보다 변화 발생의 동시성이 더 중요

형태쌤 Comment

지문 첫머리에 '경제학'이라는 단어가 나와 쫄았던 학생들이 있었을 것이다. 그런데 지문을 읽다 보면 '경제학'만 다루고 있는 지문이 아님을 눈치챘겠지? 이 지문은 사회 현상을 어떻게 평가하는지를 집중적으로 다루는 글이다. 지문에 나오는 실험적 방법과 이중차분법이 어떤 점에서 다른지 비교하고, 이중차분법에서 평행추세 가정은 어떻게 적용되는지 파악하며 읽었어야 한다.

문제분석　01-04번

번호	정답	정답률 (%)	선지별 선택비율(%)				
			①	②	③	④	⑤
1	①	18	18	16	19	34	13
2	⑤	41	10	12	11	26	41
3	④	46	4	8	21	46	21
4	②	66	2	66	28	2	2

01

정답설명

① 1문단을 보자. 실험적 방법은 사건의 효과를 평가하는 방법 중 하나이다. 이때 사건의 효과를 평가하기 위해선 '사건 후의 결과와 사건이 없었을 경우에 나타났을 결과를 비교'한다고 하였다. 그리고 가상의 결과를 관측할 수 없을 때는 '사건을 경험한 표본들로 구성된 시행집단의 결과와, 사건을 경험하지 않은 표본들로 구성된 비교집단의 결과를 비교'한다고 하였다. 어디에도 시행집단에서의 사건 전후 변화를 평가한다는 말은 없다.

오답설명

② 1문단에서 '사람을 표본으로 하거나 사회 문제를 다룰 때에는 이 방법(실험적 방법)을 적용할 수 없는 경우가 많다.'라고 하였는데, 이는 이 경우에 실험적 방법을 '아예 적용할 수 없다'는 말이 아니고, '적용하는 경우도 있다'는 말이므로 적절하다.

③ 2문단의 평행추세 가정의 설명을 보면 '사건이 없었더라도 비교집단에서 일어난 변화와 같은 크기의 변화가 시행집단에서도 일어났을 것'이라고 나와 있다. 이는 특정 사건 외에는 두 집단의 변화에 차이가 날 이유가 없다는 의미이므로 적절하다.

④ 3문단에 나온 스노의 연구에서의 비교 대상은 시행집단과 비교집단의 절대적인 콜레라 사망률이 아니라 콜레라 사망률의 '변화'이다. 스노는 두 집단의 사건 전 콜레라 사망률이 다르더라도 이 '변화율'을 토대로 연구를 한 것이기 때문에 사건 전에도 두 집단의 콜레라 사망률은 달랐을 수 있다.

⑤ 3문단에서 스노는 수원의 차이로 인해 콜레라 사망률이 달라졌음을 토대로 콜레라는 물을 통해 전염된다는 결론을 내렸기 때문에, 두 집단 사이의 공기의 차이는 고려하지 않았음을 알 수 있다. 스노는 수원이 바뀐 주민들과 바뀌지 않은 주민들 사이에 공기의 차이가 없다고 생각했기 때문에 이를 고려하지 않았을 것이다.

02

정답설명

⑤ ㉠을 보면 시행집단에서 일자리가 급격히 줄어드는 산업에 종사하는 노동자의 비중이 비교집단에 비해 크다고 하였는데, 이는 시행집단의 실업률이 크다는 의미이다. 실업률이 크다면 그만큼 고용률이 적게 증가한다는 의미이므로, 이중차분법을 적용했을 때 프로그램이 없었다면 시행집단에서 일어났을 고용률 증가는 비교집단에서 일어난 것보다 작을 것이다. 그런데 평행추세 가정은 사건(프로그램)이 없었더라도 비교집단에서의 변화와 시행집단에서의 변화가 같았을 것이라는 가정이므로, 시행집단과 비교집단의 실업률은 다르지 않다. 따라서 ㉠에 이중차분법을 적용하여 평가한 프로그램의 고용 증가 효과는 평행추세 가정이 충족되는 비교집단을 이용하여 평가한 경우의 효과보다 작을 것이다.

03

정답설명

④ 4문단에서 '집단 간 표본의 통계적 유사성을 높이려고 사건 이전 시기의 시행집단을 비교집단으로 설정하는 것이 평행추세 가정의 충족을 보장하는 것은 아니다.'라고 하였다. 또한 '고용처럼 경기변동에 민감한 변화라면 집단 간 표본의 통계적 유사성보다 변화 발생의 동시성이 이 가정의 충족에서 더 중요할 수 있'다고 하였다. 따라서 표본의 통계적 유사성이 같도록 최저임금 인상의 효과를 시행집단의 전년도 변화와 비교한다고 해서 신뢰도가 높아진다는 보장은 없다.

오답설명

① 1문단에 따르면 시행집단은 '사건을 경험한 표본들로 구성된' 집단이므로, 최저임금 인상으로 인해 임금이 인상된 'P주 저임금 식당'이 시행집단임을 알 수 있다. 이때 시행집단의 사건 후와 사건 전의 변화(B-A)는 20.9-19.6 = 1.3이라고 나와 있으므로 적절하다.

② 마지막 문단의 '시행집단과 여러 특성에서 표본의 통계적 유사성이 높은 비교집단을 구성하면~신뢰도를 높일 수 있다.'에서 알 수 있다.

③ 2문단에 따르면 이중차분법은 시행집단에서 일어난 변화에서 비교집단에서 일어난 변화를 뺀 값을 사건의 효과라고 평가하는 방법이다. 시행집단에서 일어난 변화는 1.3이고, 선지에서 말한 것처럼 비교집단을 Q주 식당들로 택하면 여기에서의 변화는 -2.1이기 때문에 1.3-(-2.1) = 3.4이므로 적절하다.

⑤ P주 고임금 식당과 Q주 식당의 변화(B-A)는 -2.1로 동일하다. 2문단에 따르면 평행추세 가정은 '사건이 없었더라도 비교집단에서 일어난 변화와 같은 크기의 변화가 시행집단에서도 일어났을 것'이라는 가정을 말한다. 임금 인상이라는 사건이 일어나지 않은 두 비교집단의 변화가 동일하다는 것은 이러한 평행추세 가정을 뒷받침해 주므로 적절하다.

04

정답설명

② ⓑ와 ⓓ의 '바꾸다' 모두 '원래의 내용이나 상태를 다르게 고치다.'의 의미로 쓰였다.

오답설명

① ⓐ의 '나다'는 '어떤 작용에 따른 효과, 결과 따위의 현상이 이루어져 나타나다.'의 의미이며, ①의 '나다'는 '신문, 잡지 따위에 어떤 내용이 실리다.'의 의미이다.

③ ⓒ의 '내리다'는 '판단, 결정을 하거나 결말을 짓다.'의 의미이며, ③의 '내리다'는 '명령이나 지시 따위를 선포하거나 알려 주다. 또는 그렇게 하다.'의 의미이다.

④ ⓓ의 '높이다'는 '값이나 비율 따위를 더 높게 하다.'의 의미이며, ④의 '높이다'는 '어떤 의견을 다른 의견보다 더 강하게 내다.'의 의미이다.

⑤ ⓔ의 '줄이다'는 '힘이나 세력 따위를 본디보다 약하게 하다.'의 의미이며, ⑤의 '줄이다'는 '말이나 글의 끝에서, 할 말은 많으나 그만하고 마친다는 뜻으로 하는 말.'의 의미이다.

구조도 정답

① 시행집단
② 비교집단
③ 실험적
④ 이중차분법
⑤ 최저임금제
⑥ 평행추세
⑦ 통계적 유사성

유류분 반환

지문해설

① 사유 재산 제도하에서는 누구나 자신의 재산을 자유롭게 처분할 수 있다. 그러나 기부와 같이 **어떤 재산이 대가 없이 넘어가는 무상 처분 행위**가 행해졌을 때는 그 당사자인 **무상 처분자와 무상 취득자의 의사와 무관하게 그 결과가 번복**될 수 있다. 무상 처분자가 사망하면 상속이 개시되고, 그의 **상속인들이 유류분을 반환받을 수 있는 권리인 유류분권을 행사**할 수 있기 때문이다. 이때 무상 처분자는 피상속인이 되고 그의 권리와 의무는 상속인에게 이전된다.

▶ 평가원 인문/사회 지문은 읽을 때 쉽게 느껴져도 막상 문제를 풀려고 하면, 생각대로 선지가 제거되지 않거나 정답이 안 보이는 경우가 많다. 사설이나 교육청과 달리 평가원은 선지를 날카롭게 구성하기에 제대로 중심 개념을 이해하고 있지 않으면 풀 수 없게 출제하기 때문이다. 따라서 인문/사회 지문을 읽을 때는 특히 초반부에서 중심 화제를 파악하고, 이후 중심 화제가 제시될 때는 제대로 중심 화제를 머릿속에 넣으면서 독해를 진행해야 한다.

▶ 일단 1문단에서 중심 화두는 '무상 처분의 번복'이고, 이것은 상속인들이 가진 '유류분권' 때문이다. 당연히 이후엔 '유류분'이 무엇인지, 이것이 어떻게 작용하는지 제시가 되겠지?

② 유류분은 **피상속인의 무상 처분 행위가 없었다고 가정할 때** 상속인들이 상속받을 수 있었을 이익 중 법으로 보장된 부분이다.

▶ 법으로 상속은 보장되어 있다는 것이 중요하다. 줄 사람은 줄 생각이 없더라도 법적으로 상속인들은 재산을 상속받을 수 있다. 따라서 '무상 처분 행위가 없을 때'가 핵심이다. 피상속인이 무상 처분 행위를 했더라도 법으로 보장된 상속권이 우선이라는 얘기다.

만약 상속인이 피상속인의 자녀 한 명뿐이면, 상속받을 수 있었을 이익의 $\frac{1}{2}$만 보장된다. 상속인들이 상속받을 수 있었을 이익은 **상속 개시 당시에 피상속인이 가졌던 재산**의 가치에 이미 **무상 취득자에게 넘어간 재산**의 가치를 더하여 산정한다. 유류분은 상속인들이 기대했던 이익을 보호하기 위한 것이기 때문이다.

▶ 중요한 개념이니 반복적으로 제시되고 있다. 피상속인이 가졌던 재산은 피상속인 마음대로 할 수 있으나, 사후에는 제약이 생긴다. 상속인도 제대로 상속받을 권한이 있기 때문이다. 따라서 기존에 피상속인이 가진 재산에 무상 취득자에게 넘어간 재산을 합산하여 상속 금액을 정한다.

③ 피상속인이 상속 개시 당시에 가졌던 재산으로부터 상속받은 이익이 있는 상속인은 유류분에 해당하는 이익의 일부만 반환 받을 수 있다.

▶ 당연한 얘기다. 법적으로 받을 재산이 1억이라고, 상속 개시 당시에 7천을 받았다면, 유류분은 3천이 남았고, 무상 처분된 재산에서 부족한 3천을 채우면 된다.

유류분에 해당하는 이익에서 이미 상속받은 이익을 뺀 값인 유류분 부족액만 반환받을 수 있기 때문이다. 유류분 부족액의 가치는 금액으로 계산되지만 항상 돈으로 반환되는 것은 아니다. 만약 무상 처분된 재산이 돈이 아니라 물건이나 주식처럼 돈 이외의 재산이라면, 처분된 재산 자체가 반환 대상이 되는 것이 원칙이다. 다만 그 재산 자체를 반환 하는 것이 불가능한 때에는 무상 취득자는 돈으로 반환해야 한

다. 또한 재산 자체의 반환이 가능해도 유류분권자와 무상 취득자의 합의에 의해 돈으로 반환될 수도 있다.

▶ 돈이라면 돈으로 받는다. 그리고 돈이 아니라면, 그 재산 자체를 반환하는 것이 원칙이다. 하지만 현실적 불가능하거나 합의를 했으면, 돈으로 반환을 해도 된다는 것이다.

④ 무상 처분된 재산이 물건이라면 유류분 반환은 어떤 형태로 이루어질까? 무상 취득자가 반환해야 할 유류분 부족액이 무상 처분된 물건의 가치보다 적다면 유류분권자는 그 물건의 가치에 상당하는 금액에서 유류분 부족액이 차지하는 비율만큼 무상 취득자로부터 반환받을 수 있다. 이로 인해 하나의 물건에 대한 소유권이 여러 명에게 나뉘지는데, 이때 각자의 몫을 지분이라고 한다.

▶ 무상 취득자는 유류분 부족액만 반환하면 된다. 물건이 피자라면 바로 한 조각 떼어 줄 수 있지만, 현실적으로는 바로 떼어 줄 수 없는 경우가 많으니, 물건의 소유권을 퍼센트로 나눠서 지분을 반환하는구나.

⑤ 무상 처분된 물건의 시가가 변동하면 유류분 부족액을 계산할 때는 언제의 시가를 기준으로 삼아야 할까? 유류분의 취지에 비추어 상속 개시 당시의 시가를 기준으로 해야 한다.

▶ 유류분의 취지가 뭘까? 바로 '무상 처분한 재산까지 포함해서 상속인의 권리를 보장하는 것'이다. 물가는 지속적으로 올라가니, 무상 처리한 5억 원의 땅이 현재 10억 원이 되었다면, 10억 원을 기준으로 유류분을 계산해야 한다. 무상 처분이 없었다면 현재 상속 받을 수 있는 금액이 10억 원이 되었을 것이기 때문이다.

다만 그 물건의 시가 상승이 무상 취득자의 노력에서 비롯되었으면 이때는 무상 취득 당시의 시가를 기준으로 계산해야 한다. 이렇게 정해진 유류분 부족액을 근거로 반환 대상인 지분을 계산할 때는, 시가 상승의 원인이 무엇이든 상속 개시 당시의 시가를 기준으로 해야 한다.

▶ 예외가 있긴 하다. 무상 취득자가 노력해서 재산 가치를 올렸다면, 이를 인정해서 취득 당시를 기준으로 계산을 한다.

▶ 사회 지문에서는 조건(~면, ~경우, ~때)에 따른 인과 관계로 정보를 구성하고 이를 토대로 출제하는 선지가 많다. 지문에서 제시한 조건(ex. 재산 자체 반환 불가능할 때, 무상 취득자의 노력에서 비롯된 것일 때 등)에 따른 결과를 잘 체크했다면, 문제 풀 준비는 끝이다.

지문분석

유류분 반환

> **무상 처분 이후 (①) 사망**
>
> 당사자 의사와 무관하게 결과가 번복될 수 있음.
>
> 상속이 개시되고 상속인들이 (②) 행사

> **유류분**
>
> 피상속인의 무상 처분 행위가 없었을 경우 상속인들이 상속받는 이익 중 법으로 보장된 부분
>
> 상속 개시 당시 피상속인의 재산 가치 + (③)에게 넘어간 재산 가치
>
> 상속인들이 기대했던 이익을 보호하기 위한 것
>
> 유류분에 해당하는 이익 - 이미 상속받은 이익 = (④)만 반환 가능

> **반환 대상**
>
> 금액으로 계산되나, 돈 이외의 재산은 처분된 재산 자체가 반환 대상
>
> 재산 자체 반환 불가능하거나 합의할 경우, (⑤)으로 반환
>
> 재산이 물건일 경우
>
> > 유류분 부족액 < 무상 처분 물건 가치 : 유류분 부족액 비율만큼 반환
> >
> > 하나의 물건에 대한 소유권이 여러 명에게 (⑥)으로 나눠짐.
> >
> > 물건 시가 변동 : (⑦) 당시의 시가 기준으로 유류분 부족액 계산
> >
> > 무상 취득자의 노력으로 시가 상승 → 무상 취득 당시 시가 기준
> >
> > 지분 계산 시 상속 개시 당시의 시가 기준에 따라야 함.

형태쌤 Comment

수특에 실렸던 '유류분 제도' 지문 개념이 연계되었지만 그것보다는 덜 복잡하게 제시되었다. 그러나 1문단에서 중심 화제를 파악하고, 이에 따른 개념을 2문단에서 정확하게 이해하고, 나머지 문단에서 조건에 따른 결과를 파악하지 않았다면 오답이 많이 나올 수 있는 지문이었다.

문제분석   01-04번

번호	정답	정답률 (%)	선지별 선택비율(%)				
			①	②	③	④	⑤
1	②	47	3	47	9	16	25
2	④	47	5	14	22	47	12
3	②	44	6	44	13	13	24
4	④	31	9	15	19	31	26

01

정답설명

② 3문단에서 상속받은 이익이 있는 상속인은 유류분에 해당하는 이익의 일부만 반환받을 수 있다고 하였고, 여기서 일부란 유류분에 해당하는 이익에서 이미 상속받은 이익을 뺀 값인 유류분 부족액이다. 따라서 유류분권이 보장되는 범위는 유류분 부족액의 일부가 아니라, 유류분 부족액 전체임을 알 수 있다.

오답설명

① 1문단에 따르면 유류분권은 상속인이 유류분을 반환받을 수 있는 권리라고 하였다. 또한 2문단에서는 유류분을 피상속인의 무상 처분 행위가 없었다고 가정할 때 상속인들이 상속받을 수 있었을 이익 중 법으로 보장된 부분이라고 하였으므로 유류분권은 상속인이 아닌 사람에게는 인정되지 않음을 알 수 있다.

③ 1문단에서 '무상 처분자가 사망하면 상속이 개시되고, 그의 상속인들이 유류분을 반환받을 수 있는 권리인 유류분권을 행사할 수 있기 때문이다.'라고 하였다. 이를 통해 무상 처분자가 사망하여 상속이 개시된 후에 상속인이 유류분권을 행사할 수 있고 무상 처분자의 사망 전에는 상속인이 유류분권을 행사할 권리가 없음을 알 수 있다.

④ 1문단에서 기부와 같이 어떤 재산이 '대가 없이 넘어가는' 무상 처분 행위가 행해졌을 때는 그 당사자의 의사와 무관하게 그 결과가 번복될 수 있다고 하면서 무상 처분자가 사망할 경우 상속인들에 의해 유류분권이 행사될 수 있다고 하였다. 따라서 피상속인이 생전에 다른 사람에게 대가를 받고 '판 재산'은 유류분권의 대상이 될 수 없음을 알 수 있다.

⑤ 1문단에서 '기부와 같이 어떤 재산이 대가 없이 넘어가는 무상 처분 행위가 행해졌을 때는 그 당사자인 무상 처분자와 무상 취득자의 의사와 무관하게 그 결과가 번복될 수 있다'고 하였으므로 적절하다.

02

정답설명

④ 3문단에서 유류분 부족액의 가치는 금액으로 계산되지만 항상 돈으로 반환되는 것은 아니라고 하면서 무상 처분된 재산이 물건이나 주식처럼 돈 이외의 재산이라면, 처분된 재산 자체가 반환 대상이 되는 것이 원칙이라고 하였다. 다만 유류분권자와 무상 취득자의 합의에 의해 돈으로 반환될 수도 있다고 하였는데, 선지에서는 합의에 의한 경우가 아닌 유류분권자의 일방적인 요구인 경우를 제시하였으므로 이때에는 무상 취득자가 원칙에 따라 무상 취득한 물건 자체를 반환할 수 있을 것이다.

오답설명

① 4문단에서 유류분권자는 무상 처분된 물건의 가치에 상당하는 금액에서 유류분 부족액이 차지하는 비율만큼 무상 취득자로부터 반환받을 수 있다고 하였으므로 그 물건 전부를 반환받는 것이 아님을 알 수 있다.

② 4문단에 따르면 유류분권자는 그 물건의 가치에 상당하는 금액에서 유류분 부족액이 차지하는 비율만큼 무상 취득자로부터 반환받을 수 있다. 즉 유류분 부족액이 클수록 무상 취득자가 반환해야 하는 금액이 커지므로 무상 취득자의 지분은 작아질 것이다.

③ 3문단에 따르면 무상 취득한 재산 자체를 반환하는 것이 불가능한 때에

는 무상 취득자는 지분이 아닌 돈으로 반환해야 한다. 4문단에 따르면 지분은 하나의 물건에 대해 각자가 소유하는 몫을 말하므로 적절하지 않은 서술이다.

⑤ 4문단에 따르면 유류분권자는 무상 처분된 물건의 가치에 상당하는 금액에서 유류분 부족액이 차지하는 비율만큼 무상 취득자로부터 반환받을 수 있다. 무상 처분된 물건의 일부가 반환되었을 경우에는 돈이 아닌 물건으로 반환되었다는 의미이므로, 유류분권자는 그 물건의 가치에 상당하는 금액에서 유류분 부족액이 차지하는 비율만큼 무상 처분된 물건의 일부에 대한 소유권을 가질 수 있다.

03

정답설명

② 2문단에 따르면 유류분은 피상속인의 무상 처분 행위가 없었다고 가정할 때 상속인들이 상속받을 수 있었을 이익 중 법으로 보장된 부분이다. 즉 유류분은 피상속인이 재산을 무상 처분하지 않았다고 가정하여 산정하는 것으로 이에 따라 피상속인이 사망한 뒤 상속이 개시된 당시의 시가를 기준으로 유류분 부족액을 상정함을 알 수 있다.

오답설명

① 유류분은 피상속인이 자유롭게 무상 처분한 재산의 일부가 될 수 있으나, 이는 유류분 부족액의 시가를 계산할 때 상속 개시 당시의 시가를 기준으로 하는 것과는 상관이 없다.

③ 유류분은 재산의 가치를 증가시킨 무상 취득자의 노력에 대한 보상으로 인정되는 것이 아니다. 또한 재산의 가치를 증가시킨 무상 취득자의 노력을 인정하기 위해서는 유류분 부족액을 상속 개시 당시가 아닌 무상 취득 당시의 시가를 기준으로 계산한다.

④ 유류분이 피상속인의 재산에 대해 소유권을 나눠 가진 사람들 각자의 몫을 반영하는 것과 유류분 부족액의 계산 기준 시기는 상관이 없다.

⑤ 유류분은 상속이 개시되는 당시에 상속인이 상속받을 수 있었을 이익을 따지는 것이므로, 해당하는 이익의 가치가 상속 개시 전후에 걸쳐 변동되는 것을 반영하지 않고 상속 개시 당시의 시가를 기준으로 계산한다.

04

형태쌤의 과외시간

　평가원 〈보기〉 문제의 정답은 사설과 비교할 때, 훨씬 깔끔하게 떨어진다. 풀기 전에는 복잡해 보여도, 결국 지문과 보기를 1:1 대응해서 조건만 천천히 확인하면 단순하게 풀린다. 쫄지 말고 가벼운 마음으로 접근하자. 〈보기〉 문제는 올바르게 접근하는 것이 풀이의 반이다.
　〈보기〉의 조건을 잘 따져보자. 갑은 무상 처분자이자 피상속인이며, 을은 무상 취득자, 병은 갑의 유일한 자녀로 상속인이다. 갑은 을에게 A 물건을 무상으로 처분하였으며 병은 갑이 사망한 이후 을에게 유류분권을 행사하였다. 이제 추가로 확인할 것은 '조건'이다. 무상 취득자의 노력 여부에 따라 시가가 달라진다. 이것만 신경 쓰면 문제는 간단하게 해결된다.

정답설명

④ A 물건의 시가가 을의 노력으로 상승했다면, 5문단에 따라 유류분 부족액은 무상 취득 당시의 시가를 기준으로 계산하여야 한다. 즉 A 물건의 유류분 부족액은 을이 A 물건을 소유하게 되었을 당시의 시가인 300을 기준으로 한다. 2문단에서 상속인이 피상속인의 자녀 한 명뿐이면, 상속받을 수 있었을 이익의 1/2만 법으로 보장된다고 하였으므로 병의 유류분은 상속 개시 당시에 갑이 가졌던 재산 B 물건의 가치 100에 이미 무상 취득자 을에게 넘어간 재산 A 물건의 가치 300을 더한 400의 1/2 값인 200만 보장되며, 이때 유류분 부족액은 200에서 이미 상속받은 B 물건의 가치 100을 뺀 100에 해당한다. 4문단에서 유류분권자는 그 물건의 가치에 상당하는 금액에서 유류분 부족액이 차지하는 비율만큼 무상 취득자로부터 반환받을 수 있다고 하였으므로, 유류분 반환의 대상은 현재 A 물건의 시가 700에서 유류분 부족액 100만큼의 비율, 즉 A 물건의 1/7 지분임을 알 수 있다.

오답설명

① A 물건의 시가가 을의 노력과 무관하게 상승한 경우, 5문단에 따라 유류분 부족액은 상속 개시 당시의 시가를 기준으로 하여야 한다. 즉 A 물건의 유류분 부족액은 갑이 사망했을 당시 시가인 700을 기준으로 한다. 이때 병의 유류분은 상속 개시 당시에 갑이 가졌던 재산 B 물건의 가치 100에 이미 무상 취득자 을에게 넘어간 재산 A 물건의 가치 700을 더한 800의 1/2인 400만 보장되며, 유류분 부족액은 400에 이미 상속받은 B 물건의 가치 100을 뺀 300이므로 적절하다.

② A 물건의 시가가 을의 노력과 무관하게 상승한 경우, A 물건의 유류분 부족액은 300이며, 4문단에서 유류분권자는 그 물건의 가치에 상당하는 금액에서 유류분 부족액이 차지하는 비율만큼 무상 취득자로부터 반환받을 수 있다고 하였으므로, 유류분 반환의 대상은 현재 A 물건의 시가 700에서 유류분 부족액 300만큼의 비율, 즉 A 물건의 3/7 지분임을 알 수 있다.

③ A 물건의 시가가 을의 노력으로 상승했다면, 을이 A 물건을 소유하게 되었을 당시의 시가인 300을 유류분 부족액을 계산하는 기준으로 한다. 병의 유류분은 상속 개시 당시에 갑이 가졌던 재산 B 물건의 가치 100에 이미 무상 취득자 을에게 넘어간 재산 A 물건의 가치 300을 더한 400의 1/2 값인 200만 보장되며, 유류분 부족액은 200에 이미 상속받은 B 물건의 가치 100을 뺀 100이므로 적절하다.

⑤ 갑이 상속 개시 당시 소유했던 재산은 B 물건이며, 이로부터 병이 취득할 수 있는 이익은 A 물건의 시가와 상관없이 동일하다.

구조도 정답

① 무상 처분자
② 유류분권
③ 무상 취득자
④ 유류분 부족액
⑤ 돈
⑥ 지분
⑦ 상속 개시

지문분석

민법과 행정 법령에서의 불확정 개념

┌ 법령의 조문 'A에 해당하면(=(①)) B를 해야 한다(=(②))'
│ = 조건문
│
├ 민법
│
│ 예)
│ (③)은 위약금의 일종
│ 계약 위반에 대한 제재인 (④)도 위약금에 속함.
│ 위약금의 성격이 둘 중 무엇인지 증명 × → (③)
│
│ 계약 위반 발생
│ 1) 채권자가 손해 액수 증명 → 그 액수만큼 손해 배상금 받을 수 ○
│ 2) (③)이 정해져 있었음. → 채권자가 손해 액수 증명 ×
│   → (③)만큼 손해 배상금 받을 수 ○
│   - 법원이 감액할 수 ○
│ 3) (⑤)이 위약벌임이 증명
│   → 채권자는 위약벌에 해당하는 위약금을 받을 수 ○
│   - 법원이 감액할 수 ×
│   - 채권자가 손해 액수 증명 ○ → 손해 배상금 받을 수 ○
│
└ 행정 법령

   - (⑥) 행위 : 법령상 요건 충족
   → 그 효과로서 행정청이 반드시 해야 하는 특정 내용의 행정 작용
   - (⑦) 행위 : 법령상 요건 충족
   → 그 효과인 행정 작용의 구체적 내용을 고를 수 있는 재량이 행정청에
   주어짐.

   (⑧) : 행정청이 재량으로 정한 재량 행사의 기준
   - (⑧)대로 재량을 행사하지 않음. → 근거 법령 위반 ×
   BUT, 행정 관행이 생긴 후 → 행정청은 동일한 내용의 행정 작용을
   해야 함. (평등 원칙을 지켜야 하기 때문)

형태쌤 Comment

민법과 행정 법령에서 공통으로 적용되는 '불확정 개념'에 대한 지문이
다. 민법과 행정 법령에서 불확정 개념이 각각 어떻게 적용되는지를 주
목하면서 지문을 읽어 나갔어야 한다.

문제분석 01-04번

번호	정답	정답률 (%)	선지별 선택비율(%)				
			①	②	③	④	⑤
1	④	87	3	4	3	87	3
2	⑤	57	10	7	18	8	57
3	②	43	4	43	16	27	10
4	⑤	94	3	1	1	1	94

01

정답설명

④ 3문단에 따르면 법령에서 불확정 개념이 사용되면 이에 근거한 행정 작
용은 '대개' 재량 행위이다. 따라서 기속 행위인 경우보다 재량 행위인
경우가 더 많다는 것을 알 수 있다.

오답설명

① 1문단에서 법조문은 '구체적 상황을 고려해야 그 상황에 맞는 진정한
의미가 파악되는 불확정 개념이 사용될 수 있기 때문'에 법령의 '요건
이나 효과가 항상 일의적(뜻이나 결과과 같은 것)인 것은 아니'라고 하
였으므로 선지의 내용은 적절하다.

② 1문단에서 법원은 불확정 개념이 사용된 법조문의 '요건과 재량으로 판
단할 수 있다'고 하였으므로 선지의 내용은 적절하다.

③ 1문단의 '법조문에는 구체적 상황을 고려해야 그 상황에 맞는 진정한 의
미가 파악되는 불확정 개념이 사용될 수 있기 때문이다.'에서 구체적 상
황에 대한 고려는 불확정 개념 사용을 위한 필수 행위임을 알 수 있다.

⑤ 선지의 '행정청이 행하는 법 집행 작용을 규율하는 법령'은 행정 법령을
뜻한다. 3문단의 '불확정 개념은 행정 법령에도 사용된다. 행정 법령은
행정청이 구체적 사실에 대해 행하는 법 집행인 행정 작용을 규율한다.'
에서 행정 법령에 불확정 개념을 사용할 수 있음을 알 수 있다. 그리고
선지의 '개인 간의 계약 관계를 규율하는 법률'은 민법을 뜻한다. 1문단
의 '개인 간 법률관계를 규율하는 민법에서 불확정 개념이 사용된 예로'
에서 알 수 있듯이 민법에서도 불확정 개념을 사용할 수 있다.

02

정답설명

⑤ 4문단에 따르면 행정청은 특정 요건하에 재량 준칙대로 특정한 내용의
적법한 행정 작용이 반복되어 행정 관행이 생겼을 경우에 한해 동일한
요건이 충족되면 동일한 내용의 행정 작용을 해야 한다. 따라서 재량
준칙이 특정 요건에서 적용된 선례가 없다는 것은 특정한 내용의 적법
한 행정 작용이 반복되어 나오는 행정 관행이 없음을 의미하므로, 행정
청은 동일한 요건이 충족되어도 행정 작용을 할 때 재량 준칙을 따르지
않을 수 있다.

오답설명

① 4문단에 따르면 재량 준칙은 법령이 아니므로 '재량 준칙은 법령이 아
니기 때문에'라는 선지의 내용은 적절하다. 하지만 4문단에서 '행정청
은 재량으로 재량 행사의 기준을 명확히 정할 수 있'다고 하였으므로,
'일의적이지 않은 개념으로 규정된다.'라는 선지의 내용은 적절하지 않
다. 명확히 정한다는 것은 일의적인 것이라는 의미를 나타내기 때문이
다.

② 3문단의 '법령상 요건이 충족되면 그 효과로서 행정청이 반드시 해야
하는 특정 내용의 행정 작용은 기속 행위이다.'를 통해, 기속 행위는 법
령상 요건이 충족되면 행정청이 반드시 특정 내용의 행정 작용을 해야
함을 알 수 있다. 그러나 4문단의 '재량 준칙은 법령이 아니므로 재량
준칙대로 재량을 행사하지 않아도 근거 법령 위반은 아니다.'에서, 재량

준칙은 재량 준칙대로 재량을 행사하지 않아도 됨을 알 수 있다. 따라서 재량 준칙은 기속 행위가 아닌 재량 행위와 관련된 것이며, 재량 행위와 기속 행위는 서로 성격이 대비됨을 알 수 있다.

③ 4문단의 '특정 요건하에 재량 준칙대로 특정한 내용의 적법한 행정 작용이 반복되어'를 통해, 재량 준칙은 이미 정해져 있는 상태에서, 정해져 있는 재량 준칙의 내용에 따라 특정 행정 작용이 반복되는 것임을 알 수 있다.

④ 4문단의 '행정청은 재량으로 재량 행사의 기준을 명확히 정할 수 있는데 이 기준을 재량 준칙이라 한다.'에서, 재량이 먼저고 재량 준칙을 만드는 것은 나중에 일어나는 일임을 알 수 있다. 즉, 재량 준칙이 정해져야만 재량을 행사할 수 있는 것이 아니라 재량 준칙이 없을 때에도 재량을 행사할 수 있는 것이다.

03

형태쌤의 과외시간

〈보기〉의 상황을 지문과 관련지어 정리해 보자.

(가) 갑과 을 사이에 위약금 약정이 없었다.

(나) 갑이 을에게 위약금 100을 약정했고, 위약금의 성격이 무엇인지 증명되지 못했다.
- 지문 관련 부분 : 위약금의 성격이 둘 중 무엇인지 증명되지 못하면 손해 배상 예정액으로 다루어진다. 법원이 감액할 수 있다.
- (나)에 적용 : 위약금 100이 손해 배상 예정액이 된다. (약정했다 = 손해 배상 예정액이 정해져 있다)

(다) 갑이 을에게 위약금 100을 약정했고, 위약금의 성격이 위약벌임이 증명되었다.
- 지문 관련 부분 : 위약금이 위약벌임이 증명되면 채권자는 위약벌에 해당하는 위약금을 받을 수 있다. 법원이 감액할 수 없다.
- (다)에 적용 : 위약금 100이 바로 위약벌이 된다. 즉, 위약금에 해당하는 위약벌을 받을 수 있다. 그리고 손해 액수가 증명되면 손해 배상금도 받을 수 있다.

정답설명

② 1문단에 따르면 위약금의 성격이 둘 중 무엇인지 증명되지 못하면 손해 배상 예정액으로 다루어진다. 따라서 위약금 100이 손해 배상 예정액이 되고, 갑이 을에게 100을 지급해야 한다. 그리고 법원이 감액할 수 있다.

오답설명

① 2문단에 따르면 손해 액수를 증명해야 손해 배상금을 받을 수 있고, 손해 액수가 얼마인지 증명을 못하면 손해 배상금을 받을 수 없다. (가)에서는 을의 손해가 얼마인지 증명되지 못하였기 때문에 을은 손해 배상금을 받을 수 없다.

③ (나)에서 을의 손해가 얼마인지 증명되지 못한 경우, 갑이 을에게 100을 지급해야 하는 것은 맞다. 그러나 손해 배상 예정액이므로 법원이 감액할 수 '있다.'

④ 위약금이 100, 손해 배상금이 80이다. (다)에서 을의 손해가 80임이 증명된 경우, 갑이 을에게 180을 지급해야 하는 것은 맞다. 그러나 위약벌이므로 법원이 감액할 수 '없다.'

⑤ 을의 손해가 얼마인지 증명되지 못한 경우, 위약벌에 해당하는 위약금만 받으면 된다. 위약벌이 100이므로 100만큼 받으면 된다. 즉 갑이 을에게 80이 아닌 100을 지급해야 한다.

04

정답설명

⑤ 단어 문제를 풀 때에는 해당 단어의 주변에 있는 말도 성격이 유사한지를 따져야 한다. '원칙'과 '약속'은 '꼭 지키기로 한 것'이라는 유사한 속성을 지닌다. ⓔ와 ⑤의 '지키다'는 모두 '규정, 약속, 법, 예의 따위를 어기지 아니하고 그대로 실행하다.'의 의미이다.

오답설명

① ⓐ의 '맞다'는 '어떤 행동, 의견, 상황 따위가 다른 것과 서로 어긋나지 아니하고 같거나 어울리다.'의 의미이다. ①의 '맞다'는 '어떤 대상의 내용, 정체 따위의 무엇임이 틀림이 없다.'의 의미로 쓰였다.

② ⓑ의 '들다'는 '설명하거나 증명하기 위하여 사실을 가져다 대다.'의 의미이다. ②의 '들다'는 '적금이나 보험 따위의 거래를 시작하다.'의 의미로 쓰였다.

③ ⓒ의 '받다'는 '다른 사람이 주거나 보내오는 물건 따위를 가지다.'의 의미이다. ③의 '받다'는 '다른 사람이나 대상이 가하는 행동, 심리적인 작용 따위를 당하거나 입다.'의 의미로 쓰였다.

④ ⓓ의 '고르다'는 '여럿 중에서 가려내거나 뽑다.'의 의미이다. ④의 '고르다'는 '울퉁불퉁한 것을 평평하게 하거나 들쭉날쭉한 것을 가지런하게 하다.'의 의미로 쓰였다.

구조도 정답

① 요건
② 효과
③ 손해 배상 예정액
④ 위약벌
⑤ 위약금
⑥ 기속
⑦ 재량
⑧ 재량 준칙

지문분석

공포 소구 이론

↳ 공포 소구 : (①)를 따르지 않을 때의 해로운 결과를 강조하여
수용자를 설득하는 것

재니스(초기 연구)

공포 소구의 설득 효과에 주목함.
공포 소구를 세 가지 수준으로 나누어 실험 →
(②) 수준의 공포 소구가 가장 큰 설득 효과를 보임.

레벤달(공포 소구 연구 진척)

－(③) 측면만 생각한 재니스의 연구를 비판함.
－수용자들의 인지적 반응도 고려함.

두 가지 통제 반응 연구 : 공포 통제 반응, 위험 통제 반응
(④) 통제 반응 = 감정적 반응
: 수용자들이 공포 소구의 위험을 무시함.
(⑤) 통제 반응 = 인지적 반응
: 수용자들이 공포 소구의 권고를 따름.

위티(재니스+레벤달 종합)

설득 효과를 좌우하는 요인 설정 : 위협, 효능감
(⑥) : 수용자가 위험을 겪을 수 있고,
느끼는 위험 정도가 클 때 높음.
(⑦) : 권고를 이행하면 위험을 예방할 수 있고,
권고를 이행할 능력이 있다고 느낄 때 높음.

레벤달이 말한 두 가지 통제 반응과 관련 지음.
1) 위협↑ 효능감↑ : 위험 통제 반응 작동
2) 위협↑ 효능감↓ : 공포 통제 반응 작동
3) 위협↓ 효능감↑, ↓ : 공포 소구에 대한 반응 ✕

형태쌤 Comment

1문단에서는 공포 소구의 초기 연구를 대표하는 재니스의 이론을, 2문단에서는 레벤달의 이론을 제시한 후, 3~4문단에서는 이러한 연구들을 종합한 위티의 이론을 설명하고 있다. 지문 구조 자체는 복잡하지 않으니, 여러 연구의 차이점에 주목했다면 어렵지 않게 문제를 풀 수 있었을 것이다.

문제분석   01-04번

번호	정답	정답률 (%)	선지별 선택비율(%)				
			①	②	③	④	⑤
1	②	94	1	94	2	2	1
2	④	90	1	1	5	90	3
3	⑤	88	1	3	4	4	88
4	⑤	90	1	5	2	2	90

01

정답설명

② 윗글에서는 화제인 공포 소구에 대한 연구들을 재니스, 레벤달, 위티의 연구 순으로 서술하면서, 각각의 연구를 선행 연구와 연결하여 설명하고 있다.

오답설명

① 1문단에서 공포 소구가 1950년대 초부터 설득 전략 연구자들의 연구 대상이 되었음을 제시하고 있으나, 이러한 연구가 시작된 사회적 배경을 분석하고 있지는 않다.

③ 윗글에서는 공포 소구에 대한 연구들을 대표적인 연구자에 따라 분류하고 있으나, 이러한 분류 기준에 대한 문제점을 검토하고 있지는 않다.

④ 윗글에서 공포 소구에 대한 연구들을 소개한 것은 맞으나, 남겨진 연구 과제를 제시하고 있지는 않다.

⑤ 윗글에 공포 소구에 대한 연구들이 봉착했던 난관은 제시되지 않았으며, 그 극복 과정을 소개하고 있지도 않다.

02

정답설명

④ 4문단에 따르면, 위티는 위협의 수준이 낮으면 수용자는 그 위협이 자신에게 아무 영향을 주지 않는다고 느껴 공포 소구에 대한 반응이 없게 된다고 하였다. 수용자가 공포 소구에 담긴 위험을 느끼지 않는다는 것은 위협의 수준이 낮다는 것을 의미하므로, 위티는 수용자가 공포 소구에 담긴 위험을 느끼지 않으면 공포 소구의 권고를 따르지 않게 된다고 보았을 것이다.

오답설명

① 1문단의 '수용자에게 공포 소구를 세 가지 수준으로 달리 제시하는 실험을 한 결과, 중간 수준의 공포 소구가 가장 큰 설득 효과를 보인다는 것을 발견하였다.'에서 확인할 수 있다.

② 2문단의 '공포 소구 연구를 진척시킨 레벤달은 재니스의 연구가 인간의 감정적 측면에만 치우쳤다고 비판하며, 공포 소구의 효과는 수용자의 감정적 반응만이 아니라 인지적 반응과도 관련된다고 하였다.'에서 확인할 수 있다.

③ 2문단에 따르면, 레벤달은 위험 통제 반응이 작동하면 수용자들은 공포 소구의 권고를 따르게 되지만, 공포 통제 반응이 작동하면 수용자들은

공포 소구로 인한 두려움의 감정을 통제하기 위해 오히려 공포 소구에 담긴 위험을 무시하려는 반응을 보이게 된다고 하였으므로 선지의 설명은 적절하다.

⑤ 3~4문단에 따르면, 위티는 공포 소구의 설득 효과를 좌우하는 두 요인으로 위협과 효능감을 설정하고, 각 요인이 갖는 수준의 정도에 따라 공포 소구의 설득 효과, 즉 공포 소구에 대한 수용자의 반응이 다르다는 결론을 도출하였다. 이때 위협과 효능감의 각 수준의 조합은 공포 소구의 설득 효과에 영향을 미칠 뿐, 두 요인이 서로에게 미치는 영향은 없으므로 선지의 설명은 적절하다.

03

주요 개념에 대한 증감/비례 관계의 설명이 나올 땐 독해를 하면서 밑줄을 그어야 한다. 위협 수준과 효능감 수준에 따라 어떤 통제 반응이 나오는지 체크하고, 이를 〈보기〉에 대입하면 선지를 빨리 파악할 수 있다.

형태쌤의 과외시간

		효능감	
		↑	↓
위협	↑	집단 3 (위험 통제 반응)	집단 4 (공포 통제 반응)
	↓	집단 1, 집단 2 (공포 소구 반응 X)	

위협의 수준이 낮으면 수용자들은 공포 소구에 대해 반응하지 않는다. 따라서 공포 소구에 대한 반응이 없었던 집단 1과 2는 위협의 수준이 낮을 것이다. 한편 집단 3은 위험 통제 반응이 일어났기 때문에 높은 수준의 효능감을, 집단 4는 공포 통제 반응이 일어났기 때문에 낮은 수준의 효능감을 갖는다.

정답설명

⑤ 집단 3은 위험 통제 반응이, 집단 4는 공포 통제 반응이 작동하였다고 하였다. 4문단에 따르면, 위험 통제 반응은 위협과 효능감의 수준이 모두 높을 때, 공포 통제 반응은 위협의 수준은 높지만 효능감의 수준이 낮을 때 작동한다. 따라서 두 집단은 효능감의 수준이 다르다는 것을 파악할 수 있다.

오답설명

① 4문단에 따르면, 위협의 수준이 낮으면 효능감의 수준에 관계없이 공포 소구에 대한 반응이 없게 된다. 따라서 공포 소구에 대한 반응이 없는 집단 1은 위협의 수준이 낮다는 것을 파악할 수 있다.

② 4문단에 따르면, 위험 통제 반응이 작동하는 경우는 위협과 효능감의 수준이 모두 높을 때이다. 따라서 위험 통제 반응이 작동한 집단 3은 효능감의 수준이 높다는 것을 파악할 수 있다.

③ 4문단에 따르면, 공포 통제 반응이 작동하는 경우는 위협의 수준은 높지만 효능감의 수준이 낮을 때이다. 따라서 공포 통제 반응이 작동한

집단 4는 위협의 수준과 효능감의 수준이 서로 다르다는 것을 파악할 수 있다.

④ 집단 2는 공포 소구에 대한 반응이 없는 반면, 집단 4는 공포 통제 반응이 작동하였다고 하였다. 4문단에 따르면, 위협의 수준이 낮으면 효능감의 수준에 관계없이 공포 소구에 대한 반응이 없고, 위협의 수준은 높지만 효능감의 수준이 낮을 때 공포 통제 반응이 작동한다. 따라서 집단 2와 집단 4의 위협의 수준이 서로 다르다는 것을 파악할 수 있다.

04

정답설명

⑤ ⓜ의 '주다'는 '남에게 어떤 일이나 감정을 겪게 하거나 느끼게 하다.'라는 의미이나, '기여하다'는 '도움이 되도록 이바지하다.'라는 의미이므로 바꿔 쓰기에 적절하지 않다.

오답설명

① ⓖ의 '치우치다'와 '편향되다'는 '균형을 잃고 한쪽으로 쏠리다.', '한쪽으로 치우치게 되다.'라는 의미이므로 바꿔 쓰기에 적절하다.

② ⓛ의 '부르다'와 '명명하다'는 '무엇이라고 가리켜 말하거나 이름을 붙이다.', '사람, 사물, 사건 따위의 대상에 이름을 지어 붙이다.'라는 의미이므로 바꿔 쓰기에 적절하다.

③ ⓒ의 '겪다'와 '경험하다'는 '어렵거나 경험될 만한 일을 당하여 치르다.'와 '자신이 실제로 해 보거나 겪어 보다.'라는 의미이므로 바꿔 쓰기에 적절하다.

④ ⓡ의 '보내다'와 '발송하다'는 '사람이나 물건 따위를 다른 곳으로 가게 하다.', '물건, 편지, 서류 따위를 우편이나 운송 수단을 이용하여 보내다.'라는 의미이므로 바꿔 쓰기에 적절하다.

구조도 정답

① 권고
② 중간
③ 감정적
④ 공포
⑤ 위험
⑥ 위협
⑦ 효능감

지문분석

데이터 경제

데이터 : 물리적 형체 X, 복제와 재사용이 수월함. ex) 교통 이용 내역
   개인 = 정보 주체

빅 데이터 : 데이터가 대량 집적·처리된 것 → (①) 가치를 지님.
   정보 처리자 = 빅 데이터 보유자

데이터 소유권의 주체에 대한 견해

1) 빅 데이터 보유자 : 빅 데이터 생성 및 유통 용이
   → 데이터 관련 산업 활성화
2) 정보 주체 : 정보 생산 주체는 개인
   → 빅 데이터 보유자에게 부가 집중되면 X

데이터 이동권의 법제화

데이터 이동권 : 정보 주체가 본인의 데이터를 보유한 자에게 데이터
(②)을 요청하면 본인이나 제3자에게 (③)으로 전송하게
하는 권리

우리나라는 소유권이 아닌 이동권을 법으로 명문화함.
→ 정보 주체의 개인 정보 자기 결정권 강화
   but (④)가 수집·개발 과정을 거쳐 새로운 가치가
   생성된 것은 해당 X

데이터 이동권 법제화 이전 :
은행 간에 계좌 자동 이체 항목을 이동하는 서비스는 존재

데이터 이동권 도입 → 정보 주체의 행동 양상과 관련한 부분까지
자율적으로 통제·관리 가능한 범위가 확대
ex) 쇼핑몰 상품 소비 이력

기업 : 데이터 생성 비용과 거래 비용 절감
   → 기업 간 공유나 유통 촉진, 관련 산업 활성화

데이터 생성 비용 : 기업 내에서 데이터를 개발할 때 발생하는 비용

데이터 거래 비용 : 경제 주체 간 거래 시 발생하는 비용

기업 간 데이터 이동의 문제점

특정 기업에 데이터가 집중됨. → 데이터 공유나 유통 위축

신규 기업의 시장 진입이 어려움. → 기존 기업의 (⑤) 강화

형태쌤 Comment

'데이터 경제'를 다룬 지문이다. '데이터 소유권'에 대한 논의를 진행하다가 화제를 바꾸어 '데이터 이동권'에 대한 얘기를 집중적으로 서술하고 있다. 지문 내용이 그렇게까지 까다롭지는 않으니 문제를 풀 때 지문과 선지를 비교하며 차분하게 접근하면 된다.

문제분석   01-04번

번호	정답	정답률 (%)	선지별 선택비율(%)				
			①	②	③	④	⑤
1	③	89	1	3	89	3	4
2	⑤	61	3	12	5	19	61
3	④	74	3	6	7	74	10
4	①	91	91	0	6	3	0

01

정답설명

③ 2문단에 따르면 데이터 소유권이 빅 데이터 보유자와 정보 주체 중 누구에게 귀속되어야 하는지에 관한 논의가 있으나, 3문단에서 우리나라 현행법에서는 데이터에 대해 소유권이 아닌 이동권을 명문화하고 있다고 하였다. 따라서 우리나라 현행법에 정보 주체의 데이터 이동권을 인정하는 규정은 있으나, 데이터의 소유권을 인정하는 규정은 없으므로 선지의 내용은 적절하지 않다. 이 선지는 '소유권이 아닌 이동권을 법으로 명문화'했다는 것을 잘 읽는 게 핵심이었다.

오답설명

① 1문단의 '데이터는 물리적 형체가 없고, 복제와 재사용이 수월하다.'에서 확인할 수 있다.

② 1문단에 따르면 '교통 이용 내역'은 개인의 데이터이다. 이러한 데이터가 대량으로 집적·처리되면 빅 데이터가 되며, 이는 특정한 목적으로 활용될 수 있다는 점에서 '경제적 가치'를 지닌다고 하였으므로 선지의 내용은 적절하다.

④ 2문단에 따르면 데이터의 소유권이 정보를 생산하는 정보 주체에게 있다고 보는 입장에서는, 빅 데이터 보유자가 데이터 소유권을 가질 때 발생한 이득이 정보 생산 주체가 아닌 빅 데이터 보유자에게 집중되는 것은 부당하다고 보았다.

⑤ 3문단의 '데이터 이동권의 도입으로 쇼핑몰 상품 소비 이력 등 정보 주체의 행동 양상과 관련된 부분까지 정보 주체가 자율적으로 통제·관리할 수 있는 범위가 확대되었다.'에서 확인할 수 있다.

02

형태쌤의 과외시간

[A] : 데이터 이동권 법제화로 인한 영향을 긍정적으로 보는 입장
(생성 비용, 거래 비용 절감 → 기업 간 공유나 유통 촉진, 관련 산업 활성화)
[B] : 데이터 이동권 법제화로 인한 영향을 부정적으로 보는 입장
(특정 기업이 데이터 독점 → 신규 기업은 시장 진입 어려움. → 데이터 공유나 유통 위축)

정답설명

⑤ 3문단에 따르면 데이터 이동권은 정보 주체가 자신의 데이터를 보유한 자로 하여금 자신 혹은 자신이 지정한 제3자에게 무상으로 전송하게 하는 권리이다. 따라서 정보 주체의 데이터를 보유했던 기업(㉯)은 정보 주체가 지정하여 데이터를 전송받게 된 기업(㉮)에 아무런 대가나 보상 없이 데이터를 보내 주어야 하므로 경제적 이득을 취하지 않는다. 오히려 ㉯가 아닌 데이터를 무상으로 전송받게 된 ㉮가 경제적 이득을 취하게 되므로 선지의 내용은 적절하지 않다.

오답설명

① [A]는 데이터 이동권의 법제화로 기업이 전송받은 데이터를 복제 및 재사용하게 되면 생성 비용을 절감할 수 있다고 보았다. 따라서 정보 주체가 지정하여 데이터를 전송받게 된 기업(㉮)은 정보 주체의 데이터를 보유했던 기업(㉯)이 보내 준 정보 주체의 데이터를 재사용할 수 있으므로, 데이터를 개발할 때 발생하는 비용인 생성 비용을 줄일 수 있다.

② [A]는 데이터 이동권의 법제화로 계약 체결이나 분쟁 해결 등의 과정에서 생기는 거래 비용을 줄일 수 있다고 보았다. 따라서 정보 주체가 데이터 이동을 요청하여 데이터를 전송받는 제3자가 데이터 보유량이 적은 신규 기업(㉯)이라면, 데이터를 전송받을 때 계약 체결이나 분쟁 등이 발생하지 않으므로 거래 비용을 줄일 수 있다.

③ [B]는 '데이터 보유량이 적은 신규 기업은 기존 기업과 거래를 통해 데이터를 수집하는 것이 데이터 생성 비용 절감에도 효율적이다.'라고 하였다. 하지만 데이터가 집중된 기존 기업(㉭)이 데이터 보유량이 적은 신규 기업(㉯)에게 집적·처리된 데이터를 공유하려 하지 않으면 ㉯는 데이터 생성 비용이 절감되지 않아 데이터 관련 산업의 시장 진입이 어려워진다.

④ [A]는 데이터 이동권의 법제화로 기업 간 공유나 유통이 촉진되고 관련 산업이 활성화될 것이라고 보았다. 하지만 [B]에서는 정보 주체가 보안의 신뢰성이 높고 데이터 제공에 따른 혜택이 많은 기업으로 데이터를 이동하면, 데이터가 집중되어 데이터의 공유나 유통이 위축될 수 있다고 보았다. 즉 [B]의 입장에서, 정보 주체의 데이터를 보유했던 기업(㉯)에서 데이터가 집중된 기존 기업(㉭)으로 정보 주체의 데이터가 이동하여 직접·처리될수록 기업 간 공유나 유통이 위축될 수 있다고 볼 것이다.

03

'고객 맞춤형 금융 상품 추천 서비스'가 A 은행이 분석·가공한 데이터 서비스라는 것을 정확히 독해했다면 함정에 빠지지 않고 정답을 한 번에 골랐을 것이다.

정답설명

④ 3문단에서 본인의 데이터라도 빅 데이터 보유자가 수집하여, 분석·가공하는 개발 과정을 거쳐 새로운 가치가 생성된 것은 데이터 이동권의 대상이 아니라고 하였다. 갑이 B 은행으로 이동시키고자 하는 A 은행의 '연령별 맞춤형 금융 상품 추천 서비스 내역'은 A 은행이 수집한 고객 데이터를 분석·가공하여 개발한 것이므로, 갑은 데이터 이동권을 행사할 수 없다.

오답설명

① 1, 3문단을 통해 '교통 이용 내역'과 같은 기록은 '개인의 데이터'이며, 데이터 이동권은 정보 주체가 본인의 데이터를 보유한 자에게 데이터 이동을 요청하면 그 데이터를 본인 혹은 지정한 제3자에게 무성으로 진송하게 하는 권리임을 알 수 있다. 따라서 A 은행은 갑의 요청에 따라 갑의 데이터인 '체크 카드 사용 내역'을 B 은행으로 전송해야 한다.

② 3문단에 따르면 우리나라는 데이터에 대해 이동권을 법으로 명문화하여 정보 주체의 개인 정보 자기 결정권을 강화하였으며, 정보 주체의 행동 양상과 관련된 부분까지 정보 주체가 자율적으로 통제·관리할 수 있는 범위가 확대되었다. 따라서 A 은행에 대한 갑의 데이터 이동 요청은 정보 주체의 자율적 관리이므로, 강화된 개인 정보 자기 결정권의 행사로 보는 것이 적절하다.

③ 2문단에 따르면 데이터의 소유권 주체를 정보 주체로 보는 입장에서는, 정보 생산 주체가 아닌 빅 데이터 보유자에게 부가 집중되는 것은 부당하므로 정보 주체에게도 대가가 주어져야 한다고 보았다. 따라서 갑이 본인의 데이터 제공에 동의하여 A 은행으로부터 받은 포인트는 본인의 데이터 제공에 대한 대가로 보는 것이 적절하다.

⑤ 3문단의 '법제화 이전에도 은행 간에 계좌 자동 이체 항목을 이동할 수 있는 서비스는 있었다.'에서 확인할 수 있다.

04

정답설명

① ⓐ의 '쉽다'는 '하기가 까다롭거나 힘들지 않다.'의 뜻으로, '어렵지 아니하고 매우 쉽다.'라는 뜻의 '용이하다'로 바꾸어 쓰기 적절하다. 또한 ⓑ의 '따르다'는 '어떤 경우, 사실이나 기준 따위에 의거하다.'의 뜻으로, '어떤 일이나 판단, 주장 따위가 어떤 현상이나 사실에 바탕을 두다.'라는 뜻의 '근거하다'로 바꾸어 쓰기 적절하다.

오답설명

② ⓐ의 '쉽다'는 '세력이나 재산이 있다.' 또는 '가능성이 많다.'라는 뜻의 '유력하다'로 바꾸어 쓰기 적절하지 않다.

③ ⓑ의 '따르다'는 '어떤 것에 몸이나 마음을 의지하여 맡기다.'라는 뜻의 '의탁하다'로 바꾸어 쓰기 적절하지 않다.

④ ⓐ의 '쉽다'는 '모난 데가 없고 원만하다.' 또는 '거침이 없이 잘 나가는 상태에 있다.'라는 뜻의 '원활하다'로 바꾸어 쓰기 적절하다. 그러나 ⓑ의 '따르다'는 '의탁하다'로 바꾸어 쓰기 적절하지 않다.

⑤ ⓑ의 '따르다'는 '근거를 두다.'라는 뜻의 '기초하다'로 바꾸어 쓰기 적절하다. 그러나 ⓐ의 '쉽다'는 '유력하다'로 바꾸어 쓰기 적절하지 않다.

구조도 정답

① 경제적   ② 이동
③ 무상   ④ 빅 데이터 보유자
⑤ 독점화

지문분석

선거 방송 보도

경마식 보도 : 지지율 변화나 득표율 예측 등을 집중 보도
선거일이 가까워질수록 (①)

장점 : 선거, 정치에 무관심한 유권자들의 선거 참여, 정치 참여를 독려

문제점 : 선거의 주요 의제를 도외시하고 경쟁 결과에 초점
→ 선거의 (②) 저해

문제점을 줄이려는 조치

「공직선거법」의 규정 : 여론조사 언제든 가능, but 결과 보도는
선거일 (③) 전부터 (④) 시각까지 금지
→ 헌법재판소 합헌(국민의 알 권리, 언론 자유 침해 X)

「공직선거법」에 근거를 둔 「선거방송심의에 관한 특별규정」 :
사실 왜곡 보도 금지 / 여론조사 결과가 (⑤) 내에 있을 때
이를 밝히지 않고 서열, 우열을 나타내는 보도 금지

언론 단체의 「선거여론조사보도준칙」 :
표본 오차 감안하여 여론조사 결과를 정확히 보도하도록 요구
→ 지지율 차이가 오차 범위 내에 있을 때 "경합"이라는 표현은 O,
But, 서열화하거나 우열을 나타내어 보도 X

선거 방송 한계 보완 방책 : 선거 방송 토론회

「공직선거법」의 선거 방송 토론회 규정 :
· (⑥) 대상자 한정 →
5인 이상의 국회의원을 가진 정당이나
직전 선거에서 3% 이상 득표한 정당이 추천한 후보자,
여론조사 결과 평균 지지율이 5% 이상인 후보자 등
· 헌법재판소 합헌(선거 운동의 기회균등 원칙 침해 X)

· 다수 의견 : 합리적 제한임.
→ (⑥) 대상 후보자가 많으면 효율적 운영 X,
관심이 큰 후보자들의 정책 및 자질을 직접 비교할 수 X

· 소수 의견 : 자의적이고 차별적인 침해임.
→ 일부 후보자에게서 선거 운동 기회 박탈,
유권자가 모든 후보자 동시에 비교할 수 X,
(⑥) 여부에 따라 후보자에 대한 차별적 인식 만듦.

형태쌤 Comment

선거 방송 보도 중 하나인 경마식 보도의 문제점과 이를 보완하기 위한 제도적 장치를 말하고 있다. 문제점을 제시한 뒤 문제점의 원인을 규명하고, 이 원인을 보완하는 해결책을 밝히는 구조로 이루어져 있다. 마지막 부분에 제시된 다수 의견과 소수 의견의 대립점까지 잘 파악할 수 있어야 한다.

문제분석 01-04번

번호	정답	정답률 (%)	선지별 선택비율(%)				
			①	②	③	④	⑤
1	⑤	92	1	1	2	4	92
2	③	58	4	11	58	13	14
3	②	70	3	70	5	12	10
4	②	54	10	54	5	24	7

01

정답설명

⑤ 1문단의 '경마식 보도는 선거와 정치에 무관심한 유권자들의 선거 참여, 정치 참여를 독려하는 장점이 있다.'에서 확인할 수 있다.

오답설명

① 1문단의 '경마식 보도는 선거일이 가까워질수록 증가한다.'를 통해 경마식 보도는 선거 기간의 전반기가 아닌 후반기에 더 많다는 것을 알 수 있다.

② 1문단의 '새롭고 재미있는 정보를 원하는 시청자들의 요구에 부응하고, 방송사로서도 매일 새로운 뉴스를 제공하는 방편이 될 수 있기 때문이다.'를 통해 시청자와 방송사의 이해관계가 상반되지 않고 일치함을 알 수 있다.

③ 1문단의 '경마식 보도는 경마 중계를 하듯 지지율 변화나 득표율 예측 등을 집중 보도하는 선거 방송의 한 방식이다.'를 통해 경마식 보도가 당선자 예측과 관련된 정보의 전파에 초점을 맞추고 있음을 알 수 있다.

④ 1문단의 '흥미를 돋우는 데 치중하는 경마식 보도는 선거의 주요 의제를 도외시하고 경쟁 결과에 초점을 맞춰 선거의 공정성을 저해할 수 있다.'를 통해 경마식 보도는 선거의 핵심 의제에 관한 후보자의 입장을 다룬 보도를 중시하기보다는 흥미를 돋우는 데 치중함을 알 수 있다.

02

정답설명

③ 2문단에 따르면 선거 방송은 경마식 보도의 문제점을 줄이려는 조치인 「공직선거법」의 규정을 따르고 있다. 이때 헌법재판소는 이러한 규정이 '국민의 알 권리와 언론의 자유를 침해하는지'에 대해 합헌 결정을 내렸다고 하였다. 즉 헌법재판소에서는 '국민의 알 권리'와 '언론의 자유'가 서로 충돌하는지의 문제를 논의한 것이 아니라, 여론조사 결과의 보도를 일정 기간 금지하는 규정이 '국민의 알 권리와 언론의 자유'와 충돌하는지의 문제를 논의한 것이므로 선지의 내용은 적절하지 않다.

오답설명

① 2문단에 따르면 신뢰할 수 있는 여론조사 결과라 하더라도 선거일에 임박해 보도하면 선거에 영향을 끼칠 수 있다. 따라서 여론조사의 결과를 선거일에 임박해 보도하면 선거에 영향을 끼쳐 선거의 공정성을 위협할 수 있음을 알 수 있다.

② 3문단에 따르면 선거 방송 토론회의 초청 대상자는 한정된다. 이때 초청 기준은 '5인 이상의 국회의원을 가진 정당이나 직전 선거에서 3% 이상 득표한 정당이 추천한 후보자, 또는 언론기관의 여론조사 결과 평균 지지율이 5% 이상인 후보자 등'이라고 하였다. 따라서 정당의 추천을 받지 못해도 다른 방법으로 선거 방송의 초청 대상 후보자 토론회에 참여할 수 있음을 알 수 있다.

④ 2문단의 '당선인을 예상케 하는 여론조사를 실시하는 것은 언제든지 가능하지만, 그 결과의 보도는 선거일 6일 전부터 투표 마감 시각까지 금지된다.'에서 확인할 수 있다.

⑤ 3문단에서 선거 방송 토론회의 초청 대상자는 「공직선거법」의 선거 방송 토론회 규정에 따라 한정됨을 제시하고 있다. 4문단에서는 3문단에 제시된 「공직선거법」의 선거 방송 토론회 규정이 기회균등 원칙을 침해하는지에 대해 헌법 재판소는 위헌이 아니라는 결정을 했음을 밝히고 있다. 이에 대해 소수 의견은 소수 정당이나 정치 신인 등에 대한 자의적이고 차별적인 침해라고 보았으므로, 「공직선거법」의 선거 방송 토론회 규정은 선거 운동의 기회가 모든 후보자에게 균등하게 배분되지 못하도록 할 가능성이 있다고 볼 수 있다.

03
정답설명

형태쌤의 과외시간

「공직선거법」의 선거 방송 토론회 규정에 대한 다수 의견과 소수 의견
ⓐ 다수 의견 : "합리적 제한"
- 초청 대상 후보자 수가 너무 많으면 제한된 시간 안에 심층적인 토론 x
- 유권자들이 관심이 큰 후보자들의 정책 및 자질을 직접 비교하기 어려움.
ⓑ 소수 의견 : "자의적이고 차별적인 침해"
- 일부 후보자에게서 효과적인 선거 운동의 기회를 박탈함.
- 유권자가 모든 후보 동시에 비교할 수 x
- 초청 여부에 따라 후보자를 차별적으로 인식하게 만듦.

② 좋은 정책을 제시한 정치 신인이 선거 방송 초청 대상 후보자 토론회에 초청받지 못한다면 유권자가 모든 후보자를 동시에 비교하지 못하는 상황이 발생할 수 있는데, 이는 규정의 차별성을 부각하는 것이므로 ⓐ(다수 의견)의 입장은 약화되고 ⓑ(소수 의견)의 입장이 강화될 수 있을 것이다.

오답설명

① ⓐ는 방송 토론회의 효율적 운영을 고려할 때 초청 대상 후보자 수가 너무 많으면 제한된 시간 안에 심층적인 토론이 이루어지기 어려움을 근거로 「공직선거법」의 선거 방송 토론회 규정이 합리적이라고 보았다. 따라서 심층 토론을 하지 못한 원인이 시간 제한이나 참여한 후보자의 수와 관계가 없다면 ⓐ의 입장은 약화될 것이다.

③ ⓑ는 선거 방송 토론회의 초청 대상을 제한하는 선거 방송 토론회 규정을 자의적인 침해라고 보았다. 따라서 적정 토론자의 수를 제한하는 기준이 국민의 합의에 의해 결정되었기 때문에 자의적인 것이 아니라고

한다면 ⓑ의 입장은 약화될 것이다.

④ 3문단에서 '초청 대상이 아닌 후보자들을 위해 별도의 토론회 개최가 가능'하다고 하였고, 4문단을 통해 ⓑ가 선거 방송 토론회 규정이 초청 대상 후보자 토론회에 참여한 후보자와 그렇지 못한 후보자를 차별적으로 인식하게 만든다고 지적하였음을 알 수 있다. 따라서 별도 토론회에서 뛰어난 역량을 보여 주었음에도 별도 토론회에 참여했다는 이유만으로 지지율이 떨어진다면 ⓑ의 입장은 강화될 것이다.

⑤ ⓑ는 후보자의 가장 효과적인 선거 운동의 기회를 일부 후보자에게서 박탈하고, 유권자가 모든 후보자를 동시에 비교하지 못할 것을 근거로 「공직선거법」의 선거 방송 토론회 규정이 차별적인 침해라고 보았다. 따라서 소수 정당 후보자를 주요 후보자들과 동시에 비교할 수 있는 가장 효율적인 방법이 선거 방송 초청 대상 후보자 토론회라면 ⓑ의 입장은 강화될 것이다.

04
정답실명

형태쌤의 과외시간

㉮ 「공직선거법」
- 여론조사 결과의 보도는 선거일 6일 전부터 투표 마감 시각까지 금지
㉯ 「선거방송심의에 관한 특별규정」
- 여론조사 결과가 오차 범위 내에 있을 때에 이를 밝히지 않은 채로 서열이나 우열을 나타내는 보도 금지
㉰ 「선거여론조사보도준칙」
- 지지율 차이가 오차 범위 내에 있을 때 "경합"이라는 표현은 무방함.
- 지지율 차이가 오차 범위 내에 있을 때 서열화하거나 "오차 범위 내에서 앞섰다."라는 표현처럼 우열을 나타내어 보도할 수 없음.

후보자 간 지지율 차이의 오차 범위 / 서열, 우열을 나타내는 표현 가능 여부
• 1차 조사
- A 후보자와 B 후보자의 지지율 차이 : 10%P로 오차 범위 8.8%P 밖
- B 후보자와 C 후보자의 지지율 차이 : 14%P로 오차 범위 8.8%P 밖
→ 후보자들의 서열, 우열을 나타내는 표현으로 보도 o

• 2차 조사
- A 후보자와 B 후보자의 지지율 차이 : 1%P로 오차 범위 내
- B 후보자와 C 후보자의 지지율 차이 : 20%P로 오차 범위 8.8%P 밖
→ 지지율 차이가 오차 범위 내에 있음을 밝히지 않고 A 후보자와 B 후보자의 서열, 우열을 나타내는 표현은 보도 x / B 후보자와 C 후보자의 서열, 우열을 나타내는 표현으로 보도 o

• 3차 조사
- A 후보자와 B 후보자의 지지율 차이 : 1%P로 오차 범위 내
- B 후보자와 C 후보자의 지지율 차이 : 21%P로 오차 범위 8.8%P 밖
→ 지지율 차이가 오차 범위 내에 있음을 밝히지 않고 A 후보자와 B 후보자의 서열, 우열을 나타내는 표현은 보도 x / B 후보자와 C 후보자의 서열, 우열을 나타내는 표현으로 보도 o

② 〈보기〉의 2차 조사 결과에서 A 후보와 B 후보의 지지율 차이는 오차 범위 8.8%P 내에 있으며, B 후보와 C 후보의 지지율 차이는 오차 범위 밖에 있다. 따라서 "A 후보는 B 후보에 조금 앞서고"라고 보도하는 것은 지지율 차이가 오차 범위 내에 있을 때에 이를 밝히지 않은 채로 서열이나 우열을 나타내는 것이므로, ㉯와 ㉰에 모두 위배된다.

오답설명

① 1차 조사 결과 후보자들 간 지지율 차이는 10%P와 14%P로 모두 오차 범위 8.8%P 밖이므로 서열이나 우위를 나타내는 보도를 하여도 ㉯와 ㉰에 위배되지 않는다.

③ 3차 조사 결과를 선거일 4일 전에 보도하는 것은 선거일 6일 전부터 여론조사 결과의 보도를 금지하는 ㉮에 위배된다. 한편 3차 조사 결과 A 후보자와 B 후보자의 지지율 차이는 1%P로 오차 범위 8.8%P 내에 있으므로, "A 후보는 오차 범위 내에서 1위"라고 우열을 나타내어 보도하는 것은 ㉰에 위배된다.

④ 1차 조사 결과 후보자들 간 지지율 차이는 10%P와 14%P로 모두 오차 범위 8.8%P 밖이므로 서열을 나타내는 보도는 ㉯에 위배되지 않는다. 한편 2차 조사 결과 A 후보자와 B 후보자의 지지율 차이는 1%P로 오차 범위 8.8%P 내에 있으므로, "A 후보 1위, B 후보 2위, C 후보 3위"라고 보도하여 A 후보와 B 후보를 서열화하는 것은 ㉰에 위배된다.

⑤ 2차 조사 결과에서 A 후보와 B 후보의 지지율 차이는 1%P로 오차 범위 8.8%P 내에 있는데, 결과를 서열화하지 않고 "B 후보, A 후보와 오차 범위 내 경합"이라고 보도하고 있으므로 ㉰에 위배되지 않는다. 한편 3차 조사 결과를 선거일 4일 전에 보도하는 것은 선거일 6일 전부터 여론조사 결과의 보도를 금지하는 ㉮에 위배된다.

구조도 정답

① 증가(↑)
② 공정성
③ 6일
④ 투표 마감
⑤ 오차 범위
⑥ 초청

지문분석

기업의 경영 방식

> **1) 기업의 공동체적 경영**
>
> 모든 주주 = 경영진 : 상호 협력 관계, 의사 결정권 균등
>
> 경영진 모두가 업무와 관련된 전문성 O,
> 경영 수익의 중요 사항을 (①)으로 결정
>
> but 기업 규모가 성장하고, 사업이 다양해지면
> 과두제적 경영으로 나아가기도 함.

> **2) 기업의 과두제적 경영**
>
> 과두제적 경영 :
> (②)의 경영자 = 경영진
> 강한 결속력을 가지면서 실질적 권한·정보를 (③)하여 기업 운영
>
> 특징 : 전문성·경험을 갖춘 경영진 중심으로 안정적 경영권 확보
> → 장기적 기업 전략 수립 → 과감하고 지속적인 투자
>
> **장점**
> · 첨단 핵심 기술 개발에 유리
> · 위기 상황에서 효율적인 대처O (신속한 의사 결정)
>
> **문제점**
> (②) 경영진 = 기업 장악 힘 大 /
> 다수 주주 = 개별 주주의 결정권 小
>
> (②) 경영진이 (④) 추구
> → 다수 주주의 이익이 침해되는 폐해가 나타남.
>
> ex1) 경영 성과를 실제보다 부풀려 투자 유치
>   → 주주들의 막대한 손해
> ex2) 기업 운영의 주요 정보 은폐·경영 상황 조작하여 발표
>   → 기업 가치에 타격
>
> **문제점 완화 방안**
> 기업-경영자 간 계약 체결로 급여 이외의 경제적 이익을 동기로
> 부여하는 방안
> 1) 스톡옵션의 권리 부여 :
>   일정 수량의 주식을 계약 시 정한 가격으로 미래에 매수
> 2) 주식 평가보상권(우리나라 도입X) :
>   기업의 주식 가치가 목표치 이상 상승
>   → 경영자가 그에 상응하는 보상을 받음.
>
> 기업 경영의 (⑤) 확보를 위한 공적 제도(폐해 방지)
> 1) 경영 공시 제도 :
>   기업 주식 가치에 영향을 주는 정보 제공을 법적으로 의무화
>   → 경영 투명성 ↑, 경영진-주주들 간 정보 격차 ↓
> 2) 사외 이사 제도 : 외부 인사가 기업의 이사회에 이사로 참여
>   → 독단적인 의사 결정 견제, 정보와 권한의 집중을 억제

형태쌤 Comment

기업의 경영 방식 중 하나인 '과두세석 경영'의 상점과 단점(문제점), 문제점에 대한 완화 방안을 설명하고 있는 지문이다. 공동체적 경영과 과두제적 경영, 과두제적 경영의 문제점과 대응책, 스톡옵션과 주식 평가 보상권, 경영 공시 제도와 사외 이사 제도의 내용을 파악하면서 읽어 나가면 된다. 예년과 비교해서 주제와 지문의 내용이 평이하고 문제도 어렵지 않았다.

문제분석   01-04번

번호	정답	정답률 (%)	선지별 선택비율(%)				
			①	②	③	④	⑤
1	①	95	95	1	1	1	2
2	⑤	93	1	1	2	3	93
3	②	74	13	74	6	5	2
4	①	48	48	5	20	9	18

01

정답설명

① 3문단에서 과두제적 경영의 개념을, 3~4문단에서 과두제적 경영의 장단점을 제시하고 5~6문단에서 문제점을 완화하기 위한 보완책을 소개하고 있다.

오답설명

② 윗글은 과두제적 경영이라는 조직 운영 방식에 대해 설명하고 있을 뿐, 특정 원리를 제시하고 있지 않으며 여러 원리들을 하나의 이론으로 통합하고 있지도 않다.

③ 공동체적 경영과 과두제적 경영을 대립하는 유형으로 볼 수 있으나, 이를 들어 이론적 근거의 변천 과정을 설명하고 있지는 않다.

④ 4문단에서 소수의 경영진이 사익에 치중할 때 다수 주주의 이익이 침해되는 사례를 제시하고 있다. 그러나 이는 과두제적 경영의 단점을 설명하기 위해 제시한 것일 뿐, 글쓴이가 세운 가설을 검토하기 위함이 아니다. 또한 윗글에 글쓴이가 세운 가설은 제시되지 않았다. 가설이란 '어떤 사실을 설명하거나 어떤 이론 체계를 연역하기 위하여 설정한 가정'을 말한다.

⑤ 4문단에서 소수의 경영진이 사익에 치중하는 것이 과두제적 경영 방식에서 나타날 수 있는 문제 상황의 근본 원인임을 진단하고, 5~6문단에서 이러한 문제점을 완화하는 방안을 제시하고 있다. 그러나 해결책에 대한 상반된 입장을 제시하고 있지는 않다.

02

정답설명

⑤ 4문단을 통해 과두제적 경영은 정보와 권한이 집중된 소수의 경영진이 자신들의 사익에 치중하면 다수 주주의 이익이 침해되는 폐해가 나타날 수 있으며 결과적으로 기업의 가치에 심각한 타격을 줄 수 있다는 것을

알 수 있다. 이는 경영진이 자신의 이익을 위해 다수 주주에게 피해를 입히는 상황이므로 경영진과 다수 주주 사이의 이해가 일치하지 않는 경우에 해당한다. 따라서 경영진과 다수 주주 사이의 이해가 일치하는 경우보다 일치하지 않는 경우에 기업 가치가 훼손될 위험성이 높아진다.

오답설명

① 2문단의 "소수의 의사 결정에 따른 수직적 경영으로 효율성을 지향하는 '과두제적 경영'"에서 확인할 수 있다.

② 3문단에 따르면 과두제적 경영은 '소수의 경영자로 이루어진 경영진이 강한 결속력을 가지'고 '실질적 권한과 정보를 독점하며 기업을 운영'하기에 '전문성과 경험을 갖춘 경영진을 중심으로 안정적 경영권이 확보'되는 강점이 있다.

③ 3문단의 '전문성과 경험을 갖춘 경영진을 중심으로 안정적 경영권이 확보될 수 있도록 하여~과감하고 지속적인 투자를 할 수 있어서 첨단 핵심 기술의 개발에도 유리한 면이 있다.'에서 확인할 수 있다.

④ 4문단에 따르면 소수의 경영진이 사익에 치중해 '경영 성과를 실제보다 부풀려 투자를 유치한 뒤 주주들에게 회복하기 어려운 손해를 입히는 경우'가 있으므로 과두제적 경영에서는 이와 같은 위험성에 대비할 필요가 있다.

03

정답설명

② 5문단에 따르면 스톡옵션의 권리를 부여받은 경영자는 일정 수량의 주식을 계약 시에 정한 가격으로 미래에 매수할 수 있다. 미래의 주식 가치가 높아진다면 경영자는 보다 저렴하게 주식을 매수하여 급여 이외의 경제적 이익을 얻을 수 있다. 한편 주식 평가 보상권은 기업의 주식 가치가 목표치 이상으로 올랐을 때 경영자가 그에 상응하는 보상을 받는 방식이므로, 미래의 주식 가치가 높아질 때 경영자는 보상을 받을 수 있다. 따라서 두 방식 모두 경영자의 성과 보상에 미래의 주식 가치가 관련된다는 공통점을 가지므로 선지의 내용은 적절하지 않다.

오답설명

① 5문단에 따르면 스톡옵션의 권리를 가진 경영자는 일정 수량의 주식을 계약 시에 정한 가격으로 미래에 매수할 수 있으며 권리의 행사 여부는 자유이다. 따라서 주식 가격이 미리 정해 놓은 것보다 하락하더라도 권리를 행사하지 않으면 스톡옵션의 권리를 가진 경영자는 손실을 입지 않을 수 있다.

③ 6문단에 따르면 경영 공시 제도는 기업의 주식 가치에 영향을 미칠 수 있는 정보 제공을 법적으로 의무화한 것이므로, 주주가 기업 경영 상황을 파악하여 기업 가치를 평가하는 데 유용한 제도가 될 수 있다.

④ 6문단에 따르면 사외 이사 제도는 기업의 이사회에 외부 인사를 이사로 참여시켜 독단적인 의사 결정을 견제함으로써 폐쇄적 경영으로 인한 정보와 권한의 집중을 억제하는 효과를 거둘 수 있다. 따라서 해당 제도는 경영의 개방성을 높일 수 있는 제도라 평가할 수 있다.

⑤ 6문단에 따르면 경영 공시 제도를 통해 경영진과 주주들 간 정보 격차를 줄일 수 있으며, 사외 이사 제도를 통해 독단적인 의사 결정을 견제

함으로써 폐쇄적 경영으로 인한 정보와 권한의 집중을 억제하는 효과를 거둘 수 있다. 따라서 두 제도 모두 기업의 중요 정보에 대한 경영진의 독점을 완화할 수 있다.

04

형태쌤의 과외시간

〈예전 X사〉 모든 주주가 경영진을 이룸, 동등한 결정권 보유
〈현재 X사〉 소수의 주주가 경영을 이룸, 주기적으로 다른 주주들로 교체

A : 치열한 경쟁에 대응하기 위해서는 과두제적 경영을 할 필요가 있다는 입장
B : X사는 안정화되어 있고 주주들이 전문성을 갖추고 있으므로 과두제적 경영을 하지 않고 예전처럼 회사를 운영하자는 입장

정답설명

① 〈보기〉에서 X사의 '전체 주주는 기업의 경영 상태를 파악할 수 있'고, '주요 사항은 전체 주주가 공동으로 의결'한다고 하였다. 또한 X사는 소수의 주주만으로 경영진을 구성하였으나, 이들이 주기적으로 다른 주주들로 교체되어 전체 주주가 기업의 경영 상태를 파악할 수 있다. 즉 X사는 소수의 주주만으로 경영진이 구성되어 있음에도 주주들 사이의 평등성을 보이므로, 과도한 정보 격차나 권한 집중과 같은 폐해를 보이지 않는다.

오답설명

② 〈보기〉에 따르면 X사는 소수의 주주만으로 경영진을 구성하였으나, 이들이 주기적으로 다른 주주들로 교체되므로 현재 경영진이 고정되는 구조라는 선지의 내용은 적절하지 않다.

③ 〈보기〉에 따르면 X사는 경영진이 주기적으로 다른 주주들로 교체되는 방식을 사용하고 있다. 또한 A는 경영진이 주기적으로 교체되는 현행 방식을 경영진을 변동시키지 않는 방식으로 바꾸어야 한다고 주장하였으므로 선지의 내용은 적절하지 않다.

④ '수평적인 의사 결정 구조'는 주주 모두 경영진이 되어 회사를 운영하는 공동체적 경영 방식에 해당한다. B는 현재 X사가 시장 점유율도 잘 유지하고 있고 주주들의 전문성도 탁월하여 '예전처럼' 수평적인 의사 결정 구조로 전환해 주주들이 모두 함께 경영진이 되어 회사를 운영하여도 문제없다는 입장이므로 선지의 내용은 적절하지 않다.

⑤ 현재 X사의 경영진은 주기적으로 다른 주주들로 교체되고 있으므로 과두제적 경영을 하고 있는 것으로 보기 어렵다. 또한 A는 이러한 X사가 치열한 경쟁에 대응하기 위해서는 경영진 구성을 변동시키지 않고 경영 결정권도 경영진이 전적으로 행사하도록 해야 한다고 주장한다. 즉, A는 현재와 달리 과두제적 경영을 할 필요가 있다는 입장인 것이다. 이러한 A의 논의는 현재 X사가 경험과 전문성을 바탕으로 안정적인 과두제적 경영을 하지 않고 있다는 전제에서 비롯된 것으로 볼 수 있다. 한편 B는 X사가 시장 점유율도 잘 유지되고 있고 주주들의 전문성도 탁월하므로 현행의 소수의 경영진이 경영하는 방식이 아닌, 예전처럼 공

동체적 경영으로 회사를 운영하여도 문제없다고 주장한다. 이러한 B의 논의는 현재 X사가 주주들의 전문성을 바탕으로 안정적인 경영을 할 수 있으니 앞으로 모든 주주들이 경영진이 되어도 문제가 없다는 것이므로 선지의 내용은 적절하지 않다.

구조도 정답

① 공동
② 소수
③ 독점
④ 사익
⑤ 건전성

지문분석

공정거래법과 표시광고법

공정거래위원회는 시장 경쟁 촉진, 소비자 주권 확립을 위해 사업자의 불공정한 거래 행위, 부당한 광고를 규제하는 법을 활용함.

1) 공정거래법 : 사업자의 재판매 가격 유지 행위를 원칙적으로 금지

재판매 가격 유지 행위

사업자가 상품이나 용역을 거래할 때, 자신이 정한 (①)으로 판매·제공할 것을 강제하거나 그 밖의 구속 조건을 붙여 거래하는 행위

사업자의 영업 자유 제한, 사업자 간 가격 경쟁 제한, 유통 조직의 효율성 ↓

이를 행한 사업자 → 형사 처벌 X / 시정명령, 과징금 부과 대상 O

금지 대상이 아닌 경우 :
(1) 공정거래위원회가 고시하는 출판된 저작물
(2) 소비자 후생 증대 효과 > 경쟁 제한의 폐해
　→ 정당한 이유가 있어야 하고, 사업자가 이를 (②)해야 함.

2) 표시광고법 : 소비자를 속이거나 오인하게 할 우려가 있는 부당한 광고를 금지

광고는 표현의 자유, 영업의 자유로 보호받지만 거짓·과장, 기만 광고는 금지됨.

이를 위반한 사업자
→ 형사 처벌, 시정명령, 과징금 부과 대상 O

추천·보증, 이용후기를 활용한 인터넷 광고 ↑
⇒ 부당 광고 심사 기준의 중요성 ↑

부당 광고 심사 기준

(1) 추천·보증 광고 심사 지침

• 추천·보증 : 제3자의 독자적 의견으로 인식되는 표현, 해당 상품·용역의 장점을 알리거나 구매·사용을 권장하는 것
• 경험적 사실에 근거 → 실제로 사용해 봐야 하고, 내용이 경험한 사실에 부합해야 함.
　전문적 판단에 근거 → 그 내용이 해당 분야의 전문적 지식에 부합해야 함.
• 추천·보증을 한 사람이 사업자와 (③) 이해관계가 있다면 해당 게시물에 이를 명시해야 함.

(2) 인터넷 광고 심사 지침

• 이용후기 광고 : 사업자가 자사 홈페이지 등에 게시된 소비자 상품 이용후기를 활용한 광고
• (④) 이유 없이 사업자가 자신에게 불리한 이용후기를 비공개, 삭제할 경우 → 부당한 광고가 됨.
• 사업자가 자신에게 불리한 이용후기 게시자를 인터넷상 명예훼손죄로 고소할 경우 → 이용후기가 객관적 내용으로 자신의 사용 경험에 바탕을 두고 (⑤)의 이익에 관한 것으로 인정받으면 명예훼손죄 성립 X

형태쌤 Comment

　지문에서 공정거래법과 표시광고법의 규제 사항을 파악하고, 이용후기 광고의 본질을 잘 파악했어야 문제를 풀 수 있었다. 또한 공정거래법의 규제를 구체적 사례에 적용하는 능력도 중요했다.

문제분석　01-04번

번호	정답	정답률(%)	선지별 선택비율(%)				
			①	②	③	④	⑤
1	④	92	2	2	1	92	3
2	④	71	4	14	8	71	3
3	③	94	1	2	94	2	1
4	①	99	99	0	0	1	0

01

정답설명

④ 5문단에 따르면 '경험적 사실을 근거로 추천·보증을 할 때는 실제 사용해 봐야 하고 추천·보증을 하는 내용이 경험한 사실에 부합해야 부당한 광고로 제재'를 받지 않는다. 즉, 경험적 사실을 바탕으로 한 추천·보증은 해당 분야의 전문적 지식이 아니라 실제 경험한 사실에 부합해야 하므로 선지의 설명은 적절하지 않다. 전문적 지식에 부합해야 하는 것은 전문적 판단을 근거로 추천·보증을 할 때이다.

오답설명

① 3문단에 따르면 '재판매 가격 유지 행위를 하는 사업자는 형사 처벌은 받지 않'는다. 한편, 4문단에 따르면 부당한 광고 행위로 '표시광고법'을 위반한 사업자는 '시정명령이나 과징금 부과 또는 형사 처벌 대상이 될 수 있'으므로 선지의 설명은 적절하다.

② 2문단에 따르면 거래 단계별 사업자에게 거래 가격을 강제하는 것은 '재판매 가격 유지 행위'에 해당한다. 3문단에서 '재판매 가격 유지 행위'는 '유통 조직의 효율성'을 저하시킨다고 하였으므로 선지의 설명은 적절하다.

③ 3문단의 '경쟁 제한의 폐해보다 소비자 후생 증대 효과가 큰 경우 등 정당한 이유가 있으면 재판매 가격 유지 행위가 허용되는데, 그 이유는 사업자가 입증해야 한다.'에서 확인할 수 있다.

⑤ 2문단에 따르면 '공정거래법'은 사업자가 상품·용역을 거래할 때 자신이 정한 거래 가격으로 판매·제공할 것을 강제하거나 그 밖의 구속 조건을 붙여 거래하는 재판매 가격 유지 행위를 원칙적으로 금지한다. 이때 거래 가격에는 기준 가격이 포함되는데, 3문단에서 '공정거래위원회가 고시하는 출판된 저작물은 금지 대상이 아니'라고 하였으므로 선지의 설명은 적절하다.

02

정답설명

④ 6문단에 따르면 ㉡(이용후기 광고)은 사업자가 자사 홈페이지 등에 게시된 소비자의 상품 이용후기를 활용해 광고하는 것이다. 즉, 이용후기는 소비자가 직접 작성하여 게시한 것을 의미할 뿐, 사업자가 직접 작성해서 게시한 것은 포함하지 않으므로 선지의 설명은 적절하다.

오답설명

① 2, 3문단에 따르면 ㉠(재판매 가격 유지 행위)은 소비자 후생 증대 효과가 경쟁 제한의 폐해보다 큰 경우에 허용된다.

② 2, 3문단에 따르면 '공정거래법'은 사업자의 가격 결정의 자유, 즉 영업의 자유를 제한하고 사업자 간 가격 경쟁을 제한하는 ㉠을 원칙적으로 금지한다. 즉, '공정거래법'에서 ㉠을 금지하는 목적은 사업자의 가격 결정의 자유를 제한하기 위함이 아니라, 보호하기 위함이므로 선지의 설명은 적절하지 않다.

③ 4문단에 따르면 '거짓·과장 광고', '기만 광고'와 같이 부당한 광고가 아닌 광고는 표현의 자유와 영업의 자유로 보호받는다. 즉, 이용후기 광고가 부당한 광고일 경우 '표시광고법'에 따라 제재를 받는 것이지 이용후기 광고라는 이유로 표현의 자유와 영업의 자유를 금지하는 것은 아니다. 부당한 광고가 아니라면 ㉡은 표현의 자유와 영업의 자유를 모두 보호받을 수 있을 것이므로 선지의 설명은 적절하지 않다.

⑤ ㉠은 사업자가 상품·용역을 거래할 때 거래 상대방 사업자 또는 그다음 거래 단계별 사업자에게 거래 가격을 정해 그 가격대로 판매·제공할 것을 강제하거나 그 가격대로 판매·제공하도록 그 밖의 구속 조건을 붙여 거래하는 행위이므로, 사업자와 사업자 간에 일어나는 행위로 볼 수 있다. 한편, ㉡은 사업자가 자사 홈페이지 등에 게시된 소비자의 상품 이용후기를 활용해 광고하는 것으로, 소비자와 소비자 간에 직접 일어나는 행위가 아니라 소비자의 이용후기가 사업자를 통해 다른 소비자에게 전해지는 행위로 볼 수 있다.

03

정답설명

 형태쌤의 과외시간

■ 갑 : A 상품 제조 사업자
• 거래 상대방 사업자에게 특정 판매 가격을 지정해 거래
  → 거래 가격을 강제한 경우(= 재판매 가격 유지 행위)
• 갑의 회사 홈페이지에 A 상품의 이용후기 중 품질 불량을 문제 삼은 이용후기 200개 삭제
  → 사업자에게 불리한 이용후기를 삭제한 경우
• 박OO 교수팀이 A 상품을 추천·보증한 광고 게시
  → 추천·보증을 광고에 활용한 경우
• A 상품의 품질이 불량하다고 작성한 소비자 병을 명예훼손죄로 고소
  → 사업자에게 불리한 이용후기를 게시한 소비자를 명예훼손죄로 고소한 경우

■ 을 : 광고 대행사 직원
• 갑의 회사 홈페이지에 A 상품의 효능이 뛰어나다는 후기 게시
  → 추천·보증이 광고에 활용된 경우

■ 병 : 소비자
• A 상품을 사용하며 A 상품의 하자를 찍은 사진과 품질이 불량하다는 글을 갑의 회사 홈페이지에 게시하고, 갑에게 명예훼손죄로 고소당함.
  → 경험적 사실을 근거로 추천·보증을 한 경우

③ 2문단에 따르면 권장 소비자 가격이라도 강제성이 있다면 이는 재판매 가격 유지 행위에 해당한다. 따라서 〈보기〉의 갑이 거래 상대방에게 권장 소비자 가격을 준수하도록 조건을 부과한 것에 대한 정당성을 인정받지 못했다면, 갑은 제재를 받을 수 있다.

오답설명

① 6문단에 따르면 사업자는 자신에게 불리한 이용후기를 비공개하거나 삭제하기도 하는데, 합리적 이유가 없다면 이는 부당한 광고가 될 수 있다. 따라서 〈보기〉의 갑이 A 상품의 품질 불량을 은폐하기 위해 자신에게 불리한 이용후기를 삭제하는 대신 비공개 처리를 하더라도, 이는 부당한 광고에 해당한다.

② 4문단에 따르면 사실과 다르거나 사실을 지나치게 부풀리는 거짓·과장 광고는 부당한 광고이며, '표시광고법'을 위반한 사업자는 시정명령이나 과징금 부과 또는 형사 처벌 대상이 될 수 있다. 또한 5문단에 따르면 경험적 사실을 근거로 추천·보증을 할 때는 그 내용이 경험한 사실에 부합해야 하고, 전문적 판단을 근거로 추천·보증을 할 때에는 해당 분야의 전문적 지식에 부합해야 한다. 이때 〈보기〉의 박OO 교수팀이 A 상품을 실험·검증하지 않았음에도 실험·검증한 것처럼 광고한 내용은 경험적 사실이나 해당 분야의 전문 지식에 부합하지 않으며, 사실과 다른 거짓 광고에 해당하므로 부당한 광고 행위로 제재를 받을 수 있다.

④ 5문단에 따르면 추천·보증이 광고에 활용되면서 추천·보증을 한 사람이 사업자로부터 현금 등의 대가를 지급받는 등 경제적 이해관계가 있다면 해당 게시물에 이를 명시해야 부당한 광고로 제재받지 않는다. 따라서 〈보기〉의 을이 갑으로부터 금전을 받고 갑의 회사 홈페이지에 A 상품의 장점을 알리는 이용후기를 게시했다면, 경제적 이해관계가 있는 것이므로 대가성이 있었다는 사실을 명시해야 부당한 광고로 제재받지 않는다.

⑤ 6문단에 따르면 사업자는 자신에게 불리한 이용후기의 게시자를 인터넷상 명예훼손죄로 고소하기도 한다. 그러나 이때 이용후기가 객관적 내용으로 자신의 사용 경험에 바탕을 두고 다른 이용자에게 도움을 주려는 등 공공의 이익에 관한 것으로 인정받는다면, 게시자의 비방할 목적이 부정되어 명예훼손죄가 성립하지 않는다. 따라서 〈보기〉의 병이 A 상품을 직접 사용해 보고 발견한 A 상품의 결점을 제시하면서 다른 소비자들에게 도움을 주려는 취지로 이용후기를 게시한 점이 인정된다면, 비방 목적이 부정되어 명예훼손죄가 성립되지 않는다.

04

정답설명

① ⓐ(붙여)는 '조건, 이유, 구실 따위를 딸리게 하다.'라는 의미이다. '그는 내 의견에 본인의 견해를 붙여 발언을 이어 갔다.'의 '붙여' 또한 '의견'을 덧붙인다는 의미이므로 ⓐ와 문맥상 의미가 가장 가깝다.

오답설명

② '나는 수영에 재미를 붙여 수영장에 다니기로 결정했다.'의 '붙여'는 '어떤 감정이나 감각을 생기게 하다.'의 의미이다.

③ '그는 따뜻한 바닥에 등을 붙여 잠깐 동안 잠을 청했다.'의 '붙여'는 '신체의 일부분을 어느 곳에 대다.'의 의미이다.

④ '나는 알림판에 게시물을 붙여 동아리 행사를 홍보했다.'의 '붙여'는 '맞닿아 떨어지지 않게 하다.'의 의미이다.

⑤ '그는 숯에 불을 붙여 고기를 배부를 만큼 구워 먹었다.'의 '붙여'는 '불을 일으켜 타게 하다.'의 의미이다.

구조도 정답

① 거래 가격
② 입증
③ 경제적
④ 합리적
⑤ 공공

지문분석

인터넷 ID와 관련된 법적 책임 논란

- **리프킨의 견해**

  사회적 상호 작용에서의 자기표현 →
  연극적, 가상 공간(인터넷)에서 더 활발히 이루어짐.

  - 표면 연기 : 의례적 표현, (①)에 집중한 연기
  - 심층 연기 : 내면의 솔직한 정서를 불러내어 진정성을 표현

- **가상 공간에서의 자기표현 특성**

  - 다양한 자기 정체성 → 자기 정체성 :
    사람들과의 관계 속에서 드러나는 고유한 존재로서의 위상
  - (②) 작동, 인터넷 ID 사용 →
    현실에서 위축되는 사람도 적극적으로 자기표현 가능 /
    현실과 다른 인격체로 활동하거나 억압된 정서를 드러내기도 함.

- **인터넷 ID와 사이버 폭력**

  인터넷 ID에 대한 사이버 폭력(명예훼손, 모욕 등의 공격) 발생
  ⇒ 인터넷 ID에 대한 명예 (③) 인정 여부 논쟁(법적 책임 논란)

- **인터넷 ID의 명예 주체성에 대한 입장**

  1) 인정하는 입장 : 자기 정체성은 현실 세계와 가상 공간에 걸쳐
     존재하고 상호 작용하는 복합적인 것 → 인터넷 ID도 사용자
     (④)의 자기 정체성의 일부
  2) 인정하지 않는 입장 : 인터넷 ID는 쉽게 생성·변경·소멸, 복수 개설 ○ /
     개인을 가상 공간에서 구별하는 장치에 불과 → 개인과 동일시 ×

- **법적 책임에 대한 판례**

  대법원 : (⑤) 거론 여부와 상관없이 지목된 사람이 누구인지
  제3자가 알 수 있는 경우 → 법적 책임 성립

- **헌법재판소 결정에 대한 의견**

  1) 다수 의견 : 인터넷 ID만 알 뿐 사용자를 제3자가 알 수
     없는 경우 → 법적 책임 성립 ×
  2) 소수 의견 : 인터넷 ID는 가상 공간에서 성명의 기능 /
     사용자에 대한 제3자의 인식 여부 → 법적 책임의 근거 ×

형태쌤 Comment

지문 자체는 까다롭지 않고 평이했다. 다만 3문단까지는 실명과 인터넷 ID에 대해 논하다가 4문단에 실명이 아니더라도 제3자의 인식 여부에 따라 법적 책임이 성립할 수 있다고 설명하였으므로, 이를 잘 파악했어야 〈보기〉 문제를 헷갈리지 않고 풀 수 있었다. 인터넷 ID의 명예 주체성 인정에 대한 찬반 입장 또한 잘 정리했다면 문제를 수월하게 풀었을 것이다.

문제분석 01-04번

번호	정답	정답률(%)	선지별 선택비율(%)				
			①	②	③	④	⑤
1	①	85	85	2	3	4	6
2	②	87	3	87	3	4	3
3	②	42	15	42	19	16	8
4	③	96	1	1	96	1	1

01

정답설명

① 1문단에 따르면 표면 연기는 '의례적인 표현과 같은 형식에 집중하여 연기하는 것'이며, 심층 연기는 '내면의 솔직한 정서를 불러내어 자신의 진정성을 보여 주는 것'이다. 즉, 심층 연기는 형식보다는 내면의 정서에 집중하는 표현 방식이므로 선지의 내용은 적절하지 않다.

오답설명

② 1문단의 '인터넷에서의 커뮤니케이션에 주목한 리프킨은 가상 공간에서 자기표현이 더욱 활발히 이루어진다고 보았다.'에서 확인할 수 있다.

③ 2문단의 "게임 아이디, 닉네임, 아바타 등 가상 공간에서 개별적 대상으로 인식되는 '인터넷 ID'에 대한 사이버 폭력이 넘쳐 나는 현실"을 통해 인터넷 ID의 한 종류인 아바타가 사이버 폭력의 대상이 될 수 있음을 알 수 있다.

④ 2문단에서 '가상 공간에서는 익명성이 작동하므로 현실에서 위축되는 사람도 적극적으로 자기표현을 할 수 있다.'라고 하였다. 따라서 익명성은 가상 공간에서 자기 정체성이 다양하게 나타나는 데 영향을 미치는 가상 공간의 특성이라 할 수 있다.

⑤ 2문단의 '사람들과의 관계 속에서 드러나는~나타난다고 본다.'를 통해 가상 공간에서의 자기 정체성도 현실에서의 자기 정체성처럼 타인과의 관계 속에서 나타남을 알 수 있다.

02

정답설명

② ㉠(인터넷 ID의 명예 주체성을 인정하는 입장)은 '인터넷에서의 자기 정체성은 사용자 개인의 자기 정체성의 일부이기 때문에 자기 정체성을 가진 인터넷 ID의 명예 역시 보호되어야 한다'고 했으므로, 인터넷 ID에 대한 공격을 그 사용자인 개인에 대한 공격으로 볼 것이다. 반면 ㉡(인터넷 ID의 명예 주체성을 인정하지 않는 입장)은 '인터넷 ID는 현실에서의 성명과 달리 그 사용자인 개인과 동일시될 수 없'다고 했으므로, 인터넷 ID에 대한 공격을 그 사용자인 개인에 대한 공격으로 보지 않을 것이다.

오답설명

① ㉠은 자기 정체성을 '일원적·고정적인 것이 아니라 현실 세계와 가상 공간에 걸쳐 존재하고 상호 작용하는 복합적인 것'이라고 보았으므로 선

지의 내용은 적절하지 않다.

③ ㉠은 자기 정체성이 '현실 세계와 가상 공간에 걸쳐 존재하고 상호 작용하는 복합적인 것'이라고 하였다. 반면 ㉡은 인터넷 ID를 '개인을 가상 공간에서 구별하는 장치'로 보았다. 즉, ㉠이 ㉡과 달리 인터넷에서의 자기 정체성과 현실 세계의 자기 정체성이 상호 작용을 한다고 본 것이므로 선지의 내용은 적절하지 않다.

④ ㉡이 인터넷 ID가 '복수로 개설이 가능'하다고 본 것은 맞다. 하지만 ㉡은 인터넷 ID를 가상 공간에서 개인을 구별하는 장치에 불과하다고 보았을 뿐, 자기 정체성이 복합적으로 구성된다고 보지는 않았다. 자기 정체성을 '현실 세계와 가상 공간에 걸쳐 존재하고 상호 작용하는 복합적인 것'으로 본 것은 ㉠이므로 선지의 내용은 적절하지 않다.

⑤ ㉠은 인터넷 ID를 '개인의 자기 정체성의 일부'로 인식하므로, 인터넷 ID마다 개인의 자기 정체성은 다르다고 볼 것이다. 반면, ㉡은 인터넷 ID가 '그 사용자인 개인과 동일시될 수 없'다고 하였으므로, 인터넷 ID가 개인의 자기 정체성을 나타낸다는 것을 인정하지 않음을 알 수 있다. 따라서 ㉡은 인터넷 ID가 개인의 정체성을 가지지 않는다고 볼 것이다.

03

정답설명

형태쌤의 과외시간

㉮ 대법원 : 실명이 거론되지 않아도 지목된 사람을 제3자가 알 수 있는 경우 → 명예훼손, 모욕에 대한 법적 책임 o

㉯ 다수 의견 : ㉮ + 인터넷 ID의 사용자를 제3자가 알 수 없는 경우, 피해자는 특정되지 않음. → 명예훼손, 모욕에 대한 법적 책임 x

㉰ 소수 의견 : ㉮ + 인터넷 ID는 가상 공간의 성명 기능, 제3자의 인식 여부는 법적 책임의 근거가 아님. → 제3자가 사용자를 알 수 없어도 명예훼손, 모욕에 대한 법적 책임 o

〈보기〉

• A : □□ 전시관 물고기 관리 전담자의 실명이 B임이 누리집에 공개된 상태에서 b가 누구인지를 제3자가 알 수 있게 함.
⇒ ㉮ : 법적 책임 o / ㉯ : 법적 책임 o / : ㉰ 법적 책임 o

• B : □□ 전시관 해설사의 실명이 A임이 누리집에 공개된 상태에서 A라는 실명을 언급하여 a가 누구인지를 제3자가 알 수 있게 함.
⇒ ㉮ : 법적 책임 o / ㉯ : 법적 책임 o / ㉰ : 법적 책임 o

• C : 제3자가 인터넷 ID만으로 a가 누구인지 알 수 없는 상태에서 a라는 인터넷 ID를 언급함.
⇒ ㉮ : 법적 책임 x / ㉯ : 법적 책임 x / ㉰ : 법적 책임 o

② ㉯는 헌법재판소의 결정에 대해 '인터넷 ID만을 알 수 있을 뿐 그 사용자가 누구인지 제3자가 알 수 없다면 피해자가 특정되지 않아 명예훼손이나 모욕에 대한 가해자의 법적 책임이 성립하지 않는다'는 입장이다. 따라서 B와 A는 모두 사용자가 누구인지를 제3자가 알 수 있게 하였으므로, 피해자가 특정됨에 따라 가해자로서의 법적 책임을 져야 한다고

볼 것이다.

오답설명

① ㉮는 '실명을 거론한 경우는 물론, 실명을 거론하지 않았더라도 주위 사정을 종합할 때 지목된 사람이 누구인지를 제3자가 알 수 있는 경우에는 명예훼손이나 모욕에 대한 가해자의 법적 책임이 성립한다고' 보았다. 즉 ㉮는, A라는 실명을 언급하여 지목된 사람이 누구인지를 제3자가 알 수 있게 한 B가 가해자로서의 법적 책임을 져야 하지만, 실명을 언급하지 않아 이 경우에 해당하지 않는 C는 가해자로서의 법적 책임을 지지 않는다고 볼 것이다.

③ ㉮는 실명이 거론되지 않아도 지목된 사람을 제3자가 알 수 있는 경우라는 점을 근거로, ㉰는 인터넷 ID가 가상 공간에서 성명의 기능을 함을 근거로 A가 가해자로서의 법적 책임을 져야 한다고 볼 것이다.

④ ㉯는 인터넷 ID의 사용자를 알 수 있는 경우에 피해자가 특정된다는 점을 근거로, ㉰는 인터넷 ID가 가상 공간에서 성명의 기능을 함을 근거로 B가 가해자로서의 법적 책임을 져야 한다고 볼 것이다.

⑤ ㉮와 ㉯는 인터넷 ID만으로 제3자가 사용자를 알 수 없다는 점을 근거로 C가 가해자로서의 법적 책임을 지지 않는다고 보는 반면, ㉰는 인터넷 ID가 가상 공간에서 성명의 기능을 함을 근거로 C가 가해자로서의 법적 책임을 져야 한다고 볼 것이다.

04

정답설명

③ ㉢(나타난다고)는 '어떤 일의 결과나 징후가 겉으로 드러나다.'라는 의미이므로, '겉으로 나타나다.'라는 의미의 '표출된다고'와 바꿔 쓰기에 적절하다.

오답설명

① ⓐ(이루어진다고)는 '어떤 대상에 의하여 일정한 상태나 결과가 생기거나 만들어지다.'라는 의미이므로, '완전히 다 이루어지다.'라는 의미의 '완성된다고'와 바꿔 쓰기에 적절하지 않다.

② ⓑ(불러내어)는 '불러서 밖으로 나오게 하다.'라는 의미이므로, '필요한 어떤 일이나 행동을 청하다.'라는 의미의 '요청하여'와 바꿔 쓰기에 적절하지 않다.

④ ⓓ(감추고)는 '남이 보거나 찾아내지 못하도록 가리거나 숨기다.'라는 의미이므로, '남을 속여 넘기다.'라는 의미의 '기만하고'와 바꿔 쓰기에 적절하지 않다.

⑤ ⓔ(넘쳐 나는)는 '일정한 정도를 훨씬 넘다.'라는 의미이므로, '늘어나고 넓어져서 충실하게 되다.'라는 의미의 '확충되는'과 바꿔 쓰기에 적절하지 않다.

구조도 정답

① 형식   ② 익명성

③ 주체성   ④ 개인

⑤ 실명

과학

01

III. 과학

2019학년도 11월

지문분석

우주론

서양의 우주론

고대

아리스토텔레스, 프톨레마이오스 : (①)

16세기 전반

(②) : 태양 중심설 → 천체의 운행 단순화

16세기 후반

브라헤 : 아리스토텔레스 형이상학 + 코페르니쿠스 천문학

케플러 : 코페르니쿠스 태양 중심설 + 브라헤의 천체 관측치

17세기 후반

뉴턴 : 만유인력 가설 → 태양 중심설 정당화

만유인력 : 두 질점이 서로 당기는 힘
→ 두 질점 질량의 곱에 비례, 거리의 제곱에 반비례

중국에 전파된 서양의 우주론

16세기 말

청 왕조의 수용 (시헌력)

지식인 : 중국 지식과 무관한 서양 과학은 불온한 요소
→ 서양 과학과 중국 전통의 회통 시도

17세기

웅명우, 방이지 : 중국 고대 우주론에 대해 (③)

(④) + 서양 과학
→ 기(氣)와 빛을 결부한 광학 이론 창안

17세기 후반

왕석천, 매문정 : 서양 과학의 (⑤), 수학적 계산 수용

서양 과학의 (⑥) 기원론 주장

18세기 초~19세기 중엽

중국 천문학을 중심으로 서양 천문학을 회통하려는 매문정의
입장을 중국의 공식 입장으로 채택 → 『사고전서』에 반영

형태쌤 Comment

지문은 통시적인 흐름을 타면서 서양과 중국의 우주론을 비교하는 글로 비교적 무난하다. 하지만 치명적인 파트를 문단 묶음 [A]로 지니고 있다. [A] 부분만 아니었다면, 분명 지문 난이도는 별표 한 개였을 것이다. 하지만 [A] 부분 때문에 난이도가 확 올라간 지문이었다.

문제분석 01-06번

번호	정답	정답률 (%)	선지별 선택비율(%)				
			①	②	③	④	⑤
1	②	66	6	66	7	11	10
2	⑤	46	10	6	15	23	46
3	④	43	13	7	13	43	24
4	⑤	51	4	9	17	19	51
5	②	18	16	18	21	31	14
6	②	69	5	69	13	5	8

01

정답설명

② 서양의 우주론의 영향으로 중국의 우주론이 어떻게 변화되었는지는 5~8문단에 소개되어 있다. 1644년 청 왕조가 중국의 역법을 기반으로 서양 천문학 모델과 계산법을 수용한 시헌력을 공식 채택하였으며, 17세기에는 웅명우와 방이지 등에 의해 성리학적 기론에 입각해 실증적인 서양 과학을 재해석한 독창적 이론이 제시되었다. 그리고 17세기 후반에는 왕석천과 매문정이 서양 과학의 영향을 받아 경험적 추론과 수학적 계산을 통해 우주의 원리를 파악하고자 하였다. 따라서 ②의 점검 결과는 '예측과 같음'이 되어야 한다.

형태쌤의 과외시간

정답은 간결하게 나오는 문제지만, 문제의 발상이 중요하다. 평가원이 1문단을 구성할 때, 이후에 전개될 내용을 고려한다는 것을 확실하게 보여 주는 문제인 것이다. 나기출의 비문학 문제에 대한 해설에서 '필자의 관심사'를 지겹도록 언급한 것도 바로 이 때문이다. 1문단을 독해할 때, 나머지 문단에 대한 내용과 구조를 예측하며 필자의 관심사에 해당하는 정보를 신경 쓰면서 읽는 것은, 대단한 독해법이 아니라 당연히 요구되는 필수적인 독해법이다. 그래야 긴 지문이나 정보가 많은 지문에서 방향을 잃지 않을 수 있기 때문이다.

오답설명

① 2문단에서 지구 중심설과 태양 중심설의 개념이 설명되었다.

③ 2문단에서 코페르니쿠스가 태양을 중심으로 지구를 비롯한 행성들이 공전하는 우주 모형을 만들었다고 하였다.

④ '회통'은 '언뜻 보기에 서로 어긋나는 뜻이나 주장을 해석하여 조화롭게 함.'이라는 의미이다. 5문단에 따르면, 중국 지식인들은 '서양 과학이 중국의 지적 유산에 적절히 연결되지 않으면 아무리 효율적이더라도 불온한 요소로 여겼'기 때문에 '어떤 방식으로든 서양 과학과 중국 전통 사이의 적절한 관계 맺음(=회통)을 통해 이 문제를 해결'하려 했다. 이러한 노력을 6~8문단에서 보여 주고 있는 것이다. 따라서 '중국에서 서양의 우주론을 접하고 회통을 시도한 사람은 누구일까?'의 답은 6문단의 웅명우와 방이지, 7, 8문단의 왕석천과 매문정이다. 웅명우, 방이지는 중국의 고대 우주론을 부정하면서 성리학적 기론에 입각해 서양 과학을 재해석하였고, 매문정은 아예 서양 과학의 중국 기원론을 주장하

였다.

⑤ 5문단에서 '16세기 말부터 중국에 본격 유입'된 서양 과학은 1644년 청 왕조가 '시헌력을 공식 채택함에 따라 그 위상이 구체화되었다'고 했을 뿐, 중국에 서양의 우주론을 전파한 서양의 인물이 누구인지는 언급되어 있지 않다.

02

정답설명

⑤ 서양과 중국 모두 경험적 추론에 기초한 우주론이 제기되었다. 서양에서 경험적 추론에 기초하여 우주론을 제기한 인물은 3문단의 케플러이다. 경험주의자였던 케플러는 브라헤의 천체 관측치를 활용하여 태양 주위를 공전하는 행성의 운동 법칙들을 수립하였다. 중국에서는 7문단의 왕석천과 매문정이 경험적 추론을 통해 우주의 원리를 파악하고자 하였다.

오답설명

① 1문단에서 서양에서의 천문학 개혁이 형이상학을 뒤바꾸는 변혁으로 이어졌다고 하였다. 또한 7문단에서 왕석천과 매문정이 '웅명우 등이~형이상학에 몰두했다고 비판'한 것으로 보아, 중국에서도 형이상학적 사고에 대한 재검토가 이루어졌음을 알 수 있다.

② 5~8문단에서 알 수 있듯이, 중국에서는 서양 천문학을 접한 뒤에 자국의 고대 문헌에 담긴 고대 우주론을 재해석하고 확인하고자 하였다.

③ 5문단에서, 서양 과학의 위상이 구체화된 것은 청 왕조가 서양 천문학 모델과 계산법을 수용한 시헌력을 공식 채택했기 때문이라고 하였다.

④ 8문단을 통해 중국 천문학을 중심으로 서양 천문학을 회통하려는 입장이 18세기 초에 중국의 공식 입장으로 채택되었으며, 이러한 경향이 19세기 중엽까지 주류를 이루었음을 알 수 있다.

03

정답설명

④ 3문단에서 브라헤가 아리스토텔레스 형이상학과의 상충을 피하고자 달, 태양, 항성들이 고정된 지구의 주위를 공전하며, 지구 외의 행성들은 태양 주위를 공전하는 우주 모형을 제시했다고 하였다.

오답설명

① 2문단에 따르면 아리스토텔레스가 지상계와 천상계를 이분법적으로 본 것은 맞으나, 그는 우주의 중심에 고정되어 움직이지 않는 지구의 주위를 행성들의 천구들과, 항성들이 붙어 있는 항성 천구가 회전한다는 지구 중심설을 주장하였다.

② 2문단에서 코페르니쿠스가 만든 우주 모형이 '프톨레마이오스보다 훨씬 적은 수의 원으로 행성들의 가시적인 운동을 설명'한다고 하였으므로, 프톨레마이오스의 우주론이 행성의 가시적인 운동을 설명하기 위해 많은 수의 원을 썼음을 추론할 수 있다. 그러나 '행성이 태양에서 멀수록 공전 주기가 길어진다는 점에서 단순성이 충족'되는 것은 코페르니쿠스의 태양 중심설이다.

③ 2문단에서, 지구와 행성들이 태양 주위를 공전한다는 코페르니쿠스의

우주론이 이전의 지구 중심설보다 단순한 설명이지만, 이는 아리스토텔레스의 형이상학을 무너뜨린다고 하였다. 따라서 코페르니쿠스의 우주론이 아리스토텔레스의 형이상학과 양립이 가능하다는 설명은 적절하지 않다.

⑤ 3문단에서, 케플러는 신플라톤주의에 매료되었기 때문에 코페르니쿠스의 천문학을 받아들였고, 경험주의자였기에 브라헤의 천체 관측치를 활용하여 태양 주위를 공전하는 행성의 운동 법칙들을 수립하였다고 하였다. 따라서 태양 주위를 공전하는 행성의 운동 법칙들을 관측치로부터 수립한 케플러의 우주론은, 신플라톤주의가 아니라 브라헤의 천체 관측치에서 경험주의적 근거를 찾은 것임을 알 수 있다.

04

정답설명

⑤ 6문단에 따르면 성리학적 기론에 입각하여 서양의 우주론을 재해석한 것은 17세기 웅명우와 방이지 등이며, 이들은 중국 고대 문헌에 수록된 우주론에 대해서는 부정적 태도를 견지하였다.

오답설명

① 5문단을 통해 서양 과학에 매료된 중국 학자들이 '서양 과학과 중국 전통 사이의 적절한 관계 맺음'을 시도하였음을 알 수 있다.

② 8문단에서 중국의 역대 지식 성과물을 망라한 총서인 『사고전서』는 중국 천문학을 중심으로 서양 천문학을 회통하려는 입장이 반영된 것이라고 하였다.

③ 6문단에서 방이지는 서양 과학을 재해석한 독창적 이론을 제시하였다고 하였다.

④ 7, 8문단에 따르면 매문정은 서양 과학의 영향을 받아 수학적 계산을 통해 우주의 원리를 파악하고자 했으며, 중국 고대 문헌에 담긴 우주론을 재해석하고자 했다.

05

정답설명

형태쌤의 과외시간

비문학의 〈보기〉 문제에는 2가지 유형이 있다.

하나는 **지문을 통해 〈보기〉를 바라보는 유형**으로, 지문의 정보와 〈보기〉의 정보를 1:1로 대응시키는 것이 우선이다. 비문학 〈보기〉 문제의 대부분을 차지한다.

또 하나는 **〈보기〉를 통해 지문을 바라보는 유형**으로, 보통 〈보기〉의 정보를 통해 지문의 정보를 반박하거나 비판하는 유형으로 제시가 된다. 문학과 비슷한 유형이라고 보면 된다.

② 이 문제는 첫 번째 유형으로 지문과의 1:1 대응이 핵심이다.

　결국 읽다 보면 같은 얘기의 반복인데, 군이 이렇게 어렵게 표현을 할 필요가 있을까 하는 생각이 드는 문제다. 물론 평가원답게 대단한 추론

을 요구하지 않으니, 하나씩 판단해 보자.

우선 지문인 [A]의 내용을 정리해 보자.

> 만유인력 : 두 질점(질량을 가진 점)이 서로 당기는 힘
> 만유인력의 크기 : 두 질점의 질량의 곱에 비례, 거리의 제곱에 반비례
> 전제1 : 천체가 천체 밖 질점을 당기는 만유인력 = 천체를 잘게 나눈 부피 요
> 　　소 각각이 천체 밖 질점을 당기는 만유인력의 합
> 　　　　(여기서 천체는 밀도가 균질 or 구 대칭)
> 전제2 : 지구보다 질량이 큰 태양과 지구가 서로 당기는 만유인력은 같음

⇨ '천체'를 '양파'로, '부피 요소'를 '양파 입자'로, '천체 밖 질점'을 'P'로 보자. 전제1은 결국 양파(천체)가 P(전체 밖 질점)를 당기는 만유인력은, 양파 입자(부피 요소) 각각이 P를 당기는 만유인력의 총합과 같다는 것이다. 만유인력은 질량을 가진 두 점이 서로 당기는 힘이니, '양파'와 '양파 입자'의 총 질량이 같다면, P를 당기는 만유인력도 같다는 얘기다. 전제2가 이해가 되지 않는다고 절망하지 말자. 전제는 출제자와 학생 간 약속으로, 해당 약속을 통해 사고를 간략하게 하자는 것이다.

이번엔 〈보기〉의 내용을 정리한 후에 둘을 1:1 대응시켜 보자.

> 구 : 무한히 작은 부피 요소들로 구성 / 여러 겹의 구 껍질로 구성
> 구 껍질 : 부피 요소들이 빈틈없이 배열된 한 겹
> 부피 요소 : 질량(부피 요소의 부피 × 밀도)을 갖는 질점

⇨ '구'는 '양파'로, '부피 요소'는 '양파 입자'로, '구 껍질'은 '양파 껍질'로 보자. 일단 양파(구)는 작은 양파 입자(부피 요소)로 구성되고, 양파가 여러 겹의 양파 껍질로 구성되듯이 '구'는 수많은 '구 껍질'로 구성된다고 한다. 그리고 '양파 입자(부피 요소)'는 질량을 갖는다고 한다.

> (1) 하나의 구 껍질을 구성하는 부피 요소들이 P(구 외부 질점)를 당
> 　기는 만유인력의 총합
> = 그 구 껍질과 동일한 질량을 갖는 질점이 구 껍질의 중심 O에서
> 　P를 당기는 만유인력

⇨ 양파(구) 중 한 겹의 양파 껍질(구 껍질)을 구성하는 양파 입자(부피 요소)들이 P를 당기는 만유인력의 총합은 한 겹의 양파 껍질(구 껍질)과 동일한 질량을 가진 질점이 양파 껍질(구 껍질)의 중심 O에서 P를 당기는 만유인력과 같다.
[A]의 전제1을 떠올려 보자. 양파(천체)가 P를 당기는 만유인력은, 양파 입자(부피 요소) 각각이 P를 당기는 만유인력의 총합과 같다고 하였다. 결국 질량이 같다면, 작용하는 만유인력도 같다는 것이다. 그리고 대칭인 구를 구성하는 양파 껍질(구 껍질)이니, P와 가까운 지점도 있고 먼 지점도 있을 것이다. 거리는 분명 만유인력에 영향을 주는 요소지만, '대칭'을 이룬다고 하였으니 이것이 상쇄되어 양파 껍질(구 껍질)의 중심에서 당기는 힘과 같다는 것이다. 〈보기〉 (1)의 설명은 [A]의 전제1에 약간의 개념만 추가해 놓은 것에 불과하다.

> (2) (1)에서의 구 껍질들이 모여 구를 구성할 때, P를 당기는 만유인
> 　력의 총합
> = 구와 동일한 질량을 갖는 질점이 구의 중심 O에서 P를 당기는 만유인
> 　력

⇨ 양파 껍질(구 껍질)들이 모여 양파(구)를 구성할 때, 양파 껍질들(구 껍질들)이 P를 당기는 만유인력의 총합은, 양파(구)와 동일한 질량을 갖는 질점이 양파(구)의 중심 O에서 P를 당기는 만유인력과 같다. 〈보기〉 (2)의 설명은 〈보기〉 (1)의 설명에서 말만 바꿔 놓은 것에 불과하다. 양파 껍질들이 모여서 양파를 구성하는데, 양파의 질량과 동일한 질점을 가져오면, 질량이 같으니 만유인력도 같다는 얘기다. 그리고 '대칭인 구'에는 질점과 가까운 지점도 있고 먼 지점도 있을 것이니, 이것이 서로 상쇄되어 구의 중심에서 당기는 힘과 같다는 얘기다.

> 밀도가 균질하거나 구 대칭인 구를 구성하는 부피 요소들이 P를 당기는
> 만유인력들의 총합
> = 그 구와 동일한 질량을 갖는 질점이 그 구의 중심 O에서 P를 당기는
> 만유인력

⇨ '밀도가 균질하거나 구 대칭인 구'는 새로운 정보가 아니라, [A]의 조건과 같은 것이다.
결국 종합하면 양파(구)를 구성하는 양파 입자(부피 요소)들이 P를 당기는 만유인력의 총합은, 양파(구)와 동일한 질량을 갖는 질점의 만유인력과 같다는 것이다. 질량이 같으면 만유인력이 같다는 얘기, 구와 구의 중심에서 당기는 만유인력이 같다는 얘기를 〈보기〉에서 3번 연속으로 하고 있는 것이다!

이제 ②로 가보자. [A]에서, 두 질점이 서로 당기는 힘인 만유인력의 크기는 두 질점의 질량의 곱에 비례한다고 하였다. 따라서 태양 중심에 있는, 질량이 m인 질점이 지구 전체를 당기는 만유인력의 크기는 'm×지구의 질량'에 비례할 것이다. 또한 지구 중심에 있는, 질량이 m인 질점이 태양 전체를 당기는 만유인력의 크기는 'm×태양의 질량'에 비례할 것이다. 그런데 [A]에서 태양의 질량이 지구보다 크다고 하였으므로, 'm×지구의 질량'과 'm×태양의 질량'의 크기가 같지 않을 것임을 알 수 있다.

여기까지 2019학년도 수능에서 온갖 욕을 먹었던 평가원 문제에 대한 해설이다. 이 문제 이후, 평가원은 과했던 비문학 지문 길이를 점차 줄이고, 비문학에서 난도를 낮추는 행보를 보였다. 다만, 길이가 줄어든다는 것은 그만큼 설명이 불친절하다는 것과 상통한다. 그리고 이런 우려는 2022학년도 수능에서 현실로 나타났다.

학생들이 자주 묻는 질문

Q. [A]의 전제2에서 '지구보다 질량이 큰 태양과 지구가 서로 당기는 만유인력은 같다'고 했잖아요. 그럼 태양의 중심에 있는 m이 지구를 당기는 힘과 지구의 중심에 있는 m이 태양을 당기는 힘이 같은 것 아닌가요?

A. 선지를 잘 봐라. 태양과 같은 질량의 m과 지구와 같은 질량의 m이 서로 당기는 힘이 아니다. 질량이 동일하게 m인 질점이 각각 지구와 태양을 당기고 있는 것이다. 하필 질점의 위치를 태양과 지구로 설정한 것은 일차적으로 낚시 의도가 있는 것이고, 이차적으로는 둘의 거리가 같으니 거리는 신경 쓰지 말라는 것이다.

좀 더 풀어 줄까? 〈보기〉에서 거리는 분명 만유인력에 영향을 주는 요소지만, '대칭인 구'에는 질점과 가까운 지점도 있고 먼 지점도 있을 것이니 이것이 상쇄되어 구의 중심에서 당기는 힘과 같다고 3번이나 얘기하였다. 따라서 '태양의 중심'과 '지구의 중심'이라는 동일한 거리를 전제로 판단을 하라는 것이다.

오답설명

① 구 껍질들의 밀도가 균질하고 두께가 같은 조건에서, 구 껍질의 반지름이 커진다는 것은 그만큼 부피 요소가 많아지고 질량이 늘어난다는 의미이다. 〈보기〉의 그림을 보면, 원의 중심 O와 멀리 있는 바깥쪽 구 껍질이 O와 가까이 있는 안쪽 구 껍질보다 반지름이 크다. 아까 구 껍질은 부피 요소들이 빈틈없이 한 겹으로 배열된 것이라 하였다. 따라서 밀도, 두께가 같다면 반지름이 큰 구 껍질에 더 많은 부피 요소가 있을 수밖에 없고, 질량이 클 수밖에 없다. 질량과 만유인력은 비례하므로 반지름이 큰 구 껍질일수록 태양을 당기는 만유인력이 커진다.

③ [A]에서 만유인력은 두 질점이 서로 당기는 힘이며 두 질점의 질량의 곱에 비례, 거리의 제곱에 반비례한다고 하였고, '지구-달', '두 질점'은 거리와 질량의 조건이 같으므로 작용하는 만유인력의 크기도 같다.

④ [A]와 〈보기〉를 종합하여 이해한 '부피 요소 만유인력 총합 = 구 만유인력'이라는 내용을 적용하면 태양을 구성하는 하나의 부피 요소-지구 사이의 만유인력은 태양을 구성하는 하나의 부피 요소-지구를 구성하는 모든 부피 요소 사이에 작용하는 만유인력의 총합과 같다.

⑤ [A]에서 만유인력은 두 질점이 서로 당기는 힘이며 두 질점의 질량의 곱에 비례, 거리의 제곱에 반비례한다고 하였고, '지구-구슬', '두 질점' 사이의 거리와 질량의 조건이 같으므로 작용하는 만유인력의 크기도 같다.

06

정답설명

② '고안(考案)'은 '연구하여 새로운 것을 생각해 냄. 또는 그것.'의 의미이므로 ⓑ(만들었다)와 바꿔 쓸 수 있다.

오답설명

① '진작(振作)'은 '떨쳐 일으킴. 또는 떨쳐 일어남.'의 의미로, '사기 진작을 위해 노력하다.' 등과 같이 쓰인다. ⓐ(일으킬)는 '어떤 일이 원인이 되어 다른 일이 일어나다.'의 의미인 '유발(誘發)'을 넣어 '유발할'로 바꿔 쓸 수 있다.

③ '소지(所持)'는 '물건을 지니고 있는 일. 또는 그런 물건.'의 의미이다.

'신의 형상'은 '물건'이 아니므로, ⓒ(지닌)와 '소지'는 바꿔 쓸 수 없다.

④ '설정(設定)하다'는 '새로 만들어 정해 두다.'의 의미이다. 불온한 요소를 새로 만들어 정한 것이 아니라, 중국의 지적 유산과 연결되지 않은 서양 과학을 불온한 요소라고 본 것이므로 ⓓ(여겼다)는 '상태, 모양, 성질 따위가 그와 같다고 보거나 그렇다고 여기다.'라는 의미인 '간주(看做)했다'로 바꿔 쓸 수 있다.

⑤ '시사(示唆)'는 '어떤 것을 미리 간접적으로 표현해 줌.'이라는 의미로 쓰인다. ⓔ(갖추어져)는 '빠짐없이 완전히 갖추다.'라는 의미인 '완비'를 넣어 '완비(完備)되어'로 바꿔 쓸 수 있다.

구조도 정답

① 지구 중심설
② 코페르니쿠스
③ 부정적 태도
④ 성리학적 기론
⑤ 경험적 추론
⑥ 중국

공생발생설

지문해설

① 우리는 한 대의 자동차는 개체라고 하지만 바닷물을 개체라고 하지는 않는다. 어떤 부분들이 모여 하나의 개체를 이룬다고 할 때 이를 개체라고 부를 수 있는 조건은 무엇일까? 일단 부분들 사이의 유사성은 개체성의 조건이 될 수 없다. 가령 일란성 쌍둥이인 두 사람은 DNA 염기 서열과 외모도 같지만 동일한 개체는 아니다. 그래서 부분들의 강한 유기적 상호작용이 그 조건으로 흔히 제시된다. 하나의 개체를 구성하는 부분들은 외부 존재가 개체에 영향을 주는 것과는 비교할 수 없이 강한 방식으로 서로 영향을 주고받는다.

▶ 늘 강조했듯이, 첫 문단을 읽을 때는 화제를 파악해서 필자의 관심사를 찾아야 한다. 필자는 일단 '개체'에 관심이 있는데, '개체성의 조건'에 대해 설명하고 있으니 조건에 밑줄 그어 두고, 이후에 개체라는 말이 나올 때 개념을 이어서 판단해야 한다.

▶ 개체성의 조건 : 부분들의 강한 유기적 상호작용

▶ 강하게 유기적 상호작용을 하면 동일한 개체를 구성하는 부분들로, 강하게 유기적 상호작용을 하지 않으면 각각을 개체로 볼 수 있겠지? 이 개념을 뒤에 나오는 미토콘드리아와 진핵세포의 관계에 적용시켜야 한다!

② 상이한 시기에 존재하는 두 대상을 동일한 개체로 판단하는 조건도 물을 수 있다. 그것은 두 대상 사이의 인과성이다. 과거의 '나'와 현재의 '나'를 동일하다고 볼 수 있는 것은 강한 인과성이 존재하기 때문이다. 과거의 '나'와 현재의 '나'는 세포 분열로 세포가 교체되는 과정을 통해 인과적으로 연결되어 있다. 또 '나'가 세포 분열을 통해 새로운 개체를 생성할 때도 '나'와 '나의 후손'은 인과적으로 연결되어 있다. 비록 '나'와 '나의 후손'은 동일한 개체는 아니지만 '나'와 다른 개체들 사이에 비해 더 강한 인과성으로 연결되어 있다.

▶ 상이한 시기에 존재하는 두 대상을 동일한 개체로 판단하기 위한 조건으로 인과성을 제시하고 있구나. 필자는 계속 '개체성'에 집중하고 있다. 유기적 상호작용, 인과성을 잊지 말고 계속 읽어 보자.

③ 개체성에 대한 이러한 철학적 질문은 생물학에서도 중요한 연구 주제가 된다.

▶ 개체성이라는 화제를 생물학에 적용하려나 보구나. 무관해 보이는 정보들이 폭발할 텐데, 위에서 언급한 개념들을 머리 한 켠에 두고 독해를 진행해 보자.

생명체를 구성하는 단위는 세포이다. 세포는 생명체의 고유한 유전 정보가 담긴 DNA를 가지며 이를 복제하여 증식하고 번식하는 과정을 통해 자신의 DNA를 후세에 전달한다. 세포는 사람과 같은 진핵생물의 진핵세포와, 박테리아나 고세균과 같은 원핵생물의 원핵세포로 구분된다. 진핵세포는 세포질에 막으로 둘러싸인 핵이 있고 그 안에 DNA가 있지만, 원핵세포는 핵이 없다. 또한 진핵세포의 세포질에는 막으로 둘러싸인 여러 종류의 세포 소기관이 있으며, 그중 미토콘드리아는 세포 활동에 필요한 생체 에너지를 생산하는 기관이다. 대부분의 진핵세포는 미토콘드리아를 필수적으로 가지고 있다.

▶ 세포의 종류와 구조를 설명하고 있다. 필자가 한 문단을 할애해 가며 설명한 개념이니, 한번 짚고 가야겠지. 세포를 진핵세포와 원핵세포로 분류하고, 둘의 차이점을 설명하고 있다. 공통점과 차이점은 반드시 체크해야 한다.

세포	
DNA 有, 복제 → 증식 · 번식	

진핵세포	원핵세포
진핵생물(사람 등)	원핵생물 (박테리아, 고세균 등)
세포질 ⊃ 막으로 둘러싸인 핵 ⊃ DNA	
세포질 ⊃ 막으로 둘러싸인 세포 소기관 (ex. 미토콘드리아)	핵 X

▶ 위의 표는 너희들의 이해를 돕기 위한 것일 뿐, 시험장에서 표를 그릴 필요는 없다는 건 알고 있지? 밑줄 등으로 체크해 두면 된다. 일단 머릿속에는 세포를 진핵세포와 원핵세포로 나눴다는 것을 강하게 인지하고 넘어가자.

④ 이러한 미토콘드리아가 원래 박테리아의 한 종류인 원생미토콘드리아였다는 이론이 20세기 초에 제기되었다. 공생발생설 또는 세포 내 공생설이라고 불리는 이 이론에서는 두 원핵생물 간의 공생 관계가 지속되면서 진핵세포를 가진 진핵생물이 탄생했다고 설명한다. 공생은 서로 다른 생명체가 함께 살아가는 것을 말하며, 서로 다른 생명체를 가정하는 것은 어느 생명체의 세포 안에서 다른 생명체가 공생하는 '내부 공생'에서도 마찬가지이다. 공생발생설은 한동안 생물학계로부터 인정받지 못했다. 미토콘드리아의 기능과 대략적인 구조, 그리고 생명체 간 내부 공생의 사례는 이미 알려졌지만 미토콘드리아가 과거에 독립된 생명체였다는 것을 쉽게 믿을 수 없었기 때문이었다. 그리고 한 생명체가 세대를 이어 가는 과정 중에 돌연변이와 자연선택이 일어나고, 이로 인해 종이 진화하고 분화한다고 보는 전통적인 유전학에서 두 원핵생물의 결합은 주목받지 못했다. 그러다가 전자 현미경의 등장으로 미토콘드리아의 내부까지 세밀히 관찰하게 되고, 미토콘드리아 안에는 세포핵의 DNA와는 다른 DNA가 있으며 단백질을 합성하는 자신만의 리보솜을 가지고 있다는 사실이 밝혀지면서 공생발생설이 새롭게 부각되었다.

▶ [공생발생설 : 두 원핵생물 간의 공생 관계 → 진핵생물 탄생]을 설명하고 있다. 견해의 근거는 반드시 출제되는 사항이다. 공생발생설이 인정받지 못했던 이유와, 새롭게 부각된 근거를 각각 체크해 두자.

공생발생설 인정 X
① 미토콘드리아가 과거에 독립된 생명체였음을 믿기 힘듦. ② 전통적인 유전학 → 두 원핵생물의 결합 주목 X

↓

공생발생설 부각
미토콘드리아에 고유의 DNA, 리보솜 O

▶ 미토콘드리아가 고유의 DNA와 리보솜을 갖고 있다는 것은, 미토콘드리아가 과거에 독립된 생명체였다는 근거가 된다. "왜요?"라고 묻는 학생들은 견해의 근거를 제대로 체크하며 읽지 못한 것이다. 공생발생설이 인정받지 못한 근거 중 하나는 '미토콘드리아가 독립된 생명체가 아니라는 것'이다. 그런데 미토콘드리아가 고유의 DNA와 리보솜을 갖고 있다는 것이 밝혀지면서 공생발생설이 부각되었다는 얘기는 다시 말해 미토콘드리아가 독립된 생명체일 수 있다는 말이고. 따라서 미토콘드리아가 고유의 DNA와 리보솜을 갖고 있다는 말은 미토콘드리아가 독립된 생명체였다는 것에 대한 근거가 되는 거지.

⑤ 공생발생설에 따르면 진핵생물은 원생미토콘드리아가 고세균의 세

포 안에서 내부 공생을 하다가 탄생했다고 본다. 고세균의 핵의 형성과 내부 공생의 시작 중 어느 것이 먼저인지에 대해서는 논란이 있지만, 고세균은 세포질에 핵이 생겨 진핵세포가 되고 원생미토콘드리아는 세포 소기관인 미토콘드리아가 되어 진핵생물이 탄생했다는 것이다. 미토콘드리아가 원래 박테리아의 한 종류였다는 근거는 여러 가지가 있다. 박테리아와 마찬가지로 새로운 미토콘드리아는 이미 존재하는 미토콘드리아의 '이분분열'을 통해서만 만들어진다. 미토콘드리아의 막에는 진핵세포막의 수송 단백질과는 다른 종류의 수송 단백질인 포린이 존재하고 박테리아의 세포막에 있는 카디오리핀이 존재한다. 또 미토콘드리아의 리보솜은 진핵세포의 리보솜보다 박테리아의 리보솜과 더 유사하다.

▶ 4문단에 이어, 미토콘드리아가 원래 박테리아의 한 종류로서 독립된 생명체(원핵생물인 원생미토콘드리아)였다는 것을 근거를 들어 자세히 설명하고 있다. 핵심 내용임이 분명하나 머릿속에 넣기엔 과한 정보이니, 문제를 풀 때 돌아올 수 있도록 근거에 밑줄을 긋고 가야겠지?

근거 ① 박테리아처럼 이분분열 ② 진핵세포막과 다른 수송 단백질 포린 존재 ③ 박테리아의 세포막에 있는 카디오리핀 존재 ④ 박테리아의 리보솜과 유사

▶ 2문단에서, 상이한 시기의 두 대상이 동일한 개체로 인정받기 위해서는 인과성이 중요하다고 했다. 위의 근거 ①~④가, 그 인과성을 충족시키는 것이지.

⑥ 미토콘드리아는 여전히 고유한 DNA를 가진 채 복제와 증식이 이루어지는데도, 미토콘드리아와 진핵세포 사이의 관계를 공생 관계로 보지 않는 이유는 무엇일까?

▶ 미토콘드리아가 독립된 개체라는 근거가 여러 가지 있으므로, 미토콘드리아와 진핵세포는 각각의 개체로서 공생 관계에 있다고 보는 것이 합리적이다. 그런데 왜 미토콘드리아를 세포가 아닌 세포 소기관으로 보는 것일까? 앞선 설명과 배치되는 내용이니, 유심히 읽자.

두 생명체가 서로 떨어져서 살 수 없더라도 각자의 개체성을 잃을 정도로 유기적 상호작용이 강하지 않다면 그 둘은 공생 관계에 있다고 보는데, 미토콘드리아와 진핵세포 간의 유기적 상호작용은 둘을 다른 개체로 볼 수 없을 만큼 매우 강하기 때문이다. 미토콘드리아가 개체성을 잃고 세포 소기관이 되었다고 보는 근거는, 진핵세포가 미토콘드리아의 증식을 조절하고, 자신을 복제하여 증식할 때 미토콘드리아도 함께 복제하여 증식시킨다는 것이다. 또한 미토콘드리아의 유전자의 많은 부분이 세포핵의 DNA로 옮겨 가 미토콘드리아의 DNA 길이가 현저히 짧아졌다는 것이다. 미토콘드리아에서 일어나는 대사 과정에 필요한 단백질은 세포핵의 DNA로부터 합성되고, 미토콘드리아의 DNA에 남은 유전자 대부분은 생체 에너지를 생산하는 역할을 한다. 예컨대 사람의 미토콘드리아는 37개의 유전자만 있을 정도로 DNA 길이가 짧다.

▶ ① 미토콘드리아와 진핵세포 간의 유기적 상호작용이 매우 강함. ② 진핵세포가 미토콘드리아 증식 조절 ③ 미토콘드리아 DNA 길이↓ ④ 미토콘드리아 대사 과정에 필요한 단백질이 진핵세포핵의 DNA로부터 합성 ⇨ 미토콘드리아-진핵세포는 공생 관계 X

▶ 두 생명체를 공생 관계로 보려면, 개체성을 잃을 정도로 유기적 상호작용이 강하지 않아야 한다. 미토콘드리아는 DNA가 있지만, 스스로 증식·번식하는 것이 아니라 진핵세포에 의해 증식이 조절돼. 게다가 DNA 길이가 많이 줄어들었어. 유전자의 많은 부분이 진핵세포 핵의 DNA로 옮겨 가고, 남은 유전자 대부분이 생체 에너지 생산에 쓰이기 때문에 [세포 = 고유의 DNA를 가지고 증식·번식]을 충족하지 못하는 것이지. 즉 미토콘드리아는 과거와 달리 현재는 세포가 아니니(=개체성X) 진핵세포와의 공생 관계로 보지 않고 세포 소기

관의 하나로 보는 거야.

▶ 1, 2문단에 제시된 개체성이라는 화제와 3~6문단의 생물학을 연관 짓지 못했다면, 지문 전체 흐름을 잡기 어려웠을 것이다. 필자의 관심사를 끝까지 놓치면 안 된다는 점, 반드시 기억하자.

지문분석

공생발생설

개체의 조건

부분들의 강한 (①)
두 대상 사이의 인과성 (상이한 시기에 존재하는 두 대상)

세포와 미토콘드리아

세포

DNA(고유한 유전 정보O)를 복제·증식·번식 → 후세에 DNA 전달
진핵세포(핵, DNA, 세포 소기관 O) ↔ 원핵세포(핵 X)

미토콘드리아

(②) 내 필수적인 세포 소기관 中 하나

공생발생설

진핵생물 : 두 원핵생물 간의 공생 지속으로 발생

고세균 → 진핵세포
원생미토콘드리아 → 미토콘드리아 ⎬ 진핵생물 탄생

근거
① 미토콘드리아 고유의 DNA, 리보솜 존재
② 미토콘드리아의 (③) (= 박테리아)
③ 미토콘드리아에 포린 존재 (≠ 진핵세포)
④ 미토콘드리아에 카디오리핀 존재 (≒ 박테리아)

현재 : 미토콘드리아-진핵세포 공생 관계 X

이유
① 미토콘드리아-진핵세포의 유기적 상호작용이 매우 강함.
② 진핵세포가 미토콘드리아 증식 조절
③ 미토콘드리아 DNA 길이 (④)
④ 진핵세포 DNA로부터 합성된 단백질로 대사 작용

형태쌤 Comment

정보의 양이 매우 많은 지문이다. 이렇게 정보가 나열되는 지문은 정보를 모두 기억하려 하지 말고, 지문을 구조 중심으로 끊어서 읽은 후, 문제 풀 때 지문과 선지를 비교하며 차분하게 접근하면 된다. 미토콘드리아와 세포에 대한 설명에 휘말려 개체성이라는 화제를 놓치면 안 된다.

문제분석 01-06번

번호	정답	정답률 (%)	선지별 선택비율(%)				
			①	②	③	④	⑤
1	③	76	6	8	76	6	4
2	④	44	4	9	14	44	29
3	⑤	61	5	8	18	8	61
4	②	52	13	52	12	15	8
5	①	12	12	18	19	17	34
6	④	86	3	3	6	86	2

01

정답설명

③ 1, 2문단에서 개체성의 조건을 제시한 후, 3~6문단에서 세포 소기관인 미토콘드리아의 개체성에 대해 공생발생설을 중심으로 설명하고 있다.

오답설명

① 1문단에서 개체성과 관련된 예를 제시하고 있으나, 공생발생설에 대한 다양한 견해를 비교하지는 않았다.

② 개체의 정의를 제시하지 않았으며, 세포의 생물학적 개념이 확립되는 과정도 제시하지 않았다.

④ 개체의 유형을 분류하지 않았으며, 세포 소기관이 분화되는 과정도 설명하지 않았다.

⑤ 개체와 관련된 개념들을 설명하고 있으나, 세포가 하나의 개체로 변화하는 과정을 서술하지는 않았다.

02

정답설명

④ 지문의 핵심 화제를 물어본 문제다. 미토콘드리아가 개체성이 없다는 근거를 제대로 체크해야 깔끔하게 정답을 고를 수 있다. 견해에 대한 근거는 반드시 선지화된다는 것을 명심하자!
단백질은 '미토콘드리아 → 세포질'이 아니라, '세포질 → 미토콘드리아' 방향으로 이동한다. 6문단에서, 미토콘드리아의 대사 과정에 필요한 단백질은 세포핵의 DNA로부터 합성된다고 하였다. 3문단에 따르면 진핵세포의 DNA는 세포질에 막으로 둘러싸인 핵 내부에 있고 미토콘드리아는 세포질에 있으므로, 핵의 막을 통과하여 세포질을 지나 미토콘드리아로 이동한다고 보아야 한다.

오답설명

① 1문단을 통해 유사성은 개체성의 조건이 될 수 없다는 것을 알 수 있다.

② 1문단에서 자동차와 달리 바닷물은 개체로 볼 수 없다고 하면서, 개체의 조건이 부분들의 강한 유기적 상호작용임을 제시하였다. 따라서 바닷물은 바닷물을 이루는 부분들 사이의 유기적 상호작용이 약하기 때문에 개체로 보기 어렵다는 것을 알 수 있다.

③ 5문단에 따르면 새로운 미토콘드리아는 이미 존재하는 미토콘드리아의 '이분분열'을 통해서만 만들어진다. 따라서 새로운 미토콘드리아의 복

제를 위해서는 세포 안에 이미 존재하는 미토콘드리아가 반드시 있어야 한다는 것을 알 수 있다.

⑤ 5문단에서, '고세균 → 진핵세포', '원생미토콘드리아 → 미토콘드리아'가 된 것이라고 하였다. 또한 2문단에서 세포 분열을 통해 새로운 개체를 생성할 경우, 두 개체는 인과적으로 연결된 것이라고 하였다. 따라서 고세균이 원생미토콘드리아보다 진핵세포와 더 강한 인과성으로 연결되어 있다고 할 수 있다.

03

정답설명

⑤ 4문단에서 공생발생설이 인정받지 못했던 이유는 '미토콘드리아가 과거에 독립된 생명체였다는 것을 쉽게 믿을 수 없었기 때문'이며, 미토콘드리아 내부에 세포핵의 DNA와는 다른 고유의 DNA가 있다는 사실이 밝혀지면서 공생발생설이 새롭게 부각되었다고 하였다. 따라서 ⊙의 이유는 미토콘드리아가 자신의 고유한 유전 정보를 전달할 수 있다는 것을 알지 못했기 때문임을 알 수 있다.

오답설명

① 4문단에서, 공생발생설이 제시되었을 당시에 미토콘드리아의 기능과 대략적인 구조에 대해 알고 있었다고 하였다. 미토콘드리아는 세포 소기관 중 하나이므로, 진핵세포가 세포 소기관을 가지고 있다는 점도 알고 있었을 것이다.

② 공생발생설은 당시의 유전학 이론에 어긋나기 때문에 인정받지 못했다. 4문단에서, '한 생명체'가 돌연변이, 자연선택을 통해 '종이 진화·분화'된다고 보는 전통 유전학에서 '서로 다른 생명체'의 '결합'에 대한 공생발생설이 주목받지 못했음을 설명하였다. 즉, 공생발생설은 전통 유전학으로 설명할 수 없는 이론인 것이다.

③ 4문단에서, 공생발생설이 제시되었을 당시에 생명체 간 내부 공생의 사례가 이미 알려져 있었다고 하였다.

④ 4문단에서, 공생발생설이 제시되었을 당시에 미토콘드리아의 기능과 대략적인 구조에 대해 알고 있었다고 하였다. 따라서 미토콘드리아가 진핵세포의 활동에 중요한 기능을 한다는 점을 알지 못했다고 볼 수 없다.

04

정답설명

② 각 선지를 정리해 보자.

ㄱ. 4문단을 보면, 미토콘드리아 내부에 고유의 DNA가 있다는 사실이 밝혀지면서 공생발생설이 받아들여지기 시작했음을 알 수 있다. 또한 5문단에서 미토콘드리아가 원생미토콘드리아였다는 근거로, 박테리아와 마찬가지로 이분분열을 한다는 점이 제시되었다. 따라서 이러한 특징을 갖는 해당 세포 소기관도 박테리아로부터 비롯되었다고 볼 수 있다.

ㄹ. 3문단을 통해 미토콘드리아가 막으로 둘러싸여 있다는 것을 알 수 있다. 또한 5문단에서 미토콘드리아의 막에 박테리아의 세포막에 있는 카디오리핀이 존재한다는 것을 미토콘드리아가 박테리아의 한 종류였다는 근거로 삼고 있으므로, 해당 세포 소기관이 박테리아로부터 비롯되

었다고 판단할 수 있다.

오답설명

ㄴ. 5문단에서 미토콘드리아의 리보솜이 진핵세포의 리보솜보다 박테리아의 리보솜과 더 유사하다는 것이 미토콘드리아가 박테리아로부터 비롯되었다는 근거가 된다고 하였다. 따라서 해당 세포 소기관이 진핵세포의 리보솜을 가지고 있다는 점은 세포 소기관이 박테리아로부터 비롯되었다고 판단할 근거가 되지는 않는다.

ㄷ. 5문단에 따르면 진핵세포막에도 수송 단백질이 존재하므로 막에 수송 단백질이 있다는 것만으로 해당 세포 소기관이 박테리아로부터 비롯되었다고 판단할 수 없다. 미토콘드리아의 막에 진핵세포막의 수송 단백질과는 다른 종류의 수송 단백질 포린이 있다는 점을 근거로 미토콘드리아가 박테리아에서 비롯되었다고 하였으므로, 막에 존재하는 수송 단백질이 포린이라는 점이 확인되어야 한다.

05

정답설명

형태쌤의 과외시간

비문학의 〈보기〉 문제에는 2가지 유형이 있다.

하나는 **지문을 통해 〈보기〉를 바라보는 유형**으로, 지문의 정보와 〈보기〉의 정보를 1:1로 대응시키는 것이 우선이다. 비문학〈보기〉 문제의 대부분을 차지한다.

또 하나는 **〈보기〉를 통해 지문을 바라보는 유형**으로, 보통 〈보기〉의 정보를 통해 지문의 정보를 반박하거나 비판하는 유형으로 제시가 된다. 문학과 비슷한 유형이라고 보면 된다.

① 이 문제는 첫 번째 유형으로 지문에 있는 정보와 〈보기〉의 사례를 대응시키면 된다. 다만 이때 주의할 점은 '지문 → 〈보기〉'의 방향을 명심해야 한다는 것이다. 〈보기〉의 특정 단어나 문장에 현혹되어 낚이지 말고, 철저하게 지문 중심으로 〈보기〉를 봐야 한다. 그래야 〈보기〉의 마지막 부분 '박테리아와 함께 아메바도 죽었다.'라는 문장에서 흔들리지 않는다.
미토콘드리아가 진핵세포의 세포 소기관이 되었다고 볼 수 있는 근거는 6문단에 제시되어 있다. 진핵세포가 미토콘드리아의 증식을 조절하고, 자신을 복제하여 증식할 때 미토콘드리아도 함께 복제하여 증식시킨다는 것, 미토콘드리아 유전자의 많은 부분이 세포핵의 DNA로 옮겨가 미토콘드리아 DNA의 길이가 짧아졌다는 것 등이 그 근거이다. 〈보기〉에서 병원성을 잃은 박테리아는 스스로 복제하여 증식한다고 하였으므로, 아메바의 세포 소기관이 되었다고 볼 수 없다.

오답설명

② 1문단에서, 개체성의 조건으로 부분들의 강한 유기적 상호작용이 제시되었다. 복어의 체내에 서식하는 미생물과 복어의 유기적 상호작용이 강해진다면, 하나의 개체가 되어 각각의 개체성을 잃을 수 있다.

③ 6문단에 따르면 미토콘드리아는 진핵세포의 세포 소기관이므로 진핵세포가 증식할 때 함께 증식된다. 그러나 〈보기〉에서 복어는 독소를 생산하는 미생물 없이 생존할 수 있으므로, 미생물과 복어는 개체성을 잃을 정도로 유기적 상호작용이 강하지 않은 관계인 공생 관계이다. 즉, 미생물은 복어의 세포 소기관이 아니므로, 복어의 세포가 증식할 때 미생물의 DNA도 함께 증식하지는 않는다.

④ 6문단에 따라 박테리아가 개체성을 잃었다면, 미토콘드리아와 마찬가지로 DNA 길이는 짧아질 것이다.

⑤ "아메바도 같이 죽었잖아요!" 하고 울컥 반응하면 안 된다. 마지막 문단을 슬쩍 보고 오자. 두 생명체가 서로 떨어져서 살 수 없더라도 공생 관계가 된다고 분명하게 나와 있다. '복어'는 죽지 않고, '아메바'가 죽은 것은 공생 관계의 긴밀성에서 나타난 현상이지, 공생 관계 OX 여부에서 나타난 것이 아니다.
〈보기〉의 박테리아와 미생물은 미토콘드리아가 진핵세포의 세포 소기관이 되었다고 볼 수 있는 근거에 해당하지 않으므로, 개체성을 잃었다고 볼 수 없다. 6문단에서 두 생명체가 각자의 개체성을 잃을 정도로 유기적 상호작용이 강하지 않다면 그 둘은 공생 관계라고 하였다. 따라서 박테리아-아메바, 미생물-복어는 모두 공생 관계이다.

06

정답설명

④ ⓓ의 '밝혀지다'는 '드러나지 않거나 알려지지 않은 사실, 내용, 생각 따위가 드러나 알려지다.'의 의미로 쓰였다. 그러나 '조명되다'는 '어떤 대상이 일정한 관점으로 바라보이다.'의 의미이므로, ⓓ와 바꿔 쓰기에 적절하지 않다.

오답설명

① ⓐ의 '이루다'는 '몇 가지 부분이나 요소들을 모아 일정한 성질이나 모양을 가진 존재가 되게 하다.'의 의미로 쓰였으므로, '몇 가지 부분이나 요소들을 모아서 일정한 전체를 짜 이루다.'의 의미를 가진 '구성하다'와 바꿔 쓸 수 있다.

② ⓑ의 '있다'는 '사람, 동물, 물체 따위가 실제로 존재하는 상태이다.'의 의미로 쓰였으므로, '현실에 실재하다.'의 의미인 '존재하다'와 바꿔 쓸 수 있다.

③ ⓒ의 '가지다'는 '손이나 몸 따위에 있게 하다.'의 의미로 쓰였으므로, '가지고 있거나 간직하고 있다.'의 의미인 '보유하다'와 바꿔 쓸 수 있다.

⑤ ⓔ의 '만들어지다'는 '새로운 대상을 만들다.'의 의미로 쓰였으므로, '생겨나다.'의 의미인 '생성되다'와 바꿔 쓸 수 있다.

구조도 정답

① 유기적 상호작용
② 진핵세포
③ 이분분열
④ 짧아짐(↓)

장기 이식

지문해설

① 신체의 세포, 조직, 장기가 손상되어 더 이상 제 기능을 하지 못할 때에 이를 대체하기 위해 이식을 실시한다. 이때 이식으로 옮겨 붙이는 세포, 조직, 장기를 이식편이라 한다. 자신이나 일란성 쌍둥이의 이식편을 이용할 수 없다면 다른 사람의 이식편으로 '동종 이식'을 실시한다. 그런데 우리의 몸은 자신의 것이 아닌 물질이 체내로 유입될 경우 면역 반응을 일으키므로, 유전적으로 동일하지 않은 이식편에 대해 항상 거부 반응을 일으킨다. 면역적 거부 반응은 면역 세포가 표면에 발현하는 주조직적합 복합체(MHC) 분자의 차이에 의해 유발된다. 개체마다 MHC에 차이가 있는데 서로 간의 유전적 거리가 멀수록 MHC에 차이가 커져 거부 반응이 강해진다. 이를 막기 위해 면역 억제제를 사용하는데, 이는 면역 반응을 억제하여 질병 감염의 위험성을 높인다.

▶ 1문단을 읽을 때는 필자의 관심사에 중점을 두고 읽어야 한다고 매번 강조했지? 이식편, 동종 이식, 면역 거부 반응에 대해 설명하는 것으로 보아, 필자는 장기 이식에 대해 관심을 가지고 있구나.

▶ 이해를 돕기 위해 간단히 정리하면 아래와 같다.
유전적으로 동일 X 이식편 → 면역 세포가 발현한 MHC 분자 차이 O → 면역적 거부 반응 유발 → 면역 억제제 사용 → 질병 감염 위험↑
[유전적 거리↑ MHC 분자 차이↑ 거부 반응↑]이라는 비례적 관계 체크했겠지? 독서 지문에서 비례, 증감 관계는 중요한 출제 포인트!

② 이식에는 많은 비용이 소요될 뿐만 아니라 이식이 가능한 동종 이식편의 수가 매우 부족하기 때문에 이를 대체하는 방법이 개발되고 있다. 우선 인공 심장과 같은 '전자 기기 인공 장기'를 이용하는 방법이 있다. 하지만 이는 장기의 기능을 일시적으로 대체하는 데 사용되며, 추가 전력 공급 및 정기적 부품 교체 등이 요구되는 단점이 있고, 아직 인간의 장기를 완전히 대체할 만큼 정교한 단계에 이르지는 못했다.

▶ 동종 이식의 문제점 : 비용↑, 이식편 부족
대체 방법 ① 전자 기기 인공 장기
  ↳ 한계 : 추가 전력 공급·정기적 부품 교체 요구, 정교함 X

▶ 문제-해결의 구조로구나. 문제와 해결은 쌤이 늘 강조했던 출제 포인트이니 구조를 놓치지 말고 가져가야 한다.

③ 다음으로는 사람의 조직 및 장기와 유사한 다른 동물의 이식편을 인간에게 이식하는 '이종 이식'이 있다. 그런데 이종 이식은 동종 이식보다 거부 반응이 훨씬 심하게 일어난다. 특히 사람이 가진 자연항체는 다른 종의 세포에서 발현되는 항원에 반응하는데, 이로 인해 이종 이식편에 대해서 초급성 거부 반응 및 급성 혈관성 거부 반응이 일어난다. 이런 거부 반응을 일으키는 유전자를 제거한 형질 전환 미니돼지에서 얻은 이식편을 이식하는 실험이 성공한 바 있다. 미니돼지는 장기의 크기가 사람의 것과 유사하고 번식력이 높아 단시간에 많은 개체를 생산할 수 있다는 장점이 있어, 이를 이용한 이종 이식편을 개발하기 위한 연구가 진행되고 있다.

▶ 대체 방법 ② 이종 이식
  ↳ 한계 : 극심한 거부 반응
  ↳ 장점(미니돼지 실험) : 장기의 크기 유사함, 개체 생산↑

④ 이종 이식의 또 다른 문제는 내인성 레트로바이러스이다. 내인성 레트로바이러스는 생명체의 DNA의 일부분으로, 레트로바이러스로부터 유래된 것으로 여겨지는 부위들이다. 이는 바이러스의 활성을 가지지 않으며 사람을 포함한 모든 포유류에 존재한다. 레트로바이러스는 자신의 유전 정보를 RNA에 담고 있고 역전사 효소를 갖고 있는 바이러스로서, 특정한 종류의 세포를 감염시킨다. 유전 정보가 담긴 DNA로부터 RNA가 생성되는 전사 과정만 일어날 수 있는 다른 생명체와는 달리, 레트로바이러스는 다른 생명체의 세포에 들어간 후 역전사 과정을 통해 자신의 RNA를 DNA로 바꾸고 그 세포의 DNA에 끼어 들어 감염시킨다. 이후에는 다른 바이러스와 마찬가지로 자신이 속해 있는 생명체를 숙주로 삼아 숙주 세포의 시스템을 이용하여 복제, 증식하고 일정한 조건이 되면 숙주 세포를 파괴한다.

▶ 이종 이식의 또 다른 문제로 '내인성 레트로바이러스'가 제시되었다.

▶ 레트로바이러스 : RNA(유전 정보 포함), 역전사 효소 O → 역전사 과정 → 숙주 세포 DNA 감염 → 숙주 세포 시스템 이용해 복제, 증식 → 숙주 세포 파괴

▶ 내인성 레트로바이러스 : 생명체 DNA의 일부(모든 포유류 O), 레트로바이러스에서 유래, but 바이러스 활성 X

⑤ 그런데 정자, 난자와 같은 생식 세포가 레트로바이러스에 감염되고도 살아남는 경우가 있었다. 이런 세포로부터 유래된 자손의 모든 세포가 갖게 된 것이 내인성 레트로바이러스이다. 내인성 레트로바이러스는 세대가 지나면서 돌연변이로 인해 염기 서열의 변화가 일어나며 해당 세포 안에서는 바이러스로 활동하지 않는다. 그러나 내인성 레트로바이러스를 떼어 내어 다른 종의 세포 속에 주입하면 이는 레트로바이러스로 변환되어 그 세포를 감염시키기도 한다. 따라서 미니돼지의 DNA에 포함된 내인성 레트로바이러스를 효과적으로 제거하는 기술이 개발 중에 있다.

▶ 다른 종 세포 내에 내인성 레트로바이러스 주입 → 레트로바이러스로 변환 → 세포 감염
∴ 미니돼지 DNA 내 내인성 레트로바이러스 제거 기술 개발 중

▶ 갑자기 웬 미니돼지? 했다면 지문의 구조를 놓친 것이다. 레트로바이러스는 동종 이식의 대체 방법인 '이종 이식'의 문제점으로 제시된 정보다. 정보의 흐름을 놓쳐서는 안 된다.

▶ 문제-해결 구조만큼이나 중요한 출제 포인트인 차이점도 짚고 가야겠지? 4, 5문단에 제시되었던 레트로바이러스와 내인성 레트로바이러스의 차이점을 정리해 보자. 물론 시험장에서는 간단한 메모, 밑줄이면 충분하다!

레트로바이러스		내인성 레트로바이러스
RNA 보유	⇔	생명체 DNA 일부분
감염된 숙주 내에 존재		모든 포유류 내에 존재
바이러스 활성 O → 숙주 파괴		바이러스 활성 X

⑥ 그동안의 대체 기술과 관련된 연구 성과를 토대로 이상적인 이식편을 개발하기 위해 많은 연구가 수행되고 있다.

▶ 문제점과 해결책, 차이점 위주로 구조적 독해를 진행했다면 선지의 정·오답 판단이 그리 힘들지는 않았을 것이다. 제재에 겁먹지 말고, 지문의 구조를 중심으로 읽어야 한다는 것을 잊지 말자.

지문분석

장기 이식

동종 이식

→ **자신, 일란성 쌍둥이의 이식편 사용 불가능한 경우 시행**

↳ (①)이 항상 발생

면역 세포가 발현하는 MHC 분자의 차이에 의해 유발

유전적 거리↑ → (②) → 거부 반응↑

면역 억제제 투여 → 면역 반응↓, 질병 감염 위험↑

→ **이식 비용↑, 동종 이식편의 부족**

↳ **대체 방법 (1) 전자 기기 인공 장기**

장기 기능을 일시적으로만 대체

추가 전력 공급, 정기적 부품 교체 요구

정교한 단계 X

↳ **대체 방법 (2) (③)**

동종 이식보다 거부 반응↑

미니돼지 : 장기 크기가 인간과 유사, 단시간 많은 개체 생산 O

레트로바이러스 감염 위험

↳ (④)

모든 포유류 체내에 존재, 바이러스 활성 x

다른 종 세포에 주입되면 레트로바이러스로 변환

↳ 레트로바이러스

(⑤)효소 O → 숙주 세포 DNA 침입 후 파괴

→ **이상적인 이식편 개발 연구 진행중**

형태쌤 Comment

　과학 지문이니만큼 용어가 낯설고 지문이 잘 안 읽히지만, 동종 이식의 문제점과 대체 방법(인공 장기, 이종 이식), 레트로바이러스와 내인성 레트로바이러스의 차이점 등을 파악했다면 정답 선지 찾는 데에는 무리가 없었을 것이다. 거듭 강조한다. 비례와 증감, 공통점과 차이점은 자주 나오는 출제 포인트다!

문제분석　01-04번

번호	정답	정답률 (%)	선지별 선택비율(%)				
			①	②	③	④	⑤
1	⑤	58	2	3	15	22	58
2	①	53	53	10	10	20	7
3	③	72	4	7	72	12	5
4	①	38	38	9	9	36	8

01

정답설명

⑤ 레트로바이러스는 숙주 세포의 역전사 효소를 이용하지 않는다. 4문단에서 설명하였듯이, 레트로바이러스는 역전사 효소를 갖고 있는 바이러스로 다른 생명체의 세포에 들어간 후 역전사 과정을 통해 자신의 RNA를 DNA로 바꾼다고 하였다.

오답설명

① 1문단을 통해 MHC 분자는 서로 간의 유전적 거리가 멀수록 차이가 커진다는 것을 알 수 있다. 따라서 동종 간보다 이종 간의 MHC 분자의 차이가 더 크다.

② 장기를 이식할 경우, 면역 세포가 표면에 발현하는 MHC 분자의 차이에 의해 면역적 거부 반응이 일어난다는 설명이 1문단에 제시되어 있다.

③ 4, 5문단에서 이종 이식의 문제점으로 내인성 레트로바이러스가 제시되었다. 내인성 레트로바이러스는 모든 포유류에 존재하며, 평소에는 활성되지 않다가 다른 종의 세포 속에 주입되면 레트로바이러스로 변환되어 감염을 유발한다.

④ 4문단에서 내인성 레트로바이러스가 모든 포유류에 존재한다고 하였다. 또한 5문단에서 내인성 레트로바이러스는 레트로바이러스에 감염되고도 살아남은 생식 세포로부터 유래된 자손의 모든 세포가 갖게 된 것이라고 하였다. 이를 종합하면 과거에 포유동물의 어느 조상이 레트로바이러스에 감염된 적이 있다는 것을 알 수 있다.

02

정답설명

① '정기 교체'는 '전자 기기 인공 장기'의 단점에 해당하므로(2문단), 이상적인 이식편의 조건이라고 볼 수 없다.

오답설명

② 3문단에, 이종 이식에 이용되는 미니돼지의 장점으로 장기의 크기가 사람의 것과 유사하다는 점이 제시되어 있다. 따라서 이상적인 이식편은 대체하려는 장기와 크기가 유사해야 한다.

③ 유전적 거리는 면역적 거부 반응의 원인(1문단)이므로, 이상적인 이식편은 수혜자와의 유전적 거리를 극복한 것이어야 한다.

④ 2문단에서 동종 이식편의 수가 매우 부족하다는 문제점이 제시되었다. 또한 3문단에서 단시간에 많은 개체를 생산할 수 있다는 장점을 들어 미니돼지를 이용한 이종 이식편을 개발하기 위한 연구를 진행하고 있다고 하였으므로, 이상적인 이식편은 짧은 시간에 대량으로 생산이 가능해야 함을 알 수 있다.

⑤ 1문단에 따르면 이식 후의 면역적 거부 반응을 막기 위해 면역 억제제를 투여하는데, 이는 질병 감염의 위험성을 높이는 위험한 방법이다. 따라서 이상적인 이식편은 체내에서 거부 반응을 유발하지 않아야 한다.

03

정답설명

③ 동종 이식편의 내인성 레트로바이러스는 제거할 필요가 없다. 4, 5문단을 통해 내인성 레트로바이러스 문제는 동종 이식이 아니라 이종 이식의 문제이며, 내인성 레트로바이러스를 떼어 내어 다른 종의 세포 속에 주입했을 때 문제가 일어남을 알 수 있다.

오답설명

① 전자 기기 인공 장기는 추가 전력 공급이 요구되지만(2문단), 세포 기반 인공 이식편은 인체 세포나 조직으로 분화할 수 있는 줄기 세포를 이용한 것이므로 전기의 공급을 필요로 하지 않는다.

② 1문단에 따르면 동종 이식은 수혜자 자신이나 일란성 쌍둥이의 이식편을 이용하지 못하는 경우에 실시하며, 동종 이식 후 면역 억제제를 사용하는 이유는 이식편과 수혜자 사이의 유전적 거리에 의한 면역적 거부 반응을 막기 위해서이다. 세포 기반 인공 이식편은 자신의 줄기 세포만을 이용하여 만든 것이므로, 이식 후 면역 억제제를 사용할 필요가 없다.

④ 3문단에서 사람이 가진 자연항체가 다른 종의 세포에서 발현되는 항원에 반응하여 거부 반응이 일어나기 때문에 이러한 거부 반응을 일으키는 유전자를 제거한 형질 전환 미니돼지를 만들었다고 하였다. 따라서 이종 이식편에서는 유전자를 조작하는 과정이 필요하나, 세포 기반 인공 이식편은 다른 종이 아닌 수혜자 자신의 줄기 세포만을 이용하므로 유전자를 조작하는 과정이 필요하지 않다.

⑤ 3문단을 보면 다른 종의 세포에서 발현되는 항원에 반응하는 '자연항체'로 인해, 이종 이식편에 대해 초급성 거부 반응이 일어난다는 것을 확인할 수 있다. 그러나 세포 기반 인공 이식편은 수혜자 자신의 줄기 세포만을 이용하므로 초급성 거부 반응이 일어나지 않는다.

04

정답설명

① 5문단에서 ㉠(내인성 레트로바이러스)은 ㉡(레트로바이러스)에 감염되고도 살아남은 생식 세포로부터 유래된 자손의 모든 세포가 갖게 된 것이라 하였다. 따라서 ㉠은 자신이 속해 있는 생명체의 모든 세포의 DNA에 존재한다. 반면, 4문단에서 ㉡은 특정한 종류의 세포를 감염시킨다고 하였으므로 모든 세포의 DNA에 존재한다고 볼 수 없다.

오답설명

② 4문단에서 ㉡은 자신의 유전 정보를 RNA에 담고 있으며, 역전사 과정을 통해 자신의 RNA를 DNA로 바꾼다고 하였으므로, ㉡이 자신의 유전 정보를 DNA에 담을 수 없다는 설명은 적절하지 않다.

③ 우리 몸은 자신의 것이 아닌 물질이 체내에 유입될 경우 면역 반응을 일으키며(1문단), 특히 사람은 자연항체를 가지고 있어 이종 이식으로 인한 면역 거부 반응이 심하게 일어난다(3문단). ㉠은 ㉡과 달리 모든 포유류의 세포 내에 존재하며, 다른 종의 세포 속에 주입되기 전에는 바이러스 활동을 하지 않는다(4, 5문단). 즉, ㉠은 ㉡과 달리 수혜자 본인이 원래 갖고 있는 것이므로 면역 반응의 원인이 되지 않는다.

④ 4문단에서 ㉠은 생명체의 DNA의 일부분이라고 하였으므로, 자신이 속해 있는 생명체의 유전 정보를 가지고 있다고 볼 수 있다. 반면 ㉡은 자신의 유전 정보가 담긴 RNA를 DNA로 바꾸고 숙주 세포의 DNA에 끼어들어 숙주 세포의 시스템을 파괴해 버리기 때문에, 자신이 속해 있는 생명체의 유전 정보를 가지고 있다고 볼 수 없다.

⑤ ㉠은 다른 종의 세포에 주입되어 레트로바이러스로 전환되기 전에는 바이러스 활동을 하지 않는다(5문단). 자신이 속해 있는 생명체의 세포를 감염시켜 파괴하는 것은 ㉡뿐이다(4문단).

구조도 정답

① 면역적 거부 반응
② MHC 차이↑
③ 이종 이식
④ 내인성 레트로바이러스
⑤ 역전사

04

III. 과학

2021학년도 9월

지문분석

항미생물 화학제

┌ 방역용 화학 물질 - (①)의 수 억제와 전염병 예방 목적
└ 병원체 성분에 화학 작용하여 살균 효과 → 병원체의 종류에 따라 효과 다름

종류

　멸균제 : (②)를 포함한 모든 병원체 파괴

　감염방지제 : (②)를 제외한 병원체를 사멸시킴
　　　　　　　병원, 공공시설, 가정 방역에 사용

　소독제 : 감염방지제 중 독성이 약해 사람 피부나 상처 소독에 사용
　　　　　사람의 세포를 죽일 수 있음 → 점막에 접촉하지 않도록 주의

작용기제

병원체의 표면 손상시키는 방식

　*(③)(예 : 고농도 에탄올)
　세포막의 기본 성분인 지질 용해, 단백질 변성, 세포벽 약화
　병원성 바이러스에 (④)이 있을 때 효과 큼

　*(⑤)(예 : 하이포염소산 소듐)
　바이러스의 공통적인 표면 구조인 (⑥) 손상시킴

병원체 내부에서 대사 기능을 저해하는 방식

　* 알킬화제 (예 : 글루타르 알데하이드)
　　- 알킬 작용기 + 단백질 → 단백질 변성 → 기능 상실
　　- 알킬 작용기 + 핵산의 염기 → 핵산 비정상 구조로 변화
　　　→ 유전자 복제와 발현 교란

　*(⑤)(예 : 하이포염소산 소듐)
　불특정 단백질 산화 → 단백질 효소 기능 비활성화 → 병원체 사멸

형태쌤 Comment

'항미생물 화학제'라는 낯선 화제에 대한 이야기였다. '하이포염소산 소듐'이나 '글루타르 알데하이드'와 같은 전문적인 용어들이 제시되었지만 구조별로 지문의 정보를 분류했다면 어렵지 않게 문제를 해결할 수 있었을 것이다.

문제분석 　01-04번

번호	정답	정답률 (%)	선지별 선택비율(%)				
			①	②	③	④	⑤
1	①	77	77	5	5	7	6
2	②	56	5	56	12	13	14
3	③	74	4	5	74	10	7
4	③	47	7	11	47	24	11

01

정답설명

① 병원성 세균이 어떤 작용기제로 사람을 감염시키는지에 대해서는 지문

에 제시되지 않았다.

오답설명

② 4문단의 '알코올 화합물은~병원성 세균에서는 세포벽을 약화시킨다.'를 통해 알코올 화합물이 병원성 세균의 살균에 효과가 있음을 알 수 있다.

③ 1문단의 '세균과 진균은 일반적으로 세포막 바깥 부분에 세포벽이 있고, 바이러스의 표면은 세포막 대신 캡시드라고 부르는 단백질로 이루어져 있다.'를 통해 알 수 있다.

④ 4문단의 '알코올 화합물은 지질 피막이 없는 바이러스보다 지질 피막이 있는 병원성 바이러스에서 방역 효과가 크다.'와 '병원성 바이러스의 방역에 사용되는 산화제'를 통해, 알코올 화합물과 산화제가 병원성 바이러스 감염 예방을 위해 사용됨을 알 수 있다.

⑤ 2문단의 '항미생물 화학제는 다양한 병원체가 공통으로 갖는 구조를 구성하는 성분들에 화학 작용을 일으키므로 광범위한 살균 효과가 있다.'에서 알 수 있다.

02

정답설명

② 4문단에 따르면 항미생물 화학제의 작용기제를 병원체의 표면을 손상시키는 방식과 병원체 내부에서 대사 기능을 저해하는 방식으로 나눌 수 있는데, 하이포염소산 소듐과 같은 산화제는 두 기제가 함께 작용한다. 4문단에서 '하이포염소산 소듐 등의 산화제~바이러스의 공통적인 표면 구조를 이루는 캡시드를 손상'시킨다고 한 부분과, 5문단에서 '산화제인 하이포염소산 소듐은 병원체 내에서~병원체를 사멸에 이르게 한다.'라고 한 부분에서 이를 확인할 수 있다.

오답설명

① 4문단에서 고농도 에탄올은 '알코올 화합물'이며, '알코올 화합물은~지질 피막이 있는 병원성 바이러스에서 방역 효과가 크다.'라고 하였으므로 적절하다.

③ 1문단의 '진균과 일부 세균은 다른 병원체에 비해~화학 물질에 저항성이 강한 포자를 만든다.'에서 알 수 있다.

④ 5문단의 '알킬화제가 알킬 작용기를~핵산의 염기에 결합시키면 핵산을 비정상 구조로 변화시켜 유전자 복제와 발현을 교란한다.'에서 알 수 있다.

⑤ 4문단의 '다양한 바이러스의 감염 예방을 위해서는 하이포염소산 소듐 등의 산화제가 널리 사용된다.~바이러스의 공통적인 표면 구조를 이루는 캡시드를 손상시키는 기능이 있어 바이러스를 파괴하거나 바이러스의 감염력을 잃게 한다.'에서 알 수 있다.

03

정답설명

③ ㉡과 ㉢은 모두 항미생물 화학제에 해당한다. 2문단에서 '병원체의 구조와 성분은 병원체의 종류에 따라 완전히 같지는 않으므로, 동일한 항미생물 화학제라도 그 살균 효과는 다를 수 있다.'라고 한 부분을 통해 바이러스의 종류에 따라 살균 효과가 달라질 수 있음을 알 수 있다.

오답설명

① ㉠은 '포자를 포함한 모든 병원체를 파괴'하고 ㉡은 '포자를 제외한 병원체를 사멸'시킨다고 하였으므로 선지의 설명은 적절하지 않다.

② ㉢은 ㉡ 중에서도 독성이 약해 '사람의 피부나 상처 소독에도 사용이 가능'하다고 하였으나 ㉠은 지문에 그러한 언급이 없다.

④ ㉠은 '포자를 포함한 모든 병원체를 파괴'하고 ㉡은 '포자를 제외한 병원체를 사멸'시킨다. 따라서 ㉠과 ㉡은 모두 세포막이 있는 병원성 세균뿐만 아니라, 피막이 있는 병원성 바이러스도 사멸시킬 수 있으므로 선지의 설명은 적절하지 않다.

⑤ ㉢은 ㉡ 중에서도 독성이 약해 '사람의 피부나 상처 소독에도 사용이 가능'하나 '사람의 세포막도 지질 성분으로 이루어져 있어~사람의 세포를 죽일 수 있으므로', '점막에 접촉하지 않도록 주의해야' 한다고 하였다. 따라서 ㉡과 ㉢ 모두 사람의 점막에 닿아서는 안 된다는 것을 알 수 있다.

04

〈보기〉는 항미생물 화학제로 사용되는 알코올 화합물 A의 '지질 손상 기능'과 '캡시드 손상 기능'을 조절하여 B, C, D를 얻었다는 내용이다. 3문단에 따르면 '사람의 세포막도 지질 성분으로 이루어져 있'으므로 만약 '지질 손상 기능'이 강화되었다면 인체에 대한 안전성은 낮을 것임을 알 수 있다. 즉 지질 손상 기능과 인체에 대한 안전성은 반비례 관계인 것이다. 그러나 4문단에서 알 수 있듯이 '지질 손상 기능'이 강화되었다면 상대적으로 지질 피막이 있는 바이러스에 대한 방역 효과는 높을 것이다. 또한 바이러스의 공통적인 표면 구조를 이루는 캡시드를 손상시키는 기능이 강화되었다면, 바이러스에 대한 방역 효과가 커질 것이다. 따라서 이 문제는 A를 기준으로 B, C, D에서의 기능 차이를 비교한 뒤 기능에서 나타나는 효과를 연결하여 해결할 수 있다.

A의 지질을 손상시키는 기능의 크기가 5, 캡시드를 손상시키는 기능의 크기가 5라고 하고, 기능을 약화하면 1, 강화하면 10이 된다고 수치화하여 가정해보자.

B는 A에서 지질을 손상시키는 기능만 약화된 것이니 지질을 손상시키는 기능은 1, 캡시드를 손상시키는 기능은 5가 된다고 할 수 있다.

C는 A에서 캡시드를 손상시키는 기능만 강화한 것이니 지질을 손상시키는 기능은 5, 캡시드를 손상시키는 기능은 10이 된다고 할 수 있다.

D는 B에서 캡시드를 손상시키는 기능을 강화한 것이니 지질을 손상시키는 기능은 1, 캡시드를 손상시키는 기능은 10이 된다고 할 수 있다.

이를 간단히 도식화하면 다음과 같다.

	A	B	C	D
지질 손상	5	1	5	1
캡시드 손상	5	5	10	10

이렇게 간단히 도식화하여 나타내면 당황하지 않고 문제를 해결할 수 있다.

정답설명

③ C는 B에 비해 지질을 손상시키는 기능과 캡시드를 손상시키는 기능이 모두 강하다. 따라서 B보다 지질 피막이 있는 바이러스를 더 크게 손상시킬 수 있으므로 지질 피막이 있는 바이러스에 대한 방역 효과가 B보다 클 것이다. 그러나 지질을 손상시키는 기능이 강화되었다는 것은 인체에 대한 안전성이 약화되었다는 의미이므로, C는 B보다 인체에 대한 안전성이 낮을 것이다.

오답설명

① B는 A에 비해 지질을 손상시키는 기능이 약하니 지질 피막이 있는 바이러스에 대한 방역 효과는 작을 것이다. 그러나 지질을 손상시키는 기능이 약하면 인체에 대한 안전성이 높으므로 A보다 B가 인체에 대한 안전성이 높다는 것을 알 수 있다.

② C는 지질을 손상시키는 기능은 A와 같으나 A에 비해 캡시드를 손상시키는 기능이 강화되었다. 지질 피막이 없는 바이러스의 방역에서는 캡시드 손상 정도가 중요하기에, 캡시드를 손상시키는 기능이 상대적으로 강한 C가 A보다 지킬 피막이 없는 바이러스에 대한 방역 효과가 클 것이다. 한편 지질을 손상시키는 기능은 같으므로 인체에 대한 안전성은 동일할 것이다.

④ D는 A에 비해 지질을 손상시키는 기능은 약하나 캡시드를 손상시키는 기능은 강하다. 지질 피막이 없는 바이러스에서는 캡시드 손상 정도가 중요하기에 D가 A보다 지질 피막이 없는 바이러스에 대한 방역 효과가 클 것이다. 또한 지질을 손상시키는 기능이 D가 A보다 약하므로 인체에 대한 안전성은 D가 A보다 높을 것이다.

⑤ D는 B에 비해 캡시드를 손상시키는 기능이 강화되었다. 따라서 지질 피막이 없는 바이러스에 대한 방역 효과가 B보다 클 것이다. 한편 지질을 손상시키는 기능은 B와 D가 같으므로 인체에 대한 안전성은 같을 것이다.

구조도 정답

① 병원체
② 포자
③ 알코올 화합물
④ 지질 피막
⑤ 산화제
⑥ 캡시드

중합 효소 연쇄 반응(PCR)

지문해설

① 1993년 노벨 화학상은 중합 효소 연쇄 반응(PCR)을 개발한 멀리스에게 수여된다. 염기 서열을 아는 DNA가 한 분자라도 있으면 이를 다량으로 증폭할 수 있는 길을 열었기 때문이다. PCR는 주형 DNA, 프라이머, DNA 중합 효소, 4종의 뉴클레오타이드가 필요하다. 주형 DNA란 시료로부터 추출하여 PCR에서 DNA 증폭의 바탕이 되는 이중 가닥 DNA를 말하며, 주형 DNA에서 증폭하고자 하는 부위를 표적 DNA라 한다. 프라이머는 표적 DNA의 일부분과 동일한 염기 서열로 이루어진 짧은 단일 가닥 DNA로, 2종의 프라이머가 표적 DNA의 시작과 끝에 각각 결합한다. DNA 중합 효소는 DNA를 복제하는데, 단일 가닥 DNA의 각 염기 서열에 대응하는 뉴클레오타이드를 순서대로 결합시켜 이중 가닥 DNA를 생성한다.

▶ 1문단을 읽을 때는 필자의 관심사에 중점을 두어야 한다. 필자는 PCR에 대한 이야기를 하려고 하는구나. 1문단에서는 먼저 PCR를 이루고 있는 요소들에 대한 개념을 정리했다. 주의할 것은 표적 DNA가 주형 DNA의 일부라는 것이다. 일단 여기까지 읽으면, 자꾸 튕기는 느낌이 들 것이다. 상당히 불친절하게 어려운 개념들을 던지고 있기 때문이다. 이때가 중요하다. 과학/기술 지문에서 개념은 출제자와 학생이 소통하는 기본 언어다. 여기서 힘들더라도 주요 개념들을 메모라도 하며 최대한 억지로 머릿속에 넣어두면 뒷부분을 읽어갈 수 있는 힘이 생긴다. 힘들다고 '일단 가 보자'라는 생각으로 가볍게 넘어간다면, 3문단의 벽에서 좌절할 수밖에 없다.

② PCR 과정은 우선 열을 가해 이중 가닥의 DNA를 2개의 단일 가닥으로 분리하는 것으로 시작한다. 이후 각각의 단일 가닥 DNA에 프라이머가 결합하면, DNA 중합 효소에 의해 복제되어 2개의 이중 가닥 DNA가 생긴다. 일정한 시간 동안 진행되는 이러한 DNA 복제 과정이 한 사이클을 이루며, 사이클마다 표적 DNA의 양은 2배씩 증가한다. 그리고 DNA의 양이 더 이상 증폭되지 않을 정도로 충분히 사이클을 수행한 후 PCR를 종료한다. 전통적인 PCR는 PCR의 최종 산물에 형광 물질을 결합시켜 발색을 통해 표적 DNA의 증폭 여부를 확인한다.

▶ 구성 요소를 살펴보았으니 이제 PCR의 과정을 정리할 차례다. ① 열을 가해 이중 가닥의 DNA를 2개의 단일 가닥으로 분리 → ② 각각의 단일 가닥 DNA에 프라이머가 결합 → ③ DNA 중합 효소에 의해 복제되어 2개의 이중 가닥 DNA 생성! 이와 같은 과정을 하나의 사이클이라고 하고, 사이클마다 표적 DNA의 양이 2배씩 증가한다는 거구나. 전통적인 PCR에서는 최종 산물에 형광 물질을 결합시켜 발색을 통해 표적 DNA 증폭 여부를 확인한다고 하네. 굳이 '전통적인 PCR'라고 구분해 둔 이유가 있겠지? 자, 다음 문단을 살펴보자.

③ PCR는 시료의 표적 DNA 양도 알 수 있는 실시간 PCR라는 획기적인 개발로 이어졌다. 실시간 PCR는 전통적인 PCR와 동일하게 PCR를 실시하지만, 사이클마다 발색 반응이 일어나도록 하여 누적되는 발색을 통해 표적 DNA의 증폭을 실시간으로 확인할 수 있다.

▶ 실시간 PCR라는 새로운 개념이 제시되었다. 앞서 제시된 전통적인 PCR와의 공통점과 차이점을 잘 구분하며 독해를 진행해야 한다. 실시간 PCR는 전통적인 PCR와 동일하게 PCR를 실시한다는 공통점이 있구나. 다만 전통적인 PCR가 최종 산물에 형광 물질을 결합시켜 발색을 통해 증폭 여부를 확인하는 것과 달리, 실시간 PCR는 사이클마다 발색 반응이 일어나도록 하는구나.

이를 위해 실시간 PCR에서는 PCR 과정에 발색 물질이 추가로 필요

한데, '이중 가닥 DNA 특이 염료' 또는 '형광 표식 탐침'이 이에 이용된다. 이중 가닥 DNA 특이 염료는 이중 가닥 DNA에 결합하여 발색하는 형광 물질로, 새로 생성된 이중 가닥 표적 DNA에 결합하여 발색하므로 표적 DNA의 증폭을 알 수 있게 한다. 다만, 이중 가닥 DNA 특이 염료는 모든 이중 가닥 DNA에 결합할 수 있기 때문에 2개의 프라이머끼리 결합하여 이중 가닥의 이합체(二合體)를 형성한 경우에는 이와 결합하여 의도치 않은 발색이 일어난다.

▶ 실시간 PCR에 사용되는 두 가지 발색 물질이 제시되었다. 이렇게 두 가지 물질이 제시되었다는 것은 두 발색 물질의 공통점과 차이점에 대한 문제가 출제되었다는 것이겠지? 다음 문단을 읽으며 두 물질의 공통점과 차이점을 잘 확인하고 가자.

④ 형광 표식 탐침은 형광 물질과 이 형광 물질을 억제하는 소광 물질이 붙어 있는 단일 가닥 DNA 단편으로, 표적 DNA에서 프라이머가 결합하지 않는 부위에 특이적으로 결합하도록 설계된다. PCR 과정에서 이중 가닥 DNA가 단일 가닥으로 되면, 형광 표식 탐침은 프라이머와 마찬가지로 표적 DNA에 결합한다. 이후 DNA 중합 효소에 의해 이중 가닥 DNA가 형성되는 과정 중에 탐침은 표적 DNA와의 결합이 끊어지고 분해된다. 탐침이 분해되어 형광 물질과 소광 물질의 분리가 일어나면 비로소 형광 물질이 발색되며, 이로써 표적 DNA가 증폭되었음을 알 수 있다. 형광 표식 탐침은 표적 DNA에 특이적으로 결합하는 장점을 지니나 상대적으로 비용이 비싸다.

▶ 두 가지 발색 물질에 대한 정보가 모두 제시되었다. 이제 쌤과 함께 정보를 정리해 보도록 하자.
'이중 가닥 DNA 특이 염료'는 새로 생성된 이중 가닥 표적 DNA에 결합하여 발색한다. 그러나 모든 이중 가닥 DNA에 결합할 수 있으므로 2개의 프라이머끼리 결합하여 이중 가닥의 이합체를 형성한 경우 의도치 않은 발색이 일어날 수 있다는 문제점이 존재하지.
'형광 표식 탐침'은 형광 물질과 소광 물질로 이루어진 단일 가닥 DNA 단편인데, 표적 DNA에서 프라이머가 결합하지 않는 부위에 특이적으로 결합한다. 이중 가닥 DNA 특이 염료의 단점을 극복할 수 있는 것이지. 다만 상대적으로 비용이 비싸다는 단점이 존재하는구나! 장단점을 정리하고 가자. 또, 형광 표식 탐침은 이중 가닥 DNA가 형성되는 과정 중에 표적 DNA와의 결합이 끊어지고 분해될 때, 형광 물질과 소광 물질이 분리되면서 발색한다는 점에서 이중 가닥 DNA 특이 염료와 차이가 나타나는구나.

⑤ 실시간 PCR에서 발색도는 증폭된 이중 가닥 표적 DNA의 양에 비례하며, 일정 수준의 발색도에 도달하는 데 필요한 사이클은 표적 DNA의 초기 양에 따라 달라진다. 사이클의 진행에 따른 발색도의 변화가 연속적인 선으로 표시되며, 표적 DNA를 검출했다고 판단하는 발색도에 도달하는 데 소요된 사이클을 Ct값이라 한다. 표적 DNA의 농도를 알지 못하는 미지 시료의 Ct값과 표적 DNA의 농도를 알고 있는 표준 시료의 Ct값을 비교하면 미지 시료에 포함된 표적 DNA의 농도를 계산할 수 있다.

▶ 또 다른 개념, 발색도와 Ct값이 제시되었다. 발색도를 설명하며 비례 관계가 제시되었으니 이는 반드시 체크해 두었어야 한다! 증폭된 이중 가닥 표적 DNA의 양↑ - 발색도↑. 또한 표적 DNA를 검출했다고 판단하는 발색도에 소요된 사이클이 바로 Ct값이라는구나. 표적 DNA가 많아 일정한 발색도에 빨리 도달한다면 Ct값은 작아지겠지? 이와 같은 정보를 활용하면 미지 시료에 포함된 표적 DNA의 농도도 구할 수 있을 것이다.

⑥ PCR는 시료로부터 얻은 DNA를 가지고 유전자 복제, 유전병 진단, 친자 감별, 암 및 감염성 질병 진단 등에 광범위하게 활용된다. 특히 실시간 PCR를 이용하면 바이러스의 감염 여부를 초기에 정확하고

빠르게 진단할 수 있다.

▶ PCR의 활용 양상과 실시간 PCR의 장점을 소개하며 지문을 마무리하고 있다.

지문분석

종합 효소 연쇄 반응(PCR)

↳ 염기 서열 아는 DNA 다량으로 증폭

유전자 복제, 유전병 진단, 친자 감별, 암 및 감염성 질병 진단 등에 활용

↳ **구성 요소**

주형 DNA : DNA 증폭의 바탕이 되는 이중 가닥 DNA

표적 DNA : (①)에서 증폭하려는 부위

프라이머 : 표적 DNA 일부분과 동일한 염기 서열의 짧은 단일 가닥 DNA

DNA 중합 효소 : DNA 복제

단일 가닥 DNA 각 염기 서열에 대응하는 (②)를 순서대로 결합 → 이중 가닥 DNA 형성

↳ **PCR 과정**

(1) 열을 가해 이중 가닥 DNA → 2개의 단일 가닥 DNA로 분리
(2) 단일 가닥 DNA 각각에 (③) 결합
(3) DNA 중합 효소에 의해 복제 → 2개의 이중 가닥 DNA
⇒ 사이클마다 표적 DNA 양 (④) 증가

↳ **실시간 PCR**

전통적인 PCR : PCR 최종 산물에 형광 물질 결합 → 발색으로 표적 DNA 증폭 여부 확인

실시간 PCR : (⑤)마다 발색 반응 → 발색 누적 → 표적 DNA 증폭 실시간 확인

바이러스의 감염 여부 초기에 정확, 빠르게 진단 가능

PCR 과정에 발색 물질 필요

이중 가닥 DNA 특이 염료

새로 생성된 이중 가닥 표적 DNA에 결합 → 발색
프라이머 2개 결합한 이중 가닥 이합체와 결합 → 의도치 X 발색

형광 표식 탐침

형광 물질 + 소광 물질의 단일 가닥 DNA 단편

표적 DNA에서 프라이머 결합 X 부위에 (⑥)으로 결합

이중 가닥 DNA 형성 과정 중 표적 DNA와 결합 끊기고 분해 → 형광 물질과 소광 물질 분리 → 발색

– 발색도 → 증폭된 이중 가닥 표적 DNA 양에 (⑦)
– Ct값 : 표적 DNA 검출했다고 판단하는 (⑧)에 도달하는 데 소요된 사이클
미지 시료와 표준 시료의 Ct값 비교 → 미지 시료의 표적 DNA 농도 계산 가능

형태쌤 Comment

정보의 양이 상대적으로 많이 제시된 지문이다. 이렇게 정보가 나열되는 지문은 정보를 모두 기억하려 하지 말고, 지문을 구조 중심으로 끊어서 읽은 후 문제를 풀 때 지문과 선지를 비교하며 차분하게 접근하면 된다. 특히 전통적인 PCR와 실시간 PCR, 이중 가닥 DNA 특이 염료와 형광 표식 탐침의 차이점뿐만 아니라 공통점까지 고려하여 선지의 내용을 판단했어야 한다.

문제분석　01-04번

번호	정답	정답률 (%)	선지별 선택비율(%)				
			①	②	③	④	⑤
1	①	62	62	7	10	16	5
2	②	48	17	48	9	13	13
3	④	44	17	12	9	44	18
4	②	25	20	25	27	12	16

01

정답설명

① 1문단에서 프라이머는 표적 DNA의 일부분과 동일한 염기 서열로 이루어진 짧은 단일 가닥 DNA라고 하였다. 또한 표적 DNA는 주형 DNA에서 증폭하고자 하는 부위이다. 따라서 프라이머 각각의 염기 서열은 주형 DNA에 속하는 표적 DNA의 일부분과 동일하므로, 주형 DNA에도 2종의 프라이머 각각의 염기 서열과 정확하게 일치하는 염기 서열이 있다는 것을 알 수 있다.

오답설명

② 2문단에서 사이클마다 표적 DNA의 양은 2배씩 증가한다고 하였다. 따라서 표준 DNA의 양이 처음의 2배가 되는 시간과 4배에서 8배가 되는 시간은 모두 한 사이클에 해당하므로 걸리는 시간은 동일함을 알 수 있다.

③ 5문단에 따르면 미지 시료의 표적 DNA 농도는 실시간 PCR에서 나타나는 발색도를 고려한 Ct값의 비교를 통해 확인할 수 있는 것이므로, 전통적인 PCR에서는 표적 DNA 농도를 아는 표준 시료가 있더라도 미지 시료의 표적 DNA 농도를 PCR 과정 중에 확인할 수 없다. 또한 2문단에 따르면 전통적인 PCR는 PCR의 최종 산물에 형광 물질을 결합시켜 발색을 통해 표적 DNA의 증폭 여부를 확인할 수 있으므로, PCR 과정 중에 미지 시료의 표적 DNA 농도를 확인할 수는 없다.

④, ⑤ 3문단에서 실시간 PCR는 전통적인 PCR와 동일하게 PCR를 실시한다고 하였다. 따라서 2문단을 통해 알 수 있듯이 실시간 PCR는 열을 가해 이중 가닥의 DNA를 2개의 단일 가닥으로 분리하는 것으로 시작할 것이며, 표적 DNA를 증폭시키기 위해 DNA 중합 효소와 프라이머가 필요하다.

02

정답설명

② ㉠은 새로 생성된 이중 가닥 표적 DNA에 결합하여 발색한다. 이와 달리 ㉡은 DNA 중합 효소에 의해 이중 가닥 DNA가 형성되는 과정 중에 탐침이 표적 DNA와의 결합이 끊어지고 분해되면서, 형광 물질과 소광 물질의 분리가 일어나면 비로소 형광 물질이 발색된다고 하였다. 따라서 ㉡은 표적 DNA에 붙은 채 발색 반응이 일어나는 것이 아니다.

오답설명

① ㉠은 프라이머와 결합하여 이합체를 이루는 것이 아니라 이중 가닥 표적 DNA에 결합하여 발색하는 것이다. 다만 모든 이중 가닥 DNA에 결합할 수 있기에 2개의 프라이머끼리 결합하여 형성된 이중 가닥의 이합체에도 결합할 수 있다고 하였다. 한편 ㉡은 표적 DNA에서 프라이머가 결합하지 않는 부위에 특이적으로 결합하도록 설계된 것이다.

③ ㉠과 ㉡ 모두 형광 물질과 결합하여 이합체를 이루는 것이 아니다.

④ ㉠은 새로 생성된 이중 가닥 표적 DNA에 결합하여 발색하는 것이므로 사이클의 마지막 과정에서 발색 반응이 일어난다. 한편 ㉡은 DNA 중합 효소에 의해 이중 가닥 DNA가 형성되는 과정 중에 탐침이 표적 DNA와의 결합이 끊어지고 분해되며 발색하는 것이므로 사이클의 시작 지점에서 발색 반응이 일어나는 것이 아니라 마지막 과정에서 발색 반응이 일어나는 것이다.

⑤ ㉠은 이중 가닥 표적 DNA에 결합하여 발색한다. 하지만 ㉡은 PCR 과정에서 이중 가닥 DNA가 단일 가닥으로 되면, 프라이머와 마찬가지로 표적 DNA에 결합하는 것이라고 하였으므로 이중 가닥 표적 DNA에 결합하지 않음을 알 수 있다.

03

정답설명

④ 3문단에 따르면 실시간 PCR는 전통적인 PCR와 동일하게 PCR를 실시한다. 1문단에서 PCR는 '염기 서열을 아는 DNA가 한 분자라도 있으면 이를 다량으로 증폭할 수 있는 길'이라고 하였다. 또 PCR 과정에 필요한 프라이머는 '표적 DNA의 일부분과 동일한 염기 서열로 이루어진 짧은 단일 가닥 DNA'라고 하였으므로, 표적 DNA의 염기 서열이 알려져 있어야 PCR를 통해 감염 여부를 분석할 수 있다고 추론할 수 있다.

오답설명

① 1문단에서 PCR는 '염기 서열을 아는 DNA가 한 분자라도 있으면 이를 다량으로 증폭할 수 있'다고 하였으므로, 시료에 바이러스의 양이 적더라도 이를 증폭시켜 감염 여부를 확인할 수 있을 것이다.

② 2문단에서 전통적인 PCR는 'PCR의 최종 산물에 형광 물질을 결합시켜 발색을 통해 표적 DNA의 증폭 여부를 확인한다'고 하였으므로, 전통적인 PCR로 진단 검사 시 발색 물질은 필요하다.

③ 6문단에서 바이러스의 감염 여부를 초기에 정확하고 빠르게 진단할 수 있는 것은 실시간으로 표적 DNA의 증폭을 확인할 수 있는 실시간 PCR라고 하였다.

⑤ 3문단에서 실시간 PCR는 '사이클마다 발색 반응이 일어나도록 하여 누

적되는 발색을 통해 표적 DNA의 증폭을 실시간으로 확인할 수 있다'고 하였다. 따라서 DNA 양이 더 이상 증폭되지 않을 정도로 충분히 사이클을 수행하지 않아도 일정 수준의 발색도에 도달하면 감염 여부를 확인할 수 있으므로, 감염 여부를 PCR가 끝난 후에야 알 수 있다는 선지의 내용은 적절하지 않다.

04

형태쌤의 과외시간

비문학의 〈보기〉 문제에는 2가지 유형이 있다.

하나는 **지문을 통해 〈보기〉를 바라보는 유형**으로, 지문의 정보와 〈보기〉의 정보를 1:1로 대응시키는 것이 우선이다. 비문학〈보기〉 문제의 대부분을 차지한다.

또 하나는 **〈보기〉를 통해 지문을 바라보는 유형**으로, 보통 〈보기〉의 정보를 통해 지문의 정보를 반박하거나 비판하는 유형으로 제시가 된다. 문학과 비슷한 유형이라고 보면 된다.

정답설명

② 이 문제는 첫 번째 유형으로, [A]와 〈보기〉의 1:1 대응이 필요하다. [A]에 제시된 비례 관계, Ct값과 발색도의 관계를 〈보기〉의 사례에 적용해야 하는 문제였지. 특히 〈보기 1〉과 〈보기 2〉에 제시된 '동일한 표적 DNA를 포함', '초기 농도가 높다'와 같은 정보를 함께 활용하여 문제 풀이에 들어갔어야 한다. 즉 지문과 〈보기〉의 정보, 모두 꼼꼼하게 확인했어야 한다는 소리다.

㉮ 2문단에서 '사이클마다 표적 DNA의 양은 2배씩 증가한다'고 하였다. 〈보기 2〉에서 ⓐ는 ⓑ보다 표적 DNA의 초기 농도가 높다고 하였으므로, 초기의 표적 DNA의 양이 더 많다는 것을 알 수 있다. 따라서 사이클마다 증가한 표적 DNA의 양은 ⓐ가 ⓑ보다 많을 것이다.

㉯ 실시간 PCR의 Ct값은 '표적 DNA를 검출했다고 판단하는 발색도에 도달하는 데 소요된 사이클'을 의미한다. ⓐ와 ⓑ는 동일한 표적 DNA를 포함하고 있으므로, Ct값은 다를 수 있으나 각자의 Ct값에서 표적 DNA를 검출했다고 판단하는 발색도는 같을 것이다.

㉰ 발색도는 증폭된 이중 가닥 표적 DNA의 양에 비례하므로, 초기 표적 DNA의 양이 더 많은 ⓐ가 ⓑ보다 먼저 표적 DNA를 검출했다고 판단하는 발색도에 도달할 것임을 유추할 수 있다. 따라서 ⓐ는 ⓑ보다 상대적으로 해당 발색도에 도달하는 데 소요되는 사이클이 적을 것이므로 Ct값 또한 작을 것이다.

구조도 정답

① 주형 DNA   ② 뉴클레오타이드

③ 프라이머   ④ 2배씩

⑤ 사이클   ⑥ 특이적

⑦ 비례   ⑧ 발색도

2023학년도 6월

비타민 K

지문해설

① 혈액은 세포에 필요한 물질을 공급하고 노폐물을 제거한다. 만약 혈관 벽이 손상되어 출혈이 생기면 손상 부위의 혈액이 응고되어 혈액 손실을 막아야 한다. 혈액 응고는 섬유소 단백질인 피브린이 모여 형성된 섬유소 그물이 혈소판이 응집된 혈소판 마개와 뭉쳐 혈병이라는 덩어리를 만드는 현상이다.

▶ 1문단에서 정의의 방식으로 개념을 설명할 때는 그 개념이 지문 전체에서 중요하게 다뤄지는 경우가 많으므로 머릿속에 넣거나 체크해 두고 가야 한다. [혈액 응고 : 피브린이 모인 섬유소 그물 + 혈소판 마개 → 혈병]

혈액 응고는 혈관 속에서도 일어나는데, 이때의 혈병을 혈전이라 한다. 이물질이 쌓여 동맥 내벽이 두꺼워지는 동맥 경화가 일어나면 그 부위에 혈전 침착, 혈류 감소 등이 일어나 혈관 질환이 발생하기도 한다. 이러한 혈액의 응고 및 원활한 순환에 비타민 K가 중요한 역할을 한다.

▶ 혈액의 응고와 원활한 순환에 비타민 K가 어떤 역할을 하는지 이후에 안내가 되겠지? '혈액 응고, 혈병, 혈전'의 개념을 탑재하고 2문단으로 가자.

② 비타민 K는 혈액이 응고되도록 돕는다. 지방을 뺀 사료를 먹인 병아리의 경우, 지방에 녹는 어떤 물질이 결핍되어 혈액 응고가 지연된다는 사실을 발견하고 그 물질을 비타민 K로 명명했다. 혈액 응고는 단백질로 이루어진 다양한 인자들이 관여하는 연쇄 반응에 의해 일어난다.

▶ 연쇄 반응이라는 말에서 "아, 과정으로 서술되겠구나."라는 생각을 해야 한다. 그리고 각 단계를 끊을 준비를 하면서 읽어야 한다. 과정으로 서술될 때는 반드시 순서를 물어보니, 과정이 복잡하여 머릿속에 정리가 안 되면 즉시 펜을 들어서 간단히 메모라도 해야 한다. 이 작업을 미리 해 두지 않으면 문제 풀 때 어려움을 겪게 될 것이다.

우선 여러 혈액 응고 인자들이 활성화된 이후 프로트롬빈이 활성화되어 트롬빈으로 전환되고, 트롬빈은 혈액에 녹아 있는 피브리노겐을 불용성인 피브린으로 바꾼다. 비타민 K는 프로트롬빈을 비롯한 혈액 응고 인자들이 간세포에서 합성될 때 이들의 활성화에 관여한다. 활성화는 칼슘 이온과의 결합을 통해 이루어지는데, 이들 혈액 단백질이 칼슘 이온과 결합하려면 카르복실화되어 있어야 한다. 카르복실화는 단백질을 구성하는 아미노산 중 글루탐산이 감마-카르복시글루탐산으로 전환되는 것을 말한다. 이처럼 비타민 K에 의해 카르복실화되어야 활성화가 가능한 표적 단백질을 비타민 K-의존성 단백질이라 한다.

▶ 못된 필자는 활성화 이후를 먼저 얘기한 후에, 활성화 이전의 단계를 제시했다. 그냥 순차적으로 제시해도 정리하기 힘든데, 의도적으로 꼬아 놓았기에 더욱 열이 받는다. 하지만 어쩔 수 없다. 우리는 꼬인 순서를 제대로 다시 정리해야만 문제를 풀 수 있다.

▶ 활성화 : [비타민 K → 카르복실화 → 칼슘 이온과 결합 → 혈액 응고 인자 활성화]

활성화 이후 : [프로트롬빈 활성화 → 트롬빈 전환 → 피브리노겐을 피브린으로 바꿈]

③ 비타민 K는 식물에서 합성되는 비타민 K_1과 동물 세포에서 합성되거나 미생물 발효로 생성되는 비타민 K_2로 나뉜다. 녹색 채소 등은 비타민 K_1을 충분히 함유하므로 일반적인 권장 식단을 따르면 혈액 응고에 차질이 생기지 않는다.

▶ 상위 개념인 비타민 K를 하위 개념으로 나눠서 설명하고 있다. 두 개로 쪼갰으니, 공통점과 차이점을 물어보겠지.

④ 그런데 혈관 건강과 관련된 비타민 K의 또 다른 중요한 기능이 발견되었고, 이는 칼슘의 역설과도 관련이 있다. 나이가 들면 뼈 조직의 칼슘 밀도가 낮아져 골다공증이 생기기 쉬운데, 이를 방지하고자 칼슘 보충제를 섭취한다. 하지만 칼슘 보충제를 섭취해서 혈액 내 칼슘 농도는 높아지나 골밀도는 높아지지 않고, 혈관 벽에 칼슘염이 침착되는 혈관 석회화가 진행되어 동맥 경화 및 혈관 질환이 발생하는 경우가 생긴다. 혈관 석회화는 혈관 근육 세포 등에서 생성되는 MGP라는 단백질에 의해 억제되는데, 이 단백질이 비타민 K-의존성 단백질이다. 비타민 K가 부족하면 MGP 단백질이 활성화되지 못해 혈관 석회화가 유발된다는 것이다.

▶ 뼈의 칼슘 밀도를 높이려 칼슘을 먹었더니, 골밀도는 높아지지 않고 오히려 동맥 경화 및 혈관 질환이 생기는 역설적인 상황이다. 이때 비타민 K가 MGP 단백질을 활성화하여 문제를 해결하는구나.

⑤ 비타민 K_1과 K_2는 모두 비타민 K-의존성 단백질의 활성화를 유도하지만 K_1은 간세포에서, K_2는 그 외의 세포에서 활성이 높다. 그러므로 혈액 응고 인자의 활성화는 주로 K_1이, 그 외의 세포에서 합성되는 단백질의 활성화는 주로 K_2가 담당한다. 이에 따라 일부 연구자들은 비타민 K의 권장량을 K_1과 K_2로 구분하여 설정해야 하며, K_2가 함유된 치즈, 버터 등의 동물성 식품과 발효 식품의 섭취를 늘려야 한다고 권고한다.

▶ 다시 한 번 하위 개념의 차이점을 얘기하고 있다. K_1은 혈액 응고를, K_2는 원활한 순환(간세포 외의 세포에서 합성되는 단백질의 활성화)을 담당하는구나.

지문분석

비타민 K

> **비타민 K의 역할 1**
>
> 1) (①) : 피브린이 모여 형성된 섬유소 그물 + 혈소판 마개 → 혈병
> 2) 혈액 응고 인자들이 간세포에서 합성될 때 이들의 활성화에 관여
> - [활성화 이전] : 혈액 단백질 카르복실화 → 칼슘 이온과 결합
> → 활성화
> - (②) : 카르복실화되어야 활성화가 가능한 표적 단백질
>
> - 혈액 응고는 단백질로 이루어진 다양한 인자들의 (③)에 의해
> 일어남
> - [활성화 이후] : 혈액 응고 인자 활성화 → 프로트롬빈 활성화
> → 프로트롬빈이 트롬빈으로 전환 → (④)이 피브리노겐을 피브린으로
> 전환

> **비타민 K의 역할 2**
>
> - (⑤) : 칼슘 보충제를 섭취해도 골밀도가 높아지지 않고,
> (⑥)가 진행되어 동맥 경화 및 혈관 질환 발생
> - (⑥) : 비타민 K-의존성 단백질인 MGP에 의해 억제
> - 즉, 비타민 K가 부족하면 (⑥) 유발

> **비타민 K의 종류**
>
> 비타민 K_1 : 식물에서 합성, 녹색 채소 등에 함유
> 비타민 K_2 : 동물 세포에서 합성되거나 미생물 발효로 생성

> **비타민 K_1과 K_2의 차이**
>
> 비타민 K-의존성 단백질의 활성화 유도 세포의 차이
> - 비타민 K_1 : 간세포에서 활성↑ → 혈액 응고 인자의 활성화 담당
> - 비타민 K_2 : 그 외의 세포에서 활성↑ → 그 외의 세포에서 합성
> 되는 단백질의 활성화 담당
> ⇒ 비타민 K의 (⑦)을 K_1과 K_2로 구분해야 함.

형태쌤 Comment

지문에 낯선 용어가 많이 등장하고, 과정과 분류가 들어가 있어서 정보 처리가
쉽진 않다. 특히 과정으로 지문이 구성될 때는 선후 관계를 반드시 물어보므로,
일단 지문을 읽을 때는 단계마다 끊어 주고, 핵심 과정이 머릿속에 잘 들어오지
않는다면 간단하게 메모하면서 읽는 것이 좋다.

문제분석 **01-04번**

번호	정답	정답률 (%)	선지별 선택비율(%)				
			①	②	③	④	⑤
1	①	66	66	5	6	13	10
2	②	50	5	50	4	29	12
3	④	60	18	8	8	60	6
4	③	46	5	10	46	28	11

01

정답설명

① 1문단에서 정의의 방식으로 개념을 제시할 때는 그것이 지문 전체를 좌
우하는 핵심 개념이므로 체크를 해 주는 습관이 필요하다. 1문단에 따
르면 혈액 손실은 혈관 벽이 손상되어 출혈이 생길 때 일어난다. 이때
섬유소 그물과 혈소판 마개가 뭉쳐 혈병을 만들어 혈액 손실을 막는다.
그런데 혈전은 혈관 벽이 아닌 혈관 내부에 만들어지는 혈병이므로 혈
액 손실과는 관련이 없다. 또한 섬유소 그물이 뭉쳐 혈전이 형성되는
것이므로 '혈전이 형성되면 섬유소 그물이 뭉쳐'에서 바로 울컥하고 체
크했어야 한다.

오답설명

② 1문단에 따르면 섬유소 그물이 혈소판 마개와 뭉쳐 혈액 응고가 일어나
므로, 혈액 응고를 위해선 혈소판 마개가 형성되어야 한다.

③ 1문단에 따르면 혈소판이 응집된 것이 혈소판 마개다. 혈병이 생기려면
섬유소 그물이 혈소판 마개와 뭉쳐야 하니, 혈소판 응집은 반드시 거쳐
야 한다.

④ 1문단에 따르면 이물질이 쌓여서 일어나는 것이 동맥 경화다. 따라서
혈관 경화를 막기 위해선 이물질이 침착(밑으로 가라앉아 들러붙음)되
지 않게 해야 한다. 동맥이 혈관인 것쯤은 알고 있어야 한다.

⑤ 4문단으로 가자. 혈관 석회화가 진행되어 동맥 경화 및 혈관 질환이 발
생하는 경우가 생긴다. 이번엔 1문단으로 가자. 동맥 경화는 동맥 내벽
이 두꺼워지는 현상이고, 이를 통해 혈전 침착과 혈류 감소 등이 일어
난다. 서로 떨어진 문단의 내용을 매개하는 개념을 물어보는 피곤한 선
지다. 이런 선지를 평가원은 종종 구성하는데, 나올 때마다 높은 오답률
을 보여 주니 조심해야 한다.

02

정답설명

② 칼슘 밀도가 낮아져서 생긴 문제인 골다공증을 방지하기 위해 먹는 것
이 칼슘 보충제다. 그런데 이를 섭취해도 뼈 조직의 칼슘 밀도 즉, 골밀
도가 높아지지 않고 오히려 또 다른 문제를 유발하는 상황이 바로 칼슘
의 역설이다.

오답설명

① 칼슘 보충제 섭취와 비타민 K_1의 효용성 감소는 전혀 상관이 없다.

③ 칼슘 보충제를 섭취해도 골다공증을 막지 못하는 것은 맞지만, 칼슘 보
충제를 섭취하면 혈관 석회화가 진행되어 혈관 질환이 발생할 수 있으
므로 혈관 건강이 개선된다는 선지의 설명은 적절하지 않다.

④ 예전엔 선지의 앞과 뒤만 신경 쓰면 되었는데, 최근엔 선지가 길어져서
선지를 [A / B / C]로 나눠서 각각 살펴봐야 하는 경우가 있다. 이때
[B] 파트를 틀리게 구성하면 오답률이 올라간다. 여기서도 마찬가지다.
칼슘 보충제를 섭취하여 혈관 벽에 칼슘이 침착되는 것은 맞지만, '혈
액 내 단백질이 칼슘과 결합'하는 것은 아니다. 오히려 혈액 내 MGP
단백질이 활성화되지 못해서 혈관 석회화가 유발되는 것이므로 선지의
설명은 적절하지 않다.

⑤ 칼슘 보충제를 섭취해도 골다공증 개선이 안 되는 경우가 있는 것은 맞지만, '혈액으로 칼슘이 흡수되지 않아'가 적절하지 않다. 칼슘 보충제를 섭취하면 혈액 내 칼슘 농도는 높아지지만 골밀도가 높아지지 않는 것이 칼슘의 역설이다.

03

정답설명

④ 2문단을 보면 표적 단백질의 활성화를 위해 반드시 필요한 과정이 카르복실화이다. 이 카르복실화는 비타민 K에 의해 일어난다. 그리고 5문단을 보면 혈액 응고 인자의 활성화는 주로 ⓐ(비타민 K₁)이 담당한다고 하였다.
4문단을 보면 비타민 K 부족으로 표적 단백질인 MGP 단백질이 활성화되지 못한다고 하였다. 그리고 5문단을 보면 간세포 외의 세포에서 합성되는 단백질의 활성화는 ⓒ(비타민 K₂)이 담당한다고 하였다. 따라서 ⓐ과 ⓒ은 모두 표적 단백질의 활성화 이전 단계에 작용함을 알 수 있다.

오답설명

① 5문단을 보면 ⓐ은 간세포에서, ⓒ은 그 외의 세포에서 활성이 높다고 하였다. 바로 이 문장 때문에 낚인 학생들이 많다. 비문학에서 자주 하는 실수가 선지의 어휘를 자의적으로 받아들이는 것이다. '합성'은 '활성'과 다르다. 3문단을 보면 ⓐ은 식물에서 합성되며 ⓒ은 동물 세포에서 합성되거나 미생물 발효로 생성된다고 하였다.

② 2문단을 통해 '지방에 녹는 어떤 물질'이 비타민 K이며, 지방을 뺀 사료를 먹인 병아리가 비타민 K가 부족하여 혈액 응고가 지연되었음을 알 수 있다. ⓐ과 ⓒ 둘 다 비타민 K의 하위 범주들이므로, ⓐ과 ⓒ은 지방과 함께 섭취해야 한다. 우리가 샐러드를 먹을 때 올리브유나 기름이 들어간 드레싱과 함께 먹는 이유가 바로 이것 때문이다.

③ 표적 단백질의 아미노산을 변형한다는 것은 표적 단백질인 '비타민 K-의존성 단백질'이 카르복실화되는 것을 의미한다. 카르복실화는 비타민 K에 의해 일어난다고 하였으므로, ⓐ과 ⓒ 모두 표적 단백질의 아미노산을 변형함을 알 수 있다.

⑤ 1문단을 보면 혈액의 응고 및 원활한 순환에 비타민 K가 '중요한 역할'을 한다고 하였다. 또한 4문단에 따르면 비타민 K가 부족하면 혈관 석회화가 유발될 수 있다고 하였으므로, ⓐ과 ⓒ 모두 결핍되면 문제가 될 수 있다.

04

정답설명

③ (다)의 '헤파린'은 '트롬빈'의 작용을 억제한다. 2문단을 보면 '트롬빈'은 '혈액 응고 인자들이 활성화'된 이후, '피브리노겐'을 '피브린'으로 바꾼다. 그러나 '혈액 응고 인자와 칼슘 이온의 결합'은 '혈액 응고 인자들이 활성화'되기 전의 단계다. 2문단을 보면 활성화는 '혈액 단백질(혈액 응고 인자들)이 칼슘 이온과 결합'해야 된다고 나와 있다. 따라서 '트롬빈'의 작용을 억제하더라도 그 이전 단계인 '혈액 응고 인자와 칼슘 이온의 결합'은 이루어진다.

오답설명

① 비타민 K가 부족하면 혈관 석회화가 유발될 수 있다. 따라서 비타민 K의 작용을 방해하는 '와파린'을 지나치게 투여하면, 혈관 석회화가 유발될 수 있다.

② '플라스미노겐 활성제'는 '피브린을 분해'한다. 혈전은 '피브린'이 모여 형성된 섬유소 그물과 '혈소판 마개'가 뭉쳐 생긴 것이니, '피브린을 분해'하면 혈전이 풀어질 것임을 추측할 수 있다.

④ 2문단을 보면 [비타민 K → 카르복실화 → 칼슘 이온과 결합 → 혈액 응고 인자 활성화 → 프로트롬빈 활성화 → 트롬빈 전환 → 피브리노겐을 피브린으로 바꿈]의 단계가 제시되어 있다. (가)의 '와파린'은 비타민 K의 작용을 방해하므로, 초기 단계를 막아 피브리노겐 전환을 억제한다. 또한 (다)의 '헤파린'은 트롬빈의 작용을 억제하므로, 피브리노겐 전환을 억제한다.

⑤ [비타민 K → 카르복실화 → 칼슘 이온과 결합 → 혈액 응고 인자 활성화 → 프로트롬빈 활성화 → 트롬빈 전환 → 피브리노겐을 피브린으로 바꿈] 단계를 다시 보자. (나)를 통해 피브린을 분해하면, 피브린 섬유소 그물 형성은 당연히 억제된다. 그리고 (다)를 통해 '트롬빈의 작용을 억제'하면 '피브리노겐을 피브린으로 바꿈'이 억제되어 결과적으로 피브린 섬유소 그물 형성이 억제된다.

구조도 정답

① 혈액 응고
② 비타민 K-의존성 단백질
③ 연쇄 반응
④ 트롬빈
⑤ 칼슘의 역설
⑥ 혈관 석회화
⑦ 권장량

동물의 기초 대사량

지문해설

① 하루에 필요한 에너지의 양은 하루 동안의 총 열량 소모량인 대사량으로 구한다. 그중 기초 대사량은 생존에 필수적인 에너지로, 쾌적한 온도에서 편히 쉬는 동물이 공복 상태에서 생성하는 열량으로 정의된다. 이때 체내에서 생성한 열량은 일정한 체온에서 체외로 발산되는 열량과 같다. 기초 대사량은 개체에 따라 대사량의 60~75%를 차지하고, 근육량이 많을수록 증가한다.

▶ 일단 필자의 관심사인 '대사량' 체크하자. 그중에서도 '기초 대사량'이 이 글의 중심 내용임을 알 수 있다. '대사량'과 '기초 대사량'의 정의 나온 거 보이지? 또한 '근육량↑ 기초 대사량↑' 증감 관계까지 확인했다면 1문단을 제대로 읽은 거다.

② 기초 대사량은 직접법 또는 간접법으로 구한다. 직접법은 온도가 일정하게 유지되고 공기의 출입량을 알고 있는 호흡실에서 동물이 발산하는 열량을 열량계를 이용해 측정하는 방법이다. 간접법은 호흡 측정 장치를 이용해 동물의 산소 소비량과 이산화 탄소 배출량을 측정하고, 이를 기준으로 체내에서 생성된 열량을 추정하는 방법이다.

▶ 2문단에는 기초 대사량을 구하는 방법이 나와 있다. '직접법'과 '간접법'의 차이를 중심으로 읽으면 된다.

▶ 직접법 : 열량계를 이용해 열량을 직접 측정하는 방법
간접법 : 산소 소비량과 이산화 탄소 배출량을 통해 열량을 추정하는 방법

③ 19세기의 초기 연구는 체외로 발산되는 열량이 체표 면적에 비례한다고 보았다. 즉 그 둘이 항상 일정한 비(比)를 갖는다는 것이다. 체표 면적은 (체중)$^{0.67}$에 비례하므로, 기초 대사량은 체중이 아닌 (체중)$^{0.67}$에 비례한다고 하였다. 어떤 변수의 증가율은 증가 후 값을 증가 전 값으로 나눈 값이므로, 체중이 W에서 2W로 커지면 체중의 증가율은 (2W)/(W) = 2이다. 이 경우에 기초 대사량의 증가율은 (2W)$^{0.67}$/(W)$^{0.67}$=2$^{0.67}$, 즉 약 1.6이 된다.

▶ 19세기 초기 연구에서는 열량이 체표 면적에 비례한다고 보았대. 여기서 '체표 면적'이 정확히 무엇을 나타내는지는 몰라도 돼. 왜? 지문에서 정의해 주지 않았으니까! 다만 어휘력이 좋거나 눈치가 빠른 친구들은 이미 '체표 면적'이 몸의 표면적을 의미함을 눈치 챘을 거야. 선생님이 평소에 어휘 공부를 그렇게 강조한 이유가 여기에 있다. 어휘 학습에 불성실한 친구들이 '체표 면적'이라는 낯선 단어에 정신이 혼미해져서 지문에 집중을 못하고 있을 때 어휘를 열심히 공부한 친구들은 이미 다음 단락을 읽고 있을 거다.

▶ 체표 면적이 (체중)$^{0.67}$에 비례한다는 관계 체크하자. '자연수^1 = 자연수'임은 상식이지. 그러면 1 이상의 숫자에 1이 안 되는 0.67제곱을 하면 기존의 숫자보다 작아짐을 알 수 있다. 따라서 기초 대사량은 체중이 아닌 (체중)$^{0.67}$에 비례한다고 말해야 정확한 표현이 된다. 따라서 이 때문에 체중이 2배로 증가하더라도 기초 대사량은 2배가 증가하는 게 아니라 체중의 증가율의 0.67제곱만큼만 증가하는 거지.

④ 1930년대에 클라이버는 생쥐부터 코끼리까지 다양한 크기의 동물의 기초 대사량 측정 결과를 분석했다. 그래프의 가로축 변수로 동물의 체중을, 세로축 변수로 기초 대사량을 두고, 각 동물별 체중과 기초 대사량의 순서쌍을 점으로 나타냈다.

▶ 지문에서 '그래프'에 대해 얘기하고 있고, 친절하게 그래프가 <그림>으로 제시된다면 4문단의 내용을 이 <그림>에 메모해야겠지? 당장 가로축(x축)에 '동물의 체중', 세로축(y축)에 '기초 대사량'을 적어라.

⑤ 가로축과 세로축 두 변수의 증가율이 서로 다를 경우, 그 둘의 증가율이 같을 때와 달리, '일반적인 그래프'에서 이 점들은 직선이 아닌 어떤 곡선의 주변에 분포한다. 그런데 순서쌍의 값에 상용로그를 취해 새로운 순서쌍을 만들어서 이를 <그림>과 같이 그래프에 표시하면, 어떤 직선의 주변에 점들이 분포하는 것으로 나타난다. 그러면 그 직선의 기울기를 이용해 두 변수의 증가율을 비교할 수 있다. <그림>에서 X와 Y는 각각 체중과 기초 대사량에 상용로그를 취한 값이다. 이런 방식으로 표현한 그래프를 'L-그래프'라 하자.

▶ 3문단에서 체중의 증가율과 기초 대사량의 증가율이 비례 관계가 아니라고 했으니까 점들이 '곡선'의 주변에 분포할 걸 예상할 수 있겠지? 그런데 이 순서쌍에 상용로그를 취하면 점들이 곡선이 아니라 '직선'의 주변에 분포하게 된다. 상용... 로그? 얘들아! 겁먹지 마. 수학이 아니라 국어 시험이잖아. '상용로그'가 뭔지, 어떻게 적용하는지 안 물어봐. 독서 지문에서 중요한 것은, 전부 지문 내의 정보다. 지문 밖의 배경지식을 활용하는 문제는 안 내니 걱정하지 않아도 된다.

⑥ 체중의 증가율에 비해, 기초 대사량의 증가율이 작다면 L-그래프에서 직선의 기울기는 1보다 작으며 기초 대사량의 증가율이 작을수록 기울기도 작아진다. 만약 체중의 증가율과 기초 대사량의 증가율이 같다면 L-그래프에서 직선의 기울기는 1이 된다.

▶ 일단 마지막 문장을 통해 '체중 증가율 = 기초 대사량 증가율'이면 'L-그래프에서 직선의 기울기 = 1'인 것부터 체크하자. 첫 번째 문장을 통해 '체중 증가율 > 기초 대사량 증가율'이면 'L-그래프에서 직선의 기울기 < 1'임을 알 수 있다. 그런데 4문단에서 '체중'은 x축, '기초 대사량'은 y축으로 정리했지? 그렇다면 다음과 같은 결론을 낼 수 있다.

▶ 'x축 증가율 > y축 증가율'이면 'L-그래프에서 직선의 기울기 < 1'

⑦ 이렇듯 L-그래프와 같은 방식으로 표현할 때, 생물의 어떤 형질이 체중 또는 몸 크기와 직선의 관계를 보이며 함께 증가하는 경우 그 형질은 '상대 성장'을 한다고 한다. 동일 종에서의 심장, 두뇌와 같은 신체 기관의 크기도 상대 성장을 따른다.

▶ '상대 성장'의 정의와, 같은 종에서의 신체 기관의 크기는 상대 성장을 따른다는 정보를 얻고 빠르게 다음 문단으로 넘어가면 돼.

⑧ 한편, 그래프에서 가로축과 세로축 두 변수의 관계를 대변하는 최적의 직선의 기울기와 절편은 최소 제곱법으로 구할 수 있다. 우선, 그래프에 두 변수의 순서쌍을 나타낸 점들 사이를 지나는 임의의 직선을 그린다. 각 점에서 가로축에 수직 방향으로 직선까지의 거리인 편차의 절댓값을 구하고 이들을 각각 제곱하여 모두 합한 것이 '편차 제곱 합'이며, 편차 제곱 합이 가장 작은 직선을 구하는 것이 최소 제곱법이다.

▶ 최소 제곱법? 파이널집에서 본 내용이다! 파이널 기간에 열심히 공부한 친구들은 이 내용이 생각나서 도움이 됐을 거고, 생각이 안 났더라도 괜찮다. 선생님이 독서 연계를 크게 강조하지 않는 이유도 여기에 있다. 문학과 달리 독서는 연계율이 크지 않기 때문에 연계 공부를 안 해도 충분히 풀 수 있도록 문제를 낸다.

▶ 최소 제곱법 : 편차 제곱 합이 가장 '작은' 직선을 구하는 것.
이를 통해 최적의 직선의 기울기와 절편을 구할 수 있음.

▶ 편차 제곱 합 : 각 점에서 가로축에 수직 방향으로 직선까지의 거리인 편차의 절댓값 제곱을 모두 더한 것

⑨ 클라이버는 이런 방법에 근거하여 L-그래프에 나타난 최적의 직선의 기울기로 0.75를 얻었고, 이에 따라 동물의 (체중)$^{0.75}$에 기초 대사량이 비례한다고 결론지었다. 이것을 '클라이버의 법칙'이라 하며, (체중)$^{0.75}$을 대사 체중이라 부른다. 대사 체중은 치료제 허용량의 결정에

도 이용되는데, 이때 그 양은 대사 체중에 비례하여 정한다. 이는 치료제 허용량이 체내 대사와 밀접한 관련이 있기 때문이다.

▶ 여기서 '클라이버 씨는 누구세요?'라고 하면 지문을 제대로 읽지 못한 거다. 3문단에서 동물의 기초 대사량은 체표 면적에 비례한다고 보았고, 4문단에서는 이와 다른 1930년대의 클라이버의 분석이 나왔다. 이 지문은 단순히 '최소 제곱법'이 무엇인지 설명하는 지문이 아니라 이를 통해 동물의 기초 대사량이 무엇에 비례하는지 알게 되었다는 내용을 담고 있는 거다.

▶ 19세기 초에는 기초 대사량이 (체중)$^{0.67}$에 비례한다고 보았는데, 1930년대 클라이버의 분석을 통해 (체중)$^{0.75}$에 비례함을 알 수 있게 되었다. 또한 이를 '대사 체중'이라고 부르는 것과 치료제의 허용량 결정에도 이용하고 있다는 것까지 체크하며 지문 읽기를 마무리하자.

지문분석

동물의 기초 대사량

↳ **L-그래프**

순서쌍의 값에 상용로그를 취해 새로운 순서쌍을 만들어 표시한 그래프

어떤 (①)의 주변에 점들이 분포하는 것으로 나타남.

'x축 증가율 = y축 증가율'이면 'L-그래프에서 직선의 기울기 = 1'
'x축 증가율 > y축 증가율'이면 'L-그래프에서 직선의 기울기 (②) 1'

상대 성장 : L-그래프와 같은 방식으로 표현할 때
생물의 어떤 형질이 체중 또는 몸 크기와 직선의 관계를 보이며 함께 증가

↳ **최소 제곱법**

(③) 제곱 합이 가장 작은 직선을 구하는 것
(③) : 각 점에서 가로축에 수직 방향으로 직선까지의 거리

그래프에서 가로축과 세로축 두 변수의 관계를 대변하는
최적의 직선의 기울기와 절편을 구할 수 있음.

↳ **기초 대사량**

- 정의 : 쾌적한 온도에서 편히 쉬는 동물이 공복 상태에서 생성하는 열량
- 생존에 필수적인 에너지
- 대사량의 60~75%를 차지, 근육량과 비례

기초 대사량 구하는 법

- 직접법 : 호흡실에서 동물이 발산하는 열량을 열량계를 이용해 측정
- (④) : 산소 소비량과 이산화 탄소 배출량을 측정
  → 체내에서 생성된 열량을 추정

19세기의 초기 연구

기초 대사량은 (⑤) 면적에 비례
(⑤) 면적은 (체중)$^{0.67}$에 비례
∴ 기초 대사량은 (체중)$^{0.67}$에 비례

1930년대 클라이버

그래프의 가로축 : 동물의 체중, 세로축 : 기초 대사량
→ 각 동물별 체중과 기초 대사량의 순서쌍을 점으로 나타냄.
→ L-그래프에 나타난 최적의 직선의 기울기로 (⑥)를 얻음.
∴ 동물의 (체중)$^{0.75}$에 기초 대사량이 비례 : 클라이버의 법칙

(⑦) : (체중)$^{0.75}$ → 치료제 허용량의 결정에도 이용

형태쌤 Comment

9문단이나 되는 길이가 상당히 긴 지문이다. 처음에 기초 대사량으로 지문을 시작했다가 갑자기 'L-그래프'와 '최소 제곱법'에 대한 얘기가 나와 수험생의 정신을 흔들어 놓았던 고난도 지문이다. 당황하지 말고 19세기 초기 연구와 달리 '클라이버'가 'L-그래프'와 '최소 제곱법'을 이용해 기초 대사량을 어떻게 구했는지 파악할 수 있어야 한다. 또한 'L-그래프'와 '최소 제곱법'의 핵심 내용도 간단히 메모하면서 보아야 오답을 줄일 수 있다.

문제분석 01-04번

번호	정답	정답률 (%)	선지별 선택비율(%)				
			①	②	③	④	⑤
1	③	72	6	9	72	9	4
2	④	38	4	32	15	38	11
3	④	51	14	9	11	51	15
4	①	19	19	18	30	18	15

01

정답설명

③ '증가율의 차이'라는 것은 두 변수의 증가율의 차(뺄셈)를 말하는 것이다. 6문단에 따르면 L-그래프에서의 직선의 기울기는 두 변수의 증가율이 같을 때 1, x축 증가율이 더 크면 1 미만, y축 증가율이 더 크면 1 초과이므로 L-그래프에서 직선의 기울기는 가로축 증가율에 대한 세로축 증가율을 나타낸 것이라 할 수 있다. 따라서 선지의 내용은 적절하지 않다.

오답설명

① 마지막 문단의 '클라이버는~동물의 (체중)$^{0.75}$에 기초 대사량이 비례한다고 결론지었다.'와 '(체중)$^{0.75}$을 대사 체중이라 부른다.'를 통해 알 수 있다.

② 1문단의 '기초 대사량은 개체에 따라 대사량의 60~75%를 차지하고, 근육량이 많을수록 증가한다.'에서 알 수 있다.

④ 8문단의 '그래프에서 가로축과 세로축 두 변수의 관계를 대변하는 최적의 직선의 기울기와 절편은 최소 제곱법으로 구할 수 있다.'에서 알 수 있다.

⑤ 7문단의 "생물의 어떤 형질이 체중 또는 몸 크기와 직선의 관계를 보이며 함께 증가하는 경우 그 형질은 '상대 성장'을 한다고 한다. 동일 종에서의 심장, 두뇌와 같은 신체 기관의 크기도 상대 성장을 따른다."에서 알 수 있다.

02

정답설명

④ 기초 대사량이 동물의 (체중)$^{0.75}$에 비례한다는 말은, 동물의 체중 증가율보다 기초 대사량의 증가율이 '작다'는 말이다. 따라서 체중이 작은 생쥐와 체중이 큰 코끼리를 비교했을 때, 기초 대사량의 차이는 체중의

차이보다 덜 난다는 것을 알 수 있다. 그렇다면 생쥐를 기준으로 한 치료제 허용량에서 체중의 비율만큼을 곱하여 코끼리에게 투약하면? 코끼리는 과다 복용의 부작용을 겪는다. 반대로 코끼리를 기준으로 한 치료제 허용량에서 체중의 비율만큼 나눠 생쥐에게 투약하면? 과다 복용이 아니라 과소 복용으로 생쥐에게는 약효가 제대로 일어나지 않겠구나.

오답설명

① 1문단에 '기초 대사량은 개체에 따라 대사량의 60~75%를 차지'한다고 나와 있다. 총 대사량 100%에서 60~75%를 빼면? 25~40%이므로 그 어떤 열량도 기초 대사량보다는 작다는 것을 확인할 수 있다. 따라서 하루에 소모되는 총 열량 중 기초 대사량의 비중이 가장 큼을 알 수 있다.

② 3문단에서 체표 면적은 $(체중)^{0.67}$에 비례한다고 하였고, 9문단에서 클라이버는 기초 대사량이 $(체중)^{0.75}$에 비례한다고 하였음을 알 수 있다. 따라서 선지와 같은 결론에 도달할 수 있다.

③ 3문단에서 19세기의 초기 연구가들은 체중의 증가율이 2일 때 기초 대사량의 증가율은 약 1.6이 된다고 보았으므로 적절하다.

⑤ ②와 같은 맥락이다. 0.75가 0.67보다 크니까 적절하구나.

03

정답설명

④ 2문단에 나온 ㉠(직접법)과 ㉡(간접법)은 무엇을 구하는 방법이었지? 바로 기초 대사량을 구하는 거지! 1문단에 따르면 '기초 대사량'은 '쾌적한 온도에서 편히 쉬는 동물이 공복 상태에서 생성하는 열량'인데, '체내에서 생성한 열량은 일정한 체온에서 체외로 발산되는 열량과 같다'고 하였으므로 기초 대사량을 구하는 ㉠과 ㉡을 통해 일정한 체온에서 동물이 체외로 발산하는 열량을 구할 수 있지.

오답설명

① ㉠은 '온도가 일정하게 유지'되는 호흡실에서 열량을 측정하는 방법이므로, 체온을 환경 온도에 따라 조정하는 변온 동물이 체외로 발산하는 열량도 측정할 수 있을 것이다.

② ㉡은 '동물의 산소 소비량과 이산화 탄소 배출량을 측정하고, 이를 기준으로 체내에서 생성된 열량을 추정하는 방법'이므로 동물이 호흡에 이용한 산소의 양을 모르면 ㉡을 사용할 수 없다.

③ 1문단에 따르면 기초 대사량은 '쾌적한 온도에서 편히 쉬는 동물이 공복 상태에서 생성하는 열량'이므로, ㉠과 ㉡ 둘 다 편하게 쉬는 상태에서 기초 대사량을 구할 것임을 추론할 수 있다.

⑤ 1문단에 따르면 '생존에 필수적인 최소한의 에너지' 자체가 기초 대사량을 가리킨다. 기초 대사량을 공급하면서 기초 대사량을 구한다고...? 평가원의 말장난에 넘어가지 말자!

04

지문의 내용을 〈그림〉에 적용해 보는 응용 문제이다. 'L-그래프'와 같은 방식으로 그래프의 가로축(x축)에는 'ⓐ(게딱지 폭)'를 넣고, 세로축(y축)에는 'ⓑ(큰 집게발의 길이)'를 넣으면 된다.

이때 'x축 증가율 = y축 증가율'이면 'L-그래프에서 직선의 기울기 = 1'이므로 게딱지의 폭과 큰 집게발의 길이가 비례한다면 기울기 = 1, 'x축 증가율 〉 y축 증가율'이면 'L-그래프에서 직선의 기울기 〈 1'이므로, 게딱지의 폭이 커지는 만큼 큰 집게발의 길이가 길어지지 않는다면 직선의 기울기가 1보다 작고, 반대의 경우는 기울기가 1보다 큼을 미리 메모해 놓고 풀어야 한다.

정답설명

① 거저 주는 선지다. 제발 받아먹자. 6문단에서 x축 증가율 = y축 증가율이면 'L-그래프에서 직선의 기울기 = 1'이랬지? 이 기울기가 1이 아니라면 게딱지 폭의 증가율과 큰 집게발 길이의 증가율이 다르다는 얘기이므로 ⓐ에 ⓑ가 비례한다고 할 수 없다.

오답설명

② 8문단에서 편차는 '각 점에서 가로축에 수직 방향으로 직선까지의 거리'라고 하였다. 이때 점들이 더 멀리 떨어진다는 것은 편차가 더 커진다는 의미이다. 편차가 커지면 당연히 편차 제곱 합은 더 커지지.

③ 〈보기〉의 "'L-그래프'와 같은 방식으로"에 주목하자. 5문단에서 '순서쌍의 값에 상용로그를 취해~어떤 직선의 주변에 점들이 분포하는 것으로 나타난다'고 하였고, 이러한 그래프를 'L-그래프'라고 하였으므로 곡선이 아니라 직선임을 알 수 있다.

④ 6문단에 따라 'x축 증가율 〉 y축 증가율'이면 'L-그래프에서 직선의 기울기 〈 1'. 바로 답 나오지?

⑤ 이번에는 ③과 다르게 '일반적인 그래프'의 경우를 물어보는 선지다. 5문단에서 "가로축과 세로축 두 변수의 증가율이 서로 다를 경우, 그 둘의 증가율이 같을 때와 달리, '일반적인 그래프'에서 이 점들은 직선이 아닌 어떤 곡선의 주변에 분포한다."라고 하였으므로, 둘의 증가율이 같을 때는 곡선이 아니라 직선임을 알 수 있다.

구조도 정답

① 직선 ② 〈
③ 편차 ④ 간접법
⑤ 체표 ⑥ 0.75
⑦ 대사 체중

08 2024학년도 6월

지문분석

촉매 활성

→ 정의 : 화학 반응 속도를 빠르게 하는 능력

→ 활성화 에너지 : 화학 반응을 진행하는 데 필요한 최소한의 운동 에너지

활성화 에너지가 작을수록 화학 반응 속도가 (①).

→ 촉매 : 활성화 에너지를 조절하여 반응 속도에 변화를 주는 물질

새로운 (②)를 제공

고체 촉매

액체나 기체인 생성물을 촉매로부터 분리하는 별도의 공정이 필요 없음.

활성 성분, 지지체, (③)로 구성

활성 성분

정의 : 표면에 반응물을 흡착시켜 촉매 활성을 제공하는 물질

과정 : 반응물이 활성 성분의 표면에 흡착
→ 반응물이 표면에서 반응 → 생성물로 변환
→ 생성물이 표면에서 탈착

활성 성분으로 (④)을 많이 사용함.
ex) 암모니아를 합성할 때 철 사용

흡착 세기를 적절히 조절해야 함.
- 흡착 세기↓ → 흡착량↓ → 촉매 활성↓
- 흡착 세기↑ → 지나친 안정화 → 표면 반응 속도↓ → 촉매 활성↓

지지체

(⑤) : 고온에서 금속 원자들로 이루어진 작은 입자들이 서로 달라붙어 큰 입자를 이루는 현상
→ 금속 활성 성분의 전체 표면적을 줄여 촉매 활성을 저하함.

지지체가 (⑤)로 인한 촉매 활성 저하 억제

(③)

촉매에 소량 포함되어 활성을 조절

1) 활성 성분의 표면 구조를 변화시켜 소결 억제

2) 활성 성분의 (⑥)를 변화시켜 흡착 세기를 조절

형태쌤 Comment

과학 지문이라고 겁먹을 필요 없다. 촉매는 반응 속도에 변화를 주기 위해 쓰는 것이며, 이를 이루는 활성 성분, 지지체, 증진제 각각의 역할만 구분할 수 있다면 문제는 어렵지 않게 풀 수 있다. 특히 3번 문제는 활성 성분, 지지체, 증진제와 1:1 대응만 하면 바로 ok다.

문제분석 01-04번

번호	정답	정답률 (%)	선지별 선택비율(%)				
			①	②	③	④	⑤
1	②	88	2	88	5	4	1
2	①	65	65	5	16	10	4
3	④	73	2	4	15	73	6
4	③	80	4	4	80	7	5

01

정답설명

② 1문단의 '화학 산업에서는 주로 고체 촉매가 이용되는데, 액체나 기체인 생성물을 촉매로부터 분리하는 별도의 공정이 필요 없기 때문이다.'를 통해 선지의 내용이 적절하지 않음을 알 수 있다.

오답설명

① 1문단의 '촉매는 촉매가 없을 때와는 활성화 에너지가 다른, 새로운 반응 경로를 제공한다.'를 통해 알 수 있다.

③ 2문단의 '고체 촉매의 촉매 작용에서는~생성물이 표면에서 탈착되는 과정을 거쳐 반응이 완결된다.'를 통해 알 수 있다.

④ 2문단의 '암모니아를 합성할 때 철을 활성 성분으로 사용하는데, 이때 반응물인 수소와 질소가 철의 표면에 흡착되어 각각 원자 상태로 분리된다. 흡착된 반응물은 전자를 금속 표면의 원자와 공유하여 안정화된다.'를 통해 알 수 있다.

⑤ 4문단의 '고체 촉매는 활성 성분이 반드시 있어야 하지만 경우에 따라 증진제나 지지체를 포함하지 않기도 한다.'를 통해 알 수 있다.

02

정답설명

① 2문단의 '일반적으로 고체 촉매에서는 반응에 관여하는 표면의 활성 성분 원자가 많을수록 반응물의 흡착이 많아 촉매 활성이 높아진다.'를 통해 ㉠의 촉매 활성을 높이기 위해서는 반응물을 흡착하는 표면의 활성 성분 원자, 즉 금속 원자의 개수를 늘리면 된다는 것을 알 수 있다.

오답설명

② 3문단에 따르면 입자가 소결되면 금속 활성 성분의 전체 표면적은 줄어들기 때문에, 표면에 반응물을 흡착시키는 촉매 활성을 원활히 할 수가 없다. '소결로 인한 촉매 활성 저하'라는 표현을 통해서도 소결을 촉진하면 촉매 활성을 높이지 못함을 알 수 있다. 또한 4문단에 따르면 증진제는 소결을 억제하므로, 증진제가 소결을 촉진한다는 선지의 설명도 적절하지 않다.

③ 1문단에 따르면 촉매 활성은 '반응 속도를 빠르게 하는' 것이므로 반응 속도를 늦추는 것은 촉매 활성을 높이는 방법이 아니다. 또한 3문단에 따르면 지지체는 촉매의 활성을 높이므로, 지지체가 반응 속도를 늦춘다는 선지의 설명도 적절하지 않다.

④ 1문단의 '활성화 에너지가 작은 반응은, 반응의 활성화 에너지보다 큰 운동 에너지를 가진 분자들이 많아 반응이 빠르게 진행된다.'를 통해 활성을 높이려면 활성화 에너지를 작게 해야 함을 알 수 있다.

⑤ 3문단의 '화학 반응이 일어나는 고온에서 금속 원자들로 이루어진 작은 입자들이 서로 달라붙어 큰 입자를 이루게 되는데 이를 소결이라 한다.'를 통해 해당 선지는 '소결'과 관련된 내용임을 알 수 있다. ②에서 설명한 대로 소결은 촉매 활성을 높이는 방법으로 적절하지 않다.

03

형태쌤의 과외시간

이 문제는 1:1 대응이 필요하다. 2문단에서 암모니아를 만들기 위해 '수소'와 '질소'라는 반응물과 '철'이라는 활성 성분을 쓴다고 하였지? 이를 〈보기〉에 적용하면 '에틸렌'을 만들기 위해 '아세틸렌'과 '수소'라는 반응물과 '팔라듐'이라는 활성 성분을 쓴다고 이해하면 된다. 이때, '실리카'는 표면적이 넓고 열적 안정성이 높으며, 활성 성분(팔라듐)이 표면에 분산되어 있다고 하였으므로, 3문단에서 말하는 '지지체'임을 알 수 있다. 또, '규소'와 '은'은 '활성 성분의 표면 구조를 변화시켜 소결을 억제하기도 하고, 활성 성분의 전자 밀도를 변화시켜 흡착 세기를 조절하기도' 하므로 4문단에서 말하는 '증진제'임을 알 수 있다.

정리하자면 다음과 같다.
- 반응물 : 아세틸렌, 수소
- 활성 성분 : 팔라듐
- 지지체 : 실리카
- 증진제 : 규소, 은

정답설명

④ 〈보기〉의 실리카는 지지체인데, 지지체의 역할은 소결의 문제를 해결하는 것이다. 따라서 실리카가 활성 성분을 소결한다는 선지의 내용은 적절하지 않다.

오답설명

⑤ 3문단의 '작은 금속 입자들을 표면적이 넓고 열적 안정성이 높은 지지체의 표면에 분산하면 소결로 인한 촉매 활성 저하가 억제된다.'를 통해 알 수 있다.

04

형태쌤의 과외시간

2문단을 참고하여 그래프를 잘 읽을 수 있어야 한다.

2문단에서 '흡착이 약하면 흡착량이 적어 촉매 활성이 낮으며, 흡착이 너무 강하면 흡착된 반응물이 지나치게 안정화되어 표면에서의 반응이 느려지므로 촉매 활성이 낮다'고 하였다. 즉, 흡착이 너무 약해도 안 되고 너무 강해도 안 된다는 얘기이다.

이제 그래프를 보자. 가로축은 흡착 세기를 나타내고, 세로축은 촉매 활성 정도를 나타낸다. 흡착 세기가 중간 정도인 ⓒ 지점에서 촉매 활성이 가장 잘 이뤄짐을 알 수 있다.

정답설명

③ 2문단의 '흡착이 너무 강하면 흡착된 반응물이 지나치게 안정화되어'를 통해, 흡착이 강할수록 안정화 정도가 큼을 알 수 있다. 그래프를 보면 ⓐ보다 ⓓ가 흡착 세기가 강하므로, 안정화 정도도 ⓓ가 더 크다.

오답설명

① 1문단에 따르면 화학 반응 속도를 빠르게 하는 것이 촉매 활성이며, 촉매 활성이 높을수록 화학 반응이 빠르게 일어난다. 그래프를 보면 ⓐ보다 ⓑ에서 촉매 활성이 높게 일어나므로, 화학 반응도 ⓑ를 활성 성분으로 사용할 때 더 빠르게 일어남을 알 수 있다.

② 2문단의 '흡착이 약하면 흡착량이 적어'를 통해 흡착 세기와 흡착량은 비례 관계임을 알 수 있다. 그래프를 보면 ⓐ보다 ⓒ에서의 흡착 세기가 강하므로 ⓒ가 흡착량이 더 많음을 알 수 있다.

④ 흡착 세기는 눈으로 바로 확인할 수 있으므로 이 선지를 고른 학생은... 반성하자!

⑤ 그래프를 보면 ⓒ가 촉매 활성이 가장 높고, ⓓ가 가장 낮다. 따라서 촉매 활성만을 고려했을 때 ⓒ가 가장 적합한 활성 성분이라고 할 수 있다.

구조도 정답

① 빠름 or ↑
② 반응 경로
③ 증진제
④ 금속
⑤ 소결
⑥ 전자 밀도

나 없이
기출
풀지마라

독서

IV

기술

검사용 키트

지문해설

① 건강 상태를 진단하거나 범죄의 현장에서 혈흔을 조사하기 위해 검사용 키트가 널리 이용된다. 키트 제작에는 다양한 과학적 원리가 적용되는데, 적은 비용으로 쉽고 빠르고 정확하게 검사할 수 있는 키트를 제작하는 것이 요구된다. 이러한 필요에 따라 항원-항체 반응을 응용하여 시료에 존재하는 성분을 분석하는 다양한 형태의 키트가 개발되고 있다. 항원-항체 반응은 항원과 그 항원에만 특이적으로 반응하는 항체가 결합하는 면역 반응을 말한다. 항체 제조 기술이 발전하면서 휴대성이 높고 분석 시간이 짧은 측면유동면역분석법(LFIA)을 이용한 다양한 종류의 키트가 개발되고 있다.

▶ 일단 '키트'라는 화제가 제시되었다. 당연히 다음 단락에서는 이 녀석의 종류나 원리가 나올 텐데, 종류가 나올 때는 공통점과 차이점을 집요하게 출제하고, 원리가 제시될 때는 '과정'으로 서술할 때가 많다. 마음의 준비를 하고 다음 단락으로 넘어가 보자.

② LFIA 키트를 이용하면 키트에 나타나는 선을 통해, 액상의 시료에서 검출하고자 하는 목표 성분의 유무를 간편하게 확인할 수 있다. LFIA 키트는 가로로 긴 납작한 막대 모양인데, 시료 패드, 결합 패드, 반응막, 흡수 패드가 순서로 나란히 배열된 구조로 되어 있다.

▶ 구조에 따른 원리가 '과정'으로 제시된다. 끊어 읽을 준비를 하면서 가 보자.

시료 패드로 흡수된 시료는 결합 패드에서 복합체와 함께 반응막을 지나 여분의 시료가 흡수되는 흡수 패드로 이동한다.

▶ 간단한 과정이라 빗금(/)을 치는 정도로 가볍게 구분하면 된다. 이후 핵심 과정에 대한 상세 설명이 제시된다.

결합 패드에 있는 복합체는 금-나노 입자 또는 형광 비드 등의 표지 물질에 특정 물질이 붙어 이루어진다. 표지 물질은 발색 반응에 의해 색깔을 내는데, 이 표지 물질에 붙어 있는 특정 물질은 키트 방식에 따라 종류가 다르다. 일반적으로 한 가지 목표 성분을 검출하는 키트의 반응막에는 항체들이 띠 모양으로 두 가닥 고정되어 있는데, 그중 시료 패드와 가까운 쪽에 있는 가닥이 검사선이고 다른 가닥은 표준선이다. 표지 물질이 검사선이나 표준선에 놓이면 발색 반응에 의해 반응선이 나타난다. 검사선이 발색되어 나타나는 반응선을 통해서는 목표 성분의 유무를 판정할 수 있다. 표준선이 발색된 반응선이 나타나면 검사가 정상으로 진행되었음을 알 수 있다.

▶ 목표 성분의 유무에 따라 발색 반응이 달라지고, 키트에는 항체와 표지 물질이 있다는 내용으로, 어려운 내용은 아니었다.

③ LFIA 키트는 주로 직접 방식 또는 경쟁 방식으로 제작되는데, 방식에 따라 검사선의 발색 여부가 의미하는 바가 다르다. 직접 방식에서 복합체에 포함된 특정 물질은 목표 성분에 결합할 수 있는 항체이다. 시료에 목표 성분이 포함되어 있다면 목표 성분은 이 항체와 일차적으로 결합하고, 이후 검사선의 고정된 항체와 결합한다. 따라서 검사선이 발색되면 시료에서 목표 성분이 검출되었다고 판정한다.

▶ 은근히 헷갈리는 내용이다. 머릿속에 잘 들어오지 않으면 가볍게 메모를 해서라도 제대로 잡고 가자. 어차피 원리를 제대로 머릿속에 넣지 않으면 문제 풀

때 다시 고민을 해야 한다. 디테일한 내용은 못 넣더라도 핵심적인 내용을 넣고, 두 방식의 차이를 정확하게 구분해야 한다.

▶ 직접 방식 : 1차 결합 [복합체(항체) ⊕ 시료(목표 성분)] → 2차 결합 [검사선(항체) ⊕ 시료(목표 성분)] → 검사선 발색 O

한편 경쟁 방식에서 복합체에 포함된 특정 물질은 목표 성분에 대한 항체가 아니라 목표 성분 자체이다. 만약 시료에 목표 성분이 포함되어 있으면 시료의 목표 성분과 복합체의 목표 성분이 서로 검사선의 항체와 결합하려 경쟁한다. 이때 시료에 목표 성분이 충분히 많다면 시료의 목표 성분은 복합체의 목표 성분이 검사선의 항체와 결합하는 것을 방해하므로 검사선이 발색되지 않는다. 직접 방식은 세균이나 분자량이 큰 단백질 등을 검출할 때 이용하고, 경쟁 방식은 항생 물질처럼 목표 성분의 크기가 작은 경우에 이용한다.

▶ 경쟁 방식 : [복합체(목표 성분) vs 시료(목표 성분)] ⊕ 검사선(항체) → 시료의 목표 성분이 많으면 검사선 발색 X

▶ 복합체에는 발색 반응을 내는 표지 물질이 있고, 시료에는 표지 물질이 없다는 것을 기억하자. 시료의 목표 성분이 많아서 복합체의 목표 성분이 검사선과 결합하는 것을 방해했기에, 검사선이 발색이 되지 않는 것이다.

④ 한편, 검사용 키트는 휴대성과 신속성 외에 정확성도 중요하다. 키트의 정확성을 측정하기 위해서는 키트를 이용해 여러 번의 검사를 실시하고 그 결과를 분석한다. 키트가 시료에 목표 성분이 들어있다고 정하면 이를 양성이라고 한다. 이때 시료에 목표 성분이 실제로 존재하면 진양성, 시료에 목표 성분이 없다면 위양성이라고 한다. 반대로 키트가 시료에 목표 성분이 들어 있지 않다고 판정하면 음성이라고 한다. 이 경우 실제로 목표 성분이 없다면 진음성, 목표 성분이 있다면 위음성이라고 한다. 현실에서 위양성이나 위음성을 배제할 수 있는 키트는 없다.

▶ 일단 크게 보면, 목표 성분이 있으면 양성, 없으면 음성이다. 근데 이것이 또 세분화되는구나. 원리에 해당하는 핵심적인 내용은 아니기에 간단히 읽고 이따 와서 확인하며 풀어도 되겠다.

⑤ 여러 번의 검사 결과를 통해 키트의 정확도를 구하는데, 정확도란 시료를 분석할 때 올바른 검사 결과를 얻을 확률이다. 정확도는 민감도와 특이도로 나뉜다. 민감도는 시료에 목표 성분이 존재하는 경우에 대해 키트가 이를 양성으로 판정한 비율이다. 특이도는 시료에 목표 성분이 없는 경우에 대해 키트가 이를 음성으로 판정한 비율이다. 민감도와 특이도가 모두 높아 정확도가 높은 키트가 가장 이상적이지만 현실에서는 그렇지 않은 경우가 많아서 상황에 따라 민감도나 특이도를 고려하여 키트를 선택해야 한다.

▶ 이상적인 것과 현실의 구분을 굳이 지문에 넣었다는 것을 기억하며 지문 읽기를 마무리하자.

지문분석

검사용 키트

(①)반응

= 면역 반응
(항원 + 그 항원에만 특이적으로 반응하는 항체)

LFIA 키트 (휴대성↑, 분석 시간↓)

구성

- (②) : 시료 흡수
- 결합 패드 : 복합체 (표지 물질 + 특정 물질) 존재
- 반응막 : 한 가지 목표 성분 검출
  - (③) : 목표 성분의 유무 판정
  - 표준선 : 검사의 정상적 진행 여부 판정
- 흡수 패드 : 여분의 시료 흡수

방식

- (④) 방식 : 복합체 특정 물질 = 항체

  시료에 목표 성분有
  → 시료 목표 성분 + 복합체 특정 물질(항체)
  → 시료 목표 성분 + 검사선 항체 → 검사선 발색 O

  크기 大 목표 성분(세균, 단백질) 검출 판정

- (⑤) 방식 : 복합체 특정 물질 = 목표 성분

  시료에 목표 성분有 → 검사선 항체에 대한 결합 경쟁
  (시료 목표 성분 vs 복합체 목표 성분)
  ⇓
  시료 목표 성분이 多 → 검사선 발색 X

  크기 小 목표 성분 (⑥) 검출 판정

정확성 측정

- 양성 시료에 목표 성분O : 진양성 ⇒ 민감도에 영향
  양성 시료에 목표 성분X : 위양성

- 음성 시료에 목표 성분O : 위음성
  음성 시료에 목표 성분X : 진음성 ⇒ (⑦)에 영향

형태쌤 Comment

비문학 지문에서 '과정'의 방식이 초반부에 나오는 경우와 후반부에 나오는 경우 시험장에서 독해의 난이도는 사뭇 달라진다. 후반부에 나오는 경우 어차피 모든 정보의 기억이 불가능하다는 것을 알기에 단계만 잡으면서 문제로 가지만, 초반부에 나오는 경우 과정의 정보를 기억하려고 애쓰다 보면 중·후반부에 이미 정보의 포화 상태가 되어 버리기 때문이다. 시험장에서 과정의 단계별 정보를 다 기억하는 것은 무리다. 단계만 정확하게 처리하고, 특히 초반부의 '항원', '항체' 등의 개념을 정확하게 이해한 상태에서 중·후반부로 넘어가야 원활한 독해가 진행될 것이다.

문제분석   01-04번

번호	정답	정답률 (%)	선지별 선택비율(%)				
			①	②	③	④	⑤
1	③	57	5	10	57	11	17
2	①	46	46	7	8	27	12
3	④	45	29	10	11	45	5
4	②	40	8	40	12	21	19

01

정답설명

③ 2문단의 마지막을 보면, 검사선이 발색되어 나타나는 반응선을 통해서는 목표 성분의 유무를, 표준선이 발색된 반응선을 통해서는 검사가 정상적으로 진행되었는지 여부를 확인할 수 있다고 나온다. 따라서 검사가 정상적으로 진행된 키트에서는 검사선이 발색되지 않더라도 표준선은 발색되어 나타나게 된다.

오답설명

① 2문단에서 시료 패드로 시료가 흡수되고, 흡수 패드에서 여분의 시료가 흡수된다고 하였으므로 적절하다.

② 1문단에서 '항원-항체 반응'을 응용하여 시료에 존재하는 성분을 분석하는 키트가 LFIA 키트임을 밝혔다. 또한 2문단에서 일반적으로 한 가지 목표 성분을 검출하는 키트의 반응막에 항체들이 고정되어 있다고 하였으므로, 키트를 통해 검출하려고 하는 목표 성분은 항원임을 알 수 있다.

④ 2문단에서 표지 물질은 발색 반응에 의해 색깔을 낸다고 하였다. 또한 표지 물질이 검사선이나 표준선에 놓이면 발색 반응에 의해 반응선이 나타나고, 검사선이 발색되어 나타나는 반응선을 통해 목표 성분의 유무를 판정할 수 있다고 하였다. 따라서 표지 물질이 없다면 시료에 목표 성분이 있더라도 이를 시각적으로 확인할 수가 없다.

⑤ 4문단에서 키트가 시료에 목표 성분이 들어있다고 판정했지만 실제로는 목표 성분이 없는 경우를 '위양성'이라고 하며, 현실에서 이를 배제할 수 있는 키트는 없다고 하였다. 따라서 시료에 목표 성분이 포함되어 있지 않더라도 검사선이 발색되는 경우가 있음을 확인할 수 있다.

02

정답설명

① ㉠(직접 방식)에서는 복합체에 포함된 '특정 물질'이 '항체'이므로, 시료에 포함된 목표 성분이 복합체에 포함된 항체와 일차적으로 결합하고, 이후 검사선의 고정된 항체와 결합한다. 하지만 ㉡(경쟁 방식)에서는 복합체에 포함된 '특정 물질'이 항체가 아니라 '목표 성분(항원) 자체'라고 하였으므로, 검사선에 도달하기 이전에 항체와 결합하지 않는다.

오답설명

② ㉡은 시료의 목표 성분과 복합체의 목표 성분이 서로 검사선의 항체와 결합하려는 경쟁이 일어난다. 반면 ㉠은 시료에 목표 성분이 포함되어

있다면 복합체의 항체와 일차적으로 결합하고, 이후 검사선의 고정된 항체와 결합한다.

③ 2문단에서 LFIA 키트는 시료 패드, 결합 패드, 반응막, 흡수 패드가 순서대로 나란히 배열된 구조로 되어 있으며, 시료가 그 순서대로 이동한다고 하였다. 또한 반응막에서 앞쪽에 놓인 선이 검사선, 뒤쪽에 놓인 선이 표준선이라고 하였으므로, ㉠과 ㉡ 둘 다 시료가 표준선에 도달하기 이전에 검사선에 먼저 도달할 것이다.

④ 2문단에서 반응막에는 검사선과 표준선이 고정되어 있으며, 표준선이 발색된 반응선이 나타나면 검사가 정상적으로 진행되었음을 알 수 있다고 하였다. 즉, 검사가 정상적으로 진행되면 반응막에 고정된 표준선이 발색된다는 뜻이다. 따라서 ㉠과 ㉡ 모두 정상적인 검사로 시료에서 목표 성분을 검출했다면 반응막에 표준선이 발색된 반응선이 나타날 것이다.

⑤ 2, 3문단에 따르면 표지 물질에 붙어 있는 '특정 물질'이 ㉠에서는 '항체'이고 ㉡에서는 '목표 성분(항원)' 자체이므로, ㉠은 시료에 들어 있는 목표 성분과, 표지 물질이 아닌 특정 물질이 항원-항체 반응으로 결합하겠지만 ㉡에서는 결합하지 않을 것이다.

03

정답설명

 형태쌤의 과외시간

반대 조건 주목! 간혹 비문학에서 지문과 〈보기〉에 반대 조건이 제시될 때가 있다. 이 경우 기존 틀을 뒤집어서 판단해야 하니, 실수를 하지 않도록 유의해야 한다.

④ 5문단에서 민감도는 시료에 목표 성분이 존재하는 경우에 대해 키트가 이를 양성으로 판정한 비율이라고 하였다. 즉, 시료에 목표 성분이 존재하고, 이를 양성으로 판정한 '진양성'인 경우가 많아야 민감도가 높아지는 것이다. 하지만 〈보기〉에서는 '반대 조건'이 추가적인 조건으로 나와 있다! A가 적을수록 민감도가 높아진다고 하였다. 따라서 목표 성분이 존재하는 경우에 키트가 이를 음성으로 판정한 위음성이 적어야, 민감도가 높아진다. 따라서 '위음성'이 A가 된다.

특이도는 시료에 목표 성분이 없는 경우에 대해 키트가 이를 음성으로 판정한 비율이라고 하였다. 즉, 시료에 목표 성분이 없고, 이를 음성으로 판정한 '진음성'인 경우가 많아야 특이도가 높아지는 것이다. 따라서 '진음성'이 B가 된다.

04

정답설명

② 3문단에 따르면 세균이나 분자량이 큰 단백질 등을 검출할 때는 직접 방식의 LFIA 키트를 이용한다고 하였다. 〈보기〉의 '살모넬라균'은 대표적인 병원성 세균이라고 하였으므로 경쟁 방식이 아닌 직접 방식의 LFIA 키트를 사용해야 한다. 3문단에 따르면 직접 방식에서는 표지 물질에 붙어 있는 특정 물질이 목표 성분(항원)에 결합할 수 있는 '항체'여

야 한다. 〈보기〉의 상황에서 '항원'은 살모넬라균이므로, 표지 물질에 살모넬라균이 아닌 살모넬라균과 항원-항체 반응을 보이는 항체가 붙어 있어야 한다.

오답설명

① 1문단에서 LIFA 키트는 항원-항체 반응을 응용하여 시료에 존재하는 성분을 분석한다고 하였다. 따라서 항체를 제조하는 기술이 먼저 개발되어야 항체를 결합 패드의 복합체에 붙인 ⓐ가 개발될 수 있다.

③ 2문단에서 LFIA 키트를 이용하면 '액상의 시료'에서 검출하고자 하는 목표 성분의 유무를 확인할 수 있다고 하였다. 따라서 시료는 액체 상태여야 한다.

④ 5문단에 따르면 민감도는 시료에 목표 성분이 존재하는 경우에 대해 키트가 이를 양성으로 판정한 비율이며, 특이도는 시료에 목표 성분이 없는 경우에 대해 키트가 이를 음성으로 판정한 비율이다. '오염 의심 시료'는 목표 성분이 있을 것으로 여겨지는 시료이므로, 이를 선별하기 위해서는 민감도가 높은 것이 더 효과적일 것이다.

⑤ 〈보기〉에서 ⓐ는 기존 방법보다 정확도가 낮다고 하였으므로, ⓐ를 이용하여 살모넬라균이 검출되었다고 키트가 판정한 경우에도 기존의 분석법으로는 균이 검출되지 않을 가능성이 있다.

구조도 정답

① 항원-항체
② 시료 패드
③ 검사선
④ 직접
⑤ 경쟁
⑥ 항생 물질
⑦ 특이도

주사 터널링 현미경

지문해설

① 주사 터널링 현미경(STM)에서는 끝이 첨예한 금속 탐침과 도체 또는 반도체 시료 표면 간에 적당한 전압을 걸어 주고 둘 간의 거리를 좁히게 된다. 탐침과 시료의 거리가 매우 가까우면 양자 역학적 터널링 효과에 의해 둘이 접촉하지 않아도 전류가 흐른다. 이때 탐침과 시료 표면 간의 거리가 원자 단위 크기에서 변하더라도 전류의 크기는 민감하게 달라진다. 이 점을 이용하면 시료 표면의 높낮이를 원자 단위에서 측정할 수 있다. 하지만 전류가 흐를 수 없는 시료의 표면 상태는 STM을 이용하여 관찰할 수 없다. 이렇게 민감한 STM도 진공 기술의 뒷받침이 있었기에 널리 사용될 수 있었다.

▶ 제재만으로도 긴장되게 하는 지문이다. 시험장에서 이런 지문을 만나면, 마음을 다잡아라. 우리가 STM에 대한 정보를 이해해야 하는 것은 맞지만, 과학적으로 온전히 이해하기보다는 필자의 관심사에 따른 핵심 정보가 무엇인지를 이해해야 한다. 필자는 STM에 대해 관심이 있고, STM의 용도에 대해 설명하고 있구나. 중간에 나온 '양자 역학적 터널링 효과'는 필자가 설명해 주지 않았으니, 상세한 의미는 출제하지 않을 것이라는 확신을 갖고, 제시된 역할만 확인하면서 독해하면 되겠다.

② STM은 대체로 진공 통 안에 설치되어 사용되는데 그 이유는 무엇일까? 기체 분자는 끊임없이 떠돌아다니다가 주변과 충돌한다. 이때 일부 기체 분자들은 관찰하려는 시료의 표면에 붙어 표면과 반응하거나 표면을 덮어 시료 표면의 관찰을 방해한다.

▶ 문제가 나타났다. '기체 분자'가 관찰을 방해하는 문제이구나. 문제의 원인은 '시료의 표면에 붙'는 것이니, 이에 대한 해결이 나올 것이라는 예측을 하며 계속 읽어 보자.

따라서 용이한 관찰을 위해 STM을 활용한 실험에서는 관찰하려고 하는 시료와 기체 분자의 접촉을 최대한 차단할 필요가 있어 진공이 요구되는 것이다. 진공이란 기체 압력이 대기압보다 낮은 상태를 통칭하며 기체 압력이 낮을수록 진공도가 높다고 한다. 진공 통 내부의 온도가 일정하고 한 종류의 기체 분자만 존재할 경우, 기체 분자의 종류와 상관없이 통 내부의 기체 압력은 단위 부피당 떠돌아다니는 기체 분자의 수에 비례한다. 따라서 기체 분자들을 진공 통에서 뽑아내거나 진공 통 내부에서 움직이지 못하게 고정하면 진공 통 내부의 기체 압력을 낮출 수 있다.

▶ 문제의 해결로 '진공'을 제시하고 있다. 이 문단에서 체크해야 할 것은 뭐지? 그렇지. 문제 해결인 '진공'의 개념과 비례 관계! 쌤이 과학·기술 지문에서 증감과 비례는 출제 포인트라고 여러 번 강조했었다.

[진공 : 기체 압력 < 대기압]
[기체 압력↓ 진공도↑ 떠돌아다니는 기체 분자 수↓]와 같이 간단하게 메모하거나 밑줄을 그어라.

③ STM을 활용하는 실험에서 어느 정도의 진공도가 요구되는지를 이해하기 위해서는 '단분자층 형성 시간'의 개념을 이해할 필요가 있다. 진공 통 내부에서 떠돌아다니던 기체 분자들이 관찰하려는 시료의 표면에 달라붙어 한 층의 막을 형성하기까지 걸리는 시간을 단분자층 형성 시간이라 한다. 이 시간은 시료의 표면과 충돌한 기체 분자들이 표면에 달라붙을 확률이 클수록, 단위 면적당 기체 분자의 충돌 빈도

가 높을수록 짧다. 또한 기체 운동론에 따르면 고정된 온도에서 기체 분자의 질량이 크거나 기체의 압력이 낮을수록 단분자층 형성 시간은 길다. 가령 질소의 경우 20℃, 760토르 대기압에서 단분자층 형성 시간은 3×10^{-9}초이지만, 같은 온도에서 압력이 10^{-9}토르로 낮아지면 대략 2,500초로 증가한다. 이런 이유로 STM에서는 시료의 관찰 가능 시간을 확보하기 위해 통상 10^{-9}토르 이하의 초고진공이 요구된다.

▶ 진공과 관련한 추가 정보로 '단분자층 형성 시간'에 대해 제시하고 있구나. 비례 관계가 나오니, 이 역시 간단한 메모가 도움이 되겠지?

[기체 분자가 시료에 달라붙을 확률↑ or 기체 분자의 충돌 빈도↑ ⇨ 단분자층 형성 시간↓]
[기체 분자 질량↑ or 기체 압력↓ ⇨ 단분자층 형성 시간↑]

④ 초고진공을 얻기 위해서는 스퍼터 이온 펌프가 널리 쓰인다. 스퍼터 이온 펌프는 진공 통 내부의 기체 분자가 펌프 내부로 유입되도록 진공 통과 연결하여 사용한다. 스퍼터 이온 펌프는 영구 자석, 금속 재질의 속이 뚫린 원통 모양 양극, 타이타늄으로 만든 판 형태의 음극으로 구성되어 있다. 자석 때문에 생기

스퍼터 이온 펌프

는 자기장이 원통 모양 양극의 축 방향으로 걸려 있고, 양극과 음극 간에는 2~7kV의 고전압이 걸려 있다. 양극과 음극 간에 걸린 고전압의 영향으로 음극에서 방출된 전자는 자기장의 영향을 받아 복잡한 형태의 궤적을 그리며 양극으로 이동한다. 이 과정에서 음극에서 방출된 전자는 주변의 기체 분자와 충돌하여 기체 분자를 그것의 구성 요소인 양이온과 전자로 분리시킨다. 여기서 자기장은 전자가 양극까지 이동하는 거리를 자기장이 없을 때보다 증가시켜 주어 전자와 기체 분자와의 충돌 빈도를 높여 준다. 이 과정에서 생성된 양이온은 전기력에 의해 음극으로 당겨져 음극에 박히게 되어 이동 불가능한 상태가 된다. 이 과정이 1차 펌프 작용이다. 또한 양이온이 음극에 충돌하면 타이타늄이 떨어져 나와 충돌 지점 주변에 들러붙는다. 이렇게 들러붙은 타이타늄은 높은 화학 반응성 때문에 여러 기체 분자와 쉽게 반응하여, 떠돌아다니던 기체 분자를 흡착한다. 이는 떠돌아다니는 기체 분자의 수를 줄이는 효과가 있으므로 이를 2차 펌프 작용이라 부른다. 이렇듯 1, 2차 펌프 작용을 통해 스퍼터 이온 펌프는 초고진공 상태를 만들 수 있다.

▶ 정보량이 상당하구나. 지문에 제시된 그림을 활용해서 정보를 따라가 보자. 단계적 과정은 빈출되는 요소 아니더냐. 시험장에서는 빗금(/)으로 단계를 구분하며 읽거나, 그림에 간단히 메모를 하며 읽으면 된다. 시험장에서 모든 과정을 메모할 필요는 없지만, 이해를 돕기 위해 초고진공 상태에 이르는 과정을 정리하면 아래와 같겠지.

[1차 펌프 과정 : 음극, 양극에 고전압을 걸어 음극의 전자 방출 ⇨ 자기장 때문에 전자가 양극으로 이동하며 기체 분자와 충돌 ⇨ 기체 분자가 양이온·전자로 분리 ⇨ 전기력이 양이온을 음극으로 이동·고정시킴]
[2차 펌프 과정 : 양이온이 음극에 충돌 ⇨ 음극에서 타이타늄 분리 ⇨ 충돌 지점 주변에 들러붙은 타이타늄이 기체 분자 흡착]

지문분석

주사 터널링 현미경 (STM)

▷ 측정

금속 탐침~시료 표면에 전압O, 거리↓

(①) 효과 : 접촉X, 전류O
→ 원자 단위 거리 변화에도 매우 민감

▷ 설치 조건

대체로 진공(기체 압력 < (②))통 내부

시료 표면 관찰을 방해하는
기체 분자의 움직임 차단하기 위함

기체 압력↓ : 진공도↑, 기체 분자 제거 or 고정

통 내부 기체 압력
: 단위 부피당 떠돌아다니는 (③)에 비례

▷ 요구되는 진공도

(④)

진공 통 내부의 기체 분자들이
시료 표면에 달라붙어 막을 형성하는 데 걸리는 시간

시간↑ 조건

기체 분자가 시료 표면에 달라붙을 확률↓,
기체 분자 충돌 빈도↓

고정된 온도에서 기체 분자 질량↑, (⑤)↓

시료의 관찰 가능 시간 확보 → 10^{-9} 토르 이하 초고진공 요구

▷ 스퍼터 이온 펌프 → 초고진공 상태 형성

1차 (⑥)

(1) (+)극~(-)극 간 고전압
→ (-)극에서 방출된 전자 (+)극으로 이동

(2) 전자가 기체 분자와 충돌
→ 기체 분자 분리 (양이온+전자)
자기장 : 전자와 기체 분자의 충돌 빈도↑

(3) 전기력에 의해 (2)의 양이온이 (-)극에 고정

2차 (⑥)

(4) (3)에서 양이온과 (-)극의 충돌로 분리된 타이타늄이
충돌 지점 주변에 붙음

(5) 타이타늄의 높은 (⑦)
→ 떠돌아다니는 기체 분자 흡착

형태쌤 Comment

지문을 크게 보면 '문제-해결' 구조로 되어 있고, 해결 부분은 '과정'의 방식으로 서술되어 있다. '과정' 파트에서는 정보량의 폭발이 당연하게 발생하니 모든 정보를 다 기억하려 애쓰지 말고, 문제 해결에 해당하는 '진공'과 관련한 정보에 주목을 하고, 과정의 각 단계를 빗금으로 구분하면서 읽어야 한다. 그래야 문제 풀다가 쉽게 돌아와서 확인할 수 있겠지. 지문은 약간 난이도가 있지만 문제의 선지들이 워낙 선명해서 풀이에는 어려움이 없었을 것이다.

문제분석 01-04번

번호	정답	정답률 (%)	선지별 선택비율(%)				
			①	②	③	④	⑤
1	②	81	6	81	5	6	2
2	③	72	5	5	72	14	4
3	①	61	61	16	6	10	7
4	⑤	50	6	12	15	17	50

01

정답설명

② 4문단에서 '초고진공을 얻기 위해서는 스퍼터 이온 펌프가 널리 쓰인다'고 했다. 기술 지문이라고 긴장했던 것이 허무할 만큼, 명확한 정답이지? '문제 해결'인 스퍼터 이온 펌프의 역할을 물어보는 당연하고도 쉬운 선지다.

오답설명

① 2문단에서 '진공이란 기체 압력이 대기압보다 낮은 상태를 통칭하며 기체 압력이 낮을수록 진공도가 높다'고 하였지.

③ 2문단에서 '용이한 관찰을 위해 STM을 활용한 실험에서는 관찰하려고 하는 시료와 기체 분자의 접촉을 최대한 차단'해야 한다고 하였고, 3문단에서는 '시료의 표면과 충돌한 기체 분자들이~단분자층 형성 시간은 길다.'라고 하였다. 따라서 기체 분자들이 관찰하려는 시료의 표면에 달라붙어 한 층의 막을 형성하기까지 걸리는 시간인 '단분자층 형성 시간'이 길수록 관찰이 용이할 것이다.

④ 2문단에, 단위 부피당 떠돌아다니는 기체 분자의 수와 통 내부의 기체 압력은 비례 관계임이 명시되어 있다.

⑤ 3문단에서 시료 표면과 충돌한 기체 분자들이 표면에 달라붙을 확률이 클수록 단분자층 형성 시간이 짧다고 했다. 따라서 단분자층 형성 시간은 시료 표면과 충돌한 기체 분자들이 표면에 달라붙을 확률과 무관하지 않다.

02

정답설명

③ 2문단에서 '기체 분자들은 관찰하려는 시료의 표면에 붙어 표면과 반응하거나 표면을 덮어 시료 표면의 관찰을 방해한다'고 하였고, 3문단에

2023학년도 9월

지문분석

웹페이지의 노출 원리

→ 웹 페이지가 화면에 나타나는 (①)를 정하기 위해 중요도와 적합도를 사용함.

(②)

빠른 시간 내에 검색 결과를 보여 주기 위해 검색 엔진이 미리 작성

단어를 알파벳순으로 정리한 목록

각 단어가 등장하는 웹 페이지와 단어의 빈도수 등이 저장됨.
→ 웹 페이지의 중요도를 함께 기록

중요도
: 웹 페이지로 연결된 링크를 통해 받는 값을 모두 합한 것

링크 분석 기법으로 측정

웹 페이지 A의 값 : A를 링크한 각 웹 페이지들로부터 받는 값의 합
→ A의 값은 유지되며 A가 링크한 다른 웹 페이지들에 균등하게 나눠짐.

웹 페이지가 실제로 받는 값
: 균등하게 나눠진 A의 값에 (③)를 곱함.

(③)
1) 사용자들이 링크를 통해 다른 웹 페이지로 이동하지 않는 비율을 반영한 값
2) 1 미만의 값을 가짐.
3) 다른 웹 페이지로 이동하는 비율과 비례
4) 모든 링크에 (④)하게 적용

적합도

단어의 빈도, 단어가 포함된 (⑤),
웹 페이지의 글자 수를 반영한 식을 통해 값이 정해짐.

적합도↑
1) 검색어 (⑥) 나올수록
2) 검색어 포함 다른 웹 페이지 수 (⑦)
3) 현재 웹 페이지 글자 수가 전체 웹 페이지 평균 글자 수에 비해 (⑦)

검색 엔진은 중요도와 적합도, 기타 항목들을 적절한 비율로 합산
→ 화면에 나열되는 웹 페이지의 순서를 결정

형태쌤 Comment

상대적으로 학생들에게 친숙한 주제를 다룬 데다가 기존 기술 지문에 비하면 정보량도 적은 편이었으나 엄청난 오답률을 기록했다. 내용이 까다롭지 않은 대신 문장과 문단 간의 논리 구조를 정확하게 파악해야 했던 지문으로, 평소 정보량이 많은 기술 지문 특성상 키워드만 눈으로 짚으며 대충 읽는 습관이 있었던 학생들은 오답의 늪에 빠졌을 것이다. 그림과 함께 제시된 계산 문항 역시 단순한 산수 문제였음에도 불구하고 정답률이 낮았는데, 글의 내용을 정확히 숙지하고 침착하게 문제를 풀이하는 마음가짐이 필요했으나 시험장에서 그러지 못했던 학생들이 많았던 것으로 생각된다.

문제분석   01-04번

번호	정답	정답률 (%)	선지별 선택비율(%)				
			①	②	③	④	⑤
1	②	39	1	39	15	19	26
2	⑤	67	3	15	7	8	67
3	⑤	41	2	13	25	19	41
4	①	64	64	1	1	2	32

01

정답설명

② 4문단에 따르면 댐핑 인자는 사용자들이 웹 페이지를 읽다가 링크를 통해 다른 웹 페이지로 이동하지 않는 비율을 반영한 값이다. 이 문장을 읽고 대부분의 학생들은 댐핑 인자 값과 다른 웹 페이지로 이동하는 비율은 반비례할 것이라고 생각했을 것이다. 그러나 문장을 잘 읽으면 '반영한 값'이라고 했을 뿐, 다른 웹 페이지로 이동하지 않는 비율 자체가 댐핑 인자 값이라고 말하지 않았다. 실제로 뒤의 예시를 보면 '다른 웹 페이지로 이동하지 않는 비율'이 20%일 때 댐핑 인자는 0.8이라고 하였다. 다시 말해 댐핑 인자의 값은 1에서 다른 웹 페이지로 이동하지 않는 비율을 뺀 값, 즉 '다른 웹 페이지로 이동하는 비율'인 것이다. 그러므로 '다른 웹 페이지로 이동하는 비율이 높을수록 댐핑 인자가 커진다.'라는 선지의 설명은 적절하다.

처음 지문을 읽을 때 20%와 0.8이라는 값에서 이상하다는 걸 눈치챘다면 쉽게 답을 고를 수 있었겠지만, 정보를 해석하지 않고 생각 없이 읽었다면 답을 고르기 어려웠을 것이다. 키워드만 골라 읽고 문장의 논리 관계를 파악하는 데 소홀한 학생들을 저격한 문제라고 볼 수 있겠다.

오답설명

① 2문단에서 검색 엔진은 웹 페이지들의 데이터를 수집하여 인덱스를 미리 작성해 놓는다고 하였으므로 선지의 설명은 적절하지 않다.

③ 3, 4문단을 보면 링크 분석 기법을 통해 도출한 값은 모두 웹 페이지의 중요도를 계산하기 위한 것이다. 5문단에 따르면 적합도를 계산할 때는 검색어의 빈도나 웹 페이지의 글자 수를 반영하므로, 앞서 말한 링크 분석 기법과 적합도는 서로 관련이 없음을 알 수 있다.

'그러나' 등의 표지 없이 사용자의 검색 과정에 따라 자연스럽게 내용을 전환하고 있어서 각 문단이 어떤 개념을 설명하는지 정확하게 파악하고 내용을 끊어 읽지 않았다면 오답으로 고르기 쉬웠던 선지다.

④ 4문단에서 '웹 페이지로 연결된 링크를 통해 받는 값을 모두 반영했을 때의 값'이 중요도라고 설명하였다. 3문단에서 웹 페이지 A의 예시를 들고 있는데, A의 값이 4이고 A가 두 개의 링크를 통해 다른 웹 페이지로 연결된다면, A의 값은 '유지되면서' 두 웹 페이지에는 각각 2가 보내진다고 했으니 나눠 주는 값은 웹 페이지의 값과 관련이 없다. 따라서 중요도가 받는 값과 나눠 주는 값의 합이라는 선지의 설명은 적절하지 않다.

⑤ 5문단에서 중요도와 적합도, 기타 항목들을 적절한 비율로 합산해 웹 페이지의 순서를 결정한다고 하였으므로, 인덱스에 정렬된 순서대로 화면에 나타낸다는 선지의 설명은 적절하지 않다. 2문단에서 검색 엔진이 단어를 알파벳순으로 정리한 인덱스를 미리 작성해 놓는다는 내용이 언급되었지만 이것은 빠른 시간 내에 검색 결과를 보여 주기 위해 작업하는 것일 뿐, 이 인덱스가 그대로 검색한 결과로 나타나는 것이 아니다.

02

정답설명

⑤ 5문단에서 적합도는 (1)'해당 검색어가 많이 나올수록', (2)'그 검색어를 포함하는 다른 웹 페이지의 수가 적을수록', (3)'현재 웹 페이지의 글자 수가 전체 웹 페이지의 평균 글자 수에 비해 적을수록' 높아진다고 설명하였다. 선지의 '다른 웹 페이지에서 흔히 다루지 않는 주제'는 두 번째 조건, '간략하게'는 세 번째 조건, '주제와 관련된 단어를 자주 사용'하는 것은 첫 번째 조건과 부합한다.

오답설명

① 검색어의 빈도에 따라 결정되는 항목은 적합도이므로, 검색어의 나열을 통해 중요도를 높이겠다는 선지의 설명은 적절하지 않다.

② 3, 4문단에 따르면 중요도는 해당 웹 페이지를 링크한 다른 웹 페이지들로부터 받는 값의 합이다. 즉 유명 검색 사이트로 연결하는 링크를 많이 포함시키는 것은 유명 검색 사이트들의 중요도만 상승시킬 뿐, 해당 웹 페이지의 중요도를 올리는 것에는 도움이 되지 않는다.

③ 적합도는 단어의 빈도나 웹 페이지의 글자 수를 반영할 뿐이며 검색 결과 역시 인덱스의 순서대로 노출되는 것이 아니다. 따라서 알파벳순으로 앞 순서에 있는 단어들을 웹 페이지 첫 부분에 많이 포함시키는 것은 적합도를 올리는 것과 관련이 없다.

④ 다른 많은 웹 페이지들이 링크하도록 하는 것은 중요도와 관련이 있으며 적합도와는 관련이 없다. 또한 전체 글자 수를 많게 하는 것은 적합도를 올리기 위한 원칙에 부합하지 않는다.

03

정답설명

형태쌤의 과외시간

이런 유형의 문제가 나올 때는 선지에 대한 판단을 하기 전에 〈보기〉의 설명을 읽으면서 a~e의 중요도를 먼저 도출하는 것이 우선이다. 마음이 급한데 시간 낭비가 아니냐고? 장담하건대 이 과정만으로 선지 각각에 대해 고민할 시간이 절반 이상 줄어든다.

우선 **d와 e의 중요도는 16**으로 고정되어 있으니 생각할 필요가 없다. 화살표를 보았을 때 d, e와 링크를 통해 연결된 웹 페이지 a와 b 중 한 군데에서만 링크를 받는 페이지는 b이므로 먼저 계산하는 것이 편할 것이다. b는 e의 값 16을 다른 페이지와 나누지 않고 받되 댐핑 인자 0.5를 곱한 값이 적용되므로 **b의 값은 8이다.**

a와 c부터는 계산에 주의해야 한다. b의 값을 a와 c기 절반씩 나누어 받게 되므로, b의 값 절반인 4에 댐핑 인자 0.5를 다시 곱한 **2가 c의 값이다.** 그리고 a 역시 b에게서 2를 받으나 a는 d에서도 값을 받는다. d의 값 16에 0.5를 곱한 값 8을 합해야 하므로 **a의 값은 b에서 받은 값인 2와 d에서 받은 값 8을 더한 10**이 된다.

여기까지 정리하고 나면 ①, ②번 선지는 고민 없이 판단할 수 있다는 게 보일 것이다. 물론 ③, ④, ⑤번 선지의 경우 '링크가 끊어지면'과 '추가되면'이라는 조건을 추가로 제시하고 있으므로 다시 한번 계산을 해야 한다. 그러면 앞에서의 작업을 왜 한 거냐고? 첫째, 어차피 ①, ②번 선지의 판단을 위해서 했어야 하는 작업이기 때문이고, 둘째, 〈보기〉의 그림에 지문의 내용을 적용하는 연습을 한번 한 것만으로 선지에서 제시하는 추가 조건을 반영해서 계산 결과를 바꾸는 속도가 훨씬 빨라지기 때문이다.

앞의 과정 없이 그 자리에서 ③, ④, ⑤번 선지를 판단하려고 하면 혼란에 빠짐과 동시에 스스로 계산을 정확히 한 것인지, 선지를 제대로 판단한 것인지 확신을 갖지 못한다. 시험장에서 자신의 판단에 확신을 갖지 못하는 순간 점수는 수직 하락한다.

시간 단축은 중요하다. 그러나 급한 마음에 해야 할 것을 건너뛰는 요령을 찾기보다, **해야 할 것을 우직하게 해내면서 갔을 때 정답인 경우가 많다.** 지문의 내용을 적용하는 연습을 한번 하는 것이 이 문제에서 시간을 더 낭비하지 않는 최선의 길이었던 셈이다.

⑤ e에서 c로의 링크가 추가되면 e에서 b와 c로 가는 값을 나누어야 한다. 그러면 b는 16의 절반인 8에 0.5를 곱한 4를 받게 되고, c도 마찬가지이다. 그런데 c는 b에서 오는 값도 같이 받는다. (여기서 또 흥분해서 b의 값 4에 그대로 0.5만 곱해서 c로 간다고 생각하면 안 된다.) b의 값 4는 a와 c에 절반씩 나누어지고 이에 0.5를 곱해야 하므로, b에서 c로 가는 값은 1이 된다. 따라서 c의 중요도는 e에서 받은 값 4에 b에서 받은 값 1을 더한 5가 된다.

오답설명

① 〈보기〉의 원래 전제대로 계산한 값이 있으니 쉽게 판단할 수 있다. a의 중요도는 10이라는 것을 위에서 이미 도출했으므로 적절하지 않다.

② a는 b와 d로부터 각각 2, 8의 값을 받아 10의 값을 가지므로 적절하지 않다.

③ b에서 a로의 링크가 끊어지면 b는 e로부터 받는 값 8을 가지게 되고, c는 더 이상 a와 나누지 않고 b의 값을 그대로 받으므로 8에 0.5를 곱한 4가 된다. 따라서 둘의 중요도는 같지 않다. b에서 a로의 링크가 없다면 e→b→c의 선형으로 링크가 이루어지니 당연히 b와 c의 중요도가 같을 수 없다고 계산 없이 판단할 수도 있을 것이다.

④ e에서 a로의 링크가 추가되면 e의 값을 a와 b가 나누어 가지게 된다. 그러면 16의 절반인 8에 0.5를 곱한 4를 a와 b가 받게 되고, b의 중요도는 4가 될 것이므로 적절하지 않다.

memo

04

정답설명
① ⓐ의 '넘다'는 '일정한 시간, 시기, 범위 따위에서 벗어나 지나다.'라는 뜻이다. 이와 가장 가까운 뜻으로 쓰인 것은 ①의 '넘다'이다.

오답설명
② '큰 산을 넘어서'의 '넘다'는 '높은 부분의 위를 지나가다.'라는 뜻으로 사용되었으므로 ⓐ의 '넘다'와는 다른 의미이다.
③ '국경선을 넘어서'의 '넘다'는 '경계를 건너 지나다.'라는 뜻으로 사용되었으므로 ⓐ의 '넘다'와는 다른 의미이다.
④ '어려운 고비를 넘었다'의 '넘다'는 '어려움이나 고비 따위를 겪어 지나다.'라는 뜻으로 사용되었으므로 ⓐ의 '넘다'와는 다른 의미이다.
⑤ '냄비에서 물이 넘어서'의 '넘다'는 '일정한 곳에 가득 차고 나머지가 밖으로 나오다.'라는 뜻으로 사용되었으므로 ⓐ의 '넘다'와는 다른 의미이다.

구조도 정답

① 순서
② 인덱스
③ 댐핑 인자
④ 동일
⑤ 웹 페이지의 수
⑥ 많이
⑦ 적을수록

지문분석

압전체

(①) : 1차 압전 효과와 2차 압전 효과가 모두 생기는 재료

1차 압전 효과 : 재료에 기계적 변형이 생기면 재료에 전압이 발생
2차 압전 효과 : 재료에 전압을 걸면 재료에 기계적 변형이 발생

수정 : 대표적인 (①)

특정 방향으로 절단 및 가공하여 납작한 원판 모양으로 만듦.
→ 원판의 양면에 전극을 만듦. → 전압을 가함. → 수정 진동

(②) : 전압의 주파수를 수정의 고유 주파수와 일치
→ 수정이 큰 폭으로 진동 → 진동을 측정하기 쉽게 만듦.

(③)

어떤 물체가 갖는 고유한 진동 주파수

같은 재료의 압전체라도 압전체의 모양과 크기에 따라 달라짐.

수정 진동자에 어떤 물질이 달라붙음. → 질량↑
→ 수정 진동자의 주파수 (④)

(⑤) : 주파수의 변화 정도를 측정된 질량으로 나눈 값

수정 진동자의 (⑤) 大
→ 기체 분자, DNA와 같은 미세 물질의 질량 측정 가능
(초정밀 저울)

수정 진동자로 특정 기체 농도 감지

수정 진동자를 특정 기체가 붙도록 처리
→ 특정 기체가 달라붙음.
→ 질량 변화 생김 → 수정 진동자의 주파수↓
→ 일정 시점이 되면 수정 진동자의 주파수 유지
(∵특정 기체가 일정량 이상 달라붙지 않기 때문)

(⑥) : 특정 기체가 얼마나 빨리 수정 진동자에 붙어서
주파수가 일정한 값이 되는가의 척도

농도에 대한 민감도 : 수정 진동자의 주파수 변화 정도 ÷ 농도

형태쌤 Comment

1문단에서 화제와 문제 상황을 제시하고 2문단에서는 개념을 제시하고 있다. 3문단에서는 중심 화제의 원리와 1문단에서 제시한 문제 상황의 해결을 보여 주고 있다. 4, 5문단에서는 중심 화제를 다른 곳에 응용하는 방법에 대해 설명하고 있으므로 글의 구조는 간단하다.

대단한 증감/비례에 대해 묻는 문제가 출제되지는 않았으므로 원리에 대한 내용만 제대로 이해했다면 어렵지 않게 문제를 풀 수 있었을 것이다.

문제분석 01-04번

번호	정답	정답률 (%)	선지별 선택비율(%)				
			①	②	③	④	⑤
1	⑤	88	1	4	3	4	88
2	④	87	2	4	4	87	3
3	⑤	77	5	9	4	5	77
4	②	53	19	53	13	9	6

01

접근이 중요하다. '윗글에 대한 설명으로 가장 적절한 것'을 고르라는 문제는 지문의 중점적인 내용인 '화제'를 고르라는 것이다. 단순한 일치 문제를 풀듯이 선지를 보면서 지워 나갈 생각을 하지 말고, 빠르게 화제에 해당하는 선지를 '찾으러' 가야 한다. 그래야 시험장에서 시간을 조금이라도 단축할 수 있다.

정답설명

⑤ 1, 2문단을 통해 일반 저울과 다르게 미세 물질의 질량을 재기 위해서는 압전 효과를 이용한 초정밀 저울이 사용됨을 알 수 있다. 3문단에서는 이러한 초정밀 저울의 작동 원리를 설명하고 있으며, 4, 5문단에서는 초정밀 저울의 원리를 사용하여 기체 농도를 측정하는 방법을 소개하고 있다.

오답설명

① 3문단을 통해 수정을 압전체로 사용하기 위해 특정 방향으로 절단 및 가공하여 납작한 원판 모양으로 만들어야 하며, 압전체의 모양과 크기에 따라 고유 주파수가 달라지므로 이 점에 유의해야 함을 짐작할 수 있다. 그러나 압전체의 제작 시 유의할 점을 나열하고 있지는 않다.

② 2문단에서 압전 효과의 개념을 정의하고 있으나, 압전체의 장단점을 분석하고 있지는 않다.

③ 2문단에서 압전 효과를 1차 압전 효과와 2차 압전 효과로 분류하고 있으나, 압전체는 두 압전 효과가 모두 생기는 재료를 의미하므로 압전 효과 분류에 따른 압전체의 구조를 비교할 수 없다.

④ 압전체의 유형에 대한 언급은 없으며, 초정밀 저울의 작동 과정을 단계별로 설명하고 있지도 않다.

02

정답설명

④ 3문단에서 '고유 주파수란 어떤 물체가 갖는 고유한 진동 주파수인데, 같은 재료의 압전체라도 압전체의 모양과 크기에 따라 달라진다.'라고 하였으므로 수정을 같은 방향으로 절단하더라도 크기가 다르면 고유 주파수가 다를 것임을 알 수 있다.

오답설명

① 2문단의 '두 압전 효과가 모두 생기는 재료를 압전체라 하며, 수정이 주로 쓰인다.'를 통해 수정 외에도 압전 효과를 보이는 재료가 존재함을 알 수 있다.

② 3문단에서 수정을 절단 및 가공하고, 여기에 수정의 고유 주파수와 일치하는 전압을 가하여 수정 진동자를 만든다고 하였다. 또한 수정 진동자의 주파수는 매우 작은 질량 변화에도 민감하게 반응하므로 기체 분자나 DNA와 같은 미세한 물질의 질량을 측정할 수 있다고 하였으므로 적절하다.

③ 1문단의 '저울은 흔히 지렛대의 원리를 이용하거나 전기 저항 변화를 측정하여 질량을 잰다.'를 통해 알 수 있다.

⑤ 3문단의 '진동자에서 질량 민감도는 주파수의 변화 정도를 측정된 질량으로 나눈 값'을 통해 알 수 있다.

03

정답설명

⑤ 3문단의 '고유 주파수란 어떤 물체가 갖는 고유한 진동 주파수인데, 같은 재료의 압전체라도 압전체의 모양과 크기에 따라 달라진다.'를 통해 고유 주파수는 특정한 물체가 본래부터 가지고 있는 특유의 주파수이며, ㉠(수정 진동자)에 특정 주파수의 전압을 가하여도 고유 주파수의 값이 변하지는 않을 것임을 추론할 수 있다. 고유 주파수를 변동시킬 수 있는 것은 압전체의 모양과 크기이다.

오답설명

① 3문단에 따르면 ㉠은 압전체인 수정이 큰 폭으로 진동하도록 만든 것이다. 이때 2문단에 따르면 압전체는 1차 압전 효과와 2차 압전 효과가 모두 생기는 재료이므로 선지의 설명은 적절하다.

② 2문단에 따르면 전압에 의해 압전체와 같은 재료의 기계적 변형이 일어나는 것은 2차 압전 효과이며, 압전체는 1, 2차 압전 효과가 모두 생기는 재료이므로 선지의 설명은 적절하다.

③ 3문단의 '압전체로 사용하는 수정은 특정 방향으로 절단 및 가공하여 납작한 원판 모양으로 만든다. 이후 원판의 양면에 전극을 만든 후'를 통해 알 수 있다.

④ 3문단의 '이때 전압의 주파수를 수정의 고유 주파수와 일치시켜 수정이 큰 폭으로 진동하도록 하여 진동을 측정하기 쉽게 만든 것이 수정 진동자이다.'를 통해 알 수 있다.

04

정답설명

② 4문단의 '수정 진동자를 특정 기체가 붙도록 처리하면, 여기에 특정 기체가 달라붙으며 질량 변화가 생겨 수정 진동자의 주파수는 감소한다.', '혼합 기체에서 특정 기체의 농도가 클수록 더 작은 주파수에서 주파수가 일정하게 유지된다.'를 통해 알코올 외의 기체가 더해져 질량이 증가하면 주파수의 값은 알코올만 붙었을 때보다 더 감소할 것임을 알 수 있다.

오답설명

① 5문단에 따르면 혼합 기체에서의 알코올 농도를 알기 위해서는 알코올만 있는 기체의 농도에 따른 수정 진동자의 주파수 변화와 알코올의 농도를 모르는 혼합 기체에서의 주파수 변화를 측정해야 한다. '고유 주파수'는 압전체가 가지고 있는 고유의 진동 주파수이므로, 이를 측정하는 것으로는 혼합 기체에서의 알코올 농도를 알 수 없다.

③ 4문단에 따르면 A와 B에서 알코올이 달라붙도록 진동자를 처리한 것은 알코올의 농도를 알아내기 위함이다. 또한 3문단에 따르면 진동자를 최대한 큰 폭으로 진동할 수 있게 하려면 수정의 고유 주파수와 일치하는 전압을 가해야 하므로 선지의 설명은 적절하지 않다.

④ 5문단에서 '수정 진동자의 주파수 변화 정도를 농도로 나누면 농도에 대한 민감도를 구할 수 있다.'라고 하였다. 즉 '농도에 대한 민감도 = 수정 진동자의 주파수 변화 정도 / 농도'이다. 선지에서 A와 B에 달라붙은 알코올의 양은 동일하다고 하였으므로 '농도'는 고정 값이며, 변수는 '주파수 변화 정도'임을 알 수 있다. 이때 주파수 변화 정도는 분자에, 농도는 분모에 해당하므로 주파수 변화 정도가 크면 민감도가 더 큰 것이다. 따라서 주파수의 변화 정도가 더 큰 A가 알코올 농도에 대한 민감도가 더 클 것임을 알 수 있다.

⑤ 4문단의 '특정 기체가 얼마나 빨리 수정 진동자에 붙어서 주파수가 일정한 값이 되는가의 척도를 반응 시간이라 하는데'를 통해 A보다 B가 반응 시간이 짧음을 알 수 있다.

구조도 정답

① 압전체
② 수정 진동자
③ 고유 주파수
④ ↓(감소)
⑤ 질량 민감도
⑥ 반응 시간

지문분석

데이터의 특징 왜곡 문제

(①) : 데이터 값 누락

처리 방법

(②) : 평균, 중앙값, 최빈값 등 다른 값으로 (①) 채우는 방법

평균 : 데이터 값이 연속적 수치일 경우

중앙값 : 석차처럼 순위가 있는 값일 경우

최빈값 : 직업과 같이 문자인 경우

(③) : 유달리 크거나 작은 데이터 값

발생 이유

1) 데이터 수집 시 측정 오류 등에 의해 주로 발생

2) 정상적 데이터 → 데이터외 특징 왜곡하는 데이터 값 존재

⇒ 데이터 특징 하나의 수치로 나타내려면 대푯값으로 중앙값 주로 사용

(④) : 이상치를 포함하는 데이터에서 (⑤) 찾기

(⑤) : 평면상에 있는 대부분의 점들이 모여 있는 가상의 직선

(⑤)을 찾는 과정

(1) 두 점 무작위로 골라 정상치 집합 가정

(2) 두 점을 지나는 후보 직선 긋기

(3) 나머지 점들과 후보 직선 사이의 거리 구하기

(4) 거리가 허용 범위 이내인 점들 정상치 집합에 추가

정상치 집합의 점의 개수 > 문턱값

→ 최종 후보군에 후보 직선 넣기

정상치 집합의 점의 개수 < 문턱값

→ 후보 직선 버리기

(5) (1)~(4) 과정 반복하여 최종 후보군 구하기

(6) 최종 후보군에 포함된 직선 중 정상치 데이터 개수가 최대인 직선을 직선 L로 선택

⇒ 이상치가 있어도 직선 L 찾을 가능성↑

형태쌤 Comment

데이터의 특징을 왜곡하는 결측치와 이상치를 처리하는 방법에 대해 설명하는 지문이다. 늘 강조했던 출제 요소('문제-해결' 구조)만 잘 파악했다면 문제는 의외로 어렵지 않게 풀렸을 것이다.

문제분석   01-04번

번호	정답	정답률 (%)	선지별 선택비율(%)				
			①	②	③	④	⑤
1	③	86	2	2	86	5	5
2	①	76	76	3	4	7	10
3	⑤	47	5	9	9	30	47
4	②	92	2	92	3	2	1

01

정답설명

③ 3문단의 '정상적인 데이터라도 데이터의 특징을 왜곡하는 데이터 값이 있을 수 있다.'를 통해 데이터가 정상적으로 수집되었더라도 이상치가 존재할 수 있음을 알 수 있으므로 선지의 설명은 적절하지 않다.

오답설명

① 2문단의 '직업과 같이 문자인 경우에는 최빈값으로 결측치를 대체한다.'를 통해 데이터가 수치가 아닌 문자로 구성되어도 최빈값을 구할 수 있음을 알 수 있다.

② 4문단을 통해 데이터의 특징이 하나의 수치가 아닌 직선으로도 나타날 수 있음을 알 수 있다.

④ 2문단에 따르면 크기가 같은 값이 복수일 경우에도 순위를 매겨 중앙값을 찾을 수 있고, 중앙값은 결측치를 대체하는 값이므로 선지의 설명은 적절하다.

⑤ 3문단에 따르면 이상치는 데이터의 다른 값에 비해 유달리 크거나 작은 값이다. 즉, 데이터를 수집하는 과정에서 측정 오류가 발생한 값이라도 데이터의 다른 값에 비해 유달리 크거나 작은 값이 아니라면 해당 값이 이상치가 아닐 수 있다.

02

정답설명

① 평균은 데이터의 모든 값을 더한 후 이를 데이터의 개수로 나누는 값이다. 극단에 있는 이상치가 데이터에 포함된다면 평균 계산에 이상치가 직접적으로 반영되므로 데이터의 특성이 왜곡될 수 있다. 반면 중앙값은 데이터를 크기순으로 정렬했을 때 중앙에 위치한 값이기에(2문단) 중앙값을 대푯값으로 설정한다면 이상치의 영향을 덜 받아 데이터의 특성이 왜곡될 가능성이 적다. 따라서 선지의 설명이 ㉠의 이유로 가장 적절하다.

오답설명

② 2문단에 따르면 중앙값은 데이터를 크기순으로 정렬하여 중앙에 위치한 값을 찾는 것이다. 따라서 데이터를 나열할 때 이상치가 제외된다는 선지의 설명은 적절하지 않으며, ㉠의 이유와도 무관하다.

③ 데이터의 개수와 이상치의 개수의 상관 관계에 대한 내용은 지문에서 확인할 수 없으므로 적절하지 않다. 한편, 데이터의 개수가 많아질수록

더해야 하는 값이 많아지므로 평균을 구하기 어려울 수는 있지만 이 역시 ㉠의 이유와는 무관하다.

④ 이상치가 포함된 데이터라고 해서 평균이나 중앙값을 구하는 방법 자체가 변화하는 것은 아니며, 데이터의 평균이나 중앙값을 구하는 방법의 복잡성을 비교하는 내용은 지문에서 확인할 수 없으므로 적절하지 않다.

⑤ 평균은 데이터의 모든 값을 더한 후 이를 데이터의 개수로 나누는 값이므로 이상치의 포함 여부와 상관없이 데이터에 포함되지 않는 값일 수 있다. 한편, 2문단에 따르면 데이터의 개수가 짝수이면 중앙에 있는 두 값의 평균이 중앙값이 된다고 하였으므로, 이상치가 포함된 데이터의 개수가 짝수라면 중앙값이 데이터에 포함되어 있는 값이 아닐 수 있음을 알 수 있다. 따라서 선지의 설명은 적절하지 않으며, ㉠의 이유와도 무관하다.

03

정답설명

⑤ 5문단에 따르면 A 기법에서는 두 점을 무작위로 골라 이 두 점을 지나는 후보 직선을 그어 나머지 점들과 후보 직선 사이의 거리를 구한다고 하였다. 그리고 이 거리가 허용 범위 이내인 점들을 정상치 집합에 추가하고, 정상치 집합의 점의 개수가 문턱값보다 많으면 후보 직선을 최종 후보군에 넣는다고 하였다. 따라서 후보 직선과 나머지 점과의 거리의 허용 범위가 넓게 설정된다면 후보 직선의 정상치 집합에 이상치가 포함될 수 있다. 한편, 〈보기〉에 따르면 B 기법에서는 후보 직선을 임의로 여러 개 가정한다고 하였으므로 후보 직선을 이루는 두 점에 이상치가 포함될 수 있다. 따라서 B 기법에서 후보 직선은 이상치를 지날 수 있다.

오답설명

① 5문단에 따르면 A 기법의 후보 직선은 무작위로 고른 두 점을 지나게 그은 직선이므로, A 기법이 최적의 직선을 찾기 위해 최대한 많은 점을 지나는 후보 직선을 가정한다고 보기 어렵다. 또한 〈보기〉의 B 기법에서는 후보 직선을 임의로 여러 개 가정한다고 하였을 뿐, 최적의 직선을 찾기 위해 최대한 많은 점을 지나는 후보 직선을 가정한다고 하지 않았으므로 선지의 설명은 적절하지 않다.

② 5문단에 따르면 A 기법은 이상치를 포함하는 데이터에서 두 점을 무작위로 골라 이 두 점을 지나는 후보 직선을 긋는다. 이때 후보 직선을 긋기 위해 고른 점이 이상치일 수도 있으므로, A 기법이 이상치를 제외하고 후보 직선을 가정한다는 선지의 설명은 적절하지 않다. 한편, 〈보기〉의 B 기법은 후보 직선을 임의로 가정한다고 하였다. B 기법에서 후보 직선을 가정할 때 이상치를 포함할 수도 있으므로, 이상치를 제외하는 과정이 없다고 볼 수 있다.

③ 5문단에 따르면 A 기법에서 최종적으로 선택하는 직선은 직선 L이다. 직선 L은 데이터의 특징을 잘 나타내는 선이므로 데이터의 특징을 왜곡하는 이상치를 지나지 않을 것이다. 한편, 〈보기〉의 B 기법에서 최종적으로 선택한 직선 L은 이상치를 포함해서 찾다 보니 대부분 최적의 직선과 이상치 사이에 위치한 직선을 선택하게 된다고 하였다. 따라서 B 기법에서 선택한 직선이 이상치를 지난다는 선지의 설명은 적절하지 않

다.

④ 5문단에 따르면 A 기법은 이상치 개수가 아니라, 정상치 집합의 점의 개수가 문턱값보다 적을 경우 후보 직선을 버린다고 하였으므로 선지의 설명은 적절하지 않다. 한편, 〈보기〉의 B 기법에서는 이상치를 포함해서 직선을 찾는다고 하였으므로, 선택한 직선이 이상치를 포함할 수도 있음을 알 수 있다.

04

정답설명

② ⓑ의 '빠지다'는 '원래 있어야 할 것에서 모자라다.'라는 의미로 사용되었다. 따라서 '기입되어야 할 것이 기록에서 빠지다.'의 의미인 '누락되다'라는 단어로 대체할 수 있다.

오답설명

① ⓐ의 '나타내다'는 '어떤 일의 결과나 징후를 겉으로 드러내다.'라는 의미로 사용되었다. 따라서 '어떤 형상을 이루다.'의 의미인 '형성하다'라는 단어로 대체할 수 없다.

③ ⓒ의 '생기다'는 '없던 것이 새로 있게 되다.'라는 의미로 사용되었다. 따라서 '어떤 시기나 기회가 닥쳐오다.'의 의미인 '도래하다'라는 단어로 대체할 수 없다.

④ ⓓ의 '지나다'는 '어디를 거치어 가거나 오거나 하다.'라는 의미로 사용되었다. 따라서 '장애물에 빛이 비치거나 액체가 스미면서 통과하다.'의 의미인 '투과하다'라는 단어로 대체할 수 없다.

⑤ ⓔ의 '멀다'는 '거리가 많이 떨어져 있다.'라는 의미로 사용되었다. 따라서 '지내는 사이가 두텁지 아니하고 거리가 있어서 서먹서먹하다.'의 의미인 '소원하다'라는 단어로 대체할 수 없다.

구조도 정답

① 결측치

② 대체

③ 이상치

④ A 기법

⑤ 직선 L

지문분석

플라스틱

↳ 플라스틱 : 열과 압력으로 성형할 수 있는 고분자 화합물

구조

거대 분자 : (①)인 작은 분자가 수없이 반복 연결되는
중합을 통해 만들어짐.

(①) : 공유 결합으로 연결
· 공유 결합 : 분자를 구성하는 원자들이 서로 전자를 공유하여
안정한 상태가 되는 결합
– 단일 결합 : 두 개의 전자를 한 쌍으로 공유
– 이중 결합 : 두 개의 전자를 두 쌍을 공유
⇒ 공유 전자쌍 ↑ → 원자 간의 결합력 (②)

· 원자 : 가장 바깥 전자 껍질의 전자 수가 8개일 때 안정
– 탄소 원자 : 가장 바깥 전자 껍질에 4개의 전자 가짐.
→ 다른 원자들과 전자를 공유하여 안정, 다양한 형태의
공유 결합이 가능 → 거대한 분자의 골격 이룰 수 있음

종류

폴리에틸렌 : 에틸렌 분자들이 서로 연결되는 (③)을 거쳐
만들어짐.

에틸렌 : 2개의 탄소 원자 + 4개의 수소 원자
– 2개의 탄소 원자 → 이중 결합
– 각각의 탄소 원자 → 2개의 수소 원자와 단일 결합

탄소 원자 간의 이중 결합에서 한 결합이 다른 하나보다
끊어지기 쉬움.

중합 방법 : 과산화물 개시제 사용

(③)

열을 흡수한 과산화물 개시제가 불안정한 원자를 가진 분자로 분해
→ 불안정한 원자가 에틸렌이 가진 탄소의 이중 결합 중 더 약한 결합 끊음.
→ 에틸렌의 한쪽 탄소 원자와 전자 공유(단일 결합)
→ 공유되지 못한 전자를 가진 탄소 원자는 다른 에틸렌 분자와 반응
→ 불안정해지는 탄소 원자 계속 생성
→ 에틸렌 분자들이 결합하여 더해지며 사슬 형태 이룸.
→ 지속적 성장 후 사슬 끝 불안정한 탄소 원자가 서로 만나 결합
→ 안정한 상태 (반복적 반응 멈춤) → 폴리에틸렌 생성

결정 영역

사슬들이 (④) 방향으로 나란히 배열되어 있는 영역
→ 플라스틱을 이루는 거대한 분자들은 길이가 길어 결정 영역을
분자들 전체에서 기대 X 부분적으로는 O

결정 영역이 차지하는 부분의 비율 : 조건에 따라 조절 가능,
물성에 영향

결정 영역 ↑, 플라스틱 유연성↓
→ 충격에 약함, 가공성 ↓, 불투명해짐.
but 밀도 (⑤), 단단함, 화학 물질에 대한 민감성 ↓,
열에 의한 변형 X

형태쌤 Comment

일상생활에서 밀접하게 접할 수 있는 '플라스틱'의 구조와 종류를 설명하는 지문이다. 상대적으로 친숙한 주제이지만, 화학 기술 지문이라 지문의 난도는 약간 높았다. 문제의 선지들은 비교적 깔끔하게 출제되었으니, 지문에 나오는 개념들을 정확히 파악하고 플라스틱의 거대한 분자가 형성되는 과정, 후반부에 나오는 증감을 잘 체크했다면 문제가 없었을 것이다.

문제분석 01-04번

번호	정답	정답률(%)	선지별 선택비율(%)				
			①	②	③	④	⑤
1	④	86	1	3	3	86	7
2	①	34	34	33	12	11	10
3	③	80	4	4	80	8	4
4	③	79	1	18	79	1	1

01

정답설명

④ 4문단에서 열을 흡수한 과산화물 개시제는 불안정한 상태의 원자를 가진 분자로 분해되며, 불안정한 원자는 안정해지기 위해 에틸렌이 가진 탄소의 이중 결합 중 더 약한 결합을 끊어버리면서 에틸렌의 한쪽 탄소 원자와 전자를 공유하며 단일 결합을 한다고 하였다. 그 과정에서 에틸렌의 다른 쪽 탄소 원자는 공유되지 못한 전자를 가지게 되어 불안정한 상태가 되므로, 과산화물 개시제로 인해 에틸렌이 불안정한 원자를 가지게 됨을 알 수 있다.

오답설명

① 2문단에서 플라스틱은 단위체인 작은 분자가 수없이 반복 연결되는 중합을 통해 만들어진 거대 분자로 이루어져 있다고 하였다. 따라서 단위체들은 중합을 거쳐 거대 분자를 이룰 수 있다.

② 3문단에서 에틸렌은 두 개의 탄소 원자와 네 개의 수소 원자로 이루어져 있으며 두 개의 탄소 원자가 서로 이중 결합을 하고 각각의 탄소 원자는 두 개의 수소 원자와 단일 결합을 한다고 하였다. 따라서 에틸렌 분자에는 단일 결합과 이중 결합이 모두 존재함을 알 수 있다.

③ 1문단에서 플라스틱은 '성형할 수 있는, 거푸집으로 조형이 가능한'이라는 의미의 '플라스티코스'라는 그리스어에서 유래되었으며, 열과 압력으로 성형할 수 있는 고분자 화합물을 이른다고 하였다. 이를 고려할 때 플라스틱 명칭의 유래는 열과 압력으로 성형이 되는 성질과 관련이 있음을 알 수 있다.

⑤ 3문단에서 탄소 원자 간의 이중 결합에서는 한 결합이 다른 하나보다 끊어지기가 쉽다고 하였으므로, 탄소와 탄소 사이의 이중 결합 중 하나의 결합 세기는 나머지 하나의 결합 세기보다 크다는 것을 알 수 있다.

02

정답설명

① 4문단에 따르면 열을 흡수한 과산화물 개시제는 불안정한 상태의 원자를 가진 분자로 분해되며, 불안정한 원자는 안정해지기 위해 에틸렌이 가진 탄소의 이중 결합 중 더 약한 결합을 끊어버리면서 에틸렌의 한쪽 탄소 원자와 전자를 공유하며 단일 결합을 한다. 그 과정에서 에틸렌의 다른 쪽 탄소 원자는 공유되지 못한 전자를 가지게 되어 불안정한 상태가 되고 이 불안정한 탄소 원자는 같은 방식으로 다른 에틸렌 분자가 가진 이중 결합을 끊어버리면서 단일 결합을 한다. 이와 같은 반응이 이어지며 불안정해진 탄소 원자가 한쪽 방향으로 계속 생성되고 여기에 다른 에틸렌 분자들이 결합하여 더해지면서 사슬 형태가 지속적으로 성장하게 되는 것이다. 따라서 성장 중의 사슬은 그 양쪽 끝 부분이 아닌, 한쪽 끝부분에서 불안정한 탄소 원자가 생성된다.

오답설명

② 2문단에 따르면, 두 원자가 각각 전자를 하나씩 내어놓아 그 두 개의 전자를 한 쌍으로 공유하는 결합은 단일 결합이다. 또한 4문단에서 불안정한 탄소 원자가 안정해지기 위해 에틸렌이 가진 탄소의 이중 결합 중 더 약한 결합을 끊어 버리고 에틸렌의 한쪽 탄소 원자와 전자를 공유하며 단일 결합한다고 하였으므로 적절하다.

③ 4문단에 따르면 상태가 불안정한 원자는 안정해지기 위해 에틸렌이 가진 탄소의 이중 결합 중 더 약한 결합을 끊어 버리고, 에틸렌의 한쪽 탄소 원자와 전자를 공유하며 단일 결합한다. 이와 같은 반응은 성장하는 두 사슬의 끝이 서로 만나 결합하여 안정한 상태가 될 때까지 계속해서 이어지므로 연속적인 사슬 성장 반응이 일어나는 계기가 된다.

④ 4문단에 따르면 공유되지 못하고 홀로 남은 전자를 가진 탄소 원자는 에틸렌의 중합 과정에서 생성되는 불안정한 탄소 원자이며, 이는 성장하는 두 사슬의 끝이 서로 만나 결합하여 안정한 상태가 되어 반복적인 반응이 멈출 때까지 반복적으로 나타나므로 적절하다.

⑤ 4문단에 따르면 열을 흡수한 과산화물 개시제를 사용하면 에틸렌 분자를 구성하는 탄소 원자들은 불안정한 상태의 원자를 가진 분자로 분해되는데, 이 불안정한 원자가 안정해지기 위해 에틸렌이 가진 탄소의 이중 결합 중 더 약한 결합을 끊고 에틸렌의 한쪽 탄소 원자와 전자를 공유하여 단일 결합을 이루며 사슬의 성장 과정을 이어 간다.

03

주요 개념에 대한 증감/비례 관계의 설명이 나올 때는 독해를 진행하며 체크를 해야 한다. 체크한 것을 토대로 〈보기〉에 대입하여 풀면 선지를 빠르게 지워낼 수 있다.

형태쌤의 과외시간

결정 영역 : 사슬들이 일정한 방향으로 나란히 배열되어 있는 영역

㉮(가지를 친 구조의 사슬들)
= 플라스틱에서 결정 영역이 차지하는 비율 ↓

㉯(직선형 구조의 사슬들)
= 플라스틱에서 결정 영역이 차지하는 비율 ↑

㉮	㉯
결정 영역 ↓	결정 영역 ↑
유연성 ↑, 충격에 강함	유연성 ↓, 충격에 약함
가공성 ↑	가공성 ↓
투명	불투명
밀도 ↓, 무름	밀도 ↑, 단단함
화학 물질 민감성 ↑	화학 물질 민감성 ↓
열에 의한 변형 o	열에 의한 변형 x

정답설명

③ 5문단에서 결정 영역이 많아질수록 밀도가 높아져 단단해지고 화학 물질에 대한 민감성이 감소하고 열에 의해 잘 변형되지 않는다고 하였으므로 ㉮보다 ㉯로 이루어진 소재를 사용하는 것이 적합하다.

오답설명

① 충격에 잘 깨지지 않도록 유연하게 하기 위해서는 결정 영역이 적은 ㉮로 이루어진 소재가 적합하다.

② 포장된 물품이 잘 보이게 하려면 포장재로는 결정 영역이 적은 ㉮로 이루어진 소재가 적합하다.

④ ㉮보다 ㉯로 이루어진 소재의 밀도가 더 높다.

⑤ 열에 잘 견디게 하려면 ㉮보다 ㉯로 이루어진 소재가 적합하다.

04

정답설명

③ 해당 예문에서 쓰인 '접하다'는 '가까이 대하다.'의 의미이며 ⓐ의 '접하다'와 문맥상 의미가 가장 유사하다.

오답설명

①, ④, ⑤ 해당 예문에서 쓰인 '접하다'는 '이어서 닿다.'의 의미이므로 ⓐ와 문맥상 의미가 다르다.

② 해당 예문에서 쓰인 '접하다'는 '소식이나 명령 따위를 듣거나 받다.'의 의미이므로 ⓐ와 문맥상 의미가 다르다.

구조도 정답

① 단위체　　② ↑ / 강함
③ 중합 과정　　④ 일정한
⑤ ↑ / 높아짐

지문분석

블록체인 기술

> **정의** : 블록체인을 노드들에 (①)하는 기술
>> - 블록체인 : 데이터를 블록이라는 단위로 묶어 체인 형태로 연결한 것의 집합
>> - 노드 : 블록체인을 저장하는 컴퓨터

> **블록체인이 노드에 저장되는 과정**
>> (1) 새로 생성된 블록이 노드들에 전파됨.
>> (2) 노드들이 해당 블록의 내용을 검증함. (내용 상충 및 내용 중복)
>> (3) 모든 노드들이 참여하는 승인 과정을 통해 검증이 끝난 블록을 블록체인에 연결할지 여부를 정함.
>>> └ 승인 과정에는 합의 알고리즘이 사용됨.
>>> (합의 알고리즘의 예 : '(②)')
>> (4) 승인이 완료된 블록이 블록체인에 연결된 후 노드들에 저장됨.

> **성능**
>> : 블록체인에 데이터가 저장되는 속도로 정의됨.

> **구분 : 공개형 / 비공개형**
>> 비공개형의 특징
>> : 공개형과 달리 노드 수에 제한을 두고, 합의 알고리즘 속도가 빠름.
>> ⇒ 승인 과정에 걸리는 시간이 짧기에 성능이 (③).

> **대표적 장점 : 무결성(데이터가 무단으로 변경되기 어렵다는 성질)**
>> • 블록체인 데이터의 무결성이 높은 이유
>> : 특정 노드에 저장되어 있는 일부 데이터가 변경되는 경우, 변경된 블록과 그 이후의 블록은 블록체인과의 연결이 끊어짐.
>> → 끊어진 모든 블록을 다시 연결하기 위해서는 승인 과정이 필요해서 연결 복구가 어려움.
>>
>> but 무단 변경과 달리, 지워진 일부 데이터를 승인된 원래의 데이터로 복원하는 경우 승인 과정이 필요하지 않음.
>> ⇒ 블록체인에 포함된 데이터는 일부가 지워지더라도 복원이 용이함.

> **블록체인 기술에서 고려해야 하는 세 가지 특성**
>> (1) 보안성 : 데이터의 무단 변경과 동일한 내용의 데이터가 이중으로 포함되는 것이 어렵다는 성질
>> 승인 과정에 걸리는 시간 ↓ or 노드 수 ↓ = 보안성 ↓
>>
>> (2) 탈중앙성 : 승인 과정에 다수의 노드들이 참여하고, 특정 노드가 승인 과정을 주도하지 않는다는 성질 / 노드 수 ↓ = 탈중앙성 ↓
>>
>> (3) 확장성 : 응용 분야에 적용 가능할 만큼 성능이 높고, 노드 수가 증가해도 서비스 유지가 가능하다는 성질
>> 확장성 ↑ = 노드 수 증가해도 성능 저하 작음.
>> *기술 변화 없이 확장성을 높이기 위해 노드 수를 (④)하는 방법을 사용하기도 함.

> 위의 세 특성을 함께 높일 수 있는 방법 X → 대규모로 채택되지 못하고 있음.

형태쌤 Comment

기술 지문이지만 구조가 깔끔하고 단순해서 어렵지 않게 풀렸을 것이다. 블록체인 기술의 개념과 특성을 잘 정리하여 선지의 내용을 판단하면 된다.

문제분석 01-04번

번호	정답	정답률 (%)	선지별 선택비율(%)				
			①	②	③	④	⑤
1	④	86	3	6	4	86	1
2	⑤	80	3	12	2	3	80
3	②	67	2	67	4	23	4
4	③	78	2	10	78	5	5

01

정답설명

④ 1문단에서 "승인 과정에는 합의 알고리즘이 사용되고, 합의 알고리즘의 예로 '작업증명'이 있다."라고 하였다. 즉, 작업증명이 합의 알고리즘의 한 예에 해당하는 것이다. 따라서 합의 알고리즘이 작업증명의 한 예라는 내용을 O라고 판단하는 것은 적절하지 않다.

오답설명

① 2~4문단에서 블록체인 기술의 특성을, 4문단에서 블록체인 기술의 한계를 언급하였다. 따라서 블록체인 기술의 특성과 한계를 살펴보고 있다는 내용을 O라고 판단하는 것은 적절하다.

② 1문단에서 '체인 형태로 연결된 블록의 집합'이라는 블록체인의 개념을 언급하고 있을 뿐, 블록체인의 구조를 분석하고 있지는 않다. 또한 윗글에서는 블록체인 기술의 응용 분야를 소개하고 있지 않다. 따라서 블록체인의 구조를 분석하고, 블록체인 기술의 응용 분야를 소개하고 있다는 내용을 X라고 판단하는 것은 적절하다.

③ 3문단에서 '무결성'이라는 블록체인 기술의 장점을 제시하고 있으나, 블록체인 기술의 장점을 열거하고 있지는 않다. 또한 윗글에서는 다른 기술과의 경쟁 양상을 설명하고 있지 않다. 따라서 블록체인 기술의 장점을 열거하고, 다른 기술과의 경쟁 양상을 설명하고 있다는 내용을 X라고 판단하는 것은 적절하다.

⑤ 1문단에서 '체인 형태로 연결된 블록의 집합을 블록체인이라 하고, 블록체인을 저장하는 컴퓨터를 노드라고 한다.'라고 하였다. 따라서 체인 형태로 연결된 블록의 집합을 저장하는 컴퓨터를 노드라고 한다는 내용을 O라고 판단하는 것은 적절하다.

02

정답설명

⑤ 1문단에 따르면 블록이 블록체인에 연결되기 위해서는 우선 '블록에 포함된 내용이 블록체인의 다른 블록에 있는 내용과 상충되지 않는지, 동일한 내용이 블록체인의 다른 블록에 이중으로 포함되어 있지 않은지'

를 검증해야 한다. 이는 블록이 블록체인에 연결되기 위해서는 블록의 데이터가 블록체인의 다른 데이터와 비교되어야 함을 드러내므로 선지의 설명은 적절하다.

오답설명

① 1문단에 따르면 모든 노드들이 참여하는 승인 과정을 통해 검증이 끝난 블록을 블록체인에 연결할지에 대한 여부가 결정되며, 이러한 승인 과정에 합의 알고리즘이 사용된다. 따라서 승인 과정에 참여할 노드를 결정하기 위해 합의 알고리즘이 사용된다는 선지의 설명은 적절하지 않다.

② 3문단에 따르면 특정 노드에 저장되어 있는 일부 데이터가 변경되는 경우, 변경된 블록과 그 이후의 블록들은 블록체인과의 연결이 끊어지며 끊어진 모든 블록을 다시 연결하는 것은 승인 과정을 필요로 한다. 즉, 일부 블록체인 데이터가 변경되면 전체 노드의 모든 블록이 승인 과정을 다시 거쳐야 하는 것이 아니라, 변경된 블록과 그 이후의 블록들이 승인 과정을 거쳐야 하는 것이므로 선지의 설명은 적절하지 않다.

③ 4문단에 따르면 보안성은 데이터의 무단 변경이 어렵다는 성질을 가리킨다. 또한 3문단에 따르면 블록과 블록체인의 연결을 유지하면서 블록체인에 포함된 데이터를 변경하는 것은 어렵다. 이를 고려할 때, 블록과 블록체인의 연결을 유지하면서 블록체인 데이터를 삭제할 수 있다는 것은 데이터의 무단 변경이 용이함을 의미하므로 보안성은 낮다.

④ 2문단에 따르면 블록체인 기술의 성능은 블록체인에 데이터가 저장되는 속도로 정의되며, 단위 시간당 블록체인에 저장되는 데이터의 양으로 계산될 수 있다. 즉, 블록체인 기술은 같은 양의 데이터가 저장되는 데 걸리는 시간이 짧을수록 성능이 높은 것이므로 선지의 설명은 적절하지 않다.

03

정답설명

② 3문단에 따르면 무단 변경과 달리, 일부 데이터가 지워져도 승인된 원래의 데이터로 복원할 때는 승인 과정이 필요하지 않다. 이때, 1문단에서 언급했듯 블록체인 기술이 블록체인을 여러 노드에 중복 저장하는 기술임을 감안하면 블록체인에 포함된 데이터가 일부 지워지더라도 복원이 용이하다는 ㉠의 이유는 블록체인이 여러 노드들에 중복 저장되어 있어 승인된 원래의 데이터를 다른 노드를 통해 복원할 수 있기 때문임을 알 수 있다.

오답설명

① 3문단에서 '블록과 블록체인의 연결을 유지하면서 블록체인에 포함된 데이터를 변경하는 것이 어'렵다고 하였으므로 선지의 설명은 적절하지 않다.

③ 승인 과정에 참여하는 노드 수에 제한을 둔다는 것은 2문단에서 말하는 비공개형에 대한 설명에 해당한다. ㉠은 일부 데이터가 지워져도 승인된 원래의 데이터로 복원할 때는 승인 과정이 필요하지 않아 복원이 용이하다는 내용이므로, 선지의 설명은 ㉠의 이유가 될 수 없다.

④ 1문단에 따라 데이터가 블록체인에 포함되기 위해서 승인 과정을 필요로 하는 것은 맞다. 하지만 ㉠은 일부 데이터가 지워져도 승인된 원래

의 데이터로 복원할 때는 승인 과정이 필요하지 않아 복원이 용이하다는 내용이므로, 선지의 설명은 ㉠의 이유가 될 수 없다.

⑤ 1문단에서 노드들은 새로 전파된 블록의 내용이 '블록체인의 다른 블록에 이중으로 포함되어 있지 않은지 검증한다.'라고 하였다. 즉, 동일한 데이터가 블록체인에 연결된 서로 다른 블록에 이중으로 포함되어 있으면 검증 과정을 통과할 수 없으므로 선지의 설명은 적절하지 않다.

04

형태쌤의 과외시간

[지문]
- 보안성 (무결성과 관련됨.)
→ 승인 과정에 걸리는 시간이 줄거나 노드 수가 감소하면 낮아짐.
- 탈중앙성
→ 노드 수가 감소하면 낮아짐.
- 확장성
→ 확장성이 높다는 것은 노드 수가 증가하더라도 성능 저하가 크지 않다는 것을 의미함.

	성능	보안성	탈중앙성	확장성
노드 수 ↑	↓	↑	↑	성능 저하 크지 않음
노드 수 ↓	↑	↓	↓	↑

[보기]

A업체 (비공개형)	속도가 더 빠른 합의 알고리즘 개발 = 성능 ↑	노드 수 제한 O (10개)
B업체 (공개형)	데이터의 위조 불가능성을 향상시킴 = 보안성 ↑	노드 수 제한 X (200개)

정답설명

③ 4문단에 따르면 노드 수가 증가하면 성능이 저하되며, 노드 수가 감소하면 탈중앙성은 낮아진다. 즉, 블록체인 기술에서 노드 수는 성능과는 음의 상관관계를, 탈중앙성과는 양의 상관관계를 지닌다는 것이다. 따라서 노드 수가 감소하면 성능은 높아지고 탈중앙성은 낮아질 것임을 알 수 있다.

오답설명

① A 업체는 노드 수를 10개로 제한하는 블록체인 기술을 사용하고 있으며, 속도가 더 빠른 합의 알고리즘을 개발해 성능을 높였다고 하였다. 4문단에 따르면 확장성은 응용 분야에 적용 가능할 만큼 성능이 높고, 노드 수가 증가해도 서비스 유지가 가능하다는 성질이므로, A 업체의 블록체인 기술은 이전보다 확장성이 높아졌다고 볼 수 있다. 한편, 4문단에서 승인 과정에 걸리는 시간이 줄면 보안성은 낮아진다고 하였으므

로, 승인 과정의 속도를 빠르게 한 A 업체의 블록체인 기술은 이전보다 보안성이 낮아졌을 것임을 알 수 있다.

② 4문단에 따르면 노드 수가 감소하면 보안성은 낮아지며, 노드 수가 증가하면 성능이 저하되기 때문에 기술 변화 없이 확장성을 높이고자 할 때 노드 수를 제한하는 방법이 사용되기도 한다. 즉, 노드 수가 증가하면 보안성은 높아지겠지만, 확장성이 높아지지는 않을 것이다.

④ A 업체는 노드 수를 10개로 제한하는 블록체인 기술을 사용하고 있으며, 속도가 더 빠른 합의 알고리즘을 개발해 성능을 높였다고 하였다. 이는 2문단에서 설명하는 '비공개형' 블록체인 기술에 해당한다. 한편, 블록체인 기술에서 노드 수는 탈중앙성과 양의 상관관계를 지니므로, B 업체보다 노드 수가 적은 A 업체는 상대적으로 탈중앙성이 낮을 것이다.

⑤ A 업체는 이전에 사용하던 작업증명 대신 속도가 더 빠른 합의 알고리즘을 개발하였다고 했고, B 업체는 승인 과정에서 작업증명을 사용한다고 하였으므로, 두 업체의 승인 과정이 다름을 알 수 있다. 한편, 3문단에서 무결성은 '데이터가 무단으로 변경되기 어렵다는 성질'이라고 하였는데, 이는 4문단에서 말하는 '보안성'과 연결된다. 보안성은 노드 수와 양의 상관관계를 지니므로, B 업체보다 노드 수가 적은 A 업체의 무결성은 상대적으로 낮을 것이다.

구조도 정답

① 중복 저장
② 작업증명
③ 높음
④ 제한

지문분석

확산 모델

↳ 문장이나 영상, 음성을 만들어 내는 인공 지능 생성 모델 중 하나
→ 영상의 복원, 생성 및 변환에 뛰어난 성능을 보임.

확산 모델의 기본 발상 :
원본 이미지에 노이즈를 점진적으로 추가했다가 그 노이즈를 다시
제거해 나가면 원본 이미지가 복원됨.

↳ 구성 : 노이즈 생성기, 이미지 연산기, 노이즈 예측기

↳ 작동 순서 : 순확산 과정 → 역확산 과정

순확산 과정 :
이미지에 노이즈를 추가하면서 (①)를 학습시키는 과정

노이즈 생성기에서 노이즈를 만듦.
→ 이미지 연산기가 노이즈를 원본 이미지에 더함.
→ 노이즈가 포함된 확산 이미지 출력
→ 노이즈를 출력된 확산 이미지에 더하는 과정을 반복
(더해지는 노이즈의 특성은 단계별로 다름.) → (②) 출력

노이즈 예측기는 단계별로 확산 이미지를 입력받아 (③)을 구하고,
이를 바탕으로 노이즈를 예측하는 방식을 학습함.
*(③) : 확산 이미지에 포함된 노이즈의 특성을 추출하여
수치화한 것

노이즈 예측기의 학습 방법 = 지도 학습
↳ 노이즈 생성기에서 만들어 넣어 준 노이즈와 예측된 노이즈
사이의 차이가 작아지도록 학습시킴.

역확산 과정 :
노이즈 이미지에서 노이즈를 제거하여 원본 이미지를 복원하는 과정

노이즈 이미지 or 중간 단계의 확산 이미지를 노이즈 예측기에 입력
→ 노이즈의 특성을 추출하여 잠재 표현을 구하고 노이즈를 예측
→ 이미지 연산기가 입력된 이미지로부터 예측된 노이즈를 제거
→ 현 단계의 노이즈를 제거한 확산 이미지 출력
→ 이미지에서 예측된 노이즈를 제거하는 과정 반복
⇒ 원본 이미지 복원

– 많은 종류의 이미지를 학습시켜 학습된 이미지의 잠재 표현에
(④)를 붙이면 역확산 과정에서 이미지를 선택하여 생성 가능
– 잠재 표현의 수치들을 조정하면 여러 이미지 혼합·실재하지 않는
이미지 생성 가능

형태쌤 Comment

기술 지문이지만 구조가 깔끔하다. 확산 모델과 기계 학습의 개념 및 확산 모델의 과정을 잘 파악했다면 문제를 수월하게 풀이할 수 있었을 것이다. 순확산 과정과 역확산 과정을 잘 체크해 두었어야 04번과 같은 문제에서 고전하지 않을 수 있다.

문제분석 01-04번

번호	정답	정답률(%)	선지별 선택비율(%)				
			①	②	③	④	⑤
1	③	84	2	7	84	4	3
2	①	73	73	4	12	8	3
3	⑤	81	3	3	8	5	81
4	③	60	4	7	60	11	18

01

정답설명

③ 확산 모델이 노이즈를 사용하여 원본 이미지를 복원할 수 있다는 점에서 노이즈의 중요성을 파악할 수는 있으나, 사용되는 노이즈의 종류가 모델의 성능에 미치는 영향은 지문에 제시되지 않았다.

오답설명

① 3문단을 통해 확산 모델의 노이즈 예측기가 '지도 학습'을 사용하며, 이러한 학습 방법이 확산 모델에 어떻게 적용되는지 알 수 있다.

② 1문단의 '순확산 과정과 역확산 과정 순으로 작동한다.'를 통해, 확산 모델이 두 가지 과정으로 이루어지며 순확산 과정이 선행되어야 함을 알 수 있다.

④ 2문단을 통해 잠재 표현의 개념을, 4문단을 통해 잠재 표현을 바탕으로 확산 모델이 노이즈를 예측하고 제거하는 원리를 알 수 있다.

⑤ 1문단을 통해 확산 모델이 '노이즈 생성기, 이미지 연산기, 노이즈 예측기'로 구성됨을, 2~4문단을 통해 이러한 구성 요소가 노이즈 처리 과정에서 어떤 기능을 하는지를 알 수 있다.

02

정답설명

① 노이즈 생성기는 이미지에 더하는 노이즈를 생성하는 역할을 하므로, '이미지에 노이즈를 추가하면서 노이즈 예측기를 학습시키는 과정'인 순확산 과정에서만 작동한다. 4문단에 따르면, 역확산 과정에서는 '노이즈 이미지에서 노이즈를 제거하여 원본 이미지를 복원'하므로, 노이즈 생성기는 작동하지 않는다.

오답설명

② 확산 모델에서의 학습은 노이즈 예측기가 잠재 표현을 구하고 노이즈를 예측하는 방식을 학습하는 것을 말한다. '이미지에 노이즈를 추가하면서 노이즈 예측기를 학습시키는 과정'은 역확산 과정이 아니라 순확산 과정에서만 이루어진다.

③ 확산 이미지를 출력하는 것은 이미지 연산기이다. 노이즈 예측기는 확산 이미지를 출력하는 것이 아니라, 잠재 표현을 구해 확산 이미지에 포함된 노이즈를 예측한다.

④ 3문단에서 '노이즈 예측기를 학습시킬 때는 노이즈 생성기에서 만들어 넣어 준 노이즈가 정답에 해당'한다고 하였다. 예측된 노이즈는 정답이

아니라 '출력'이다.

⑤ 4문단의 '확산 이미지에 이런 단계를 반복하면 결국 노이즈가 대부분 제거되어 원본 이미지에 가까운 이미지만 남게 된다.'를 통해 역확산 과정에서 단계가 반복될수록 출력되는 확산 이미지는 원본 이미지와의 유사성이 커짐을 알 수 있다.

03

정답설명

⑤ 2문단에서 '노이즈 예측기는 단계별로 확산 이미지를 입력받아 이미지에 포함된 노이즈의 특성을 추출하여 수치들로 표현'한다고 하였으며, '노이즈 예측기 내부의 이러한 수치들을 잠재 표현이라고 한다.'라고 하였다. 애초에 '원본 이미지'는 노이즈가 추가되지 않은 이미지이므로, 여기에서 노이즈의 특성을 추출할 수는 없다.

오답설명

① 5문단을 통해 '잠재 표현의 수치들을 조정하면 다른 특성의 노이즈가 생성되어 여러 이미지를 혼합'할 수 있음을 알 수 있다.

② 4문단에 따르면 역확산 과정에서 노이즈 예측기는 '이미지에 포함된 노이즈의 특성을 추출하여 잠재 표현을 구하고 이를 바탕으로 노이즈를 예측'하므로, 잠재 표현이 다르면 예측되는 노이즈가 다를 것임을 알 수 있다.

③ 확산 모델의 학습은 노이즈 예측기의 학습을 말하며, 2문단에서 노이즈 예측기는 '잠재 표현을 구하고 노이즈를 예측하는 방식을 학습한다.'라고 하였다. 따라서 확산 모델의 학습에는 잠재 표현을 구하는 방식이 포함되어 있음을 알 수 있다.

④ 2문단에 따르면 잠재 표현은 노이즈의 크기나 분포 양상 등의 특성을 추출하여 수치로 표현한 것이므로, 이미지에 더해진 노이즈의 크기나 분포 양상에 따라 다른 값으로 나타남을 알 수 있다.

04

정답설명

형태쌤의 과외시간

(가)는 이미지의 입력, (나)는 출력이다. 순확산 과정과 역확산 과정에서의 입·출력을 고려하여 대응하면 쉽게 풀리는 문제다.

1) 순확산 과정
(1) 노이즈 생성기에서 노이즈 생성 → (2) 원본 이미지 입력 → (3) 이미지 연산기를 통해 노이즈를 더함 → (4) 확산 이미지 출력 → (5) 출력된 확산 이미지에 노이즈를 더하는 과정((1)~(4)) 반복 → (6) 노이즈 이미지 출력

2) 역확산 과정
(a) 노이즈 이미지 or 중간 단계에서의 확산 이미지를 노이즈 예측기에 입력 → (b) 노이즈 예측기가 잠재 표현을 구하고 이를 바탕으로 노이즈 예측 → (c) 이미지 연산기가 해당 단계에서 예측된 노이즈를 제거 → (d) 확산 이미지 출력 및 이전 과정 반복 → (e) 원본 이미지 복원

① (가)에 원본 이미지가 입력 ⇒ 과정(2)
② (나)에 노이즈 이미지가 출력 ⇒ 과정(6)
③ 순확산 과정에서 (가)에 확산 이미지가 입력 ⇒ 과정(5)
④ 역확산 과정에서 (가)에 노이즈 이미지가 입력 ⇒ 과정(a)
⑤ 역확산 과정에서 (나)에 확산 이미지가 출력 ⇒ 과정(d)

③ 순확산 과정에서 (가)에 ⓛ(확산 이미지)이 입력되면, 노이즈 생성기에서 생성된 노이즈가 ⓛ에 더해질 것이다. 노이즈 예측기에서 예측한 노이즈가 이미지 연산기에 입력되는 것은 순확산 과정이 아니라 역확산 과정에 해당한다.

오답설명

① (가)에 ㉠(원본 이미지)이 입력된다면, A 단계는 과정(3)에 해당하므로 이미지 연산기에서 ㉠에 노이즈를 더한다.

② (나)에 ㉢(노이즈 이미지)이 출력된다면, A 단계는 과정(5)에 해당하므로 노이즈 생성기에서 생성된 노이즈가 이미지 연산기에서 확산 이미지에 더해진다.

④ 역확산 과정에서 (가)에 ㉢이 입력된다면, A 단계는 과정(b), (c)에 해당하므로 이미지 연산기에서는 ㉢에서 노이즈 예측기가 예측한 노이즈를 뺀다.

⑤ 역확산 과정에서 (나)에 ㉡이 출력된다면, A 단계는 과정(b), (c)에 해당하므로 노이즈 예측기에서 예측한 노이즈가 이미지 연산기에 입력된다.

구조도 정답

① 노이즈 예측기
② 노이즈 이미지
③ 잠재 표현
④ 고유 번호

Free note.

나 없이

기출

풀지마라

나 없이

나 없이
기출
풀지마라

독서

V

예술

01

V. 예술
2019학년도 9월

지문분석

근대 도시에 대한 견해들

생산학파의 견해

노동자는 착취당하는 동안 (①)를 상실하고 사물로 전락함

근대 도시는 쾌락과 환상이
끼어들지 못하는 거대한 생산 기계일 뿐

소비학파의 견해

새로운 테크놀로지의 발달 → (②)이 충족된 미래에 대한 기대
→ 기대가 (③)유발 → 근대 소비 정신을 북돋움

발터 벤야민의 견해

새로운 테크놀로지의 도입 → 노동 소외의 심화 인정
But 소비는 복합적인 체험을 가능하게 함

서로 다른 것 병치, 다양한 구경거리, 철도 여행, 아케이드 등 →
(④)체험 → 새로운 감성과 감각이 일깨워짐

근대 도시의 복합적 특성이
"(⑤)"라는 새로운 예술 형식에 드러남

필름이 일정한 속도로 흘러가면서 움직임을 만들어 냄
≒ 공장의 컨베이어 벨트

(⑥)로 인한 노동 소외 현상이
영화 제작 과정에서도 드러남

예측 불가능한 이미지의 연쇄로 이루어짐
→ 근대 도시의 일상 체험과 유사

영화의 형식 원리는 정신적 충격을 발생시킴

(⑦)의 정상적 범위를 넘어선 체험 (시각적 무의식)
→ 일상적 공간에 대해 새로운 의미 발견

의의
: 생산학파와 소비학파를 포괄할 수 있는 이론적 단초 제공
→ 근대 도시에 대한 (⑧)인 시선을 바로잡는 데 도움

형태쌤 Comment

지문은 길지만 구조는 깔끔하다. A 견해(생산학파)와 B 견해(소비학파)를 대조적으로 제시하고 있고, 이후에 C 견해(벤야민)를 통해 둘을 절충하고 있다. 각각의 입장을 정확하게 파악하고, 특히 C 견해와 기존 견해의 공통점과 차이점에 주목하며 독해를 진행하면 되겠다.

문제분석 01-06번

번호	정답	정답률 (%)	선지별 선택비율(%)				
			①	②	③	④	⑤
1	⑤	89	2	3	3	3	89
2	④	87	4	3	4	87	2
3	②	80	3	80	8	5	4
4	①	65	65	12	8	8	7
5	④	83	3	4	7	83	3
6	③	91	2	2	91	3	2

01

정답설명

⑤ 1~2문단에서 근대 도시의 삶의 양식에 대한 생산학파와 소비학파의 서로 다른 견해를 소개한 후, 3~5문난에서 근대 도시의 복합적 특성이 영화라는 새로운 예술 형식에 드러난다고 주장한 벤야민의 견해를 제시하고 있다.

오답설명

① 근대 도시의 삶의 양식에 대한 벤야민의 견해는 드러나지만, 영화를 유형별로 분류하고 있지는 않다.

② 근대 도시와 영화의 개념을 정의하지 않았다. 또한 마지막 문단의 '근대 도시와 영화의 체험에 대한 벤야민의 견해는 생산학파와 소비학파를 포괄할 수 있는 이론적 단초를 제공한다.'에서 벤야민의 견해에 대한 의의를 밝히고 있지만, 한계를 평가하지는 않았다.

③ 근대 도시의 기원과 영화의 탄생 간에 공통점과 차이점을 비교하고 있지 않다.

④ 근대 도시의 복합적 특성에 따라 영화가 변화해 온 양상을 통시적으로 제시하지 않았으며, 벤야민의 주장을 비판하고 있지도 않다.

02

정답설명

④ 2문단의 '소비학파(ⓛ)는 근대 도시인이 내면세계를 상실한 사물로 전락한 것은 아니라고 하면서 생산학파를 비판하기 시작했다.', '캠벨은 새로운 테크놀로지의 발달 덕분에 이런 환상이 단순한 몽상이 아니라 실현 가능한 현실이 될 것이라는 기대를 불러일으킨다고 보았다.'에서 확인할 수 있다.

오답설명

① 1문단의 '감각과 감성으로 체험하는 내면세계를 상실하고~어떠한 쾌락과 환상도 끼어들지 못하는 거대한 생산 기계인 듯하다.'에서 ㉠(생산학파)은 근대 도시인이 환상을 지닐 수 없다고 보았을 것임을 추측할 수 있다.

② 1문단에 따르면 ㉠은 근대 생산 체제에서의 노동자는 집단 규율에 맞춰 금욕 노동을 하는 사물로 전락한 존재라고 주장한다. 따라서 새로운 테

크놀로지의 발달로 성립된 근대 생산 체계가 욕망과 충족의 간극을 해소할 것이라는 생각은 하지 않을 것이다.

③ 2문단에서 ⓛ은 금욕주의 정신이 아닌, 미래에 욕망이 충족될 것이라는 근대 도시인의 기대가 쾌락을 유발하여 소비 정신을 북돋웠다고 평가하였다.

⑤ 1문단에서 ⓨ은 집단 규율에 의해 노동자가 금욕 노동을 하는 유순한 몸이 되었다고 주장하였다. 하지만 소비가 집단 규율을 완화하여 유순한 몸을 만든다는 입장은 제시되지 않았다. 한편 2문단에 따르면 ⓛ은 근대인들이 욕망을 가지는 존재이며 그들의 욕망 충족에 대한 기대가 쾌락을 유발하여 소비 정신도 가지게 되었다고 언급했을 뿐, 소비가 노동자에 대한 집단 규율을 완화하여 유순한 몸을 만든다고 보지는 않았다.

03
정답설명

② 4문단에 따르면 서로 다른 시·공간의 연결, 카메라가 움직일 때마다 변화하는 시점, 느린 화면과 빠른 화면의 교차 등 영화의 형식 원리가 ㉮(정신적 충격)를 발생시킨다. 선지의 '독특한 주제'는 형식 원리에 속하지 않으며, 영화의 독특한 주제에 대한 언급은 지문에 제시되지 않았으므로 선지의 내용은 적절하지 않다.

오답설명

① 4문단의 '영화는 일종의 충격 체험을 통해 근대 도시인에게 새로운 감성과 감각을 불러일으키는 매체이기도 하다.'에서 확인할 수 있다.

③ 4문단의 '예측 불가능한 이미지의 연쇄로 이루어진 영화를 체험하는 것은 이질적인 대상들이 복잡하고 불규칙하게 뒤섞인 근대 도시의 일상 체험과 유사하다.'에서 확인할 수 있다.

④ 4문단의 '서로 다른 시·공간의 연결, 카메라가 움직일 때마다 변화하는 시점, 느린 화면과 빠른 화면의 교차 등 영화의 형식 원리는 정신적 충격을 발생시킨다.'에서 확인할 수 있다.

⑤ 4문단의 '영화는 보통 사람의 육안이라는 감각적 지각의 정상적 범위를 넘어선 체험을 가져다준다.'에서 확인할 수 있다.

04
정답설명

① 〈보기〉의 '이 영화는 억압의 대상이던 노동자를 생산의 주체이자 새로운 시대의 주인공으로 묘사한다.', '영화 속에서 주체적이고 자율적으로 영화를 제작하는 영화인의 모습을 보여 준다.'를 통해, 베르토프의 영화에서 보여 주고자 하는 것은 영화 제작 과정에서 소외된 영화인의 모습이 아님을 알 수 있다.

오답설명

② 1문단에 따르면 생산학파는 노동자를 '대규모 기계의 리듬에 맞추어 획일적으로 움직이는', '집단 규율에 맞춰 금욕 노동을 하는 유순한', '기계화된 노동으로 착취당하는 동안 감각과 감성으로 체험하는 내면세계

를 상실하고 사물로 전락'한 존재로 묘사하였다. 하지만 베르토프의 영화에 등장하는 노동자의 모습은 '생산의 주체이자 새로운 시대의 주인공', '주체적이고 자율적으로 영화를 제작하는 영화인'이므로 선지의 내용은 적절하다.

③ 4문단에 따르면 벤야민은 영화의 형식 원리를 통한 충격 체험을 '시각적 무의식'이라고 표현하였다. 베르토프의 〈카메라를 든 사나이〉는 다중 화면, 화면 분할 등 다양한 영화 기법, 즉 형식 원리를 통해 도시의 일상 공간을 새롭게 재구성하였으므로 시각적 무의식을 유발할 것이다.

④ 짧은 이미지들이 빠르게 교차하는 것은 4문단에서 말하는 예측 불가능한 이미지들의 연쇄를 보여 주는 것이라고 할 수 있다.

⑤ 〈보기〉에 따르면 〈카메라를 든 사나이〉에서는 영화를 보는 관객들의 모습을 영화 속 장면으로 보여 주는데 이는 신기한 구경거리인 영화를 소비하는 근대 도시인의 모습을 보여 준다.

05
정답설명

④ 3문단의 '그는 새로운 테크놀로지의 도입이 노동의 소외를 심화한다는 점은 인정하였다.'를 통해 선지의 내용이 적절하지 않음을 확인할 수 있다.

오답설명

① 마지막 문단의 '벤야민이 말한 근대 도시는 착취의 사물 세계와 꿈의 주체 세계가 교차하는 복합 공간이다.'에서 확인할 수 있다.

② 3문단의 '소비 행위의 의미가 자본가에게 이윤을 가져다주는 구매 행위로 축소될 수는 없다고 생각했다. 소비는 그보다 더 복합적인 체험을 가져다주기 때문이다.'에서 확인할 수 있다.

③ 3문단의 '근대 도시에서는 옛것과 새것, 자연적인 것과 인공적인 것 등 서로 다른 것들이 병치되고 뒤섞이며 빠르게 흘러간다.'에서 확인할 수 있다.

⑤ 마지막 문단의 '벤야민은 근대 도시인이 사물화된 노동자이지만 그 자체로 내면세계를 지닌 꿈꾸는 자아이기도 하다는 사실을 보여 준다.'에서 확인할 수 있다.

06
정답설명

③ '연상(聯想)하다'는 '하나의 관념이 다른 관념을 불러일으키다.'라는 의미이므로, ⓒ의 '떠올리다'와 바꿔 쓰기에 적절하다.

오답설명

① '봉합(縫合)하다'는 '수술을 하려고 절단한 자리나 외상(外傷)으로 갈라진 자리를 꿰매어 붙이다.'라는 의미이다. 따라서 '여럿을 모아 한 덩어리나 한 판이 되게 하다.'라는 의미를 가진 ⓐ의 '아우르다'와 바꿔 쓰기에 적절하지 않다.

② '보증(保證)하다'는 '어떤 사물이나 사람에 대하여 책임지고 틀림이 없음을 증명하다.'라는 의미이다. 따라서 '어떤 상태나 결과를 낳게 하다.'라는 의미를 가진 ⓑ의 '가져다주다'와 바꿔 쓰기에 적절하지 않다.

④ '의지(依支)하다'는 '다른 것에 몸을 기대다.'라는 의미이다. 따라서 '곧바로 말하지 아니하고 빙 둘러서 말하다.'라는 의미를 가진 ⓓ의 '빗대다'와 바꿔 쓰기에 적절하지 않다.

⑤ '개편(改編)하다'는 '책이나 과정 따위를 고쳐 다시 엮다.'라는 의미이다. 따라서 '그릇된 일을 바르게 만들거나 잘못된 것을 올바르게 고치다.'라는 의미를 가진 ⓔ의 '바로잡다'와 바꿔 쓰기에 적절하지 않다.

구조도 정답

① 내면세계　　② 욕망　　③ 쾌락

④ 충격　　⑤ 영화　　⑥ 분업화

⑦ 감각적 지각　　⑧ 일면적

지문분석

```
┌─ 역사와 영화의 관계
│
├─→ 역사학의 사료
│      과거가 남긴 흔적 : 모두 (  ①  )로 활용 O
│
├─ 영화를 통한 역사 서술
│      시각 매체의 확장→영화를 사료로 파악하는 경향 등장
│
│      문헌 사료의 언어 : 상징적 기호
│                         ↔ 영화의 이미지
│                         : ( ② )기호, 지표적 기호
│      ∴ 언어적 서술의 호소력 < 영화적 서술의 호소력
│
├─ 역사와 영화의 관계
│      (      ③      )
│
│      영화로 역사를 해석·평가하는 작업
│
│      개연적 역사 서술 방식(사실), 상상적 역사 서술 방식(사실+상상)
│      (      ④      )
│
│      영화에 담겨 있는 역사적 흔적과 맥락을 검토
│
│      역사의 외연 확장, 대중의 무의식이나 이상 등 (  ⑤  )를 끌어냄.
│
├─ (      ⑥      )
│      시대적 상황을 반영
│
│      사고방식과 언어, 물질문화, 풍속 등→동시대 현실 전달
│
│      역사적 서술 보완
│
└─ 영화의 대안적 역사 서술 가능성
       '(  ⑦  )로부터의 역사' 형성에 기여

       비공식적 사료를 토대로 영화를 만듦→주변화된 집단의 목소리 표현

       공식 역사의 대척점에서 활동, 역사적 의식 형성 참여
       → 역사 서술의 한 (  ⑧  )
```

 형태쌤 Comment

융합 지문은 두 내용의 연결점에 신경을 써야 한다. 영화와 역사의 관계를 중심으로 글을 읽고 영화가 어떻게 사료로서의 가치를 지니는지 파악했다면 지문을 제대로 읽은 것이다.

문제분석 01-06번

번호	정답	정답률(%)	선지별 선택비율(%)				
			①	②	③	④	⑤
1	④	89	3	4	2	89	2
2	③	86	1	4	86	3	6
3	①	66	66	7	6	17	4
4	⑤	83	2	4	7	4	83
5	②	74	4	74	9	7	6
6	④	93	1	1	4	93	1

01

정답설명

④ 1~4문단에서 영화가 새로운 사료의 원천이 될 수 있다는 점을 제시하여 사료로서의 특성을 밝히고, 5문단에서 영화가 역사적 의식 형성에 참여함으로써 대안적 역사 서술의 가능성을 갖고 있다는 점을 제시하고 있다.

오답설명

① 역사의 개념을 밝히지 않았고, 영화와 역사의 공통점과 차이점을 비교하고 있지도 않다. 2문단에서 영화와 문헌 사료의 차이점을 제시했으나, '문헌 사료'는 역사학을 연구하는 자료로서 역사와 역사가를 매개하는 것일 뿐 그 자체가 역사는 아니다.

② 5문단에서 사료로서 영화가 지닌 의의를 강조하고 있으나, 영화의 변천 과정을 통시적으로 밝히고 있지는 않다.

③ 역사에 대한 서로 다른 견해를 대조하여 영화의 한계를 비판하지 않았다.

⑤ 다양한 영화의 유형이 제시되지 않았으며, 유형별 장단점을 분석하고 있지도 않다.

02

정답설명

③ 1문단에서 '기존의 사료를 새로운 방향에서 파악'하는 것을 새로운 사료를 발굴하기 위한 노력으로 제시하였다.

오답설명

① 1문단을 보면, '평범한 사람들의 삶의 모습을 중점적인 주제로 다루었던 미시사 연구'에서 사료 발굴을 위한 노력의 일환으로 '일기, 편지' 등의 서사적 자료에 주목하였다. 이를 통해 개인적 기록 역시 사료로 활용될 수 있음을 알 수 있다.

② 1문단에서 역사가는 사료를 매개로 과거와 만난다고 하였으므로, 역사가가 활용하는 사료 중 하나인 공식적 문헌 사료 자체가 매개인 것이다.

④ 2문단을 통해 지시 대상에 대한 지표성이 강한 것은 문헌 사료의 언어가 아니라 영화의 이미지임을 확인할 수 있다.

⑤ 2문단에서 영화의 이미지는 지시 대상과 닮아 있다는 점에서 도상적 기

호가 된다고 하였다. 상징적 기호는 문헌 사료의 언어에 해당하므로 선지의 내용은 적절하지 않다.

03

정답설명

① ㉮는 허구의 이야기 안에 반영된 시대 상황을 파악하여 사료로 삼으려는 것이고, ㉯는 허구의 이야기를 활용하여 사료에 기반한 역사적 서술을 보완하는 것이다.
ㄱ. 허구의 이야기(판소리)에서 당시 시대 상황(음식 문화)을 파악하고자 하였으므로 ㉮에 해당한다.
ㄷ. 허구의 이야기(소설)에서 당시 시대 상황(상거래 관행)을 연구하고자 하였으므로 ㉮에 해당한다.
ㄹ. 허구의 이야기(설화집)를 통해 사료(사건 기록)에 기반한 역사적 사실(역사서)을 보완하고 있으므로 ㉯에 해당한다.

오답설명

ㄴ. 허구의 이야기와 무관한 사례다. 사료(경전의 일부)의 연구를 통해, 사료의 내용이 후대에 추가되었는지를 검토하는 것은 ㉮, ㉯의 사례에 해당하지 않는다.

04

정답설명

⑤ [A]는 역사의 대척점(반대 지점)에 있는 영화가, 허구에 역사적 사실을 담아냄으로써 새로운 사료의 원천이 될 뿐 아니라 대안적 역사 서술의 가능성까지 지니고 있다는 내용이다. '회고, 증언, 구전' 등의 비공식적 사료를 토대로 제작된 영화가, 주변화된 집단의 목소리를 표현함으로써 역사적 의식 형성에 참여할 수 있다는 것이다. 반면 ㉠은 자료의 진위에 대한 의심을 버리지 않고 확인하려는 입장이다. 따라서 [A]에 대해 '기억이나 구술 증언'의 진위 여부를 검증해야 한다는 ⑤와 같은 비판이 가능하다.

오답설명

①, ②, ③ 자료의 진위 여부에 대한 의심이 제시되어 있지 않으므로 ㉠의 입장이라고 볼 수 없다.
④ ㉠은 '자료'에 허구가 없는지 의심하고 확인해야 한다는 입장일 뿐, 역사 서술의 자세에 대해서는 언급하지 않았다. 사실 확인 작업을 마친 자료를 바탕으로 서술하는 역사에 주관이 개입되어서는 안 된다는 입장인지는 알 수 없다.

05

정답설명

② 영화 「서머스비」가 실화에 바탕을 둔 영화 「마르탱 게르의 귀향」을 가공의 인물과 사건으로 재구성했다는 것은 〈보기〉에서 확인할 수 있다. 그러나 「서머스비」는 미국 근대사를 긍정적으로 평가하려는 대중의 욕망이 담긴 영화이고, 3문단에서 영화 제작 당시의 대중이 공유하던 욕

망을 파악함으로써 '영화에 대한 역사적 독해'가 이뤄질 수 있다고 하였으므로, 「서머스비」에서도 영화에 대한 역사적 독해가 가능하다.

오답설명

① 〈보기〉에서 영화 「서머스비」는 미국 근대사를 긍정적으로 평가하려는 대중의 욕망이 담겼다고 하였고, 3문단에서 역사가는 영화 제작 당시의 대중이 공유하던 욕망, 강박 등의 집단적 무의식을 파악할 수 있다고 하였으므로 적절한 이해이다.
③ 〈보기〉에서 영화 「마르탱 게르의 귀향」이 실제 사건의 재판 기록을 토대로 제작되었음을 확인할 수 있다. 3문단에서 영화인은 자기 나름의 시선을 서사와 표현 기법으로 녹여내어 역사를 비평할 수 있다고 하였으므로 적절한 이해이다.
④ 〈보기〉에서 영화 「마르탱 게르의 귀향」이 역사적 고증에 바탕을 두고 당시 생활상의 재현에 치중했음을 알 수 있다. 3문단에서 역사를 소재로 한 역사 영화는 역사적 고증에 충실한 개연적 역사 서술 방식을 취할 수 있다고 하였으므로 적절한 이해이다
⑤ 〈보기〉에서 역사서 「마르탱 게르의 귀향」이 재판 기록 등을 근거로 출간되었음을 알 수 있다. 한편 1문단에서 '미시사 연구'가 평범한 사람들의 삶의 모습을 중심적인 주제로 다루며, '서사적' 자료에 해당하는 '재판 기록'을 활용한다고 하였으므로 역사서 「마르탱 게르의 귀향」은 미시사 연구의 방식을 취했다고 볼 수 있다.

06

정답설명

④ ⓓ의 '이루다'는 '어떤 대상이 일정한 상태나 결과를 생기게 하거나 일으키거나 만들다.'의 의미이다. 따라서 '둘 이상의 사물이나 사람이 서로 관계를 맺어 하나가 되다.'의 의미인 '결합하다'와 바꿔 쓸 수 없다.

오답설명

① ⓐ의 '만나다'는 '둘이 서로 마주 보다.'의 의미이므로, '서로 얼굴을 마주 보고 대하다.'의 의미인 '대면하다'와 바꿔 쓸 수 있다.
② ⓑ의 '여겨지다'는 '마음속으로 그러하다고 인정되거나 생각되다.'의 의미이므로, '상태, 모양, 성질 따위가 그와 같다고 보거나 그렇다고 여기다'의 의미인 '간주되다'와 바꿔 쓸 수 있다.
③ ⓒ의 '나타나다'는 '어떤 새로운 현상이나 사물이 발생하거나 생겨나다.'의 의미이므로, '어떤 세력이나 현상이 새롭게 나타나다.'의 의미인 '대두하다'와 바꿔 쓸 수 있다.
⑤ ⓔ의 '펼치다'는 '펴서 드러내다.'의 의미이므로 '내용을 진전시켜 펴 나가다.'의 의미인 '전개하다'와 바꿔 쓸 수 있다.

구조도 정답

① 사료
② 도상적
③ 역사에 대한 영화적 독해
④ 영화에 대한 역사적 독해
⑤ 가려진 역사
⑥ 허구의 이야기
⑦ 아래
⑧ 주체

지문분석

(가) 예술의 정의

> 모방론 (아리스토텔레스)
>> 예술 = 자연에 대한 (①)
>> 재현의 투명성 이론 전제

> 18c 말 (②) 사조
>> 모방 필수 X, 예술가의 (③) 중시
>> 외부 세계 왜곡 허용
>> 예술로 인정받기 위해 새로운 이론 필요

> 20c 초 표현론 (콜링우드)
>> 예술의 조건 = 예술가의 마음
>> 진정한 예술 작품 = (④)(물리적 소재 불필요)

> 20c 초 형식론 (벨)
>> 외부 세계, 작가의 내면 < 작품 자체 고유 형식
>> 예술 작품 = (⑤)을 통해 비평가들에게 미적 정서 유발하는 작품

> 20c 중반 예술 정의 불가론 (웨이츠)
>> 「샘」과 일반 변기 문제 설명하고자 함
>> 예술의 정의 이론 = 참·거짓 판별 불가능한 (⑥)의 형태
>> '예술의 정의' 논의는 불필요함

> 20c 중반 제도론 (디키)
>> 「샘」과 일반 변기 문제 설명하고자 함
>> 예술 작품 = 일정한 (⑦)를 거친 모든 것

(나) 예술 비평의 태도

> (①) 비평 (텐)
>> 비평의 기준과 근거
>>> 1) 작품 창작 당시의 환경, 정치·경제·(②) 상황
>>> 2) 작품이 사회에 미치는 효과
>>> 3) 작가의 (③)와 이념
>>> → 다수의 객관적 자료를 중심으로 비평
>> 한계
>>> 작품 외적인 요소에 치중하여 작품의 핵심적 본질을 훼손할 우려

> 형식주의 비평 (프리드)
>> 비평의 기준과 근거
>>> 작품의 (④)와 그 요소들 간 구조적 유기성의 분석
>>> → 조형 요소(선, 색, 형태 등) + 조형 원리(비례, 율동, 강조 등)로 비평

> (⑤) 비평 (프랑스)
>> 비평의 기준과 근거
>>> 모든 분석적 비평에 회의적, 예술은 어떤 규칙이나 객관적 자료로 판단 불가
>>> → 비평가가 (⑥)과 창의성을 가지고 비평

형태쌤 Comment

　(가), (나) 모두 각 문단별 핵심 내용이 잘 정리되어 있다. 다만 6문항짜리 지문 답게 정보의 양이 매우 많은 분이다. 각 이론의 특징을 제대로 짚어 냈다면, 시간 이 다소 걸리더라도 문제는 다 맞힐 수 있었을 것이다.

문제분석　01-06번

번호	정답	정답률 (%)	선지별 선택비율(%)				
			①	②	③	④	⑤
1	④	57	4	5	13	57	21
2	①	82	82	4	3	4	7
3	①	53	53	6	8	19	14
4	②	69	5	69	17	5	4
5	③	78	2	5	78	12	3
6	③	88	3	3	88	3	3

01

정답설명

④ 정보들 간의 관계는 평가원에서 집요하게 출제하는 요소다. 지문에서 제시된 정보가 어떤 관계(문제/해결, 원인/결과, 유사/상반)인지 파악하 는 습관을 들여야 한다. (가)의 '그러나 예술가의 독창적인~미적 정서를 유발하는 작품을 예술 작품이라고 보았다.'와 '뒤샹이 변기를 가져다 전

시한~두 가지 대응 이론이 나타났다.', (나)의 '객관적 자료를 중심으로~비판을 받는다. 이러한 맥락주의 비평의 문제점을 극복하기 위한 방법으로는 형식주의 비평과 인상주의 비평이 있다.'에서 확인할 수 있다.

오답설명

① (가), (나) 모두 대립되는 관점이 제시되었다고 볼 수 있으나, 그 관점들이 수렴되어 가는 역사적 과정을 밝히지는 않았다.

② (가)는 허용할 여지가 있지만, (나)에서 이론들을 평가하여 종합적 결론을 도출하고 있지 <u>않으므로</u> 확실하게 지울 수 있다.

③ (가), (나) 모두 이론 간의 차이를 밝히고 있으나, 화제가 사회에 미치는 영향들을 분석하고 있지 않다.

⑤ (가)에서는 다양한 이론을 시대순으로 나열하고 있지만, (가), (나) 모두 '하나의 사례'를 중심으로 다양한 이론을 시대순으로 나열하고 있지 않다. 하나의 사례를 중심으로 한 다양한 이론을 시대순으로 나열하려면, '모나리자' 등 특정한 사례에 대한 다양한 이론을 시대순으로 제시해야 한다.

02

정답설명

① 2문단을 통해 형식론은 비평가들에게 미적 정서를 유발할 수 있는 '의미 있는 형식'을 근거로 하여 예술 작품 여부를 판단하는 입장임을 알 수 있다.

오답설명

② 2문단의 '예술 감각이 있는 비평가들만이 직관적으로 식별할 수 있고'를 통해, 직관적으로 식별할 수 있는 주체가 '모든 관람객'이 아니라 '예술 감각이 있는 비평가'에 한정된다는 것을 알 수 있다.

③ 2문단을 통해 감정을 표현하는 정신적 대상을 예술 작품으로 보는 것은 콜링우드의 표현론임을 알 수 있다. 형식론은 작품 자체의 고유 형식을 중시하는 입장이다.

④ 2문단의 '작가의 내면보다 작품 자체의 고유 형식을 중시하는 형식론'을 통해, 적절하지 않은 진술임을 알 수 있다.

⑤ 4문단의 제도론과 연관되는 설명이다. 다만 제도론에서는 '특정한 사회 제도에 속하는 모든 예술가와 비평가'가 아니라, '예술계라는 어떤 사회 제도에 속하는 한 사람 또는 여러 사람'에 의해 감상의 후보 자격을 수여받은 인공물을 예술 작품으로 규정한다.

03

정답설명

① 모방론자는 예술은 자연에 대한 모방이며, 대상과 그 대상의 재현이 닮은꼴이어야 한다고 생각하는 사람이다. 따라서 「샘」은 변기를 닮은 것이 아니라 변기 그 자체라는 점'을 들어 예술 작품의 필요충분조건을 갖추었다고 말하지는 않을 것이다. 오히려 「샘」에 모방이 전제되지 않았다는 점에서 「샘」을 예술 작품으로 인정하지 않는다고 할 것이다.

오답설명

② 낭만주의 예술가는 모방을 필수 조건으로 삼지 않으며, 예술가의 독창적인 감정 표현을 중시하는 사람이다. 따라서 감정 표현보다 대상의 재현에 치중하는 모방론자의 견해를 받아들이지 않을 것이다.

③ 표현론자는 진지한 관념이나 감정과 같은 예술가의 마음을 예술의 조건으로 규정하는 사람이다. 따라서 예술가의 독창적인 감정 표현을 중시하는 낭만주의 예술가의 작품을 인정할 것이다. 또한 (가)의 1~2문단의 '낭만주의 예술가의 작품을 예술로 인정해 줄 수 있는 새로운 이론이 필요했다.~표현론을 제시하여 이 문제를 해결하였다.'를 통해서도 이를 확인할 수 있다.

④ (가)의 3~4문단을 통해 제도론이 뒤샹의 「샘」과 관련하여 발생한 문제에 대응하기 위해 제시된 것임을 알 수 있다. 제도론자는 일정한 절차와 관례를 거치기만 하면 모두 예술 작품으로 볼 수 있다는 분류적 이론을 따르므로, 「샘」 외에 다른 변기들도 예술 작품이 될 수 있음을 인정할 것이다.

⑤ 예술 정의 불가론자는 예술의 정의에 대한 기존의 이론들이 참과 거짓을 판정할 수 없는 사이비 명제라는 견해를 갖고 있으며, 예술의 정의에 대한 논의 자체가 불필요하다고 주장한다. 따라서 예술가의 관념이나 감정을 예술 작품의 조건으로 규정하는 표현론자의 의견을 받아들이지 않을 것이다.

04

정답설명

② 여기서의 작품은 '신발' 자체가 아니라 '신발'을 그린 「그리움」이라는 작품이다. 따라서 '평범한 신발'이 특별한 것이 아니라 이 신발을 그린 그림이 예술 작품인 것이다. 또한 디키의 관점에 따르면 신발의 원래 주인이 화가였다는 사실은 이 그림이 예술 작품이 되는 근거가 되지는 않으며, 어떤 사회 제도에 속하는 사람들에 의해 이 그림이 감상의 후보 자격을 받을 때 예술 작품이 되는 것이다.

오답설명

① 콜링우드는 표현론을 통해 진지한 관념이나 감정과 같은 예술가의 마음을 예술의 조건으로 규정하였다. 이 관점에 의하면, 화가 A가 낡은 신발을 그린 것은 아버지에 대한 그리움이 담긴 것이라 볼 수 있다.

③ 텐은 작가의 심리적 상태와 이념을 포함하여 가급적 많은 자료를 바탕으로 작품을 분석하고 해석하는 맥락주의 비평을 따른다. 그의 관점을 적용하여 팸플릿 정보를 근거로 그림을 분석하면, 아버지의 낡은 신발은 화가 A가 추구하는 예술가 정신의 상징이라고 볼 수 있다.

④ 프리드는 내용보다는 선, 색, 형태 등의 조형 요소를 기준으로 예술 작품의 우수성을 판단하는 형식주의 비평가이다. 그의 관점을 적용할 경우 팸플릿의 설명인 '작품 전체에 따뜻한 계열의 색이 주로 사용됨.'에서 따뜻한 계열의 색들을 유기적으로 구성한 점에 주목하여 작품의 우수성을 언급할 수 있다.

⑤ 프랑스는 작가의 의도나 그 밖의 외적인 요인들을 고려할 필요 없이 비평가의 자유 의지로 무한대의 상상력을 가지고 작품을 해석하고 판단하는 인상주의 비평가이다. 그의 관점을 적용하면, 비평가인 '나'의 느낌을 서술할 수 있다.

05

 형태쌤의 과외시간

먼저 정리하고 가자.

A는 ㉠(맥락주의 비평)의 관점이므로, 예술 작품이 창작된 당시 예술가가 살던 시대의 환경, 정치·경제·문화적 상황, 작품이 사회에 미치는 효과 등을 예술 작품 비평의 중요한 근거로 삼는다. 또한 작가의 심리적 상태와 이념을 고려하여 작품을 분석하고 해석한다.

B는 ㉡(인상주의 비평)의 관점이므로, 자신의 생각과 느낌에 대하여 자율성과 창의성을 가지고 비평하는 입장이다. 작가의 의도나 그 밖의 외적인 요인들을 고려할 필요 없이 비평가의 자유 의지로 무한대의 상상력을 가지고 작품을 해석하고 판단한다.

정답설명

③ B에서 '슬퍼 보이고'와 '고통을 호소하고'라고 서술한 것은 작가가 아니라 비평가의 생각과 느낌을 반영한 것이다. 작가의 심리적 상태를 표현하는 비평은 A의 관점에 가깝다.

오답설명

① A에서 '1937년'에 '게르니카'에서 발생한 사건을 언급한 것은 히틀러의 학살이라는 역사적 정보를 바탕으로 작품을 해석하기 위한 것이다.

② A는 작품이 사회에 미치는 효과 등을 예술 작품 비평의 중요한 근거로 삼는다. 따라서 A에서 비극적 참상을 '전 세계에 고발'하였다고 서술한 것은 작품이 사회에 미치는 효과를 드러내고자 한 것이다.

④ B에서 '우울한 색과 기괴한 형태'를 언급한 것은 작품을 감상하는 비평가의 주관적 인상을 반영하기 위한 것이다.

⑤ B에서 '희망을 갈구하는'이라고 서술한 것은 작품을 감상하는 데에 비평가의 자유로운 상상력이 반영된 것이다.

06

'동음이의어'는 '소리는 같으나 뜻이 다른 단어'이다. 즉 의미상의 연관성은 전혀 없지만, 발음이 같은 단어를 말한다.

정답설명

③ ⓒ의 '이론'은 '사물의 이치나 지식 따위를 해명하기 위하여 논리적으로 정연하게 일반화한 명제의 체계.'라는 의미이다. ③의 '이론(異論)'은 '달리 논함. 또는 다른 이론(理論)이나 의견.'이라는 의미로, ⓒ의 동음이의어이다.

오답설명

① ⓐ와 ①의 '전제(前提)'는 '어떠한 사물이나 현상을 이루기 위하여 먼저 내세우는 것.'의 의미이다.

② ⓑ와 ②의 '시기(時期)'는 '어떤 일이나 현상이 진행되는 시점.'의 의미이다.

④ ⓓ와 ④의 '근거(根據)'는 '어떤 일이나 의논, 의견에 그 근본이 됨. 또는 그런 까닭.'의 의미이다.

⑤ ⓔ와 ⑤의 '시각(視角)'은 '사물을 관찰하고 파악하는 기본적인 자세.'의 의미이다.

구조도 정답

(가)

① 모방
② 낭만주의
③ 독창적인 감정 표현
④ 정신적 대상
⑤ 의미 있는 형식
⑥ 사이비 명제
⑦ 절차와 관례

(나)

① 맥락주의
② 문화적
③ 심리적 상태
④ 형식적 요소
⑤ 인상주의
⑥ 자율성

지문분석

(가) 앙드레 바쟁의 영화에 대한 인식

↳ 리얼리즘 영화 이론가 '앙드레 바쟁'

영화 = 세상을 향해 열린 창
→ 관객이 현실을 객관적으로 인식하게 함.

영화가 담아내고자 하는 현실
1) 물리적 연속성 : 물리적 시·공간이 분할되지
않는 하나의 총체
2) (①) : 그 의미가 미리 정해지지 않음.

영화감독의 분류

┌ 이미지를 믿는 감독[=바쟁이 지지하지 않는 유형]

· 영화의 (②) 중시
· 다양한 영화적 기법 → 현실 변형 → 새로운 의미 창조에 주력
예) 몽타주 기법
: 추상적·상징적 이미지
→ 익숙한 대상을 낯설게 받아들이게 함.
: 짧은 숏들을 불규칙적으로 편집
→ 영화가 재현한 공간이 불연속적으로 연결된 듯한 느낌
만들어 냄.
└ 바쟁의 평가 : 현실의 연속성을 깨뜨림. + 감독의 의도에
따라 관객이 현실을 (③)로만 해석하게 될 우려 ○

└ 현실을 믿는 감독[=바쟁이 지지하는 유형]

· 영화의 (④)인 현실을 더 중시
→ 변형되지 않은 현실을 객관적으로 보여 주고자 함.
예 1) 디프 포커스 기법
: 근경에서 원경까지 숏 전체를 선명하게 초점을
맞춰 촬영 → 원근감이 느껴지도록 공간감 표현
예 2) 롱 테이크 기법
: 하나의 숏이 1~2분 이상 끊김 없이 길게 진행되도록 촬영
: 영화 속 사건이 지속되는 시간 = 관객의 영화 체험 시간
→ 현실을 마주하는 듯한 효과
└ 바쟁의 평가 : 디프 포커스와 롱 테이크 혼용
→ 관객이 그 장면에 담긴 인물이나 사물을 (⑤)으로
선택하여 응시 → 화면 속 공간 전체와 사건의 전개를
지켜볼 수 있게 해 줌.

선호하는 연출 방식
1) 현실의 공간에서 자연광을 이용해 촬영
2) 다큐멘터리처럼 강한 현실감을 만들어 내는 연출 방식

선호하는 영화
: 열린 결말 → 의미를 확정적으로 제시하지 않는 영화
⇒ 미결정 상태의 현실을 있는 그대로 드러내기 때문

(나) 정신분석학적 영화 이론

↳ 정신분석학적 영화 이론

영화 = 일종의 몽상
동일시 현상에 주목

· 발생 원인 : 영화 장치(카메라, 영화의 서사, 영화관의 환경 등)
· 대표적 사례 : 관객이 영화의 등장인물에 자신을 일치시키는 것
· 극영화, (①)에서 발생
· 관객이 (②)와 현실 사이의 간극을 없애는 방법 :
상상적 작업을 통해 영화가 보여 주는 세계의 중심에 자신을
위치시킴.

관객의 시점 = 카메라의 시점

· 관객의 시선 = 카메라에 의해 이미 (③) 시선
(관객-시선의 주체 ✕)
· 영화 : 촬영과 편집 과정 → 특정한 의도에 따라 선택과 배제가
이루어짐. but 관객은 제작 과정에서 무엇이 배제되었는지
알 수 없음.
⇒ 관객은 인위적으로 만들어진 세계를 보고 있음.

영화관의 환경

· 영화에 몰입한 관객 → 스크린에 비친 (②)를 현실로 착각
→ 관객이 영화가 (④)임을 인식하기 어렵게 만듦.

주장 : 관객 → 영화가 은폐하고 있는 특정 이념 의심 ✕
→ (⑤)으로 받아들일 위험이 있음. → 영화가 (④)임을
영화 스스로 폭로하는 설정이 담겨 있는 대안적 영화가 필요함.

형태쌤 Comment

(가)와 (나)는 영화에 대한 이론가들의 관점을 제시하고 있다. 지문의 내용 자체가 어렵지 않기에, 영화에 대한 이론가들의 시선, 영화를 보는 관객에 대한 그들의 입장을 잘 파악하였다면 정답을 쉽게 찾아갈 수 있었을 것이다.

문제분석 01-06번

번호	정답	정답률 (%)	선지별 선택비율(%)				
			①	②	③	④	⑤
1	①	75	75	6	15	2	2
2	③	90	2	4	90	2	2
3	⑤	82	1	5	6	6	82
4	①	72	72	6	6	12	4
5	⑤	75	3	8	5	9	75
6	①	96	96	0	1	1	2

01

정답설명

① (가)에서 앙드레 바쟁은 영화를 '세상을 향해 열린 창'에, (나)의 정신분석학적 영화 이론에서는 영화를 '꿈'에 비유하고 있다. 따라서 '영화는 무엇에 비유될 수 있는가?'는 (가)와 (나)에서 모두 답을 찾을 수 있는 질문이다.

오답설명

② (가)에서 앙드레 바쟁은 영화의 형식을 중시한 '이미지를 믿는 감독'이 아닌 영화의 내용을 중시한 '현실을 믿는 감독'을 지지했다고 하였으므로, 영화의 형식보다 영화의 내용을 중요하게 여겼음을 알 수 있다. 반면 (나)에서는 영화의 내용과 형식에 대한 입장을 제시하지 않았으므로, '영화의 내용과 형식 중 무엇이 중요한가?'는 (가)에서만 답을 찾을 수 있는 질문이다.

③ (가)에서는 영화와 관객의 심리 사이의 관계를 다루고 있지 않다. 한편 (나)에서는 '영화와 관객의 심리 사이의 관계를 다루는' 것이 '정신분석학적 영화 이론'임을 밝히긴 하였으나, 영화에 관객의 심리가 어떻게 반영되는지에 대해서는 제시하지 않았다. 따라서 '영화에 관객의 심리는 어떻게 반영되는가?'는 (가)와 (나) 모두에서 답을 찾을 수 없는 질문이다.

④ (가)와 (나) 모두 영화 이론의 시기별 변천 양상을 제시하지 않았다. 따라서 '영화 이론의 시기별 변천 양상은 어떠한가?'는 (가)와 (나) 모두에서 답을 찾을 수 없는 질문이다.

⑤ (가)에서는 영화관 환경이 관객에게 미치는 영향에 대해 다루고 있지 않다. 반면 (나)에서는 영화관의 환경이 '관객이 영화가 환영임을 인식하기 어렵게 만든다.'라고 설명하였으므로, '영화관 환경은 관객에게 어떤 영향을 주는가?'는 (나)에서만 답을 찾을 수 있는 질문이다.

02

정답설명

③ 3문단에 따르면 '디프 포커스는 근경에서 원경까지 숏 전체를 선명하게 초점을 맞춰 촬영하는 기법'이다. 따라서 디프 포커스를 활용하여 주인공과 주인공 뒤로 펼쳐진 배경을 하나의 숏으로 촬영한 장면을 본 관객은 배경과 인물 모두 선명하게 보이는 느낌을 받을 수 있다.

오답설명

① 2문단에 따르면 '몽타주는 추상적이거나 상징적인 이미지를 통해 관객이 익숙한 대상을 낯설게 받아들이게' 하는 기법이다. 따라서 몽타주를 활용하여 대립 관계의 두 세력이 충돌하는 상황을 상징적 이미지로 표현한 장면을 본 관객은 이를 낯설게 받아들여 생소한 느낌을 받을 수 있다.

② 2문단에 따르면 몽타주는 '짧은 숏들을 불규칙적으로 편집해서 영화가 재현한 공간이 불연속적으로 연결된 듯한 느낌을 만들어' 내는 기법이다. 따라서 몽타주를 활용하여 서로 다른 공간을 짧은 숏으로 불규칙하게 교차시킨 장면을 본 관객은 영화 속 공간이 불연속적으로 재구성되었다는 인상을 받을 수 있다.

④ 3문단에 따르면 롱 테이크는 '영화 속 사건이 지속되는 시간과 관객의 영화 체험 시간이 일치하여 현실을 마주하는 듯한 효과'를 준다. 따라서 롱 테이크를 활용하여 사자가 사슴을 사냥하는 모든 과정을 하나의 숏으로 길게 촬영한 장면을 본 관객은 사자가 사슴을 사냥하는 실제 상황을 마주하는 듯한 느낌을 받을 수 있다.

⑤ 3문단에 따르면 '디프 포커스와 롱 테이크를 혼용하여 연출한 장면은 관객이 그 장면에 담긴 인물이나 사물을 자율적으로 선택하여 응시하면서 화면 속 공간 전체와 사건의 전개를 지켜볼 수 있'도록 한다. 따라서 디프 포커스와 롱 테이크를 활용하여 광장의 군중을 촬영한 장면을 본 관객은 자율적으로 인물(군중)이나 배경(광장)에 시선을 옮기며 사건의 전개를 지켜 볼 수 있다.

03

정답설명

⑤ 〈보기〉에서는 관객을 '작품과 상호 작용하며 의미를 생산하는 능동적 존재'로 보며 감독과 관객을 수평적 관계로 인식한다. 반면 2, 3문단에 따르면 바쟁은 감독이 영화의 형식과 내용 중 무엇을 중시하여 영화를 연출하는지에 따라 영화 작품에 대한 관객의 이해가 달라질 수 있다고 본다. 즉, 바쟁은 관객을 감독의 의도에 따라 작품을 해석하는 수동적 존재로 인식하고 있는 것이다. 따라서 〈보기〉의 입장은 바쟁에 대해 감독이 관객과 수평적 위치에 있는 것이 아닌, 관객보다 우위에 있다고 간주한다는 점을 비판할 것이다.

오답설명

① 4문단에서 바쟁은 '열린 결말을 통해 의미를 확정적으로 제시하지 않는 영화를 선호'한다고 하였다. 따라서 바쟁이 열린 결말의 영화를 관객이 이해하도록 돕는 예술 교육의 필요성을 간과한다고 볼 수 없다. 또한 〈보기〉에서는 관객이 '특별한 예술 교육을 받지 않아도 작품을 해석할 수 있다'는 입장을 취하고 있으므로, 〈보기〉의 입장에서 예술 교육의 필요성을 간과한다는 비판을 할 수는 없다.

② 4문단에 따르면 바쟁은 '정교하게 구조화된 서사를 통해 의미를 명확하게 제시하는 영화'를 선호하지 않았다. 따라서 바쟁이 정교하게 구조화된 서사의 영화를 통해 관객을 계몽하는 것을 영화의 목적으로 보았다는 선지의 내용은 적절하지 않다.

③ 2, 3문단에 따르면 바쟁은 감독의 연출 역량이 아닌, 영화의 형식과 내용 중 무엇을 중시했는지를 기준으로 감독의 유형을 '이미지를 믿는 감독'과 '현실을 믿는 감독'으로 나누었으므로 선지의 내용은 적절하지 않다.

④ 4문단에서 바쟁은 '현실의 공간에서 자연광을 이용해 촬영'하는 방식이나 '다큐멘터리처럼 강한 현실감을 만들어 내는 연출 방식에 찬사를 보냈다.'라고 하였으므로, 바쟁이 변형된 현실을 통해 생성한 의미를 관객에게 전달하는 것을 중시한다고 볼 수 없다.

04

정답설명

① (나)의 1문단에 따르면 정신분석학적 영화 이론은 관객이 '상상적 작업'을 통해 '허구적 세계와 현실 사이의 간극을 없'애는 동일시 현상에 주목한다. 이때 동일시 현상은 영화 장치로 인해 발생한다고 하였으므로,

정신분석학적 영화 이론의 입장에서 ㉠은 관객이 카메라, 영화의 서사, 영화관의 환경 등 영화 장치의 영향을 받아 동일시 현상을 겪기 때문이라고 설명할 수 있다.

오답설명

② (나)의 1문단에서 '동일시 현상은 영화 장치로 인해 발생'하며, '관객은 상상적 작업을 통해' '허구적 세계와 현실 사이의 간극을 없앤다.'라고 하였다. 따라서 정신분석학적 영화 이론의 입장에서 현실의 의미는 미리 정해져 있는 것이 아니며, 이를 ㉠의 이유로 볼 수도 없다.

③ 영화가 현실을 불연속적으로 파편화하여 드러낸다는 내용은 (나)에 제시되지 않았으므로, 이를 ㉠의 이유라고 설명할 수 없다.

④ (나)의 3문단에서 정신분석학적 영화 이론이 '영화가 은폐하고 있는 특정한 이념을 관객이 의심하지 않고 자신의 것으로 받아들일 위험이 있다고 경고한' 것은 맞다. 하지만 이는 관객이 영화에서 느끼는 현실감을 환영으로 인식하지 못하기에 경고를 한 것이므로, ㉠의 이유가 아닌 ㉠으로 인해 야기되는 문제점으로 보아야 한다.

⑤ (나)의 2문단에서 '관객은 제작 과정에서 무엇이 배제되었는지 알 수 없다.'라고 하였으므로 선지의 내용은 적절하지 않다.

05

정답설명

⑤ 학생이 ㉮에서 감동을 받은 것은 자신을 아들에 일치시켜 영화 속 아버지가 마치 자신의 손을 잡아 주는 것처럼 느꼈기 때문이며, ㉯에서 쾌감을 느낀 것은 자신을 주인공에 일치시켜 자신이 마치 세상을 구하는 것 같다고 생각했기 때문이다. B(정신분석학적 영화 이론)의 관점에서 보면, 이는 학생이 동일시 현상에 따라 자신을 영화의 등장인물에 일치시키고, 상상적 작업을 통해 영화가 보여 주는 허구적 세계의 중심에 자신을 위치시켰기 때문이라고 볼 수 있다.

오답설명

① ㉮는 다큐멘터리라는 착각이 들 정도로 사실적인 영화라고 하였으므로 A(바쟁)의 관점에서 볼 때 해당 영화는 '이미지를 믿는 감독'이 찍은 것이 아니라, 현실을 더 중요하게 생각하는 '현실을 믿는 감독'이 찍은 것임을 알 수 있다. 또한 A의 관점에서 열린 결말은 미결정 상태의 현실을 있는 그대로 드러내는 것이므로, 학생이 ㉮에서 궁금함을 떠올린 것은 열린 결말을 통해 주인공 가족의 미래 모습을 확정적으로 제시하지 않았기 때문이라고 볼 수 있다.

② A의 관점에서 의미가 미리 정해지지 않은 미결정 상태의 현실은 열린 결말을 통해 제시된다. 학생이 ㉯에서 사건의 전개를 예측하지 못한 이유는 열린 결말 때문이 아닌, 영화의 후반부까지의 내용이 반전을 거듭하였기 때문이므로 선지의 내용은 적절하지 않다.

③ 학생이 ㉮에서 착각하는 듯한 인상을 받은 이유는 해당 영화가 인공조명 없이 촬영되었으며, 연기 경험이 없는 일반인을 주인공으로 썼기 때문이다. A의 관점에서 이러한 방법은 강한 현실감을 만들어 낸다고 하였으므로, ㉮는 강한 현실감을 만들어 내는 연출 방식으로 촬영되었다고 볼 수 있다. 반면, 학생이 ㉯에서 착각하는 듯한 인상을 받은 이유는 해당 영화에 사용된 컴퓨터 그래픽 화면이 실재라고 여겨질 만큼 뛰어

났기 때문이다. A의 관점에서 이러한 방법은 강한 현실감을 만들어 내는 연출 방식과는 거리가 있으므로 선지의 내용은 적절하지 않다.

④ 학생이 ㉯에서 의아함을 떠올린 이유는 영화가 은폐하고 있는 특정 이념을 학생이 의심하였기 때문이다. B의 관점에서 볼 때 세계의 평화를 서구인이 지키는 ㉯는 영화가 환영임을 영화 스스로 폭로하는 설정이 담겨 있는 대안적인 영화라고 볼 수 없으므로 선지의 내용은 적절하지 않다.

06

정답설명

① '개선되다'는 '잘못된 것이나 부족한 것, 나쁜 것 따위가 고쳐져 더 좋게 되다.'라는 뜻이다. ⓐ의 '새롭다'는 '지금까지 있은 적이 없다.'라는 뜻이므로 이 둘을 바꾸어 쓰는 것은 적절하지 않다.

오답설명

② '파괴하다'는 '조직, 질서, 관계 따위를 와해하거나 무너뜨리다.'라는 뜻이다. ⓑ의 '깨뜨리다'는 '일이나 상태 따위를 중간에서 어그러뜨리다.'라는 뜻이므로 이 둘은 바꾸어 쓰기에 적절하다.

③ '대면하다'는 '서로 얼굴을 마주 보고 대하다.'라는 뜻이다. ⓒ의 '마주하다'는 '마주 대하다.'라는 뜻이므로 이 둘은 바꾸어 쓰기에 적절하다.

④ '기용하다'는 '인재를 높은 자리에 올려 쓰다.'라는 뜻이다. ⓓ의 '쓰다'는 '사람에게 어떤 일을 하게 하다.'라는 뜻이므로 이 둘은 바꾸어 쓰기에 적절하다.

⑤ '해소하다'는 '어려운 일이나 문제가 되는 상태를 해결하여 없애 버리다.'라는 뜻이다. ⓔ의 '없애다'는 '사람이나 사물 또는 어떤 사실이나 현상 따위가 어떤 곳에 자리나 공간을 차지하거나 존재하지 못하게 하다.'라는 뜻이므로 이 둘은 바꾸어 쓰기에 적절하다.

구조도 정답

(가)

① 미결정
② 형식
③ 하나의 의미
④ 내용
⑤ 자율적

(나)

① 다큐멘터리 영화
② 허구적 세계
③ 규정된
④ 환영
⑤ 자신의 것

Free note.

나 없이

기출

풀지마라

| 과외식 기출 분석서, 나기출 |

나 없이
기출
풀지마라

독서

지문분석

독서

↳ 특정 주제를 깊이 있게 (①)하기 위한 독서

지식을 습득하고 이를 비판적·종합적으로 탐구

과정

글의 (②) 파악 : 목차나 책 전체 훑기

필요한 부분 찾아 중점적으로 읽을 내용 선별

1) 글 표면 내용 정확하고 충분하게 읽기
2) 글 (③) 내용 추론하고 비판하며 읽기
3) 여러 관점을 비교하고 종합하며 읽기
⇒ 1), 2), 3)의 방법 적절히 조합해 선별한 내용 읽기

의미 구성

기존 배경지식과 새로운 지식 통합하여 의미 구성
→ 다른 사회 구성원들과의 (④)을 거쳐 재구성됨
∴ 개인적 차원뿐 아니라 사회적 차원에서도 이루어짐

기록의 역할 부각됨

읽은 내용의 망각 방지

비판과 토론의 자료 → (⑤)의 의미 구성에 기여

보고서, 논문, 단행본 등의 형태로 발전 → 공동체 (⑥)의 토대

강론과 기록을 권유했던 전통과 맥을 같이함

형태쌤 Comment

길이가 짧아 어렵지 않게 읽을 수 있었던 지문이었다. 〈보기〉와 비교하여 문제를 풀 때 지문에 나온 바를 명확하게 이해하고 풀었다면 헷갈리지 않고 답을 찾을 수 있었을 것이다.

문제분석   01-03번

번호	정답	정답률 (%)	선지별 선택비율(%)				
			①	②	③	④	⑤
1	⑤	94	1	1	1	3	94
2	①	60	60	1	7	13	19
3	③	95	1	1	95	1	2

01

정답설명

⑤ ㉠(특정 주제를 깊이 있게 탐구하기 위한 독서)은 지식을 습득하고 이를 비판적·종합적으로 탐구하는 독서이다. 정서적 반응을 기준으로 글의 가치를 평가하며 읽는 것은 지문에서 ㉠의 방법으로 제시되지 않았으므로 적절하지 않다.

오답설명

① 1문단에 ㉠의 방법으로 '글 표면에 드러난 내용을 정확하고 충분하게 읽기'가 제시되어 있다.
② 1문단에서 ㉠은 '목차나 책 전체를 훑어보아 글의 전체 구조를 파악'하는 것으로부터 출발한다고 하였으므로 적절하다.
③ 1문단에 ㉠의 방법으로 '글 이면의 내용을 추론하고 비판하며 읽기'가 제시되어 있다.
④ 1문단에서 ㉠은 '필요한 부분을 찾아 중점적으로 읽을 내용을 선별하는 것'으로부터 출발한다고 하였으므로 적절하다.

02

정답설명

① 〈보기〉에서 말하는 '정신이 새어 나가고 성의가 흩어져 버리'는 것은 연속적으로 공부하지 않아 한 번이라도 맥이 끊어지게 될 때에 대한 우려이다. 이는 기록의 궁극적 목적이 망각의 방지에 있음을 시사하는 것이라고 볼 수 없으므로 적절하지 않다.

오답설명

② 〈보기〉에서 말하는 '학문의 깊은 뜻을 꿰뚫어' 보고자 하는 것은, 지식을 습득하고 이를 비판적·종합적으로 탐구하는 것으로 주제를 깊이 있게 탐구하고자 하는 태도와 일맥상통한다고 볼 수 있다.
③ 〈보기〉에서 말하는 '읽은 것을 얼굴을 마주하고 강론하는 것'은, 3문단에서 제시된 '글을 읽고 의견을 주고받으며 토론하는 강론'에 해당하므로 다른 사회 구성원들과의 상호 작용으로 볼 수 있다.
④ 〈보기〉에서 말하는 '마음속의 생각'이나 '의문이 드는 부분'을 '강론' 또는 '기록'을 통해 공유하는 것은, 글을 읽고 개인의 머릿속에서 구성된 의미를 다른 사회 구성원들과의 상호 작용을 거쳐 재구성하는 사회적 차원의 의미 구성 과정에 해당하므로 적절하다.
⑤ 〈보기〉에서 말하는 '기록해서 벗에게 보내 자세히 살펴볼 수 있게 하는 것'은, 탐구 과정에서 개인적으로 구성한 의미를 기록하여 비판과 토론의 자료로 기능할 수 있게 함으로써 사회적 차원의 의미 구성에 기여하는 것이므로 적절하다.

03

정답설명

③ 학생은 윗글을 '학교에서 보고서 작성을 위해 책을 읽고 친구들과 의문점을 나누며 의논하는 경우'라는 자신의 학습 경험과 결부하여(연관시켜) 독서 활동의 의미를 확인하고 있다.

오답설명

① 학생은 독서에서 얻은 깨달음을 실천하려는 모습을 보이고 있지 않다.

② 학생은 모범적인 독서 태도를 발견하지 않았으며 반성하는 모습을 보이고 있지도 않다.

④ 학생은 알게 된 내용과 연관 지어 추가적인 독서 계획을 세우고 있지 않다.

⑤ 학생은 독서 경험을 떠올리고 있으나 이를 통해 지속적인 독서의 중요성을 인식하고 있지는 않다.

구조도 정답

① 탐구
② 전체 구조
③ 이면
④ 상호 작용
⑤ 사회적 차원
⑥ 지식 축적

지문분석

독시 일지

→ 독서 목적 : 서양 미술 흐름의 이해

→ 선정한 책 : 곰브리치의 『서양 미술사』

책 선정 고려 사항 : 자신의 지식수준

미술사에 대한 (①) 지식이 부족하면 이해가 어려운 경우
→ 미술에 대해 막 알아 가기 시작한 독자도 이해할 수 있다고
알려져 선택

→ 독서 방법

1) 내용상 관련된 부분 비교하며 읽기
서론의 내용을 뒷부분과 비교하며 읽음 → (②)을 더 잘 이해할
수 있음

2) 책의 제목으로 내용 추측하며 읽기
이 책이 유럽만을 대상으로 삼고 있을 것임

3) 책의 (③)를 통해 책의 구성 파악하며 읽기
총 28장, 유럽+유럽 외의 지역도 대상으로 포함 → 방대한 내용

4) (④)에 따라 읽을 순서를 정하여 읽기
이전부터 (④)을 둔 유럽 르네상스에 대한 부분을 먼저 읽음

5) 제시된 자료·해설을 바탕으로 저자의 관점을 수용하며 읽기
자료가 풍부·어렵지X → 해설된 내용을 저자의 관점에 따라 수용

6) (⑤)을 고려하여 독서 계획을 세워서 읽기
전체 분량이 多 → 적정 (⑤)을 읽도록 계획을 세워 꾸준히 실천

형태쌤 Comment

독서 방법론을 학생이 쓴 독서 일지에 녹여 낸 평이한 글이다. 최근 평가원은
1~3번에 독서 방법론에 관한 짧은 지문을 배치하고 있는데, 내용이 어렵지는 않
지만 발췌독을 하다가는 실수하기 십상이다. 따라서 주어진 지문을 빠르게 정독
한 뒤 선지와 대응시켜 무난하게 풀고 넘어가도록 하자.

문제분석   01-03번

번호	정답	정답률 (%)	선지별 선택비율(%)				
			①	②	③	④	⑤
1	①	99	99	0	0	1	0
2	③	99	1	0	99	0	0
3	⑤	98	0	1	1	0	98

01

정답설명

① 1문단에서 '미술사를 다루고 있는 좋은 책이 많지만 학술적인 지식이
부족하면 이해하기 어려운 경우가 많다고 한다.'라고 하였고, 『서양 미
술사』라는 책이 '미술에 대해 막 알아 가기 시작한 나와 같은 독자도
이해할 수 있다고 알려'져 택했다는 점에서 학생이 책을 선정할 때 자
신의 지식수준을 고려했음을 확인할 수 있다.

오답설명

② 윗글에서 다수의 저자들이 『서양 미술사』 집필에 참여했음을 언급한 부
분은 찾을 수 없다.

③ 윗글에서 『서양 미술사』를 다양한 연령대의 독자에게서 추천받아 선택
했음을 언급한 부분은 찾을 수 없다.

④ 윗글에서 『서양 미술사』가 학생이 이전에 읽은 책과 연관된 내용을 담
고 있는 책인지에 대해 언급된 부분은 없다.

⑤ 윗글에서 『서양 미술사』가 최신의 학술 자료를 활용하여 믿을 만한 내
용을 담고 있는 책인지는 확인할 수 없다.

02

정답설명

③ 윗글에서 학생이 자신의 경험과 저자의 경험을 연관 지으며 『서양 미술
사』를 읽는 모습은 나타나지 않았다.

오답설명

① 2문단의 '저자는 27장에서도~저자의 관점을 더 잘 이해할 수 있었다.'
에서 확인할 수 있다.

② 3문단의 '책의 본문을 읽기 전에 목차를 살펴보니,~실험적 미술까지 다
루고 있었다.'에서 확인할 수 있다.

④ 4문단의 '물론 분량이~꾸준히 실천하다 보니'에서 확인할 수 있다.

⑤ 3문단의 마지막 문장 '이전부터 관심을 두고 있었던~이 책을 읽어 나갔
다.'에서 확인할 수 있다.

03

정답설명

⑤ 〈보기〉는 독자가 책의 내용을 무비판적으로 수용하기보다는, 자신의 주
관을 가지고 책의 내용을 판단하며 읽을 필요가 있음을 말하고 있다.
㉠은 학생이 책에 담긴 내용과 해설, 저자의 관점을 그대로 수용한 것
에 대해 만족했음을 보여 주고 있으므로, 선지의 조언이 가장 적절하
다.

오답설명

① 〈보기〉는 책의 자료를 정리하는 기준에 대해 말하고 있지 않다.

② 〈보기〉는 책의 내용에 저자가 속한 사회·문화적 환경에서 비롯된 영향이 반영될 수밖에 없으므로 독자 자신의 주관을 가지고 책의 내용을 판단하며 읽어야 함을 말하는 것이지, 책이 유발한 사회·문화적 영향의 파악보다 책에 대한 다양한 해설을 찾아보는 것이 좋다는 내용이 아니다.

③ 〈보기〉는 예술 분야의 책을 읽을 때 저자의 해설뿐만 아니라 다양한 해설이 있음을 염두에 두어 주관을 가지고 판단하며 읽어야 함을 말하고 있는 것이지, 한 분야를 집중적으로 다룬 책을 읽어야 한다는 내용이 아니다.

④ 〈보기〉는 책의 내용을 저자가 구성한 방식대로 읽어야 한다는 내용이 아니다.

memo

구조도 정답

① 학술적

② 저자의 관점

③ 목차

④ 관심

⑤ 분량

2022학년도 11월

지문분석

독서가 지닌 힘

> 제2차 세계 대전 당시의 사진 : 폐허 속에서도 (①)을 찾아 서가에 온 사람들

> **1) 독서 → (②)으로의 여행** : 자신을 살피고 돌아볼 계기 제공
>
> 책 → 인류의 지혜, 경험이 담긴 문화유산
>
> (③)의 기회 제공 → 독자의 내면 성장, 삶 바꿈
> └ 독서 = 자기 (③)의 행위, 사색하고 스스로 질문하는 시간
> ⇒ 폐허 속 서가를 찾은 사람들 :
>   현실 외면 X, 자기 삶에 대한 숙고의 시간 필요

> **2) 독서 → (④)로의 확장** : 현실을 인식, 당면한 문제 해결 방법 모색
>
> 책 → 세상에 대한 안목을 키우는 데 필요한 지식 담김
>
> 올바른 식견, 문제 해결 방법을 모색하도록 함 → 세상을 바꿈
> └ 독서 = 정보 이해 + 문제 해결에 (⑤) 정보인지 판단·분석하는 시간
> ⇒ 폐허 속 서가를 찾은 사람들 : (⑥)를 해결할 실마리 찾기 위함

 형태쌤 Comment

전쟁으로 인한 폐허 속에서도 책을 찾아 서가에 온 사람들의 사진을 화제로 제시하며 독서가 가진 힘과 위대함을 서술한 글이다. 최근 경향에 따라 '독서'에 관한 짧은 지문이 맨 앞에 배치된 것이지. 어렵지 않게 술술 읽히는 글이지만 그렇다고 해서 발췌독을 하는 것은 위험하다. 주어진 지문을 빠르게 정독한 뒤 바로 답을 체크하고 넘어갈 수 있도록 하자.

문제분석 01-03번

번호	정답	정답률 (%)	선지별 선택비율(%)				
			①	②	③	④	⑤
1	②	96	1	96	1	2	0
2	⑤	93	1	1	3	2	93
3	①	98	98	0	0	2	0

01

정답설명

② 2문단의 '이들이 책을 찾은 것도 혼란스러운 현실을 외면하려 한 것이 아니라 자신의 삶에 대한 숙고의 시간이 필요했기 때문이다.'와 3문단의 '서가 앞에 선 사람들도 시대적 과제를 해결할 실마리를 책에서 찾으려 했던 것이다.'를 통해, 선지의 설명이 적절하지 않음을 알 수 있다.

오답설명

① 2문단의 '책은 인류의 지혜와 경험이 담겨 있는 문화유산이며,'에서 확인할 수 있다.

③ 3문단의 '서가 앞에 선 사람들도 시대적 과제를 해결할 실마리를 책에서 찾으려 했던 것이다'에서 확인할 수 있다.

④ 2문단의 '이들이 책을 찾은 것도~자신의 삶에 대한 숙고의 시간이 필요했기 때문이다.'에서 확인할 수 있다.

⑤ 3문단의 '책은 세상에 대한 안목을 키우는 데 필요한 지식을 담고 있으며,'에서 확인할 수 있다.

02

정답설명

⑤ 〈보기〉에서는 ⓒ과 관련한 독서 방법으로 '각 관점들을 비교·대조하면서 정보의 타당성을 비판적으로 검토'해야 함을 제시하고 있다. 따라서 비판적 판단을 유보함으로써 타당성을 견고히 해야겠다는 반응은 적절하지 않다.

오답설명

① 〈보기〉에서, 해결하려는 문제와 관련해 관점이 다른 책들을 함께 읽을 때에는 '먼저 문제가 무엇인지를 명확히 하'여야 한다고 제시했으므로 적절하다.

② 〈보기〉에서, 문제와 관련된 서로 다른 관점의 책을 찾아 자신의 관점에서 각 관점들을 비교·대조하면서 정보의 타당성을 비판적으로 검토하며 읽어야 한다고 했으므로 적절하다.

③, ④ 〈보기〉에서, 문제의 해결을 위해 그와 관련된 서로 다른 관점이 담긴 책을 비교·대조하면서 비판적으로 검토하고 평가한 내용을 통합해야 한다고 하였고, 이를 통해 문제를 다각적·심층적으로 이해하게 됨으로써 생각을 발전시켜 관점을 재구성하게 되어 해법을 찾을 수 있다고 하였으므로 적절하다.

03

정답설명

① 학생은 정보 습득 위주의 독서에만 치중했던 스스로를 반성하며, 윤동주 평전을 읽는 경험을 통해 스스로에게 질문을 던지며 자신에 대해 사색하는 시간의 소중함을 깨닫고 있다. 또, '오늘 나는~나에게로의 여행을 떠나 보려 한다.'에서 이러한 독서를 실천하려는 모습을 보이고 있다.

오답설명

② 학생은 정보 습득 위주의 독서에만 치중했던 스스로를 반성하며 내면의 성장을 위한 자기 성찰의 독서 습관을 지니려는 노력을 보이고 있으므로 적절하지 않다.

③ 학생은 독서를 지속적으로 실천하지 못한 것에 대해 반성하는 것이 아니라, 정보 습득 위주에만 치중했던 독서 습관에 대해 반성하고 있다. 또한, 문제 해결을 위한 장기적인 독서 계획을 세우고 있지도 않다.

④ 내면적 성장을 위한 도구로서의 독서의 중요성은 인식하고 있으나, 다양한 매체를 활용한 독서의 방법을 제안하고 있지는 않다.

⑤ 학생은 정보 습득 위주에만 치중했던 독서 습관에 대해 반성한 것이지 개인의 지적 성장에만 머무는 개인적 독서의 한계를 지적하지는 않았다. 또한, 타인과 경험을 공유하는 독서 토론의 필요성을 강조하고 있지도 않다.

구조도 정답

① 책

② 자기 내면

③ 성찰

④ 외부 세계

⑤ 타당한

⑥ 시대적 과제

지문분석

글 읽는 능력

> **글 읽기에 필요한 요소**
>
> > **글자 읽기/요약/추론 등 (①), 어휘력, 읽기 흥미, 동기 등**
> >
> > > **(②) 발달에 관한 연구**
> > >
> > > 어휘력이 높은 학생들과 낮은 학생들 간의 격차 점점 커짐
> > >
> > > 어휘력 격차는 (③)과 관련, 커진 격차를 극복하는 데에 많은 노력 필요
>
> **(⑤) : 읽기 요소를 잘 갖춘 독자와 그렇지 않은 독자와의 차이 설명**
>
> > 주로 (④)에서 사용되었으나 읽기에도 적용
> >
> > 글 읽는 능력을 (⑤)로만 설명하는 데에는 문제가 있음
> >
> > > - 읽기 요소들에서 항상 나타나는 것은 아님
> > > - 읽기 요소들은 상호 간에 영향을 미쳐 (⑤)와 다른 결과를 낳기도 함
> >
> > **의의**
> >
> > > 읽기 요소들이 글을 잘 읽도록 하는 중요한 동력임을 인식하게 함

형태쌤 Comment

2022학년도까지 독서론은 독서의 효용과 가치에 대한 가벼운 글이 제시되었고, 문제도 수월하였다. 하지만 이런 유형은 소재 제한으로 출제에 한계가 있다. 예전에 독서론이 잠시 나왔다가 사라진 이유도 이것 때문이다. 하지만 2023학년도에는 독서 이론에 대한 글로 지문이 바뀌었다. 독서 이론에 대한 논문은 상당히 많기에 출제하기가 수월하다. 다만 기존처럼 몸풀기용 지문이 아니기에, 아주 쉬운 비문학 한 지문을 만난 느낌으로 제대로 읽고 반응해야 한다.

문제분석 01-03번

번호	정답	정답률 (%)	선지별 선택비율(%)				
			①	②	③	④	⑤
1	①	72	72	8	1	8	11
2	⑤	98	1	0	0	1	98
3	④	94	4	1	1	94	0

01

정답설명

① 1문단에서 '글자 읽기, 요약, 추론 등의 읽기 기능, 어휘력, 읽기 흥미나 동기 등이 필요하다.'라고 했으므로, 읽기 기능에는 '글자 읽기, 요약, 추론 등'이 포함됨을 알 수 있다. '어휘력, 읽기 흥미나 동기'는 읽기에 필요한 요소들로 읽기 기능에 포함된다고 볼 수 없다.

오답설명

② 3문단에서 '읽기 요소를 잘 갖춘 독자는 점점 더 잘 읽게 되어~이를 매튜 효과로 설명하기도 한다.'라고 했으므로, 매튜 효과에 따르면 읽기 요소를 잘 갖출수록 더 잘 읽게 된다고 할 수 있다.

③ 3문단의 '매튜 효과란~이는 주로 사회학에서 사용되었으나'에서 확인할 수 있다.

④ 4문단에서 '읽기 요소들은 상호 간에 영향을 미쳐'라고 했으므로 읽기 요소는 다른 읽기 요소들에 영향을 미치기도 하는 것을 알 수 있다.

⑤ 5문단에서 '읽기를 매튜 효과로 설명하는 연구는~읽기 요소들이 글을 잘 읽도록 하는 중요한 동력임을 인식하게 하는 계기가 되었다.'라고 했으므로, 매튜 효과는 읽기 요소의 가치를 인식하게 했다고 할 수 있다.

02

정답설명

⑤ [A]에서 '어휘력 격차는 읽기의 양과 관련'되며, 어휘력이 높으면 더 많이 읽게 되고, 더 많이 읽을수록 어휘력이 높아진다고 했다. 반대로, 어휘력이 부족하면 적게 읽어 다시 어휘력이 부족하게 되는데 이렇게 누적된 격차는 극복하는 데에 많은 노력이 필요하게 된다고 하였다. 따라서 ㉠과 ㉡ 간의 어휘력 격차가 점점 커지는 것은 읽기 양의 차이가 누적되기 때문이라고 할 수 있다.

오답설명

① ㉠은 ㉡에 비해 읽기 양이 많고, 어휘력은 더 큰 폭으로 높아진다.

②, ③ 어휘력의 격차는 읽기 양의 차이가 누적됨에 따라 줄이기 어려워지므로, 시간이 지남에 따라 어휘력 격차가 더 커진다고 할 수 있다. 따라서 학년이 올라갈수록 어휘력 격차를 줄일 수 있는 가능성은 더 적어지고, ㉡은 ㉠에 비해 더 많은 노력을 해야 할 것이다.

④ ㉠과 ㉡ 간의 어휘력 격차가 커지는 것은 읽기 양의 차이가 누적되기 때문이지, 지능의 차이 때문은 아니다.

03

정답설명

④ <보기>에서 '인간의 사고'는 '공동체 내 언어적 상호 작용에 의해 발달'하고, '읽기도 타인과 상호 작용함으로써' 발달한다고 하였다. 이러한 <보기>의 관점에서 ⓐ를 뒷받침하려면 '상호 작용'과 관련된 내용이어야 하므로, '공동체', '상호 작용', '사회적'과 같은 단어들이 나와야 한다. 선지의 '공유', '사회적 환경'에서 <보기>의 관점을 읽어낼 수 있다.

오답설명

①, ②, ③, ⑤ 모두 '개인'과 관련된 내용이므로 적절하지 않다.

구조도 정답

① 읽기 기능 ② 어휘력 ③ 읽기의 양
④ 사회학 ⑤ 매튜 효과

지문분석

눈동자 움직임 분석 방법

↳ 독서할 때 독자의 사고 과정을 밝힐 수 있는 방법

↳ 눈동자 움직임 연구

1) (①) : 눈동자를 단어에 멈춤 → 단어의 의미 이해

중요, 생소한 단어 : 고정 시간, 고정 횟수↑

2) (②) : 고정과 고정 사이에 일어남 → 단어의 의미 이해 X

- 짧은 도약 : 한 단어에서 다음 단어로 이동
- 긴 도약 : 단어를 건너뜀.
중요, 생소한 단어 연속 : 도약 방향이 글 진행 방향과 (③)인
경우도 있음. 도약 길이↓

↳ 눈동자 움직임 양상

독자의 (④)이 발달하면서 변화
(④) 발달 : 고정 횟수와 고정 시간↓, 긴 도약↑

학습 경험, 독서 경험↑ → 글 구조에 대한 지식, 아는 단어, 배경지식↑
읽기 목적 분명하게 인식 → (⑤)를 정확하게 선택할 수 있게 됨.

형태쌤 Comment

최근 독서론은 독서 이론에 대해 출제하는 경향을 보이는데, 독서 이론에 대한 개념은 매우 다양하므로 앞으로도 독서 이론에 대해 다룰 가능성이 높다.

이번 독서론은 지문과 문제 모두 쉬운 편이었다. 다만 지문에서 고정과 도약의 횟수, 길이 등 개념과 증감에 대한 내용이 많이 나오는데 이를 잘 체크하고 읽었다면 문제를 풀이하는 데 큰 어려움은 없었을 것이다. 쌤이 항상 말했던 것처럼 지문에 개념과 증감이 나온다면 이는 문제에 출제될 확률이 매우 높으니 제대로 확인하고 넘어가야 한다.

문제분석 01-03번

번호	정답	정답률 (%)	선지별 선택비율(%)				
			①	②	③	④	⑤
1	①	96	96	1	1	1	1
2	④	92	1	4	1	92	2
3	①	89	89	2	2	5	2

01

정답설명

① 1문단에서 '사고 과정이 눈동자의 움직임에 반영된다고 보고 그 특성을 분석하는 방법'이 '눈동자 움직임 분석 방법'이며, 이를 통해 '글을 읽는 동안 독자의 사고 과정을 밝힐 수 있'다고 하였다. 따라서 글을 읽을 때 눈동자의 움직임은 독자의 사고 과정에 영향을 받는다는 것을 알 수 있다.

오답설명

② 1문단에서 독자의 사고 과정을 밝힐 수 있는 방법 중 하나가 눈동자 움직임 분석 방법이라고 하였으므로, 눈동자 움직임 분석 방법을 사용하지 않는다고 해서 독자의 사고 과정을 밝힐 수 없는 것은 아니다.

③ 3문단에 따르면 독자는 글의 구조에 대한 지식, 아는 단어, 배경지식이 늘어나 읽기 능력이 발달하면 단어마다 눈동자를 고정하지 않게 된다고 하였다. 즉, 눈동자 움직임의 양상은 독자의 읽기 능력이 발달하면서 변화한다.

④ 2문단에 따르면 독자가 생각하는 단어의 친숙함에 따라 눈동자의 고정 시간과 횟수, 도약의 길이와 방향이 달라지고, 3문단에 따르면 독자는 읽기 목적을 분명하게 인식하게 되면서 글에서 중요한 단어를 정확하게 선택할 수 있게 된다. 그러나 독자가 자신에게 친숙한 단어일수록 중요하다고 판단하는 것은 아니다.

⑤ 2문단에서 독자가 생각하는 단어의 중요도에 따라 눈동자의 고정 시간과 횟수, 도약의 길이와 방향이 다르다고 하였다.

02

정답설명

④ [A]에서 독자가 중요하다고 생각하는 단어일수록 고정 시간이 길고 고정 횟수가 많았다고 했으므로, 주제와 관련된 단어들을 읽을 때는 관련이 없는 단어들을 읽을 때보다 고정 시간이 길고 고정 횟수가 많았을 것이다.

오답설명

① [A]에 따르면 중요하다고 생각한 단어에서는 고정이 일어났을 것이다.

② [A]에서 도약이 관찰될 때는 건너뛴 단어의 의미 이해가 이루어지지 않았다고 했으므로 적절하다.

③ [A]에서 독자가 글의 진행 방향대로 읽어 가다가 되돌아와 다시 읽는 경우의 도약은 글의 진행 방향과는 다르게 나타났다고 했으므로, 글이 진행되는 방향과 반대 방향의 도약이 나타났을 것이다.

⑤ [A]에서 독자가 중요하거나 생소하다고 생각한 단어일수록 고정 시간이 길었다고 했으므로 적절하다.

03

정답설명

① 글을 깊이 있게 이해하기 위해 꼼꼼히 읽을 때는 단어의 의미 이해를 위해 고정 횟수와 고정 시간이 늘어나고 도약은 적게 일어날 것이다.

오답설명

②, ③, ④ 3문단에 따르면 학습 경험과 독서 경험이 쌓이면서 글의 구조에 대한 지식과 아는 단어, 배경지식이 늘어나면 ㉠이 관찰된다.

⑤ 3문단에 따르면 읽기 목적을 분명하게 인식하게 되면서 글에서 중요한 단어를 정확하게 선택할 수 있게 되면 ㉠이 관찰된다.

구조도 정답

① 고정 ② 도약 ③ 반대
④ 읽기 능력 ⑤ 중요한 단어

06 VI. 독서
2023학년도 11월

지문분석

독서에서의 소통의 즐거움

독서는 (①)와 간접적으로 대화하는 소통 행위.

독자마다 다른 의미를 구성.

　1) 독자의 배경 지식이나 관점 등의 (②) 요인.
　2) 읽기 환경이나 과제 등의 (③) 요인.

질문 제기

　1) 독자가 (④)에서 답을 찾는 질문 제기.
　2) 독자 (⑤)에게서 답을 찾는 질문 제기.

독자는 다른 독자와 소통하는 즐거움을 경험할 수 ○
최근 소통 공간이 (⑥)으로 확대. → 소통하며 즐거움을 누리는 양상이 더 다양.

 형태쌤 Comment

　2022학년도 수능 독서론과 마찬가지로, 2023학년도 수능 독서론도 지문이 길지 않았고 난도도 낮게 출제되었다.

문제분석　01-03번

번호	정답	정답률(%)	선지별 선택비율(%)				
			①	②	③	④	⑤
1	④	86	1	2	2	86	9
2	⑤	86	0	1	6	7	86
3	①	98	98	1	1	0	0

01

정답설명

④ 2문단의 '독자의 배경지식이나 관점 등의 독자 요인'에서 배경지식과 관점이 독자 요인임을 알 수 있다. 그리고 2문단의 '읽기 환경이나 과제 등의 상황 요인'에서 읽기 환경과 과제는 상황 요인임을 알 수 있다. 즉, 해당 선지는 상황 요인인 '읽기 환경, 과제'까지도 독자 요인에 포함했기 때문에 적절하지 않다.

오답설명

① 2문단의 '필자가 보여 주는 세계를 그대로 수용하지 않고 저마다 소통 과정에서 다른 의미를 구성할 수 있다.'에서 같은 책을 읽은 독자라도 서로 다른 의미를 구성할 수 있음을 알 수 있다.

② 4문단의 '다른 독자와 소통하는~독자는 자신의 인식을 심화·확장할 수 있다.'에서 다른 독자와의 소통이 독자가 인식의 폭을 확장하도록 돕는

다는 것을 알 수 있다.

③ 2문단의 '직접 경험하지 못했던 다양한 삶을~바라볼 수 있다.'에서 독자가 직접 경험해 보지 못했던 다양한 삶을 책의 필자를 매개로 접하게 됨을 알 수 있다.

⑤ 2문단의 '독서는 필자와 간접적으로~드러내고자 하는 사회나 시대를 경험한다.'에서 독자는 책을 읽을 때 자신이 속한 사회나 시대의 영향을 받으며 필자와 간접적으로 대화한다는 것을 알 수 있다.

02

정답설명

⑤ 〈보기〉의 ⓓ에 나타난 질문은 '독자 자신에게서 답을 찾는 질문'에 해당한다. 그리고 ⓔ에는 ⓓ의 질문에 대한 답을 자신(독자)의 경험에서 찾아내는 모습이 나타나 있다.

오답설명

① 〈보기〉의 ⓑ는 ⓐ에 대한 답을 '책에 명시된 내용'에서 찾아낸 것이므로, ⓑ에는 '독자 자신에게서 답을 찾는 질문'이 나타나지 않는다.

② 〈보기〉의 ⓒ에서 ⓐ에 대한 답을 '책의 내용들을 관계 지으며' 찾아내고 있음을 확인할 수 있다. 그리고 ⓓ에 나타난 질문은 '독자 자신에게서 답을 찾는 질문'에 해당한다.

③ 〈보기〉의 ⓐ에 나타난 질문은 '책에서 답을 찾는 질문'에 해당한다고 볼 수 있다. 그러나 ⓔ는 그에 대한 답이 아니라, '독자 자신에게서 답을 찾는 질문'에 대한 답을 '독자의 경험'에서 찾아낸 것이다.

④ 〈보기〉의 ⓑ는 질문으로 보기 어려우며, ⓐ에 나타난 질문에 대해 답을 찾아낸 것으로 볼 수 있다. 그리고 ⓒ에는 ⓑ가 아니라 ⓐ에 나타난 질문에 대해 '책의 내용들을 관계 지으며' 답을 찾아내는 모습이 나타나 있다.

03

정답설명

① '스스로 독서 계획을 세우고 자신에게 필요한 책을 찾아 개인적으로 읽는 과정'은 다른 독자와 소통하는 것이 아니라 개인적인 독서 활동에 해당한다.

오답설명

② 4문단의 '비슷한 해석에 서로 공감하며 기존 인식을 강화하거나 관점의 차이를 확인하고 기존 인식을 조정하는'을 통해 독자는 독서 모임에서 서로 다른 관점을 확인하고 자신의 관점을 조정하는 과정을 겪으며 다른 독자와 소통하는 즐거움을 경험할 수 있음을 알 수 있다.

③ 4문단에서 책과의 소통을 통해 개인적으로 형성한 의미를 독서 모임이나 독서 동아리에서 다른 독자들과 나누는 과정에서 독자는 자신의 인식을 심화·확장할 수 있다고 했다. 이를 통해, 개인적으로 형성한 의미를 독서 동아리를 통해 심화할 수 있음을 알 수 있다. 그리고 그 과정에서 다른 독자와 소통하는 즐거움을 경험할 수 있음을 알 수 있다.

④ 4문단의 '자신의 독서 경험을 담은 글이나 동영상을 생산·공유함으로써'에서 자신의 독서 경험을 담은 콘텐츠를 생산하고 공유하는 과정을

통해 다른 독자와 소통하는 즐거움을 경험할 수 있음을 알 수 있다.

⑤ 4문단의 '최근 소통 공간이 온라인으로 확대되면서'를 통해, 오프라인뿐 아니라 온라인 공간에서 해석을 나누는 과정에서도 다른 독자와 소통하는 즐거움을 경험할 수 있음을 알 수 있다.

구조도 정답

① 필자
② 독자
③ 상황
④ 책
⑤ 자신
⑥ 온라인

지문분석

독서의 동기

→ 정의 : 독서를 이끌어 내고, 지속하는 힘

→ **때문에 동기**

독서 행위를 하게 만든 이유

독서 이전 시점에 이미 발생한 사건이나 (①)

ex) 선물로 책을 받은 것

→ **(②) 동기**

독서 행위의 결과로 달성하고자 하는 목적

독서 이후 시점의 상태에 대한 기대나 예측, 달성하지 못할 가능성 내포

ex) 친구와 책에 대해 대화를 나누는 것, 성취감이나 감동을 느끼는 것

→ **독서 습관의 형성 과정**

'독서 행위 → 즐거움과 유익함 경험 → 다른 책을 더 읽고 싶다는 마음 → 새로운 독서 행위'의 선순환

독서의 즐거움과 유익함 : (③) 동기인 동시에 위하여 동기

선순환을 통해 독서 경험의 반복·심화로 (④) 형성

형태쌤 Comment

지문과 문제 모두 쉬운 편이었다. 지문에 제시된 독서 동기의 유형과 예시를 잘 체크하며 읽었다면 문제를 풀이하는 데 큰 어려움이 없었을 것이다.

문제분석 01-03번

번호	정답	정답률 (%)	선지별 선택비율(%)				
			①	②	③	④	⑤
1	②	97	1	97	1	1	0
2	⑤	97	1	1	1	0	97
3	①	98	98	0	1	1	0

01

정답설명

② 1문단에 따르면 슈츠는 독서 동기를 '때문에 동기'와 '위하여 동기'라는 두 유형으로 제시했다. 따라서 슈츠가 동기의 두 측면을 합쳐 하나의 유형으로 제시했다는 선지의 설명은 적절하지 않다.

오답설명

① 1문단의 '선생님의 권유나 친구의 추천, 자기 계발 등 우리가 독서를 하게 되는 동기는 다양하다.'에서 확인할 수 있다.

③ 3문단의 '독서 습관을 형성하려면~독서 행위를 시작하는 것과, 성공적인 독서 경험을 통해 독서 행위를 지속하는 것이 중요하다.'에서 확인할 수 있다.

④ 1문단의 '독서 동기는~독서의 시작과 지속이라는 두 측면이 포함되어 있다.'에서 확인할 수 있다.

⑤ 3문단에서 독서 동기인 '때문에 동기'와 '위하여 동기'는 '독서 습관의 형성 과정을 설명하는 데 도움이 된다.'라고 설명하였다.

02

정답설명

⑤ [A]에서 '위하여 동기'는 '독서 이후 시점의 상태에 대한 기대나 예측이라는 성격을 가지며, 달성하지 못할 가능성을 내포한다.'라고 하였다. ㉯의 독서 행위를 통해 철학 지식을 많이 알게 되는 것과 ㉰의 독서 행위를 통해 뿌듯함을 느끼는 것은 모두 독서 이후 시점의 상태에 대한 기대에 해당하므로, ㉯와 ㉰는 '위하여 동기'라고 할 수 있다.

오답설명

① ㉮는 독서 이전 시점에 부여받은 과제이므로, 독서 행위를 하게 만든 이유에 해당한다. 따라서 '위하여 동기'가 아닌 '때문에 동기'라고 할 수 있다.

② ㉯는 독서 행위를 통해 달성하고자 하는 목적에 해당하므로 '때문에 동기'가 아닌 '위하여 동기'라고 할 수 있다.

③ ㉮는 독서 이전 시점에 이미 발생하여 독서의 계기가 되었으므로 '때문에 동기'라고 할 수 있다. 하지만 ㉯는 독서 이후 시점의 상태에 대한 기대나 예측의 성격을 가지므로 '위하여 동기'라고 할 수 있다.

④ ㉮는 독서 이전 시점에 이미 발생한 사건에 해당하므로 '때문에 동기'라고 할 수 있다. 하지만 ㉯는 독서 이후 시점의 상태에 대한 기대나 예측의 성격을 가지므로 '위하여 동기'라고 할 수 있다.

03

정답설명

① 3문단에서 '다른 책을 더 읽고 싶다는 마음이 들고~독서의 즐거움과 유익함은 새로운 독서 행위의 이유가 된다'고 설명하고 있으므로, ㉠으로 시작해 ㉢을 경험하면 ㉠은 사라지는 것이 아니라 자연스럽게 다시 생길 수 있다.

오답설명

② 3문단에서는 성공적인 독서 경험의 핵심을 '독서 행위를 통해 즐거움과 유익함을 경험하는 것'이라고 설명하고 있다. 따라서 ㉡으로 ㉢을 얻는 것이 성공적 독서 경험의 핵심이라는 선지의 설명은 적절하다.

③ 3문단에서는 독서 행위를 통해 즐거움과 유익함을 경험하게 되면 '다른 책을 더 읽고 싶다는 마음이 들고 그러한 마음은 새로운 독서 행위로 연결된다.'라고 설명하였다. 따라서 ㉢의 경험을 통하여 ㉠이 생기면 ㉡으로 이어질 수 있다는 선지의 설명은 적절하다.

④ 3문단에 따르면 독서 행위를 통해 즐거움과 유익함을 경험할 수 있다고 하였으므로, ㉢은 ㉡의 결과가 될 수 있음을 확인할 수 있다. 또한 '독서의 즐거움과 유익함은 새로운 독서 행위의 이유가 된다'고 설명하고 있으므로 ㉢은 새로운 ㉡의 목적이 될 수 있음을 확인할 수 있다.

⑤ 3문단에서 '이러한 선순환을 통해 독서 경험이 반복되고 심화'된다고 설명하고 있으므로 ㉠, ㉡, ㉢의 선순환을 통해 독서 경험이 반복되고 심화된다는 선지의 설명은 적절하다.

구조도 정답

① 경험
② 위하여
③ 때문에
④ 독서 습관

지문분석

읽기 발달 연구

→ 대부분의 읽기 발달 연구 : 영·유아가 글자를 깨치기 이전에 읽기 발달이 진행된다고 봄.

→ 읽기 발달 단계 : 읽기 준비 → 글자를 익히고 소리 내어 읽기 → 의미를 이해하며 읽기 → (①)으로 읽기 → 다양한 관점으로 읽기 → 의미를 재구성하며 읽기

읽기 준비 단계 : 읽기의 기초가 형성되는 중요한 시기

이 시기 영·유아의 특징 : 글자의 형태에 익숙해짐, 글자와 소리의 (②) 어렴풋이 인식 → 글자가 뜻이 있고 음성으로 표현된다는 것을 알게 됨.

타인의 읽기 행위 관찰하고 글자에 대한 다양한 경험을 쌓으며 진행
ex) 글의 시작 부분, 글자를 읽는 방향, 책장을 넘기는 방식 등 학습, 읽어 주는 사람의 표정, 몸짓 기억해 모방

영향 관계 :
영·유아의 듣기·말하기·읽기·쓰기는 서로 (③)을 주며 발달
1) 책을 넘기며 중얼거리고 책 읽는 흉내 내는 것
2) 책 읽는 소리를 들으며 따라 말하는 것
3) 들은 단어나 구절을 사용해 문장을 지어 말하는 것
4) 읽어 주는 것을 들으며 그림이나 글자 형태로 끄적거리는 것

→ 읽기 발달은 글자를 깨치기 이전부터 점진적으로 진행
→ 의사소통의 각 영역이 같이 발달할 수 있도록 자연스러운 지도가 (④)에 도움을 줌.
ex) 책을 자주 읽어 주며 생각을 묻는 것

→ 읽기 준비 단계에서의 경험은 이후의 단계에 중요한 영향을 미침.

형태쌤 Comment

지문과 문제 모두 어렵지 않은 편이었다. 지문에 제시된 읽기 발달 단계의 과정에서 '읽기 준비 단계'에 대한 특징을 잘 파악했다면 문제를 풀이하는 데 큰 어려움이 없었을 것이다. 다만 지문과 〈보기〉를 비교하는 문제에서 제시된 두 관점의 차이점을 명확히 구분하여 헷갈리지 않도록 주의하자.

문제분석 01-03번

번호	정답	정답률 (%)	선지별 선택비율(%)				
			①	②	③	④	⑤
1	②	97	1	97	1	0	1
2	③	98	0	0	98	1	1
3	③	95	1	1	95	1	2

01

정답설명

② 3문단에서 '의사소통의 각 영역인 듣기·말하기·읽기·쓰기는 서로 영향을 주며 함께 발달한다.'라고 설명하였으므로, 영·유아의 의사소통 각 영역이 상호 간의 작용 없이 발달한다는 선지의 설명은 적절하지 않다.

오답설명

① 1문단에 따르면 읽기 발달 단계는 '읽기 준비', '글자를 익히고 소리 내어 읽기', '의미를 이해하며 읽기', '학습 목적으로 읽기', '다양한 관점으로 읽기', '의미를 재구성하며 읽기'의 순으로 나뉜다. 따라서 대부분의 읽기 발달 연구에서 의미를 재구성하며 읽는 단계는 읽기 발달의 마지막 단계임을 확인할 수 있다.

③ 2문단의 '영·유아는 글자를 깨치지는 못하더라도 글자의 형태에 익숙해지며, 글자와 소리의 대응 관계도 어렴풋이 알게 된다.'에서 확인할 수 있다.

④ 1문단의 '읽기 행동의 특성이나 글에 대한 이해 수준 등에 따라 읽기 발달 단계를 위계화한다.'에서 확인할 수 있다.

⑤ 1문단에 따르면 읽기 발달 단계를 '읽기 준비', '글자를 익히고 소리 내어 읽기', '의미를 이해하며 읽기', '학습 목적으로 읽기', '다양한 관점으로 읽기', '의미를 재구성하며 읽기'의 순으로 나뉜다. 따라서 글자를 습득하고 소리 내어 읽는 '글자를 익히고 소리 내어 읽기' 단계는 학습을 목적으로 읽는 '학습 목적으로 읽기' 단계보다 선행함을 확인할 수 있다.

02

정답설명

③ 2문단에서 ㉠(읽기 준비 단계) 시기의 '영·유아는 글자를 깨치지는 못하더라도 글자의 형태에 익숙해지며, 글자와 소리의 대응 관계도 어렴풋이 알게 된다.'라고 하였다. 따라서 글에 나타난 여러 단어의 뜻을 명확히 알고 소리 내어 글자를 읽는 행동이 관찰된다는 선지의 내용은 적절하지 않다.

오답설명

① 3문단의 '책 읽는 소리를 들으며 따라 말하는 것, 들은 단어나 구절을 사용해 문장을 지어 말하는 것'에서 확인할 수 있다.

② 3문단의 '타인의 책 읽는 모습을 보며 글의 시작 부분, 글자를 읽는 방향, 책장을 넘기는 방식 등을 알게 된다.'에서 확인할 수 있다.

④ 3문단의 '읽어 주는 것을 들으며 그림이나 글자 형태로 끄적거리는 것' 에서 확인할 수 있다.

⑤ 3문단의 '읽어 주는 사람의 표정이나 몸짓을 기억해 모방하기도 한다.' 에서 확인할 수 있다.

03

정답설명

③ [A]에서는 읽기 발달이 글자를 깨치기 이전부터 점진적으로 진행된다고 보았다. 반면 〈보기〉에서는 읽기 발달을 '글자를 읽을 수 있는 기초 기능을 배운 후부터 시작되'는 것으로 설명한다. 따라서 글자 읽기의 기초 기능을 배운 후부터 읽기 발달이 시작된다고 보는 것은 〈보기〉뿐이므로 선지의 내용은 적절하다.

오답설명

① [A]에서는 '생활 속에서, 책을 자주 읽어 주며 생각을 묻는 등 의사소통의 각 영역이 같이 발달할 수 있도록 하는 자연스러운 지도가 읽기 발달에 도움을 준다'고 보았으므로 일상에서의 자연스러운 읽기 지도를 강조한다고 할 수 있다. 반면 〈보기〉는 이와 관련된 설명을 제시하지 않았으므로 선지의 내용은 적절하지 않다.

② 〈보기〉에서는 '읽기 지도는 신체적, 정신적으로 어느 정도 성숙한 이후에 해야 한다. 그 전에는 읽기 지도를 하지 않는 것이 바람직하다.'라고 하였다. 따라서 〈보기〉가 글자를 깨치기 전의 경험이 읽기 발달에 영향을 준다고 본다는 선지의 내용은 적절하지 않다.

④ [A]에서는 의사소통의 각 영역이 같이 발달할 수 있도록 하는 자연스러운 지도가 읽기 발달에 도움을 준다고 보았으므로, 읽기 이후에 쓰기를 가르쳐야 한다고 강조하고 있지 않음을 알 수 있다. 반면 〈보기〉에서는 '듣기와 말하기를 먼저 가르친 후 읽기, 쓰기의 순으로 가르치는 것이 효과적'이라고 하였으므로, 읽기 이후에 쓰기를 가르쳐야 한다고 강조하고 있음을 알 수 있다.

⑤ [A]에서는 '읽기 발달은 일정한 시기에 급격히 이루어지는 것이 아니라 글자를 깨치기 이전부터 점진적으로 진행된다'고 하였으므로, 신체적, 정신적으로 어느 정도 성숙한 이후에 읽기를 가르치는 것이 효과적이라고 보지 않음을 알 수 있다. 반면 〈보기〉에서는 '읽기 지도는 신체적, 정신적으로 어느 정도 성숙한 이후에 해야' 하며 '그 전에는 읽기 지도를 하지 않는 것이 바람직하다'고 하였으므로, 신체적, 정신적으로 어느 정도 성숙한 이후에 읽기를 가르치는 것을 효과적으로 본다는 것을 알 수 있다.

구조도 정답

① 학습 목적
② 대응 관계
③ 영향
④ 읽기 발달

지문분석

독서에서의 초인지

↳ **독서**

　독자가 목표한 결과에 도달하기 위해 글을 읽고 의미를 구성하는 인지 행위

↳ **독서에서의 초인지**

　독자가 자신의 독서 행위에 대해 인지하는 것
　자신의 독서 과정을 (①)하고 (②)하는 역할

↳ **1) (①) 과정에 동원**

　가장 적절하다고 판단한 (③)을 사용하여 독서 진행
　→ 전략이 효과적이고 문제가 없는지 평가하며 점검 및 해결

　문제가 무엇인지 분명하지 않은 경우 :
　독서 중 떠오르는 생각들 살펴보기 → 독서의 진행을 방해하는 생각들 분류
　→ 문제점 파악

　문제가 발생한 것을 독자 자신이 인지하지 못하는 경우 :
　→ 독서 진행 중간중간에 이해한 내용을 정리하는 방법 사용

↳ **2) (②) 과정에 동원**

　독서 목표를 고려하여 전략 판단 :
　· 지금 사용하고 있는 전략을 계속 사용할 것인지
　· 문제 해결을 위한 다른 전략에는 무엇이 있는지
　· 각 전략의 특징과 사용 절차, 조건 등은 무엇인지
　· 독자 자신이 사용할 수 있는 전략이 무엇인지
　· 전략들의 적절한 적용 순서가 무엇인지
　· 현재의 상황에서 최적의 전략이 무엇인지

↳ **선택한 전략을 수행하는 과정에서 독자는 초인지를 활용**
　→ (①)과 (②)을 되풀이하며 (④)으로 의미를 구성

형태쌤 Comment

　독서론의 경우 지문과 선지의 정확한 일치를 요구하는 문항들이 자주 출제되기 때문에 지문이 쉽더라도 꼼꼼히 읽어야 한다. 지문에서 독자의 독서 과정에 사용되는 초인지의 역할을 정확히 파악하고 읽었다면 문제를 풀이하는 게 크게 어렵지 않았을 것이다.

문제분석　01-03번

번호	정답	정답률(%)	선지별 선택비율(%)				
			①	②	③	④	⑤
1	⑤	97	1	1	0	1	97
2	③	95	1	0	95	3	1
3	①	94	94	0	2	3	1

01

정답설명

⑤ 3문단에서 독자는 독서 문제를 해결하기 위해 새로 '선택한 전략을 수행하는 과정에서 독자는 초인지를 활용하여 점검과 조정을 되풀이하며 능동적으로 의미를 구성해 간다.'라고 하였으므로, 새로 선택한 전략은 점검과 조정의 대상에서 제외할 필요가 있다는 선지의 내용은 적절하지 않다.

오답설명

① 3문단의 '독서 목표를 고려하여, 독자는 지금 사용하고 있는 전략을 계속 사용할 것인지를 판단해야 한다.'를 통해 알 수 있다.

② 3문단에서 '각 전략의 특징과 사용 절차, 조건 등은 무엇인지 알아야 한다.'라고 하였다. 이를 통해 독서 전략의 선택을 위해 개별 전략들에 대한 지식이 필요하다는 것을 알 수 있다.

③ 1문단에서 '독서는 독자가 목표한 결과에 도달하기 위해 글을 읽고 의미를 구성하는 인지 행위'이며, 성공적인 독서를 위해서는 '독자가 자신의 독서 행위에 대해 인지하는 것'인 초인지가 중요하다고 하였다. 따라서 독자는 독서 목표를 달성하기 위해 자신의 독서 행위를 인지해야 한다는 것을 알 수 있다.

④ 3문단에서 독서 문제를 해결하기 위해 '독자 자신이 사용할 수 있는 전략이 무엇인지'를 판단하여 전략을 선택해야 한다고 하였으므로 선지의 내용은 적절하다.

02

정답설명

③ [A]에서 '문제가 발생한 것을 독자 자신이 인지하지 못하는 경우'의 예로 '의도한 목표에 부합하지 않는 방법으로 읽기를 진행'하는 것이 제시되었다. 따라서 독서 진행 과정에서 문제가 없어 보이더라도 목표에 부합하지 않는 독서가 이루어질 수 있으므로 선지의 내용은 적절하다.

오답설명

① [A]의 '문제 발생 여부의 점검을 위해서는 독서 진행 중간중간에 이해한 내용을 정리하는 방법을 사용할 수 있다.'에서 확인할 수 있다. 즉, 독서 진행 중 이해한 내용을 정리하는 것은 독자 스스로 독서 진행 문제를 점검하는데 적합하므로 선지의 내용은 적절하지 않다.

② [A]에 따르면 독서 진행 중 독자가 자신이 얼마나 이해하고 있는지 파악하지 못하는 것은 문제가 발생한 것을 독자 자신이 인지하지 못하는

경우이다. 이 경우 독서 진행 중간에 이해한 내용을 정리하는 방법을 통해 문제 발생 여부를 점검해야 하므로, 점검을 잠시 보류해야 한다는 선지의 내용은 적절하지 않다.

④ [A]에서 '독서 중에 떠오르는 생각들을 살펴보고 그중 독서의 진행을 방해하는 생각들을 분류해 보는 방법으로 문제점이 무엇인지 파악할 수 있다.'라고 하였다. 즉 독서 중에 떠오르는 생각을 분류하는 것은 문제점을 파악하는 방법일 뿐, 독서 문제의 발생을 막지는 못하므로 선지의 내용은 적절하지 않다.

⑤ [A]에서 '초인지는 글을 읽기 시작한 후 지속적으로 이루어지는 점검 과정에 동원된다.'라고 하였으므로, 독서가 멈추지 않고 진행될 때에도 초인지의 역할이 필요하다.

03

정답설명

① ⓐ에서 학생은 뜻을 모르는 용어가 처음 나왔을 때는 무시하고 읽었으나, 해당 용어가 다시 나오자 문맥을 통해 용어의 의미를 가정하고 읽는 새로운 전략을 사용하고자 한다. 이는 지금 사용하고 있는 전략을 계속 사용할 것인지를 판단한 것이 아니라, 문제 해결을 위한 다른 전략을 떠올리고 있는 것이므로 선지의 내용은 적절하지 않다.

오답설명

② ⓑ는 관련된 내용을 앞부분에서 다시 찾아 읽든가, 인터넷 자료를 검색해 보든가, 다른 책들을 찾아보는 것과 같이 문제 해결을 위해 선택할 수 있는 다른 전략에는 무엇이 있는지 떠올린 것이다.

③ ⓒ는 검색을 활용한 전략의 사용 조건을 확인한 것이다.

④ ⓓ는 검색, 앞부분 다시 읽기, 다른 책 찾아보기 등 전략들의 적절한 적용 순서를 결정한 것이다.

⑤ ⓔ에서 학생은 해당 용어와 관련된 분야의 책을 찾아보는 것이 가장 좋을 것 같다는 생각을 하였다. 이는 현재 상황에서의 최적의 전략이 무엇인지 판단하여 선택한 것이다.

구조도 정답

① 점검
② 조정
③ 독서 전략
④ 능동적

10 2025학년도 6월

지문분석

문제 해결을 목적으로 하는 독서 전략

↳ 글에 원하는 정보가 충분하지 않은 경우, 여러 글을 읽음으로써 해결 가능

↳ 1) 문제 해결에 도움이 되는 글 선정하기

읽을 글을 선정할 때에는 글을 평가하는 것이 중요함.

– (①) 평가 :
출처에 관한 정보를 확인하여 글이 믿을 만한지 판단하는 것
ex) 글의 저자, 생산 기관, 출판 시기 등

– (②) 평가 :
글의 내용에 읽기 목적과 부합하는 정보가 있는지 판단하는 것
→ 읽기 목적을 지속적으로 떠올리며 평가해야 함.

↳ 2) (③)에 맞게 글 읽기

글의 정보는 독자가 이해한 의미로 재구성되고,
독자는 세 가지 전략을 활용함.

– 선택하기 : 읽은 글에서 필요한 정보를 추출하는 전략
– 연결하기 : 추출한 정보들을 정교화하며 연결하여,
새로운 의미를 구성하거나 심화된 의미로 나아가는 전략
– 조직하기 : 글의 정보를 재구조화하는 전략
＊세 전략은 꼭 순서대로 사용하는 것은 아니며 (④)해서 활용 가능

전략 활용의 이점
: 정보의 홍수 속에서 유용한 정보를 찾아
삶의 문제를 해결하는 데에 도움

형태쌤 Comment

지문과 문제 모두 쉬운 편이었다. 지문에 제시된 읽기 목적과 전략을 잘 체크하며 읽었다면 문제를 풀이하는 데 큰 어려움이 없었을 것이다.

문제분석 01-03번

번호	정답	정답률 (%)	선지별 선택비율(%)				
			①	②	③	④	⑤
1	⑤	93	1	1	3	2	93
2	②	96	1	96	1	1	1
3	②	87	1	87	2	8	2

01

정답설명

⑤ 1문단에서 한 편의 글에 원하는 정보가 충분하지 않다면, 여러 글을 읽으며 이를 해결할 수 있다고 하였다. 따라서 필요한 정보를 한 편의 글에서 얻지 못할 때에는 그 글을 반복해서 읽는 것이 아니라, 문제 해결에 도움이 되는 다른 글을 찾아 읽어야 한다.

오답설명

① 2문단의 '읽을 글을 선정할 때에는 믿을 만한 글인지와 읽기 목적과 관련이 있는 글인지를 평가하는 것이 중요하다.'에서 확인할 수 있다.

② 여러 글 읽기에서 정보를 연결하는 것은 4문단에서 설명하는 세 가지 전략 중 연결하기 전략에 해당한다. 또한, 5문단에 따르면 이러한 전략은 삶의 여러 문제를 해결하는 데에 도움이 될 것이라고 하였으므로 선지의 내용은 적절하다.

③ 1문단에 따르면 궁금증을 해소하기 위한 읽기는 문제 해결을 목적으로하는 글 읽기에 해당한다. 3문단에 따르면 읽기 목적에 맞게 글을 읽는 과정에서 글의 정보는 독자가 이해한 의미로 재구성되고, 이때 독자는 세 가지 전략을 활용한다고 하였으므로 선지의 내용은 적절하다.

④ 여러 글에서 필요한 정보를 추출하는 과정은 4문단에서 설명하는 세 가지 전략 중 선택하기 전략에 해당한다. 이러한 전략은 문제 해결을 위한 글 읽기 과정에서 활용되는 것이므로 선지의 내용은 적절하다.

02

정답설명

② 2문단에 따르면 글의 저자, 생산 기관, 출판 시기 등 출처에 관한 정보를 확인하여 그 글이 믿을 만한지 평가하는 것은 ㉠(신뢰성 평가)에 해당한다. 출판사의 공신력(공적인 신뢰를 받을 만한 능력)은 출처에 관한 정보이므로 선지의 내용은 적절하다.

오답설명

① 글 내용이 수행 과제와 관련 있는지 평가하는 것은 글의 내용에 읽기 목적과 부합하는 정보가 있는지 판단하는 것이므로, ㉠이 아니라 ㉡(관련성 평가)에 해당한다.

③ 글이 언제 작성되었는지를 판단하는 것은 출판 시기와 관련된 것이므로 ㉠에 해당한다.

④ 1문단에서는 여러 글에서 다양한 정보를 종합하며 읽는 능력은 많은 정보가 산재해 있는 디지털 환경에서 더욱 중요해졌다고 하였다. 이후 2

문단에서는 이렇게 다양한 정보를 종합하여 읽는 과정에서 ㉠과 ㉡를 평가하는 것이 중요하다고 설명하고 있으므로, ㉠과 ㉡에 대한 요청이 모두 증가한다고 보는 것이 적절하다.

⑤ 글 내용에 목적에 맞는 정보가 있는지 확인하는 것은 ㉡에, 저자의 경력 정보를 확인하는 것은 ㉠에 관련된다.

03

정답설명

② ⓑ는 〈동물에게 상속할 수 있는가〉라는 글에서 '동물도 재산상의 권리를 가질 수 있다'는 정보를 찾은 것으로, 4문단에서 설명하는 전략 중 선택하기 전략에 해당한다. ⓑ에서 연결하기 및 조직하기 전략은 나타나지 않으므로 선지의 내용은 적절하지 않다.

오답설명

① ⓐ는 〈동물은 예술가〉라는 글에서 '동물의 그림도 예술 상품이 될 수 있다'는 정보를 얻은 것으로, 4문단에서 설명하는 전략 중 선택하기 전략에 해당한다.

③ ⓒ는 〈동물에게 상속할 수 있는가〉에서 추출한 정보를 〈동물은 예술가〉에서 추출한 정보와 연결하여 새로운 의미를 구성한 것으로, 4문단에서 설명하는 전략 중 연결하기 전략에 해당한다.

④ ⓓ는 세 가지 글에서 얻은 정보를 종합하여 '동물 저작권의 성립 요건'이라는 주제로 정보의 구조를 재구조화한 것이다. 이는 4문단에서 설명하는 전략 중 조직하기 전략에 해당한다.

⑤ ⓔ는 동물이 소유권의 주체가 될 수 있는지에 대한 궁금증을 해소하기 위해 〈동물에게 상속할 수 있는가〉라는 글에서 '동물 소유권에 관한 다양한 논의'에 대한 정보를 추출한 것으로, 4문단에서 설명하는 전략 중 선택하기 전략에 해당한다. 3문단에 따르면 전략은 반복해서 활용할 수 있다고 하였으므로, 선택하기 전략을 다시 활용하는 것이 가능함을 알 수 있다.

구조도 정답

① 신뢰성
② 관련성
③ 읽기 목적
④ 반복

11 2025학년도 9월

지문분석

시각 자료를 포함한 글 읽기

- **시각 자료가 글 내용을 이해하는 데 주는 도움**
  - → 시각 자료는 문자 외에 또 다른 (①)가 됨.
    - 1) 글 내용 이해에 '문자 정보'와 '이미지 정보'가 (②)으로 기여함.
    - 2) 글 내용 기억에 '이미지 정보'가 단서가 되어 도움을 줌.

- **목적에 따른 시각 자료의 분류**

  예시적 시각 자료 : 글 내용을 시각화

  설명적 시각 자료 : 글 내용을 시각화 + 글에서 다룬 내용 보완

  (③) : 글에서 다루어지지 않은 내용을 추가하여 보충
  → 글의 주제와 관련 있는 내용을 보충한다는 점에서 글 내용의 범위를 확장함.

  장식적 시각 자료 : 독자의 흥미를 유발 or 글 내용과 관련 없이 여백을 메움.

- **시각 자료를 포함한 글 읽기 방법**
  - (1) 글의 내용과 시각 자료의 관계를 살피기
    + 시각 자료로 강조된 중요한 정보 파악하기
  - (2) 시각 자료가 설명 대상이나 개념을 적절하게 표현하는지, 글에서 효과적으로 쓰이는지 판단하기
  - (3) (1),(2)를 토대로 글 내용과 이에 적합한 시각 자료를 종합하여 의미 구성하기

- **유의해야 할 점**
  - 매력적인 시각 자료에 사로잡혀 (④)을 잃지 않기
  - 낯설고 복잡한 시각 자료를 읽어 내는 능동성 발휘하기

형태쌤 Comment

지문과 문제 모두 쉬운 편이었다. 지문에 제시된 시각 자료의 종류를 잘 체크하며 읽었다면 문제를 풀이하는 데 큰 어려움이 없었을 것이다.

문제분석 01-03번

번호	정답	정답률 (%)	선지별 선택비율(%)				
			①	②	③	④	⑤
1	④	97	1	1	1	97	0
2	⑤	94	1	0	3	2	94
3	②	89	3	89	2	4	2

01

정답설명

④ 2문단에 따르면 '시각 자료는 글 내용과 관련하여 어떤 목적으로 쓰이는가에 따라 예시적, 설명적, 보충적 시각 자료로 구분할 수 있다.'라고 하였다. 즉, 시각 자료의 용도는 머릿속에서 처리되는 정보의 종류에 따라 구분되는 것이 아니라, 글 내용과 관련하여 어떤 목적으로 쓰이는지에 따라 구분되는 것이다.

오답설명

① 2문단의 '글 내용과 관련 없이 여백을 메우는 목적으로 장식적 시각 자료가 쓰이기도 한다.'를 통해 알 수 있다.

② 3문단에서 '시각 자료를 포함한 글을 읽을 때, 독자는 글의 내용과 시각 자료의 관계를 살피고 시각 자료로 강조된 중요한 정보를 파악해야 한다.'라고 하였으므로, 시각 자료를 통해 글에서 중요한 정보를 부각할 수 있음을 알 수 있다.

③ 3문단에서 '독자는 매력적인 시각 자료에 사로잡혀 읽기의 목적을 잃지 않'아야 한다고 하였으므로, 독자가 시각 자료에 끌리다 보면 글을 읽는 목적을 잃을 수 있음을 알 수 있다.

⑤ 3문단에서 독자는 '낯설고 복잡한 시각 자료도 읽어 내는 능동성을 발휘할 필요가 있다.'라고 하였으므로 선지의 설명은 적절하다.

02

정답설명

⑤ 1문단에 따르면, 독자가 문자 정보를 떠올리지 못할 때 이미지 정보가 단서가 되어 글 내용을 기억하는 데에 도움을 준다. 이때 이미지 정보가 글 내용을 기억하는 데 도움을 주는 것은 맞지만, 연결된 정보를 떠올려야 글의 내용을 기억할 수 있는 것은 아니므로 선지의 설명은 적절하지 않다.

오답설명

① 3문단에서 '독자는 글 내용과 이에 적합한 시각 자료를 종합하여 의미를 구성해야 한다.'라고 하였으므로 선지의 설명은 적절하다.

② 1문단에서 '문자 정보'와 '이미지 정보'의 '두 정보들은 서로 참조되면서 연결되어 독자가 글 내용을 이해하는 데 상호 보완적으로 기여한다.'라고 하였으므로 선지의 설명은 적절하다.

③ 1문단에서 '시각 자료가 글 내용을 이해하는 데 도움을 준다는 견해에 따르면, 시각 자료는 문자 외에 또 다른 학습 단서가 된다.'라고 하였으므로, 문자로만 구성된 글보다 내용을 이해하기 쉬웠다면 이미지 정보가 단서가 되었을 수 있다는 것을 알 수 있다.

④ 3문단에서 '독자는 글의 내용과 시각 자료의 관계를 살피고', '시각 자료가 설명 대상이나 개념을 적절하게 표현하는지'를 판단해야 한다고 하였으므로 선지의 설명은 적절하다.

03

정답설명

② 2문단에 따르면 설명적 시각 자료는 글 내용을 시각화하여 제시하는 목적에 더하여 글에서 다룬 내용을 보완하는 목적으로 쓰인다. 〈보기〉에서 파피루스 줄기를 같은 길이로 길고 얇게 자르는 것을 보여 주는 그림 1은, "파피루스 줄기를 잘라, 줄기를 가로세로로 겹치고 서로 붙여 종이를 만들었다."라는 글의 내용을 시각화해 보여 주면서 글 내용도 보완해 주고 있으므로 선지의 설명은 적절하다.

오답설명

① 2문단에 따르면 예시적 시각 자료는 글 내용을 시각화하여 보여 주는 데 목적이 있다. 〈보기〉의 학생이 읽은 글은 '이집트의 기록 문화'와 관련된 내용인데, 이와 비행기 그림은 아무런 연관이 없으므로 선지의 설명은 적절하지 않다. 참고로, 이처럼 글 내용과 관련 없이 여백을 메우는 목적으로 사용되는 시각 자료는 장식적 시각 자료에 해당한다.

③ 2문단에 따르면 보충적 시각 자료는 글의 주제와 관련이 있지만 글에서 다루어지지 않은 내용을 추가하여 보충하는 목적으로 쓰인다. 〈보기〉의 학생은 그림 2를 통해 "파피루스 줄기를 잘라, 줄기를 가로세로로 겹치고 서로 붙여 종이를 만들었다."라는 내용을 시각적으로 접하였으므로, 그림 2는 보충적 시각 자료가 아닌 예시적 시각 자료에 해당한다.

④ 이집트 상형 문자가 벽에 새겨진 모습을 담고 있는 그림 3은 "파피루스 줄기를 잘라, 줄기를 가로세로로 겹치고 서로 붙여 종이를 만들었다."라는 글의 내용을 표현하고 있지 않다. 참고로, 이집트 상형 문자는 '이집트의 기록 문화'라는 글의 주제와 관련이 있으나 글의 내용에서는 다루어지지 않았으므로, 그림 3은 보충적 시각 자료에 해당한다.

⑤ 2문단에 따르면 보충적 시각 자료는 글의 주제와 관련이 있지만 글에서 다루어지지 않은 내용을 추가하여 글 내용의 범위를 확장하는 특징을 갖는다. 〈보기〉의 학생은 그림 2를 통해 "파피루스 줄기를 잘라, 줄기를 가로세로로 겹치고 서로 붙여 종이를 만들었다."라는 내용을 시각적으로 접하였으므로, 그림 2는 보충적 시각 자료가 아닌 예시적 시각 자료에 해당한다. 한편, 그림 3은 '이집트의 기록 문화'라는 글의 주제와 관련이 있으나 글의 내용에서는 다루어지지 않았으므로, 보충적 시각 자료에 해당한다.

구조도 정답

① 학습 단서
② 상호 보완적
③ 보충적 시각 자료
④ 읽기의 목적

12 2025학년도 11월

독서 전략으로서의 밑줄 긋기

> **밑줄 긋기의 유용성**
> - 정보를 머릿속에 저장하고 기억한 내용을 떠올리는 데 도움
> - 방대한 정보들 중 (①)를 추리는 데에 효과적
> - 독자가 내용을 다시 찾아보는 데에 용이

> **밑줄 긋기의 효과가 떨어지는 경우**
> - 글을 읽는 중에 바로바로 밑줄 긋기를 하는 경우
>   → 밑줄이 많아지고 복잡해져 효과 감소
> - 밑줄 긋기를 신중하게 하지 않아 잘못 표시하는 경우
>   → 밑줄을 삭제하기 위해 되돌아가느라 (②)이 방해받게 됨.

> **밑줄 긋기의 효과를 얻기 위한 방법**
> 1) 글을 읽는 중에는 정보 간의 (③)를 결정할 때까지
>   밑줄 긋기 X, 주요한 정보에 밑줄 긋기
>   (＊주요 정보는 독서 목적에 따라 달라질 수 有)
> 2) 자신만의 밑줄 긋기 (④) 세우기(밑줄 긋기를 확장한 방식)
>   ∟ 특정 기호를 사용하여 표시하기로 미리 정해 놓는 것

> 어떠한 수준의 독자라도 쉽게 사용할 수 있으니 연습 없이 능숙하게 밑줄 긋기를 사용할 수 있다는 것은 오해임.
> → 밑줄 긋기는 주요한 정보가 무엇인지에 대한 판단이 선행되어야 하기 때문
> ∴ 밑줄 긋기의 방법을 이해하고 잘 사용하면 능동적인 글 읽기에 도움이 됨.

형태쌤 Comment

지문과 문제 모두 쉬운 편이었다. 지문에 제시된 밑줄 긋기의 효과와 이를 얻기 위한 방법을 잘 체크했다면 문제를 풀이하는데 어려움이 없었을 것이다.

문제분석 01-03번

번호	정답	정답률(%)	선지별 선택비율(%)				
			①	②	③	④	⑤
1	③	98	1	0	98	1	0
2	④	97	0	2	0	97	1
3	⑤	80	7	10	2	1	80

01

정답설명

③ 4문단의 '밑줄 긋기는 어떠한 수준의 독자라도 쉽게 사용할 수 있다는 점 때문에 연습 없이 능숙하게 사용할 수 있다고 오해되어 온 경향이 있다.'를 통해 선지의 내용이 적절하지 않음을 알 수 있다.

오답설명

① 1문단의 '밑줄 긋기는 일반적인 독서 상황뿐 아니라 학습 상황에서도 유용하다.'에서 알 수 있다.

② 3문단의 '자신만의 밑줄 긋기 표시 체계를 세워 밑줄 이외에 다른 기호도 사용할 수 있다.'에서 알 수 있다.

④ 1문단의 '표시한 부분이 일종의 색인과 같은 역할을 하여 독자가 내용을 다시 찾아보는 데에도 용이하다.'에서 알 수 있다.

⑤ 1문단의 '표시한 부분이 독자에게 시각적 자극을 주어 기억한 내용을 떠올리는 데 단서가 되기 때문이다.'에서 알 수 있다.

02

정답설명

④ 1문단에서는 '밑줄 긋기는 방대한 정보들 가운데 주요한 정보를 추리는 데'에 효과적이라고 하였으며, 3문단에서는 밑줄 긋기의 효과를 얻기 위한 방법 중 하나로 '자신만의 밑줄 긋기 표시 체계를 세워 밑줄 이외에 다른 기호'를 사용하는 것을 제시하였다. 따라서 선지의 설명은 ㉠(밑줄 긋기의 방법을 이해하고 잘 사용하는 것)의 내용으로 적절하다.

오답설명

① 2문단에서 '글을 읽는 중에 바로바로 밑줄 긋기'를 하면 '밑줄이 많아지고 복잡해져 밑줄 긋기의 효과가 줄어든다.'라고 하였으므로 적절하지 않다.

② 3문단에서 '글을 읽는 중에는 문장이나 문단에 나타난 정보 간의 상대적 중요도를 결정할 때까지 밑줄 긋기를 잠시 늦추었다가 주요한 정보에 밑줄 긋기'를 해야 밑줄 긋기의 효과를 얻을 수 있다고 하였을 뿐, 글을 읽는 중에 밑줄 긋기를 하지 말라고 하지는 않았다.

③ 2문단에서 '밑줄 긋기를 신중하게 하지 않으면 잘못 표시한 밑줄을 삭제하기 위해 되돌아가느라 독서의 흐름이 방해받게' 된다고 하였으므로 적절하지 않다.

⑤ 2문단에서 '글을 읽는 중에 바로바로 밑줄 긋기'를 하면, '밑줄이 많아지고 복잡해져 밑줄 긋기의 효과가 줄어든다.'라고 하였으므로 적절하지 않다.

03

정답설명

⑤ 독서 목적을 고려하여 표시 기호를 적절히 사용했는지 판단하는 문제이다. 학생의 독서 목적은 '고래의 외형적 특징에 대한 정보 습득'이므로, 고래의 외형적 특징에 밑줄 혹은 기호를 사용했어야 한다. 그러나 학생의 글 3문단에서는 고래의 외형적 특징이 아니라, 고래의 호흡과 관련

된 내용에 밑줄 긋기를 하였으므로 선지의 평가 내용은 적절하지 않다.

오답설명

① 독서 목적을 고려하면, '포유동물'은 외형적 특징이 아니므로 상대적으로 중요하지 않은 정보이다.

② 독서 목적을 고려하면, 암컷 고래가 새끼를 낳고 기르는 과정에서 보이는 특성은 외형적 특징이 아니므로 상대적으로 중요하지 않은 정보이다.

③ '고래의 생김새'는 독서 목적에 관련된 주요 어구에 해당한다.

④ 독서 목적을 고려하면, '지느러미는 배를 젓는 노와 같은 형태'는 중요한 정보이다. 따라서 '대체로 몸길이는~이른다.', '피부에는 털이~나 있다.' 부분과 마찬가지로 체크 표시를 해야 한다.

구조도 정답

① 주요한 정보
② 독서의 흐름
③ 상대적 중요도
④ 표시 체계

Free note.

나 없이

기출

풀지마라